PROCESSO ORÇAMENTÁRIO

UMA ANÁLISE JURÍDICO-COMPARATIVA ENTRE BRASIL, ALEMANHA, FRANÇA E ESTADOS UNIDOS

GUSTAVO FOSSATI
Coordenador

PROCESSO ORÇAMENTÁRIO

UMA ANÁLISE JURÍDICO-COMPARATIVA ENTRE BRASIL, ALEMANHA, FRANÇA E ESTADOS UNIDOS

Autores

Bruna Paniz
Dayson Almeida
Felipe Morales
Gustavo Fossati
Júlia Rodrigues
Layla McClaskey
Mariana Muniz
Melina Rocha
Paula Uematsu
Paulo Bijos
Pietra Fleig
Renaud Evina

Belo Horizonte
FORUM
CONHECIMENTO JURÍDICO
2024

FÓRUM
CONHECIMENTO JURÍDICO

Luís Cláudio Rodrigues Ferreira
Presidente e Editor

Coordenação editorial: Leonardo Eustáquio Siqueira Araújo
Aline Sobreira de Oliveira

Rua Paulo Ribeiro Bastos, 211 – Jardim Atlântico – CEP 31710-430
Belo Horizonte – Minas Gerais – Tel.: (31) 99412.0131
www.editoraforum.com.br – editoraforum@editoraforum.com.br

Técnica. Empenho. Zelo. Esses foram alguns dos cuidados aplicados na edição desta obra. No entanto, podem ocorrer erros de impressão, digitação ou mesmo restar alguma dúvida conceitual. Caso se constate algo assim, solicitamos a gentileza de nos comunicar através do *e-mail* editorial@editoraforum.com.br para que possamos esclarecer, no que couber. A sua contribuição é muito importante para mantermos a excelência editorial. A Editora Fórum agradece a sua contribuição.

Dados Internacionais de Catalogação na Publicação (CIP) de acordo com ISBD

P963 Processo orçamentário: uma análise jurídico-comparativa entre Brasil, Alemanha, França e Estados Unidos / Gustavo Fossati. Belo Horizonte: Fórum, 2024.

495p.; 14,5cm x 21,5cm.
ISBN: 978-65-5518-651-2

1. Direito financeiro. 2. Finanças públicas. 3. Orçamento público. 4. Administração Pública. I. Fossati, Gustavo. II. Título.

CDD 341
CDU 342

Ficha catalográfica elaborada por Lissandra Ruas Lima – CRB/6 – 2851

Informação bibliográfica deste livro, conforme a NBR 6023:2018 da Associação Brasileira de Normas Técnicas (ABNT):

FOSSATI, Gustavo (coord.). *Processo orçamentário*: uma análise jurídico-comparativa entre Brasil, Alemanha, França e Estados Unidos. Belo Horizonte: Fórum, 2024. 495 p. ISBN 978-65-5518-651-2.

SUMÁRIO

FRANÇA

CAPÍTULO 7

PARTE II

ANÁLISE COMPARATIVA DO PROCESSO ORÇAMENTÁRIO NOS PAÍSES PESQUISADOS

INTRODUÇÃO

A presente pesquisa foi realizada durante os anos de 2021 e 2022 pela FGV Direito Rio, sob a coordenação do Professor Gustavo Fossati, e contou com a participação de 12 (doze) pesquisadores. Trata-se de uma pesquisa empírica comparada sobre os processos orçamentários, em nível federal, do Brasil, Alemanha, França e Estados Unidos. O projeto descreve e analisa detalhadamente o processo orçamentário destes países – tanto a fase de elaboração e proposição pelo Poder Executivo quanto a de análise, modificação e aprovação pelo Poder Legislativo. O objetivo da pesquisa comparada é de identificar as melhores práticas internacionais e apresentar, através de um *policy paper*, propostas pontuais de melhoria para a prática atual de orçamentação brasileira, com base nas melhores práticas internacionais.

A pesquisa teve por objeto a análise de diversos critérios de comparação, dentre os quais: os princípios e regras constitucionais e legais que regem o processo orçamentário de cada país, o processo de formulação e apresentação do orçamento pelo Poder Executivo de cada país e o papel das casas legislativas no processo orçamentário – incluindo a participação de comissões temáticas, o processo legislativo de análise e aprovação do orçamento e os limites impostos ao Poder Legislativo para alteração da proposta orçamentária. A pesquisa limita-se ao processo orçamentário na sua fase de elaboração e apresentação pelo Poder Executivo e análise e aprovação pelo Poder Legislativo; não abrange, portanto, o estágio de execução do orçamento após a deliberação pelo Poder Legislativo.

Além disso, tendo em vista o recorte metodológico acima descrito, a pesquisa não abordará, a não ser de forma tangencial, questões relativas ao conteúdo do projeto orçamentário, bem como às regras fiscais pertinentes, além de outros assuntos que não dizem respeito ao processo orçamentário na etapa de elaboração pelo Poder Executivo e análise e aprovação pelo Poder Legislativo.

Primeira parte: análise comparada do processo orçamentário nos referidos países

Na primeira parte do livro, descrevemos o modelo jurídico dos processos orçamentários nos países pesquisados. Em primeiro lugar, apresentamos os princípios e as regras que fundamentam o processo orçamentário de cada país. Em seguida, passamos a uma descrição detalhada do processo orçamentário no Poder Executivo e, ao fim, de todo o processo de apresentação, discussão e aprovação do orçamento no Poder Legislativo.

Assim, nesta parte descritiva, primeiramente apresentamos os princípios que regem o orçamento em cada país. Em geral, os países pesquisados têm em comum certos princípios basilares que orientarão o processo orçamentário, tais como *unidade, universalidade, exclusividade, periodicidade, especialidade/discriminação* e *não afetação das receitas*.

Entretanto, a presença e o alcance de tais princípios parecem variar de acordo com o modelo jurídico de cada país. Por exemplo, os Estados Unidos, sendo um país de *common law*, não parece fundamentar o processo orçamentário em tais princípios, tal como é o caso do Brasil e da França, já que a Constituição americana apenas prevê o princípio da legalidade e periodicidade, além das regras de competência para decidir sobre o orçamento. Na França, destaca-se o *processo orçamentário da sinceridade*, que significa a necessidade de coerência e exatidão das informações financeiras fornecidas pelo Estado.

Análise comparada dos fundamentos constitucionais e legais do processo orçamentário

Na segunda seção da parte descritiva, apresentamos os fundamentos jurídicos – constitucionais e infraconstitucionais – do processo orçamentário de cada país. Tal como no Brasil, cuja matéria orçamentária foi amplamente prevista na Constituição de 1988 (CF), os demais países estudados igualmente trazem regras orçamentárias em suas Constituições. Além disso, leis infraconstitucionais regulam minuciosamente o processo orçamentário, conforme apresentado a seguir.

Brasil

Conforme descrito ao longo da primeira parte adiante, além da ampla previsão da matéria orçamentária, a CF também inovou o ordenamento jurídico nacional com a criação do Plano Plurianual (PPA) e da Lei de Diretrizes Orçamentárias (LDO). Também se destaca, no processo orçamentário brasileiro, o elevado nível de detalhamento das regras constitucionais concernentes às emendas ao orçamento – regras essas que experimentaram, nos últimos anos, substanciais modificações por meio de inúmeras emendas constitucionais.

Dentre tais mudanças, destaca-se a previsão que orienta o regime de execução das despesas discricionárias (não obrigatórias) do orçamento no art. 165, §10, trazido no bojo da Emenda Constitucional (EC) nº 100/2019, ao estabelecer que a administração tem o "dever de executar as programações orçamentárias, adotando os meios e as medidas necessários, com o propósito de garantir a efetiva entrega de bens e serviços à sociedade". Referido dispositivo indica uma sensível mudança no tradicional entendimento de que o orçamento público, no Brasil, tem caráter apenas *autorizativo*. Aliás, mesmo antes disso, com a promulgação da EC nº 86/2015, deu-se início à *marcha de impositividade* (obrigatoriedade de execução) da Lei Orçamentária Anual (LOA), no que concerne às emendas individuais apresentadas por parlamentares ao orçamento. Outra importante mudança foi trazida pela EC nº 109/2021, que incluiu o §16 no art. 165 da CF, prevendo que as leis orçamentárias devem observar, no que couber, os resultados do monitoramento e da avaliação de políticas públicas.

Em seguida, analisamos as principais leis infraconstitucionais que regem o processo orçamentário nos países selecionados. No Brasil, a Lei nº 4.320/1964, considerada uma lei moderna para sua época, regulou as bases institucionais para que a despesa orçamentária se aproximasse da abordagem do "orçamento-programa", com vistas a demonstrar a finalidade do gasto público.

Já o PPA é uma lei norteadora do processo orçamentário. Aprovado a cada quatro anos, é um dos instrumentos de planejamento que orientam a orçamentação pública e deve estabelecer, de forma regionalizada, diretrizes, objetivos e metas da Administração Pública para as despesas de capital e outras delas decorrentes, assim como para as despesas relativas aos programas de duração continuada (art. 165, §1º, CF).

A LDO, por sua vez, é uma lei que se interpõe entre o PPA e a LOA, e deve dispor anualmente sobre: (i) metas e prioridades da Administração Pública; (ii) diretrizes de política fiscal e respectivas metas, em consonância com trajetória sustentável da dívida pública; (iii) orientações à elaboração da lei orçamentária anual; (iv) alterações na legislação tributária; e (v) a política de aplicação das agências financeiras oficiais de fomento (art. 165, §2º, CF). Por fim, a LOA tem a competência exclusiva de estimar receitas e fixar despesas, devendo ser constituída por três orçamentos (art. 165, §5º, CF): (i) o fiscal; (ii) o da seguridade social (saúde, previdência e assistência social); e (iii) o de investimento das empresas estatais.

Alemanha

Na Alemanha, a Constituição (GG) estabelece normas gerais relativas ao sistema orçamentário, que são regulamentadas por leis infraconstitucionais, além das competências e funções dos principais órgãos e entidades envolvidos no processo orçamentário. A Constituição estipula que o Governo Federal e os Estados são independentes e autônomos na gestão orçamentária e que ambos devem cumprir, em conjunto, com as obrigações normativas da União Europeia (EU) em matéria orçamentária. Além disso, ambos os entes devem observar o equilíbrio macroeconômico, seus orçamentos devem ser equilibrados sem recorrer a dívidas. A Constituição ainda traz regras quanto à preparação do orçamento, à gestão orçamentária provisória (no caso de não aprovação tempestiva do orçamento) e a casos de despesas que não foram incluídas ou que ultrapassam o valor estipulado na lei orçamentária, bem como para as situações em que uma lei autoriza o aumento de despesa.

As principais normas infraconstitucionais são a Lei dos Princípios Orçamentários, que obriga os governos federal e estaduais a alinharem suas respectivas leis orçamentárias de acordo com princípios uniformes, e o Código Orçamentário Federal, que contém normas básicas sobre a elaboração e execução do orçamento federal, gestão de caixa, contabilidade e auditoria.

França

Na França, a Constituição trata em termos gerais tanto dos objetivos a serem perseguidos pela legislação orçamentária como das competências dos poderes Executivo e Legislativo pertinentes à temática. A Constituição francesa estabelece que a lei de finanças deve definir os recursos e obrigações do Estado, de acordo com os parâmetros previstos na lei que trata da matéria. Trata-se da *loi organique relative aux lois de finances* – LOLF (a lei orgânica das leis de finanças) que, desde 2006, disciplina o processo orçamentário na França.

Conforme será descrito em capítulo específico, a LOLF trouxe uma ampliação das competências do parlamento no processo orçamentário francês e das prerrogativas conferidas aos parlamentares, em especial o poder efetivo de emenda sobre as despesas públicas. A LOLF modificou profundamente o modo pelo qual o orçamento é apresentado na França – de um *orçamento de meios* para um *orçamento de resultados*, através de *missões* que agrupam *programas*.

Assim, o parlamento não mais se limita a fazer escolhas em termos de meios, tal como sob a sistemática anterior, mas tem poderes para propor alterações na repartição de despesas em missões específicas previstas da lei orçamentária, observada a impossibilidade de aumentar as despesas globais previstas no projeto do Poder Executivo. Além da LOLF, a Constituição francesa prevê também que as leis de programação de finanças definirão os objetivos da ação estatal e a orientação plurianual das finanças públicas, visando à manutenção do equilíbrio das contas da Administração Pública.

Na França, a LOLF ainda determina em seu art. 51-5 que o projeto de Lei de Finanças seja acompanhado de uma série de relatórios anexos, comumente chamados de *bleus budgétaires* (azuis orçamentários), dentre os quais se encontra o projeto anual de performance (PAP), que deve incluir a apresentação estratégica do programa e das suas ações, além de objetivos e indicadores de desempenho que são associados aos programas e ações e da justificativa para os créditos relativos ao conteúdo físico e financeiro das ações realizadas no âmbito do programa.

Estados Unidos

Já nos Estados Unidos, a Constituição somente traz regras quanto à legalidade (autorizações para as apropriações das verbas públicas devem decorrer de lei) e periodicidade (as declarações, contas de receitas e despesas públicas devem ser publicadas regularmente). Além destes princípios, a Constituição americana igualmente dispõe sobre a competência do Congresso para decidir em matéria orçamentária e sobre o controle das finanças públicas.

No que tange às leis infraconstitucionais, nos Estados Unidos, destacam-se importantes leis, tais como o *U.S. Code*, que determina regras quanto à limitação dos gastos estipulados pelo Congresso para o ano fiscal, que devem observar as receitas previstas pelo Governo para o mesmo período (§1103); o procedimento para a elaboração e submissão dos orçamentos pelas agências e suas diretorias (§1108) e o procedimento para a elaboração do orçamento do governo federal (§1104 e §1105), além do rito a ser seguido para o envio do orçamento do Poder Executivo Federal ao Congresso (§1105), dentre outras regras.

Além do *U.S. Code*, ressalta-se a importância do *Congressional Budget Act of 1974* (CBA 1974), que se propôs a melhor organizar o rito e a divisão das competências no processo orçamentário, com a criação da Comissão Orçamentária da Casa dos Representantes e do Senado e do *Congressional Budget Office* (CBO).

Análise comparada do processo orçamentário no Poder Executivo

Na terceira seção, são descritos detalhadamente os processos de elaboração da lei orçamentária pelo Poder Executivo em cada país, com a explicação de todas as etapas necessárias até a apresentação do orçamento ao Poder Legislativo.

Brasil

O processo de elaboração do Projeto de Lei Orçamentária (PLOA) no Brasil traduz as estratégias e os objetivos de médio e de longo prazo constantes do PPA e dos planos setoriais, assim como as metas e prioridades elencadas na LDO. As atividades de elaboração do PLOA são desenvolvidas pelos órgãos integrantes do Sistema de Planejamento e de Orçamento Federal (SPOF), responsável pelas atividades de elaboração, acompanhamento e avaliação de planos, programas e orçamentos, e de realização de estudos e pesquisas socioeconômicas.

Em linhas gerais, as diretrizes estratégicas são definidas pelo órgão central (Ministério da Economia), em conjunto com a Casa Civil da Presidência da República.

Em seguida, os órgãos setoriais – unidades de planejamento e orçamento dos ministérios e da Presidência da República – definem os objetivos setoriais a serem observados pelas unidades orçamentárias. O processo no Poder Executivo passa por uma fase qualitativa, com a revisão das ações existentes na lei orçamentária e a proposição de novas dotações, seguida do cálculo dos grandes números do orçamento e sua compatibilização com as metas de resultado fiscal, através da previsão de destinação de recursos para despesas obrigatórias e discricionárias.

Estabelecidos os grandes números do PLOA, são divulgados para os órgãos setoriais os referenciais monetários daquele ano, isto é, o montante de recursos que cada setorial terá à disposição para atendimento das unidades orçamentárias (UOs). As propostas setoriais são, então, examinadas, consolidadas e submetidas à Casa Civil, para posterior encaminhamento ao Congresso Nacional.

Alemanha

Na Alemanha, o Poder Executivo elabora as macrodiretrizes e, em conformidade com o seu conteúdo, os ministérios e órgãos preparam seus orçamentos setoriais. Cada órgão ou ministério, através do respectivo gestor orçamentário, realiza a administração de receitas ou despesas, assegurando que os recursos sejam atribuídos às áreas adequadas e que o limite orçamentário seja respeitado, e envia a proposta setorial ao Ministério Federal das Finanças.

O Ministério Federal das Finanças é responsável por examinar as propostas setoriais e preparar o projeto do orçamento, além de poder emendar as propostas após consulta aos ministérios e órgãos que as enviaram.

França

Na França, a elaboração do projeto de lei de finanças (PLF) no Poder Executivo consiste em duas etapas, coordenadas pelo ministro de finanças do país. Enquanto na primeira são apresentadas as propostas de destinação de recursos do orçamento idealizadas por cada um dos ministros de governo, na segunda, ocorrem as "negociações bilaterais", entre a Direção do Orçamento e cada um dos ministérios, com a finalidade de analisar a execução dos orçamentos dos anos precedente e corrente, bem como avaliar os custos associados às políticas públicas existentes e àquelas que poderão ser implementadas.

Esta fase é então seguida das conferências orçamentárias (*conférences budgétaire*), em que se confrontam as opiniões da Direção do Orçamento e de cada ministério sobre a melhor alocação dos recursos do orçamento para o próximo exercício financeiro; eventuais divergências são arbitradas pelo Primeiro-Ministro. Das conferências orçamentárias resulta um relatório provisório (*rapport préparatoire*) que apresenta as principais modificações na orientação da política econômica e orçamentária do governo, a previsão para a trajetória das finanças públicas e um quadro síntese com os recursos a serem destinados a cada uma das missões no orçamento do exercício seguinte. Por fim, ocorrem as reuniões de repartição (*conférences de répartition*), que têm por finalidade determinar a divisão das autorizações de compromisso e das despesas para cada um dos programas previstos no orçamento. O projeto final de orçamento é finalizado entre agosto e setembro de cada ano e apresentado ao Parlamento em outubro.

Estados Unidos

Nos Estados Unidos, cabe ao Presidente submeter o projeto de orçamento ao Congresso no primeiro dia de sessão regular das respectivas atividades legislativas daquele ano – portanto, até a primeira segunda-feira de fevereiro. O Escritório de Administração e Orçamento da Casa Branca (OMB) consolida as propostas submetidas pelos órgãos administrativos do Poder Executivo – departamentos e agências executivas americanas –, cuja elaboração iniciou cerca de um ano e meio antes da data do envio do projeto orçamentário final ao Congresso.

Assim, a proposta presidencial será composta pelo orçamento encaminhado por todas as agências federais, cujos processos de elaboração são estabelecidos pelo OMB, que determina a condução dos referidos trabalhos com a designação de um examinador para auxiliar na elaboração das propostas de cada uma das agências. Após esse processo de elaboração interno em cada agência, as propostas são enviadas para a presidência entre setembro e outubro do ano que antecede a vigência do orçamento que tais dotações se prestarão a compor. Além de contar com o suporte do OMB, o Presidente desfruta de ajuda do *Bureau of Budget*, como um órgão vinculado à Casa Branca com atribuição orçamentária específica.

Uma peculiaridade importante do processo orçamentário nos Estados Unidos é que a proposta orçamentária encaminhada pelo Presidente é tida apenas como uma recomendação ao Congresso e este não é obrigado a adotar quaisquer dos termos do pedido de orçamento feito pelo Presidente, o que denota que o Poder Executivo possui, formalmente, menor influência no processo orçamentário, quando cotejado aos demais países objeto desta pesquisa. Conforme veremos ao longo da seção específica, a influência do Presidente na aprovação da peça variará conforme o capital político de que dispõe no Congresso.

Análise comparada do processo orçamentário no Poder Legislativo

Brasil

Uma característica peculiar do Brasil é que, conforme o art. 166 da CF, o PLOA deve ser apreciado pelo Congresso Nacional (enquanto instituição distinta de Câmara e Senado) e não de maneira separada pelas duas Casas do Congresso Nacional.

A Comissão Mista de Planos, Orçamentos Públicos e Fiscalização (CMO), prevista constitucionalmente, tem a competência para apreciar a matéria antes da deliberação pelo plenário do Congresso, centralizando e coordenando a apreciação legislativa da proposta orçamentária encaminhada pelo Poder Executivo.

A discussão do PLOA na CMO é então dividida em 16 áreas temáticas – partições do orçamento, delimitadas de acordo com a área da despesa pública, que agregam órgãos orçamentários associados aos Ministérios do Poder Executivo – sob responsabilidade dos relatores setoriais.

Veremos que outra peculiaridade do caso brasileiro é que a função do Relator-Geral assume uma importância central com as funções de coordenação e consolidação dos relatórios setoriais e da receita, já que tem a competência de autorizar cancelamentos, adequações, ajustes em programações e alocação direta de recursos nas mais diversas áreas da despesa pública.

A apresentação e a aprovação de emendas ao PLOA pelo Poder Legislativo estão sujeitas a diversas limitações: as emendas somente podem ser aprovadas caso compatíveis com o PPA e com a LDO, devendo indicar anulação de outra despesa como fonte de recursos, de modo a manter a neutralidade fiscal da modificação. Além disso, há limitações distintas de acordo com o autor da proposição: no caso das emendas individuais, por exemplo, cada parlamentar pode apresentar até 25 (vinte e cinco) emendas e o montante global aprovado para todas as emendas individuais ao PLOA está limitado a 1,2% da Receita Corrente Líquida prevista no projeto encaminhado pelo Poder Executivo – referido montante deve ser distribuído igualmente entre os parlamentares em exercício do mandato. Como veremos, há limitações específicas aplicáveis também às emendas de comissão e emendas de bancada.

Alemanha

Na Alemanha, a proposta de lei orçamentária é apresentada simultaneamente a ambas as casas legislativas, mas é a câmara baixa (*Bundestag*) que tem a primazia para análise e aprovação do processo orçamentário. Caso o Senado (*Bundesrat*) tiver objeções à decisão do *Bundestag* sobre a proposta orçamentária, poderá acionar o Comitê de Solução de Controvérsias. No entanto, caso a controvérsia não seja solucionada após atuação do Comitê, o *Bundestag* pode suplantar essa objeção e aprovar a lei orçamentária.

No *Bundestag*, a análise detalhada do projeto orçamentário fica a cargo do Comitê de Orçamento, que analisa as alocações e propõe as alterações por meio do seu presidente, que é sempre um membro do maior grupo parlamentar da oposição. Os trabalhos do Comitê são distribuídos entre um relator principal e três relatores adjuntos responsáveis pela análise e submissão de propostas sobre as 23 propostas setoriais em que se divide o orçamento. Ao final do processo, o Comitê conclui as suas deliberações sobre as propostas setoriais com a adoção de uma proposta de resolução sobre a lei orçamentária.

Uma peculiaridade do sistema alemão é que o *Bundestag* possui um amplo poder para emendar o orçamento proposto, o que se concretiza através de inúmeras emendas aprovadas anualmente à proposta apresentada pelo governo. Tais emendas normalmente contemplam alterações de pequena monta ou envolvem realocação de despesas entre ações de governo.

França

Assim como nos demais países pesquisados, na França, o processo orçamentário igualmente passa pelas duas casas do Poder Legislativo: a Assembleia Nacional e o Senado. No caso da França, as Casas Legislativas participam sequencialmente do processo: a apreciação inicia-se pela Assembleia e, na sequência, passa para o Senado. Em caso de divergência entre as duas casas, prevê-se a criação de uma Comissão Parlamentar Paritária e, caso o Senado não deliberar sobre o projeto dentro do prazo fixado, o Governo o encaminhará à apreciação diretamente pela Assembleia Nacional.

A Comissão de Finanças tem a competência de análise do orçamento e o seu relator geral tem a prerrogativa de examinar a primeira parte da Lei de Finanças, que trata da autorização para a arrecadação de recursos públicos, os limites máximos para despesas em cada categoria de gasto e para variações na dívida líquida, além dos dados gerais de equilíbrio orçamentário. O exame detalhado dos créditos é de competência dos relatores especiais que, regra geral, são também responsáveis pelo exame dos créditos de uma missão.

O Poder Legislativo na França tem limitações ao poder de modificação do projeto orçamentário: as emendas devem ser apresentadas durante a sessão, ou na comissão competente para examinar o projeto, e devem guardar pertinência temática com a matéria. Além disso, não podem criar despesas não previstas inicialmente no Projeto de Lei proposto pelo Poder Executivo ou qualquer aumento de despesa ou alteração que modifique o resultado orçamentário, além de se proibir iniciativas com objetivo de reduzir receitas já existentes, exceto se a diminuição for compensada pelo aumento de receita diversa.

Estados Unidos

Conforme será descrito em maiores detalhes, nos Estados Unidos, ambas as casas legislativas – Câmara (*House of Representatives*) e Senado (*Senate*) – têm a prerrogativa de analisar a proposta orçamentária do Poder Executivo de forma simultânea e independente por intermédio de seus respectivos Comitês de Orçamento e Comitês e Subcomitês de Apropriação. Tais comitês são responsáveis por estabelecer limites para despesas, através de uma resolução congressual conjunta (*concurrent resolution*), na qual é explicitado o limite de gastos para o orçamento como um todo e suas respectivas categorias funcionais, enquanto os subcomitês de apropriação (*appropriation subcommittees*) fazem a alocação específica dos recursos a áreas e agências do governo.

Uma peculiaridade dos EUA é que, uma vez estabelecidos os agregados orçamentários, cada Casa Legislativa passa a atuar de maneira isolada e independente na definição do orçamento, o que faz com que comumente seja preciso uma comissão mista de deputados e senadores (*Conference Committee*) para resolver eventuais diferenças entre as versões do orçamento aprovada por cada casa. Após esta etapa, o projeto orçamentário é levado a voto do Plenário da Câmara e do Senado e, caso aprovado, é promulgado através das *appropriation acts*, leis aprovadas pelo Congresso que constituem o orçamento das agências norte-americanas.

Com relação aos limites impostos ao Poder Legislativo norte-americano no que se refere a modificações na proposta orçamentária, veremos que o Regimento Interno da Câmara dos Deputados determina a prejudicialidade de emendas cujo efeito líquido sobre receitas ou despesas seja um aumento do déficit ou redução do superávit, no exercício a que se refere o orçamento e ao longo dos dez anos subsequentes.

Segunda parte: comparação do processo orçamentário a partir de critérios específicos

Na segunda parte, desenvolvemos uma parte comparativa do processo orçamentário de cada país a partir de questões específicas relacionadas a características essenciais do orçamento. A análise inicia-se com uma comparação entre as principais características relativas ao sistema de governo e forma de Estado, bem como ao sistema partidário e jurídico dos países analisados.

Em seguida, em um primeiro conjunto de questões, exploramos as regras relativas à temporalidade dos orçamentos em cada país, descrevendo os mecanismos de conexão entre planos de governo e os respectivos orçamentos, bem como o modelo e a efetividade das projeções plurianuais que acompanham os orçamentos de cada país.

- Há mecanismos de conexão entre planos (ou planos de governo) e orçamentos?
- O orçamento anual é acompanhado de projeções plurianuais?

Nesta parte, veremos, por exemplo, que no Brasil a CF (art. 165, §1º) confere ao PPA – instrumento de médio prazo – a missão de definir diretrizes, objetivos e metas para despesas de capital e programas de duração continuada. Na França, as leis de programação de finanças públicas (LPFP) abrangem um período mínimo de três anos e especificam os objetivos de médio prazo das finanças públicas francesas. O orçamento plurianual serve de base para a preparação dos projetos de lei de finanças para os anos seguintes, que permanecem apresentadas e examinadas a cada ano. Já no caso dos Estados Unidos, mostraremos que o orçamento federal dos EUA é acompanhado de estimativas plurianuais para um horizonte de dez anos, apresentadas como informações suplementares ao orçamento anual.

Em seguida, analisamos comparativamente a impositividade do orçamento em cada país, bem como as regras relativas a vinculações de receitas. Neste bloco de perguntas, analisaremos comparativamente o modelo de cada país a partir das seguintes perguntas:

- O orçamento é autorizativo ou impositivo?
- Qual o grau de rigidez do orçamento (nível de despesas obrigatórias e de vinculação de receitas)?
- "Orçamento de Guerra" (pandemia; calamidade pública ou outras situações emergenciais/extraordinárias): como é o processo formal para autorização de gastos excepcionais (por exemplo, via emenda constitucional ou medida provisória etc.)?
- Há identificadores de emendas parlamentares ou *earmarks* no orçamento?

Neste bloco de perguntas, veremos que a impositividade do orçamento no Brasil vem se transformando principalmente após a promulgação da EC nº 86/2015 que determinou a obrigatoriedade de execução orçamentária e financeira das programações incluídas por emendas individuais na lei orçamentária, e com a EC nº 100/2019 que ampliou a garantia de execução para as programações incluídas por todas as emendas de iniciativa de bancada de parlamentares dos Estados ou do Distrito Federal, no montante de até 1% (um por cento) da receita corrente líquida realizada no exercício anterior. Além disso, o orçamento brasileiro caracteriza-se pelo seu alto grau de rigidez, em virtude do elevado montante de despesas cuja execução é obrigatória e da excessiva vinculação de receitas a finalidades específicas. Nesta parte veremos, ainda, que a partir da Lei de Diretrizes Orçamentárias de 2014, o marcador orçamentário denominado *Identificador de Resultado Primário* (RP), que visa a auxiliar a apuração do resultado primário do exercício, passou a ser utilizado, também, para identificar programações incluídas por emendas ao PLOA.

Já na França, a lei orçamentária determina o cumprimento da autorização parlamentar, submetendo o Governo e a sua administração a três princípios: o carácter limitativo dos créditos (as despesas apenas podem ser autorizadas dentro dos limites dos créditos previstos na lei de finanças aprovada pelo Parlamento), o princípio da anualidade (operações orçamentárias devem ser restritas a um exercício financeiro) e o princípio da especialidade (o Poder Executivo deve utilizar as dotações, em princípio limitadas, de acordo com o seu destino). No que tange à existência de *earmarks* no orçamento francês, as únicas possibilidades encontradas foram as exceções à regra da não afetação, que dispõe que certas receitas podem ser alocadas diretamente a certas despesas, na forma de orçamentos subsidiários (*budgets annexes*) e contas especiais (*comptes spéciaux*).

Nos Estados Unidos, desde a edição do *Budget and Impoundment Control Act* (BICA), o Poder Executivo é legalmente obrigado a executar o orçamento aprovado pelo Congresso. Antes dessa lei, o Presidente poderia, para promover economia e reduzir despesas, estabelecer reservas da despesa autorizada para o Poder Executivo, desde que os propósitos pretendidos pelo Congresso fossem atingidos por um montante de despesas menor que o autorizado. Referida permissão dada ao Presidente para promover o bloqueio de recursos orçamentários (*impoundment*) era vista como inerente ao cargo, relacionando-se à necessária discricionariedade do administrador para a consecução do bem público, dentro dos limites legais. Com a edição do BICA, contudo, a habilidade presidencial de promover o bloqueio indefinido de recursos foi limitada. Há, contudo, normas relacionadas ao equilíbrio fiscal que podem relativizar a obrigação de executar o orçamento aprovado. O *Budget Control Act of 2011*, por exemplo, estabeleceu limites para despesas discricionárias até o ano fiscal de 2021; uma vez descumpridos referidos limites, lança-se mão do mecanismo de *sequestration* (análogo ao contingenciamento existente no Brasil), que consiste em uma ordem presidencial de cancelamento de recursos orçamentários para restabelecer a observância dos limites ao longo do ano.

No quarto bloco de questões da análise comparativa, trataremos da abordagem orçamentária de cada país:

- O orçamento é tradicional (disposto através de meios) ou orientado ao desempenho (fins/missões)? Estrutura de classificação da despesa: o orçamento é organizado por programas? Os programas são desdobrados em ações ou outras categorias semelhantes?
- Há uso (ou previsão de uso) de informações de desempenho pelo processo orçamentário?

Nesta parte, veremos que, no Brasil, a Lei nº 4.320/1964 lançou as bases institucionais para que a despesa orçamentária se aproximasse da abordagem do "orçamento-programa", com vistas a demonstrar a finalidade do gasto público. Atualmente, aos referidos programas – que consistem em um conjunto de políticas públicas – estão vinculadas ações orçamentárias que, de seu lado, explicitam as medidas que serão adotadas para alcançar o objetivo do respectivo programa. Com relação à previsão de informações de desempenho, detalharemos as diversas normas pertinentes ao orçamento público no Brasil, segundo as quais as avaliações acerca do resultado e do custo-benefício das políticas públicas devem ser parte integrante do processo orçamentário.

Na França, uma das mudanças trazidas na reforma orçamentária por meio da LOLF foi estabelecer que o orçamento francês deverá ser apresentado por missões e programas, ou seja, as discussões passaram a seguir uma lógica de resultados (e não mais de meios, como no regime anterior), em que a elaboração e exame do projeto se concentravam nos objetivos e na relação custo/benefício das políticas públicas. Por fim, a LOLF também determina que o projeto de Lei de Finanças seja acompanhado de uma série de relatórios anexos, comumente chamados de *bleus budgétaires* (azuis orçamentários), dentre os quais o projeto anual de performance (PAP), que inclui a apresentação de objetivos e indicadores de desempenho associados aos programas e ações.

Da mesma forma, nos Estados Unidos é possível afirmar que o orçamento público se verifica como tendente ao desempenho, ou seja, à apresentação de programas e objetivos para os quais a requisição de créditos se faz necessária, aos custos dos programas propostos para atingir tais objetivos e, por fim, aos dados quantitativos que meçam as realizações e o trabalho levado a efeito por cada programa. Além disso, o *U.S. Code* prevê a produção e a publicação das informações de desempenho das agências federais (§1115-b e §1116-b), que deverão ser disponibilizadas até 150 (cento e cinquenta) dias após o término do ano fiscal e, se inconsistentes com as metas traçadas na proposta de orçamento, devem estar acompanhadas de uma motivação.

No quinto bloco de perguntas comparativas, abordaremos modelos dos países quanto às regras e às metas fiscais:

- O processo orçamentário é condicionado por regras fiscais (por exemplo, teto de gastos e normas da Lei de Responsabilidade Fiscal (LRF) no Brasil)?
- Quais as medidas de ajustes fiscais caso a norma fiscal seja descumprida?
- Há regra de ouro e exceções? Quem deve aprovar estas exceções?

Neste bloco comparativo, veremos que, no Brasil, o art. 4º, §1º, da Lei Complementar nº 101/2001, a LRF, introduziu um conjunto de novas funções para a LDO, com consequências diretas no processo orçamentário. Dentre elas, destacam-se sua atribuição de dispor sobre equilíbrio entre receitas e despesas e sobre critérios e forma de limitação de empenho, bem como a introdução do Anexo de Metas Fiscais, em que são estabelecidas metas anuais, em valores correntes e constantes, relativas a receitas, despesas, resultados nominal e primário e montante da dívida pública, para o exercício a que se refere o orçamento e para os dois seguintes. Além disso, veremos que os "gatilhos" automáticos previstos na CF que devem ser acionados quando a despesa obrigatória primária da União ultrapassar 95% de sua despesa primária total. Por fim, trataremos da *regra de ouro* prevista no art. 167, inc. III, da CF, que proíbe a realização de operações de crédito que excedam o montante das despesas de capital.

Na Alemanha, em decorrência do *Pacto de Estabilidade e Crescimento* e do *Pacto Fiscal Europeu*, veremos que a opção de financiamento foi restringida, em 2009, pela proibição constitucional de contrair novos empréstimos, conhecida como "regra do freio da dívida" (*Schuldenregel*). A regra do freio da dívida pode ser excepcionada, tanto no nível federal como estadual, no caso da ocorrência de situações extraordinárias, emergências com impacto significativo que estejam fora do controle estatal, como desastres naturais e flutuações econômicas.

Já na França, as leis de programação de finanças públicas (LPFP) têm por principal consequência na lei de finanças a previsão da programação dos gastos do Estado ao longo de três anos, tanto através de um teto de gastos geral quanto de tetos por missão (ou certas políticas públicas). Para cada um dos anos do programa, os projetos de lei de finanças são preparados e apresentados ao Parlamento de acordo com os tetos estabelecidos no orçamento de três anos. Com a entrada em vigor do *Tratado sobre Estabilidade, Coordenação e Governança* (o *Pacto Fiscal Europeu*), a LPFP passou a definir as orientações gerais das finanças públicas na França, dando efeito à "regra de ouro" introduzida pelo Pacto Fiscal Europeu, pela qual se institui um objetivo para o déficit estrutural (ou seja, o resultado fiscal efetivo corrigido por variações conjunturais e por medidas temporárias) que não pode ultrapassar 0,5% do PIB.

Por fim, nos Estados Unidos, os comitês de orçamento (*budget committees*) da Câmara os Deputados e Senado elaboram uma resolução orçamentária (*budget resolution*) para definir os grandes números do orçamento a ser aprovado, i.*e.*, agregados fiscais de receitas e despesas, desdobradas por área setorial. Tal documento abrange não apenas o exercício financeiro ao qual o orçamento se refere, mas também o período de dez anos subsequentes.

Em seguida, o sexto bloco abordará o processo orçamentário no Poder Executivo, através das seguintes questões:

- O processo é *top-down*, *bottom-up* ou misto?
- O órgão central de orçamento também é responsável por atividades de planejamento, monitoramento e avaliação?
- O Poder Executivo elabora somente a proposta ou também o projeto de lei orçamentária?
- O que ocorre na hipótese de o Poder Executivo não enviar tempestivamente a proposta ou o projeto de lei ao Poder Legislativo?

Nesta parte, veremos que o processo de elaboração da proposta orçamentária brasileira é misto, isto é, possui algumas etapas *top-down* – principalmente através da definição dos "grandes números" da proposta orçamentária pela Secretaria de Orçamento Federal (SOF); e outras *bottom-up*, tendo em vista a autonomia dos Ministérios para propor a alocação desses recursos. Além disso, descreveremos como as atividades de planejamento e orçamento são realizadas pelo Sistema de Planejamento e Orçamento Federal, composto pelo órgão central (Ministério da Economia), pelos órgãos setoriais e pelas unidades orçamentárias. Por fim, veremos que, no caso brasileiro, o Poder Executivo elabora tanto a proposta orçamentária quanto o projeto de lei para apresentação ao Congresso Nacional.

De maneira similar ao Brasil, veremos que na Alemanha o processo inicia-se com o Ministro Federal das Finanças através da "carta de preparação do orçamento" dirigida aos chefes dos demais ministérios, contendo uma descrição da situação econômica e orçamentária geral e previsões sobre o quadro econômico futuro. Depois que o Ministro Federal das Finanças recebe os orçamentos setoriais, é aberta a fase de discussões, especialmente sobre cortes de recursos nos orçamentos setoriais.

Na França, o processo segue um processo misto, já que cada um dos ministérios gestores deve preparar e apresentar suas demandas de destinação de recursos no orçamento, devendo a Direção do Orçamento, estrutura integrante do Ministério das Finanças, apresentar sua versão do que considera o projeto de orçamento ideal, tendo por base seu estudo de avaliação das disposições financeiras do Estado. No segundo momento, ocorrem as negociações bilaterais, em que se confrontam as demandas dos ministérios com a proposta para o projeto de lei de finanças gestada no Ministério das Finanças. Na França, o ministro das finanças é uma figura central na condução das etapas necessárias à preparação do projeto da lei de finanças, sendo responsável por coordenar todo o processo necessário à elaboração da lei de finanças, definir o calendário de atividades, centralizar as demandas por crédito feitas pelos demais ministérios e solicitar dos órgãos do governo informações necessárias às fases de negociação e arbitragem, bem como aquelas que serão apresentadas nos anexos da PLF. O projeto de lei orçamentária é elaborado no âmbito do Poder Executivo e, posteriormente, encaminhado para discussão e aprovação pelo Parlamento.

Os Estados Unidos também seguem um processo misto de elaboração da proposta, composto por fases consideradas *top-down* e *bottom-up*. Isto porque, em âmbito Executivo, verifica-se que a proposta orçamentária segue o fluxo das agências até o Chefe do Executivo, que as consolida e as encaminha, em conjunto com o orçamento de seu próprio gabinete, ao Congresso, tal como resta estabelecido pelo *Office of Management and Budget*.

O processo orçamentário no Poder Legislativo é o próximo bloco comparativo, em que analisaremos os processos dos países através das seguintes questões:

- Quais Casas Legislativas participam do processo?
- Qual comissão coordena o processo?
- O Poder Legislativo dispõe de unidades de assessoramento técnico institucional em matéria orçamentária?
- Qual o papel das comissões temáticas na apreciação do orçamento?

- Quais os limites do Poder Legislativo para alterar a proposta orçamentária?
- Quais atores podem propor alterações na proposta/projeto de lei do orçamento?
- Qual o alcance da autorização parlamentar na elaboração/tramitação do orçamento (há ingerência parlamentar durante a elaboração/tramitação)? Mesmo após aprovação, o Poder Legislativo tem mecanismos para influenciar/modificar a execução do orçamento (por exemplo, indicações de relator geral etc.)?
- O que ocorre na hipótese de o Poder Legislativo não aprovar tempestivamente o orçamento?

Através da análise comparativa entre os países, mostraremos neste bloco de perguntas como ocorre a participação de cada casa legislativa na análise e aprovação do processo orçamentário. Veremos que a proposta de orçamento é debatida de forma unificada e centralizadora por uma comissão mista no Congresso Nacional brasileiro, enquanto nos Estados Unidos o processo segue na Câmara e no Senado de forma independente e simultânea. Já na França há igualmente a apreciação pelas duas casas, mas de maneira sequencial e com prazos definidos para apreciação. Por outro lado, na Alemanha, é a Câmara Baixa que tem primazia sobre o processo orçamentário.

Nesta parte também comparamos como a análise do projeto do orçamento se divide por áreas temáticas ou comitês em cada país, bem como a existência e o papel do Relator Geral no exame do projeto de orçamento em cada país. Uma constatação importante é a participação ativa de comissões permanentes e especializadas no processo orçamentário dos países analisados, que parecem ser capazes de analisar mais profundamente as diferentes temáticas submetidas no orçamento, o que não ocorre no caso brasileiro.

Outra comparação importante diz respeito à prerrogativa do Poder Legislativo de propor e realizar alterações no projeto orçamentário. Neste aspecto, o caso brasileiro destaca-se dos demais, pois, além de os parlamentares terem a prerrogativa de propor emendas individuais, emendas coletivas ao PLOA podem ser propostas pelas bancadas estaduais, pelas comissões permanentes do Senado e da Câmara, além das comissões mistas permanentes do Congresso Nacional. Além disso, os relatores da proposta também podem sugerir emendas ao PLOA. Esta possibilidade de propor alterações ao projeto por meio de emendas parece ser mais restrita nos países estudados. Na França, só há a possibilidade de proposta de emendas pelos membros do Congresso e pelos relatores das propostas orçamentárias; na Alemanha, além dos parlamentares e dos relatores, propostas de mudanças também podem ser apresentadas em bloco pelos partidos políticos. Por fim, tendo em vista que o orçamento é praticamente elaborado pelo próprio Congresso, todos os parlamentares e as comissões temáticas (caso guarde relação com sua temática) podem oferecer emendas às *appropriation bills.*

No último bloco de perguntas, analisaremos comparativamente a participação da sociedade e de entidades independentes no processo orçamentário dos países, através das seguintes perguntas:

- Qual a relação da Entidade de Fiscalização Superior (EFS) com o processo orçamentário?
- Qual a relação da Instituição Fiscal Independente (IFI) com o processo orçamentário?
- Há audiências públicas durante a apreciação legislativa do orçamento?
- Há abertura para influências externas de empresas e de escritórios lobistas na elaboração do orçamento?

Neste bloco, analisaremos no caso brasileiro o papel do Tribunal de Contas da União (TCU) como a Entidade de Fiscalização Superior (EFS) do país, cuja participação no processo orçamentário concentra-se no encerramento do ciclo anual, por meio da emissão de parecer prévio sobre as contas prestadas anualmente pelo Presidente da República. Por seu turno, a Instituição Fiscal Independente (IFI) do Senado Federal não dispõe de competências normativas para atuar formalmente no processo orçamentário, mas elabora análises e projeções fiscais que podem ser facultativamente consideradas subsídio ao debate. Por fim, destaca-se a possibilidade de realização de audiências públicas para discutir e aprimorar os projetos de lei do PPA, da LDO e da LOA.

Na Alemanha, o Tribunal Federal de Contas – *Bundesrechnungshof* (BRH) – é uma autoridade federal suprema e independente responsável por apoiar o Poder Legislativo no cumprimento da sua missão de controle e por atuar como instrumento de controle das contas do Poder Executivo. Além disso, controla os recursos que o Governo Federal concede aos Estados para cumprir fins especiais. Veremos que diversas outras instituições auxiliam o governo alemão na formulação do processo de elaboração do orçamento e das propostas orçamentárias, tais como o *Conselho Consultivo de Especialistas em Economia*, o *Conselho Científico Consultivo do Ministério Federal das Finanças*, o *Grupo de Trabalho sobre Previsões de Receitas Tributárias* e o *Conselho Consultivo Independente para o Conselho de Estabilidade.*

Na França, o Tribunal de Contas (*Cour des comptes*) é o órgão responsável pelo controle da regularidade das contas públicas e verificação da adequada utilização da receita com respectiva prestação de contas à sociedade. Em geral, a Corte de Contas recebe informações regulares do Ministério das Finanças, abarcando análises detalhadas da execução orçamentária por programa, e conduz, anualmente, uma revisão dos principais indicadores de performance dos ministérios. A França ainda conta com o *Conselho Superior de Finanças Públicas*, criado em 2012 com objetivo de ser uma instituição fiscal independente cujo objetivo central é avaliar a credibilidade das projeções macroeconômicas e se pronunciar sobre a coerência dos objetivos anuais apresentados nas leis orçamentárias com os objetivos plurianuais das finanças públicas.

Por fim, veremos que nos Estados Unidos o GAO – *General Accounting Office* – consiste em uma agência integrante do Poder Legislativo com a função de aprovar as contas do Poder Executivo, elaborar um relatório anual para o Congresso com informações sobre matérias conexas a receitas e uso da verba pública e realizar investigações quanto ao uso indevido de recursos públicos. Já a Instituição Fiscal Independente dos EUA consiste no *Congressional Budget Office* (CBO), agência federal independente com a função de auxiliar o Poder Legislativo por meio de dados e análises orçamentárias e econômico-financeiras no tocante aos projetos orçamentários em debate em cada uma das Casas.

Ao final desta segunda parte, apresentamos uma tabela comparativa com as principais características do processo orçamentário de cada país, com base nos dados levantados a partir destas questões.

A pesquisa empírica e comparativa realizada nesta obra será utilizada para a preparação de um *policy paper* com sugestões pontuais para melhoria do processo orçamentário brasileiro com base nas melhores práticas internacionais. O objetivo é contribuir para uma maior transparência e eficiência na maneira pela qual o orçamento hoje é discutido e aprovado.

PARTE I

PROCESSO ORÇAMENTÁRIO FEDERAL NOS PODERES EXECUTIVO E LEGISLATIVO

Regras e Princípios Constitucionais e Legais

BRASIL

DAYSON ALMEIDA

PAULO BIJOS

JÚLIA RODRIGUES

CAPÍTULO 1

REGRAS E PRINCÍPIOS CONSTITUCIONAIS E LEGAIS

O direito financeiro é conceituado, tradicionalmente, como o ramo do direito público que tem por objeto a atividade financeira do Estado, a qual consiste em obter, criar, gerir e despender recursos com vistas ao atendimento de necessidades públicas (Baleeiro, 2002).

Recorde-se que a autonomia de determinado ramo do direito fundamenta-se na existência de institutos e princípios próprios. O direito tributário, por ilustração, é dotado de instituto específico (os tributos) e de princípios a ele correlatos, como o da legalidade, da isonomia e da irretroatividade. No caso do direito financeiro e orçamentário, seu instituto próprio é o orçamento público que, por sua vez, é regido por princípios particulares a esse ramo do direito.

Na lição de Torres (2000, p. 121), os princípios gerais do orçamento "são os enunciados genéricos que informam a criação, a interpretação e a aplicação das normas jurídicas orçamentárias". O presente capítulo é organizado em consonância com essa lógica estruturante. As normas de direito financeiro e orçamentário são inicialmente examinadas a partir de seus princípios e, posteriormente, com base na sua legislação de regência.

1.1 Regras e princípios orçamentários

O direito financeiro e orçamentário, como visto, é alicerçado por um conjunto de princípios ou regras que lhes definem como ramo especializado do direito público. Os principais deles, sem prejuízo de outros apontados pela doutrina, são os da unidade, universalidade, exclusividade, periodicidade, especificação e não afetação das receitas, adiante examinados.

1.1.1 Unidade

De acordo com o princípio da unidade, previsto no art. 2º da Lei nº 4.320, de 1964, o orçamento público deve ser consolidado em um só documento; no caso, a lei orçamentária anual (LOA). Seu objetivo é evitar que receitas e despesas públicas sejam autorizadas de forma fragmentada e que se dê azo à criação de orçamentos paralelos, o que implicaria prejuízo à transparência e ao controle da atividade financeira do Estado.

Tal prescrição evidentemente deve ser interpretada em harmonia com a forma de organização do Estado. Em uma federação, cada ente autônomo deve dispor de seu próprio orçamento. No Estado federal brasileiro, com efeito, a União, os Estados, o Distrito Federal e cada um dos Municípios devem elaborar seus respectivos orçamentos.

Importante esclarecer, todavia, que a LOA de cada ente é constituída por três orçamentos. Conforme determina o art. 165, §5º, da Constituição, são eles: (i) o orçamento fiscal; (ii) o orçamento da seguridade social (saúde, previdência e assistência social); e (iii) o orçamento de investimento das empresas estatais. Embora haja três orçamentos distintos, todos eles se reúnem em uma só lei, a LOA, e desse modo conformam-se com o princípio da unidade, por vezes também denominado de princípio da totalidade.

1.1.2 Universalidade

O princípio da universalidade, igualmente previsto no art. 2º da Lei nº 4.320, de 1964, complementa o da unidade, ao exigir que todas as receitas e despesas públicas sejam abrangidas pelo orçamento. Busca-se, com isso, evitar que o orçamento público tenha alcance parcial, ou seja, que determinadas rubricas escapem à peça orçamentária. É o que prescreve o art. 165, §5º, da Constituição, por exemplo, quando estatui que o orçamento fiscal deve abranger a administração direta e indireta de todos os Poderes.

Cabe a ressalva de que no modelo de orçamentação pública brasileiro nem todas as despesas do ponto de vista da ciência contábil[1] compõem a LOA. Despesas com depreciação, por exemplo, são despesas para a contabilidade pública, mas não para o orçamento público.

1 Para a referida ciência, despesas são eventos que reduzem o patrimônio líquido de determinada entidade.

Na LOA, em regra, são contemplados apenas eventos associados a fluxos financeiros de recebimentos ou desembolsos.

Feito esse esclarecimento, acrescente-se que o princípio da universalidade é frequentemente associado ao princípio do orçamento bruto, segundo o qual receitas e despesas devem constar da LOA pelos seus totais, vedadas quaisquer deduções, tal como exigido pelo art. 6º da Lei nº 4.320, de 1964. Em resumo, receitas e despesas públicas não podem ser orçadas por valores líquidos. Cite-se como exemplo as transferências tributárias constitucionais da União aos demais entes da Federação. Não é permitido, em homenagem aos princípios da universalidade e do orçamento bruto, que o orçamento federal seja integrado apenas pelas receitas tributárias líquidas das referidas transferências. Todas as receitas tributárias, portanto, devem ser estimadas no orçamento da União pelo seu valor integral, e as parcelas a serem transferidas aos demais entes devem figurar como despesa autorizada no mesmo orçamento, em consonância com o disposto no art. 166, §3º, II, "c", da Constituição.

1.1.3 Exclusividade

Se, de um lado, o orçamento público deve abranger todas as receitas e despesas públicas, de outro, não deve ir além disso. Confere-se, desse modo, pureza à peça orçamentária, de tal sorte que não veicule matérias alheias à estimativa de receitas e à fixação e despesas que, do contrário, caracterizariam o que Ruy Barbosa denominava de "orçamentos rabilongos".

O preceito da exclusividade, no Brasil, também tem previsão constitucional. Segundo o art. 165, §8º, da Lei Magna, a lei orçamentária anual não conterá dispositivo estranho à previsão da receita e à fixação da despesa, não se incluindo nesta proibição, apenas, a autorização para abertura de créditos suplementares[2] ou para a contratação de operações de crédito. Note-se que as exceções ao princípio da exclusividade são taxativamente elencadas pela Lei Máxima, não cabendo à norma infraconstitucional expandi-las.

---

[2] Existem três tipos de créditos orçamentários adicionais (que modificam a LOA originalmente aprovada): (i) os suplementares, que adicionam dotações a programações já existentes na LOA; (ii) os especiais, que inovam a LOA, adicionando-lhe programações não originalmente autorizadas; e (iii) os extraordinários, destinados ao atendimento de despesas imprevisíveis e urgentes, com as decorrentes de guerra, comoção interna ou calamidade pública (art. 167, §3º, da Constituição).

Assinale-se que a autorização para a abertura de créditos suplementares é de grande utilidade prática, e no âmbito da União tem sido recorrentemente disciplinada no art. 4º da LOA. Esse dispositivo prevê um amplo rol de hipóteses nas quais o próprio Poder Executivo fica autorizado a suplementar créditos orçamentários, ao longo do exercício, por ato próprio.

1.1.4 Periodicidade

O princípio da periodicidade deriva do caráter temporário da lei orçamentária, que é o documento legal de previsão de receitas e despesas para determinado período. Não há que se falar, portanto, em autorizações de despesas por prazo indeterminado. No Brasil, assim como na maior parte do mundo, o orçamento é de periodicidade anual, razão pela qual o art. 2º da Lei nº 4.320, de 1964, refere-se conclusivamente ao princípio da anualidade, também corroborado pelo art. 165, III e §5º, da Constituição de 1988. Mais especificamente, o art. 34 da Lei nº 4.320, de 1964, define que o exercício financeiro coincide com o ano civil. A vigência esperada da LOA, desse modo, é de 1º de janeiro a 31 de dezembro de cada ano.

Como regra geral, portanto, os créditos orçamentários são de vigência anual. As exceções existentes, bastante restritivas, são definidas pelo art. 167, §2º, da Constituição, e aplicam-se a apenas dois tipos de créditos orçamentários adicionais – os especiais e os extraordinários. De acordo com o citado comando constitucional, ambos os créditos podem ser incorporados ao orçamento do exercício financeiro subsequente sob duas condições: (i) quando o respectivo ato de autorização for promulgado nos últimos quatro meses do exercício ao qual se referem (isto é, entre setembro e dezembro); e (ii) no limite de seus saldos, ou seja, até o valor das dotações que não houverem sido empenhadas.

1.1.5 Especificação

Além de ser temporalmente delimitado, o orçamento público deve especificar quais são seus componentes de receitas e despesas. Desse modo, devem ser discriminadas as diferentes origens da receita e os diversos destinos da despesa. A forma de operacionalização desse princípio, contudo, é bastante variável no tempo e no espaço. Nos orçamentos modernos, a tendência é que as despesas sejam desdobradas, entre outros critérios, por programas, de forma que se dê transparência aos propósitos do gasto público. Essa evolução na técnica orçamentária deu origem ao que a doutrina convencionou chamar de princípio da programação da despesa.

Por esse novo enfoque, o orçamento público transcende a condição de mera "lei de meios", assumindo a configuração de "lei de fins", enquanto traduz a expressão financeira da ação do Estado. No Brasil, esse giro finalístico da orçamentação pública foi impulsionado pela Lei nº 4.320, de 1964, a qual estatui, em seu art. 2º, que a lei orçamentária anual deve evidenciar o programa de trabalho do governo. No âmbito federal, destaca-se ainda o Decreto-Lei nº 200, de 1967, que, em seu art. 7º, prevê expressamente o instituto do "orçamento-programa anual".

Além disso, é pertinente assinalar que, no Brasil, a LOA assume elevado nível de detalhamento, especialmente no lado da despesa. De acordo com o art. 15 da Lei nº 4.320, de 1964, a discriminação da despesa deveria ocorrer, no mínimo, por "elementos", entendidos pelo §1º do mesmo artigo como "desdobramento da despesa com pessoal, material, serviços, obras e outros meios de que se serve a administração pública para consecução dos seus fins". Desde a edição da Portaria Interministerial nº 163, de 2001, no entanto, os referidos elementos foram dispensados de figurar na LOA. Essa sistemática tem sido reiteradamente confirmada em lei de diretrizes orçamentárias (LDO) da União, de modo que o detalhamento da despesa se dá por grupos de natureza de despesa (GND), que representam a agregação de elementos de despesa de mesmas características quanto ao objeto de gasto.

1.1.6 Não afetação

Para o orçamento público refletir o programa de trabalho do governo, é desejável haver liberdade, a cada ano, na definição dos gastos a serem autorizados. A atividade nuclear da orçamentação pública, afinal, consiste na alocação de recursos escassos, mediante decisão política. Quanto menor for essa margem discricionária, mais engessado torna-se o processo orçamentário. Essa rigidez pode ter duas origens básicas. A primeira é o elevado nível de despesas obrigatórias. Quando isso ocorre, a alocação de recursos passa a ser pré-determinada por despesas "legisladas", isto é, anteriormente definidas por meio do processo legislativo ordinário. Outra origem da rigidez é a elevada vinculação de receitas a despesas. Nesse caso, também se diminui a margem de liberdade dos orçamentos anuais, que perdem o poder de definir o destino de cada receita, na mesma medida em que devem obedecer às destinações previamente fixadas em lei.

O princípio da não afetação (ou da não vinculação) de receitas ocupa-se justamente desse último caso, ao prescrever que, em regra, as receitas públicas não devem ser vinculadas a fins específicos. No modelo constitucional brasileiro, porém, o princípio da não afetação tem por ênfase apenas os "impostos". Conforme ditado pelo art. 167, IV, da Constituição, é vedada a vinculação de receita de impostos a órgão, fundo ou despesa. Essa vedação mais restrita pode ser justificada pelo fato de que o imposto, por excelência, é a espécie de tributo de arrecadação tipicamente não vinculada, isto é, que pode ser utilizada para custear qualquer atividade estatal.

Importante frisar que as exceções à regra da não afetação das receitas de impostos são taxativamente definidas no próprio inciso IV do art. 167 da Constituição. De acordo com o citado inciso, são exceções ao princípio da não vinculação de impostos, por exemplo, a destinação de recursos para as ações e serviços públicos de saúde e para manutenção e desenvolvimento do ensino.

Para além do dispositivo constitucional em comento, específico para "impostos", observa-se que há algumas outras exceções ao princípio orçamentário da não afetação da receita listadas de modo esparso no texto constitucional. São exemplos o art. 204, parágrafo único, o art. 216, §6º e o art. 218, §5º, da Constituição. Nesses casos, afetos às áreas de assistência social, cultura e ciência e tecnologia, respectivamente, a possibilidade de vinculação não se refere especificamente a impostos, mas a "receita tributária líquida", nos dois primeiros casos, e a "receita orçamentária", no último. Por fim, assinala-se que o art. 76 do Ato das Disposições Constitucionais Transitórias (ADCT), por meio da chamada Desvinculação de Receitas da União (DRU), desvincula de fundo, órgão ou despesa, até 31 de dezembro de 2023, 30% da arrecadação da União relativa às contribuições sociais, contribuições de intervenção no domínio econômico e às taxas. No mesmo sentido, e para igual período, os arts. 76-A e 76-B do ADCT desvinculam 30% das receitas relativas a impostos, taxas e multas dos Estados e do Distrito Federal, e dos Municípios, respectivamente.

1.1.7 Outros princípios

O direito financeiro e orçamentário comporta outros princípios e regras além dos já examinados, com expressiva variação doutrinária.

Podem ser citados, como exemplos, os princípios da clareza, da transparência, da regionalização, do realismo e do equilíbrio. Assinale-se que o princípio do equilíbrio – modernamente interpretado sob a conotação de equilíbrio de longo prazo das contas públicas (e não mais de equilíbrio orçamentário anual) – assumiu maior relevância no ordenamento jurídico brasileiro desde o advento da Lei Complementar nº 101, de 2000, também designada de Lei de Responsabilidade Fiscal (LRF). De acordo com o art. 1º, §1º, do referido código de conduta, a responsabilidade na gestão fiscal pressupõe a ação planejada e transparente, em que se previnem riscos e corrigem desvios capazes de afetar o "equilíbrio das contas públicas".

Registra-se, por fim, que há uma abordagem específica de princípios orçamentários derivados da agenda internacional da "governança orçamentária", conceituada pela Organização para a Cooperação e Desenvolvimento Econômico como "processos, leis, estruturas e instituições em vigor para garantir que o sistema orçamentário atenda aos seus objetivos de maneira eficaz, sustentável e duradoura" (OCDE,[3] 2015, p. 9). Essa abordagem específica deu origem a uma nova geração de princípios afetos à orçamentação pública, consubstanciados na forma de um decálogo de princípios de governança orçamentária, aprovados em 2015 pela mencionada organização (OCDE, 2015).

1.2 Legislação aplicável

No Brasil, a legislação concernente ao direito financeiro e orçamentário constitui-se de um amplo conjunto de normas, a começar pela Constituição de 1988, que não apenas traça os comandos gerais para as finanças públicas do País, como também veicula uma série de regras específicas relativas ao processo orçamentário, a exemplo das que regulam as emendas parlamentares ao orçamento. O subitem seguinte apresenta um panorama das regras constitucionais orçamentárias.

1.2.1 Constituição Federal

A Constituição da República Federativa do Brasil de 1988 (ou, simplesmente, Constituição Federal), contém uma seção específica

[3] ORGANIZAÇÃO PARA A COOPERAÇÃO E DESENVOLVIMENTO ECONÔMICO (OCDE). *Recommendation of the Council on Budgetary Governance*. Public Governance & Territorial Development Directorate. Paris: OECD, 2015.

para a disciplina do orçamento público. Trata-se da Seção I ("Dos Orçamentos"), pertencente ao Capítulo II ("Finanças Públicas") do Título VI (Tributação e Orçamento) da Constituição. Composta pelos arts. 165 a 169, a referida seção reúne a maior parte das regras constitucionais afetas à orçamentação pública, sem prejuízo de outros dispositivos pertinentes ao tema, que se encontram esparsos na Lei Magna. Para Ricardo Lobo Torres,[4] esse conjunto de regras delineia um subsistema normativo ao qual o autor refere-se como "Constituição Orçamentária".

Registre-se, todavia, que a Constituição Orçamentária de 1988, em sua versão original, foi amplamente modificada ao longo do tempo, sobretudo nos últimos anos. Apenas a Seção em comento (arts. 165 a 169) foi reformada treze vezes.[5] Os parágrafos seguintes, portanto, versam sobre a redação em vigor da Constituição Orçamentária, com comentários apenas eventuais sobre algumas de suas inovações.

O art. 165 define a tríade de "leis orçamentárias" temporárias – todas elas de iniciativa do Chefe do Poder Executivo – que devem ser periodicamente aprovadas por todos os entes da Federação. São elas: a lei do plano plurianual (PPA), a lei de diretrizes orçamentárias (LDO) e a lei orçamentária anual (LOA). O conteúdo dessas leis é apresentado, de forma individualizada, em tópicos próprios mais à frente.

Observe-se que esse modelo só passou a existir, no Brasil, a partir da promulgação da Constituição de 1988, que inovou o ordenamento jurídico brasileiro com a criação do PPA e da LDO. Antes disso, havia apenas a LOA como lei temporária atinente ao processo orçamentário. O modelo atual, portanto, pode ser considerado como relativamente complexo, e mesmo atípico, em razão do número de leis temporárias requeridas pelo processo orçamentário brasileiro.

Entre as inovações recentemente introduzidas no art. 165, destaca-se sua previsão de que a administração tem o "dever de executar as programações orçamentárias, adotando os meios e as medidas necessários, com o propósito de garantir a efetiva entrega de bens e serviços à sociedade" (art. 165, §10). Essa disposição orienta o regime de execução das despesas discricionárias (não obrigatórias) do orçamento. Vale esclarecer que, por muito tempo, a Constituição foi silente quanto a esse aspecto, e durante tal período imperou o entendimento que o orçamento

4 Em sua obra "Tratado de direito constitucional financeiro e tributário. Volume V: O orçamento na Constituição". 2ª. ed. Rio de Janeiro: Renovar, 2000.

5 Por meio das Emendas Constitucionais 3/1993 19/1998, 20/1998, 42/2003, 45/2004, 86/2015, 86/2015, 100/2019, 102/2019, 103/2019, 105/2019, 106/2020, e 109/2021.

público, no Brasil, era apenas autorizativo. Essa situação começou a se alterar, contudo, desde a promulgação da Emenda Constitucional nº 86/2015, que deu início à marcha de impositividade (obrigatoriedade de execução) da LOA, inicialmente restrita às emendas individuais. Tal movimento se consolidou com o advento da Emenda Constitucional nº 100, de 2019, que não apenas estendeu o regime de impositividade às emendas de bancada estadual, como também incluiu o supracitado §10 no art. 165, tornando todo o conjunto de despesas discricionárias, em princípio, impositivo. Cabe a ressalva, porém, de que o atual modelo de impositividade não impede o contingenciamento de despesas discricionárias com vistas ao cumprimento de metas fiscais fixadas na LDO, tampouco afasta a possibilidade de inexecução orçamentária em razão de impedimentos de ordem técnica (art. 165, §11). O que passou a existir foi a necessidade de o gestor público justificar as razões de não execução das despesas discricionárias.

O art. 165 também orienta o conjunto mais amplo do ordenamento jurídico ao prever, em seu §9º, que lei complementar deve dispor sobre o exercício financeiro, a vigência, os prazos, a elaboração e a organização do PPA, da LDO e da LOA. Até o momento, tal norma não foi editada, de modo que esse espaço continua a ser ocupado pela Lei nº 4.320, de 1964, recepcionada pela Lei Magna vigente com status de lei complementar. Como consequência, não há lei permanente que disponha sobre o PPA e a LDO, que, por serem inovações da Constituição de 1988, naturalmente não foram contempladas pela Lei nº 4.320, de 1964. Esta norma voltará a ser analisada, mais adiante, em tópico específico.

O art. 166 da Constituição disciplina o processo legislativo orçamentário, em particular. O primeiro ponto a ser ressaltado diz respeito à previsão de uma comissão mista permanente do Congresso Nacional para o exame da matéria orçamentária. Com base nesse modelo, deputados federais e senadores trabalham em conjunto na apreciação dos projetos de leis orçamentárias. Do que se tem notícia, apenas Brasil e Chile adotam esse modelo misto congressual. Também sobressai, no processo legislativo brasileiro, o elevado nível de detalhamento das regras constitucionais concernentes às emendas ao orçamento. Isso ocorreu, em maior escala, a partir do momento em que o Congresso Nacional deu início à supracitada "marcha da impositividade", que envolveu a constitucionalização pormenorizada do regime de execução das emendas individuais e de bancada estadual. O processo legislativo orçamentário é examinado em detalhes em tópico específico deste Capítulo.

O art. 167 trata das vedações constitucionais em matéria orçamentária. É nesse artigo que a Constituição define, por exemplo, a chamara "regra de ouro" das finanças públicas, com a vedação de que sejam realizadas operações de créditos que excedam o montante das despesas de capital, ressalvadas as autorizadas mediante créditos suplementares ou especiais com finalidade precisa, aprovados pelo Poder Legislativo por maioria absoluta (art. 167, III).

Adicionalmente ao art. 167, a Emenda Constitucional nº 109, de 2021, incluiu os arts. 167-A, 167-B, 167-C, 167-D, 167-E, 167-F e 167-G no Texto Magno. O art. 167-A prevê uma série de medidas de ajuste fiscal a serem acionadas na hipótese de as despesas correntes superarem 95% das receitas correntes no âmbito dos Estados, do Distrito Federal e dos Municípios. No caso da União, regra similar é fixada no art. 109 do ADCT, como parte das normas transitórias que disciplinam o chamado "teto de gastos" da União, formalmente designado de "Novo Regime Fiscal", instituído pela Emenda Constitucional nº 95, de 2016.

Já os arts. 167-B a 167-G veiculam regras atinentes ao "regime extraordinário fiscal, financeiro e de contratações" a ser adotado pela União na vigência de estado de calamidade pública de âmbito nacional, decretado pelo Congresso Nacional por iniciativa privativa do Presidente da República. Trata-se de um "protocolo" permanente de crise, concebido a partir da experiência oriunda da pandemia da Covid-19.

O art. 168 estipula uma regra de programação financeira com o fito de evitar que o Poder Executivo subordine financeiramente os demais Poderes. Para impedir essa arbitrariedade, o artigo em comento impõe que os recursos destinados aos órgãos dos Poderes Legislativo e Judiciário, do Ministério Público e da Defensoria Pública devem lhes ser entregues até o dia 20 de cada mês. Essa é, diga-se de passagem, uma das razões pelas quais os servidores públicos desses órgãos são remunerados em data subsequente próxima ao dia 20.

Por fim, o art. 169 estatui que a despesa total com pessoal de cada ente da Federação não pode exceder os limites estabelecidos em lei complementar. Tais limites são definidos na Lei Complementar nº 101, de 2000 (Lei de Responsabilidade Fiscal). Para dar efetividade a essa norma, o próprio art. 169 prevê que, se necessário, serão adotadas como providências a redução em pelo menos 20% das despesas com cargos em comissão e funções de confiança e a exoneração dos servidores não estáveis. Caso essas medidas não sejam suficientes, o citado artigo prevê a perda do cargo por servidor estável como providência adicional. Outra regra relevante, definida no art. 169, é a de que aumentos de despesas com pessoal, em regra, só podem ser admitidos se houver prévia dotação orçamentária e autorização específica na LDO.

Examinados os aspectos gerais relativos aos comandos constitucionais orçamentários, passa-se, adiante, à análise sumária dos principais diplomas infraconstitucionais pertinentes ao direito financeiro e orçamentário no Brasil.

1.2.2 Lei nº 4.320, de 1964

A Lei nº 4.320, de 17 de março de 1964, foi editada durante o último mês do governo civil[6] de João Goulart. Trata-se de lei motivada pela sociedade civil organizada, e isso talvez explique sua longevidade. Esta norma resulta de um projeto de lei concebido na terceira conferência de contabilidade e política fazendária,[7] realizada em 1949, e até hoje continua sendo a principal lei de regência do processo orçamentário, aplicada a todos os entes da Federação. Como mencionado no tópico antecedente, a Lei nº 4.320, de 1964 foi recepcionada com *status* de lei complementar com fundamento no art. 165, §9º, da Constituição de 1988.[8]

A Lei nº 4.320, de 1964 foi considerada uma lei moderna para sua época. Nela foram lançadas as bases institucionais para que a despesa orçamentária se aproximasse da abordagem do "orçamento-programa", com vistas a demonstrar a finalidade do gasto público. Conforme o art. 2º da citada lei, o orçamento anual deve discriminar a receita e a despesa de forma a evidenciar a política econômico-financeira e o "programa de trabalho" do governo.

A Lei nº 4.320, de 1964 ainda congrega uma série de regras específicas e procedimentais. É nela que se estabelece, por exemplo, que o exercício financeiro coincide com o ano civil (art. 34), de sorte que a LOA tenha vigência de 1º de janeiro a 31 de dezembro. Também é nela que se disciplinam, entre outros aspectos, quais são os estágios da despesa orçamentária (art. 58 a 65), que no Brasil seguem a seguinte ordem pré-ordenada: (i) autorização dada pela LOA; (ii) empenho, que representa uma espécie de "consumo" de dotação orçamentária mediante ato emanado de autoridade competente que cria para o Estado obrigação de pagamento pendente ou não de implemento de condição[9] (art. 58);

---

6 O golpe militar, relembre-se, teve início em 31 de março daquele ano, concretizando-se em 1º de abril.

7 Conforme relatado por Afonso (2017).

8 *Vide* STF, ADI nº 1.726 MC/DF, j. 16.09.1998, DJ 30.04.2004.

9 Em alguns casos (p. ex.: pagamento de despesas com pessoal), o empenho e a liquidação da despesa podem ocorrer de forma concomitante. Noutros (p. ex: contratação de obras),

(iii) a liquidação, que consiste na verificação do direito adquirido pelo credor tendo por base os títulos e documentos comprobatórios do respectivo crédito, tais como comprovantes da entrega de material ou da prestação efetiva do serviço (art. 63); e (iv) por fim, o pagamento, ou simplesmente a quitação financeira da despesa após sua regular liquidação (arts. 62 a 65).

Também merece ser ressaltada a figura dos "restos a pagar", que são despesas empenhadas, mas não pagas até o dia 31 de dezembro (art. 36). Esse instituto permite que o saldo correspondente à diferença entre empenhos e pagamentos seja executado (liquidado e pago) nos exercícios seguintes. Os restos a pagar distinguem-se em duas categorias: (i) restos a pagar processados, relativos a despesas já liquidadas; e (ii) restos a pagar não processados, pertinentes a despesas já empenhadas, porém ainda não liquidadas (arts. 36 e 92).[10] A inscrição e cancelamento de restos a pagar é regulamentada pelo Decreto nº 93.872, de 1986 (arts. 67 a 69).

1.2.3 Decreto-Lei nº 200, de 1967

O Decreto-Lei nº 200, de 1967 foi concebido com o propósito de modernizar a Administração Pública federal, e nessa esteira também tratou de incorporar algumas inovações relativas à orçamentação pública. Ao contrário da Lei nº 4.320, de 1964, no entanto, a norma em análise não se concentra no processo orçamentário, nem é de alcance nacional. O Decreto-Lei nº 200, de 1967 é de âmbito federal.

Entre os comandos de natureza orçamentária veiculados pelo Decreto-Lei nº 200, de 1967, destaca-se a sua previsão – inaugural no ordenamento jurídico brasileiro – de que o orçamento público deve assumir a forma de "orçamento-programa" (arts. 7º e 16). Como visto, todavia, isso vale apenas para a União.

1.2.4 Lei Complementar nº 101, de 2000 (Lei de Responsabilidade Fiscal)

Assim como ocorre em relação à Lei nº 4.320, de 1964, a Lei Complementar nº 101, de 2000, conhecida como Lei de Responsabilidade

---

a obrigação de pagamento passa a depender do implemento de condição contratual, a ser atestado mediante liquidação da despesa em momento futuro.

10 Combinados com art. 67, §1º do Decreto nº 93.872, de 1986.

Fiscal (LRF), também é lei de alcance nacional, aplicável a todos os entes da Federação.

O contexto histórico de surgimento da LRF remonta à época de estabilização da moeda, em 1994, com a implementação do Plano Real. Inicialmente, a estratégia de contenção inflacionária desse Plano ancorava-se na paridade cambial, mas tal modelo deu sinais de esgotamento (déficits comerciais crescentes) nos anos seguintes, no mesmo momento histórico em que eclodiram as crises cambiais da Ásia, em 1997, e da Rússia, em 1998. Em resposta, o governo brasileiro preparou-se para conviver com um regime de câmbio flutuante, substituindo a âncora cambial pela âncora fiscal, com a geração de superávits primários[11] a partir de 1999. Para institucionalizar essa nova estratégia é que foi aprovada a LRF em 2000. A nova lei passou a representar um código de conduta fiscal voltado ao equilíbrio das contas públicas.

A LRF tem fundamento dos arts. 163 e 169 da Constituição. Em particular, estipula uma série de limitações e medidas corretivas em relação a renúncias de receita, despesas com pessoal e da seguridade social, dívida pública, operações de crédito e restos a pagar. É na LRF, por exemplo, que são fixados os limites para despesas com pessoal, no valor de 50% da Receita Corrente Líquida[12] (RCL) para a União e de 60% para os demais entes da Federação.

Em alguns momentos, a LRF também disciplina o processo orçamentário, com destaque às inovações promovidas em relação ao conteúdo da LDO, conforme descrito no tópico relativo a essa lei. Relativamente aos orçamentos anuais, cite-se a exigência prevista no art. 45 da LRF de que só poderão ser incluídos novos projetos na LOA após adequadamente atendidos os projetos em andamento e contempladas as despesas de conservação do patrimônio público, nos termos em que dispuser a lei de diretrizes orçamentárias.

Indiretamente, a LRF ainda influencia o processo orçamentário, ao exigir que inovações legislativas voltadas à criação ou ampliação de renúncias de receitas ou despesas públicas devam ser acompanhadas, em regra: (i) da demonstração de seu impacto fiscal, no exercício em que iniciar sua vigência e nos dois seguintes; e (ii) de medidas de compensação que neutralizem o impacto fiscal respectivo (arts. 14 a 17).

---

[11] Receitas não financeiras superiores a despesas de mesma natureza. O governo central (União menos estatais federais) gerou superavits primários, de forma sistemática, de 1999 a 2013.

[12] A Receita Corrente Líquida é definida pelo art. 2º da LRF.

Outra característica importante da LRF é sua contribuição para o aumento da transparência fiscal. Além de definir o conteúdo do Relatório Resumido da Execução Orçamentária (RREO), de periodicidade bimestral e previsto no art. 165, §3º, da Constituição, a LRF passou a exigir a publicação de um novo relatório, desta vez de periodicidade quadrimestral, que é o Relatório de Gestão Fiscal (RGF). Nesse segundo relatório, deve-se cotejar os valores observados para despesa com pessoal, dívida pública, garantias concedidas e operações de crédito realizadas com os respectivos limites fixados na LRF.

Saliente-se, porém, que a LRF somente fixa limites para despesas com pessoal, por exigência do art. 169 da Constituição. Nos demais casos, ou seja, em relação à dívida pública,[13] garantias e operações de créditos, os limites são estipulados por Resoluções do Senador Federal,[14] na forma de percentuais da RCL de cada ente da Federação. São elas: (i) a Resolução nº 40, de 2001, que define limites globais para o montante da dívida pública consolidada para Estados, Distrito Federal e Municípios; (ii) a Resolução nº 43, de 2001, que fixa limites para as operações de crédito e concessão de garantias dos referidos entes subnacionais; e (iii) a Resolução nº 48, de 2007, que dispõe sobre limites globais para operações de crédito e concessões de garantias no âmbito da União. Esses diversos limites e restrições de gestão fiscal, porém, são temporariamente afastados na ocorrência de calamidade pública reconhecida pelo Poder Legislativo, conforme estatuído no art. 65 da LRF.

Do ponto de vista da governança, destaca-se a contribuição trazida pela LRF para a coordenação federativa, a ser exercida por um conselho de gestão fiscal (CGF) – ainda não instituído. Compete ao CGF exercer o acompanhamento e a avaliação, de forma permanente, da política e da operacionalidade da gestão fiscal, com vistas a (art. 67): (i) harmonização e coordenação entre os entes da Federação; (ii) disseminação de práticas que resultem em maior eficiência na alocação e execução do gasto público, na arrecadação de receitas, no controle do endividamento e na transparência da gestão fiscal; (iii) adoção de normas de consolidação das contas públicas, padronização das prestações de contas e dos relatórios e demonstrativos de gestão fiscal, normas e

---

[13] Apenas no caso específico da dívida mobiliária federal é que o limite deve ser estipulado por lei (ainda não editada), conforme requerido pelo art. 48, inciso XIV, da Lei Magna.

[14] Registre-se que há uma lacuna normativa em relação à fixação de limites para a dívida consolidada líquida da União, pois até o momento ainda não foi editada Resolução do Senado para limitar essa variável.

padrões mais simples para os pequenos Municípios, bem como outros, necessários ao controle social; e (iv) divulgação de análises, estudos e diagnósticos.

1.2.5 Lei nº 10.180, de 2001

A Lei nº 10.180, de 2001, disciplina os sistemas de: (i) planejamento e orçamento federal; (ii) administração financeira federal; (iii) contabilidade federal; e (iv) controle interno do Poder Executivo federal. Sublinhe-se que a norma em apreço se dirige apenas à União. Além disso, no caso do sistema de controle interno, sua abrangência limita-se ao Poder Executivo, já que cada Poder deve organizar seu respectivo sistema de controle interno, conforme preveem os arts. 70 e 74 da Constituição.

Conforme previsto no art. 2º da Lei nº 10.180, de 2001, as atividades de planejamento e orçamento são reunidas em um mesmo universo, o Sistema de Planejamento e de Orçamento Federal, que tem por finalidades: (i) formular o planejamento estratégico nacional; (ii) formular planos nacionais, setoriais e regionais de desenvolvimento econômico e social; (iii) formular o plano plurianual, as diretrizes orçamentárias e os orçamentos anuais; (iv) gerenciar o processo de planejamento e orçamento federal; e (v) promover a articulação com os Estados, o Distrito Federal e os Municípios, visando à compatibilização de normas e tarefas afins aos diversos Sistemas, nos planos federal, estadual, distrital e municipal.

Às unidades responsáveis pelas atividades de orçamento, em particular, compete (art. 8º): (i) coordenar, consolidar e supervisionar a elaboração dos projetos da LDO e da LOA; (ii) estabelecer normas e procedimentos necessários à elaboração e à implementação dos orçamentos federais, harmonizando-os com o PPA; (iii) realizar estudos e pesquisas concernentes ao desenvolvimento e ao aperfeiçoamento do processo orçamentário federal; (iv) acompanhar e avaliar a execução orçamentária e financeira; (v) estabelecer classificações orçamentárias, tendo em vista as necessidades de sua harmonização com o planejamento e o controle; e (vi) propor medidas que objetivem a consolidação das informações orçamentárias das diversas esferas de governo.

Ressalte-se, todavia, que a Lei nº 10.180, de 2001 encontra-se desatualizada em face da nova estrutura administrativa do governo federal. Foi definido na citada lei, por exemplo, que o Ministério do Planejamento, Orçamento e Gestão é o órgão central do Sistema de

Planejamento e de Orçamento Federal. Ocorre que o citado Ministério não mais existe, e suas competências foram absorvidas pelo atual Ministério da Economia. De acordo com a Lei nº 13.844, de 2019 (que estabelece a organização básica dos órgãos da Presidência da República e dos Ministérios), com redação dada pela Medida Provisória nº 1.058, de 2021, compete ao Ministério da Economia, entre outras atribuições: (i) a elaboração de subsídios para o planejamento e a formulação de políticas públicas de longo prazo destinadas ao desenvolvimento nacional; (ii) a avaliação dos impactos socioeconômicos das políticas e dos programas do governo federal e elaboração de estudos especiais para a reformulação de políticas; (iii) a elaboração, acompanhamento e avaliação do plano plurianual de investimentos e dos orçamentos anuais; e (iv) a coordenação e gestão dos sistemas de planejamento e orçamento federal.

1.2.6 Plano Plurianual (PPA)

A lei do PPA, como visto no tópico antecedente, é um dos instrumentos de planejamento que orientam a orçamentação pública. Com vistas à articulação dos instrumentos de planejamento, o art. 165, §4º, da Constituição estatui que os planos e programas nacionais, regionais e setoriais nela previstos devem ser elaborados em consonância com o PPA e apreciados pelo Congresso Nacional.

Aprovada a cada quatro anos,[15] a Lei do PPA deve estabelecer, de forma regionalizada, diretrizes, objetivos e metas da Administração Pública para as despesas de capital e outras delas decorrentes, assim como para as despesas relativas aos programas de duração continuada (art. 165, §1º). Trata-se, portanto, de lei norteadora do processo orçamentário, porém desprovida do poder de autorizar despesas, reservado à LOA. De outro lado, ressalta-se que, por força do art. 167, §1º da Constituição Federal, nenhum investimento cuja execução ultrapasse um exercício financeiro pode ser iniciado sem prévia inclusão no PPA, ou, alternativamente, sem lei que autorize a inclusão, sob pena de crime de responsabilidade.

Segundo o art. 74 da Constituição, a avaliação do cumprimento das metas previstas no PPA, assim como a execução dos programas de governo e dos orçamentos da União, deve ser realizada pelo sistema de

---

15 Esse prazo é atualmente definido no art. 35, §2º, do Ato das Disposições Constitucionais Transitórias (ADCT) da Constituição de 1988.

controle interno de cada Poder, sem prejuízo, evidentemente, da atuação do controle externo a cargo do Congresso Nacional, exercido com o auxílio do Tribunal de Contas da União (arts. 70 e 71 da Constituição).

Relativamente à atividade de avaliação, sublinhe-se que a Emenda Constitucional nº 109, de 2021, introduziu o §16 no art. 165 da Constituição com a previsão de que o PPA, a LDO e a LOA devem observar, no que couber, os resultados do monitoramento e da avaliação das políticas públicas.

1.2.7 Lei de Diretrizes Orçamentárias (LDO)

A LDO é uma lei que se interpõe entre o PPA e a LOA, materializando o nível tático do planejamento governamental. Conforme determina o art. 165, §2º, da Constituição, compete à LDO dispor anualmente sobre: (i) metas e prioridades da Administração Pública; (ii) diretrizes de política fiscal e respectivas metas, em consonância com trajetória sustentável da dívida pública; (iii) orientações à elaboração da lei orçamentária anual; (iv) alterações na legislação tributária; e (v) a política de aplicação das agências financeiras oficiais de fomento (art. 165, §2º).

Além dessas atribuições constitucionais, a LRF criou novas competências para a LDO. Por exemplo, o art. 4º da LRF requer que a LDO defina critérios para a limitação de empenhos ("contingenciamento") e para transferências de recursos a entidades públicas e privadas. A LRF também passou a exigir que a LDO seja acompanhada de dois anexos específicos: o Anexo de Metas Fiscais e o Anexo de Riscos Fiscais. O Anexo de Metas Fiscais deve definir metas anuais relativas a receitas, despesas, resultados nominal e primário e montante da dívida pública, para o exercício financeiro ao qual a LDO se referir e para os dois seguintes. Trata-se, vale dizer, de um arcabouço fiscal de médio prazo que, em linhas gerais, guarda semelhanças com a abordagem conhecida em língua inglesa como *Medium-Term Expenditure Framework* (MTEF),[16] a qual tem por objetivo integrar a política fiscal e o orçamento público sob horizonte plurianual.

[16] Embora o Brasil ainda não adote plenamente o MTEF, a atual estrutura da LDO mostra-se receptível a essa abordagem fiscal e orçamentária de médio prazo.

1.2.8 Lei Orçamentária Anual (LOA)

À LOA é reservada a competência exclusiva de estimar receitas e fixar despesas, devendo ser constituída por três orçamentos (art. 165, §5º): (i) o fiscal; (ii) o da seguridade social (saúde, previdência e assistência social); e (iii) o de investimento das empresas estatais. Como visto em comentário ao princípio da anualidade,[17] esses três orçamentos são consolidados em uma só lei, a própria LOA.

Pontue-se que as empresas estatais podem estar presentes nos três orçamentos supracitados. O que determinará esse posicionamento orçamentário, em primeiro lugar, é a relação de dependência das estatais com o Erário. Se a empresa não for estatal dependente,[18] estará presente apenas no orçamento de investimento. Já se a empresa for dependente, poderá pertencer tanto ao orçamento fiscal como ao da seguridade social. Somente as empresas vinculadas aos Ministérios afetos às áreas da saúde, previdência ou assistência social comporão o orçamento da seguridade social; as demais, integrarão o orçamento fiscal.

Quanto à vigência da LOA, reitere-se que os créditos orçamentários, em regra,[19] são de vigência anual. As únicas exceções são previstas no art. 167, §2º da Constituição, e aplicam-se apenas aos créditos especiais e extraordinários aprovados nos quatro últimos meses do exercício, cujos saldos remanescentes podem ser incorporados ao orçamento do exercício seguinte.

Ao lado disso, mas sem qualquer interferência na vigência dos créditos orçamentários, a Constituição faculta que a LOA seja acompanhada de previsões (que não se confundem com autorizações) de despesas para exercícios seguintes, com a especificação dos investimentos plurianuais e daqueles em andamento (art. 165, §14). Essa faculdade foi incorporada ao texto constitucional por meio da Emenda Constitucional nº 102, de 2019.

1.2.9 Decreto nº 9.884, de 2019

O Decreto em questão dispõe sobre a Junta de Execução Orçamentária (JEO), que é o órgão de assessoramento direto ao Presidente

---

17 Sobre o princípio da anualidade, ver o tópico "1.1.4. Periodicidade".

18 Estatal dependente é a empresa que recebe do ente controlador recursos financeiros para pagamento de despesas com pessoal ou de custeio em geral ou de capital, excluídos, no último caso, aqueles provenientes de aumento de participação acionária (art. 2º, III, da LRF).

19 As duas únicas exceções foram apresentadas na seção anterior, no subitem relativo ao princípio da periodicidade.

da República na condução da política fiscal do governo federal, com vistas ao equilíbrio da gestão dos recursos públicos, à redução de incertezas no ambiente econômico e à sustentabilidade intertemporal do endividamento público.

A JEO é composta pelo Ministro de Estado da Economia, que a coordenará, e pelo Ministro de Estado Chefe da Casa Civil da Presidência da República. Compete à referida Junta, entre outras atribuições, definir os valores das metas fiscais que serão anualmente consignadas nos projetos de LDO, bem como elaborar os atos que estabeleçam a programação financeira e o cronograma de execução mensal de desembolso do Poder Executivo federal.

1.2.10 Decretos de Programação Orçamentária

Os atos elaborados pela JEO, que estabeleçam a programação financeira e o cronograma de execução mensal de desembolso do Executivo federal, ao final materializam-se na forma de Decretos editados pelo Chefe do Poder Executivo.

Vale lembrar que, segundo o art. 8º da LRF, até trinta 30 dias após a publicação da LOA, o Poder Executivo deve estabelecer a programação financeira e o cronograma de execução mensal de desembolso. Planeja-se, desse modo, o ritmo de execução das despesas autorizadas na LOA. É o que se depreende, com efeito, do art. 48 da Lei nº 4.320, de 1964, o qual esclarece que a programação da despesa orçamentária tem por objetivos: (i) assegurar às unidades orçamentárias, em tempo útil, a soma de recursos necessários e suficientes a melhor execução do seu programa anual de trabalho; e (ii) manter, durante o exercício, na medida do possível, o equilíbrio entre a receita arrecadada e a despesa realizada, de modo a reduzir ao mínimo eventuais insuficiências de tesouraria.

Além disso, o art. 9º da LRF prevê que, ao final de cada bimestre, se for verificada a necessidade de contenção de despesas com vistas ao cumprimento de metas fiscais, os Poderes e o Ministério Público promoverão, por ato próprio, a limitação de empenho e movimentação financeira ("contingenciamento"). Em resumo, tais atos limitam as possibilidades de execução de despesas a valores inferiores aos autorizados na LOA. No caso do Executivo, isso se efetiva por Decreto. Já no caso dos demais Poderes, o contingenciamento viabiliza-se mediante Portaria dos respectivos Presidentes.

Nessa esteira, os valores fixados pelos Decretos em análise – por representarem posições mais atualizadas sobre o orçamento efetivamente passível de execução – também tendem a influenciar a elaboração de orçamentos futuros.

1.2.11 Resolução do Congresso Nacional nº 1, de 2006

O art. 166, *caput*, da Constituição de 1988 declara que os projetos de lei relativos ao plano plurianual, às diretrizes orçamentárias, ao orçamento anual e aos créditos adicionais devem ser apreciados pelas duas Casas do Congresso Nacional, na forma do regimento comum. O mesmo artigo também prevê que caberá a uma Comissão mista permanente de Senadores e Deputados: (i) examinar e emitir parecer sobre os projetos referidos e sobre as contas apresentadas anualmente pelo Presidente da República; e (ii) examinar e emitir parecer sobre os planos e programas nacionais, regionais e setoriais previstos na Constituição e exercer o acompanhamento e a fiscalização orçamentária.

Nesse contexto, foi editada a Resolução do Congresso Nacional nº 1, de 2006, que é parte integrante do Regimento Comum das duas Casas. Essa Resolução dispõe sobre a Comissão Mista de Planos, Orçamentos Públicos e Fiscalização (CMO), a que alude o art. 166, §1º da Constituição, bem como sobre a tramitação das matérias a que se refere o mesmo artigo. É na Resolução em comento que são definidas, por exemplo, prazos e regras de tramitação dos projetos de leis orçamentárias, assim como limites para a apresentação de emendas a esses projetos, tal como esclarecido na seção deste Capítulo dedicada à descrição do processo legislativo orçamentário.

Para subsidiar o exercício das suas atribuições, a Resolução em comento prevê, em seu art. 154, que a CMO contará com assessoramento institucional permanente prestado por órgãos técnicos especializados em matéria orçamentária da Câmara dos Deputados e do Senado Federal. De acordo como o regulamento interno da CMO, esse assessoramento deve ser prestado pelos quadros funcionais das consultorias de orçamento das duas Casas do Congresso Nacional, que são a Consultoria de Orçamento e Fiscalização Financeira (CONOF) da Câmara dos Deputados e a Consultoria de Orçamentos, Fiscalização e Controle (CONORF) do Senado Federal.

1.2.12 Relatórios e Pareceres anuais da CMO

É importante elucidar que a Resolução do Congresso Nacional nº 1, de 2006 não esgota a regulação do processo legislativo orçamentário.

Em alguns casos, regras complementares de impacto relevante são definidas em pareceres anualmente emitidos pela CMO.

Exemplo emblemático disso são as regras atinentes às emendas ao orçamento promovidas pelo Relator-Geral do PLOA, conhecidas como emendas "RP 9".[20] O art. 144, parágrafo único da Resolução nº 1, de 2006[21] dispõe que o Relator-Geral, em regra, não poderia apresentar "emendas de mérito" (que têm por objetivo a inclusão de programação nova ou o acréscimo de valores em programações já existentes) no PLOA. De acordo com esta norma, as únicas ressalvas seriam: (i) a possibilidade de correção de erros e omissões de ordem técnica ou legal; e (ii) a atuação amparada por disposições dos "pareceres preliminares". Na prática, o que tem ocorrido, justamente, é o uso intensivo dessa última ressalva, que acaba tornando a regra geral praticamente inefetiva. De fato, conforme detalhado mais adiante no item "3.6. Parecer Preliminar", os referidos pareceres têm contemplado exceções tão variadas que o Relator-Geral acaba propondo emendas ao orçamento de maneira bastante ampla. No parecer preliminar do PLOA 2021, por exemplo, foram previstas 22 hipóteses para emendas de mérito do Relator-Geral, em áreas tão diversas como saúde, desenvolvimento regional, turismo e defesa civil.

Em dezembro de 2022, o Supremo Tribunal Federal (STF) concluiu o julgamento sobre a constitucionalidade das emendas de Relator-Geral (RP 9). Por maioria de votos, o Plenário do STF declarou a inconstitucionalidade das emendas de Relator-Geral ao Orçamento Geral da União.[22] Em seu voto, a relatora, Min. Rosa Weber, afirmou que as referidas emendas violam os princípios constitucionais da transparência, da impessoalidade, da moralidade e da publicidade, "por serem anônimas, sem identificação do proponente e clareza sobre o destinatário". Pela decisão que foi prolatada, as emendas desse tipo somente podem ser utilizadas para corrigir erros e omissões.

---

[20] Essa designação decorre do fato de que, desde a LOA 2020, as emendas de mérito do Relator-Geral têm sido classificadas com o identificador de Resultado Primário (RP) de número 9.

[21] É vedada a apresentação de emendas que tenham por objetivo a inclusão de programação nova, bem como o acréscimo de valores a programações constantes dos projetos, ressalvado o disposto no inciso I do *caput* e nos Pareceres Preliminares.

[22] A notícia divulgada no portal do STF faz referência à expressão "orçamento secreto", cunhada pela imprensa brasileira, no ano de 2021, quando iniciaram as investigações sobre as emendas de Relator-Geral, acusadas de não trazerem consigo a devida transparência e clareza com relação à destinação dos recursos nelas veiculados. Disponível em: https://portal.stf.jus.br/noticias/verNoticiaDetalhe.asp?idConteudo=499330&ori=1. Acesso em: 23 dez. 2022.

Por fim, o STF ordenou que todas as áreas orçamentárias e os órgãos da Administração Pública que pagaram e liquidaram despesas por meio dessas emendas em 2020, 2021 e 2022, devem publicar os dados referentes aos serviços, obras e compras realizadas. Também ordenou que se identificassem os respectivos solicitadores e beneficiários, de modo "acessível, claro e fidedigno".[23]

1.2.13 Portarias do Poder Executivo relacionadas à execução de emendas

Outra fonte de legislação orçamentária são as Portarias editadas pelo Poder Executivo para regulamentar a execução das emendas ao

---

[23] Foi concluído o julgamento das Arguições de Descumprimento de Preceito Fundamental (ADPFs) nº 850, 851, 854 e 1014, com seis votos pela inconstitucionalidade e cinco votos divergentes, com entendimentos diversos entre si. Decisão: "O Tribunal, por maioria, (i) assentou o prejuízo das ADPFs 854 e 1.014 no que impugnam o Decreto nº 11.190/2022, ante a perda superveniente do objeto, na fração de interesse; e (ii) conheceu integralmente das ADPFs 850 e 851 e, em parte, das ADPFs 854 e 1.014, rejeitando todas as preliminares suscitadas, vencido o Ministro Nunes Marques. No mérito, por maioria, julgou procedentes os pedidos deduzidos nas ADPFs 850, 851, 854 e 1.014, para (a) declarar incompatíveis com a ordem constitucional brasileira as práticas orçamentárias viabilizadoras do chamado 'esquema do orçamento secreto', consistentes no uso indevido das emendas do Relator-Geral do orçamento para efeito de inclusão de novas despesas públicas ou programações no projeto de lei orçamentária anual da União; (b) declarar a inconstitucionalidade material do art. 4º do Ato Conjunto das Mesas da Câmara dos Deputados e do Senado Federal nº 1/2021 e do inteiro teor da Resolução CN nº 2/2021; (c) conferir interpretação conforme às leis orçamentárias anuais de 2021 (Lei nº 14.144/2021) e de 2022 (Lei nº 14.303/2022), vedando a utilização das despesas classificadas sob o indicador orçamentário RP 9 para o propósito de atender a solicitações de despesas e indicações de beneficiários realizadas por Deputados Federais, Senadores da República, Relatores da Comissão Mista de Orçamento (CMO) e quaisquer 'usuários externos' não vinculados aos órgãos da Administração Pública Federal, independentemente de tal requisição ter sido formulada pelos sistemas formais ou por vias informais (cabendo, ainda, aos Ministros de Estado titulares das pastas beneficiadas com recursos consignados sob a rubrica RP 9 orientarem a execução desses montantes em conformidade com os programas e projetos existentes nas respectivas áreas, afastado o caráter vinculante das indicações formuladas pelo relator-geral do orçamento, nos moldes do art. 2º, §1º, do Decreto nº 10.888/2021); (d) determinar, a todas as unidades orçamentárias e órgãos da Administração Pública em geral que realizaram o empenho, liquidação e pagamento de despesas classificadas sob o indicador orçamentário RP 9, nos exercícios financeiros de 2020 a 2022, a publicação dos dados referentes aos serviços, obras e compras realizadas com tais verbas públicas, assim como a identificação dos respectivos solicitadores e beneficiários, de modo acessível, claro e fidedigno, no prazo de 90 (noventa) dias. Tudo nos termos do voto da Ministra Rosa Weber (Presidente e Relatora), vencidos, em parte, nos termos dos votos proferidos, os Ministros André Mendonça, Nunes Marques, Alexandre de Moraes, Dias Toffoli e Gilmar Mendes. Nesta assentada, o Procurador-Geral da República, Dr. Antônio Augusto Brandão de Aras, requereu que restasse consignado em ata que alterou seu parecer, manifestando-se no mesmo sentido do voto da Relatora. Plenário, 19.12.2022". Disponível em: https://portal.stf.jus.br/noticias/verNoticiaDetalhe.asp?idConteudo=499330&ori=1. Acesso em: 23 dez. 2022.

orçamento. Em 2021, por ilustração, foi editada a Portaria Interministerial ME/SEGOV-PR nº 6.145, de 24 de maio do referido ano, com a definição de procedimentos e prazos para operacionalização das emendas individuais, de bancada estadual e de Relator-Geral do PLOA.

Uma consequência importante dessas portarias são as definições de situações que implicam impedimentos de ordem técnica para o empenho das despesas relativas às emendas ao orçamento.

1.2.14 Portarias do Poder Executivo relacionadas à elaboração e retificação da LOA

Há, ainda, uma série de Portarias anualmente editadas pelo Executivo – em especial pela Secretaria de Orçamento Federal (SOF) do Ministério da Economia – para organizar os processos de elaboração e retificação dos orçamentos anuais. Citem-se como exemplos: (i) a Portaria SOF nº 7.258, de 13 de março de 2020, que disponibilizou o Manual Técnico de Orçamento (MTO[24]) e dispôs sobre suas atualizações; e (ii) a Portaria SOF nº 1.838, de 12 de fevereiro de 2021, que fixou prazos para as atividades do processo orçamentário federal no exercício de 2021.

---

24 BRASIL. *Manual Técnico de Orçamento* – MTO 2022. v. 1, edição 2022 (11ª versão), Brasília: Ministério da Economia – Secretaria de Orçamento Federal.

CAPÍTULO 2

PROCESSO DE ELABORAÇÃO ORÇAMENTÁRIA NO PODER EXECUTIVO

O processo de elaboração do Projeto de Lei Orçamentária (PLOA) envolve um conjunto articulado de tarefas complexas e um cronograma gerencial e operacional com especificação de etapas, de produtos e da participação dos atores. É no orçamento anual que são financeiramente traduzidos as estratégias e os objetivos de médio e de longo prazo constantes do Plano Plurianual (PPA) e dos planos setoriais, assim como as metas e prioridades elencadas na Lei de Diretrizes Orçamentárias (LDO).

Na esfera federal, o processo de elaboração do orçamento desenvolve-se no âmbito do Sistema de Planejamento e de Orçamento Federal (SPOF), instituído pela Lei 10.180, de 6 de fevereiro de 2001. O SPOF compreende as atividades de elaboração, acompanhamento e avaliação de planos, programas e orçamentos, e de realização de estudos e pesquisas socioeconômicas.

Compõem o Sistema, o órgão central, os órgãos setoriais e as unidades orçamentárias. O órgão central é o Ministério da Economia e, em sua estrutura organizacional, cabe à Secretaria de Orçamento Federal (SOF) a responsabilidade pela coordenação, consolidação e supervisão da elaboração das leis.[25] Os órgãos setoriais, por sua vez, correspondem às áreas de orçamento dos ministérios e da Presidência da República. São desdobrados em unidades orçamentárias (UOs), às quais os créditos orçamentários são consignados anualmente e que são

[25] No tocante às empresas estatais, também há articulação com a Secretaria das Empresas Estatais (Sest).

as responsáveis pela programação e execução dos recursos. Cabe destacar que o foco deste texto será a descrição do processo de elaboração da Lei Orçamentária Anual, dessa forma, não se detalha a sistemática do PPA, da LDO e dos créditos adicionais.

Em linhas gerais, o órgão central, em conjunto com a Casa Civil da Presidência da República, fixa os limites disponíveis de cada órgão e as diretrizes estratégicas a serem observadas pelos setoriais. Estes, por sua vez, definem os objetivos setoriais a serem observados pelas unidades orçamentárias. A proposta setorial é encaminhada ao órgão central, que, após ajustá-la e consolidá-la com a dos demais setoriais, elabora o projeto de lei a ser encaminhado ao Poder Legislativo até o dia 31 de agosto de cada ano.

A seguir, apresenta-se um detalhamento desse processo. Inicialmente, há por parte da SOF a definição da estratégia que será utilizada para condução dos trabalhos. São definidos cronograma, produtos, agentes responsáveis no processo e respectivos papéis. Também ocorre a atualização do Manual Técnico do Orçamento (MTO), documento que serve de suporte metodológico para elaboração da proposta. São realizadas reuniões com os órgãos setoriais e demais atores para apresentação dos prazos, produtos e eventuais alterações no sistema informatizado[26] que apoia o processo.

Na sequência, tem-se início a fase qualitativa. Seu objetivo é a revisão das ações existentes na lei orçamentária e a proposição de novas dotações, de modo a adequar a programação aos desafios setoriais. Ao criar novas ações, a prioridade do órgão deve ser vincular cada uma a um programa existente no PPA. A interligação entre o PPA e a LOA é realizada por meio dos programas – desde 2012, as ações constam apenas das leis orçamentárias.

Finda essa etapa, tem-se o cálculo dos grandes números do orçamento e sua compatibilização com as metas de resultado fiscal. Isso ocorre por meio da avaliação da necessidade de financiamento do governo central – NFGC. A NFCG representa a parcela do Governo Federal, incluída a Administrações Direta e Indireta da União, na Necessidade de Financiamento do Setor Público (NFSP) e é balizada considerando o fluxo de receitas e despesas primárias (não financeiras). Esse cálculo serve como referência para evidenciar a trajetória dos principais itens de receita e despesa. Para realizar tais estimativas, consideram-se os parâmetros econômicos predefinidos pela Secretaria de Política Econômica do Ministério da Economia (SPE/ME).

---

[26] Sistema Integrado de Planejamento e Orçamento (SIOP).

Em relação às receitas, geralmente, as estimativas são feitas tomando-se como base a arrecadação do período anterior. No entanto, são realizados alguns ajustes, por exemplo, o descarte das receitas consideradas atípicas. De posse dessa base "ajustada", aplicam-se os parâmetros macroeconômicos relacionados a cada item de receita, como preço e quantidade, além dos efeitos de alteração na legislação.

Paralelamente, há que se considerar o esforço necessário para o cumprimento da meta de resultado primário definida anteriormente pela LDO. Caso a meta seja a geração de um superávit, parte das receitas estimadas deverá ser "reservada" e não poderá ser utilizada para o custeio das despesas públicas naquele ano. Isso ocorre após a estimativa das receitas, para que se atinja a meta de resultado fiscal deve-se controlar as despesas.

Com a receita estimada, e considerando os recursos necessários ao cumprimento da meta fiscal, chega-se ao volume de recursos que poderão ser aplicados nas despesas do governo. Primeiramente, são fixadas as despesas obrigatórias, isto é, aquelas cuja execução é determinada pela Constituição Federal ou por uma legislação específica, tais como: as transferências constitucionais para os estados e municípios; o pagamento dos servidores públicos, o seguro-desemprego etc. Nesse caso, o Governo não pode "escolher" deixar de realizar esses gastos.

Uma vez atendidas as despesas obrigatórias, são destinados os recursos para as despesas prioritárias. De acordo com o nosso arcabouço legal, cabe à LDO indicar, a cada ano, dentre o conjunto de despesas discricionárias, quais são aquelas que terão precedência sobre as demais, ficando assim mais preservadas diante de possíveis cortes de gastos.

Por fim, são direcionados os recursos para as despesas discricionárias, que são aquelas nas quais há uma maior margem de manobra para o Governo. De acordo com o MTO, o estabelecimento dos montantes para as despesas discricionárias é feito considerando a análise da execução orçamentária dessas despesas ao longo dos exercícios financeiros (série histórica). A figura a seguir ilustra esses procedimentos:

Figura 1

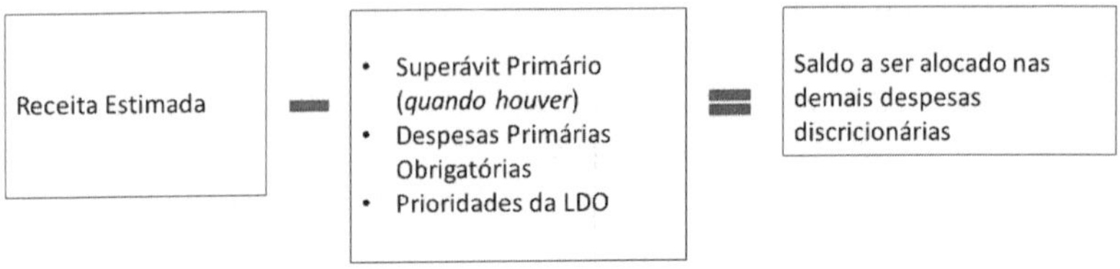

Fonte: Manual Técnico do Orçamento (MTO).[27]

Uma vez estabelecidos os grandes números do PLOA, são divulgados para os órgãos setoriais os referenciais monetários daquele ano, isto é, o montante de recursos que cada setorial terá à disposição para atendimento das unidades orçamentárias (UOs). É a chamada Fase Quantitativa, na qual essas unidades lançarão os valores a serem alocados na sua programação no sistema de captação da proposta orçamentária (SIOP).

Na sequência ocorre, por parte da SOF, a análise, compatibilização, fonteamento e consolidação da proposta. Ao considerar a execução orçamentária dos anos anteriores, a SOF analisa a proposta setorial e procede aos ajustes necessários de forma a garantir a observância das normas legais (Constituição Federal, LRF, Plano Plurianual e LDO). Um processo que ocorre nessa fase é a realização do fonteamento, isto é, a alocação das fontes de recursos que custearão os programas e ações propostos pelos órgãos setoriais. Após o cumprimento dessas etapas, o PLOA é levado para validação no âmbito do Poder Executivo (Ministério da Economia e Casa Civil).

Em seguimento, há a formalização do PLOA, no qual são elaborados os textos, os anexos e a mensagem presidencial; são produzidos os volumes e é feito o encaminhamento ao Congresso Nacional. Conforme o §2º do art. 35 do Ato das Disposições Constitucionais Transitórias (ADCT), o projeto de lei orçamentária deverá ser enviado pelo Chefe do Poder Executivo ao Congresso Nacional até quatro meses antes do encerramento do exercício financeiro (31 de agosto), e devolvido para sanção presidencial até o encerramento da sessão legislativa (22 de dezembro).

[27] Disponível em: https://www1.siop.planejamento.gov.br/mto/doku.php. Acesso em: 11 jan. 2024.

O art. 9º da LDO 2022, que dispõe sobre as diretrizes para a elaboração e execução da Lei Orçamentária de 2022 e dá outras providências, especifica o conteúdo do PLOA a ser encaminhado ao Congresso Nacional:

> Art. 9º O Projeto de Lei Orçamentária de 2022, o qual será encaminhado pelo Poder Executivo federal ao Congresso Nacional, e a respectiva Lei serão constituídos de:
>
> I – Texto da lei e seus anexos;
>
> II – Quadros orçamentários consolidados relacionados no Anexo I;
>
> III – Anexo dos Orçamentos Fiscal e da Seguridade Social, contendo:
>
> a) receitas, discriminadas por natureza, identificando as fontes de recursos correspondentes a cada cota-parte de natureza de receita, o orçamento a que pertencem e a sua natureza financeira (F) ou primária (P), observado o disposto no art. 6º da Lei nº 4.320, de 1964; e
>
> b) despesas, discriminadas na forma prevista no art. 7º e nos demais dispositivos pertinentes desta Lei;
>
> IV – Discriminação da legislação da receita e despesa, referente aos Orçamentos Fiscal e da Seguridade Social; e
>
> V – Anexo do Orçamento de Investimento a que se refere o inciso II do §5º do art. 165 da Constituição, na forma definida nesta Lei.

Uma última tarefa consiste na elaboração das informações complementares que, conforme dispõe o art. 10 da LDO 2022, devem ser encaminhadas para o Parlamento até 15 de setembro de cada ano:

> Art. 10. O Poder Executivo federal encaminhará ao Congresso Nacional, no prazo de até quinze dias, contado da data de envio do Projeto de Lei Orçamentária de 2022, exclusivamente em meio eletrônico, demonstrativos, elaborados a preços correntes, com as informações complementares relacionadas no Anexo II.

Por fim, cabe destacar que o PLOA contempla também a programação dos Poderes Legislativo e Judiciário, do Ministério Público e da Defensoria Pública. Dado que estes órgãos gozam de autonomia orçamentária e financeira, eles não se submetem integralmente às regras e limitações do Poder Executivo. Todavia, a fim de garantir a consistência do orçamento, a Constituição estabelece que essas propostas parciais deverão ser elaboradas dentro dos limites estipulados na Lei de Diretrizes Orçamentárias (LDO).[28]

[28] O art. 23 da LDO 2022 estabelece: "Art. 23. Os órgãos dos Poderes Legislativo e Judiciário, do Ministério Público da União e a Defensoria Pública da União encaminharão à Secretaria de Orçamento Federal da Secretaria Especial de Fazenda do Ministério da Economia, por meio do Sistema Integrado de Planejamento e Orçamento – Siop, até 13 de agosto de 2021, suas propostas orçamentárias, para fins de consolidação do Projeto de Lei Orçamentária de 2022, observadas as disposições desta Lei".

CAPÍTULO 3

PROCESSO DE REVISÃO, EMENDA E APROVAÇÃO ORÇAMENTÁRIA NO PODER LEGISLATIVO

Embora materializado como espécie normativa do tipo "lei ordinária", o projeto da LOA está sujeito a processo legislativo especial, fortemente vinculado. A relevância da matéria, suas características intrínsecas, ao lado da temporalidade inerente ao orçamento, demandam um tratamento especial ao processo legislativo orçamentário, cujas regras gerais são fixadas pela própria Constituição Federal.

Assim é que a CF estabelece a estrutura normativa (conteúdo), prazos para apresentação, deliberação e sanção, e diretrizes para tramitação, modificação e deliberação do PLOA no Congresso Nacional. Segundo o art. 166 da Constituição Federal, "Os projetos de lei relativos ao plano plurianual, às diretrizes orçamentárias, ao orçamento anual e aos créditos adicionais serão apreciados pelas duas Casas do Congresso Nacional, na forma do regimento comum". O PLOA, portanto, está sujeito exclusivamente à apreciação do Congresso Nacional (enquanto instituição distinta de Câmara e Senado), e não experimenta deliberação sucessiva e independente das duas Casas congressuais, como ocorre no processo legislativo ordinário.[29]

[29] Na maioria dos casos, a produção legislativa desenvolve-se de maneira autônoma entre Câmara e Senado, embora o processo seja articulado ao final, quando uma casa funciona como revisora das proposições oriundas da outra. Assim, projetos de lei iniciados na Câmara devem ser enviados para revisão do Senado, e o contrário ocorre quando este último é a casa iniciadora. No processo legislativo orçamentário, contudo, é a união de ambas as Casas, o Congresso Nacional, que atua desde a origem, não havendo essa separação de papéis.

Ademais, um traço marcante no processo legislativo orçamentário é a existência da Comissão Mista de Planos, Orçamentos Públicos e Fiscalização (CMO), que aprecia, originalmente, os projetos de leis orçamentárias. Como esclarece o art. 166, §1º, da CF, a CMO destina-se a examinar, entre outras matérias, os projetos de lei relativos ao plano plurianual, às diretrizes orçamentárias, ao orçamento anual e aos créditos adicionais.

Em síntese, deputados e senadores discutem, na CMO, o PLOA apresentado pelo Poder Executivo, apresentam ajustes, na forma de emendas e votam o relatório do projeto que, aprovado, constitui-se no Parecer da Comissão. Em seguimento, o Parecer da CMO é levado à apreciação do plenário do Congresso, com posterior envio à sanção do Presidente da República. A seguir, detalha-se, com maior vagar, o trâmite congressual do projeto de lei de orçamento anual.

3.1 Composição e instalação da CMO

Ainda que não ocorram durante o período em que o PLOA tramita no Congresso Nacional, a composição e a instalação da CMO são marcos importantes no contexto do processo legislativo orçamentário, dado que representam o momento de definição de atores relevantes na condução do processo e, por conseguinte, de forte interação política entre Legislativo e Executivo.

A CMO é integrada por 40 membros (30 deputados e 10 senadores), e igual número de suplentes, indicados pelos respectivos líderes partidários até o quinto dia útil do mês de março de cada ano – caso as bancadas minoritárias da Câmara ou do Senado não alcancem número suficiente para participar da Comissão, a quantidade de membros é acrescida em uma vaga, para a respectiva Casa, de modo a contemplar a participação da minoria. Destaque-se que a representação na CMO, assim como das demais comissões, é do partido ou bloco parlamentar; isso implica que os líderes partidários, responsáveis pela indicação, podem solicitar a substituição do membro da CMO a qualquer tempo. Vale frisar que, em uma mesma legislatura, é vedada a designação de parlamentares, ainda que suplentes, que integraram a Comissão anterior.

Na composição da Comissão deve ser observado o critério da proporcionalidade partidária que, aferida pela Mesa do Congresso Nacional na segunda quinzena de fevereiro, prevalecerá durante toda a sessão legislativa.

Definidas as representações de partidos ou blocos e ultimadas as indicações de membros e suplentes, a CMO deve ser instalada e iniciar seus trabalhos, com a eleição de sua mesa diretora, até a última terça-feira do mês de março, quando se encerra o mandato dos membros da comissão anterior. Importa frisar que, caso ocorra eventual lapso temporal entre o encerramento do mandato dos membros da CMO e a instalação da comissão para o ano seguinte, nenhuma matéria de competência desse foro poderá ser objeto de apreciação – em tais circunstâncias, e sempre que a CMO não apresentar parecer sobre a matéria no prazo estabelecido, o Presidente do Congresso pode convocar sessão conjunta para a apreciação do projeto, quando designará Relator que proferirá parecer oral.

3.2 Definição de relatores e cronograma

O projeto de lei orçamentária anual enviado pelo Poder Executivo é recebido na Secretaria Legislativa do Congresso Nacional, numerado e publicado no Diário do Congresso Nacional. Após a leitura em Sessão do Congresso, especialmente convocada para esse fim e realizada em até 48 (quarenta e oito) horas da sua entrega, o PLOA é distribuído à CMO.

Na CMO, a matéria segue cronograma de tramitação estabelecido pela Resolução nº 01/2006-CN (art. 82), em que são previstas etapas sequenciais para a realização de audiências públicas, apresentação de emendas ao PLOA, apresentação e votação do Relatório da Receita, apresentação, emendamento e votação do Relatório Preliminar, apresentação e votação dos Relatórios Setoriais, apresentação e votação do Relatório Geral e encaminhamento do Parecer da CMO à Mesa do Congresso Nacional – em anexo, apresenta-se fluxograma que ilustra a tramitação sequencial da matéria.

Antes de esmiuçar cada uma das fases acima, e de maneira a facilitar a compreensão do processo, vale identificar os principais atores (e suas responsabilidades) que tomam parte na tramitação do PLOA, na CMO.

Ao ser recebido na CMO, o projeto de lei orçamentária anual é dividido em 16 áreas temáticas, pertinentes à despesa pública, que são definidas de acordo com a classificação institucional constante do projeto de lei orçamentária, agregando órgãos orçamentários (no Poder Executivo, usualmente associados aos Ministérios), suas subunidades e entidades vinculadas. Cada área temática fica a cargo do respectivo Relator-Setorial, ao qual compete apreciar, no que diz respeito à despesa, a proposta orçamentária da respectiva área temática e propor relatório setorial com apreciação das emendas à despesa apresentadas às programações dos órgãos que a integram. A indicação dos Relatores Setoriais do PLOA é feita pelas lideranças partidárias, segundo os critérios da proporcionalidade partidária e da proporcionalidade dos membros de cada Casa na CMO. A Resolução nº 01/2006-CN estabelece que cabem ao Senado Federal a escolha de seis relatorias setoriais ao PLOA, observando-se a seguinte alternância, conforme a Casa de origem do Relator-Geral do projeto:

a) quando o Relator-Geral pertencer à Câmara dos Deputados, caberão ao Senado Federal a primeira, a quarta, a sétima, a décima, a décima-terceira e a décima-quinta escolhas e, à Câmara dos Deputados, as demais;
b) analogamente, quando o Relator-Geral pertencer ao Senado Federal, caberão ao Senado Federal a segunda, a quinta, a oitava, a décima, a décima-segunda e a décima-quarta escolhas e, à Câmara dos Deputados, as demais.

O mecanismo de alternância acima visa permitir que áreas temáticas tradicionalmente mais atraentes aos políticos (por exemplo, Infraestrutura, Saúde, Educação etc.) estejam disponíveis para escolha de deputados ou senadores, ao longo do tempo.

De acordo com a Resolução nº 01/2006-CN, os Relatores Setoriais devem ser escolhidos dentre os membros das Comissões Permanentes afetas às respectivas áreas temáticas, ou ter notória atuação parlamentar nas respectivas políticas públicas; deve, ainda, ser adotado o critério de rodízio na designação dos Relatores Setoriais, de forma que não seja designado, no ano subsequente, membro de mesmo partido para relator da mesma área temática.

Previamente à atuação dos Relatores Setoriais, dá-se a participação do Relator da Receita, o primeiro a atuar na cronologia do processo orçamentário no âmbito da CMO. É do Relator da Receita o encargo de analisar a estimativa da receita prevista no PLOA, bem como as respectivas emendas. O Relatório da Receita deve ser apreciado pela CMO antes da apresentação do Relatório Preliminar pelo Relator-Geral; eventuais reestimativas de receitas são elaboradas nessa etapa, admitindo-se, ainda, atualização da receita aprovada, no prazo de até dez dias após a votação do último Relatório Setorial, caso ocorra revisão de parâmetros ou da legislação tributária pertinente. Também indicado pelas lideranças partidárias, o Relator da Receita não pode pertencer à mesma Casa, partido ou bloco parlamentar do Relator-Geral do projeto de lei orçamentária anual.

Por seu turno, o Relator-Geral é figura central no processo legislativo orçamentário. Para além de exercer funções de coordenação e consolidação dos relatórios setoriais e da receita, o Relator-Geral acumula uma série de prerrogativas que, de fato, conferem-lhe proeminência ímpar na tramitação congressual do PLOA. Além das competências que lhe são expressamente deferidas pela Resolução nº 01/2006-CN (apreciar a Reserva de Contingência e o texto da lei, propor acréscimos e cancelamentos aos valores aprovados para emendas coletivas, entre outras), o Relator-Geral conta com uma série de autorizações para promover cancelamentos, adequações, ajustes em programações e alocação direta de recursos em áreas da despesa pública tão diversas quanto saúde, defesa nacional, proteção ambiental e cultura, para citar apenas esse pequeno grupo. Tais autorizações são definidas a cada ano no Parecer Preliminar, que estabelece parâmetros e critérios que deverão ser obedecidos na elaboração do relatório do projeto pelo Relator-Geral e pelos Relatores Setoriais, e consiste no Relatório elaborado pelo mesmo Relator-Geral, após aprovação na CMO. A função de Relator-Geral é exercida, a cada ano, alternadamente, por representantes do Senado Federal e da Câmara dos Deputados. O Relator-Geral não pode pertencer à mesma Casa, partido ou bloco parlamentar do Presidente da Comissão.

O Presidente da CMO, de seu lado, embora não assuma a relatoria das proposições que tramitam perante a Comissão, é figura de destaque no contexto do processo legislativo orçamentário. Eleito pelos seus pares para um mandato anual, a ele compete, entre outros encargos, ordenar e dirigir os trabalhos da Comissão e resolver questões de ordem, o que lhe defere a prerrogativa de ditar o ritmo de apreciação das matérias e, em geral, de funcionamento da CMO. Ao reconhecer essa conformação de poder, a Resolução nº 01/2006-CN determina que um mesmo partido ou bloco não pode deter os cargos de relatoria do PLPPA, PLDO ou PLOA de maneira concomitante com a presidência da Comissão.

Há, ademais, quatro comitês permanentes, constituídos para apoio aos Relatores acima referidos durante a tramitação do PLOA. São eles: Comitê de Avaliação, Fiscalização e Controle da Execução Orçamentária (CFIS), Comitê de Avaliação da Receita (CAR), Comitê de Admissibilidade de Emendas (CAE) e Comitê de Avaliação das Informações sobre Obras e Serviços com Indícios de Irregularidades Graves (COI). O Comitê de Avaliação, Fiscalização e Controle da Execução Orçamentária deve acompanhar, avaliar e fiscalizar a execução orçamentária e financeira, o cumprimento das metas fixadas na lei de diretrizes orçamentárias e o desempenho dos programas governamentais. Ao Comitê de Avaliação da Receita cabe, entre outras atribuições, analisar a estimativa das receitas constantes dos projetos de lei do plano plurianual e da lei orçamentária anual. Ao Comitê de Admissibilidade de Emendas compete propor a inadmissibilidade das emendas apresentadas, inclusive as de Relator. Ao Comitê de Avaliação das Informações sobre Obras e Serviços com Indícios de Irregularidades Graves cabe propor a atualização das informações relativas a obras e serviços em que foram identificados, pelo Tribunal de Contas da União, indícios de irregularidades graves, relacionados em anexo à lei orçamentária anual. Os relatórios do CAE e do COI devem integrar o relatório do Relator-Geral. Mencione-se que o Relator das informações sobre obras e serviços com indícios de irregularidades graves não poderá pertencer à bancada do Estado onde se situa a obra ou serviço. Os comitês são constituídos por no mínimo cinco e no máximo dez membros, indicados pelos Líderes partidários.

Vale mencionar, ainda, o Colegiado de Representantes das Lideranças Partidárias (CRLP), cuja existência é prevista pelo Regulamento Interno da CMO. Composto por representantes dos partidos com assento na comissão, por indicação dos respectivos líderes, o CRLP usualmente se reúne previamente ao início de reuniões deliberativas da Comissão, para debater a pauta e outros assuntos pertinentes ao funcionamento da CMO, configurando-se como uma instância de coordenação dos trabalhos e processamento de conflitos. Trata-se, assim, de órgão que afeta diretamente o processo decisório no âmbito da CMO.

3.3 Audiências Públicas

Retomando a exposição sobre fluxo, cronograma e etapas de tramitação do PLOA, observa-se, nos primeiros 30 dias a partir do recebimento do projeto, o decurso do prazo para a realização de audiências públicas voltadas ao debate e o aprimoramento do orçamento proposto. Usualmente, são convidados Ministros ou representantes dos órgãos de Planejamento, Orçamento e Fazenda do Poder Executivo e representantes dos órgãos e entidades integrantes das áreas temáticas. É possível a realização de audiências na forma de reunião conjunta, envolvendo as comissões permanentes da Câmara e do Senado, quando o objeto o debate seja relacionado aos campos temáticos regimentais de referidas comissões. Prevê-se, ainda, que a CMO poderá realizar audiências públicas regionais para debater o projeto, quando de interesse de Estado ou Região Geográfica.

3.4 Apresentação de emendas

Em seguida, abre-se o prazo para apresentação de emendas à despesa, à receita, inclusive renúncia de receita, e ao texto do PLOA. As emendas são apresentadas na Comissão mista, que sobre elas emitirá parecer, e apreciadas, na forma regimental, pelo Plenário das duas Casas do Congresso Nacional.

Emendas ao orçamento são proposições legislativas que buscam modificar o PLOA encaminhado pelo Poder Executivo, de modo a influir na alocação de recursos públicos. Podem ser apresentadas emendas ao texto, que modificam o texto do projeto; à receita, para alterar a estimativa da receita; e à despesa prevista no orçamento. Estas últimas são classificadas como de remanejamento, de apropriação ou de cancelamento. Emenda de remanejamento é a que propõe acréscimo ou inclusão de dotações e, simultaneamente, como fonte exclusiva de recursos, a anulação equivalente de dotações constantes do projeto, exceto as da Reserva de Contingência, e somente pode ser aprovada com a anulação das dotações indicadas na própria emenda. Emenda de cancelamento é a que propõe, exclusivamente, a redução de dotações constantes do projeto. Por fim, emenda de apropriação – modalidade mais comum no trâmite orçamentário – é aquela que propõe acréscimo ou inclusão de dotações e, simultaneamente, como fonte de recursos, a anulação equivalente de recursos integrantes da Reserva de Recursos ou de outras dotações, definidas no Parecer Preliminar.

A Reserva de Recursos é composta dos eventuais recursos provenientes da reestimativa das receitas, da Reserva de Contingência e outros definidos no Parecer Preliminar (como, comumente se verifica, aqueles provenientes de cancelamentos prévios de dotações do projeto, realizados pelo Relator-Geral); desse montante, são deduzidos os recursos para atendimento de emendas individuais, de despesas obrigatórias e de outras despesas definidas no Parecer Preliminar. Em síntese, trata-se do montante de recursos definido pelo Congresso para servir como fonte para atendimento de emendas coletivas de apropriação.

Quanto à autoria, as emendas podem ser individuais (quando apresentadas por deputados ou senadores), coletivas (quando oriundas de bancadas estaduais – emendas de bancada – ou de comissões permanentes do Senado Federal e da Câmara dos Deputados, além das comissões mistas permanentes do Congresso Nacional – emendas de comissão), ou de relator. As bancadas estaduais, que congregam os parlamentares de um Estado, podem apresentar emendas em matérias de interesse de cada Estado ou Distrito Federal. De seu lado, as comissões permanentes podem fazê-lo no âmbito de suas respectivas competências regimentais (por exemplo, a Comissão de Seguridade Social e Família, da Câmara dos Deputados, é competente para sugerir alterações orçamentárias pertinentes à saúde, à previdência e à assistência social em geral). As emendas de relator podem se destinar à correção de erros ou omissões, à recomposição de dotações canceladas, ou a finalidades outras, anualmente especificadas pelos Pareceres Preliminares.

A apresentação e aprovação de emendas ao PLOA está sujeita a diversas limitações, de natureza objetiva ou subjetiva, e a inobservância de tais regras acarreta a inadmissão (rejeição preliminar) da emenda. Entre as balizas objetivas, citam-se por exemplo, as restrições de índole constitucional: referidas proposições somente podem ser aprovadas caso compatíveis com o plano plurianual e com a lei de diretrizes orçamentárias, devendo indicar anulação de outra despesa como fonte de recursos, de modo a manter a neutralidade fiscal da modificação. Registre-se que citada anulação não pode incidir sobre dotações para pagamento de pessoal e encargos, serviço da dívida e transferências constitucionais para os demais entes da Federação. A CF prevê, ainda, a possibilidade de aprovação de emendas parlamentares voltadas à correção de erros e omissões verificados no PLOA – essa previsão, na prática, tem respaldado a prática de reestimativa de receita, detalhada mais adiante no tópico pertinente.

Quanto às restrições de natureza subjetiva, há limitações distintas de acordo com o autor da proposição. Com relação às emendas individuais, a Resolução nº 01/2006-CN estabelece que cada parlamentar pode apresentar até 25 (vinte e cinco) emendas (não computadas as emendas exclusivamente destinadas à receita, ao texto da lei, ao cancelamento parcial ou total de dotação, à renúncia de receitas e aos relatórios preliminares) (art. 49, parágrafo único, c/c art. 142). Nos termos da CF/88 (art. 166, §9º), o montante aprovado de emendas individuais ao PLOA está limitado a 1,2% da Receita Corrente Líquida prevista no projeto encaminhado pelo Poder Executivo, e é distribuído igualmente entre os parlamentares em exercício do mandato. Em 2021, o limite financeiro das emendas, por congressista, correspondeu a R$16.279.986,00 e, desse valor, ao menos a metade deve ser destinada para ações e serviços públicos de saúde.[30] Quando destinadas ao financiamento de projetos,

[30] Ver item 42 das "Diretrizes e orientações para apresentação de emendas ao Projeto de Lei Orçamentária para 2021, (PLN nº 28/2020-CN) para fins da análise de admissibilidade prevista no art. 25 da Resolução nº 1/2006-CN". Disponível em: https://www.camara.leg.br/internet/comissao/index/mista/orca/comites/2020/cae/loa/Rel_Admiss.pdf. Acesso em 18 ago. 2021.

as emendas devem prever dotação suficiente para conclusão da obra ou da etapa do cronograma de execução respectivo.

Vale mencionar que, com a Emenda Constitucional nº 86/2015, tornou-se obrigatória a execução orçamentária e financeira das programações incluídas na LOA via emendas individuais, em montante correspondente a 1,2% (um inteiro e dois décimos por cento) da receita corrente líquida realizada no exercício anterior – a partir de 2018, contudo, a execução obrigatória passou a ser a balizada pelo montante do ano anterior corrigido pela variação do Índice Nacional de Preços ao Consumidor Amplo – IPCA, para o período de 12 meses encerrado em junho do exercício anterior a que se refere à lei orçamentária, conforme estabelecido pela Emenda Constitucional nº 95/2016.

Com o advento da Emenda Constitucional nº 105/2019, as emendas individuais passaram a alocar recursos a Estados, ao Distrito Federal e a Municípios mediante transferência especial ou transferência com finalidade definida. Na transferência especial, o parlamentar inclui, no PLOA, um crédito orçamentário sem finalidade definida, identificando apenas o ente da Federação beneficiário da transferência; os recursos são repassados ao referido ente independentemente da celebração de convênio, devendo ser aplicados em programações finalísticas do Poder Executivo do recebedor. Por seu turno, as transferências com finalidade definida exigem que a emenda parlamentar identifique o objeto do gasto, selecionando uma programação específica e adequada para a despesa que se pretende realizar; há necessidade de celebração de instrumento de repasse (convênios e congêneres) e, portanto, demanda-se a elaboração de plano de trabalho, cronograma de execução etc. Registre-se que, quando a execução da emenda for operacionalizada mediante a realização de transferência voluntária, é vedada a celebração de convênios e contratos de repasse com órgãos e entidades da administração pública direta e indireta dos Estados, Distrito Federal e Municípios em valor inferior a R$100.000,00 (para obras e serviços de engenharia, o piso é de R$250.000,00).[31]

Em nenhuma hipótese admite-se a utilização dos valores repassados via emenda parlamentar para pagamento com pessoal e encargos sociais e encargos ao serviço da dívida. Ademais, a emenda individual não poderá acrescer recursos em programação destinada ao atendimento de despesas primárias obrigatórias, salvo erro ou omissão comprovado.

---

[31] Ver art. 9º da Portaria Interministerial 424/MP/MF/CGU/2016. Disponível em: file:///C:/Users/User/Downloads/portaria_interministerial_no_424_de_30_de_dezembro.pdf. Acesso em: 16 ago. 2021.

Caso a programação objeto da emenda individual pertença à Unidade Orçamentária do Poder Executivo, os parlamentares podem indicar, como fonte de cancelamento compensatório, a Reserva de Contingência prevista no PLOA. Se, diferentemente, a programação que se pretende acrescer está sob a gestão dos demais Poderes ou órgãos autônomos, cabe ao autor da emenda indicar cancelamento compensatório no âmbito do mesmo órgão sujeito a limite individualizado, de modo a garantir a observância do teto de gastos inaugurado pela Emenda Constitucional nº 95/2016.

No que diz respeito às emendas de comissão, há um limite de até oito emendas por comissão (quatro de apropriação e quatro de remanejamento). Materialmente, a emenda de comissão deve representar interesse nacional, que se refere ao alcance dos benefícios decorrentes da ação proposta, não podendo resultar em transferências voluntárias para mais de um ente de federação (exceto se a programação constar do PLOA encaminhado pelo Executivo). Ademais, a emenda de comissão não pode destinar de recursos a entidades privadas, salvo se a contemplar programação que, já no projeto de lei encaminhado pelo Poder Executivo, promova transferência dessa natureza.

Mencione-se, ainda, que emendas de remanejamento apresentadas por comissão somente poderão propor acréscimos e cancelamentos em dotações de caráter institucional e de interesse nacional, no âmbito do mesmo órgão orçamentário e do mesmo grupo de natureza de despesa, observada a compatibilidade das fontes de recursos. Exemplificando: a Comissão de Seguridade Social e Família, da Câmara dos Deputados, não pode propor emenda com acréscimos em dotação pertinente à Defesa Nacional e, ao apontar cancelamentos compensatórios, deve também fazê-lo de maneira a respeitar a pertinência temática (não se pode, ilustrativamente, elevar uma dotação do Ministério da Saúde e, em contrapartida, reduzir do Ministério da Agricultura, ou aumentar despesas correntes mediante redução de investimentos, mesmo em um mesmo órgão orçamentário).

As emendas de bancada, por seu turno, serão entre 15 e 20, por bancada (o número varia de acordo com o tamanho da bancada, contando-se igualmente deputados e senadores).[32] Em 2021, cada bancada estadual pôde distribuir entre as emendas de sua autoria o montante

[32] Ver art. 47, §1º, da Resolução 01/2006-CN. Disponível em: https://www2.camara.leg.br/legin/fed/rescon/2006/resolucao-1-22-dezembro-2006-548706-normaatualizada-pl.html. Acesso em: 16 ago. 2021.

de R$241.460.468,00[33] – valor que, à semelhança do que ocorre com as emendas individuais, conta com a garantia constitucional de execução obrigatória, nos termos da Emenda Constitucional nº 100/2019 (art. 166, §12).

No mérito, referidas emendas sujeitam-se a balizas ainda mais estreitas. As emendas de bancada estadual devem identificar, de forma precisa, o seu objeto, vedada a designação genérica de programação que possa contemplar obras distintas, ou resultar em transferências voluntárias, convênios ou similares para mais de um ente federativo ou mais de uma entidade privada. Quando patrocinar o financiamento de investimentos cuja duração prevista seja superior a um exercício financeiro, a bancada deve apresentar, a cada exercício, nova emenda, de modo a garantir a suficiência de recursos até a conclusão da obra ou do empreendimento.

As emendas de remanejamento apresentadas por bancada estadual somente poderão propor cancelamentos de dotações na mesma unidade da Federação, órgão e mesmo grupo de natureza de despesa que se pretende beneficiar.

Vale registrar, por fim, que, embora a Resolução nº 01/2006-CN demande a apresentação de informações relativas a custo-benefício da ação pretendida, cronograma de execução e demais fontes de financiamento da medida, a precariedade (ou mesmo total ausência) dessas informações não é, tradicionalmente, apontada pelo CAE como razão bastante para fins de inadmissão de emenda.

3.5 Relatório da Receita

A avaliação da estimativa da receita constante do PLOA é a primeira etapa no processo de apreciação, propriamente dita, do orçamento na CMO. Referida avaliação materializa-se por intermédio do relatório da receita, de competência do Relator da Receita, que também examina emendas parlamentares pertinentes ao tema – a propósito, tradicionalmente, não se observa número relevante de emendas nessa seara. Nos termos regimentais, o Relatório da Receita deve conter, entre outras informações: o exame da conjuntura macroeconômica e do

[33] Ver item 80 das "Diretrizes e orientações para apresentação de emendas ao Projeto de Lei Orçamentária para 2021, (PLN nº 28/2020-CN) para fins da análise de admissibilidade prevista no art. 25 da Resolução nº 1/2006-CN". Disponível em: https://www.camara.leg.br/internet/comissao/index/mista/orca/comites/2020/cae/loa/Rel_Admiss.pdf. Acesso em 16 ago. 2021.

endividamento e seu impacto sobre as finanças públicas; a análise da evolução da arrecadação das receitas e da sua estimativa no projeto, com ênfase na metodologia e nos parâmetros utilizados; o montante de eventuais recursos adicionais decorrentes da reestimativa das receitas.

A análise das estimativas previstas no PLOA deve indicar se foram observadas as normas constitucionais e legais pertinentes à Receita, especialmente quanto à compatibilidade do projeto com o PPA, com a LDO e com a LRF. A LRF, por sinal, estatui que "as previsões de receita (...) considerarão os efeitos das alterações na legislação, da variação do índice de preços, do crescimento econômico ou de qualquer outro fator relevante" (art. 12). Tais previsões devem alcançar, além do exercício de referência, os dois exercícios seguintes (projeção trienal), se fazer acompanhar do histórico de arrecadação nos últimos três anos e da metodologia de cálculo e premissas utilizadas.

Ao examinar a consistência das estimativas da receita, o Relatório pode, com fulcro no art. 166, §3º, III, "a", da Constituição Federal, indicar a necessidade de rever, ou reestimar, a receita constante do PLOA. Nesse caso, na prática, modificam-se os parâmetros e/ou hipóteses de comportamento das variáveis macroeconômicas e outros indicadores adotados na proposta encaminhada pelo Executivo, o que traz reflexos sobre o montante da receita estimada. Referida mudança é subsidiada por avaliações técnicas das Consultorias de Orçamento do Congresso Nacional. Ressalte-se, a propósito, que mesmo na eventualidade de concluir pela necessidade de redução na receita prevista no PLOA, o Relatório da Receita não pode propor o cancelamento compensatório, parcial ou total, de dotações constantes do projeto.

A prática (e o fundamento legal) da reestimativa de receita, por parte do Congresso Nacional, é objeto de questionamento na literatura especializada. Tollini (2008, p. 10),[34] por exemplo, argumenta que o uso do permissivo constitucional indicado acima consiste em "subterfúgio controverso para burlar a Constituição e reestimar as receitas", uma vez que a CF é explícita ao determinar que acréscimos na programação de despesas, por parte do Legislativo, somente podem ser aprovados se

[34] Tollini, Hélio. Em busca de uma participação mais efetiva do Congresso no processo de elaboração orçamentária. Biblioteca Digital, Câmara dos Deputados. 2008. Disponível em: https://neci.fflch.usp.br/sites/neci.fflch.usp.br/files/busca_participacao_tollini.pdf. Acesso em: 16/8/2021. TOLLINI, Hélio. Em busca de uma participação mais efetiva do Congresso no processo de elaboração orçamentária. *Biblioteca Digital, Câmara dos Deputados*. 2008. Disponível em: https://neci.fflch.usp.br/sites/neci.fflch.usp.br/files/busca_participacao_tollini.pdf. Acesso em: 16 ago. 2021.

houver cancelamento de valor equivalente. Segundo o autor, portanto, o texto constitucional não permite ao Poder Legislativo reestimar as receitas estimadas no PLOA encaminhado pelo Poder Executivo.

A reestimativa de receitas serve-se, no contexto do processo legislativo orçamentário, a alimentar a Reserva de Recursos – rememore-se, um montante constituído a partir de recursos oriundos da própria reestimativa de receitas, da Reserva de Contingência e de outras fontes definidas no Parecer Preliminar (por exemplo, cancelamento de dotações) destinado basicamente ao atendimento de emendas individuais e coletivas. Aqui, as críticas atingem, também, o mérito da iniciativa, uma vez que tal prática contribuiria para a confecção de um orçamento superinflado, irreal, e inexequível),[35] além de alimentar o financiamento de emendas parlamentares, vistas tradicionalmente como *pork barrel spending*, isto é, iniciativas potencialmente ineficientes, caracterizadas como "políticas distributivas cujos benefícios (e beneficiários) do gasto concentram-se em uma localidade ou reduto eleitoral específico, enquanto os custos delas derivados são dispersos, via tributação, para uma base geográfica mais ampla" .[36]

Ademais, como argumenta Mendes (2008, p. 13), "A fixação da receita pelo Executivo e sua reestimativa pelo Legislativo são um ponto central do jogo que envolve o processo decisório do orçamento", pois, a prática justifica a alegação de superestimativa de receita que motiva posteriores contingenciamentos efetivados pelo Executivo, favorecendo o controle político dos parlamentares, mediante liberação paulatina de verbas, a juízo da Presidência da República. Cite-se, por outro lado, que também o Executivo tem incentivos para superestimar receitas e embutir certa margem de manobra nas dotações do PLOA, dado que referido Poder "pode conter gastos por decreto, mas depende de lei para aprovar créditos suplementares" .[37]

Importa mencionar, nesse contexto, que a entrada em vigor do Novo Regime Fiscal provocou, desde 2017, certa mudança na dinâmica

[35] ABRAHAM, Marcus. Orçamento inflado e irreal. *Coluna Fiscal, Jota*, 09 de maio 2018. Disponível em: https://www.jota.info/opiniao-e-analise/colunas/coluna-fiscal/orcamento-inflado-e-irreal-09052018. Acesso em: 16 ago. 2021.

[36] ALMEIDA, Dayson P. B. O mito da ineficiência alocativa das emendas parlamentares. *Revista Brasileira de Ciência Política* [online], n. 34, 2021. Disponível em: https://doi.org/10.1590/0103-3352.2021.34.239518. Acesso em: 13 ago. 2021.

[37] REZENDE, Fernando. *A Reforma Orçamentária e a Eficiência Fiscal*. Texto para Discussão n. 1392, Instituto de Pesquisa Econômica Aplicada. Brasília, 2009. Disponível em: https://www.ipea.gov.br/portal/images/stories/PDFs/TDs/td_1392.pdf. Acesso em: 16 ago. 2021.

em questão, com uma redução na magnitude da reestimativa de receitas. Como explicam Almeida e Bijos:[38]

> Uma vez limitadas as despesas, não faz mais sentido (do ponto de vista da alocação de recursos via iniciativa parlamentar) buscar alternativas que se traduzam em elevação de receitas, pois estas deveriam, necessariamente, permanecer "esterilizadas", isto é, serem destinadas a despesas financeiras ou, ainda, a despesas primárias não sujeitas ao teto. Como as programações objeto de emendamento parlamentar são, tradicionalmente, pertencentes ao grupo das despesas primárias sujeitas ao teto, desvaneceu-se a motivação política que uma vez incentivou a sistemática da reestimativa.

A par das críticas e ressalvas em comento, uma vez apresentado, o Relatório da Receita pode ser objeto de emendamento parlamentar e, em seguimento, é submetido à apreciação na CMO. A votação do Relatório encerra a etapa de avaliação da receita do PLOA e, ressalvada a apresentação de emendas, já concluída a essa altura do processo, é o marco inicial dos prazos que dizem respeito ao processo de avaliação da despesa, encabeçado pelo Parecer Preliminar, conforme descrito na subseção seguinte.

3.6 Parecer Preliminar

O Parecer Preliminar é um documento de grande relevância no contexto do processo legislativo orçamentário. Referido normativo é, na verdade, o Relatório Preliminar apresentado pelo Relator-Geral, com eventuais alterações decorrentes de emendas, que se transmuda em parecer da CMO – dito Parecer Preliminar – após aprovado no plenário da Comissão. Uma vez aprovado, o documento estabelece, a cada ano, parâmetros e critérios que deverão ser obedecidos na elaboração do relatório do projeto pelo próprio Relator-Geral e pelos Relatores Setoriais. Segundo Greggianin *et al.* ,[39] "O parecer é o instrumento

---

[38] ALMEIDA, Dayson P. B.; BIJOS, Paulo R. S. *Tetos de gasto*: balanço dos dois primeiros anos de vigência do Novo Regime Fiscal (2017-2018). Estudo Técnico n. 24/2019, Consultoria de Orçamento e Fiscalização Financeira. Câmara dos Deputados. 2019. Disponível em: https://www2.camara.leg.br/orcamento-da-uniao/estudos/2019/Balanode2anosdoTetode-Gastos_20190508.pdf. Acesso em: 16 ago. 2021.

[39] GREGGIANIN, Eugênio; SANTA-HELENA, Eber Z.; TAVARES, José F. C.; SANCHES, Osvaldo M.; RIBEIRO, Romiro. A Consultoria de Orçamento e Fiscalização Financeira da Câmara dos Deputados – Contexto histórico, atribuições, objetivo e importância. *In*: *40 anos de Consultoria Legislativa Consultores Legislativos e Consultores de Orçamento*. Brasília:

ideal para se realizarem as grandes mudanças do orçamento, porque permite remanejamento entre grandes agregados (áreas de governo, órgãos, unidades, e assim por diante)".

Regimentalmente, devem compor o Parecer Preliminar duas partes bem delimitadas:

i) uma Parte Geral, que conterá, entre outros temas considerados relevantes:
   a. análise das metas fiscais em função dos resultados primário e nominal implícitos no projeto, comparando-as com as dos 2 (dois) últimos exercícios;
   b. exame do atendimento ao disposto nas leis do plano plurianual e de diretrizes orçamentárias, bem como da observância dos limites previstos na LRF;
   c. avaliação das despesas, divididas por área temática, incluindo comparativos com a execução recente e com o autorizado pela lei orçamentária em vigor.

ii) uma Parte Especial, que estabelecerá, no mínimo:
   a. as condições, restrições e limites que deverão ser obedecidos, pelos Relatores Setoriais e pelo Relator-Geral, no remanejamento e no cancelamento de dotações constantes do projeto;
   b. os eventuais cancelamentos prévios, efetuados nas dotações constantes do projeto, antecedentes à atuação dos Relatores Setoriais;
   c. as propostas de ajustes na despesa decorrentes da aprovação do Relatório da Receita e da reavaliação das despesas obrigatórias e da Reserva de Contingência;
   d. os critérios que serão adotados na distribuição da Reserva de Recursos;
   e. as competências temáticas dos Relatores Setoriais e do Relator-Geral e a estrutura básica de seus relatórios;
   f. os critérios a serem observados para a redução das desigualdades inter-regionais;
   g. as orientações específicas referentes à classificação, apresentação e à apreciação de emendas de Relator;
   h. o valor mínimo por Bancada Estadual para atendimento das emendas de apropriação;

Centro de Documentação e Informação, Edições Câmara. Câmara dos Deputados, 2011. Disponível em: https://bd.camara.leg.br/bd/bitstream/handle/bdcamara/7465/40_anos_consultoria.pdf?sequence=2&isAllowed=y. Acesso em: 16 ago. 2021.

i. as medidas saneadoras necessárias para a correção de eventuais erros, omissões ou inconsistências detectadas no projeto.

De plano, nota-se que o conteúdo que caracteriza cada uma das partes do Parecer Preliminar é bem distinto: a Parte Geral traz a visão geral do projeto, examina o cenário macroeconômico e as metas de resultado fiscal, além de tratar da compatibilidade da proposta orçamentária com o PPA, com a LDO e com LRF; de seu lado, na Parte Especial estão as regras que, de fato, deverão orientar o processo de apreciação e alteração do projeto de lei orçamentária no âmbito do Congresso Nacional, a exemplo de critérios para apreciação das emendas apresentadas, indicação das dotações sobre as quais pode incidir cancelamento por iniciativa dos relatores setoriais e geral, bem como vedações pertinentes; parâmetros para constituição, distribuição e utilização da Reserva de Recursos; competências temáticas dos relatores e conteúdo dos respectivos relatórios.

Dada a importância ínsita ao regramento estabelecido pelo Parecer Preliminar, em sua Parte Especial, cabem considerações adicionais e exemplos ilustrativos da extensão prática dos tópicos enumerados acima, tomando como paradigma o trâmite legislativo do PLOA 2021.

Acerca das vedações ao cancelamento de dotações no âmbito dos Orçamentos Fiscal e da Seguridade Social, o Parecer Preliminar consignou que, ressalvados os casos decorrentes da correção de erro ou omissão de ordem técnica ou legal, é vedado aos relatores propor cancelamento, ainda que parcial, de dotações consignadas para despesas com pessoal e encargos sociais (e, de modo geral, de despesas primárias obrigatórias), com juros, encargos e amortização da dívida pública. Autorizou-se, por outro lado, a realização, pelo Relator-Geral, de cancelamento prévio que incidiu linearmente sobre as despesas discricionárias do Poder Executivo destinadas a outras despesas correntes (GND 3), investimentos (GND 4) e inversões financeiras (GND 5), desde que as respectivas fontes de recursos pudessem ser utilizadas para o atendimento de emendas parlamentares. Ao final, referido cancelamento prévio diminuiu em 2,2% o total dos recursos previstos no PLOA para programações discricionárias do Poder Executivo. De seu lado, os Relatores-Setoriais puderam promover o cancelamento de dotações relativas a despesas com investimentos (GND 4) e com inversões financeiras (GND 5) constantes dos orçamentos fiscal e da seguridade social, em suas respectivas áreas temáticas, respeitado o limite global de 20% dos totais programados em cada um desses grupos de natureza de despesa.

Ao dispor sobre as competências temáticas dos Relatores Setoriais, o Parecer Preliminar discrimina,[40] de modo exaustivo, os órgãos pertencentes a cada área temática: por exemplo, à Área de Temática de Ciência e Tecnologia e Comunicações estão vinculados os órgãos orçamentários 24000 – Ministério da Ciência, Tecnologia e Inovações e 41000 – Ministério das Comunicações.

A distribuição da Reserva de Recursos é outro tema tratado em detalhes pelo Parecer Preliminar. Como mencionado anteriormente, a Resolução nº 01/2006-CN especifica a composição e os percentuais aplicados à destinação líquida dos recursos para atendimento de emendas coletivas de apropriação, na seguinte conformidade:

> Art. 56. A Reserva de Recursos será composta dos eventuais recursos provenientes da reestimativa das receitas, da Reserva de Contingência e outros definidos no Parecer Preliminar, deduzidos os recursos para atendimento de emendas individuais, de despesas obrigatórias e de outras despesas definidas naquele Parecer.
>
> (...)
>
> Art. 57. Os recursos líquidos destinados ao atendimento de emendas coletivas de apropriação, calculados de acordo com o art. 56, caput, terão o seguinte destino, observada a vinculação de fontes:
>
> I – 25 % (vinte e cinco por cento) para as emendas de Bancada Estadual, distribuídos na forma do §1º deste artigo;
>
> II – 55 % (cinquenta e cinco por cento) aos Relatores Setoriais, para as emendas de Bancada Estadual e as de Comissão;
>
> III – 20 % (vinte por cento) ao Relator-Geral, para alocação, entre as emendas de Bancada Estadual e de Comissão, observado o disposto no §2º.
>
> §1º Os recursos de que trata o inciso I do caput serão distribuídos na seguinte proporção:
>
> I – 50% (cinqüenta por cento) com base nos critérios estabelecidos para o Fundo de Participação dos Estados e do Distrito Federal – FPE;
>
> II – 40% (quarenta por cento) com base na média histórica de atendimento das respectivas Bancadas Estaduais nos últimos 3 (três) anos;
>
> III – 10% (dez por cento) com base na população residente estimada pelo IBGE.

---

[40] Ver Anexo I ao Parecer (CN) nº 2, de 2021, da Comissão Mista de Planos, Orçamentos Públicos e Fiscalização, sobre o Projeto de Lei do Congresso Nacional nº 28, de 2020, que estima a receita e fixa a despesa da União para o exercício financeiro de 2021. Disponível em: https://www.camara.leg.br/internet/comissao/index/mista/orca/orcamento/OR2021/parpre/Parecer_Preliminar_Alteracao.pdf. Acesso em: 16 ago. 2021.

> §2º O Relator-Geral, na distribuição dos recursos de que trata o inciso III do caput, assegurará que o montante de recursos destinado ao atendimento de emendas de Comissão não seja inferior a 15 % (quinze por cento) do total dos recursos líquidos de que trata o caput deste artigo.

O quadro a seguir reúne e organiza os dispositivos colacionados acima:

QUADRO 1

Reserva de recursos

<table>
<tr><th>Origem</th><th colspan="2">Destinação</th></tr>
<tr><td rowspan="6">Reserva de Contingência (PLOA)
+
Reestimativa de Receita (Relatório da Receita)
+
Cancelamentos do Parecer Preliminar</td><td colspan="2">Emendas individuais impositivas</td></tr>
<tr><td colspan="2">Despesas obrigatórias</td></tr>
<tr><td colspan="2">Outras despesas definidas no Parecer Preliminar</td></tr>
<tr><td rowspan="3">Recursos Líquidos</td><td>25%: Emendas de bancada não impositivas (50% FPE, 40% média dos últimos três anos, 10% população)</td></tr>
<tr><td>55%: Relatorias Setoriais (atendimento de bancadas e comissões)</td></tr>
<tr><td>20%: Relatoria-Geral (atendimento de comissões (15%) e bancadas)</td></tr>
</table>

Fonte: elaboração própria dos autores.

Por seu turno, o parecer preliminar fixa os montantes, em valores correntes, que derivam de tais regras permanentes. Em 2021, o montante inicial da reserva de recursos alcançou R$53.294.722.862, oriundos de reestimativa de receita, reserva de contingência para atendimento de emendas impositivas individuais e de bancada estadual[41] (R$9.670.311.974 e R$6.674.215.497, respectivamente), e cancelamento prévio de dotações. Desse valor, foram deduzidos os montantes para o atendimento de emendas individuais, emendas de bancada de execução obrigatória e emendas de Relator-Geral. Por fim, a aplicação dos percentuais referentes à destinação dos recursos líquidos resultou

[41] Para as emendas de bancada impositivas, identificadas pelo marcador de resultado primário RP 7, o montante é dividido de forma igualitária entre os Estados e Distrito Federal (*vide* Instrução Normativa nº 2, de 2021. Disponível em: https://www.camara.leg.br/internet/comissao/index/mista/orca/Legisla_CMO/Instrucao_Normativa_2_2021.pdf. Acesso em: 16 nov. 2021).

nos seguintes valores: R$375.000.000 para atendimento das emendas não impositivas de bancada estadual, R$825.000.000 para as relatorias setoriais, distribuídos na razão direta do número de emendas coletivas de apropriação apresentadas no âmbito de cada área temática, e R$300.000.000, distribuídos pelo Relator-Geral entre as emendas de bancada estadual e de comissão.

Abaixo, reproduz-se o anexo do Parecer Preliminar ao PLOA 2021,[42] que identifica os valores dos montantes referidos acima.

ANEXO II – DEMOSTRATIVO DA RESERVA DE RECURSOS	
Arts. 56 e 57 da Resolução nº 1, de 2006-CN	
R$1,00	
1. RESERVA DE RECURSOS	53.294.722.862
1.1. Reserva de Contingência	16.344.527.471
1.2. Reestimativa bruta da receita	35.322.359.330
1.3. Cancelamento Prévio	1.627.836.061
2. DEDUÇÕES	51.794.722.862
2.1. Emendas individuais	9.670.311.974
2.2. Emendas de bancada impositivas	6.519.432.636
2.3. Emendas do Relator-Geral autorizadas no parecer preliminar	35.604.978.252
2.3.1. Repartições constitucionais e legais da receita para Estados e Municípios e Apropriação em despesas não sujeitas aos limites estabelecidos no art. 107 do ADCT (teto de gastos)	35.322.359.330
2.3.2. Demais emendas autorizadas	282.618.922
3. SALDO PARA DISTRIBUIÇÃO	1.500.000.000
3.1. Relatores Setoriais (55%)	825.000.000
3.2. Bancadas Estaduais (25%)	375.000.000
3.3. Relator-Geral (20%)	300.000.000
Atendimento mínimo das comissões (15%)	225.000.000

[42] Parecer (CN) nº 2, de 2021, da Comissão Mista de Planos, Orçamentos Públicos e Fiscalização, sobre o Projeto de Lei do Congresso Nacional nº 28, de 2020, que Estima a receita e fixa a despesa da União para o exercício financeiro de 2021. Disponível em: https://www.camara.leg.br/internet/comissao/index/mista/orca/orcamento/OR2021/parpre/Parecer_Preliminar_Alteracao.pdf. Acesso em: 16 ago. 2021.

Quanto às emendas de relator, mencionadas de passagem acima, tem-se que referido instrumento, regimentalmente, pode se destinar ao cumprimento dos seguintes objetivos:

i) corrigir erros, omissões ou inadequações de ordem técnica ou legal verificados no projeto de orçamento ou no processo de emendamento;
ii) recompor dotações canceladas;
iii) atender às especificações dos Pareceres Preliminares.

Nesses termos, o Parecer Preliminar regulamenta detalhadamente a apresentação de emendas de relator, em obediência ao disposto na Resolução nº 01/2006-CN. Em 2021, o documento autorizou o Relator-Geral a apresentar emendas para (i) cancelamentos de dotações prévios à atuação dos relatores setoriais, (ii) adequação de dotações em decorrência da avaliação das despesas com pessoal e encargos sociais constantes da proposta orçamentária, (iii) ajustes relacionados às programações de despesas correntes primárias condicionadas à aprovação do Congresso Nacional em razão do descumprimento da regra de ouro (inciso III do *caput* do art. 167 da Constituição), (iv) reforço de dotações destinadas à realização de investimentos constantes de projeto, e (v) alocação de recursos em programações que tenham caráter nacional, destinadas a diversas finalidades.

A propósito desse último item, frise-se que a regra geral é a vedação ao acréscimo de valores a programações constantes dos projetos. Contudo, a lista de exceções autorizadas contemplou 22 itens, de ações e serviços públicos de saúde até estudos sobre trabalho, emprego e renda, passando por desenvolvimento do turismo, defesa nacional e proteção ambiental, entre outros. Pode-se argumentar, assim, que tão extensa lista de exceções parece desvirtuar, materialmente, o comando regimental. Referidas permissões, combinadas com o cancelamento autorizado de dotações (por conveniência ou com vistas à correção de erros e omissões), possibilitam que o montante alocado no orçamento via emendas de relator alcance cifra não desprezível (em 2021, mesmo após vetos presidenciais, o valor correspondeu a R$18,5 bilhões).

Vale comentar que as emendas de Relator-Geral há muito estão presentes na prática e tradição do processo legislativo orçamentário. Entretanto, foi somente a partir da criação de marcador específico de resultado primário (RP 9), ocorrida com a LDO 2020, que tais emendas puderam ser identificadas com maior facilidade, o que parece representar um ganho em termos de transparência do instrumento. A persistência do fenômeno parece indicar que se trata de arranjo que conta com ampla chancela no Poder Legislativo, pois os parlamentares deferem a autorização ao Relator-Geral cientes da repartição dos ganhos, por intermédio de indicações individuais, quando da execução da despesa e, também, no Poder Executivo, que parece ganhar um instrumento adicional para gestão da base parlamentar, controlando a despesa dessa origem conforme conveniência política. Assim, longe de representarem a imposição de vontade de um único ator, as emendas apresentadas pelo Relator-Geral parecem canalizar, na verdade, um conjunto de demandas do corpo legislativo e instrumentalizam a formação da maioria necessária à aprovação do PLOA.

Interessante lembrar, ademais, que, segundo a LDO 2021, as despesas discricionárias decorrentes de programações incluídas ou acrescidas por emendas, inclusive de Relator-Geral, somente poderão ser reduzidas na mesma proporção aplicável ao conjunto das despesas primárias discricionárias do Poder Executivo federal, no caso da necessidade de se promover limitação de empenho para garantir o cumprimento da meta de resultado fiscal estabelecida pela LDO do exercício. Na prática, portanto, o crescimento das emendas de relator reduz a liberdade de ação do Poder Executivo sobre a base contingenciável, dificultando a administração do fluxo de despesas ao longo do ano.

Em conclusão, o Parecer Preliminar consiste no normativo que, a cada ano, completa eventuais lacunas regimentais e estabelece o regramento detalhado que deverá orientar o trâmite legislativo do PLOA. Como bem resumem Greggianin *et al* (2011, p. 149),[43] "O parecer preliminar se consolidou como peça fundamental na apreciação e organização da votação do orçamento, cujos méritos são orientar no sentido do estrito cumprimento das normas constitucionais, legais e regimentais, definir regras claras para a organização dos trabalhos de apreciação do projeto e limitar prerrogativas dos relatores".

Com a votação do Relatório Preliminar e suas emendas, abre-se o prazo de até dez dias para a apresentação dos relatórios setoriais, que compõem a etapa do processo explicitada a seguir (art. 82, inc. X, da Resolução nº 01/2006-CN).

[43] GREGGIANIN, Eugênio; SANTA-HELENA, Eber Z.; TAVARES, José F. C.; SANCHES, Osvaldo M.; RIBEIRO, Romiro. A Consultoria de Orçamento e Fiscalização Financeira da Câmara dos Deputados – Contexto histórico, atribuições, objetivo e importância. *In*: *40 anos de Consultoria Legislativa Consultores Legislativos e Consultores de Orçamento*. Brasília: Centro de Documentação e Informação, Edições Câmara. Câmara dos Deputados, 2011. Disponível em: https://bd.camara.leg.br/bd/bitstream/handle/bdcamara/7465/40_anos_consultoria.pdf?sequence=2&isAllowed=y. Acesso em: 16 ago. 2021.

3.7 Relatórios Setoriais

É na fase de apreciação dos relatórios setoriais que as programações do projeto referentes a cada área temática são objeto de maior exame pela CMO, a partir do relatório elaborado pelos respectivos relatores setoriais designados.

Formalmente, os relatores setoriais devem fazer constar dos respectivos relatórios, entre outras informações, um exame da compatibilidade do PLOA com as normas constitucionais e legais e da execução orçamentária recente, comparando-a com os valores constantes do projeto.

No mérito, e mais importante da perspectiva política, está a cargo dos Relatores Setoriais a análise e eventual acolhimento das emendas à despesa que incluem ou acrescem recursos a programações do PLOA alocadas em órgãos vinculados às respectivas áreas temáticas. O processo é operacionalizado da seguinte forma:

a) os recursos pertinentes da Reserva de Recursos são distribuídos a cada área temática, em montante suficiente para o atendimento integral das respectivas emendas impositivas, e proporcionalmente ao número de emendas coletivas não impositivas apresentadas no âmbito da área;
b) o Relator Setorial pode promover (e, comumente, o faz) cancelamentos na programação de sua área temática, proporcionando fontes de recursos que, agregados ao montante recebido conforme acima, formam a reserva de recursos setorial, a ser utilizada para o atendimento das respectivas emendas coletivas (de bancadas ou comissões) ou para a recomposição de dotações canceladas pelo Parecer Preliminar;
c) as emendas impositivas (individuais e de bancada) recebem proposta de aprovação integral (pelo valor apresentado); as demais emendas coletivas, por seu turno, disputam a preferência do Relator, que decide conforme critérios próprios pelo acolhimento, ou não, de cada proposição, de modo parcial ou integral, considerando o montante de recursos à sua disposição.

Vale o registro de que, ao examinar as emendas de bancadas estaduais e de comissões permanentes, os relatores setoriais devem observar as decisões do Comitê de Exame de Admissibilidade de Emendas (CAE), vedada a aprovação de proposições inadmitidas por referido Comitê. Nesse contexto, os relatórios setoriais (bem como o Relatório-Geral) somente podem ser votados pela CMO depois de concluída a apreciação do relatório do CAE na Comissão, salvo deliberação em contrário do Plenário da CMO. O CAE, vale dizer, pronuncia-se também acerca da admissibilidade das emendas de relator apresentadas junto a cada relatório submetido à CMO.

Concluídas as etapas acima, com a formação do juízo político do parlamentar relator acerca da priorização entre as programações oriundas do PLOA e as emendas apresentadas, o relatório setorial é apresentado à CMO, o qual deve ser objeto de apreciação individual (não se pode votar mais de um relatório setorial por vez).

Nos termos regimentais, idealizou-se que, na elaboração do Relatório Setorial, houvesse espaço para manifestações do colegiado de parlamentares interessados. De fato, há previsão de que sejam realizados debates sobre o PLOA, capitaneados pelo Relator Setorial e antes da apresentação dos respectivos relatórios, nas Comissões Permanentes correspondentes, podendo inclusive serem convidados representantes da sociedade civil. Ademais, a discussão, na CMO, dos relatórios setoriais pertinentes deveria contar com a presença dos membros das Comissões Permanentes do Senado Federal e da Câmara dos Deputados, especialmente convidados para tomar parte da ocasião. Na prática, contudo, tais procedimentos não se verificam, o que caracteriza a elaboração do relatório setorial uma tarefa solitária, concentrada na pessoa do respectivo relator e alheia à análise das Comissões Permanentes, fóruns colegiados especializados em políticas públicas.

De qualquer sorte, o relatório setorial apresentado, submetido a voto e aprovado, torna-se ao final o Parecer da Comissão sobre o PLOA na parte pertinente à área temática, e integrará o Relatório Final apresentado pelo Relator-Geral na etapa subsequente do trâmite da matéria na CMO.

3.8 Relatório Geral

Após a apreciação conclusiva, pela CMO, de todos os relatórios setoriais, inicia-se a fase geral, em que o Relator-Geral promove um reexame das programações e emendas apresentadas nas fases anteriores do processo legislativo orçamentário.

Nos termos da Resolução nº 01/2006-CN, o exame do texto da lei do orçamento é de responsabilidade do Relator-Geral, que também poderá propor, nesta etapa, acréscimos e cancelamentos aos valores aprovados para as emendas coletivas nos pareceres setoriais, utilizando as fontes de recursos definidas no Parecer Preliminar. É vedado, no entanto, propor a aprovação de emendas com Parecer Setorial pela rejeição; ademais, os cancelamentos, quando indicados, são limitados a, no máximo, 10% (dez por cento) do valor aprovado para cada emenda.

É neste momento processual, ademais, que se materializam as emendas de acréscimo, inclusão ou recomposição de dotações, patrocinadas diretamente pelo relator-geral do projeto, bem como de ajustes técnicos para correção de erros e omissões, consoante autorizações dadas pelo Parecer Preliminar, já descritas acima. Frise-se que qualquer modificação introduzida à programação orçamentária pelos Relatores requer a apresentação e publicação da respectiva emenda, de modo a dar mais transparência à atuação do respectivo ator e permitir melhor controle, por parte dos demais parlamentares, acerca de eventuais mudanças implementadas na peça orçamentária. É comum a apresentação de erratas, adendos e complementações de voto, por parte do Relator-Geral, até a undécima hora, previamente à deliberação de seu relatório na CMO, em razão de ajustes e acordos políticos em torno das emendas de relator apresentadas, de maneira a garantir a aprovação do PLOA nessa instância deliberativa.

Recentemente, com a aprovação das alterações constitucionais que trouxeram o caráter de impositividade às emendas parlamentares individuais e de bancada estadual, as emendas de Relator-Geral ganharam impulso adicional, crescendo em magnitude e fortalecendo-se como um instrumento de interação entre os poderes na promoção de alinhamento na arena política. Trata-se, todavia, de instrumento polêmico, objeto de críticas variadas. Questiona-se, por exemplo, a falta de transparência associada à execução de tais emendas, que, diferentemente do que ocorre com as emendas individuais, não permite identificar, diretamente, qual o parlamentar interessado que patrocinou a despesa efetivada mediante a proposição em comento; nesse contexto, parece ter havido um enfraquecimento da possibilidade de controle social que deve incidir sobre a despesa pública. Argumenta-se, também, que a despesa executada por intermédio de emendas de relator é alocada de modo arbitrário, ausentes critérios técnicos ou legais a orientar a escolha do beneficiário, e dependeria apenas de motivações políticas. Isso, por consequência, traria prejuízos do ponto de vista da eficiência – princípio de estatura constitucional –, além de permitir que a execução orçamentária se afaste do caráter impessoal que deve orientá-la, abrindo espaços para as verbas serem utilizadas para influenciar na apreciação de proposições legislativas em tramitação no Congresso Nacional, favorecendo apoiadores do governo, em afronta ao que dispõe a Lei de Diretrizes Orçamentárias.

O Relatório-Geral, deverá, ainda, incorporar o relatório produzido pelo Comitê de Avaliação das Informações sobre Obras e Serviços com Indícios de Irregularidades Graves (COI). Para tanto, a CMO deve, previamente à apreciação do Relatório-Geral, proceder ao exame do relatório do COI, que examina as informações encaminhadas pelo Tribunal de Contas da União relativas à fiscalização de obras e serviços em que foram identificados indícios de irregularidades graves e relacionados em anexo à lei orçamentária anual, nos termos da lei de diretrizes orçamentárias. Basicamente, referido relatório pode concluir, mediante a apresentação de projeto decreto legislativo, pela suspensão da execução orçamentária, física e financeira da obra ou serviço com indícios de irregularidades graves; ou pela autorização da continuidade da obra ou serviço, caso as irregularidades apontadas tenham sido sanadas ou não tenha sido possível comprová-las. O parecer da CMO sobre relatório do COI possui caráter terminativo, salvo recurso ao Plenário do Congresso Nacional.

Após apresentado, a CMO deve terminar a votação do relatório-geral no prazo de até cinco dias, a partir de quando se inicia nova contagem de prazo – desta feita, dois dias – para envio do Parecer da CMO à Mesa do Congresso Nacional.

3.9 Deliberação pelo Plenário do Congresso

A deliberação do PLOA no Plenário do Congresso Nacional encerra a apreciação congressual do orçamento – após a votação nessa instância, que deve ocorrer em até quatro dias contados do recebimento do Parecer da CMO, restam apenas procedimentos técnico-operacionais destinados à implantação das decisões tomadas em Plenário e geração dos autógrafos da peça aprovada pelo parlamento.

Tendo enfrentado um extenso processo de exame, alteração e aprovação no âmbito da CMO, o PLOA chega ao Plenário do Congresso após a construção de um consenso em torno da proposta, o que torna a votação no Congresso, na prática, uma espécie de homologação das decisões tomadas na Comissão Mista, havendo pouco espaço para modificações relevantes. Usualmente, a votação no Plenário do Congresso ocorre de maneira rápida e sem obstruções, apenas algumas horas depois da aprovação do PLOA na CMO.

3.10 Assessoramento institucional no contexto do processo legislativo orçamentário

Ao longo da tramitação do PLOA, o Congresso Nacional, a CMO, as comissões permanentes das duas casas legislativas e seus membros contam com assessoramento técnico institucional permanente, prestado pela Consultoria de Orçamento e Fiscalização Financeira da Câmara dos Deputados (CONOF) e pela Consultoria de Orçamentos, Fiscalização e Controle do Senado Federal (CONORF), órgãos especializados em matéria orçamentária. Entre outras tarefas, referidos órgãos elaboram notas técnicas com o objetivo de subsidiar a análise do projeto de lei orçamentária anual e, mais importante, proporcionam aos relatores da matéria apoio técnico ininterrupto na elaboração de seus respectivos relatórios.

A cada ano, a coordenação técnica do trabalho de assessoramento alterna-se entre CONOF e CONORF, conforme o relator da matéria seja deputado ou senador, respectivamente. Tradicionalmente, são constituídas equipes mistas para a condução das atividades.

Anexo – Fluxo de tramitação do PLOA no Congresso Nacional

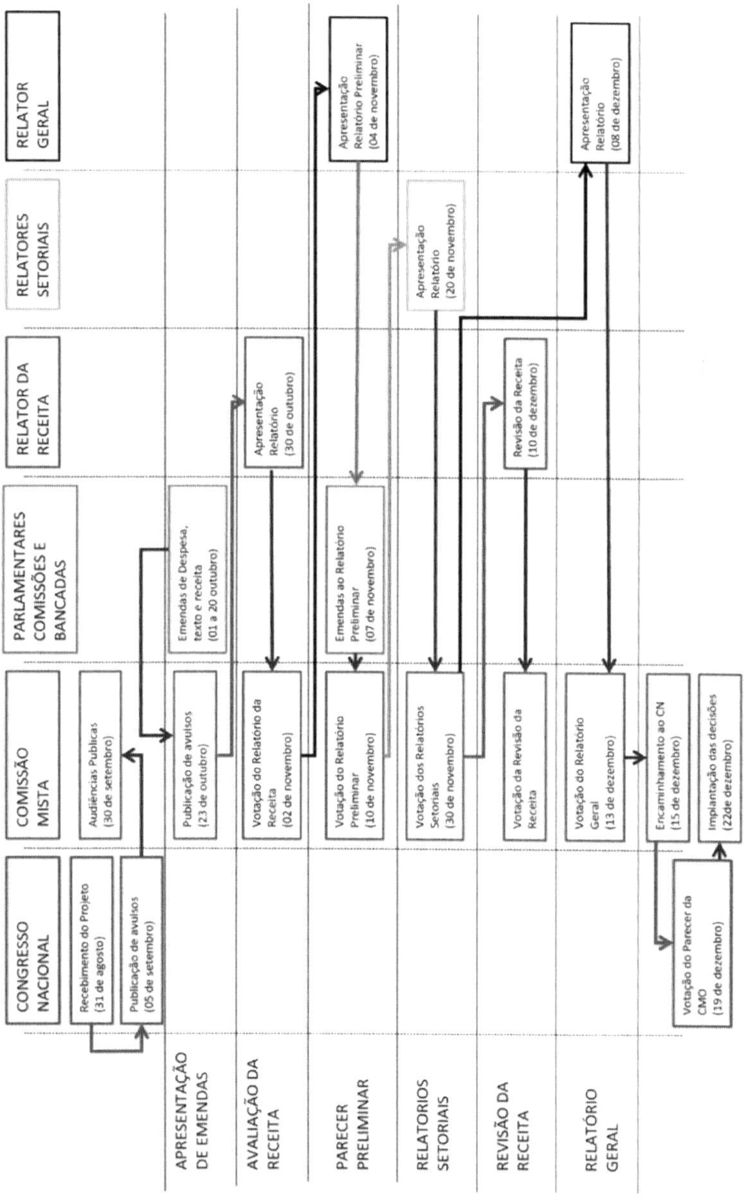

ALEMANHA

GUSTAVO FOSSATI

PAULA UEMATSU

PIETRA FLEIG

MARIANA MUNIZ

CAPÍTULO 4

PRINCÍPIOS DO ORÇAMENTO PÚBLICO ALEMÃO

O orçamento público, também chamado na Alemanha de "livro destino da nação" (*das Schicksalsbuch der Nation*),[44] possui uma relação de mútua dependência com a política. Por um lado, o escopo e a estrutura do orçamento são determinados pela política geral. Por outro lado, a renda disponível limita a margem de manobra política, limitando a elaboração e o alcance das políticas públicas. Além disso, o orçamento pode ser usado instrumentalmente para fins não fiscais, especialmente para controle econômico.[45]

O Tribunal Constitucional Federal da Alemanha (*Bundesverfassungsgericht – BVerfG*) definiu o orçamento como "um programa do governo na forma de legislação – limitado no tempo e relacionado às despesas" que reflete "a política do governo em números" e completa que "é um ato geral orientador do Estado, do governo e do legislativo criado por meio de uma legislação que molda o Estado; seu objeto é um programa geral para a gestão econômica do estado e, portanto, ao mesmo tempo para a política do estado durante o período orçamentário".[46]

---

[44] SACHS, Michael. *Grundgesetz Kommentar*. 9. ed. *Munique:* C. H. Beck, 2021.

[45] O orçamento possui funções distintas que podem ser classificadas como:
a) função de política financeira; b) função política; c) função de controle; d) função de política econômica. No caso alemão, originalmente, o orçamento servia basicamente para cobrir as necessidades do Estado (função de política financeira); com o tempo passou a ter uma função política relevante como a de expressar o programa de ação do governo em números.

[46] ALEMANHA. Tribunal Constitucional Federal. *BVerfGE 79, 311 (2 BvF 1/82), de 18.04.1989 apud* HECKEL. Johannes. Einrichtung und rechtliche Bedeutung des

A Constituição (GG) estabelece normas gerais relativas ao sistema orçamentário regulamentadas por leis infraconstitucionais. Define, também, as competências e as funções dos principais órgãos e entidades envolvidos no processo orçamentário.

A distribuição de competências, baseada no federalismo, reflete na constituição financeira através das regras estabelecidas na Seção X (arts. 104 "a" ao 115) da Constituição Alemã. Contudo, não está claro se essas são regras jurídicas vinculantes ou se possuem status constitucional. De qualquer forma, as disposições da Lei de Princípios Orçamentários possuem status de lei federal, seus dispositivos, em princípio, não vinculam o legislador orçamentário em nível federal.[47]

Lei Fundamental da República Federal da Alemanha (GG)

1. Estabelece os princípios gerais que devem orientar o processo orçamentário;
2. Possui normas que definem o papel, as relações e as funções dos diferentes atores que desempenham papéis relevantes no processo orçamentário;
3. Estabelece competências (legislativas e administrativas), as relações, os deveres e poderes de cada unidade federativa, dos seus governos e seus órgãos;
4. Estabelece a hierarquia entre as fontes de direito orçamentário.

O art. 109 estipula que o Governo Federal e os Estados são independentes e autônomos na gestão orçamentária e que ambos devem cumprir, em conjunto, com as obrigações normativas da UE em matéria orçamentária.[48] Ambos os entes devem observar o equilíbrio macroeconômico, seus orçamentos devem ser equilibrados sem recorrer a créditos.

O art. 110 traz disposições sobre a preparação do orçamento, enquanto o art. 111 estabelece as regras para a gestão orçamental provisória (no caso de não aprovação tempestiva do orçamento). O art. 112 cuida dos casos de despesas que não foram incluídas ou

Reichshaushaltsgesetzes. *In*: ANSCHÜTZ, G.; THOMA, R. *Handbuch des Deutschen Staatsrechts*. Tübingen. Band 2, 1932. XXXVIII. S. 374ff. [388ff., 392].

47 SACHS, Michael. *Grundgesetz Kommentar*. 9. ed. *Munique:* C. H. Beck, 2021.

48 O Princípio da Separação Orçamentária (*Trennungsgrundsatz*) estabelece que os orçamentos estaduais e federal são elaborados separadamente.

que ultrapassam o valor estipulado na lei orçamentária e do poder que o Ministério Federal das Finanças (MFF) possui nessa situação. O art. 113 trata da situação em que uma lei autoriza o aumento de despesa. O procedimento de contabilidade e auditoria incluindo o papel do Tribunal de Contas Federal é estabelecido no art. 114. Por fim, o art. 115 c/c e o art. 109 tratam da regra do freio da dívida e suas exceções.

> Com a crise econômico-financeira de 2008, a regra do freio da dívida adquiriu centralidade na GG, possuindo profunda relação com diversos princípios fundamentais:
> a) o *princípio republicano* visa evitar que o Estado, comprometido com o bem comum, seja tendencioso em relação aos seus credores em termos de gestão financeira;
> b) o *princípio do estado de direito* protege os direitos fundamentais de liberdade e igualdade dos futuros contribuintes;
> c) o *princípio do estado social* exige a justificação dos juros pagos aos credores perante os contribuintes e a comunidade em geral;
> d) o *princípio federativo*, segundo o qual a União Federal e os Estados federados são autônomos e independentes, reconhece que o endividamento de um ente federal pode ter efeitos que irradiam aos demais entes da União Federal.[49]
> O advento da Crise da Covid-19 e a guerra na Ucrânia impulsionaram discussões tanto na Alemanha quanto na União Europeia sobre a flexibilização das normas que limitam os gastos e investimentos públicos (ver item 2.2.7).

4.1 Princípios com status constitucional

4.1.1 Princípio da Integralidade (*Grundsatz der Vollständigkeit*)

O princípio da integralidade (art. 110, §1, inciso I, Lei Fundamental) estabelece que todas as receitas e despesas do ente federativo devem constar do plano orçamentário, de forma a registrar integralmente as atividades orçamentárias do Estado. Sachs esclarece que esse é um dos "instrumentos essenciais do controle parlamentar do governo", garantindo que "o legislativo tenha uma visão completa do volume

[49] SACHS, Michael. *Grundgesetz Kommentar*. 9. ed. *Munique:* C. H. Beck, 2021.

financeiro disponível para o Estado em intervalos regulares e, portanto, também da carga fiscal imposta aos cidadãos".[50]

De acordo com o autor, "o princípio da integralidade é amplamente ineficaz sem ser especificado pelo princípio bruto" (*Bruttoprinzips*), segundo o qual todas as receitas e despesas devem ser incluídas no orçamento integralmente e separadamente umas das outras, (§12, I, 1 HGrG e §15, I, 1 BHO). Assim, as despesas não podem ser deduzidas antecipadamente, nem as receitas podem ser creditadas antecipadamente.

4.1.2 Princípio da Unidade (*Grundsatz der Einheit*)

Este princípio estabelece que os fluxos de caixa integralmente registrados devem ser incluídos em um único plano.

Segundo Sachs, esse é, provavelmente, o princípio orçamental mais desrespeitado, uma vez que "o impulso da política, da administração e interesses particulares para estabelecer orçamentos especiais são difíceis de controlar".[51] O princípio já foi violado de diversas formas, através da formação de comissões especiais, independência das unidades administrativas com gestão financeira própria, formas organizativas de direito privado, parcerias público-privadas etc.

4.1.3 Princípio da Precisão e Clareza do Orçamento (*Grundsätze der Haushaltswahrheit und Haushaltsklarheit*)

O princípio da precisão e clareza é parcialmente derivado do princípio da integralidade. As receitas e despesas devem ser estimadas com a maior precisão possível e o orçamento deve ser transparente e claro.

4.1.4 Princípio da Anterioridade (*Grundsatz der Vorherigkeit*)

O princípio da anterioridade (art. 110, §2, inciso 1, Lei Fundamental) estabelece que o plano orçamentário deve ser elaborado e promulgado antes do início do ano fiscal. Uma exceção ao princípio da anterioridade ocorre em anos de eleição, devido ao princípio da descontinuidade. Caso a promulgação da lei orçamentária não ocorra

---

50 SACHS, Michael. *Grundgesetz Kommentar*. 9. ed. *Munique:* C. H. Beck, 2021.

51 SACHS, Michael. *Grundgesetz Kommentar*. 9. ed. *Munique:* C. H. Beck, 2021.

antes da mudança de ano, haverá uma fase de gestão orçamentária provisória nos termos do art. 111, da Lei Fundamental. Assim que a nova lei entrar em vigor, ela possuirá efeitos retroativos ao início do período orçamentário.

O princípio da anterioridade estabelece que todos os órgãos constitucionais envolvidos são constitucionalmente obrigados a contribuir para o orçamento ser aprovado em tempo útil. Ele aplica-se, também, aos orçamentos suplementares, mesmo que isso não esteja diretamente expresso na redação do dispositivo.

4.1.5 Princípio da Periodicidade (*Grundsatz der Periodizität*)

O orçamento pode ser elaborado para vários anos orçamentais, mas deve ser separado por ano. De acordo com Sachs, "quanto maior o período orçamentário, maior a dificuldade em fazer previsões razoavelmente confiáveis, de modo que o princípio da verdade e clareza do orçamento poderia seria afetado".[52] No entanto, em nenhuma hipótese a duração de um período eleitoral pode ser excedida, pois isso desvalorizaria amplamente o direito orçamentário do *Bundestag*.

4.1.6 Princípio da Especialidade (*Grundsatz der Spezialität*)

A receita e a despesa públicas devem constar do orçamento com nível satisfatório de especificação ou discriminação, não devem constar do orçamento em bloco, mas sim detalhadamente. O princípio da especialidade exige, ainda, que todas as receitas tenham uma destinação específica, ou seja, apenas podem ser utilizadas para cobrir as despesas previamente atribuídas.

4.1.7 Princípio do Equilíbrio Orçamentário (*Grundsatz des Haushaltsausgleichs*)

De acordo com o princípio do equilíbrio orçamentário (art. 110, §1, inciso 2, Lei Fundamental), o plano orçamentário deve equilibrar receitas e despesas. Isso significa que ele só pode conter despesas que possam ser pagas pelas receitas nele previstas. Esse princípio tem como objetivo garantir a execução do orçamento.

---

[52] SACHS, Michael. *Grundgesetz Kommentar*. 9. ed. *Munique:* C. H. Beck, 2021.

4.1.8 Princípios da Economicidade e Eficiência (*Grundsätze der Wirtschaftlichkeit und Sparsamkeit*)

O princípio da economicidade e eficiência (art. 114 da GG) tem como fundamento a ideia de uma relação de custo e benefício entre os objetivos e seus meios para atingi-los, dispondo sobre a obrigação de todos os órgãos governamentais observarem o melhor uso possível dos recursos públicos. Ou seja, deve-se procurar alcançar o melhor resultado possível com o menor uso de recursos.

Dimensões do princípio da economicidade e da eficiência:

- Dimensão econômica: um determinado objetivo deve ser alcançado com o menor uso de recursos possível (princípio do mínimo – *Minimalprinzip*, ou da economia);
- Dimensão da eficiência: uma determinada alocação de recursos deve fornecer o melhor resultado possível (princípio do máximo – *Maximalprinzip*, ou da eficiência).

4.1.9 Princípio da Cobertura total (não afetação) (*Haushaltsgrundsatz der Gesamtdeckung – Non-Affektation*)

Os princípios da cobertura total e da não afetação, assim como o princípio da integralidade, visam assegurar a soberania orçamental do Poder Legislativo e das instituições envolvidas no planejamento e controle financeiro de forma a dificultar a formação de orçamentos especiais a partir dos quais interesses especiais possam ser satisfeitos "caixa 2".

O art. 110 da GG e 8º da BHO estabelece que o orçamento federal inclua todas as receitas e deve ser decidido por lei parlamentar (princípio da cobertura total art. 8º BHO). O orçamento deve registrar integralmente as atividades orçamentárias do Estado, em particular, também a receita tributária, realizando, assim, o princípio da integralidade que, como visto no ítem 1.8.1.1, possui status constitucional e é um dos instrumentos essenciais do controle parlamentar do governo para evitar a formação de "caixa dois". Todas as receitas e despesas devem ser incluídas no orçamento integralmente e separadamente umas das outras (art. 12 HGrG e 15 da BHO). As despesas não podem ser deduzidas antecipadamente, nem as receitas podem ser creditadas antecipadamente.

O orçamento é autorizativo. A lei orçamentária autoriza o executivo a realizar as despesas previstas no orçamento. O governo está autorizado a gastar os fundos para os fins especificados no orçamento. Além das despesas, as receitas também devem ser estimadas para garantir o equilíbrio orçamentário.

4.1.10 Princípio da Anualidade (*Grundsatz der Jährlichkeit*)

O ciclo orçamentário anual alcança não somente o orçamento daquele ano, mas também os planos e projeções para os três anos seguintes. As estimativas relativas ao ano anterior devem estar em consonância com as limitações fiscais. Alterações em relação aos gastos devem ser acomodadas a partir de aumento de receitas, diminuição de custos, corte de alocações federais, ou uma solução conjunta entre essas alternativas.[53]

O art. 4º do Código Orçamentário Alemão estabelece que o exercício financeiro é idêntico ao ano civil, ou seja, começa em 1º de janeiro e termina em 31 de dezembro.

Entretanto, o princípio da anualidade comporta exceções. A primeira delas é que o Ministério Federal das Finanças pode determinar um período diferente para o exercício financeiro em áreas individuais (art. 4º BHO *caput*).

A autorização de compromisso (art. 6ª do BHO) também é uma exceção à anualidade. Com a finalidade de viabilizar a realização de projeções plurianuais, as autorizações de compromisso (*Verpflichtungsermächtigung*) permitem que Administração Pública assuma compromissos para fazer despesas em anos futuros, contribuindo para a continuidade da gestão orçamentária. Tal instrumento é necessário porque a despesa orçada no orçamento federal é apenas para pagamentos no ano financeiro em curso, o que inviabilizaria os projetos plurianuais.[54] Somente são autorizados gastos e compromissos necessários ao cumprimento das atribuições do Governo Federal (princípio da necessidade).[55]

---

53 OCDE. Budget Review: Germany. *Journal on Budgeting*. Volume 2014/2. p. 25. Disponível em: https://www.oecd.org/gov/budgeting/Budget-Review-Germany.pdf. Acesso em: 23 jul. 2021.

54 Mais informações sobre as autorizações de compromisso podem ser encontradas em: ALEMANHA. Bundestg. Wissenschaftliche Dienste des Deutschen Bundestages. Nº 20, 2004. Disponível em: https://www.bundestag.de/resource/blob/514314/0ad037338a0cc8218a502353ec1767bb/Verpflichtungsermaechtigung-data.pdf. Acesso em: 28 jun. 2022.

55 "O conceito jurídico de necessidade não está definido no HGrG nem no BHO. Deve ser interpretado de acordo com o caso concreto. As autorizações de despesas e compromissos devem ser necessárias não apenas em termos de motivo, mas também em termos de valor. O princípio da necessidade requer o menor uso possível de recursos para cumprir uma tarefa específica". LEWINSKI, Kai von; BURBAT, Daniela. *Bundeshaushaltsordnung*. Baden-Baden: Nomos, 2013.

4.2 Principais normas infraconstitucionais

4.2.1 Lei dos Princípios Orçamentários (*Haushaltsgrundsätzegesetz – HGrG*)

O art. 109, IV da GG estabelece que: "através de lei federal, que requer a aprovação do Conselho Federal, podem ser estabelecidos princípios comuns para a União Federal e os Estados, válidos para o direito orçamentário, para uma política orçamentária ajustada à conjuntura econômica e um planejamento financeiro plurianual". Desse modo, a Lei de Princípios Orçamentários aprovada em 1969, obriga os governos federal e estaduais a alinharem suas respectivas leis orçamentárias de acordo com princípios uniformes. Se, por um lado, esses princípios não se aplicam diretamente, requerendo implementação na respectiva lei federal ou estadual, por outro, as disposições da parte II do HGrG (arts. 49-57) aplicam-se imediatamente (eficácia plena) não exigindo nenhuma regulamentação posterior. Contudo, são classificados como princípios porque se limitam a questões processuais orçamentais gerais.[56]

Os municípios não são os destinatários nas normas estabelecidas na HGrG. Eles são considerados integrantes dos estados federais. Sua lei orçamentária é regida pela respectiva lei estadual, regulamentada no código municipal (*Gemeindeordnung*) e no regulamento orçamentário municipal (*Gemeindehaushaltsverordnung*).

4.2.2 Código Orçamentário Federal (*Bundeshaushaltsordnung – BHO*)

O BHO entrou em vigor em 1º de janeiro de 1970 e contém normas básicas sobre a elaboração e execução do orçamento federal, gestão de caixa, contabilidade e auditoria. Os estados possuem seus respectivos regulamentos orçamentários estaduais.

4.2.3 Lei orçamentária e orçamento

O orçamento é anexado à lei orçamentária anual. Ele contém a síntese sistematicamente estruturada das despesas estimadas para o respectivo exercício e as receitas destinadas a cobri-las. Além disso,

---

56 LEWINSKI, Kai von; BURBAT, Daniela. *Bundeshaushaltsordnung*. Baden-Baden: Nomos, 2013.

autoriza o executivo a realizar despesas e assumir obrigações. A lei orçamentária possui o mesmo status normativo do BHO e, portanto, pode alterar suas disposições.[57]

4.3 Regulamentos administrativos

Os regulamentos administrativos essenciais são as Disposições Administrativas Gerais do Código Orçamentário Federal (*Allgemeine Verwaltungsvorschriften zur Bundeshaushaltsordnung – VV-BHO*) e os regulamentos administrativos orçamentários emitidos no nível federal, bem como as Diretrizes Orçamentárias do Governo Federal (*Haushaltstechnischen Richtlinien des Bundes – HRB*).

De acordo com o §5 BHO, o VV-BHO é emitido pelo MFF, que atua em conjunto com o grupo de trabalho da lei orçamentária das mais altas autoridades federais. O Tribunal de Contas da União participa das reuniões com caráter consultivo. O grupo de trabalho é presidido por um representante do MFF. Seus membros podem trazer sugestões de alteração do VV-BHO, discutidas em reuniões regulares. As alterações aprovadas no VV-BHO são efetivadas por circulares do MFF e publicadas no Diário Oficial. Em complemento às disposições da BHO e da VV-BHO, as orientações orçamentárias da União Federal regulam a elaboração da previsão de receitas e despesas (art. 27 BHO) e o projeto de orçamento (art. 28 BHO).[58]

---

[57] ALEMANHA. Bundesministerium der Finanzen. *Das System der öffentlichen Haushalte*. Agosto de 2015. p. 7.

[58] ALEMANHA. Bundesministerium der Finanzen. *Das System der öffentlichen Haushalte*. Agosto de 2015. p. 7.

CAPÍTULO 5

PROCESSO ORÇAMENTÁRIO NO PODER EXECUTIVO

5.1 Elaboração das propostas setoriais

A elaboração do projeto de orçamento está inteiramente nas mãos do executivo. Após a elaboração das macrodiretrizes e em conformidade com o seu conteúdo (ver tópico 1), os ministérios e órgãos preparam seus orçamentos setoriais.

O art. 27 do Código Orçamentário Alemão (BHO) estabelece que as propostas setoriais devem ser enviadas pelos ministérios e órgãos responsáveis pela sua elaboração ao Ministério Federal das Finanças. As propostas devem ser igualmente enviadas ao Tribunal de Contas Federal, que poderá tecer comentários sobre elas.

Cada órgão ou ministério que gerencia receitas ou despesas deve nomear um gestor orçamentário (*Beauftragter für den Haushalt*), a menos que essa tarefa seja assumida pessoalmente pelo chefe do departamento.

Caberá ao gestor orçamentário preparar os documentos necessários para o planejamento financeiro e para a proposta setorial. Ele também é responsável pela execução e gestão do orçamento.[59]

O gestor orçamentário está subordinado diretamente à chefia departamental. Ele é diretamente responsável perante o ministro e o chefe administrativo do ministério no exercício dessa função.

---

[59] LEWINSKI, Kai von; BURBAT, Daniela. *Bundeshaushaltsordnung*. Baden-Baden: Nomos, 2013.

Cabe ao gestor orçamentário a administração de receitas ou despesas (art. 9 BHO),[60] assegurando que os recursos sejam atribuídos às áreas adequadas e os limites orçamentais sejam respeitados. Ele possui o poder de veto, de acordo com o disposto no art. 5.4 das normas administrativas gerais ao Código Orçamentário Federal.[61] O veto somente poderá permanecer se houver instruções expressas do chefe da autoridade ou de seu representante permanente (art. 5.4.1 do mesmo diploma).

5.2 Ministério Federal das Finanças (MFF) como órgão central na elaboração do orçamento

Os arts. 27 e 28 do BHO tratam do papel do executivo, poder responsável pela elaboração do orçamento, em especial sobre o papel desempenhado pelo Ministério Federal das Finanças. De acordo com o art. 28º do mesmo diploma,[62] o Ministério Federal das Finanças

---

[60] Código Orçamentário Alemão (Bundeshaushaltordnung, BHO). Art. 9º.(1). "*Bei jeder Dienststelle, die Einnahmen oder Ausgaben bewirtschaftet, ist ein Beauftragter für den Haushalt zu bestellen, soweit der Leiter der Dienststelle diese Aufgabe nicht selbst wahrnimmt. Der Beauftragte soll dem Leiter der Dienststelle unmittelbar unterstellt werden.*
(2) Dem Beauftragten obliegen die Aufstellung der Unterlagen für die Finanzplanung und der Unterlagen für den Entwurf des Haushaltsplans (Voranschläge) sowie die Ausführung des Haushaltsplans. Im übrigen ist der Beauftragte bei allen Maßnahmen von finanzieller Bedeutung zu beteiligen. Er kann Aufgaben bei der Ausführung des Haushaltsplans übertragen".
"Art. 9º. (1) Para cada departamento que gere receitas ou despesas, será nomeado um responsável pelo orçamento, a menos que o próprio chefe do departamento desempenhe esta tarefa. O representante deve se reportar diretamente ao chefe da agência.
(2) O comissário é responsável pela preparação dos documentos para o planejamento financeiro e os documentos para o projeto de orçamento (estimativas), bem como a execução do orçamento. O representante também deve estar envolvido em todas as medidas de importância financeira. Ele pode delegar tarefas na execução do orçamento". (tradução livre)

[61] *Allgemeine Verwaltungsvorschriften zur Bundeshaushaltsordnung*. Normas administrativas gerais do Código Orçamentário Federal
5.4. *Die oder der Beauftragte für den Haushalt kann bei der Ausführung des Haushaltsplans oder bei Maßnahmen im Sinne von Nr. 4 Widerspruch erheben.* O gestor orçamentário poderá opor-se à execução do orçamento ou às medidas definidas no nº 4.
5.4.1 *Widerspricht die oder der Beauftragte für den Haushalt bei einer obersten Bundesbehörde einem Vorhaben, so darf dieses nur auf ausdrückliche Weisung der Leiterin oder des Leiters der Behörde oder ihrer ständigen Vertreterin oder ihres ständigen Vertreters bzw. seiner ständigen Vertreterin oder seines ständigen Vertreters weiterverfolgt werden.* "Se o gestor orçamentário de uma autoridade federal se opuser a um projeto, o veto só terá seguimento por instruções expressas do chefe da autoridade ou de seu representante permanente".

[62] Código Orçamentário Alemão (Bundeshaushaltordnung, BHO), art. 28: "*(1) Das Bundesministerium der Finanzen prüft die Voranschläge und stellt den Entwurf des Haushaltsplans auf. Es kann die Voranschläge nach Benehmen mit den beteiligten Stellen ändern. (2) Über*

é responsável por examinar[63] as propostas setoriais (*Voranschläge*) e preparar o projeto do orçamento. Pode, também, emendar as propostas após consulta aos ministérios e órgãos que as enviaram. As propostas setoriais devem ser entregues ao Ministério Federal das Finanças pelo órgão ou ministério responsável pela sua elaboração. Elas também devem ser enviadas ao Tribunal de Contas que poderá tecer comentários.[64]

O Ministério Federal das Finanças também organiza os preparativos do orçamento anual, consolidando os agregados orçamentários gerais, propondo alocações para cada ministério para garantir a consistência dos planos setoriais com as normas de restrições orçamentárias.

Cabe ao executivo federal a adoção tanto do projeto de lei orçamentária como o projeto orçamentário, conforme estabelece o art. 29, inciso primeiro, do BHO.[65] Juntamente com o projeto de orçamento para o próximo ano, o Conselho de Ministros também aprova o plano

---

Angelegenheiten von grundsätzlicher oder erheblicher finanzieller Bedeutung kann die zuständige Bundesministerin oder der zuständige Bundesminister die Entscheidung der Bundesregierung einholen. Entscheidet die Bundesregierung gegen oder ohne die Stimme der Bundesministerin oder des Bundesministers der Finanzen, so steht ihr oder ihm ein Widerspruchsrecht zu. Das Nähere regelt die Geschäftsordnung der Bundesregierung. (3) Abweichungen von den Voranschlägen der Bundespräsidentin oder des Bundespräsidenten, des Deutschen Bundestages, des Bundesrates, des Bundesverfassungsgerichts, des Bundesrechnungshofes oder der oder des Bundesbeauftragten für den Datenschutz und die Informationsfreiheit sind vom Bundesministerium der Finanzen der Bundesregierung mitzuteilen, soweit den Änderungen nicht zugestimmt worden ist".

(1) O Ministério Federal das Finanças examina as estimativas e elabora o projeto de orçamento. Pode alterar as estimativas após consulta às autoridades envolvidas. (2) O Ministro Federal responsável pode obter a decisão do Governo Federal sobre assuntos de importância financeira fundamental ou significativa. Se o Governo Federal decidir contra ou sem o voto do Ministro Federal da Fazenda, ele tem o direito de se opor. Os detalhes são regulamentados pelo regulamento interno do Governo Federal. (3) Os desvios das estimativas do Presidente Federal, do *Bundestag* alemão, do *Bundesrat*, do Tribunal Constitucional Federal, do Gabinete de Auditoria Federal ou do Comissário Federal para Proteção de Dados e Liberdade de Informação devem ser comunicados ao Governo Federal pelo Ministério Federal de Finanças, a menos que as alterações tenham sido aprovadas. (tradução livre).

63 São examinados o equilíbrio matemático, a concordância das propostas com o plano financeiro de médio prazo, a compatibilidade com o desenvolvimento econômico global e as recomendações do Conselho de Estabilidade.

64 De acordo com Lewinski e Burbat, nos comentários ao art. 27 da BHO, a norma deve ser interpretada de forma ampla, permitindo tanto o chamado procedimento *bottom-up*, no qual os órgãos e ministérios responsáveis pelos planos setoriais determinam os requisitos financeiros necessários efetuando o registro no Ministério das Finanças, bem como a chamada abordagem *top-down*, segundo a qual o gabinete federal estabelece um limite orçamentário vinculativo para a elaboração das propostas setoriais. LEWINSKI, Kai von; BURBAT, Daniela. *Bundeshaushaltsordnung*. Baden-Baden: Nomos, 2013.

65 Código Orçamentário Alemão (BHO), art. 29, inciso 1: "*(1) Der Entwurf des Haushaltsgesetzes wird mit dem Entwurf des Haushaltsplans von der Bundesregierung beschlossen*".
art. 29, inciso I: (1) O projeto de lei orçamentária é adotado pelo Governo Federal com o projeto de plano orçamentário. (tradução livre).

financeiro para os três anos seguintes. A fase de preparação termina com a decisão do Conselho de Ministros.

> Devido à regulamentação especial do art. 28, §3º da BHO, os orçamentos setoriais dos órgãos federais e constitucionais, Presidente Federal, BT, BR, Tribunal Constitucional (BVerfG) e Tribunal de Contas (BRH) não são abrangidos pelo método *top-down*. Para eles, as abordagens do plano financeiro aplicável são tomadas com base nas estimativas do plano financeiro atual. As estimativas dos orçamentos para pagamento de pessoal também são apresentadas através do procedimento *bottom-up*.[66]

5.3 Alterações nas propostas orçamentárias e contingenciamentos

Após analisar as propostas setoriais, o Ministério Federal das Finanças elabora um projeto de orçamento. Se o Governo Federal tomar decisões orçamentárias sem a anuência ou contrárias às propostas pelo Ministério das Finanças, esse poderá se opor às medidas adotadas (parágrafo 2º). Qualquer desvio à proposta orçamentária realizado por qualquer dos poderes ou órgãos do Estado deve ser comunicado ao Ministério das Finanças o qual notificará o Governo Federal, a menos que essas alterações tenham sido previamente aprovadas (parágrafo 3º); por outro lado, mudanças realizadas pelo próprio Ministério devem ser feitas após "consulta aos setores envolvidos". Após ouvir as partes interessadas, se não houver um acordo acerca das alterações, o ministério que discorde da decisão do MF pode levar a questão a um órgão colegiado se for uma "matéria de importância financeira fundamental ou significativa" (parágrafo 2º).[67]

Embora seja função dos órgãos e ministérios que elaboraram os planos setoriais assegurar a execução do orçamento, o Ministério Federal das Finanças é responsável pelo acompanhamento do orçamento global.

---

[66] LEWINSKI, Kai von; BURBAT, Daniela. *Bundeshaushaltsordnung*. Baden-Baden: Nomos, 2013.

[67] De acordo com o art. 38, nº 4.2 do *Allgemeine Verwaltungsvorschriften zur Bundeshaushaltsordnung*, "medidas de importância financeira significativas são aquelas que representarem uma parte significativa das dotações de autorização ou das despesas para os anos em que as obrigações se tornam exigíveis".

O Ministério Federal das Finanças possui a tarefa de notificar o Governo Federal sobre qualquer desvio às propostas setoriais apresentadas pelo BT, BR, pela Corte Constitucional Alemã, pelo Tribunal de Contas da União e pela Comissão Federal de Proteção de Dados e Liberdade de Informação, a menos que essas modificações tenham sido previamente autorizadas pelas próprias instituições.

De acordo com o art. 41 BHO,[68] é tarefa do Ministério Federal das Finanças acompanhar o fluxo orçamentário e, se necessário, intervir na execução do orçamento se o desenvolvimento das receitas ou despesas assim o exigem, ou seja, o Ministério Federal das Finanças pode bloquear as despesas a fim de assegurar o equilíbrio orçamentário e de política econômica, retirando a gestão dos recursos do órgão ou ministério competente.

O art. 22º do BHO regulamenta a emissão de avisos de bloqueio no orçamento pelo legislador, ou seja, de retirar certas rubricas orçamentárias do poder de disposição do gestor do orçamento. Esse dispositivo teria dois objetivos: a) permitir a inclusão, no orçamento, de projetos para os quais pontos importantes ainda não foram totalmente discutidos ou esclarecidos; b) a emissão de aviso de bloqueio da redução do volume orçamentário para efeito de poupança real.[69]

Despesas e autorizações para construções, grandes aquisições, grandes projetos de desenvolvimento só poderão entrar no orçamento quando houver documentos que permitam avaliar a necessidade e viabilidade econômica da respectiva medida do ponto de vista dos custos/benefícios. Deve-se demonstrar, detalhadamente, o tipo de obra, o custo das medidas de construção, da transferência do terreno e das instalações, bem como o método de financiamento proposto e um cronograma. Exceções só serão admitidas se, em um caso individual, não for possível apresentar todos os documentos a tempo ou se o Governo Federal sofrer qualquer prejuízo com o adiamento (art. 24º, parágrafo 3, BHO).[70] A obrigação de fornecer esses documentos visa a evitar maus

---

[68] Código Orçamentário Alemão (*Bundeshaushaltordnung*, BHO), art. 41: "*Wenn die Entwicklung der Einnahmen oder Ausgaben es erfordert, kann das Bundesministerium der Finanzen nach Benehmen mit dem zuständigen Bundesministerium es von seiner Einwilligung abhängig machen, ob Verpflichtungen eingegangen oder Ausgaben geleistet werden*".
Art 41 "Se o desenvolvimento das receitas ou despesas assim o exigir, o Ministério Federal das Finanças pode, após consulta ao Ministério Federal competente, subordinar à sua aprovação a realização de compromissos ou de despesas". (tradução livre).

[69] LEWINSKI, Kai von; BURBAT, Daniela. *Bundeshaushaltsordnung*. Baden-Baden: Nomos, 2013.

[70] Código Orçamentário Alemão (*Bundeshaushaltordnung*, BHO), art. 24, inciso 3: "*(3) Ausnahmen von den Absätzen 1 und 2 sind nur zulässig, wenn es im Einzelfall nicht möglich*

investimentos e despesas adicionais.[71] Na execução,[72] o órgão que administra os recursos não pode mais desviar-se das especificações que integram os documentos apresentados. Até que os documentos exigidos sejam fornecidos, as autorizações de despesas serão bloqueadas.[73]

5.4 Prazo de submissão do Projeto de Lei Orçamentária ao Poder Legislativo

O prazo de submissão do projeto de lei orçamentária e do orçamento, pelo executivo aos órgãos do legislativo está regulado no art. 30 do Código Orçamentário Alemão: "o projeto de lei orçamentária deve ser submetido ao *Bundesrat* e ao *Bundestag* juntamente com o projeto de orçamento antes do início do ano fiscal, como regra o mais tardar na primeira semana da sessão do Bundestag a seguir a 1º de setembro".

A norma destina-se a garantir que o plano orçamental possa ser discutido pelo Legislativo em tempo útil antes do início do próximo

ist, die Unterlagen rechtzeitig fertigzustellen, und aus einer späteren Veranschlagung dem Bund ein Nachteil erwachsen würde. Die Notwendigkeit einer Ausnahme ist in den Erläuterungen zu begründen. Die Ausgaben und Verpflichtungsermächtigungen für Maßnahmen, für welche die Unterlagen noch nicht vorliegen, sind gesperrt".

"(3) Exceções aos parágrafos 1 e 2 só são permitidas se, em casos individuais, não for possível preencher os documentos em tempo hábil e uma estimativa posterior resultar em desvantagem para o Governo Federal. A necessidade de uma exceção deve ser justificada nas explicações. As dotações para despesas e autorizações para as medidas para as quais os documentos ainda não estão disponíveis são bloqueadas". (tradução livre).

71 HEUER, Ernst; ENGELS, Dieter; EIBELSHÄUSER, Manfred. *Kommentar zum Haushaltsrecht*. Luchterhand. 2021.

72 Em que pese não seja objeto desse trabalho a fase de execução orçamentária, cabe apenas mencionar, a título informativo que: a execução orçamental é da responsabilidade e uma prerrogativa, dos próprios ministérios. O gestor orçamentário é a pessoa responsável pela execução do orçamento. O Ministério Federal das Finanças não atua como um parceiro, supervisor ou autorizador do gasto e utilização dos recursos na fase de implementação, exceto em circunstâncias excepcionais, assim, ele só poderá participar da execução orçamentária nos casos legalmente previstos. A gestão deve seguir o disposto na lei federal sobre Procedimentos de Monitoramento de Pagamento (*Verfahren und Zahlungsüberwachungsverfahren* – HKR). Trata-se de um procedimento automatizado e centralizado para o orçamento, caixa e contabilidade do Governo Federal. É usado como um procedimento interdepartamental para a gestão de todo o orçamento do Governo Federal, incluindo os ativos especiais, bem como os adiantamentos e custódia. Esse procedimento permite uma avaliação abrangente e em tempo real de todas as despesas e receitas, posições de débito e autorizações de compromisso do Governo Federal para cada administrador. Além do procedimento HKR, existem subprocedimentos para recebimentos orçamentários, empréstimos e para apoiar pagamentos em andamento, cujos resultados são resumidos e automaticamente transferidos para a conta geral do procedimento HKR.

73 LEWINSKI, Kai von; BURBAT, Daniela. *Bundeshaushaltsordnung*. Baden-Baden: Nomos, 2013.

exercício fiscal e possa ser aprovado na lei orçamentária. Em ano eleitoral, se as eleições federais ocorrerem em setembro, a decisão sobre o projeto de orçamento ainda é feita pelo Governo Federal em exercício, mas a decisão parlamentar sobre o orçamento para o próximo exercício financeiro é feita pelo novo BT (art. 30, BHO nº 4). Para este fim, o novo Governo Federal enviará um segundo projeto de orçamento em novembro[74].

5.5 Orçamento de emergência – hipótese de atraso na aprovação da lei orçamentária

Há uma obrigação constitucional de todos os órgãos envolvidos de ajudar a garantir que o orçamento possa ser aprovado regularmente antes do final do exercício financeiro anterior uma vez que o art. 111 da GG não pretende substituir temporariamente o direito do legislador de aprovar o orçamento, mas apenas permitir a gestão provisória do orçamento no caso de ausência de aprovação tempestiva do orçamento.

Em 1977, o Tribunal Constitucional Federal da Alemanha observou que houve atraso na aprovação da lei orçamentária em todos os exercícios orçamentários até o final da década de 1970, ou seja, que as leis orçamentárias "desde a República Federal da Alemanha foram aprovadas em média com um atraso de quase seis meses".[75]

Em caso de atraso na entrega da lei orçamentária, o art. 111º da Constituição alemã estabelece a adoção de um orçamento de emergência com o objetivo de assegurar a manutenção do Governo Federal, da administração e o funcionamento das funções do Estado. Essa é uma mediada excepcional, de curto prazo, com a finalidade de manter em funcionamento os serviços essenciais da Administração Pública, sem interrupção, evitando, assim, um *Shutdown*.[76]

---

[74] LEWINSKI, Kai von; BURBAT, Daniela. *Bundeshaushaltsordnung*. Baden-Baden: Nomos, 2013.

[75] DÜRIG, Günter; HERZOG, Roman; SCHOLZ, Rupert. *Grundgesetz Kommentar. Munique:* C. H. Beck, 2021, e ALEMANHA, Tribunal Constitucional Federal. *BVerfGE 45, 1 (2 BvE 1/74), de 25 de maio de 1977*. Disponível em: https://beck-online.beck.de/Dokument?vpath=bibdata%2Fzeits%2Fbverfge%2F45%2Fcont%2Fbverfge.45.1.1.htm&anchor=Y-300-Z-BVERFGE-B-45-S-1. Acesso em: 27 abr. 2022.

[76] "A lei do orçamento de emergência não precisa cumprir com todos os requisitos que uma lei do orçamento regular cumpriria, nomeadamente a requisitos para a integralidade do orçamento, a especificidade do orçamento e a clareza do orçamento". DÜRIG, Günter; HERZOG, Roman; SCHOLZ, Rupert. *Grundgesetz Kommentar. Munique:* C. H. Beck, 2021.

Somente se o orçamento para o ano seguinte não tiver sido aprovado por lei, ou seja, no caso de não haver uma lei orçamentária até ao final de um exercício fiscal:

> O Governo Federal está autorizado a fazer, até a sua entrada em vigor, todas as despesas que forem necessárias a) para manter instituições legalmente existentes e para executar medidas legalmente aprovadas, b) para cumprir obrigações legalmente fundadas da União Federal, c) para prosseguir obras, aquisições e outras prestações de serviços ou para continuar auxílios para esses fins, desde que já tenham sido autorizados os recursos em plano orçamentário de um ano anterior. (ALEMANHA, Lei Fundamental da República da Alemanha, art. 111)

A autorização para os gastos de emergência alcança todo o executivo federal. O Ministro Federal da Fazenda emite regulamentos administrativos nos termos do art. 5 da BHO[77] que regulamentam a forma como as entidades gestoras dos recursos podem fazer uso das autorizações previstas no art. 111 da GG.

Os limites das autorizações de acordo com o art. 111 GG são determinados objetivamente – apenas as despesas que são "necessárias" podem ser feitas, isso significa que elas devem ser extremamente necessárias e adequadas aos itens listados no art. 111, parágrafo 1, incisos a, b e c da Constituição,[78] e temporalmente – até a entrada em vigor da lei orçamentária.[79]

---

[77] De acordo com o dispositivo legal, o MFF está autorizado a promulgar os regulamentos administrativos gerais para o BHO, bem como para a gestão orçamentária e econômica.
Art. 5 Allgemeine Verwaltungsvorschriften, vorläufige und endgültige Haushalts- und Wirtschaftsführung Die allgemeinen Verwaltungsvorschriften zu diesem Gesetz sowie zur vorläufigen und endgültigen Haushalts- und Wirtschaftsführung erläßt das Bundesministerium der Finanzen.
Art. 5. Regulamentos administrativos gerais, gestão orçamental e financeira provisória e definitiva.
O Ministério Federal das Finanças emitirá os regulamentos administrativos gerais relativos a este Código, bem como sobre a gestão orçamentária e financeira provisória e final.

[78] ALEMANHA. Bundestag. *Aktueller Begriff Vorläufige Haushaltsführung*. Nr. 01/18 de 05 de janeiro de 2018. Disponível em: https://www.bundestag.de/resource/blob/535502/79fbb693b5d8b2f5b67524116be375b7/Vorlaeufige-Haushaltsfuehrung-data.pdf. Acesso em: 24 nov. 2021.

[79] O art. 111, inciso 1º da GG autoriza o Governo Federal a efetuar as despesas a partir do momento em que se inicia o estado sem orçamento, ou seja, do início do exercício contábil para o qual ainda não foi determinado orçamento, até a "entrada em vigor" da nova Lei do Orçamento que terá efeito retroativo ao início do ano orçamentário. DÜRIG, Günter; HERZOG, Roman; SCHOLZ, Rupert. *Grundgesetz Kommentar. Munique:* C. H. Beck, 2021.

A autorização para a gestão orçamental provisória abrange as despesas e os empréstimos, que são necessários para assegurar a continuidade do cumprimento das tarefas do Estado.[80] Trata-se de uma exceção à exigência de aprovação prévia, através da elaboração de uma lei orçamentária (art. 110, parágrafos 1 e 2 da GG), que salvaguarda o direito parlamentar ao orçamento (*Parlamentarische Budgetrecht*),[81] ou seja, é entendimento do Tribunal Constitucional Alemão (*Bundesverfassungsgericht*) que o direito parlamentar ao orçamento deve prevalecer sobre o orçamento de emergência.[82]

---

[80] DÜRIG, Günter; HERZOG, Roman; SCHOLZ, Rupert. *Grundgesetz Kommentar. Munique:* C. H. Beck, 2021. Os autores sustentam ainda que no caso de um orçamento de emergência ser necessário, o disposto no art. 112 também se aplica, ou seja, há a possibilidade de se aprovar despesas extraorçamentárias mesmo na vigência do orçamento de emergência. Contudo, o disposto no art. 109 da GG também deve ser observado (os requisitos do equilíbrio econômico global). O Governo Federal pode, portanto, ser obrigado a restringir gastos ou empréstimos mais do que seria necessário nos termos do art. 111 da Lei Básica, no que diz respeito aos requisitos de equilíbrio econômico geral. Além disso, os empréstimos só devem ser usados para financiar o orçamento se a renda regular não for suficiente (art.115 GG). Nesse caso, não é necessária autorização parlamentar especial de crédito, como é geralmente o caso para empréstimos nos termos do art. 115(1) da Lei Fundamental. Disponível em: https://beck-online.beck.de/?vpath=bibdata/komm/MaunzDuerigKoGG_95/GG/cont/MaunzDuerigKoGG.GG.a111.glI.gl3.htm.;https://beck-online.beck.de/?vpath=bibdata/komm/MaunzDuerigKoGG_95/GG/cont/MaunzDuerigKoGG.GG.a111.glI.gl4.htm e https://beck-online.beck.de/?vpath=bibdata/komm/MaunzDuerigKoGG_95/GG/cont/MaunzDuerigKoGG.GG.a111.glIV.gl3.glb.glcc.htm. Acesso em: 27 abr. 2022.

[81] ALEMANHA. Tribunal Constitucional Federal da Alemanha. (*Bundesverfassungsgericht*), 2 BVF 1/04, de 9 de julho de 2007.

[82] ALEMANHA. Tribunal Constitucional Federal da Alemanha. (*Bundesverfassungsgericht*), 2 BvE 1/74, de 25 de maio de 1977.

CAPÍTULO 6

PROCESSO ORÇAMENTÁRIO NO PODER LEGISLATIVO

A Alemanha é uma república parlamentar cujo poder legislativo federal é investido em dois órgãos, o *Bundestag* e o *Bundesrat*.

Com o objetivo de agilizar o procedimento de elaboração orçamentária,[83] o início do processo orçamentário no Legislativo se dá com a apresentação simultânea, pelo Executivo, da proposta de lei orçamentária ao *Bundesrat* e ao *Bundestag*, conforme disposto no art. 110, §3, da Constituição. Embora a proposta de lei orçamentária seja apresentada a ambas as casas legislativas simultaneamente, o *Bundestag* tem a prerrogativa de dar andamento ao processo orçamentário.

A proposta de orçamento é discutida três vezes em sessão plenária do *Bundestag*. Durante a primeira leitura, que normalmente ocorre no início de setembro, o Ministro Federal das Finanças dá início às deliberações, que duram cerca de uma semana. Após a primeira leitura, o projeto do Governo Federal é transferido para o Comitê de Orçamento (ver item 3.1.2.1) do *Bundestag* para uma consulta minuciosa. O Comitê examina todos os títulos, entra em contato com os Ministérios e, caso necessário, faz alterações. As deliberações do Comitê são preparadas em conjunto com um corpo formado por vários membros representantes de todos os grupos (governo e oposição) – os chamados relatores ou correlatores. Os relatores discutem a proposta apresentada com diversos representantes do Poder Executivo, incluindo do Ministério Federal das Finanças, e do Tribunal de Contas Federal. Normalmente, essas discussões demandam várias reuniões que ocorrem entre o final de setembro até meados de novembro.[84]

---

83 OCDE. *Op. cit*, p. 66.

84 *Idem*. p. 66.

O Legislativo não tem papel formal na preparação orçamentária, entretanto, no decorrer do processo legislativo, o *Bundestag* possui o direito de fazer alterações. Faz parte de seu poder inalienável não apenas decidir sobre um projeto de lei, mas também o discutir e o transformar.

Não só o Parlamento Federal como um todo, mas também os grupos parlamentares (*Fraktionen*), assim como os parlamentares individualmente podem apresentar suas ideias sobre como os fundos orçamentários podem ser usados e, assim, influenciar a decisão sobre o orçamento.[85] Cada deputado individualmente tem direito de avaliar o projeto de orçamento e as emendas propostas. Esse direito existe independentemente dos poderes atribuídos ao Comitê de Orçamento, órgão que possui significante influência no processo orçamentário parlamentar, como veremos a seguir.[86]

O Legislativo pode solicitar o apoio do Ministério das Finanças ou de qualquer outro órgão do Executivo ou instituto de pesquisa. O crescimento de órgãos especializados para auxiliar o Legislativo em questões orçamentárias é uma forte tendência nos países membros da OCDE, contribuindo para reequilibrar a assimetria de informações entre o Executivo e o Legislativo, possuindo o potencial para melhorar a transparência e aumentar a credibilidade do orçamento do governo e do público.[87]

Durante a tramitação do orçamento público, os membros do legislativo podem influenciar no projeto de Lei Orçamentária. Na primeira leitura do *Bundestag*, os parlamentares podem elaborar questionamentos individualmente, ou em bloco, através de seus partidos. Além disso, ainda que não tenha nenhum papel formal nesse momento, grupos e membros parlamentares podem sinalizar suas prioridades e

---

85 ALEMANHA. Tribunal Constitucional Federal da Alemanha. É crucial na democracia parlamentar, que cada grupo parlamentar – especialmente a oposição –, bem como os parlamentares individualmente, possam apresentar suas ideias sobre como os fundos orçamentários podem ser usados e, assim, influenciar a decisão sobre o plano de orçamento. BVerfGE 45, 1 (2 BvE 1/74) de 25.05.1977.

86 "A deliberação do projeto orçamentário começa apenas quando encaminhado ao Comitê de Orçamento. Nele, discute-se o projeto de lei orçamentária e o plano financeiro. Desse modo, nesse primeiro momento, informalmente, grupos parlamentares e membros podem sinalizar suas prioridades e dar opiniões ao Comitê de Orçamento. Todos os seus membros têm o direito de submeter questionamentos. O *Bundesrat* deve elaborar um parecer de aconselhamento sobre o orçamento." ALEMANHA. Bundestag. *Das Haushaltsrecht und das parlamentarische Haushaltsverfahren der Bundesrepublik Deutschland.* 2020. p. 14 e p. 66. Disponível em: https://www.bundestag.de/resource/blob/538876/b93639e094265d183edf173be2424a67/WD-4-015-18-pdf-data.pdf. Acesso em: 20 mar. 2022.

87 OCDE. *Op. cit.*, p. 65.

dar suas opiniões para o Comitê de Orçamento. A referida leitura dura alguns dias, dando espaço para um debate. Em seguida, a proposta é encaminhada para o Comitê de Orçamento, que se aprofunda nas deliberações. Os subcomitês também contribuem na análise dos orçamentos setoriais. Os relatores consultam os ministérios e órgãos do executivo, fazendo perguntas e opinando sobre possíveis mudanças. Os subcomitês dão feedback e fazem propostas de alterações para o Comitê de Orçamento, o qual fica incumbido de tomar a decisão final no sentido de incluir ou não essas propostas.

Em paralelo, o *Bundesrat* elabora comentários e sugestões sobre o orçamento e envia para o *Bundestag*. Pode o Ministério Federal das Finanças enviar uma resposta aos comentários para o *Bundestag*, cabendo ao *Bundestag*, assim, considerar ou ignorar o parecer do *Bundesrat*.

O Comitê de Orçamento apresenta o relatório final de consenso com suas emendas e alterações ao plenário para a segunda e terceira leitura do *Bundestag*. As proposições feitas pelos relatores dentro do Comitê costumam ser, em sua maioria, adotadas com pouca ou nenhuma alteração. Na segunda leitura, são votados os orçamentos setoriais. Na terceira leitura, ocorre a votação final para que seja enviado o projeto para o *Bundesrat*. Havendo reservas, o *Bundesrat* pode convocar, dentro de três semanas, o Comitê de Mediação (art. 77 da Constituição).

Os parlamentares individualmente e dentro de seus partidos podem influenciar nas alterações do projeto de lei. Os relatores do Comitê do Orçamento têm, no entanto, maior poder nas alterações, uma vez que diretamente trabalham e analisam a proposição.

O Comitê de Finanças do *Bundesrat*

As funções do Comitê de Orçamento e do Comitê de Finanças não são separadas no *Bundesrat* tal como ocorre no *Bundestag*, ou seja, o Comitê de Finanças do *Bundesrat* exerce as funções de ambos os órgãos.

As áreas de responsabilidade do Comitê de Finanças correspondem aproximadamente à esfera de competência do Ministério da Fazenda Federal (MFF), assim o Comitê é responsável por analisar:

- o orçamento federal;
- a lei orçamentária e o sistema orçamentário;
- tributos e arrecadação;
- as relações financeiras entre a União Federal e os Estados federados;
- a política financeira nacional e internacional (incluindo o setor bancário, de seguros e investimento, a bolsa de valores e valores mobiliários).

Por fim, compete ao Comitê de Finanças examinar os projetos de lei elaborados no âmbito dos Ministérios das Finanças estaduais e do MFF. O Comitê também está envolvido na discussão de outros projetos de lei, se estes colidirem com as áreas políticas mencionadas acima, ou afetarem os orçamentos estaduais.[88]

O Tribunal Constitucional Federal da Alemanha chama a atenção para a importância da transparência[89] nas informações enviadas ao Legislativo. As informações corretas e transparentes são de fundamental importância em um regime parlamentarista e democrático, ressalta o Tribunal que:

---

[88] Para maiores informações sobre o Comitê de Finanças do *Bundesrat*, consultar o site da instituição Disponível em: https://www.bundesrat.de/EN/organisation-en/ausschuesse-en/fz-en/fz-en-node.html. Acesso em: 12 jul. 2022.

[89] De acordo com Sachs: "o princípio da publicidade orçamentária possui status constitucional, que decorre do princípio público geral da democracia. Apesar de seu status elevado, são permitidas exceções: A consulta secreta de planos econômicos, especialmente órgãos sensíveis à segurança, é permitida em qualquer caso se por razões imperiosas de interesse público. (...) Os planos econômicos para títulos orçamentários que exigem sigilo podem, excepcionalmente, ser apresentados e discutidos em uma subcomissão do Comitê de Orçamento". SACHS, Michael. *Grundgesetz Kommentar*. 9. ed. *Munique:* C. H. Beck, 2021.

No processo legislativo, um membro do Parlamento Federal não tem apenas o direito de voto no *Bundestag*, tem também o direito de aconselhar, de realizar uma negociação pública de argumentos e contra-argumentos, assim como de promover o debate público e a discussão pública. Esses são elementos essenciais do parlamentarismo democrático. É precisamente o grau de publicidade do debate no processo parlamentar que abre possibilidades de conciliação de interesses conflitantes. Por conseguinte, os deputados necessitam de informações completas para poderem desempenhar devidamente o seu trabalho; isto aplica-se, em particular, às minorias parlamentares. O artigo 110 da Lei Fundamental obriga, portanto, o Governo Federal a apresentar um plano orçamentário que deve conter informações suficientemente específicas sobre receitas e despesas. A partir do estatuto garantido pelo artigo 38, nº 1, da GG, o deputado, individualmente, tem o direito de não ser privado de informações que lhe permitam fazer uma avaliação pericial do orçamento.[90]

QUADRO 2

Calendário de aprovação orçamentária no legislativo

Agosto	O orçamento é submetido ao *Bundesrat* e ao *Bundestag*.
Setembro	Primeira leitura no *Bundestag* e no *Bundesrat*, início das discussões do Relator e das deliberações do Comitê de Orçamento.
Outubro	Atualização de previsões macroeconômicas.
Novembro	Sessão para instalação do Comitê de Orçamento. Atualização da estimativa de receita tributária (médio prazo). Segunda e terceira leituras no *Bundestag* e aprovação de orçamento. Orçamento aprovado enviado para *Bundesrat*.
Dezembro	Segunda leitura e anuência do *Bundesrat*. Promulgação no Diário Oficial Federal.

Fonte: OECD. *Budget Review Germany*. p. 66.

[90] ALEMANHA. Tribunal Constitucional Federal. *BVerfGE 70, 324 (2 BvE 14/83, 2 BvE 4/84) de 14 de janeiro de 1986*. Disponível em: https://www.servat.unibe.ch/dfr/bv070324.html. Acesso em: 19 jul. 2022.

6.1 Comitê de Orçamento (*Haushaltsausschuss*)

6.1.1 Importância, composição, funções e tarefas

O Comitê de Orçamento é o principal responsável pelo aconselhamento sobre todas as propostas orçamentárias. Sua criação é um pré-requisito para que as leis orçamentárias anuais sejam aprovadas por um novo período legislativo. Sua base legal encontra-se nas leis orçamentárias anuais e no regulamento interno do *Bundestag* (*Geschäftsordnung des Deutschen Bundestages GOBT*).[91]

O Comitê de Orçamento prepara a decisão do Plenário do *Bundestag* sobre a lei do orçamento, supervisiona a execução orçamentária e possui o direito de rever e dar sugestões em qualquer lei que tenha implicações orçamentárias significativas, decidindo se a proposta de lei é ou não compatível com o orçamento.[92]

> O Comitê de Orçamento do *Bundestag* é o administrador da lei orçamentária no Parlamento Federal. Em consonância com o costume parlamentar, a presidência do Comitê de Orçamento sempre cabe a um membro da oposição que tenha maior representatividade. Tal fato reflete a tarefa de controle que o Comitê deve exercer sobre o Governo Federal.[93]

Os presidentes dos Comitês da *Bundestag* não são eleitos pelos seus membros, eles são nomeados por proposta da bancada parlamentar (grupos políticos – *Fraktionen*). Essas bancadas de parlamentares, em conformidade com os acordos realizados com o Conselho de Anciãos (*Ältestenrät*),[94] têm o direito de indicar o candidato para a presidência dos comitês.

91 *Geschäftsordnung des Deutschen Bundestages (GOBT) – Regulamento Interno do Bundestag.* Disponível em: https://www.bundestag.de/parlament/aufgaben/rechtsgrundlagen/go_btg/go08-245176. Acesso em: 06 jan. 2022.

92 ALEMANHA. Bundestag. *Der Haushaltsausschuss.* p. 8. Disponível em: https://www.btg-bestellservice.de/pdf/20074000.pdf. Acesso em: 27 abr. 2022.

93 ALEMANHA. Bundestag. *Das Haushaltsrecht und das parlamentarische Haushaltsverfahren der Bundesrepublik Deutschland.* 2020. p. 13-18. Disponível em: https://www.bundestag.de/resource/blob/538876/b93639e094265d183edf173be2424a67/WD-4-015-18-pdf-data.pdf. Acesso em: 20 mar. 2022.

94 O Conselho de Anciãos, órgão conjunto de coordenação e direção do BT, é composto pelo presidente do *Bundestag*, por seus deputados e 23 outros membros. É constituído pelos parlamentares mais experientes, não necessariamente mais antigos, do *Bundestag*. Suas principais tarefas são: a elaboração do cronograma do BT para o ano seguinte, determina quais semanas do ano estão disponíveis para reuniões, decide quais itens devem ser colocados na agenda da sessão plenária na próxima semana, se haverá um debate sobre esses

Para otimizar o seu trabalho, o Comitê de Orçamento (Comitê principal) criou dois subcomitês: o Subcomitê de Auditoria e o Subcomitê para Assuntos da União Europeia.[95] Embora o Comitê principal seja o responsável pela aprovação dos fundos, o Subcomitê de Auditoria é o responsável por rastrear o comportamento dos gastos do governo através da análise do orçamento federal, da gestão econômica e da preparação e quitação das contas do Governo Federal.

O Subcomitê para Assuntos da União Europeia possui a tarefa de realizar consultas preliminares sobre os documentos que lhe são submetidos pelos seus órgãos (Conselho, Parlamento Europeu e Comissão).

O Comitê de Orçamento do *Bundestag*

O Comitê de Orçamento é o maior dos comitês permanentes do *Bundestag*. Conta, atualmente, com 45 membros escolhidos proporcionalmente dentre grupos partidários presentes no *Bundestag*.[96] Por tradição, o presidente do Comitê de Orçamento é sempre um membro do maior grupo parlamentar da oposição. A maior parte das reuniões do Comitê é privada, a fim de evitar a politização da sua atuação. Entretanto, os resultados dessas deliberações são posteriormente publicados.

Os trabalhos do Comitê são distribuídos entre os relatores. No início de cada mandato eleitoral, o Comitê nomeia um relator principal e três relatores adjuntos (um de cada partido) para cobrir cada proposta setorial.

pontos e por quanto tempo e de que forma eles serão discutidos, também faz sugestões sobre quais comitês devem encaminhar projetos de lei. Além dessas tarefas de planejamento, o Conselho de Anciãos também funciona como árbitro dos grupos parlamentares e apoia o Presidente na gestão dos negócios. Ele discute diferenças de opinião sobre a aplicação do Regimento Interno da casa, disputas entre parlamentares e questões da relação entre parlamento e governo. O Conselho de Anciãos também atua como um órgão de decisão preparatório quando projetos de lei lhe são remetidos para discussão e preparação de uma recomendação de resolução para o plenário. ROLL, Hans-Achim. *Erläuterungen zum Deutschen Bundesrecht in*: Das Deutsche Bundesrecht. Nomos, 2022.

95 ALEMANHA. Bundestag. *Das Haushaltsrecht und das parlamentarische Haushaltsverfahren der Bundesrepublik Deutschland.* 2020. p. 13. Disponível em: https://www.bundestag.de/resource/blob/538876/b93639e094265d183edf173be2424a67/WD-4-015-18-pdf-data.pdf. Acesso em: 20 mar. 2022.

96 Maiores informações sobre a composição e os membros do Comitê de Orçamento estão disponíveis em: https://www.bundestag.de/haushalt.

As decisões do Comitê de Orçamento sobre o orçamento anual constituem a base financeira para todas as atividades do Estado. Essa é uma das razões pelas quais os parlamentares que fazem parte desse Comitê estão entre os membros mais influentes do *Bundestag* alemão.

(continua)

Funções do Comitê de Orçamento
i) realizar consultoria sobre o projeto de orçamento anual, especialmente em relação às propostas setoriais; **ii)** discutir o projeto de lei orçamentária e o plano financeiro, de modo que as deliberações começam apenas após o projeto de orçamento ter sido encaminhado ao Comitê de Orçamento; **iii)** examinar, em se tratando de projetos de lei com implicações financeiras, sua compatibilidade com o orçamento atual e futuro, informando suas conclusões ao plenário do *Bundestag*, segundo o art. 96 do Regimento Interno do *Bundestag* (*Geschäftsordnung des Deutschen Bundestages*);[97]

[97] Regimento Interno do *Bundestag* (*Geschäftsordnung des Deutschen Bundestages*, BTGO); Art. 96 *Finanzvorlagen "(1) Finanzvorlagen sind alle Vorlagen, die wegen ihrer grundsätzlichen Bedeutung oder ihres finanziellen Umfangs geeignet sind, auf die öffentlichen Finanzen des Bundes oder der Länder erheblich einzuwirken und die nicht Haushaltsvorlagen im Sinne des §95 sind. Bei Zweifeln über den Charakter der Vorlagen entscheidet der Bundestag nach Anhörung des Haushaltsausschusses.*
(2) Finanzvorlagen werden nach der ersten Beratung dem Haushaltsausschuß und dem Fachausschuß überwiesen. Werden Gesetzentwürfe durch die Annahme eines Änderungsantrags im Ausschuß zu Finanzvorlagen, hat der Ausschuß den Präsidenten hiervon in Kenntnis zu setzen. Dieser überweist die vom Ausschuß beschlossene Fassung dem Haushaltsausschuß; die Überweisung kann mit einer Fristsetzung verbunden sein.
(3) Finanzvorlagen von Mitgliedern des Bundestages müssen in der Begründung die finanziellen Auswirkungen darlegen. Der Präsident gibt der Bundesregierung Gelegenheit, innerhalb von vier Wochen zu den Auswirkungen auf die öffentlichen Finanzen des Bundes und der Länder Stellung zu nehmen. Der Bericht des Haushaltsausschusses darf erst nach Eingang der Stellungnahme der Bundesregierung oder nach vier Wochen auf die Tagesordnung gesetzt werden.
(4) Soweit die Finanzvorlage auf die öffentlichen Finanzen des Bundes einwirkt, prüft der Haushaltsausschuß ihre Vereinbarkeit mit dem laufenden Haushalt und künftigen Haushalten. Ergibt die Prüfung des Haushaltsausschusses, daß die Vorlage Auswirkungen auf den laufenden Haushalt hat, legt er zugleich mit dem Bericht an den Bundestag einen Vorschlag zur Deckung der Mindereinnahmen oder Mehrausgaben vor; hat sie Auswirkungen auf die künftigen Haushalte, äußert sich der Haushaltsausschuß in seinem Bericht zu den Möglichkeiten künftiger Deckung. Hat die Bundesregierung zu der Vorlage Stellung genommen, äußert sich der Haushaltsausschuß in seinem Bericht zu dieser Stellungnahme. Kann der Haushaltsausschuß keinen Deckungsvorschlag machen, wird die Vorlage dem Bundestag vorgelegt, der nach Begründung durch einen Antragsteller lediglich über die Möglichkeit einer Deckung berät und beschließt. Wird die Möglichkeit zur Deckung auch vom Bundestag verneint, gilt die Vorlage als erledigt.
(5) Soweit die Finanzvorlage auf die öffentlichen Finanzen der Länder einwirkt, teilt der Haushaltsausschuß in seinem Bericht Art und Umfang der Einwirkungen mit.

(6) Ergibt der Bericht des Haushaltsausschusses, daß Mitglieder oder Beauftragte der Bundesregierung Bedenken gegen die finanziellen Auswirkungen der Vorlage, der Beschlüsse des federführenden Ausschusses oder des Deckungsvorschlages erheben, gibt der Präsident der Bundesregierung Gelegenheit zur Stellungnahme, soweit diese nicht bereits vorliegt. In diesem Fall kann der Bericht erst nach Eingang der Stellungnahme oder nach vier Wochen auf die Tagesordnung gesetzt werden. Hat die Bundesregierung Stellung genommen, soll der Haushaltsausschuß sich zu dieser Stellungnahme dem Bundestag gegenüber äußern.

(7) Werden in der zweiten Beratung Änderungen mit finanziellen Auswirkungen von grundsätzlicher Bedeutung oder erheblichem finanziellen Umfang beschlossen, erfolgt die dritte Beratung – nach vorheriger Beratung im Haushaltsausschuß – erst in der zweiten Woche nach der Beschlußfassung.

(8) Berichte des Haushaltsausschusses, die einen Deckungsvorschlag enthalten, können ohne Einhaltung der für die zweite Beratung von Gesetzentwürfen vorgeschriebenen Frist (§81 Abs. 1 Satz 2) beraten werden. Für Berichte, die keinen Deckungsvorschlag enthalten, kann die für die zweite Beratung vorgeschriebene Frist weder verkürzt noch aufgehoben werden, es sei denn, daß der Bundestag beschließt, gemäß §80 Abs. 2 zu verfahren".

Art. 96 – Contas financeiras

(1) As contas financeiras são todas as contas que, devido à sua importância fundamental ou alcance financeiro, são susceptíveis de ter um impacto considerável nas finanças públicas da União Federal ou dos *Länder* e que não constituem contas na acepção do art. 95. Em caso de dúvidas quanto à natureza do projeto de lei, o *Bundestag* decidirá após ouvir o Comitê de Orçamento.

(2) As contas financeiras serão, após a primeira leitura, remetidas ao Comitê de Orçamento e aos comitês especializados. Onde projetos de lei se tornarem contas financeiras, após a adoção de uma moção de emenda do comitê, o comitê deverá informar o Presidente. O Presidente remeterá o texto aprovado pelo comitê ao Comitê do Orçamento, o Presidente poderá, então, fixar um prazo.

(3) Contas financeiras apresentadas por membros do *Bundestag* devem definir as implicações financeiras na explicação do memorando em anexado. O Presidente dará ao Governo Federal a oportunidade de se pronunciar, no prazo de quatro semanas, a respeito das implicações para as finanças públicas da União Federal e dos *Länder*. O relatório do Comitê de Orçamento pode ser colocado na ordem do dia somente após o recebimento de uma manifestação da posição do Governo Federal ou após quatro semanas.

(4) Na medida em que a lei financeira afete as finanças públicas da União Federal, o Comitê de Orçamento examinará sua compatibilidade com o orçamento atual e os orçamentos futuros. Se este exame demonstrar que o projeto de lei afeta o orçamento atual, o Comitê de Orçamento deverá, juntamente com o relatório, apresentar ao *Bundestag* uma recomendação para cobrir reduções de receitas ou aumentos de despesas; se o projeto afetar orçamentos futuros, o relatório do Comitê de Orçamento deverá comentar sobre as possibilidades de fornecer cobertura no futuro. Se o Governo Federal se pronunciou sobre a recomendação, o Comitê de Orçamento comentará sobre essa pronúncia no seu relatório. Se o Comitê de Orçamento for incapaz de fazer uma recomendação para a provisão de cobertura, a conta financeira deve ser submetida ao *Bundestag*, que, ouvido o proponente e suas razões, deve apenas discutir e decidir sobre a possibilidade de garantir tal cobertura. Se também o *Bundestag* considerar que tal cobertura não puder ser fornecida, as contas de financiamento poderão ser descartadas.

(5) Na medida em que a conta financeira afete as finanças públicas dos *Länder*, o Comitê de Orçamento indicará no seu relatório a natureza e extensão dessas implicações.

(6) Se o relatório do Comitê de Orçamento mostrar que os membros ou pessoas comissionadas pelo Governo Federal manifestaram reservas sobre as implicações financeiras do projeto de lei, das decisões do comitê principal ou da recomendação para fornecer cobertura, o Presidente dará ao Governo Federal a oportunidade de declarar sua posição, caso ainda não o tenha feito. Nesse evento, o relatório só pode ser inscrito

(conclusão)

Funções do Comitê de Orçamento
iv) discutir outras questões orçamentárias, por exemplo, pedidos de consentimento para dispor de bens imóveis federais de valor considerável (a partir de 15 milhões de euros); **v)** submeter imediatamente as despesas extraordinárias ou que não constem do orçamento que excedam o montante de 5 milhões de euros, nos casos de despesas discricionárias, ou o montante de 50 milhões de euros, no caso de cumprimento de obrigações legais, antes da aprovação do Ministério Federal das Finanças para assegurar o controle parlamentar sobre o direito de autorização do Ministério Federal das Finanças;[98] **vi)** influenciar excepcionalmente (uma vez que essa é uma tarefa que cabe precipuamente ao Executivo) o uso específico dos fundos orçamentários, decidindo sobre as despesas e as dotações orçamentárias.[99]

6.1.2 Sistema de relatorias e a formação dos comitês setoriais

O Comitê de Orçamento delibera sobre as propostas setoriais e o projeto de lei orçamentária de acordo com um cronograma decidido na primavera. De setembro a novembro, portanto, em cinco a seis semanas de reunião ou em apenas dez a doze dias de reuniões, o Comitê deve decidir sobre as diversas propostas setoriais além do projeto de lei de

---

na ordem do dia após a recepção de declaração da posição do Governo Federal ou após quatro semanas. Se o Governo Federal se pronunciou, o Comitê de Orçamento deve manifestar a sua opinião ao *Bundestag*.
(7) Se, em segunda leitura, as alterações com implicações financeiras de importância fundamental ou alcance são aprovados, a terceira leitura, após discussão prévia no Comitê do Orçamento, não terá lugar antes da segunda semana após a aprovação dessas alterações.
(8) Os relatórios do Comitê de Orçamento que contenham recomendação de cobertura podem ser deliberados sem respeitar o prazo fixado para a segunda leitura de contas (artigo 81, parágrafo (1), ítem 2). No que diz respeito aos relatórios que não contenham uma recomendação para cobertura, o prazo fixado para a segunda leitura não pode ser abreviado nem dispensado, a menos que o *Bundestag* decida proceder de acordo com o artigo 80, parágrafo (2). (tradução livre)

98 De acordo com o art. 112 da Constituição da Alemanha sobre as Despesas além e fora do orçamento.

99 ALEMANHA. Bundestag. *Das Haushaltsrecht und das parlamentarische Haushaltsverfahren der Bundesrepublik Deutschland*. Ausarbeitung WD 4 – 3000 – 015/18. p. 15. 2020. Disponível em: https://www.bundestag.de/resource/blob/538876/b93639e094265d183edf173be2424a67/WD-4-015-18-pdf-data.pdf. Acesso em: 20 mar. 2022.

orçamento. Como o cronograma é apertado, foi desenvolvido o sistema de relatorias para simplificar o processo de apreciação e discussão (ver item 3.1.2.3 sobre o sistema de relatorias).

Um relator, cujo mandato dura por toda a legislatura, é nomeado para cada proposta setorial, formando os comitês setoriais. Essa divisão é necessária para o relator adquirir um conhecimento aprofundado da proposta setorial a que lhe incumbe analisar. A "especificação" garante que o desempenho de suas tarefas seja feito com maior presteza. Esses relatores são nomeados pelo presidente (*Obleuten*) e são, por assim dizer, os representantes de seus grupos políticos no Comitê. Cabe a esses relatores tratar intensamente das reais necessidades financeiras do respectivo plano setorial (incluindo as conversas dos relatores com os ministros responsáveis, como também com a cúpula da administração das casas legislativas). Com base nas deliberações do Comitê de Orçamento, são enviadas recomendações de resolução para cada plano setorial.

Há uma distinção entre relatores principais e correlatores dentro de um respectivo grupo de relatores. Cabe ao relator principal promover reuniões e discussões (*Berichterstattergespräche*) com os representantes de cada um dos ministérios e demais poderes interessados nas propostas setoriais.

Compete ao relator aconselhar os debates sobre as propostas setoriais no Comitê de Orçamento, preparar e apresentar propostas para a adoção de decisões. Para tanto, dependendo do escopo da proposta setorial, os relatores realizam encontros de um ou vários dias com representantes das altas autoridades federais interessadas, contando também com participação do Ministério Federal das Finanças e do Tribunal de Contas Federal. Isso significa que os relatores possuem o suporte de todo o conhecimento do poder executivo à sua disposição para poder assessorar o Comitê de Orçamento. Desse modo, o sistema de relatorias permite que o Comitê do Orçamento tenha amplo acesso a informações relativas aos orçamentos dos diferentes ministérios. Os *relatores e correlatores* do Comitê apresentam seus relatórios e emendas para discussão e deliberação pelo Comitê. Essas propostas, geralmente, são aceitas pelo plenário.[100]

---

[100] *Ibidem*, p. 67.

Contudo, os relatores não se limitam a basear seus pareceres apenas nas informações coletadas no executivo, os parlamentares são livres para obter informações junto a associações, grupos de interesse, pessoal especializado em seus partidos e, também de peritos. Os relatores geralmente baseiam suas propostas no orçamento apresentado no ano anterior, assim como no projeto de lei orçamentária apresentado pelo executivo. Também utilizam os pareceres do Conselho de Especialistas (os quais não são vinculativos).

Por fim, o resultado das negociações (reuniões) dos relatores com os membros dos ministérios e demais instituições do Estado é devidamente formalizado e assinado. Esse documento, conjuntamente com a proposta de orçamento setorial apresentada pelo executivo, forma um conjunto de informações relevantes que será apresentado e apreciado na reunião plenária do Comitê de Orçamento.

Antes da reunião plenária do Comitê, os relatores explicam nos seus respectivos grupos parlamentares (grupos políticos) as principais características e prioridades das propostas setoriais do orçamento, os resultados dos seus trabalhos e negociações formais e informais, assim como suas propostas de alteração. Realiza-se um debate durante o qual as propostas de alteração dos relatores são geralmente aprovadas pelo seu grupo e apresentadas posteriormente ao Comitê de Orçamento.

Os grupos de trabalho parlamentares da maioria governamental realizam a sua reunião juntamente com os representantes dos ministérios e do Ministério Federal das Finanças. O objetivo é assegurar que a maioria no Comitê do Orçamento e no Governo Federal alcance uma vontade unificada.

As reuniões dos grupos de trabalho são também utilizadas pelos grupos parlamentares da oposição para criar uma posição unificada sobre as propostas do relator que serão apresentadas na reunião do Comitê.

Quando a proposta de lei orçamentária é enviada para o Comitê do Orçamento, os denominados "comitês setoriais" também podem revisar seções da proposta de lei orçamentária relevantes para seus respectivos setores. Os comitês setoriais fornecem feedback e/ou realizam propostas ao Comitê de Orçamento. No entanto, ressalta-se que é o Comitê do Orçamento que possui a palavra final se as propostas serão, ou não, incluídas.[101]

---

[101] *Ibidem*, p. 67.

A relação do Comitê do Orçamento e dos comitês setoriais reflete a relação entre o Ministério das Finanças e demais ministérios. Em outras palavras, o Comitê de Orçamento funciona como o guardião da disciplina fiscal, mas recebe pedidos dos comitês setoriais no que diz respeito aos seus respectivos setores de atuação.[102]

Os relatores formam uma comunidade de iguais. Todos os relatores das propostas setoriais devem receber tratamento igualitário independentemente do número de membros do grupo político ao qual está vinculado, refletindo, portanto, o princípio da participação igualitária conforme decisão do Tribunal Constitucional Federal da Alemanha.

> **1.** Em princípio, o Bundestag alemão cumpre integralmente com a sua função representativa, através da participação de todos os seus membros, não através de membros individuais, de um grupo de membros ou da maioria de seus membros. Os direitos orçamentários e a responsabilidade orçamentária geral do Bundestag alemão são geralmente exercidos por meio de negociações e resoluções na sessão plenária.
> **2.** O princípio da democracia representativa, consagrado no art. 38, incisos 1º, 2.º GG, garante não só a liberdade de cada deputado para exercer o seu mandato, mas também a igualdade de estatuto como representante de todo o povo. As diferenciações quanto ao estatuto dos deputados exigem uma razão especial para a sua justificação de acordo com as exigências decorrentes do princípio do sufrágio igualitário, legitimado pela constituição e de tal peso que possa equilibrar a igualdade dos deputados.
> **3.** Se os deputados forem excluídos da participação na responsabilidade orçamental global pela transferência do poder de decisão para uma comissão decisória, tal só é admissível para proteger outros bens jurídicos com estatuto constitucional e no estrito respeito do princípio da proporcionalidade.[103]

6.1.3 Reunião Plenária do Comitê de Orçamento

Na plenária do Comitê de Orçamento, o presidente realiza a apresentação das propostas setoriais. Os relatores tratam intensivamente das necessidades de financiamento de cada poder e dos ministérios.

---

[102] *Ibidem*, p.67.

[103] ALEMANHA. Tribunal Constitucional Federal da Alemanha. *2 BvE 8/11*, 28.02.2012, Rn.1-162.Disponívelem:https://www.bundesverfassungsgericht.de/e/es20120228_2bve000811.html. Acesso em: 20 abr. 2022.

Primeiro, os relatores e, posteriormente, todos os membros do Comitê, têm a oportunidade de realizar questionamentos sobre as propostas. A seguir, uma mediação será iniciada apenas se os relatores não conseguirem chegar a acordo sobre as propostas setoriais ou se alguma questão de fundamental importância for levantada perante o Comitê. Os pontos que não forem tratados de forma conclusiva são apresentados posteriormente na chamada reunião de ajuste. Para a reunião de ajuste, o Ministério Federal de Finanças apresenta documentos de resolução em que se resumem todos os pontos controvertidos, assim como demais questões que, porventura, ainda não foram decididas.

Devido à sua urgência, propostas de orçamento complementar (*Ergänzungsvorlagen*) são geralmente encaminhadas diretamente ao Comitê de Orçamento sem antes serem discutidas pelo Presidente. As propostas de orçamento extraordinário (*Nachtragshaushaltsvorlagen*) podem ser discutidas pelo plenário e, em seguida, encaminhadas ao Comitê de Orçamento.

6.1.4 Conclusão das consultas

O Comitê de Orçamento conclui as suas deliberações sobre as propostas setoriais com a adoção de uma proposta de resolução sobre a lei orçamentária. As suas recomendações sobre a lei orçamentária e em relação às propostas setoriais constituem a base para futuras deliberações (segunda e terceira leituras), assim como para a adoção de resoluções na sessão plenária do *Bundestag*.

O Legislativo, em particular o Comitê de Orçamento, possui o apoio técnico e institucional de alguns órgãos e institutos. No entanto, não há uma unidade específica interna que preste auxílio técnico ao Legislativo em relação a questões orçamentárias.[104]

> Um dos órgãos que assessora o Comitê do Orçamento é a Divisão de Serviços de Pesquisa Orçamentária e Financeira (*Wissenschaftlicher Dienst*). Essa divisão possui cerca de cinco membros apartidários, cuja função principal é responder às consultas de membros do Comitê do Orçamento. Esses questionamentos devem se restringir a questões de natureza jurídica, política e histórica.[105]

[104] OCDE. *Op. cit.*, p. 64-65.

[105] *Ibidem*, p. 64-65.

O Tribunal de Contas Federal da Alemanha também oferece apoio substancial ao Comitê de Orçamento e ao Legislativo. Além disso, o Legislativo também pode fazer questionamentos ao Conselho de Experts Econômicos ou aos diversos institutos de pesquisa. No entanto, vale ressaltar que essas consultas geralmente têm natureza *ad hoc*, não sendo sistemáticas e/ou focadas em novos projetos.[106]

De forma geral, a ausência de uma unidade técnica interna com especialistas na temática orçamentária reflete-se em uma assimetria de informações substancial entre o Executivo e o Legislativo no que tange a questões orçamentárias. Na prática, o Legislativo depende de informações e análises providas pelo Executivo para análise da proposta de lei orçamentária. Nesse contexto, o Legislativo tende a realizar requerimentos de informação ao Executivo de forma constante. As informações, por sua vez, são fornecidas pelo Executivo, mas a capacidade de compreensão e verificação independente do Legislativo permanece bastante limitada.[107]

6.1.5 Limites de atuação do Poder Legislativo na proposta orçamentária

Quando o Comitê de Orçamento apresenta o seu relatório final contendo as emendas propostas ao Plenário do *Bundestag* para a segunda e a terceira leituras em novembro, a proposta de lei geralmente é aprovada em conjunto com as emendas propostas. Neste momento, o *Bundestag* possui poderes de emenda ilimitados à proposta. Na prática, entretanto, a proposta é aprovada com poucas ou nenhuma mudança, sendo, então, enviada ao *Bundesrat*.[108]

Se o *Bundesrat* tiver objeções à decisão do *Bundestag* sobre a proposta orçamentária poderá acionar o Comitê de Solução de Controvérsias (formado por 16 membros do *Bundestag* de *Bundesrat*, pertencendo metade dos membros a cada casa) dentro do prazo de três semanas após o recebimento da proposta enviada pelo *Bundestag*.

Esse Comitê pode propor emendas a serem votadas no *Bundestag*. Essa nova decisão do *Bundestag* é encaminhada ao *Bundesrat*. Se o *Bundesrat* não concordar, possui o direito de se opor às alterações

---

[106] *Ibidem*, p. 64-65.

[107] *Ibidem*, p. 64-65.

[108] *Ibidem*, p. 68.

propostas no prazo de duas semanas (art. 77(3), da Constituição.[109] Se as emendas propostas forem rejeitadas pela maioria do *Bundestag*, o *Bundesrat* pode, novamente, suscitar uma objeção em até duas semanas. Entretanto, dessa vez, o *Bundestag* pode ultrapassar essa objeção e aprovar a lei orçamentária. Na prática, é raro que o *Bundesrat* conteste a proposta.[110]

Antes mesmo da apresentação oficial do projeto ao Parlamento Federal, os relatores do Comitê de Orçamento do *Bundestag* são familiarizados com a proposta, de modo a se prepararem previamente para a coordenação de posições partidárias do orçamento. Há, nesse momento, um trabalho conjunto e coordenado entre Executivo e Legislativo, de modo que os grupos ou coligações governamentais possam ter certa vantagem informacional sobre a oposição. Nesse sentido, inicia aqui, na elaboração da proposta, a interação e a ingerência dos parlamentares no projeto de lei.

Após a aprovação, no que tange à execução do orçamento, a regra geral, conforme o princípio da separação dos poderes, é que a tarefa seja exclusivamente do Executivo. Excepcionalmente, o Comitê de Orçamento pode ingerir no uso específico de fundos orçamentários, uma vez que restringe, ao discutir o orçamento, as disposições, compromissos e autorizações de gastos em casos individuais, adicionando uma nota de bloqueio qualificada no orçamento (art. 22, BHO).

O Comitê de Orçamento não possui discricionariedade para decidir sobre receitas tributárias. As estimativas da receita tributária são vinculativas para o legislador orçamentário e são estabelecidas pelo Grupo de Trabalho sobre Previsões de Receitas Tributárias (*Steuerschätzungen*), o qual realiza as previsões de receita duas vezes ao ano (em maio e em novembro).

---

[109] Constituição da República Federal Alemã de 1949 (*Grundgesetz*, GG). Art. 77 "*(3) Soweit zu einem Gesetze die Zustimmung des Bundesrates nicht erforderlich ist, kann der Bundesrat, wenn das Verfahren nach Absatz 2 beendigt ist, gegen ein vom Bundestage beschlossenes Gesetz binnen zwei Wochen Einspruch einlegen. Die Einspruchsfrist beginnt im Falle des Absatzes 2 letzter Satz mit dem Eingange des vom Bundestage erneut gefaßten Beschlusses, in allen anderen Fällen mit dem Eingange der Mitteilung des Vorsitzenden des in Absatz 2 vorgesehenen Ausschusses, daß das Verfahren vor dem Ausschusse abgeschlossen ist*". Art. 77 (3) Tratando-se de uma lei que não necessite de aprovação pelo Conselho Federal, este órgão poderá, uma vez concluído o processo segundo o §2, manifestar sua objeção à lei aprovada pelo Parlamento Federal, dentro do prazo de duas semanas. O prazo de objeção começa, no caso previsto no §2, último item, com o recebimento da nova resolução tomada pelo Parlamento Federal, em todos os outros casos, com a recepção da comunicação do presidente da comissão prevista no §2, de que o projeto está concluído perante a comissão. (tradução livre)

[110] *Idem*, p. 68.

FRANÇA

MELINA ROCHA

RENAUD EVINA

BRUNA PANIZ

REGRAS E PRINCÍPIOS CONSTITUCIONAIS E LEGAIS

O processo orçamentário na França é orientado por cinco relevantes princípios: *especialidade, unidade, anualidade, universalidade e sinceridade.*

7.1 Princípios Relativos à Apresentação e ao Conteúdo do Orçamento Público

7.1.1 Princípio da Unidade

O princípio da unidade exprime a ideia de que todas as receitas e despesas de um exercício financeiro devem estar positivadas em um único documento, a totalidade das receitas e despesas de uma mesma pessoa pública.[111] A implementação deste princípio significa, portanto, ter um único ato orçamentário que contemple a totalidade das finanças de uma pessoa pública.[112] Tal princípio encontra-se expressamente previsto no art. 6 da LOLF (*Loi organique relative aux lois de finances*) ao prever que os recursos e encargos orçamentários do Estado são contabilizados no orçamento na forma de receitas e despesas e que o orçamento descreve, para um ano, todas as receitas e despesas orçamentárias do Estado. Além disso, o art. 6º prescreve que todas as receitas asseguram a execução de todas as despesas e que todas as receitas e todas as despesas são contabilizadas numa única conta, denominada orçamento geral.[113]

---

[111] CAMBY, Jean-Pierre. *La réforme du budget de l'État*. La loi organique relative aux lois de finances. Paris: L. G. D. J, 2011. p. 43.

[112] GILLES, William. *Les principes budgétaires et comptables publics*. Paris: L.G.D.J, 2009. p. 37.

[113] Tradução livre do original: Article 6. "*Les ressources et les charges budgétaires de l'Etat sont retracées dans le budget sous forme de recettes et de dépenses. Le budget décrit, pour une année,*

Tal princípio tem por objetivo proporcionar mais transparência, legitimidade e controle parlamentar acerca da alocação dos recursos públicos,[114] funcionando como um retrato geral do orçamento. De acordo com Gilles,[115] este princípio não diz respeito somente ao Estado francês, mas a toda entidade orçamentária que tenha uma personalidade jurídica, tais como: regiões, departamentos, comunas e estabelecimentos públicos.[116]

O princípio da unidade pode ser visto sob dois aspectos: material e formal.[117] Do ponto de vista material, tal princípio significa que todas as receitas e despesas sejam incluídas no orçamento da mesma pessoa pública.[118] Do ponto de vista formal, a unidade significa a existência de um único documento sobre o qual o Parlamento deve se pronunciar, ou seja, um texto de lei único.[119] A aplicação das duas acepções do princípio da unidade faz com que tanto o controle quanto o equilíbrio orçamentário sejam alcançados, o que responde à preocupação central de se alcançar, ao final, uma boa gestão das finanças públicas do Estado.[120] Camby ainda ressalta que tal princípio, ao recapitular a totalidade de receitas e despesas, "implica em uma proibição de operações que devem ser levadas em conta fora do orçamento, normalmente chamadas de *débudgétisation*.[121] Estes dois aspectos do princípio da unidade permitem um controle eficaz por parte do Parlamento: ao ter conhecimento da

---

l'ensemble des recettes et des dépenses budgétaires de l'Etat. (...) L'ensemble des recettes assurant l'exécution de l'ensemble des dépenses, toutes les recettes et toutes les dépenses sont retracées sur un compte unique, intitulé budget général".

Os recursos e obrigações do Estado estão inseridos no orçamento na forma de receitas e despesas. O orçamento descreve, anualmente, a totalidade das receitas e despesas orçamentárias do Estado (...) o total de receitas garante a execução do total de receitas, todas as receitas e todas as despesas são lastreadas em uma conta única, intitulada orçamento geral.

114 Disponível em: https://www.vie-publique.fr/fiches/21823-grands-principes-budgetaires-annualite-specialite-unite-universalite. Acesso em: 13 jul. 2021.

115 CAMBY, Jean-Pierre. *La réforme du budget de l'État.* La loi organique relative aux lois de finances. Paris: L. G. D. J, 2011. p. 37. PICARD, Jean-François. *Finances Publiques.* Paris, Lexis Nexis, 2009. p. 49.

116 PICARD, Jean-François. *Finances Publiques.* Paris, Lexis Nexis, 2009. p. 49.

117 GILLES, William. *Les principes budgétaires et comptables publics.* Paris: L.G.D.J, 2009. p. 37.

118 GILLES, William. *Les principes budgétaires et comptables publics.* Paris: L.G.D.J, 2009. p. 37. CAMBY, Jean-Pierre. *La réforme du budget de l'État.* La loi organique relative aux lois de finances. Paris: L. G. D. J, 2011. p. 43.

119 GILLES, William. *Les principes budgétaires et comptables publics.* Paris: L.G.D.J, 2009. p. 37. CAMBY, Jean-Pierre. *La réforme du budget de l'État.* La loi organique relative aux lois de finances. Paris: L. G. D. J, 2011. p. 43.

120 GILLES, William. *Les principes budgétaires et comptables publics.* Paris: L.G.D.J, 2009. p. 38.

121 CAMBY, Jean-Pierre. *La réforme du budget de l'État.* La loi organique relative aux lois de finances. Paris: L. G. D. J, 2011. p. 44.

totalidade das receitas e despesas do governo em um único documento, o Parlamento terá um melhor julgamento político da orientação financeira do governo e um maior controle destas despesas e receitas.[122]

Desta forma, o princípio da unidade orçamentária é fundamental para o alcance dos seguintes objetivos:[123]

- Equilíbrio Orçamentário: tendo em vista que reúne, em um único documento, todas as receitas e despesas de uma pessoa jurídica, o princípio permite apreender a totalidade das contas públicas e o equilíbrio orçamentário;
- Boa gestão das finanças públicas, tendo em vista que permite visualizar de forma mais transparente o equilíbrio orçamentário, através da totalidade do saldo orçamentário, o princípio permite uma melhor avaliação da boa gestão das finanças públicas;
- Eficácia do controle dos orçamentos públicos: a aplicação do princípio permite ter uma visão clara e exaustiva das contas públicas, o que facilita e torna mais eficaz o controle das contas públicas.

7.1.2 Princípio da Universalidade

Este princípio impõe que as receitas e despesas de determinado exercício financeiro devem ser incluídas e descritas em sua integralidade no orçamento, de forma que a soma das despesas não ultrapasse o total de receitas. Trata-se de princípio que objetiva conferir máxima transparência e sinceridade aos atos orçamentários.[124]

Este princípio está inserido no art. 6 da LOLF e contém duas regras distintas: a regra da não compensação (ou regra do produto bruto) e a regra da não afetação.[125]

De acordo com a regra de não compensação, todas as receitas e despesas de uma pessoa pública devem ser inseridas no orçamento sem que haja contração ou compensação entre umas e outras,[126] o que significa dizer que tanto receitas como despesas devem figurar no

[122] PICARD, Jean-François. *Finances Publiques*. Paris, Lexis Nexis, 2009. p. 49.

[123] GILLES, William. *Les principes budgétaires et comptables publics*. Paris: L.G.D.J, 2009. p. 38-39.

[124] OECD. Special Issue: The Legal Framework for Budget Systems. An International Comparison. *Journal on Budgeting*, v. 4, n. 3, 2004.

[125] PICARD, Jean-François. *Finances Publiques*. Paris, Lexis Nexis, 2009. p. 61.

[126] GILLES, William. *Les principes budgétaires et comptables publics*. Paris: L.G.D.J, 2009. p. 40.

orçamento por seu montante bruto.[127] Chamada de "regra do produto bruto", esta norma significa que não pode haver compensação entre receitas e despesas com a inscrição no orçamento de um valor líquido.[128] Tal regra encontra-se no art. 6 da LOLF nos seguintes termos: "o orçamento descreve, para um ano, todas as receitas e despesas orçamentárias do Estado. É feito do recebimento do valor total dos produtos, sem supressão de receitas e despesas".[129]

De acordo com Gilles, esta regra justifica-se de um ponto de vista político, pois permite o controle das instâncias deliberativas e garante que nenhuma receita será subtraída à avaliação dos parlamentares através de uma dissimulação de seu montante real pela compensação prévia de despesas.[130] Do ponto de vista técnico, a regra justifica-se por impedir a constituição de "caixas pretas", por meio das quais poderia se compensar receitas e despesas para aumentar artificialmente as possibilidades de despesas.

O princípio da universalidade implica ainda na regra de não afetação de uma receita a uma despesa identificada, ou seja, salvo exceções previstas pela LOLF em casos estritamente limitados, não pode haver relação direta entre uma receita e despesa precisa.[131] Esta regra significa que dentro do orçamento as receitas e despesas constituam blocos distintos um do outro, "sem que nenhuma afetação de certas receitas a certas despesas seja autorizada".[132]

O art. 6º da LOLF prevê esta regra ao afirmar que: "todas as receitas asseguram a execução de todas as despesas, todas as receitas e todas as despesas são contabilizadas numa única conta, denominada orçamento geral".[133] A regra de não afetação garante, assim, que a totalidade das receitas cubra a totalidade de despesas sem que se faça qualquer distinção.

---

127 CAMBY, Jean-Pierre. *La réforme du budget de l'État.* La loi organique relative aux lois de finances. Paris: L. G. D. J, 2011. p. 44. GILLES, William. *Les principes budgétaires et comptables publics.* Paris: L.G.D.J, 2009. p. 41.

128 GILLES, William. *Les principes budgétaires et comptables publics.* Paris: L.G.D.J, 2009. p. 41.

129 Tradução livre do original: Article. 6. *"(...) Le budget décrit, pour une année, l'ensemble des recettes et des dépenses budgétaires de l'Etat. Il est fait recette du montant intégral des produits, sans contraction entre les recettes et les dépenses".*

130 GILLES, William. *Les principes budgétaires et comptables publics.* Paris: L.G.D.J, 2009. p. 41.

131 CAMBY, Jean-Pierre. *La réforme du budget de l'État.* La loi organique relative aux lois de finances. Paris: L. G. D. J, 2011. p. 44.

132 GILLES, William. *Les principes budgétaires et comptables publics.* Paris: L.G.D.J, 2009. p. 42.

133 Tradução livre do original: "L'ensemble des recettes assurant l'exécution de l'ensemble des dépenses, toutes les recettes et toutes les dépenses sont retracées sur un compte unique, intitulé budget général".

Gilles afirma que mesmo que uma fonte de receita nova seja criada para fazer face a uma despesa perfeitamente identificada, uma vez criada a receita deve ser considerada como qualquer outra e deve fazer face à totalidade das despesas.[134] Portanto, o princípio também significa que "a afetação de uma receita a uma despesa não é jamais obrigatória, mesmo nos casos em que há uma evidente correlação entre a criação de um imposto e a compensação de uma nova despesa".[135]

A regra da não afetação possui algumas críticas e desvantagens elencadas por Gilles. Primeiramente, a regra não permite uma aferição do custo do funcionamento dos serviços públicos, haja vista que as despesas de um determinado serviço não são compensadas por eventuais receitas que geram.[136] A não afetação ainda pode estimular a inércia administrativa, já que proíbe que as administrações se beneficiem de aumento de receitas, pois estas devem imperativamente ser aplicadas ao conjunto de despesas.[137] Por fim, a ausência de ligação entre a arrecadação do Estado com as despesas a que financiará impede que o contribuinte perceba o destino do tributo que paga,[138] além de impossibilitar o cálculo do custo e do provimento de serviços públicos.[139]

A LOLF prevê no art. 6º as exceções à regra de não afetação, que são limitadas às receitas destinadas às autoridades locais e à Comunidade Europeia, nos seguintes termos:

Um determinado montante das receitas do Estado pode ser revertido diretamente em benefício das autoridades locais ou da Comunidade Europeia, a fim de cobrir os encargos que incumbem a esses beneficiários ou para compensar isenções, reduções ou limites fiscais estabelecidos em benefício das autoridades locais. Essas deduções à receita do Estado são, em termos de destinação e valor, definidas e avaliadas de forma precisa e distinta.[140]

---

[134] GILLES, William. *Les principes budgétaires et comptables publics*. Paris: L.G.D.J, 2009. p. 42.

[135] Camby cita o exemplo da decisão nº 2009-577 DC de 2009 sobre a criação de uma taxa sobre operadores de comunicação eletrônica destinadas a compensar as perdas de receitas de publicidade do audiovisual público, em CAMBY, Jean-Pierre. *La réforme du budget de l'État*. La loi organique relative aux lois de finances. Paris: L. G. D. J, 2011. p.44.

[136] GILLES, William. *Les principes budgétaires et comptables publics*. Paris: L.G.D.J, 2009. p. 43.

[137] GILLES, William. *Les principes budgétaires et comptables publics*. Paris: L.G.D.J, 2009. p. 43.

[138] GILLES, William. *Les principes budgétaires et comptables publics*. Paris: L.G.D.J, 2009. p 43.

[139] PICARD, Jean-François. *Finances Publiques*. Paris, Lexis Nexis, 2009. p. 63.

[140] Tradução livre do original: Article 6. "*Un montant déterminé de recettes de l'Etat peut être rétrocédé directement au profit des collectivités territoriales ou des Communautés européennes en vue de couvrir des charges incombant à ces bénéficiaires ou de compenser des exonérations, des réductions ou des plafonnements d'impôts établis au profit des collectivités territoriales. Ces prélèvements sur les recettes de l'Etat sont, dans leur destination et leur montant, définis et évalués de façon précise et distincte*".

Além desta exceção, o art. 17 da LOLF igualmente prevê procedimentos específicos que permitem assegurar uma afetação ao orçamento geral, ao orçamento anexo ou a uma conta especial: os procedimentos de "fundo de concurso", "atribuição de produtos" e "reposição de créditos". Os fundos de concurso são constituídos, por um lado, por fundos não fiscais financiados por pessoas singulares ou coletivas para contribuir para despesas de interesse público e, por outro lado, por receitas de legados e donativos atribuídos ao Estado. Tais fundos são lançados diretamente como receita no orçamento, são previstos e avaliados pela lei das finanças e a utilização dos fundos deve estar de acordo com a intenção da parte financiadora.

Já a atribuição de produtos decorre das receitas provenientes da remuneração de serviços regularmente prestados pelo Estado que podem ser atribuídas ao serviço em causa. Por fim, o restabelecimento de créditos ocorre com receitas de devolução ao Tesouro Nacional de verbas pagas indevidamente ou a título provisório a partir de dotações orçamentárias e com receitas de transferências entre serviços do Estado que dão lugar ao pagamento de créditos orçamentários.

Por fim, o art. 36 da LOLF traz uma derrogação geral ao princípio universal ao dispor que: "a afetação, total ou parcial, a outra pessoa coletiva de recurso constituído em benefício do Estado só pode resultar de disposição da lei das finanças".[141]

7.1.3 Princípio da Sinceridade

No processo orçamentário, a sinceridade implica em coerência e exatidão das informações financeiras fornecidas pelo Estado. Embora, como nota Waserman[142], tal princípio tenha origens na jurisprudência do Conselho Constitucional francês, em especial por ocasião da decisão 94-351 DC de 29 de dezembro de 1994[143], sua inserção na legislação

---

141 Tradução livre do original: Article 36. *"L'affectation, totale ou partielle, à une autre personne morale d'une ressource établie au profit de l'Etat ne peut résulter que d'une disposition de loi de finances"*.
A afetação, total ou parcial, a uma pessoa moral de um recurso instituído em proveito do Estado somente pode advir de disposição da lei de finanças.

142 WASERMAN, Franck. *Les Finances Publiques*. 8. ed. Direction de l'information légale et administrative, Paris, 2016.

143 A sinceridade em matéria orçamentária foi objeto da decisão 94-351 DC de dezembro de 1994, proferida pelo Conselho Constitucional, que se discutiu o nível de transparência e exatidão das informações apresentadas pelo Executivo no projeto de lei orçamentária do ano de 1995.

francesa ocorreu somente em 2001, com a aprovação da LOLF, que em seu art. 32 dispõe que as leis de finanças devem apresentar de forma sincera a totalidade dos recursos e encargos do Estado, com base em informações passíveis de verificação.[144]

Além disso, o princípio da sinceridade aparece no art. 27, da LOLF, em que se assevera que as contas do Estado devem ser um retrato fiel de seu patrimônio e situação financeira,[145] e na alteração da Constituição francesa ocorrida em 2008, que incorporou o art. 47-2 ao seu texto, elevando a sinceridade a um princípio aplicável a toda Administração Pública.[146]

Waserman e Gilles ressaltam que o Conselho Constitucional, especialmente a partir da decisão 2001-448 DC de julho de 2001, assentou que ao princípio da sinceridade deve ser dado significado distinto, conforme as normas que regulam o orçamento público francês, especialmente a lei de finanças (*loi de finance*) e a lei de regulamentação orçamentária (*loi de reglement du budget*).[147]

Na acepção da primeira, o princípio caracteriza a não intenção em falsificar as linhas mestras de equilíbrio trazidas pela lei de finanças

[144] Tradução livre do original: Article 32. "*Les lois de finances présentent de façon sincère l'ensemble des ressources et des charges de l'Etat. Leur sincérité s'apprécie compte tenu des informations disponibles et des prévisions qui peuvent raisonnablement en découler*".
As leis de finanças apresentam de forma sincera o conjunto de receitas e obrigações do Estado. Sua justeza é avaliada tendo em conta as informações disponíveis e as previsões que dela possam razoavelmente resultar.

[145] Tradução livre do original: Article. 27. "*Les comptes de l'État doivent être réguliers, sincères et donner une image fidèle de son patrimoine et de sa situation financière*".
As contas do Estado devem ser regulares, sinceras e devem retratar fielmente seu patrimônio e situação financeira.

[146] Tradução livre do original: Article 47-2. "*La Cour des comptes assiste le Parlement dans le contrôle de l'action du Gouvernement. Elle assiste le Parlement et le Gouvernement dans le contrôle de l'exécution des lois de finances et de l'application des lois de financement de la sécurité sociale ainsi que dans l'évaluation des politiques publiques. Par ses rapports publics, elle contribue à l'information des citoyens. Les comptes des administrations publiques sont réguliers et sincères. Ils donnent une image fidèle du résultat de leur gestion, de leur patrimoine et de leur situation financière*".
A Corte de Contas auxilia o parlamento no controle dos atos governamentais. Ela auxilia ambos o Parlamento e o Governo no controle da execução das leis de finanças e na aplicação das leis de financiamento da seguridade social, bem como na avaliação das políticas públicas. Por meio de seus relatórios públicos, ela contribui para informar os cidadãos. As contas das administrações públicas são dotadas de regularidade e sinceridade. Elas trazem um retrato fiel da gestão, de seu patrimônio e de sua situação financeira.

[147] Na decisão 2001-448 de julho de 2001, o Conselho Constitucional, a partir de consulta feita pelo Primeiro-Ministro francês, decidiu pela conformidade da então recém-aprovada lei geral de finanças do país (*loi organique relative aux lois de finances* – LOLF) com a Constituição de outubro de 1958.

francesa.[148] Já em relação à segunda norma, a sinceridade imporia um dever de exatidão dos valores contábeis apresentados que serão submetidos à avaliação do Parlamento.[149]

As principais questões envolvendo o princípio da sinceridade orçamentária dizem respeito principalmente à avaliação irrealista de certas receitas, bem como à subavaliação ou ausência de consideração de despesas em razão do fenômeno de *débudgétisation*.[150] Conforme apontado por Gilles, o Conselho Constitucional costuma responder que, por um lado, as despesas são escolhas ligadas à gestão governamental e, de outra parte, que a avaliação das receitas tem um caráter provisional, destituindo-se, portanto, de um controle jurisdicional mais restrito quanto a essas questões.[151]

7.2 Princípios relativos às relações entre os poderes públicos

7.2.1 Princípio da Anualidade

O princípio da anualidade consiste em que o mandamento conferido ao Poder Executivo para estruturar as receitas e despesas públicas tem validade anual. O art. 1º da LOLF reafirmou o princípio da anualidade com um dos princípios fundamentais do orçamento francês nos seguintes termos:

> Nas condições e sob as reservas previstas nesta lei orgânica, a lei das finanças determina, para um exercício, a natureza, o montante e a afetação dos recursos e encargos do Estado, bem como o equilíbrio orçamentário financeiro que daí resultam. Elas consideram um equilíbrio econômico definido, assim como os objetivos e resultados dos programas que elas determinam.
>
> O exercício abrange um ano civil.[152]

---

[148] GILLES, William. *Les principes budgétaires et comptables publics*. Paris: L.G.D.J, 2009. p. 46.

[149] GILLES, William. *Les principes budgétaires et comptables publics*. Paris: L.G.D.J, 2009. p. 46.

[150] GILLES, William. *Les principes budgétaires et comptables publics*. Paris: L.G.D.J, 2009. p. 47.

[151] GILLES, William. *Les principes budgétaires et comptables publics*. Paris: L.G.D.J, 2009. p. 47.

[152] Tradução livre do original: Article 1º. "*Dans les conditions et sous les réserves prévues par la présente loi organique, les lois de finances déterminent, pour un exercice, la nature, le montant et l'affectation des ressources et des charges de l'Etat, ainsi que l'équilibre budgétaire et financier qui en résulte. Elles tiennent compte d'un équilibre économique défini, ainsi que des objectifs et des résultats des programmes qu'elles déterminent.*
L'exercice s'étend sur une année civile".

O art. 6º da LOLF igualmente prevê que "o orçamento descreve, para um ano, todas as receitas e despesas orçamentárias do Estado" e o art. 15 igualmente ressalta que "as dotações em aberto e os limites máximos das autorizações de emprego fixados para um ano não criam quaisquer direitos para os anos seguintes".[153]

Este princípio significa, portanto, que as leis de finanças intervêm por um exercício e requer que a cada ano fiscal haja uma previsão de receita e orçamento correspondente. Na França, o exercício orçamentário corresponde ao ano civil, conforme o art. 1º da LOLF. Assim, a regra da anualidade, conforme Picard, significa simplesmente que a lei de finanças é "estabelecida a cada ano, por um só ano que coincide com o ano civil".[154] Disso resulta a perenidade das competências do Parlamento em matéria orçamentária, especialmente no que concerne ao exame prévio das demandas financeiras formuladas pelo Executivo.

Picard ressalta que a anualidade apresenta na prática dois aspectos: *i)* um primeiro aspecto que diz respeito à autorização do Parlamento para o governo realizar as despesas e receitas para o ano seguinte e ii) um aspecto vinculado à execução, no qual o governo deve executar durante um ano as operações autorizadas.[155] No que tange ao primeiro aspecto, a autorização pode significar que os créditos são acordados por um ano, mas também que a autorização deve ser dada a tempo, ou seja, antes do início do ano orçamentário.[156]

Importante ressaltar que alguns mecanismos do processo orçamentário mitigam este princípio, tal como as Leis de Finanças Retificadoras, abaixo abordadas. Estas leis mitigam o princípio da anualidade na medida em que correspondem a um período inferior a um ano e modificam no decorrer do ano as disposições das leis de finanças iniciais.[157] Gilles chama a atenção para o fato que, apesar de terem sido inicialmente concebidas para unicamente regularizar situações contábeis, o seu campo de aplicação se estendeu ao longo do tempo.[158]

Dessa maneira, as leis retificadoras podem ter por objeto: a) retificar erros materiais; b) previsões de adaptação do orçamento a

---

[153] Tradução livre do original: "Article 15. I – Sous réserve des dispositions concernant les autorisations d'engagement, les crédits ouverts et les plafonds des autorisations d'emplois fixés au titre d'une année ne créent aucun droit au titre des années suivantes".

[154] PICARD, Jean-François. *Finances Publiques*. Paris, Lexis Nexis, 2009. p. 45.

[155] PICARD, Jean-François. *Finances Publiques*. Paris, Lexis Nexis, 2009. p. 46.

[156] PICARD, Jean-François. *Finances Publiques*. Paris, Lexis Nexis, 2009. p. 46.

[157] GILLES, William. *Les principes budgétaires et comptables publics*. Paris: L.G.D.J, 2009. p. 85.

[158] GILLES, William. *Les principes budgétaires et comptables publics*. Paris: L.G.D.J, 2009. p. 85.

mudanças econômicas, sociais e políticas; c) medidas fiscais novas; d) disposições para responder a uma obrigação jurídica (como o disposto no art. 35 da LOLF, que dispõe que as leis retificadoras ratifiquem as modificações realizadas através dos decretos de avanço, conforme melhor explicado a seguir).[159] Além disso, o mesmo artigo prevê que a lei retificadora deve conter um artigo de equilíbrio, considerando as modificações ocorridas após a aprovação da lei de finanças de determinado ano. A jurisprudência do Conselho Constitucional é no sentido de que o governo deverá apresentar uma lei retificadora ao parlamento nos casos em que, ao longo do exercício, as grandes linhas do equilíbrio da lei de finanças se distanciem das previsões.[160]

Um segundo mecanismo mitigador do princípio da anualidade são as transferências de crédito (*reports de crédits*) que transferem créditos não utilizados de um ano para outro. Conforme Gilles, "as transferências de crédito são operações que consistem em adicionar um crédito acordado para um dado ano e não utilizado ao fim do ano a uma dotação correspondente ao orçamento seguinte".[161] Dessa maneira, ao permitir a transferência de créditos não utilizados para o orçamento do ano seguinte, esse mecanismo constitui uma mitigação ao princípio da anualidade, no sentido de levar em conta a utilização às vezes demorada de certos valores.

Por outro lado, tal mecanismo igualmente ensejou práticas abusivas, através de reservas de créditos para utilização no ano seguinte, por exemplo. Para evitar este tipo de prática, a LOLF criou regras estritas para a utilização da transferência de créditos. Estas restrições estão previstas no art. 15 da LOF, que diferencia os casos de "autorização de compromissos" (*autorisations d'engagement*) e "créditos de pagamento" (*crédit de paiement*). Para ambos os casos, o art. 15 determina que as autorizações de compromissos ou créditos de pagamento "disponíveis para um programa no final do ano podem ser transferidas para o mesmo programa ou, na sua falta, para programa com os mesmos objetivos, por despacho conjunto do Ministro das Finanças e do Ministro interessado". Além disso, os pedidos de transferência devem ser publicados o mais tardar em 31 de março do ano seguinte ao ano no final do qual foi constatada a disponibilidade de autorizações de compromissos ou de créditos de pagamento.

---

159 GILLES, William. *Les principes budgétaires et comptables publics*. Paris: L.G.D.J, 2009. p. 85.

160 GILLES, William. *Les principes budgétaires et comptables publics*. Paris: L.G.D.J, 2009. p. 85.

161 GILLES, William. *Les principes budgétaires et comptables publics*. Paris: L.G.D.J, 2009. p.85.

No caso da autorização de compromissos, tal transferência aumentará o valor dos créditos do ano seguinte, mas não podem aumentar as dotações inscritas na rubrica de despesas com o pessoal".[162] No caso dos créditos de pagamento, os montantes a serem transferidos não podem exceder a 3% dos créditos iniciais do programa (no caso de créditos não relativos a gastos com pessoal, este limite pode ser modificado por disposição da lei de finanças).[163]

7.2.2 Princípio da Especialidade

O princípio da especialidade refere-se às despesas autorizadas pelo orçamento, que devem ser especificadas de acordo com uma nomenclatura orçamentária determinada e precisa. Isso significa que o Poder Executivo deve utilizar os créditos abertos pela lei de finanças aprovada pelo parlamento em função da sua destinação, ou seja, nas despesas determinadas.[164] Este princípio permite ao Parlamento

---

[162] Tradução livre do original: Article 15. *"(..) II – Les autorisations d'engagement disponibles sur un programme à la fin de l'année peuvent être reportées sur le même programme ou, à défaut, sur un programme poursuivant les mêmes objectifs, par arrêté conjoint du ministre chargé des finances et du ministre intéressé, majorant à due concurrence les crédits de l'année suivante. Ces reports ne peuvent majorer les crédits inscrits sur le titre des dépenses de personnel. (...) Les arrêtés de report sont publiés au plus tard le 31 mars de l'année suivant celle à la fin de laquelle la disponibilité des autorisations d'engagement ou des crédits de paiement a été constatée".*

[163] Tradução livre do original: *"Article 15 – II. Sous réserve des dispositions prévues à l'article 21, les crédits de paiement disponibles sur un programme à la fin de l'année peuvent être reportés sur le même programme ou, à défaut, sur un programme poursuivant les mêmes objectifs, par arrêté conjoint du ministre chargé des finances et du ministre intéressé, dans les conditions suivantes:*
1º Les crédits inscrits sur le titre des dépenses de personnel du programme bénéficiant du report peuvent être majorés dans la limite de 3 % des crédits initiaux inscrits sur le même titre du programme à partir duquel les crédits sont reportés;
2º Les crédits inscrits sur les autres titres du programme bénéficiant du report peuvent être majorés dans la limite globale de 3 % de l'ensemble des crédits initiaux inscrits sur les mêmes titres du programme à partir duquel les crédits sont reportés. Ce plafond peut être majoré par une disposition de loi de finances".
Sem prejuízo das disposições previstas no art. 21, os créditos de pagamento disponíveis para um programa no final do ano podem ser transferidos para o mesmo programa ou, na sua falta, para programa com os mesmos objetivos, por despacho conjunto do Ministro das Finanças e do Ministro interessado, observadas a seguintes condições:
1º Os créditos inscritos na rubrica de despesa de pessoal do programa beneficiado pela transferência podem ser majorados até o limite de 3% dos créditos iniciais inscritos na mesma rubrica do programa.
2º Os créditos inscritos em outras rubricas do programa beneficiado pela transferência podem ser majorados em até 3% do total de créditos iniciais inscritos na mesma rubrica do programa do qual os créditos foram transferidos. Este limite pode ser majorado por disposição da lei de finanças.

[164] Disponível em: https://www.vie-publique.fr/fiches/21823-grands-principes-budgetaires-annualite-specialite-unite-universalite. Acesso em: 13 jul. 2021. GILLES, William. *Les principes budgétaires et comptables publics*. Paris: L.G.D.J, 2009. p. 101.

exercer um real poder orçamentário e um controle sobre a ação governamental.[165]

As nomenclaturas orçamentárias podem refletir uma lógica de meios (*logique de moyens*), repartindo os créditos de acordo com a natureza das despesas que serão por eles cobertos. Esta era a lógica anterior à promulgação da LOLF na França (conforme a *ordonnance* de 02 de janeiro de 1959), na qual o orçamento era dividido entre ministérios, títulos e capítulos, conforme a legislação em vigor à época. Este tipo de orçamento não permitia de levar em consideração a vontade de orientar as finanças do Estado para resultados.[166] Por este motivo, o princípio da especialidade foi adaptado na LOLF para introduzir a performance na nomenclatura orçamentária, no sentido de adotar uma lógica de resultados (*logique de résultats*), em que a repartição orçamentária é realizada de acordo com objetivos das políticas públicas a serem implementadas.[167] Cumpre salientar que os orçamentos locais continuam a ser adotados segundo uma lógica de meios, ao passo que o orçamento do Estado adota lógica de resultados como consequência da promulgação da LOLF.

Esta nova lógica foi introduzida no art. 7º da LOLF, que estabelece as regras a partir das quais os créditos abertos pela lei de finanças serão agrupados e especificados. Conforme o art. 7º, os créditos abertos pela lei das finanças para cobrir cada um dos encargos orçamentais do Estado são agrupados por missão pertencente a um ou mais departamentos de um ou mais ministérios. Uma missão compreende um conjunto de programas que contribuem para uma política pública definida. Somente o governo tem competência exclusiva para a criação de uma missão, por meio de disposição da lei de finanças de sua iniciativa.

Um programa, que constitui um componente das missões, agrupa os créditos destinados à execução de uma ação ou a um conjunto coerente de ações de um mesmo ministério e ao qual estão associados objetivos precisos, definidos em função de finalidades de interesse geral, bem como de resultados esperados e sujeitos a uma avaliação.

Dessa forma, como regra geral, uma missão compreende um conjunto de programas, seguindo a lógica do orçamento por objetivo. Entretanto, a título de exceção a esta regra, o art. 7º define que algumas missões específicas podem agrupar créditos sem que estes estejam

[165] GILLES, William. *Les principes budgétaires et comptables publics*. Paris: L.G.D.J, 2009. p. 101.

[166] GILLES, William. *Les principes budgétaires et comptables publics*. Paris: L.G.D.J, 2009. p. 104.

[167] GILLES, William. *Les principes budgétaires et comptables publics*. Paris: L.G.D.J, 2009. p. 104.

submetidos a programas, no caso de três categorias de despesas. O primeiro caso diz respeito aos créditos dos poderes públicos, sendo cada um deles objeto de uma ou mais dotações. Tendo em vista o princípio da separação e autonomia financeira dos poderes, tais créditos não podem ser submetidos a indicadores de performance.[168] Ainda como exceção à regra, uma missão agrupa créditos, e não programas, nos dois tipos de dotações seguintes:

> 1º Dotação para despesas acidentais, destinadas a fazer face a calamidades, e para despesas imprevisíveis. Neste caso, a natureza particular destes créditos que são utilizados para fazer face a circunstâncias excepcionais e imprevisíveis justifica que não sejam ligadas a objetivos particulares;[169]
> 2º Dotação para medidas gerais em matéria de remuneração cuja repartição por programas não possa ser determinada com precisão no momento da votação dos créditos. Entretanto, caso seja possível a afetação a um programa, estes créditos não podem ser excluídos dos objetivos.

O art. 7º ainda estipula que os créditos são especializados por programa ou dotação. Os créditos de um programa ou de uma dotação são apresentados de acordo com os títulos mencionados no art. 5º. A apresentação dos créditos por título é indicativa. Todavia, os créditos abertos a título de despesas de pessoal de cada programa constituem o limite máximo para estas despesas. Os créditos abertos são colocados à disposição dos ministros.[170]

---

168 GILLES, William. *Les principes budgétaires et comptables publics*. Paris: L.G.D.J, 2009. p. 105.

169 GILLES, William. *Les principes budgétaires et comptables publics*. Paris: L.G.D.J, 2009. p. 105.

170 Tradução livre do original: Article 7–I. "*Les crédits ouverts par les lois de finances pour couvrir chacune des charges budgétaires de l'Etat sont regroupés par mission relevant d'un ou plusieurs services d'un ou plusieurs ministères.*
Une mission comprend un ensemble de programmes concourant à une politique publique définie. Seule une disposition de loi de finances d'initiative gouvernementale peut créer une mission.
Toutefois, une mission spécifique regroupe les crédits des pouvoirs publics, chacun d'entre eux faisant l'objet d'une ou de plusieurs dotations. De même, une mission regroupe les crédits des deux dotations suivantes :
1º Une dotation pour dépenses accidentelles, destinée à faire face à des calamités, et pour dépenses imprévisible;
2º Une dotation pour mesures générales en matière de rémunérations dont la répartition par programme ne peut être déterminée avec précision au moment du vote des crédits.
Un programme regroupe les crédits destinés à mettre en oeuvre une action ou un ensemble cohérent d'actions relevant d'un même ministère et auquel sont associés des objectifs précis, définis en fonction de finalités d'intérêt général, ainsi que des résultats attendus et faisant l'objet d'une évaluation.
II. – Les crédits sont spécialisés par programme ou par dotation.
Les crédits d'un programme ou d'une dotation sont présentés selon les titres mentionnés à l'article 5.

Quanto a esta questão, apesar da LOLF ter previsto um novo sistema orçamentário em que os créditos são agrupados por missão e programa, com apresentação por função, a nomenclatura por natureza foi mantida, seguindo a lógica anterior de meios. Deste modo, Gilles afirma que o orçamento do Estado apresenta uma dupla nomenclatura: apesar de ser orientado para os resultados das políticas públicas, o orçamento ainda é apresentado conforme a lógica tradicional de meios, em que a nomenclatura é feita por títulos.[171] Os títulos fazem, portanto, parte dos programas e repartem os créditos em sete, conforme o art. 5º da LOLF: dotações das autoridades públicas; custos com pessoal; despesas operacionais; encargos da dívida do Estado; despesas de investimento; despesas de intervenção e despesas de intermediação financeira.[172]

A nova nomenclatura do orçamento rompe com o mecanismo anterior da *ordonnance* de 02 de janeiro de 1959 em que os créditos eram apresentados em "serviços votados" e em "novas medidas" e os parlamentares adotavam de maneira global os serviços votados, o que correspondia a 90% dos créditos da lei de finanças. Enquanto o sistema da *ordonnance* de 02 de janeiro de 1959 previa uma especialização por capítulo e os créditos eram votados por ministério e título; a LOLF instituiu uma nova unidade de voto através das missões, em que o orçamento é discutido por programa e por dotação, que constituem a nova unidade de especialização. Em uma comparação com o antigo sistema, Gilles mostra que, sob a LOLF, os créditos são agrupados em 100 a 150 programas ministeriais, enquanto no sistema anterior eram

---

La présentation des crédits par titre est indicative. Toutefois, les crédits ouverts sur le titre des dépenses de personnel de chaque programme constituent le plafond des dépenses de cette nature.
III. – A l'exception des crédits de la dotation prévue au 2º du I, les crédits ouverts sur le titre des dépenses de personnel sont assortis de plafonds d'autorisation des emplois rémunérés par l'Etat. Ces plafonds sont spécialisés par ministère.
IV. – Les crédits ouverts sont mis à la disposition des ministres".

171 GILLES, William. *Les principes budgétaires et comptables publics*. Paris: L.G.D.J, 2009. p. 106.

172 Tradução livre do original: "*Article 5.*
I. – Les charges budgétaires de l'Etat sont regroupées sous les titres suivants :
1º Les dotations des pouvoirs publics ;
2º Les dépenses de personnel ;
3º Les dépenses de fonctionnement ;
4º Les charges de la dette de l'Etat ;
5º Les dépenses d'investissement ;
6º Les dépenses d'intervention ;
7º Les dépenses d'opérations financières".

repartidos entre 848 capítulos.[173] O art. 47 da LOLF determina que o direito de emendas dos parlamentares aplique-se no nível dos programas da missão e os senadores e deputados não podem criar uma nova missão, tendo em vista a competência exclusiva do executivo para tanto.

Dessa forma, uma consequência importante deste novo paradigma do orçamento francês diz respeito à autorização parlamentar relativa à "justificação de programas ao primeiro euro" ("JPE"), que é um mecanismo de explicação dos créditos solicitados ao parlamento. De acordo com a *circulaire nº CM1-04-4600* de 03 de dezembro de 2004:[174]

> Uma nova etapa deve ser preparada: a da justificação dos créditos ao primeiro euro. Com efeito, de acordo com a vontade do legislador orgânico, todas as dotações, quaisquer que sejam, deverão ser examinadas, abandonando-se a distinção entre serviços votados e novas medidas.

A justificação ao primeiro euro é uma ferramenta para explicar os créditos apresentados ao Parlamento para votação. Deve permitir estabelecer uma relação entre os créditos solicitados e os determinantes da despesa, que podem ser físicos (número de utilizadores, volume de atividade, área dos edifícios etc.), ou financeiros (determinantes de uma massa salarial, custos unitários dos sistemas de intervenção etc.). Esta nova exigência passa igualmente por uma apresentação do emprego provisional dos créditos e do pessoal solicitado. Todas estas informações, que serão integradas nos projetos anuais de performance, permitirão aos parlamentares compreender melhor o conteúdo dos programas e as razões da evolução dos créditos inscritos no projeto de lei de finanças.

Assim, com a LOLF, os créditos do orçamento do Estado são examinados e votados "ao primeiro euro" pelo Parlamento. Este voto requer, para cada programa, uma justificação ao primeiro euro (JPE) dos créditos e do pessoal solicitado ao legislador. No projeto de lei de finanças, o JPE é, portanto, uma ferramenta para explicar os créditos e os empregos submetidos à votação do Parlamento, permitindo mostrar a previsão provisional de uso destes créditos e de pessoal e as razões dos montantes dos créditos solicitados, o que respeita o princípio da sinceridade das contas financeiras.[175] Ao apresentar o conteúdo da

[173] GILLES, William. *Les principes budgétaires et comptables publics*. Paris: L.G.D.J, 2009. p. 107.

[174] Disponível em: https://www.senat.fr/rap/r04-220/r04-2205.html. Acesso em: 01 dez. 2023.

[175] Disponível em: https://www.performance-publique.budget.gouv.fr/sites/performance_publique/files/files/circulaires/pieces_jointes/2012/1BLF-12-3130/guide_jpe2013.pdf. Acesso em: 01 dez. 2023.

despesa, o JPE é um instrumento de transparência orçamentária que permite uma avaliação da utilidade e relevância da despesa pública, além de ser um complemento ao critério de performance.

Frise-se que as despesas com pessoal apresentam especificidades com relação à aplicação do princípio da especialidade, pois devem obedecer a regras mais rigorosas tal como a regra de "fungibilidade assimétrica". De acordo com o art. 7º da LOLF, os créditos abertos a título de despesa com pessoal de cada programa constituem o limite máximo para estas despesas e os parlamentares devem adotar um limite de autorização de empregos por ministério. Isto significa que a LOLF, ao estabelecer que os limites com pessoal devem ser especializados por ministério, reforça o princípio da especialidade no que tange a este tema.[176]

A legislação orçamentária da França prevê alguns mecanismos de mitigação do princípio da especialidade, tal como apontado por Gilles. Um primeiro mecanismo é a existência de fundos especiais, ligados ao Primeiro-Ministro, que foram limitados somente ao serviço secreto (anteriormente abrangia também o pessoal do gabinete ministerial).[177]

Outros mecanismos importantes de mitigação do princípio dizem respeito a atos regulamentares que permitem que o governo modifique, sem consultar o poder legislativo, o montante ou a destinação dos créditos votados pelo parlamento. Tendo em vista que estes atos regulamentares do Executivo podem modificar, anular ou prever novos créditos fora da lei de finanças, tais atos podem desvirtuar o processo orçamentário e, principalmente, a competência do parlamento de autorizar o orçamento.

Este desvirtuamento do princípio da especialidade pode ocorrer através dos *décrets d'avance* e por anulações, congelamento, creditamento ou transferências de créditos. Os *décrets d'avance* são atos regulamentares que permitem ao Executivo abrir créditos adicionais fora da lei de finanças aprovada pelo parlamento. A LOLF limitou o uso de tais decretos em caso de urgência ao prever em seu art. 13 que não podem exceder ao montante de 1% dos créditos abertos pela lei de finanças do ano. Para decretos não relacionados a casos de urgência, entretanto, o governo não está sujeito a esta limitação, mas a LOLF impôs que a comissão de finanças do Parlamento deve emitir sua opinião sobre o decreto antes que seja assinado pelo governo.

---

176 GILLES, William. *Les principes budgétaires et comptables publics*. Paris: L.G.D.J, 2009. p. 107.

177 GILLES, William. *Les principes budgétaires et comptables publics*. Paris: L.G.D.J, 2009. p. 108.

Por fim, as possibilidades de anulação e congelamento de créditos foram igualmente limitadas pela LOLF ao montante de 1,5% dos créditos abertos pela lei de finanças anual e somente podem ocorrer para prevenir a deterioração do equilíbrio orçamentário ou nos casos em que o crédito se torna sem objeto. Nestes casos, a anulação deve ser feita por decreto do Ministro de Finanças e deve ser submetida à apreciação das comissões de finanças no parlamento, conforme o art. 14 da LOLF.

No que tange à transferência de créditos, o art. 12 da LOLF diferencia os *virements*, que são transferências entre programas de um mesmo ministério, e os *transferts*, que têm por objeto modificar a repartição dos créditos entre ministérios distintos. No caso dos *virements*, o montante acumulado, durante o mesmo exercício, das dotações que forem objeto de transferência não pode ultrapassar 2% dos créditos abertos pela lei das finanças para o exercício para cada um dos programas em causa. Este limite máximo aplica-se também aos créditos abertos a título das despesas de pessoal para cada um dos programas em causa.

Já os *transferts* podem modificar a distribuição de créditos entre programas de diferentes ministérios, na medida em que a utilização dos créditos assim transferidos, para um fim específico, corresponda a ações do programa de origem. Essas transferências podem ser acompanhadas de mudanças na distribuição dos empregos autorizados entre os ministérios envolvidos.

Tanto os *virements* quanto os *transferts* são efetuados por decreto emitido por relatório do Ministro das Finanças, após comunicação às comissões de Finanças da Assembleia Nacional e ao Senado e outras comissões interessadas. A utilização dos créditos transferidos dá lugar à elaboração de um relatório especial. Nenhuma transferência pode ser feita em benefício de programas não previstos na lei de finanças ou a favor do título de despesas com pessoal a partir de outro título.

7.3 Princípios Propostos pela OCDE

Além dos princípios acima elencados, em 2015, o Conselho da Organização para a Cooperação e Desenvolvimento Econômico ("OCDE"), da qual a França é membro, elaborou um documento contendo recomendações sobre governança orçamentária,[178] em que

[178] OECD. *Recommendation of the Council on Budgetary Governance*. OECD, Paris, 2015. Disponível em: https://www.oecd.org/gov/budgeting/Recommendation-of-the-Council-on-Budgetary-Governance.pdf. Acesso em: 12 jul. 2021.

foram elencados 10 (dez) princípios orçamentários a serem seguidos. Observa-se, abaixo, como o governo francês tem implementado em sua política orçamentária essas recomendações principiológicas.

7.3.1 Controle orçamentário com critérios claros, críveis e previsíveis para a política fiscal

Este princípio é operacionalizado por meio da criação de metas de gastos totais para cada nível governamental, definidas para um período de 3 (três) a 5 (cinco) anos na Lei de Programação de Finanças Públicas. Por sua vez, as metas são instrumentalizadas em um conjunto de regras de despesas – geralmente cumpridas – que atuam como limitadores para mudanças oportunistas na distribuição de gastos, evitando, por conseguinte, desvios das metas de gastos globais.[179]

7.3.2 Alinhamento orçamentário com as prioridades estratégicas governamentais de médio prazo

As metas de médio-prazo abordadas pelo segundo princípio são cumpridas através da Lei de Programação de Finanças Públicas, que coloca essa dimensão de médio-prazo como sendo parte do processo orçamentário.[180] Neste sentido, os agentes interessados reconhecem esta característica como a fulcral para a formulação dos orçamentos anuais do Estado e da Previdência Social.

7.3.3 Projeção do quadro orçamentário de capital para o atendimento das necessidades nacionais de desenvolvimento de forma rentável e coerente

Esse princípio pressupõe a realização de uma avaliação de investimentos que, por sua natureza, produzem impactos para além daquele exercício financeiro, através de uma análise objetiva da capacidade econômica do país, necessidade de desenvolvimento de sua infraestrutura e as prioridades setoriais e sociais.[181]

---

179 OECD. Budgeting in France. *OECD Journal on Budgeting*: Volume 2018/2, 2018. Disponível em: https://www.oecd.org/gov/budgeting/Budgeting-in-France.pdf. Acesso em: 12 jul. 2021.

180 *Idem*.

181 OECD. *Recommendation of the Council on Budgetary Governance*. OECD, Paris, 2015. Disponível em: https://www.oecd.org/gov/budgeting/Recommendation-of-the-Council-on-Budgetary-Governance.pdf. Acesso em: 12 jul. 2021.

7.3.4 Garantia de que os documentos e dados orçamentários sejam abertos, transparentes e acessíveis

Esse princípio é implementado através da publicação de informações confiáveis e de fácil compreensão acerca da temática orçamentária e financeira nas plataformas oficiais do governo.[182]

7.3.5 Promoção de um debate inclusivo, participativo e realista sobre as escolhas orçamentárias

Através da facilitação da participação dos cidadãos na discussão orçamentária, seja por meio de comitês, organizações da sociedade civil e maior engajamento parlamentar, é possível a promoção deste princípio.[183]

7.3.6 Apresentação de contas públicas compreensíveis, precisas e confiáveis

As chamadas "contas de comprometimento", que vinculam uma despesa futura, receitas e contabilidade são mantidas e publicadas anualmente pelo Estado e órgãos públicos. De modo semelhante, as contas da Seguridade Social também são disponibilizadas uma vez ao ano.[184]

7.3.7 Planejamento, gerenciamento e monitoramento ativo da execução orçamentária

A gestão da execução orçamentária é feita pelo Ministério da Fazenda, responsável pelo controle e distribuição de recursos através de uma única conta.

---

[182] OECD. Budgeting in France. *OECD Journal on Budgeting*: Volume 2018/2, 2018. Disponível em: https://www.oecd.org/gov/budgeting/Budgeting-in-France.pdf. Acesso em: 12 jul. 2021.

[183] OECD. *Recommendation of the Council on Budgetary Governance*. OECD, Paris, 2015. Disponível em: https://www.oecd.org/gov/budgeting/Recommendation-of-the-Council-on-Budgetary-Governance.pdf. Acesso em: 12 jul. 2021.

[184] OECD. Budgeting in France. *OECD Journal on Budgeting*: Volume 2018/2, 2018. Disponível em: https://www.oecd.org/gov/budgeting/Budgeting-in-France.pdf. Acesso em: 12 jul. 2021.

Cumpre destacar, ainda, que embora controles rígidos sejam exercidos para garantir que os ministérios estejam em conformidade com autorizações de gastos, grande autonomia é concedida a eles nas decisões de gastos.[185] Ademais, as medidas de flexibilidade permitem atender emergências orçamentárias, desde que respeitados rigorosos critérios.

7.3.8 Garantia de que o desempenho, a avaliação e o valor do dinheiro (*value for money*) sejam partes integrantes do processo orçamentário

Os indicadores de performance e resultados para cada programa governamental são publicados anualmente para fins de prestação de contas.[186]

7.3.9 Identificação, avaliação e gerenciamento prudente da sustentabilidade em longo prazo e outros riscos fiscais

Os riscos fiscais são monitorados pelo Ministério da Economia e outros agentes, sendo mensurados e publicizados. A chamada sustentabilidade fiscal, por sua vez, é avaliada apenas como parte do Relatório de Envelhecimento da União Europeia.[187]

7.3.10 Promoção da integridade e a qualidade das previsões orçamentárias, planos fiscais e implementação orçamentária através de rigorosa garantia de qualidade, incluindo auditoria independente

A fiscalização externa é feita por dois órgãos: o Conselho Superior de Finanças Públicas e o Tribunal de Contas. O primeiro avalia os textos enviados pelo governo francês e emite opiniões acerca das projeções macroeconômicas do país. O segundo, por sua vez, é a Corte Suprema de auditoria, que avalia as contas públicas de acordo com critérios internacionais, incluindo revisão de indicadores de performance e resultados.[188]

---

185 *Idem.*

186 *Idem.*

187 *Idem.*

188 *Idem.*

7.4 Legislação Aplicável

7.4.1 Constituição Federal

A Constituição francesa (1958)[189] trata em termos gerais tanto os objetivos a serem perseguidos pela legislação orçamentária como as competências dos poderes Executivo e Legislativo nesta matéria. Sendo assim, as especificidades do tema estão definidas em normas próprias, como será verificado na descrição feita mais adiante neste texto.

Já em seu art. 34, a Constituição francesa estabelece que a lei de finanças, que define os recursos e obrigações do Estado, deve obediência aos parâmetros previstos na lei orgânica que trata da matéria. A seu turno, as leis de programação de finanças definem os objetivos da ação estatal e a orientação plurianual das finanças públicas, visando à manutenção do equilíbrio das contas da Administração Pública.[190]

Nos termos dos arts. 47 e 47-1, da Constituição de 1958, compete ao Parlamento analisar e aprovar a lei de finanças, sempre observando as disposições existentes na legislação que regula a matéria, isto é, as normas que serão mencionadas nesta seção. A contar do ato de envio do projeto de lei de finanças pelo Executivo, a Assembleia Nacional dispõe de um prazo de 40 dias para manifestar-se (art. 39, Constituição de 1958).[191] Findo este prazo, e inexistindo manifestação desta última, para dar seguimento à aprovação da lei orçamentária no âmbito do Poder Legislativo, o Senado deverá pronunciar-se no intervalo de 15 dias subsequentes. Cabe observar que é de 70 dias o prazo de que dispõe o Parlamento para deliberar sobre o projeto de lei de finanças, e, caso este não seja ele obedecido, a consequência será a criação da lei orçamentária anual via decreto do poder Executivo (mais precisamente, mediante o instrumento jurídico da *ordonnance*).[192]

---

[189] Constitution du 4 octobre 1958. Consultar: t.ly/zoah.

[190] Tradução livre do original: "*Article 34. Les lois de finances déterminent les ressources et les charges de l'État dans les conditions et sous les réserves prévues par une loi organique. (...) Des lois de programmation déterminent les objectifs de l'action de l'État*".
As leis de finanças definem as receitas e encargos do Estado sob as condições e reservas previstas por uma lei orgânica. (...) As leis de programação determinam os objetivos da ação do Estado.

[191] Tradução livre do original: "*Article 39. Les projets de loi sont délibérés en conseil des ministres après avis du Conseil d'État et déposés sur le bureau de l'une des deux assemblées. Les projets de loi de finances et de loi de financement de la sécurité sociale sont soumis en premier lieu à l'Assemblée nationale (...)*".
Os projetos de lei são deliberados no Conselho de Estado e depositados em uma das assembleias. Os projetos de lei de finanças e de lei de financiamento da seguridade social são submetidos primeiramente na Assembleia Nacional (...).

[192] Tradução livre do original: "*Article 47. Le Parlement vote les projets de loi de finances dans les conditions prévues par une loi organique. Si l'Assemblée nationale ne s'est pas prononcée en*

Ainda sobre a elaboração do orçamento, verifica-se que, no encadeamento de eventos que iniciam na fase administrativa, isto é, na consolidação do projeto de lei de finanças pelo Poder Executivo, à sua análise e votação pelo Parlamento, o ministro das finanças e o Primeiro-Ministro são atores que exercem um papel proeminente, especialmente este último que, conforme o art. 21, da Constituição de 1958, é responsável por dirigir a agenda do governo, além de arbitrar eventuais divergências em sede do Conselho de Ministros.

Por fim, o controle sobre as ações governamentais na execução da lei orçamentária é exercido pelo Parlamento, função auxiliada pelo Tribunal de Contas francês, a quem, conforme o art. 47-2, da Constituição de 1958, também cabe a avaliação às políticas públicas em execução e elaboração de relatórios públicos sobre estes temas.

7.4.2 *Loi Organique relative aux Lois de Finances* (LOLF)

Aprovada em outubro de 2001, a *loi organique relative aux lois de finances* – LOLF (a lei orgânica das leis de finanças) é a norma geral que, desde 2006, disciplina o processo orçamentário na França. Ela é fruto de um amplo consenso e buscou superar a sistemática então vigente – de influência keynesiana e fundada na hoje revogada *ordonnance* de 1959 – ao inserir como pilares da nova lei orçamentária francesa preocupações tais como a eficácia no âmbito das finanças públicas e a reforma do Estado.[193]

Ao tratar das origens da LOLF, Hertzog conta que ela surge de uma constatação feita pelo presidente da Assembleia Nacional francesa de que, no ordenamento legal então vigente, embora aos parlamentares não fosse dado o controle concreto sobre o volume de despesas públicas do país, eles eram chamados a discutir os montantes das destinações orçamentárias apenas em abstrato, o que ao longo dos anos havia produzido uma elevação crescente das despesas públicas na França, não lastreadas por melhoria de serviços oferecidos à sociedade.[194]

---

première lecture dans le délai de quarante jours après le dépôt d'un projet, le Gouvernement saisit le Sénat qui doit statuer dans un délai de quinze jours. Il est ensuite procédé dans les conditions prévues à l'article 45. Si le Parlement ne s'est pas prononcé dans un délai de soixante-dix jours, les dispositions du projet peuvent être mises en vigueur par ordonnance".

193 CALMETTE, Jean-François. La loi organique relative aux lois de finances (LOLF): un texte, un esprit, une pratique. *Revue française d'administration publique*, v. n. 117, n. 1, p. 43-55, 2006.

194 HERTZOG, Robert. La loi organique relative aux lois de finances (LOLF) dans l'histoire des grands textes budgétaires: continuité et innovation. *Revue française d'administration publique*, v. 117, n. 1, p. 15-30, 2006.

Neste contexto, a aprovação da LOLF deve ser entendida como uma reforma concebida segundo uma lógica de aprimoramento da gestão pública e do funcionamento do Estado, que já se fazia presente em outros países desenvolvidos e que, no caso francês, é sintetizada pela ideia segundo a qual a melhora da qualidade do gasto pressupõe a existência de mecanismos de controle pelos Parlamentos sobre as receitas e a eficácia das despesas, como motor de impulsão de inovações na gestão pública. Barilari e Bouvier explicam que a reforma fundamenta-se em um eixo político e um eixo econômico.[195] O eixo político refere-se à imposição da lei por mais transparência, melhoria das condições para leitura e simplificação do orçamento e das contas do Estado. Também houve expansão do poder de iniciativa parlamentar, passando este último a poder modificar, dentro de certos limites, os objetivos propostos pelo governo, mas também controlar e avaliar a execução do orçamento.[196] Sob o eixo econômico, a LOLF institucionalizou o controle de gestão e fez do desempenho o critério essencial para uma boa gestão pública.[197]

A principal característica a distinguir a LOLF da sistemática vigente anteriormente à sua aprovação é a ampliação das competências do parlamento no processo orçamentário francês, e que se manifesta de duas formas. A primeira consiste em disciplinar na mencionada lei, operações que antes dependiam de discricionariedade administrativa. Um exemplo disso eram as chamadas contribuições parafiscais que, fundadas na *Ordonnance* de 1959, podiam ser criadas por decreto do Primeiro-Ministro, em benefício de pessoas jurídicas de direito privado ou de estabelecimentos públicos de caráter industrial ou comercial.

Seguindo a mesma lógica, a LOLF, em seu art. 4º, passou a requerer que decretos versando sobre remuneração por serviços prestados pelo Estado fossem ratificados pela lei de finanças do ano correspondente, em uma sistemática distinta do modelo criado em 1959, em que estas matérias dependiam apenas do poder regulamentar do Executivo. Também as questões referentes às receitas do Estado, emissões e gestão da dívida passaram a se adequar às autorizações e parâmetros estabelecidos pela lei de finanças anual.

---

[195] BARILARI, André; BOUVIER, Michel. *La LOLF et la nouvelle gouvernance financière de l'État.* Paris: L.G.D.J, 2010. p. 15.

[196] BARILARI, André; BOUVIER, Michel. *La LOLF et la nouvelle gouvernance financière de l'État.* Paris: L.G.D.J, 2010. p. 15.

[197] BARILARI, André; BOUVIER, Michel. *La LOLF et la nouvelle gouvernance financière de l'État.* Paris: L.G.D.J, 2010. p. 15.

A segunda característica da LOLF que demonstra a mudança de paradigma no processo orçamentário francês são as prerrogativas conferidas aos parlamentares, em especial o poder efetivo de emenda sobre as despesas públicas. Tendo em vista que a LOLF modificou profundamente o modo pelo qual o orçamento é apresentado – de um orçamento de meios para um orçamento de resultados, através de missões que agrupam programas – o parlamento não mais se limita a fazer escolhas em termos de meios, tal como sob a sistemática anterior.[198]

Assim, a LOLF atribuiu ao Parlamento poderes para propor alterações na repartição de despesas em missões específicas previstas da lei orçamentária, observada a impossibilidade de aumentar as despesas globais previstas no projeto do Executivo, o que resultou na garantia dos parlamentares de deliberar sobre a configuração de programas governamentais.[199]

Outra inovação trazida pela LOLF é disciplina sobre a atuação parlamentar no controle do orçamento público, bem como instrumentos necessários para sua efetiva realização. Esta lei, em seus arts. 48 a 56, enumera uma série de relatórios, anexos, dados e outras justificativas que devem ser produzidas pelo parlamento, em decorrência da sua função de controlador, e que servem para aperfeiçoar a capacidade deste de monitorar e avaliar a gestão pública.

Assim, como bem nota Calmette, o espírito de busca pela melhoria de desempenho da função estatal, promovido pela LOLF, verifica-se na redação do art. 51, alínea 5, da lei, onde se determina que anexo ao projeto da lei de finanças anual estejam especificações acerca do desempenho esperado dos programas estatais, com informações sobre custos associados, objetivos perseguidos, resultados obtidos e esperados para os anos seguintes – tudo baseado em indicadores precisos e critérios justificáveis.[200]

---

198 BARILARI, André; BOUVIER, Michel. *La LOLF et la nouvelle gouvernance financière de l'État*. Paris: L.G.D.J, 2010. p. 28.

199 Extrai-se de Hertzog (2006) que na disciplina orçamentária francesa, as missões são integradas por um ou vários programas que, a título de execução, são as unidades de especialidade. As emendas parlamentares, ao repartirem créditos entre diferentes programas de uma missão, têm caráter impositivo em relação ao Executivo.

200 CALMETTE, Jean-François. La loi organique relative aux lois de finances (LOLF): un texte, un esprit, une pratique. *Revue française d'administration publique*, v. n. 117, n. 1, p. 43-55, 2006.

7.4.3 *Lois de programmation des finances publiques* (LPFP) e *Loi organique relative à la programmation et à la gouvernance des finances publiques* (LOPGFP)

A LPFP (lei de programação das finanças públicas) é uma categoria de norma financeira inserida no art. 34 da constituição francesa. Trata-se de um instrumento de gestão plurianual das finanças públicas, cuja finalidade é auxiliar o planejamento e o equilíbrio orçamentário da Administração Pública do país.

Segundo Waserman, a LPFP, quando comparada às normas propriamente de finanças, é um documento de estatura jurídica frágil, visto que ela não pode limitar os poderes do Executivo ou do Parlamento no processo de elaboração e aprovação do orçamento público anual francês.[201] Contudo, a LPFP tem uma relevância solene no quadro de normas referentes ao processo orçamentário: é um texto que além de depender de aprovação pela Assembleia Nacional, informa à União Europeia sobre os compromissos financeiros de médio prazo assumidos pelo governo francês.

O atual status da LPFP entre as normas de finanças públicas francesas é resultado da entrada em efeito do Tratado sobre Estabilidade, Coordenação e Governança (o Pacto Fiscal Europeu) – pelo qual os membros da União Europeia se comprometeram a adotar um conjunto de regras visando à disciplina fiscal, a coordenação das políticas econômicas e a melhoria da governança na zona do Euro. Ao incorporar este Tratado a seu ordenamento jurídico, no ano de 2012, a França aprovou a chamada *Loi organique relative à la programmation et à la gouvernance des finances publiques* – LOPGFP (lei orgânica relativa à programação e governança das finanças públicas) que, entre outras medidas, elevou o equilíbrio estrutural das contas públicas a um dos objetivos perseguidos pela Administração Pública do país.

A LOPGFP trouxe algumas inovações ao processo orçamentário francês.[202] Ela confiou à LPFP a missão definir as orientações gerais das finanças públicas na França, dando efeito à "regra de ouro" introduzida pelo Pacto Fiscal Europeu, pela qual se institui um objetivo para o déficit estrutural (ou seja, o resultado fiscal efetivo corrigido por variações conjunturais e por medidas temporárias) que não pode ultrapassar 0.5% do PIB.

---

[201] WASERMAN, Franck. *Les Finances Publiques*. 8. ed. Direction de l'information légale et administrative, Paris, 2016. p. 85-88.

[202] Disponível em: https://www.performance-publique.budget.gouv.fr/budget-comptes-etat#.YPhUxhNKhhE. Acesso em: 21 jul. 2021.

Em segundo lugar, ela criou o Conselho Superior de Finanças Públicas (*Haut Conseil des finances publiques*), um órgão independente, com estrutura paritária, composto por um presidente e mais dez membros: o diretor do Insee (*Institut national de la statistique et des études économiques*), quatro magistrados do Tribunal de Contas, e outros quatro membros indicados, respectivamente, pelo presidente da Assembleia Nacional, pelo presidente do Senado, pelos presidentes das comissões de finanças de cada casa parlamentar e pelo presidente do Conselho Econômico, Social e Ambiental (*Conseil économique, social et environnemental* – CESE). Com exceção do presidente do Tribunal de Contas e do diretor da Insee, a cada 30 meses, o Conselho deve renovar metade dos seus membros.

O Conselho Superior de Finanças Públicas assumiu as competências de acompanhar e avaliar as previsões macroeconômicas apresentadas pelo Governo que justificam sua condução do orçamento público; supervisionar a adequação das contas públicas do país aos compromissos assumidos junto à União Europeia; e requisitar ao Executivo toda espécie de informação referente à condução das finanças públicas, às estatísticas públicas e às previsões econômicas.

Uma última inovação trazida pela LOPGFP instituiu um mecanismo de correção de desvios significativos entre a execução orçamentária do ano corrente e a trajetória da dívida pública prevista na lei de programação orçamentária (LPFP). Na eventualidade de tal situação ficou a cargo do Executivo apresentar justificativas para a existência do desvio e propor medidas de correção, seja no curso dos debates sobre a *loi de règlement du budget*, seja durante a elaboração do projeto orçamentário do ano seguinte. Qualquer que seja o caso, no entanto, as ações tomadas pelo Executivo devem ser capazes de ajustar a trajetória da dívida estrutural em no máximo dois anos, a contar da constatação do desvio na trajetória da dívida pública. Contudo, se houver circunstâncias excepcionais que justifiquem os desvios verificados, tal como uma recessão econômica severa, as medidas de correção podem ser momentaneamente afastadas.

7.4.4 O Tratado sobre Estabilidade, Coordenação e Governança

O Tratado sobre Estabilidade, Coordenação e Governança na União Econômica e Monetária, também conhecido como Pacto

Orçamentário, foi assinado em 2012 por 26 países da União Europeia,[203] com o objetivo precípuo de reforçar a disciplina orçamental dos governos da zona do euro na sequência da crise da dívida pública que teve início em 2010.

O Pacto Orçamentário apresenta três objetivos centrais, quais sejam: (i) garantir que os orçamentos nacionais estão em situação de equilíbrio ou em estado superavitário; ii) aumentar o impacto das recomendações feitas pela Comissão Europeia caso os déficits públicos dos países da zona do euro registrarem uma subida excessiva; e (iii) melhorar a coordenação das políticas econômicas nacionais.[204]

Ademais, o acordo reforça as disposições do Pacto de Estabilidade e Crescimento ao elencar que os déficits nacionais não podem exceder 3% (três por cento) do produto interno bruto ("PIB") e que a dívida pública nacional deve permanecer abaixo de 60% (sessenta por cento) do PIB.

Em decorrência de sua adesão ao Pacto Fiscal Europeu, a França promoveu alterações em sua Lei de Programação de Finanças Públicas visando adaptá-la aos termos do tratado. Ainda nesse contexto, em 2012, foi criado o Conselho Superior de Finanças Públicas,[205] uma instituição independente fortemente ligada ao Tribunal de Contas. O Conselho, composto por 11 membros indicados por 6 autoridades diferentes,[206] tem acesso a todos os textos financeiros apresentados pelo governo, emitindo opiniões sobre as seguintes temáticas:[207] (i) projeções macroeconômicas anuais do governo, (ii) consistência entre orçamentos anuais do governo central e da seguridade social, atos e metas estabelecidos na Lei de Finanças Públicas e, *ex post*, "desvios significativos"[208] entre o resultado estrutural da Administração Pública e os objetivos dispostos na Lei.

---

203 Disponível em: https://www.consilium.europa.eu/media/20400/st00tscg26-pt-12.pdf. Acesso em: 21 jul. 2021.

204 *Idem.*

205 As funções e missões do Conselho Superior de Finanças Públicas foram inseridas na Lei de Programação e Governança das Finanças Públicas.

206 Como forma de garantir independência ao Conselho Superior de Finanças Públicas, o governo francês optou que a escolha dos seus membros seria feita através de diferentes autoridades, incluindo os presidentes dos Comitês de Finanças do Senado e Assembleia Nacional, tradicionalmente pertencentes a partidos políticos opostos. Além disso, todos os membros são indivíduos qualificados e possuem um time de funcionários que são especialistas em economia e finanças públicas para auxiliar em seus trabalhos.

207 OECD. Budgeting in France. *OECD Journal on Budgeting*: Volume 2018/2, 2018. Disponível em: https://www.oecd.org/gov/budgeting/Budgeting-in-France.pdf. Acesso em: 12 jul. 2021.

208 Os desvios entre o saldo estrutural da Administração Pública e os objetivos dispostos na Lei de Finanças Públicas são considerados elevados quando estão 0,5% acima do PIB por um ano ou 0,25% em média por dois anos consecutivos.

7.4.5 *Loi de finances initiale* (LFI)

A Lei de Finanças Inicial (*Loi de Finances Initiale* ou "LFI") é a lei que prevê e autoriza, para cada exercício orçamentário, o conjunto de recursos e despesas do Estado, devendo ser votada antes do início do ano a que se refere.

A LFI é dividida em duas partes.[209] A primeira autoriza a cobrança dos recursos públicos, além de dispor sobre as vias e meios que garantem o equilíbrio orçamentário do ano. Essa parte é finalizada com o chamado artigo de equilíbrio, que resume os recursos do orçamento do país, fixa os tetos de despesas e determina o saldo geral. Inclui, ainda, os recursos e encargos da tesouraria que contribuem para a realização do equilíbrio financeiro, bem como o limite máximo de autorização de empregos remunerados pelo Estado.

A segunda parte da lei, a seu turno, estabelece o orçamento geral, os orçamentos anexos e as contas especiais (que serão abordados com mais detalhes na segunda parte do livro), em como o montante de cada programa, as autorizações das "contas de comprometimento" e os créditos de pagamento, com especificação do limite máximo das despesas de pessoal.

Por fim, cumpre destacar que as dotações orçamentárias dos departamentos ministeriais são apresentadas sob a forma de missões, entendidas como um conjunto de programas que contribuem para a implementação de uma política pública pré-definida.

7.4.6 *Loi de finances rectificatives* (LFR)

A Lei de Finanças Retificadora (*Loi de Finances Rectificative* ou "LFR") permite modificar as disposições da Lei de Finanças Inicial, especialmente no que tange aos limites de gastos orçamentários e dados do saldo do orçamento geral, de modo que a lei pode ser subdividida em duas categorias: (i) tradicionais leis de finanças retificativas de fim de exercício ou de fim de ano (*lois de finances rectificatives de fin d'exercice ou collectifs de fin d'année*) e (ii) leis de finanças retificativas apresentadas ao Parlamento ao longo do ano.

A primeira categoria possibilita a regularização dos valores dos créditos e a abertura e cancelamento de novos créditos de acordo com a

[209] Disponível em: https://www.performance-publique.budget.gouv.fr/budget-comptes-etat/lois-finances/essentiel/s-informer/differentes-lois-projets-loi-finances#.YPdCS-hKjIU. Acesso em: 16 jul. 2021.

execução da Lei de Finanças Inicial. Já a segunda viabiliza, geralmente, a adaptação da política orçamental à conjuntura econômica, uma vez que altera as condições de execução da LFI ou traduz uma nova orientação econômica orçamentária.

Assim, para que as mudanças da segunda hipótese possam ser implementadas durante o exercício orçamentário, o Parlamento deverá ratificar as alterações introduzidas por decreto de adiantamento aos créditos abertos pela última lei de finanças.

No que tange à forma da apresentação da LFR, o art. 35 da LOLF[210] dispõe que a Lei de Finanças Retificadora é apresentada, em parte ou na totalidade, no mesmo formato que a LFI.[211] Em outras palavras, quando da exibição da LFR, devem ser anexados documentos que justifiquem e detalhem os objetivos das alterações apresentadas (art. 53, da LOLF).[212]

7.4.7 *Loi de règlement du budget* (LR)

A Lei de Regulamentação Orçamentária (*Loi de règlement du budget – LR*) é uma lei de finanças elaborada ao final do exercício orçamentário, fixando a quantia definitiva de suas receitas e despesas, bem como seu resultado. Ademais, apresenta a apuração em contabilidade orçamental e geral e inclui um componente de desempenho, que permite ao Parlamento apreciar a qualidade da gestão das políticas públicas.[213]

---

[210] Article 35. "*Sous réserve des exceptions prévues par la présente loi organique, seules les lois de finances rectificatives peuvent, en cours d'année, modifier les dispositions de la loi de finances de l'année prévues aux 1º et 3º à 10º du I et au 1º à 6º du II de l'article 34. Le cas échéant, elles ratifient les modifications apportées par décret d'avance aux crédits ouverts par la dernière loi de finances.*
Les lois de finances rectificatives doivent comporter les dispositions prévues aux 6º et 7º du I de l'article 34.
Les lois de finances rectificatives sont présentées en partie ou en totalité dans les mêmes formes que la loi de finances de l'année. Les dispositions de l'article 55 leur sont applicables".

[211] Disponível em: https://www.vie-publique.fr/fiches/21865-quest-ce-quun-collectif-budgetaire-une-loi-de-finances-rectificative. Acesso em: 19 jul. 2021.

[212] Article 53. "*Sont joints à tout projet de loi de finances rectificative:*
1º Un rapport présentant les évolutions de la situation économique et budgétaire justifiant les dispositions qu'il comporte;
2º Une annexe explicative détaillant les modifications de crédits proposées;
3º Des tableaux récapitulant les mouvements intervenus par voie réglementaire et relatifs aux crédits de l'année en cours;
4º Pour les dispositions relevant du 2º du I et du 7º du II de l'article 34, une évaluation préalable comportant les documents visés aux dix derniers alinéas de l'article 8 de la loi organique nº 2009-403 du 15 avril 2009 relative à l'application des articles 34-1, 39 et 44 de la Constitution".

[213] Disponível em: https://www.vie-publique.fr/fiches/21866-la-loi-de-reglement. Acesso em: 2021.

Tal lei segue o novo paradigma de resultados da LOLF, que implica em um controle e avaliação da eficácia das ações. Neste sentido, a LR tem por fundamento "permitir um controle parlamentar profissional das finanças do Estado".[214] A LR apresenta o montante definitivo de receitas e despesas do orçamento, o resultado orçamentário do ano e os recursos e encargos que concorrem à realização do equilíbrio financeiro anual, apresentados na "tabela de financiamento", conforme o art. 37 da LOLF.[215]

Além de apresentar o desenvolvimento das receitas e anexos explicativos por programa ou por dotação, dos créditos abertos e das despesas constatadas, são anexados à Lei os Relatórios Anuais de Desempenho (*rapports annuels de performances* ou "RAP") por programa, os quais permitem avaliar a qualidade da gestão das políticas públicas em comparação com os dados da Lei de Finanças Inicial e os resultados efetivamente obtidos.[216]

Além disso, os relatórios devem indicar os resultados alcançados em relação aos objetivos, indicadores e metas incluídos no projeto anual de desempenho relativo ao mesmo exercício. Destaca-se, por fim, que os RAPs são apresentados segundo uma estrutura idêntica a dos projetos anuais de desempenho, a fim de facilitar as comparações.[217]

Por fim, salienta-se que, à luz do princípio do encadeamento virtuoso (*chaînage vertueux*), a Lei de Regulamentação Orçamentária deve ser entregue em 1º de junho, e, ato contínuo, submetido à discussão em assembleia. Somente após esta apreciação que o órgão poderá votar, em primeira leitura, o Projeto de Lei de Finanças Inicial do exercício seguinte, em atendimento ao disposto no art. 41 da LOLF.[218]

---

214 BARILARI, André; BOUVIER, Michel. *La LOLF et la nouvelle gouvernance financière de l'État*. Paris: L.G.D.J, 2010. p. 42.

215 BARILARI, André; BOUVIER, Michel. *La LOLF et la nouvelle gouvernance financière de l'État*. Paris: L.G.D.J, 2010. p. 42.

216 Disponível em: https://www.performance-publique.budget.gouv.fr/budget-comptes-etat/lois-finances/essentiel/s-informer/differentes-lois-projets-loi-finances#.YPdCS-hKjIU. Acesso em: 20 jul. 2021.

217 *Idem*.

218 Article 41. "*Le projet de loi de finances de l'année ne peut être mis en discussion devant une assemblée avant le vote par celle-ci, en première lecture, sur le projet de loi de règlement afférent à l'année qui précède celle de la discussion dudit projet de loi de finances*".

CAPÍTULO 8

PROCESSO ORÇAMENTÁRIO NO PODER EXECUTIVO

O ciclo orçamentário francês preserva, em aspectos gerais, as características que lhe foram impressas ainda no início do século XIX, por Joseph-Dominique Louis, político e diplomata com notáveis contribuições para o desenvolvimento da área de finanças públicas naquele país.[219] Atribui-se ao Barão de Louis a concepção do direito orçamentário clássico como um sistema de "quatro tempos alternados", em que governo e Parlamento assumem posições alternadas, na preparação, aprovação, execução e controle da execução da lei de finanças da França. Desmoulin sustenta que a força deste sistema resistiu ao tempo, tendo influenciado a lei orçamentária francesa tanto sob a regência da norma de 1959, *l'ordonnance* de 1959, como na reforma ocorrida no ano de 2001, que produziu a norma geral atualmente em vigor, chamada de *loi organique relative aux lois de finances* – LOLF.

Para André Roux, a elaboração do projeto de lei de finanças (PLF) no Executivo consiste de duas etapas.[220] Na primeira, são apresentadas as propostas de destinação de recursos do orçamento idealizada por cada um dos ministros de governo, que serão comparadas com aquela considerada adequada pelo ministro de finanças. Na segunda, ocorrem as "negociações bilaterais", em que se confrontam as diferentes propostas para o projeto de lei de finanças do ano seguinte.

[219] DESMOULIN, Gil. "*Finances Publiques de L'État*". Collection Droit Public. Vuibert. 2008. p. 107.

[220] ROUX, André. *Finances Publiques*. La Documentation Française; 3è édition, 2011. p. 49.

O art. 38, da LOLF atribui ao ministro das finanças a função de conduzir as etapas necessárias à preparação do projeto da lei de finanças.[221] A principal missão deste ministro, e da Direção do Orçamento, é a defesa do "rigor orçamentário", é ele quem coordena todo o processo necessário à elaboração da lei de finanças, define o calendário de atividades, centraliza as demandas por crédito feitas pelos demais ministérios e solicita dos órgãos do governo informações necessárias às fases negociação e arbitragem, assim como aquelas que serão apresentadas nos anexos do PLF.

Não obstante o importante papel desempenhado pelo ministro de finanças na elaboração do projeto de lei de finanças, também são partes deste processo os demais ministros do governo. Aos ministérios responsáveis pelas pastas setoriais cabe formular demandas de crédito no orçamento, já ao Primeiro-Ministro compete supervisionar todas as fases de elaboração do orçamento, indicar as prioridades do governo e arbitrar em eventuais divergências dentro do governo sobre a destinação final dos recursos.[222]

Enquanto a elaboração do projeto de lei de finanças encontra-se na fase no Executivo, o Conselho de Ministros é a arena de deliberação sobre a matéria. Dele participa, além dos atores já mencionados, o Presidente da República, que chefia o órgão. Embora caiba ao Primeiro-Ministro decidir sobre a maior parte dos temas debatidos por ocasião da lei de finanças, é permitido ao Presidente da República arbitrar em temas sensíveis, como defesa nacional, relações internacionais e outros relativos a compromissos firmados com os eleitores.

A França, em relação à receita, adota o sistema denominado por "avaliação direta", pelo qual se faz uma estimativa prudente para a receita, tendo por base um modelo econômico que avalia três elementos fundamentais: a soma das receitas fiscais, a previsão de crescimento do produto interno para o próximo ano e o impacto das alterações na legislação fiscal no ano corrente.

Do ponto de vista da determinação das despesas, por causa da disciplina trazida pela LOLF, todos os créditos previstos no projeto da lei de finanças devem ser examinados e aprovados pelo Parlamento. Neste processo, os créditos orçamentários do Estado submetem-se a uma avaliação denominada de justificativa de primeiro euro (*justification*

---

221 ROUX, André. *Finances Publiques*. La Documentation Française; 3è édition, 2011. p. 49.

222 DESMOULIN, Gil. "*Finances Publiques de L'État*". Collection Droit Public. Vuibert. 2008. p. 108.

au premier euro – JPE).[223] A JPE refere-se à obrigatoriedade de justificar a repartição dos créditos do orçamento em cada um dos programas e missões inseridos na lei de finanças do ano seguinte.

8.1 Preparação material da lei de finanças

Na França, a preparação da Lei de Finanças é de competência do governo. A preparação do projeto de lei de finanças comporta uma primeira etapa, "na qual o governo insere o projeto no ambiente econômico e financeiro do país" e deve observar na elaboração do orçamento em uma estrutura dupla: um quadro europeu e um quadro plurianual.

8.2 Quadro Europeu

O quadro europeu influencia a elaboração do orçamento francês tanto no nível das receitas quanto no nível das despesas. A influência no nível das receitas diz respeito (i) aos recursos próprios da União Europeia, destinadas ao financiamento do orçamento comunitário; e (ii) à interdição de criação de novas receitas, tais como taxas aduaneiras e limitações quanto à imposição do IVA – imposto sobre o valor adicionado – sobre certas transações dentro da comunidade europeia. No que diz respeito às despesas, o quadro europeu igualmente limita a preparação da lei de finanças pelo governo francês ao impor, por exemplo, vedação a subsídios às exportações (art. 87 CE), benefícios fiscais e ajudas financeiras que possam trazer impactos à concorrência entre os Estados-membros.[224] Por fim, há ainda a limitação global resultante do Tratado de Maastricht que determina que os Estados-membros devem evitar déficits públicos excessivos, conforme o art. 104 CE, o que se traduz nos limites de 3% da relação déficit público/PIB e de 60% da relação dívida pública/PIB.

8.3 Quadro Plurianual

No que tange ao quadro plurianual, desde a emenda constitucional de 23 de julho de 2008, o art. 34 da Constituição prevê as leis de

---

[223] Desmoulin (2008, p.110) nota que a JPE tem semelhanças com a técnica de planejamento orçamentário conhecida por "orçamento base zero", um modelo de previsão de despesas, originário dos Estados Unidos, que se caracteriza pela exigência que os gastos previstos em um orçamento acompanhem a justificativa da sua existência.

[224] PICARD, Jean-François. *Finances Publiques*. Paris, Lexis Nexis, 2009. p. 87-89.

programação que definem "as orientações plurianuais das finanças públicas" e que devem fazer parte "do objetivo de equilibrar as contas das administrações públicas".[225] A criação das leis de programação plurianual mudou profundamente a fase de preparação do orçamento, já que leva em consideração não mais um único ano, mas cada um dos três anos do período. O orçamento plurianual serve de base para a preparação dos projetos de lei de finanças para os anos seguintes, que permanecem apresentados e examinados a cada ano.[226]

A principal consequência na preparação da lei de finanças é o fato de o orçamento plurianual prever a programação dos gastos do Estado ao longo de três anos, tanto através de um teto de gastos geral quanto de tetos por missão (ou certas políticas públicas). Para cada um dos anos do programa, os projetos de lei de finanças são preparados e apresentados ao Parlamento de acordo com os tetos estabelecidos no orçamento de três anos. Assim, a preparação da proposta de lei de finanças segue um procedimento diferente a depender do ano em questão, conforme a seguir:

---

[225] Disponível em: https://www.performance-publique.budget.gouv.fr/budget-comptes-etat/budget-3-annees/essentiel/fondamentaux/programmation-pluriannuelle-finances-publiques-budget-triennal-etat#.YSEjyC35RQI. Acesso em: 02 dez. 2023.

[226] O orçamento plurianual é apresentado no debate de orientação das finanças públicas (DOFP) e integrado na lei de programação das finanças públicas, que permite assegurar o controle das despesas do Estado definidas para três anos. No início do ano, as reuniões técnicas entre a Direção de Orçamento e os Ministérios Gestores definem a evolução das despesas, com base na qual a Direção de Orçamento conduz um exercício de programação de médio prazo (PMT) ao longo do período. Na sequência das conferências de orçamentos realizadas entre a Direção do Orçamento e os ministérios gestores, reuniões entre cada um dos Ministros e o Ministro responsável pelo Orçamento permitem identificar pontos de concordância; as questões que não foram acordadas são arbitradas ao nível do Primeiro-Ministro. O conjunto dos tetos plurianuais de crédito e de emprego assim decididos para o período refletem-se finalmente nas cartas de tetos, enviadas em meados de julho a cada ministro. Disponível em: https://www.performance-publique.budget.gouv.fr/budget-comptes-etat/budget-3-annees/essentiel/s-informer/comment-s-elabore-programmation-pluriannuelle-budget-etat#.YSEjrC35RQI. Acesso em: 02 dez. 2023.

QUADRO 3
Princípios do Orçamento Plurianual

	Tipo de Limite de Despesa		
	Global	**Missão**	**Programa**
Pode alterar no curso do triênio (N, N+1, N+2)?	Não	Sim	Sim
Pode alterar em N+1?	–	Não	Sim
Pode alterar em N+2?	–	Sim	Sim

Fonte: Elaboração própria, adaptado de https://www.performance-publique.budget.gouv.fr/sites/performance_publique/files/files/images/budget/budget/budget-pluriannuel.png.

Para o primeiro ano, os limites máximos de despesas fixados ao nível das missões e a repartição das dotações por programa são aqueles previstos na lei de finanças inicial para o exercício em questão e, por conseguinte, são definitivos.[227] Para o segundo ano, os limites máximos das despesas para a missão são considerados não passíveis de revisão. Eles podem, no entanto, ser revistos em certos casos excepcionais. Nesse segundo ano, a distribuição dos créditos entre os programas de uma missão, prevista durante a preparação do orçamento trienal, pode ser revista de acordo com o limite máximo da missão.[228] Para o último ano do triênio, os créditos por missão podem estar sujeitos a ajustes adicionais. Este terceiro ano "revisado" de programação constitui, portanto, o ponto de partida para o novo orçamento plurianual que cobre os três anos seguintes.[229] Apesar de o orçamento plurianual ser elaborado a cada triênio, definindo o teto global de despesa para cada ano, é permitido, no entanto, que a lei de finanças altere a dotação dos programas, a partir do 2º ano, e das missões e programas, apenas no 3º ano.

[227] Disponível em: https://www.performance-publique.budget.gouv.fr/sites/performance_publique/files/files/images/budget/budget/budget-pluriannuel2.png. Acesso em: 02 dez. 2023.

[228] Disponível em: https://www.performance-publique.budget.gouv.fr/sites/performance_publique/files/files/images/budget/budget/budget-pluriannuel2.png. Acesso em: 02 dez. 2023.

[229] Disponível em: https://www.performance-publique.budget.gouv.fr/sites/performance_publique/files/files/images/budget/budget/budget-pluriannuel2.png. Acesso em: 02 dez. 2023.

8.4 Procedimentos de elaboração da lei de finanças

O art. 38 da LOLF determina que, sob a autoridade do Primeiro-Ministro, o Ministro responsável pelas finanças elabore projetos de lei de finanças, que serão deliberados em Conselho de Ministros. Picard ressalta que, contrariamente ao processo de votação da lei de finanças, que é minuciosamente previsto na LOLF, o procedimento de preparação da lei de finanças não é regulamentado em lei, mas por circulares do Primeiro-Ministro ou da direção do orçamento.[230]

Normalmente, o orçamento do ano corrente (N) é resultado de uma sucessão de eventos que se iniciam em novembro do ano precedente ao da sua elaboração (N-2).[231] Neste momento, o Primeiro-Ministro e Ministério da Economia e Finanças, auxiliados pela Direção do Orçamento (*Direction du Budget*), realizam uma avaliação preliminar do estado das finanças públicas do país e identificam as políticas públicas prioritárias do governo para o próximo exercício financeiro, que deverão ser objeto de negociação por ocasião dos debates de elaboração do orçamento no ano seguinte (N-1).

Concluída esta fase prospectiva, o Primeiro-Ministro encaminha aos ministérios responsáveis pelas áreas setoriais as chamadas *lettres de cadrage*. Neste documento, elaborado no Ministério da Economia e Finanças, estão informações fundamentais ao projeto de orçamento a ser enviado ao Parlamento, tais como os tetos orçamentários previstos para cada uma das pastas, as regras de despesas fixadas na lei de programação das finanças públicas (*loi de programmation des finances publiques*), as orientações sobre a evolução dos gastos públicos e as linhas mestras da política orçamentária anual.

Ainda no Executivo, no mês de fevereiro, ocorre a fase seguinte do processo de elaboração do orçamento, que consiste em uma série de negociações bilaterais entre a Direção do Orçamento e cada um dos ministérios. A finalidade destas negociações é analisar a execução dos orçamentos dos anos precedente e corrente, bem como avaliar os custos associados às políticas públicas existentes e àquelas que poderão ser implementadas.

Passada a fase das negociações bilaterais, entre maio e junho, começam as denominadas de conferência orçamentárias (*conférences*

---

230 PICARD, Jean-François. *Finances Publiques*. Paris, Lexis Nexis, 2009.p. 118.

231 OECD. *Revue du Système de Finance Publique en France,* OECD Journal on Budgeting: Volume 2018/2, 2018. Disponível em: https://www.oecd.org/gov/budgeting/Gouvernance-budg%C3%A9taire-en-France.pdf. Acesso em: 03 ago. 2021.

budgétaire), cujo objetivo é confrontar as opiniões da Direção do Orçamento e de cada ministério sobre a melhor alocação dos recursos do orçamento para o próximo exercício financeiro. Nesta etapa, são definidos os valores finais de duas espécies de compromissos fiscais: os créditos de pagamento (*crédits de paiement* – CP), que são o limite superior dos gastos que poderão ser pagos no exercício orçamentário seguinte, e as autorizações de compromisso (*autorisations d'engagement* – AE), que consistem no teto para as despesas atreladas a contratos, cujo prazo de execução deverá permear vários exercícios orçamentários (a exemplo de projetos de investimento).

É no curso das conferências orçamentárias que são arbitradas, pelo Primeiro-Ministro, eventuais divergências entre a Direção do Orçamento e os ministérios no que tange a melhor alocação de recursos do orçamento do ano seguinte. Também nesse momento são discutidos e avaliados os objetivos e indicadores de desempenho, a serem inseridos no projeto de orçamento do ano seguinte (sempre tendo como referência os resultados alcançados nos anos anteriores e as recomendações do Tribunal de Contas da França).

Das conferências orçamentárias resultam um relatório provisório (*rapport préparatoire*) que apresenta as principais modificações na orientação da política econômica e orçamentária do governo, a previsão para a trajetória das finanças públicas e um quadro síntese com os recursos a serem destinados a cada uma das missões no orçamento do exercício seguinte.

Em seguida à publicação do relatório provisório, o Primeiro-Ministro, através das chamadas *lettres de plafonds*, notifica os ministros quanto ao montante devido a cada ministério no orçamento do exercício seguinte; tal repartição comporta tanto os créditos de pagamento como as autorizações de compromisso.

Finalmente, no mês de julho ocorrem as reuniões de repartição (*conférences de répartition*), que têm por finalidade verificar se todos os compromissos financeiros do Estado francês com terceiros poderão ser adimplidos em prazo estabelecido. Nesta etapa, considerando o limite previsto para cada missão, é determinada a divisão das autorizações de compromisso e das despesas para cada um dos programas previstos no orçamento.

O projeto final de orçamento é finalizado entre agosto e setembro e apresentado ao Parlamento em outubro. O Quadro 4 a seguir sintetiza cada uma das etapas de elaboração do orçamento francês.

QUADRO 4

Síntese do calendário do processo de elaboração do orçamento francês (inclui o orçamento do Estado e da seguridade social)

(continua)

Evento	Data	Atividade
Atividades Prospectivas (N-2)	Novembro-Dezembro	A Direção do Orçamento dá início às atividades prospectivas de elaboração do orçamento.
Conferências Técnicas	Fevereiro-Março	O Primeiro-Ministro encaminha aos demais ministros as chamadas *lettres de cadrage*, que definem as metas de gastos e fixam, preliminarmente, o teto para despesa em cada missão.
	Abril	O governo apresenta ao Parlamento o programa nacional de estabilidade exigido pela União Europeia, em que constam as metas de despesas e receitas para os três anos subsequentes, bem como o parecer do Conselho Superior das Finanças Públicas. O programa de estabilidade é encaminhado à Comissão Europeia. São realizadas as conferências de desempenho (*conférences de performance*), entre a Direção do Orçamento e cada um dos Ministérios.
Conferências Orçamentárias	Maio	O governo encaminha ao Parlamento a lei de regulamentação (*loi de règlement)* relativa ao orçamento do ano precedente, bem como o relatório elaborado pelo Tribunal de Contas e o parecer do Conselho Superior de Finanças Públicas.
	Junho	São realizadas as conferências orçamentárias, entre a Direção do orçamento e representantes dos ministérios, cujo objetivo principal é analisar as despesas por programa e os cortes de gastos que precisam ser realizados. A Comissão Europeia transmite ao Conselho Europeu suas recomendações aos Estados-Membros, baseado em seus respectivos programas de estabilidade. O Tribunal de Contas divulga o relatório anual sobre o estado das finanças públicas e apresenta uma previsão de trajetória.

(continua)

Evento	Data	Atividade
Conferências de Repartição	Julho	O Conselho da União Europeia encaminha aos Estados membros suas recomendações concernentes aos orçamentos nacionais em fase de elaboração. O Parlamento debate as perspectivas plurianuais inseridas no relatório apresentado pelo governo. O Primeiro-Ministro, mediante as *lettres de plafonds*, notifica os ministérios sobre seus respectivos limites de gastos por missão. Esses valores destinados a cada missão e programa são fixados em definitivo nas conferências de repartição (*conférences de répartition*).
Etapas Preliminares	Setembro	O projeto de lei de finanças (*loi de finance*) do exercício seguinte, junto ao parecer do Conselho Superior de Finanças Públicas, é encaminhado ao Parlamento antes da primeira terça-feira do mês de outubro. Para os anos em que está prevista a elaboração da *Loi de programmation des finances publiques* – LPFP (a lei francesa de programação financeira), isto é, uma vez a cada três anos, o seu projeto deve ser encaminhado à votação do Parlamento.
Debates e Votação	Outubro	O governo deve apresentar ao Parlamento o projeto de lei de financiamento da seguridade social. A França submete o seu "plano orçamentário" (que é um relatório econômico, social e financeiro anexado à lei de finanças) à avaliação da Comissão Europeia.
	Novembro	A Comissão Europeia dá parecer sobre a conformidade da lei de finanças com as recomendações do Conselho da União Europeia. O governo submete à avaliação do Parlamento o chamado projeto que altera a lei de finanças do ano para o exercício vigente (*loi de finances rectificative*).

(conclusão)

Evento	Data	Atividade
Promulgação	Dezembro	São aprovadas no Parlamento e promulgadas as leis de finanças e de financiamento da seguridade social para o exercício seguinte, bem como a lei de programação de finanças públicas do ano em que ela deve ser elaborada, são aprovadas e promulgadas pelo Presidente da República. A lei que altera a lei de finanças do ano para o exercício vigente (*loi de finances rectificative*) é aprovada e promulgada na mesma época.

Fonte: Adaptado de OCDE (2018).

O projeto de lei de finanças elaborado pelo governo é composto por duas partes, conforme o art. 34 da LOLF. Na primeira parte, a lei financeira do ano autoriza a arrecadação de recursos públicos e contempla as formas e meios que garantem o equilíbrio financeiro do exercício. Esta parte termina com o artigo de equilíbrio. Mais especificamente, a primeira parte da lei de finanças:

- autoriza, para o ano, a arrecadação de recursos do Estado e imposições de qualquer espécie destinadas a pessoas coletivas que não o Estado;
- inclui as disposições relativas aos recursos do Estado que afetam o saldo orçamentário, todas as disposições relativas às afetações de receitas no orçamento do Estado e a avaliação de cada uma das receitas orçamentárias;
- fixa os limites máximos de despesas do orçamento geral e de cada orçamento anexo, os limites máximos de despesas de cada categoria de contas especiais, bem como o limite máximo de autorização dos empregos remunerados pelo Estado;
- determina os dados gerais do equilíbrio orçamentário, apresentados em uma tabela de equilíbrio;
- inclui as autorizações relativas a empréstimos e tesouraria do Estado e avalia os recursos e os encargos que contribuem para a concretização do equilíbrio financeiro, apresentados em quadro de financiamentos;

- fixa o limite máximo da variação líquida, apurada no final do ano, da dívida negociável do Estado com prazo superior a um ano;
- fetermina as modalidades segundo as quais são utilizados os eventuais excedentes do produto de imposições de qualquer espécie instituídos em benefício do Estado.

Na segunda parte, a lei de finanças fixa, para o orçamento geral, os orçamentos anexos e as contas especiais, o montante dos créditos dos programas ou das dotações, das autorizações de compromissos e dotações de pagamento e especifica o montante máximo das suas despesas de pessoal. Além disso, autoriza a concessão de garantias do Estado e fixa o seu regime, além de também autorizar o Estado a assumir dívidas de terceiros, a constituir qualquer outro compromisso correspondente a um reconhecimento unilateral de dívida, e fixar a forma dessa assunção de responsabilidade ou desse compromisso.

Os arts. 50 e 51 da LOLF ainda listam os documentos que devem ser anexos à proposta de orçamento, com vistas a melhor informar o processo de apreciação e deliberação por parte do Parlamento. O primeiro deles é o relatório sobre a situação e as perspectivas econômicas, sociais e financeiras da nação, que inclui a apresentação dos pressupostos, métodos e resultados das projeções com base nas quais é elaborado o projeto de lei de finanças do exercício. O relatório explicita a evolução, no ano considerado e no anterior, do saldo orçamentário para a capacidade ou necessidade de financiamento do Estado e explica as perspectivas de desenvolvimento, pelo menos durante os quatro anos seguintes, das receitas, despesas e saldo de todos os entes da Administração Pública, de modo a permitir a verificação do cumprimento dos compromissos europeus da França e recomendações da Comunidade Europeia.

Além do relatório econômico, social e financeiro, o art. 51 da LOLF também prevê os seguintes anexos:[232]

- avaliações preliminares dos artigos do projeto de lei, que avalia as consequências econômicas, sociais, orçamentárias e ambientais dos diversos artigos do PLF;
- avaliação das formas e meios, que detalha a evolução das receitas e despesas fiscais;
- relatório sobre imposições obrigatórias e seu desenvolvimento;

[232] Disponível em: https://www.performance-publique.budget.gouv.fr/budget-comptes-etat/lois-finances/essentiel/s-informer/differentes-lois-projets-loi-finances#.YSFtbi35RpQ. Acesso em: 02 dez. 2023.

- relatório sobre a despesa pública que apresenta todas as componentes e evolução da despesa pública, detalha os determinantes econômicos e demográficos e apresenta as possibilidades de ação dos poderes públicos;
- anexos explicativos por missão, que são detalhados por programa e contêm os projetos anuais de performance (PAP). Tais projetos preveem, para cada programa:
  - a apresentação do programa, incluindo sua estratégia, ações, objetivos perseguidos, os resultados obtidos e esperados para os próximos anos, medidos por meio de indicadores precisos;
  - a avaliação das despesas fiscais;
  - a justificação do primeiro euro de créditos e pessoal;
  - elementos de informação relativos aos principais operadores do programa (organismos que recebem subvenções por se encarregar do serviço público);
  - a análise dos custos das ações a fim de evidenciar todos os meios atribuídos direta ou indiretamente a uma política.[233]

Por fim, a lei de finanças ainda é complementada por anexos informativos "amarelo" e "laranja" (também conhecidos por "documentos de política transversal" (DPT)) que apresentam um panorama das políticas públicas, que podem dizer respeito a várias missões ou programas ou realçar um aspecto particular das finanças públicas. Enquanto o anexo amarelo é criado pontualmente, geralmente por demanda específica do parlamento, o DPT leva em conta políticas interministeriais que englobam programas de competência de diferentes ministérios e que não necessariamente dizem respeito a uma mesma missão.

[233] Disponível em: https://www.performance-publique.budget.gouv.fr/budget-comptes-etat/lois-finances/essentiel/s-informer/differentes-lois-projets-loi-finances#.YSFtbi35RpQ. Acesso em: 02 dez. 2023.

CAPÍTULO 9

PROCESSO DE REVISÃO, EMENDA E APROVAÇÃO ORÇAMENTÁRIA NO PARLAMENTO

O art. 47[234] da Constituição francesa de 1958 dispõe que o Parlamento vota os projetos de lei de finanças nas condições previstas por uma lei orgânica, que atualmente é a LOLF. Picard afirma que o voto da lei de finanças é sujeito por dois tipos de limitações: relativas aos debates e relativas ao voto propriamente dito.[235]

Os limites relacionados aos debates dizem respeito aos prazos e à matéria das discussões. No que diz respeito aos prazos, conforme será detalhado abaixo, o art. 47 da constituição determina que o Parlamento se pronuncie em um prazo de 70 dias. Já no que tange à matéria, o Parlamento fica restrito à discussão do texto apresentado pelo governo. Ao contrário das demais leis, em que a discussão se baseia no texto apresentado por comissões da Assembleia, a alínea 2 do art. 42 da Constituição dispõe que a discussão dos projetos de lei de finanças na Assembleia Nacional corresponde ao texto apresentado pelo governo (e não àquele proposto por comissões).

Quanto ao direito de emendas, o art. 44 da Constituição, modificado por uma emenda de 2008, dispõe que tanto os membros do Parlamento quanto o Governo têm o direito de emendar. Entretanto, após a abertura do debate, o Governo pode opor-se à apreciação de todas as emendas que não tenham sido previamente submetidas à comissão de finanças.

---

[234] *Article 47. Le Parlement vote les projets de loi de finances dans les conditions prévues par une loi organique.*

[235] PICARD, Jean-François. *Finances Publiques*. Paris, Lexis Nexis, 2009. p. 135.

Com relação ao conteúdo das emendas, um primeiro limite, aplicável para todos os tipos de leis, encontra-se no art. 40 da Constituição que dispõe que não são admissíveis propostas e emendas formuladas por membros do parlamento quando a sua adoção tenha por consequência seja uma redução dos recursos públicos, seja a criação ou agravamento de um encargo público. Este dispositivo foi regulamentado pelo art. 47 da LOLF, que dispõe que, para fins do art. 40 da Constituição, entende-se por encargo, no que diz respeito às modificações que se aplicam aos créditos, a missão. Além disso, qualquer emenda deve ser justificada e acompanhada do desenvolvimento dos meios que a justificam. As emendas que não cumpram este disposto são inadmissíveis.

9.1 Etapas Preliminares

9.1.1 Conselho Superior de Finanças Públicas

O Conselho Superior de Finanças Públicas, criado pela LOPGFP, é o órgão responsável por indicar o caminho de coerência rumo ao equilíbrio das finanças públicas, pautado nos compromissos europeus da França. Para tal, avalia a consonância das previsões macroeconômicas governamentais com a realidade e decide sobre compatibilidade dos objetivos daquele momento apresentados nos textos financeiros tendo em vista as metas plurianuais das finanças públicas.

No caso do processo orçamentário anual, o Conselho Superior, à luz do art. 14, da LOPGFP,[236] recebe do governo os elementos dos Projetos de Lei de Finanças e do Financiamento da Seguridade Social do ano, permitindo uma análise da coerência do artigo introdutório das propostas orçamentárias no que tange às orientações para o resultado estrutural plurianual definidas na Lei de Programação de Finanças Públicas.

---

[236] Tradução livre do original: Art. 14. "*Le Haut Conseil des finances publiques est saisi par le Gouvernement des prévisions macroéconomiques sur lesquelles reposent le projet de loi de finances de l'année et le projet de loi de financement de la sécurité sociale de l'année. Au plus tard une semaine avant que le Conseil d'Etat soit saisi du projet de loi de finances de l'année, le Gouvernement transmet au Haut Conseil les éléments du projet de loi de finances de l'année et du projet de loi de financement de la sécurité sociale de l'année permettant à ce dernier d'apprécier la cohérence de l'article liminaire du projet de loi de finances de l'année au regard des orientations pluriannuelles de solde structurel définies dans la loi de programmation des finances publiques.*
Le Haut Conseil rend un avis sur l'ensemble des éléments mentionnés au premier alinéa. Cet avis est joint au projet de loi de finances de l'année lors de sa transmission au Conseil d'Etat. Il est joint au projet de loi de finances de l'année déposé à l'Assemblée nationale et rendu public par le Haut Conseil lors de ce dépôt".

Ao longo desta apreciação, segundo o art. 18, da LOPGFP,[237] o Conselho pode solicitar informações ao governo no curso da elaboração de seu parecer, além de possuir a prerrogativa de proceder à audição dos representantes de todas as administrações competentes na esfera das finanças públicas, estatística e previsões econômicas, bem como recorrer a entidades ou pessoas de fora da Administração Pública, com o objetivo de avaliar as perspectivas de receitas, despesas, equilíbrio e endividamento das administrações e seus respectivos subsetores.

Cumpre destacar, ainda, que o presidente do Conselho Superior de Finanças Públicas pode ser ouvido a qualquer momento a pedido das comissões da Assembleia Nacional e do Senado, com base no art. 20, da LOPGFP.[238]

Terminada a análise, o Conselho emite seu parecer para posterior avaliação do Conselho do Estado e Comissões de Finanças; ato contínuo, as opiniões emitidas são anexadas ao projeto de lei para consequente consideração parlamentar.

9.1.2 Conselho de Estado

O Conselho de Estado (*Conseil d'État*), no âmbito do processo orçamentário, desempenha a função de conselheiro governamental,[239] sendo responsável pela emissão de pareceres acerca da legalidade do projeto de lei em apreço. De acordo com o art. 39 da Constituição,[240] o

---

[237] Tradução livre do original: Art. 18. *"Le Haut Conseil des finances publiques peut procéder à l'audition des représentants de l'ensemble des administrations compétentes dans le domaine des finances publiques, de la statistique et de la prévision économique.*
Il peut faire appel à des organismes ou des personnalités extérieurs à l'administration, notamment pour apprécier les perspectives de recettes, de dépenses, de solde et d'endettement des administrations publiques et de chacun de leurs sous-secteurs.
Le Gouvernement répond aux demandes d'information que lui adresse le Haut Conseil dans le cadre de la préparation de ses avis".

[238] Tradução livre do original: Art. 20. *"Le président du Haut Conseil des finances publiques est entendu à tout moment à la demande des commissions de l'Assemblée nationale et du Sénat".*

[239] Além da função de assessoramento governamental, o Conselho de Estado possui outras duas funções: (i) atua como juiz administrativo supremo, julgando litígios entre indivíduos e órgãos públicos e (ii) é o administrador geral da jurisdição administrativa. Disponível em: https://www.conseil-etat.fr/le-conseil-d-etat/missions. Acesso em: 02 ago. 2021.

[240] Tradução livre do original: Article 39. *"L'initiative des lois appartient concurremment au Premier ministre et aux membres du Parlement.*
Les projets de loi sont délibérés en conseil des ministres après avis du Conseil d'État et déposés sur le bureau de l'une des deux assemblées. Les projets de loi de finances et de loi de financement de la sécurité sociale sont soumis en premier lieu à l'Assemblée nationale. Sans préjudice du premier alinéa de l'article 44, les projets de loi ayant pour principal objet l'organisation des collectivités territoriales sont soumis en premier lieu au Sénat.

Conselho deverá ser consultado para emitir uma opinião legal acerca dos projetos de leis orçamentárias, realizando um exame acerca da regularidade jurídica do texto, da sua forma e da sua conveniência administrativa, sem, contudo, apresentar qualquer viés político.[241]

Sob o prisma da formalidade, o Conselho pode propor uma redação mais fluida e coerente, ao passo que, à luz da materialidade, é feita uma verificação da compatibilidade do texto com as normas europeias, a fim de impedir qualquer inconstitucionalidade potencialmente constatável pelo Conselho Constitucional, cujo papel será abordado em tópico posterior.

Na prática, o governo não é obrigado a seguir a opinião emitida pelo Conselho de Estado, apesar de a tradição demonstrar uma deferência governamental. Cumpre salientar, ainda, que desde a revisão constitucional de 23 de julho de 2008, o Conselho também pode ser consultado pela Assembleia Nacional e Senado sobre qualquer proposta de lei depositada no gabinete de qualquer uma das casas legislativas, antes de o texto ser apreciado em comissão.[242]

Assim, finalizada a avaliação pelo Conselho de Estado, o projeto de lei é encaminhado ao Conselho de Ministros, nos moldes do art. 39 do texto constitucional.

Por fim, destaca-se que, desde 2015, todos os pareceres exarados pelo Conselho de Estado sobre projetos de lei passaram a ser publicizados.[243]

La présentation des projets de loi déposés devant l'Assemblée nationale ou le Sénat répond aux conditions fixées par une loi organique".

A iniciativa das leis é competência concorrente do Primeiro-Ministro e dos membros do Parlamento.

Os projetos de lei são deliberados no Conselho de Ministros, após manifestação do Conselho de Estado, e encaminhados a uma das assembleias. Os projetos de lei de finanças e de lei de financiamento da seguridade social são submetidos primeiramente à Assembleia Nacional. Sem prejuízo da primeira alínea do art. 44, os projetos de lei que versam principalmente sobre as coletividades territoriais são submetidos em primeiro lugar ao Senado.

A apresentação de projetos de lei apresentados perante a Assembleia Nacional ou o Senado está em conformidade com as condições fixadas em lei orgânica.

241 Disponível em: https://www2.assemblee-nationale.fr/decouvrir-l-assemblee/role-et-pouvoirs-de-l-assemblee-nationale/les-institutions-francaises-generalites/le-conseil-d-etat. Acesso em: 02 ago. 2021.

242 *Idem.*

243 Disponível em: https://www.vie-publique.fr/fiches/19484-quel-est-le-role-du-conseil-detat-aupres-du-gouvernement. Acesso em: 02 ago. 2021.

9.1.3 Conselho de Ministros

Realizada a verificação da validade jurídica dos projetos de artigos pelo Conselho de Estado, o Projeto de Lei de Finanças é submetido ao Conselho de Ministros, presidido pelo Presidente da República, conforme o art. 9º, da Constituição Francesa.

Na prática, de acordo com André Roux,[244] o Conselho de Ministros, de forma colegiada, discute o conteúdo do projeto alguns dias antes da abertura da sessão parlamentar. Em seguida, é imediatamente apresentado às Comissões de Finanças, cujo papel será abordado em tópico posterior, pelos ministros encarregados pela economia e orçamento e, após, à imprensa. Neste sentido, o autor entende que o caso do Projeto de Lei de Finanças é uma exceção, uma vez que é apresentado ao Parlamento no mesmo dia em que é adotado pelo Conselho de Ministros.

Ato contínuo à deliberação, de acordo com os Arts. 39 e 49, da Carta Magna, o Primeiro-Ministro encaminhará o texto em apreço à Assembleia Nacional em virtude da prioridade que a casa goza em matéria de projetos de lei de finanças. Destaca-se, por fim, que, os Arts. 50 e 51 da LOLF dispõem que os documentos e anexos do projeto de lei devem ser apresentados, no máximo, até a primeira terça-feira de outubro.

9.2 Etapa de discussão e votação pelo Parlamento

Chegada a fase de apreciação parlamentar, o arcabouço jurídico francês, no art. 47 da Constituição, confere um prazo de 70 (setenta) dias[245] para a análise do Projeto de Lei de Finanças pelas duas casas legislativas. Conforme será abordado a seguir, a Assembleia Nacional realizará a primeira leitura do texto em, no máximo, 40 (quarenta) dias, encaminhando o projeto de lei ao Senado, que terá 20 (vinte) dias para realizar sua avaliação. Por fim, os 10 (dez) dias remanescentes servem para que ambas as casas façam uma segunda leitura do texto,

---

[244] ROUX, André. *Finances Publiques*. La Documentation Française; 3è édition, 2011. p. 57.

[245] Por meio de um acordo entre o Governo e a Assembleia Nacional, a data de início da contagem do prazo é o dia seguinte ao envio de uma carta do Primeiro-Ministro ao Presidente da Assembleia Nacional, contendo todos os anexos obrigatórios. Geralmente, esse encaminhamento é feito entre os dias 10 e 14 de outubro. Disponível em: https://www2.assemblee-nationale.fr/decouvrir-l-assemblee/role-et-pouvoirs-de-l-assemblee-nationale/les-fonctions-de-l-assemblee-nationale/les-fonctions-legislatives/l-examen-parlementaire-des-lois-de-finances. Acesso em: 11 ago. 2021.

discutindo, conjuntamente, quais serão as suas conclusões (*navette parlementaire*).

Em caso de discordância entre as casas legislativas após a realização da primeira leitura do Projeto de Lei, é facultado ao Primeiro-Ministro a convocação de uma Comissão Mista Paritária, composta por 7 (sete) deputados e 7 (sete) senadores para examinar os pontos divergentes,[246] consoante o disposto no art. 45, da Constituição. Caso a Comissão não seja capaz de chegar a um texto comum, o texto é novamente apreciado pela Assembleia Nacional e Senado. Após isso, o governo pode demandar à Assembleia um pronunciamento definitivo quanto à questão em debate.

Já em relação aos prazos, destaca-se a avaliação feita por Gil Desmoulin, que vê na fixação de prazos precisos de avaliação uma especificidade francesa. Isso porque tanto a Constituição quanto a legislação infraconstitucional relativa às finanças públicas preveem esta estrutura rígida para a aprovação do projeto em trâmite, arcabouço esse que é combinado ao processo de adoção de outras leis de direito comum, conforme previsão do art. 45, do texto constitucional.

Outro aspecto singular da França é em relação à impossibilidade de avaliar a segunda parte do projeto de lei antes de finalizar a análise da primeira parte, disposto no art. 42 da LOLF. Tal característica pode ser explicada em virtude do princípio fundamental de equilíbrio econômico e financeiro, em conformidade com a Decisão nº 309 DC do Conselho Constitucional.[247]

Ademais, a importância de somente debruçar sobre a segunda parte do texto após a apreciação da primeira seção se dá para a elaboração correspondente do chamado artigo de equilíbrio (*L'article d'équilibre*), previsto no art. 34, da LOLF. Segundo o dispositivo, deverá ser feita uma avaliação da receita e fixação de limites máximos de despesas, bem como estabelecer a variação líquida da dívida negociável do Estado e o teto de autorização para empregos pagos pelo Estado.

Neste sentido, os próximos tópicos abordarão as prerrogativas e particularidades da Assembleia Nacional e Senado quando da avaliação do projeto de lei de finanças, além de expor a figura das emendas parlamentares, que vêm ocupando um papel relevante no processo orçamentário francês.

---

246 DESMOULIN, Gil. *Finances Publiques de L'État*. Collection Droit Public. Vuibert. 2008. p. 144.

247 DESMOULIN, Gil. *Finances Publiques de L'État*. Collection Droit Public. Vuibert. 2008. p. 152.

9.2.1 Assembleia Nacional

Consoante o art. 47, da Constituição e os Arts. 39 e 40, da LOLF, a Assembleia Nacional, primeira casa a apreciar o texto do Projeto de Lei de Finanças, possui 40 (quarenta) dias para avaliar e se pronunciar acerca de seu conteúdo. Ademais, destaca-se que esse prazo começa a ser contado a partir da primeira terça-feira de outubro.[248]

Após o depósito, à luz do art. 39, da LOLF, o projeto é encaminhado para o exame da Comissão de Finanças[249] e outras sete Comissões Permanentes, ficando excluída a figura da Comissão Especial.[250]

A Comissão de Finanças, composta por 73 (setenta e três) membros, então, transmite o projeto de lei de finanças ao Relator Geral e Relatores Especiais. O primeiro é eleito anualmente de forma simultânea à eleição do Presidente da Comissão e seus demais membros, sendo tradicionalmente reconduzido por toda a legislatura. O Relator-Geral é encarregado pelo Relatório Geral do projeto de lei de finanças anual, bem como pelos relatórios dos projetos de finanças retificativas, de liquidação e programação de finanças públicas.

O Relator-Geral examina todas as disposições da primeira parte do projeto de lei, bem como os comentários não relacionados a esta primeira parte que constam na segunda parte do projeto. Assim, cabe a ele a propositura de alterações à comissão, além de ser responsável pela defesa das posições adotadas pela comissão em sessão pública acerca de todas as propostas de mudanças.

---

[248] Segundo André Roux, em virtude do prazo exíguo conferido para a avaliação do Projeto de Lei de Finanças, tanto a Assembleia Nacional quanto o Senado começam, na prática, a examinar o texto antes de sua transmissão formal pelo órgão competente. ROUX, André. *Finances Publiques*. La Documentation Française; 3è édition, 2011. p. 58.

[249] De acordo com a jurisprudência do Conselho Constitucional, na Decisão nº 2001-448DC de 25 de julho de 2001, é vedado o reenvio da Lei de Finanças a uma Comissão Especial, de modo que cabe à Comissão de Finanças a análise material da lei.

[250] Disponível em: https://www2.assemblee-nationale.fr/decouvrir-l-assemblee/role-et-pouvoirs-de-l-assemblee-nationale/les-fonctions-de-l-assemblee-nationale/les-fonctions-legislatives/l-examen-parlementaire-des-lois-de-finances. Acesso em: 01 set. 2021. A Comissão Especial pode ser criada de três formas, quais sejam: (i) iniciativa do Governo, consoante o exposto no art. 30 do Regimento Interno da Assembleia Nacional; (ii) por um ou mais presidentes de grupos que representem a maioria absoluta dos deputados (art. 32, do Regimento); e (iii) por um presidente de uma Comissão Permanente, presidente de um grupo ou, pelo menos, 15 deputados (art. 31, do Regimento). O pedido é, então, considerado aprovado, ressalvada a hipótese de oposição governamental, de um presidente de Comissão Permanente ou de presidente de um grupo político. O número de Comissões Especiais passa a ser de 70 (setenta) membros, não podendo o número de deputados pertencentes à mesma Comissão Permanente ultrapassar 34 (trinta e quatro), à luz do art. 33, do Regimento. Disponível em: https://www.assemblee-nationale.fr/13/commissions/cspeciales-index.asp. Acesso em: 22 nov. 2021.

Em seguida, para a primeira leitura da lei de finanças, o Relatório Geral é dividido em três volumes, quais sejam: (i) o Volume I é dedicado a uma avaliação global do orçamento, tendo em vista o cenário econômico e financeiro; (ii) o Volume II abarca os comentários relativos à primeira parte do projeto de lei; e (iii) o Volume III inclui os comentários não relacionados à primeira parte.

Os Relatores Especiais, a seu turno, possuem o papel de realizar um exame pormenorizado dos créditos orçamentários, conforme dispõe o art. 57, da LOLF. Os Relatores Especiais são nomeados pela Comissão de Finanças no primeiro trimestre do ano, possuindo a responsabilidade permanente de monitorar a execução orçamentária na sua esfera de competência. Esses atores endereçam, ainda, seus questionamentos aos ministros[251] antes do dia 10 de julho de cada ano, para que possam elaborar seus relatórios acerca do Projeto de Lei de Finanças.

O dispositivo infraconstitucional confere tais atores, inclusive, poderes de investigação e a prerrogativa de comunicar informações e documentos de natureza financeira e administrativa, salvo matérias sigilosas como defesa nacional, segurança interna ou externa do Estado e casos em segredo de justiça.

Ademais, destaca-se que cada relator especial é responsável pelo exame das dotações orçamentárias de uma missão ou, em certos casos, de um ou mais programas da mesma missão. Se for esta hipótese, seu relatório especial incluirá os artigos da lei de finanças que estão vinculados à missão de que é designado.

As sete Comissões Permanentes, por sua vez, possuem sua atuação limitada à segunda parte da lei de finanças por meio dos seus respectivos relatores, possuindo o papel de examinar as missões, parcial ou integralmente, que se enquadrem nas suas áreas de competência.[252]

Por fim, caso haja um descumprimento do limite temporal estabelecido, o projeto é considerado tacitamente aprovado e o governo o encaminha ao Senado.[253]

9.2.2 Senado Federal

Do mesmo modo que na Assembleia Nacional, a avaliação do Projeto de Lei de Finanças no Senado é feita pela Comissão de Finanças,

---

[251] O art. 49, da LOLF prevê que o governo deverá responder por escrito os questionamentos formulados pelos relatores especiais até o dia 10 de outubro.

[252] ROUX, André. *Finances Publiques*. La Documentation Française; 3è édition, 2011. p. 58.

[253] DESMOULIN, Gil. *Finances Publiques de L'État*. Collection Droit Public. Vuibert. 2008. p. 144.

composta por 49 membros (art. 7, parágrafo 6º, do Regimento Interno do Senado),[254] e em outras seis Comissões Permanentes. De igual forma, inclusive, é a importância da figura do Relator-Geral (art. 13, alínea 5, do Regimento Interno).[255]

Apesar do prazo de 20 (vinte) dias ser conferido ao Senado para realizar a análise do Projeto de Lei de Finanças Públicas, é possível perceber que a casa legislativa, com o objetivo de cumprir o limite temporal, examina o texto antes do oficial encaminhamento pela Assembleia Nacional. Isso porque os relatores confiam seu trabalho nos chamados Projetos de Desempenho Anual (*Projets Annuels de Performance* ou PAP) apresentados pelo governo, na sua ação de controle permanente e nas respostas recebidas aos questionamentos orçamentários (*questionnaires budgétaires*) enviados até 10 de julho a cada ministro, que respondem até o dia 10 de outubro, nos termos do Art. 49 da LOLF.

Outra característica da discussão no Senado é a discussão do Projeto de Lei em sessão pública, de acordo com o Art. 60, *bis*, do Regimento Interno. Geralmente, a casa dedica um dia à discussão geral do projeto e três a quatro dias para avaliar os artigos da primeira parte relativos às receitas intraorçamentárias (devidas e arrecadadas pelo).[256]

Realizado o debate da primeira parte do Projeto de Lei, é elaborado o "artigo de equilíbrio", que avalia as receitas e fixa o teto de gastos, balizando os dados gerais de equilíbrio econômico e financeiro, incluindo a variação líquida da dívida negociável do país, além de determinar o teto de autorização para empregos públicos, de acordo com o exposto no Art. 34, da LOLF. Ato contínuo, a segunda parte é analisada, em que são examinados os fundos solicitados para cada missão. Cada missão é votada com base no critério do "primeiro euro" (*premier euro*).

Finalmente, caso o Senado não aprecie o projeto dentro do prazo de 20 (vinte) dias, o Governo encaminhará à Assembleia Nacional o texto submetido ao Senado com eventuais emendas propostas pela casa e aceitas pelo Poder Executivo.[257]

---

[254] "*Article 7. 6º La commission des finances, qui comprend 49 membres*".

[255] Tradução livre do original: Article 13. 5. "*Les commissions des finances et des affaires sociales élisent ensuite chacune dans les mêmes conditions un rapporteur général qui fait, de droit, partie du bureau de la commission*".
As comissões de finanças e assuntos sociais elegem, cada uma, nas mesmas condições, um Relator-Geral que, por direito, faz parte da comissão.

[256] Disponível em: https://www.senat.fr/role/fiche/loi_fin.html#c613248. Acesso em: 02 set. 2021.

[257] DESMOULIN, Gil. *Finances Publiques de L'État*. Collection Droit Public. Vuibert. 2008. p. 91.

9.2.3 Apresentação de Emendas

No que tange à apresentação de emendas, as prerrogativas e limitações previstas na Constituição e na LOLF aplicam-se às duas casas legislativas e serão a seguir abordadas.

Segundo o Art. 44 da Constituição, o direito de emenda é assegurado ao governo e ao Parlamento. É assegurado aos parlamentares a possibilidade de (i) modificar, criar ou suprimir um programa, bem como (ii) alterar a repartição de crédito entre os programas em uma missão, conforme o Art. 47 da LOLF. Ademais, deputados e senadores podem se pronunciar sobre (iii) o teto de emprego (*plafonds d'emplois*), (iv) os critérios de desempenho dos ministérios e (v) medidas fiscais.[258] Destaca-se, ainda, que todas as emendas propostas devem ser acompanhadas de sua respectiva justificativa, de acordo com o supracitado Art. 47.

Já em relação às limitações ao poder de emenda, o Art. 40 da Constituição prevê a vedação à criação de despesas não previstas no Projeto de Lei.[259] No mesmo sentido caminha o Art. 47 da LOLF, que especifica que a avaliação das despesas será feita considerando as missões. Em outras palavras, é possível que se suprima a dotação orçamentária dentro de um programa para compensar outro, desde que o valor global da missão não seja aumentado.

Na parte das receitas, a seu turno, o mencionado art. 40 também elenca como vedadas as iniciativas que objetivem reduzir os recursos públicos já existentes, de modo que se o governo propuser a criação de um novo imposto ou a sua majoração, o Parlamento pode votar pelo adiamento da proposta ou votar a favor de alguma disposição que reduza a importância da medida governamental. Neste sentido, é possível observar uma considerável margem de manobra quanto a questões fiscais.

---

258 Disponível em: https://www.economie.gouv.fr/particuliers/projet-loi-finances-plf#. Acesso em: 02 set. 2021.

259 Tradução livre do original: Article 40. "*Les propositions et amendements formulés par les membres du Parlement ne sont pas recevables lorsque leur adoption aurait pour conséquence soit une diminution des ressources publiques, soit la création ou l'aggravation d'une charge publique*". As propostas de emendas formuladas pelos membros do Parlamento são inadmissíveis, caso sua aprovação resulte tanto em diminuição da receita pública como na criação ou aumento de um encargo público.

9.2.4 Conselho Constitucional

O Conselho Constitucional, dotado de autonomia financeira, é composto por membros *ex officio* e designados. Os primeiros são os ex-presidentes da República, cuja vitaliciedade é a característica precípua do cargo. Já os integrantes designados, totalizando nove, são nomeados ao longo de nove anos da seguinte forma: três pelo Presidente da República, três pelo Presidente do Senado e três pelo Presidente da Assembleia Nacional, consoante o exposto no Art. 56, da Constituição. Um terço do Conselho é renovado a cada três anos, de modo que cada presidente possui a prerrogativa de nomear um novo membro, destacando que o Presidente do Conselho é escolhido pelo Presidente da República.

Destaca-se, ainda, que desde a revisão constitucional de 23 de julho de 2008 e a Lei de 23 de julho de 2010, as nomeações feitas pelo Presidente da República estão sujeitas ao procedimento previsto no último parágrafo do Art. 13, da Constituição, qual seja, a opinião do comitê encarregado pelas leis constitucionais de cada assembleia.[260] Neste ponto, cumpre salientar que, caso a soma dos votos negativos em cada comitê represente a fração de três quintos, a nomeação será impossibilitada. Entretanto, as nomeações feitas pelos presidentes das casas legislativas estão sujeitas apenas ao parecer do comitê responsável pelas leis constitucionais da assembleia em questão.

Em relação ao *status* dos membros do Conselho, é importante frisar que inexiste qualquer limitador de idade ou qualificação profissional. Ademais, os mandatos são (i) irrevogáveis, (ii) não renováveis, (iii) sujeitos a um regime de incompatibilidade rigoroso, incluindo todos os mandatos eleitorais e atividades elencadas na Lei Orgânica de 11 de outubro de 2013, (iv) sujeitos a uma obrigação de sigilo. Por fim, o (v) não cumprimento das regras supramencionadas enseja a demissão oficial do membro.

No âmbito do processo orçamentário, o Conselho Constitucional possui a missão no âmbito da etapa legislativa de elaborar um parecer no qual realiza uma análise da constitucionalidade do projeto de lei de finanças. Para isso, verifica se o projeto está em consonância com os princípios orçamentários e os limites constitucionalmente previstos.

---

260 Disponível em: https://www2.assemblee-nationale.fr/decouvrir-l-assemblee/role-et-pouvoirs-de-l-assemblee-nationale/les-institutions-francaises-generalites/le-conseil-constitutionnel#node_3302. Acesso em: 02 set. 2021.

A instrução do processo de exame é confiada a um membro do Conselho nomeado relator pelo seu presidente, para ato contínuo, ser realizada uma deliberação plenária para julgar o projeto em apreço. O parecer é emitido por pelo menos sete conselheiros,[261] à luz do disposto no Art. 14, da Lei Orgânica sobre o Conselho Constitucional (*Ordonnance nº 58-1067 du 7 novembre 1958 portant loi organique sur le Conseil constitutionnel*), e, em caso de empate, cabe ao presidente definir qual será o posicionamento do órgão.[262] Em relação ao prazo para apreciação, o Conselho dispõe de um mês, nos moldes do Art. 61, da Constituição e Art. 25 da mencionada Lei Orgânica.

Já sob o prisma do efeito do julgamento do Conselho, cumpre salientar que, em se tratando de uma revisão constitucional *a priori*, pois feita antes da promulgação da lei, a decisão recebe a classificação de decisão de conformidade ("DC" ou *Décision de conformité*).[263] Neste caso, o Conselho pode vetar total ou parcialmente o projeto de lei, sendo a decisão disponibilizada em seu site para acesso da sociedade, bem como publicadas no Diário Oficial. Além disso, também é colocada à disposição da população o texto da consulta parlamentar e as observações do Governo.

9.2.5 Aprovação e Promulgação

Por fim, passado pelo crivo do Conselho Constitucional, o Projeto de Lei é devolvido ao Presidente da República, que procede à promulgação e publicação do texto no Diário Oficial.

---

261 *Idem.*

262 Disponível em: https://www.conseil-constitutionnel.fr/le-conseil-constitutionnel/presentation-generale. Acesso em: 02 set. 2021.

263 Disponível em: https://www.conseil-constitutionnel.fr/le-conseil-constitutionnel/presentation-generale. Acesso em: 02 set. 2021.

ESTADOS UNIDOS

LAYLA MCCLASKEY

FELIPE MORALES

CAPÍTULO 10

PRINCÍPIOS ORÇAMENTÁRIOS E INFLUÊNCIAS SISTÊMICAS

Inicialmente, importa destacar que o tema do orçamento público nos Estados Unidos da América resta regido, de forma majoritária, por atos normativos infraconstitucionais, e não pela Constituição – como se verifica no Brasil. A literatura justifica esse arranjo com base no sistema jurídico adotado pelo país, de forma semelhante à maioria das ex-colônias britânicas, o sistema da *common law*.[264]

Assim, notoriamente sintética, ponto este bastante distintivo em comparação com a Constituição da República Federativa do Brasil,[265] a Constituição americana deixa de estabelecer questões atinentes ao processo orçamentário ou ao papel do Chefe do Executivo nesse ensejo, por exemplo, para tratar, principalmente, de princípios e de regras bastante específicos com relação à competência do Poder Legislativo.

De tal forma, conforme será tratado adiante, quanto às diretrizes orçamentárias com assento constitucional, nota-se uma grande preocupação com o equilíbrio financeiro das contas públicas norte-americanas, mas a devida regulamentação, respeitando os princípios conexos, diretrizes processuais, de instrumentos de responsabilização e de mensuração de performance, encontra expressão apenas na legislação infraconstitucional.[266]

---

[264] OCDE. OECD Journal on Budgeting. *Special Issue*. The Legal Framework for Budget Systems: An International Comparison. Volume 4, N. 3. 2004. Disponível em: https://www.oecd.org/gov/budgeting/thelegalframeworkforbudgetsystemsaninternationalcomparison.htm. Acesso em: 21 jul. 2021.

[265] ABRAHAM, Marcus; SILVA, Rodrigo da Guia; OLIVEIRA, Roberta de. Orçamento Público No Direito Comparado: Brasil, Estados Unidos, Portugal E Itália. *Revista Tributária e de Finanças Públicas*, Rio de Janeiro, v. 119, p. 305, dez. 2014.

[266] OCDE. OECD Journal on Budgeting. Special Issue. The Legal Framework for Budget Systems: An International Comparison. Volume 4, No. 3. 2004. p. 446. Disponível em:

Paralelamente, diante da percepção de que os debates em matéria de princípios orçamentários não ocorrem tão amplamente nos EUA, em comparação aos países europeus e ao próprio Brasil, para uma maior compreensão das diretrizes orçamentárias americanas, cabe averiguar os princípios orçamentários presentes, tanto na Constituição de 1787 quanto nas leis infraconstitucionais processuais dela decorrentes.

Assim, além das peculiaridades do sistema jurídico americano impactarem na disposição do ordenamento jurídico-orçamentário, verifica-se que tais regras orçamentárias também sofrem influências do estilo peculiar de governança do país, marcado pela presença das agências e dos próprios hábitos eleitorais culturalmente construídos em torno de um bipartidarismo, conforme será pontuado com maior detalhamento a seguir.

10.1 Sistema de Governo e Forma de Estado

Os EUA adotam sistema de governo presidencialista e forma federativa de Estado, sendo a federação americana constituída por 50 (cinquenta) estados com elevado grau de autonomia e de liberdade legislativa. Por exemplo, a constituição estadual americana delimita o mandato de 2 (dois) anos para os governadores, em contraste com o mandato de 4 (quatro) anos do Presidente da República; ademais, os estados podem determinar se os juízes serão eleitos ou indicados ao cargo.

No âmbito federal, as únicas autoridades eleitas são o Presidente e o vice-Presidente e os membros do Congresso – os 435 (quatrocentos e trinta e cinco) membros da Casa dos Representantes dos EUA e os 100 (cem) senadores.

Para os cargos legislativos, cumpre apontar que cada um dos 50 (cinquenta) estados tem direito a um assento na Casa dos Representantes, com assentos adicionais alocados de acordo com a população. Em mais um exemplo da autonomia dos estados norte-americanos, os estados traçam os limites de seus distritos congressionais, com ampla liberdade na forma como o fazem, o que muitas vezes culmina no fenômeno de *gerrymandering*, resumido na prática de manipulação das fronteiras de um distrito eleitoral para favorecer um partido ou classe.

Para o Executivo, o processo eleitoral norte-americano apresenta mais uma peculiaridade, que é a sua fase preliminar ao pleito nacional.

---

https://www.oecd.org/gov/budgeting/thelegalframeworkforbudgetsystemsaninternationalcomparison.htm. Acesso em: 21 jul. 2021.

Em tais linhas, a literatura indica que os estados e os condados (equivalentes aos municípios brasileiros) americanos detêm poder para, inclusive, escolher a modalidade pela qual serão realizadas as eleições primárias para fins de escolha de candidatos presidenciais,[267] isto é, cada estado define se organizará uma *primária* ou um *caucus*, que se diferem no seguinte sentido:

- Primárias: Os governos estaduais financiam e realizam as eleições primárias da mesma forma que fariam em eleição oficial, isto é, os eleitores vão a um local de votação e exercem anonimamente o seu direito ao voto. Vale mencionar que as primárias podem ser *fechadas*, nas quais apenas membros registrados de um certo partido podem participar, ou *abertas*, em que todos os eleitores podem participar, independentemente de sua filiação partidária.
- *Caucus*: Nessa modalidade, os partidos políticos estaduais organizam o evento, no qual membros fiéis do partido falam abertamente em nome dos candidatos que apoiam para a indicação do partido. São eventos comunitários em que os participantes votam publicamente.

Independentemente da modalidade escolhida, os escolhidos nessa fase preliminar são, posteriormente, nomeados de forma oficial pelos seus respectivos partidos nas convenções nacionais para disputar a corrida presidencial. No modelo norte-americano, contudo, não necessariamente o candidato que obtém o maior número de votos será eleito: isso decorre do funcionamento do "Colégio Eleitoral". Com a votação, o povo, em verdade, escolhe os membros do "Colégio Eleitoral" e serão estes que elegerão oficialmente o Presidente. A maioria dos delegados do "Colégio" vota de acordo com a intenção de voto dos eleitores de seu estado, sendo que, regra geral, a chapa presidencial que obtiver mais votos dos cidadãos recebe todos os votos dos delegados daquele estado.

Concluído esse percurso no sistema político-eleitoral dos Estados Unidos, vale apontar que administração pública norte-americana não se encerra nos cargos eleitos, mas é muitas vezes conduzida pelas agências administrativas,[268] entidades que dirigem e supervisionam a

---

[267] TOTA, Antonio Pedro. Origens do bipartidarismo: Uma tentativa de entender as eleições norte-americanas. *Novos Estudos*, CEBRAP, p. 70, 2008. Disponível em: https://bit.ly/37Qq0Ln. Acesso em: 15 set. 2021.

[268] GUERRA, Sérgio. Aperfeiçoando a Regulação Brasileira Por Agências: Quais Lições Podem Ser Extraídas do Sesquicentenário Modelo Norte-Americano? *Teoria do Estado Regulador*, p. 30, 2015.

implementação de objetivos aprovados por lei[269] – característica essa que, inclusive, pode ser considerada uma particularidade do modelo norte-americano.

Apesar de as inúmeras críticas à burocracia americana em virtude de alegada violação do princípio da separação de poderes,[270] o modelo das agências, instituídas pelo Legislativo, com fulcro no art. 1º, da seção 8, da Constituição Americana,[271] se propõe a garantir que o Congresso seja o detentor de competência para editar todas as leis que sejam necessárias e adequadas para executar os poderes a ele assegurados pela Constituição, e todos os outros poderes em qualquer departamento.[272]

10.2 Sistema Jurídico

Da forma semelhante àquela adotada por grande parte das ex-colônias do reino britânico, os EUA aplicam sistema jurídico bastante diferenciado do que resta observado em países seguidores da tradição jurídica romano-germânica.[273] Isto porque enquanto nos Estados Unidos desdobra-se o sistema da *Common Law*, nos países de tradição romano-germânica, o sistema jurídico posto em prática consiste no da *Civil Law*.

De forma concreta, isso quer dizer que nos Estados Unidos o sistema jurídico tem como suporte os precedentes esboçados pelos casos levados a julgamento nas Cortes Superiores americanas, a representar, portanto, um direito costumeiro, do costume da corte.[274]

Com base em tais ponderações, verifica-se que o chamado *Case Law* americano acaba por ser percebido como enriquecedor do papel

---

269 *Id.* p. 31.

270 A atuação das agências acaba sendo percebida como que semelhante ao escopo de trabalho do Executivo, do Legislativo e do Judiciário. LAWSON, Gary. Rise and Rise of the Administrative State. *107th Harvard Law Review*, p. 1231, 1994.

271 *"To make all Laws which shall be necessary and proper for carrying into Execution the foregoing Powers, and all other Powers vested by this Constitution in the Government of the United States, or in any Department or Officer thereof"*. Art. 1º, da seção 8, da Constituição dos Estados Unidos. Disponível em: https://www.senate.gov/civics/constitution_item/constitution.htm#a1_sec8. Acesso em: 22 mar. 2022. "Fazer todas as Leis que forem necessárias e apropriadas para levar à Execução os Poderes anteriores, e todos os outros Poderes conferidos por esta Constituição no Governo dos Estados Unidos, ou em qualquer Departamento ou Diretor do mesmo". (Tradução Livre)

272 GUERRA, Sérgio. Aperfeiçoando a Regulação Brasileira Por Agências: Quais Lições Podem Ser Extraídas do Sesquicentenário Modelo Norte-Americano? *Teoria do Estado Regulador*, p. 34, 2015.

273 ONODERA, Marcus; BALDANI FILLIPO, Thiago. *Brasil e EUA*: temas de direito comparado/coordenação. São Paulo: Escola Paulista da Magistratura, 2017. p. 32. Disponível em: https://bit.ly/3PlWEFq. Acesso em: 15 set. 2021.

274 *Id.*

do Poder Judiciário, o que, conforme a literatura, verifica-se como favorável ao acompanhamento da realidade social, em detrimento da sistemática da *Civil Law*.

Quanto ao reflexo dessas nuances dos diferentes sistemas jurídicos no que diz respeito à matéria orçamentária, observa-se que a natureza difusa do regramento do orçamento americano, cujo arcabouço normativo pode ser encontrado de forma dispersa em atos, estatutos, circulares e outros documentos normativos editados conforme as demandas concretas surgidas ao longo dos anos, confronta-se com a conjuntura de maior centralização de regras orçamentárias típico da *Civil Law*, tal como ocorre no Brasil.

10.3 Sistema Político-Partidário

Os *founding fathers* dos EUA não envisionaram a criação de partidos políticos, fato este que explica o silêncio normativo na Constituição dos EUA. Apesar disso, conforme os direitos de voto se ampliaram, os partidos políticos surgiram. Nota-se ser peculiar aos Estados Unidos, contudo, a adoção costumeira e histórica de um sistema político bipartidário caracterizado pela alternância de poder entre os representantes dos partidos Democrata e Republicano[275, 276] – inclusive, vale dizer que todo Presidente, desde 1852, foi republicano ou democrata.

Assim, justificando tal conjuntura com base na estrutura do referido sistema político, a literatura atrela a dualidade partidária à necessidade de prévia formação de bases nacionais partidárias, de apoio popular e de fontes de financiamento nos Distritos Legislativos de todo o país, a tornar inviável o ingresso de partidos menores na disputa eleitoral.[277]

Além disso, cumpre destacar o próprio funcionamento do "Colégio Eleitoral", pelo qual o candidato com mais votos vence todos os delegados de um estado. Essa lógica do *winner takes all* apresenta-se como um obstáculo à ascensão de partidos de menor expressão, que não conseguem fazer frente ao poderio consolidado dos dois maiores partidos nacionais.

---

[275] TOTA, Antonio Pedro. Origens do bipartidarismo: Uma tentativa de entender as eleições norte-americanas. *Novos Estudos*, CEBRAP, 2008. Disponível em: https://bit.ly/37Qq0Ln. Acesso em: 15 set. 2021.

[276] *Id.* p. 70.

[277] *Id.* p. 73.

Aponta-se também para um certo processo de absorção da pauta de partidos independentes pelos partidos majoritários, os quais, com isso, atraem para si a base eleitoral dos partidos de menor expressão. Explica-se, ao passo em que as pautas defendidas por partidos menores começam a despontar com crescente popularidade, um dos grandes partidos, atento às transformações, passa a adotar as mesmas ideias, o que implica em uma constante atualização das suas propostas enquanto, ao mesmo tempo, provoca o esvaziamento do movimento independente, assim garantindo a continuidade do sistema bipartidário.

Sob tais linhas, convém ressaltar que a manutenção dos citados partidos políticos acaba por gerar consideráveis reflexos no que diz respeito ao orçamento público americano. Isto porque tal como pontua Antônio Pedro Tota, a ideologia-base das linhas partidárias acaba por influenciar as escolhas públicas dos respectivos governos. Tal ponto resta crucial a título de aprovação das políticas com direcionamento de verbas públicas.[278]

O bipartidarismo não é refletido somente no grau de aporte financeiro de programas governamentais, com maior abundância ou restrição a depender da inclinação ideológica do Presidente, mas possui expressão também no que pode ser denominado *partisan theories of budget allocation*, segundo o qual, em resumo, argumenta-se que a distribuição dos gastos federais para os estados norte-americanos é afetada pelo alinhamento político-partidário entre o Presidente da república e os governadores estaduais. Nessa linha, os estados que apoiaram fortemente o Presidente em exercício nas eleições presidenciais tendem a receber mais recursos federais, enquanto os estados marginais e indecisos não são recompensados.[279] É uma clara demonstração da força do bipartidarismo e da importância do Presidente da República, assumindo posição de líder do seu partido, na formação do orçamento público, com efeitos imediatos na distribuição tática dos fundos federais aos seus redutos eleitorais.[280]

Esse sistema de distribuição de verbas enviesado pela ótica partidária também pode ser visto na alocação orçamentária feita pelo Legislativo. As chamadas *congressional theories of budget allocation*

---

278 ADAMS, Gordon. *The Iron Triangle*. New Brunswick: Transaction Publishers, 1981. p. 24.

279 LARCINESE, Valentino; RIZZO, Leonzio; TESTA, Cecilia. *Allocating the US Federal Budget to the States*: The Impact of the President. STICERD Discussion Papers in Political Economy and Public Policy N. 3, p. 9, 2005. Disponível em: https://bit.ly/3vLVnjn. Acesso em: 04 mai. 2022.

280 *Id.* p. 20.

enfatizam o papel desempenhado por representantes do Congresso americano, que ocupam posições-chave no processo orçamentário, na transferência de verbas do fundo federal. Alocação orçamentária esta que pode estar eivada por uma lógica político-partidária, com a destinação de quantias desproporcionais para os redutos eleitorais dos agentes políticos envolvidos na composição do Orçamento.[281]

10.4 Princípios

De uma maneira geral, percebe-se que o legislador constituinte estabeleceu, no texto constitucional, as regras de competência e os princípios da legalidade, da publicidade e da anualidade[282] aplicáveis ao processo orçamentário. Os demais princípios e a devida regulamentação para a formulação da legislação orçamentária são objeto das normas instituídas pelo legislador ordinário americano.

10.4.1 Princípios Constitucionais

A cláusula 7, da seção 9, do art. 1º, da Constituição dos Estados Unidos dispõe que:

> **i.** A autorização para as apropriações de verba pertencente ao tesouro público americano deverá decorrer de lei; e
> **ii.** A declaração e a conta de receitas e de despesas públicas deverão ser publicadas regularmente.[283]

Além da citada referência a princípios denominados pela literatura como da "legalidade" e "da periodicidade",[284] percebe-se que

[281] LARCINESE, Valentino; RIZZO, Leonzio; TESTA, Cecilia. *The Allocation of the US Federal Budget to the States*: Evidence on the Power of the Purse. p. 2. Disponível em: https://bit.ly/3Pp49LK. Acesso em: 15 maio 2022.

[282] ABRAHAM, Marcus; SILVA, Rodrigo da Guia; OLIVEIRA, Roberta de. Orçamento Público No Direito Comparado: Brasil, Estados Unidos, Portugal E Itália. *Revista Tributária e de Finanças Públicas*, Rio de Janeiro, v. 119, p. 305, dez. 2014.

[283] "*No Money shall be drawn from the Treasury, but in Consequence of Appropriations made by Law; and a regular Statement and Account of the Receipts and Expenditures of all public Money shall be published from time to time*". Cláusula 7, da seção 9, do art. 1º, da Constituição dos Estados Unidos. Disponível em: https://constitu tioncenter.org/media/files/constitution.pdf. Acesso em: 30 jun. 2021. "Nenhum Dinheiro será sacado do Tesouro, senão em Consequência de Apropriações feitas por Lei; e uma Declaração regular das Receitas e Despesas de todo o Dinheiro público será publicada de tempos em tempos". (Tradução Livre)

[284] OCDE. OECD Journal on Budgeting. *Special Issue*. The Legal Framework for Budget Systems: An International Comparison. Volume 4, N. 3, p. 450, 2004. Disponível em: https://www.oecd.

o legislador constituinte americano tratou de especificar a competência das duas Casas do Congresso Americano para a gestão do orçamento público americano (*Power of the Purse*).

Assim, a cláusula 1ª, da seção 8ª, do art. 1º, da Constituição americana, estabelece que o Congresso é competente para estabelecer e para cobrar tributos, para pagar as dívidas públicas e para providenciar a defesa comum e o bem-estar geral dos Estados Unidos,[285] o que tem profundo reflexo no rito orçamentário americano, conforme será visto adiante.

Paralelamente, conforme a cláusula 1, da seção 5, do art. 1º, cada Casa Legislativa pode estabelecer os procedimentos orçamentários que lhe couberem, a serem realizados por meio da maioria dos seus integrantes. Tais parlamentares terão a atribuição de decidir e de autorizar o pagamento dos gastos públicos federais.[286]

Os referidos artigos fazem referência ao princípio da separação dos poderes, com equivalência no Brasil, cuidando, portanto, de estabelecer alguns princípios, mormente referentes à competência do Congresso americano, a Constituição é silente quanto ao rito processual a ser seguido pelos Poderes Executivo e Legislativo no tocante à matéria orçamentária.[287]

Em vias de aprofundar a temática sob o viés procedimental, passa-se à análise das principais normas infraconstitucionais que tratam

---

org/gov/budg eting/thelegalframeworkforbudgetsystemsaninternationalcomparison.htm. Acesso em: 21 jul. 2021.

285 *"The Congress shall have Power To lay and collect Taxes, Duties, Imposts and Excises, to pay the Debts and provide for the common Defence and general Welfare of the United States; but all Duties, Imposts and Excises shall be uniform throughout the United States"*. Cláusula 1, da seção 8, do art. 1º, da Constituição dos Estados Unidos. Disponível em: https://constitutioncenter.org/media/files/constitution.pdf. Acesso em: 30 jun. 2021. "O Congresso terá o poder de lançar e recolher impostos, taxas, impostos e impostos especiais de consumo, para pagar as dívidas e prover a defesa comum e o bem-estar geral dos Estados Unidos; mas todos os direitos e impostos serão uniformes em todos os Estados Unidos". (Tradução Livre)

286 *"Each House shall be the Judge of the Elections, Returns and Qualifications of its own Members, and a Majority of each shall constitute a Quorum to do Business; but a smaller Number may adjourn from day to day, and may be authorized to compel the Attendance of absent Members, in such Manner, and under such Penalties as each House may provide"*. Cláusula 1, da seção 5, do art. 1º, da Constituição dos Estados Unidos. Disponível em: https://constitutioncenter.org/media/files/constitution.pdf. Acesso em: 30 jun. 2021. "Cada Casa dos Representantes será o Juiz das Eleições, Devoluções e Qualificações de seus próprios Membros, e a maioria de cada uma constituirá um Quórum para fazer Negócios; mas um número menor pode adiar de um dia para o outro e pode ser autorizado a obrigar a presença de Membros ausentes, de tal maneira e sob as penalidades que cada Casa dos Representantes possa fornecer". (Tradução Livre)

287 KEITH, Robert. *Introduction to the Federal Budget Process*. Congressional Research Service, 2008. p. 2. Disponível em: https://web.archive.org/web/20090514022409/http://budget.house.gov/crs-reports/98-721.pdf. Acesso em: 30 jun. 2021.

do orçamento público americano, como o Código Americano (U.S. *Code*), a Lei de Orçamento e Contabilidade de 1921 (*Budget and Accounting Act of* 1921) e a Lei de Orçamento do Congresso de 1974 (*Congressional Budget Act of* 1974), principalmente.

PRINCÍPIOS ORÇAMENTÁRIOS CONSTITUCIONAIS

Princípio	Especificação
Legalidade e Periodicidade	Com previsão na cláusula 7ª, de seção 9ª, do art. 1º, da Constituição, tais princípios dispõem que: i) as autorizações para as apropriações das verbas públicas devem decorrer de lei; ii) as declarações, contas de receitas e despesas públicas devem ser publicadas regularmente.
Competência para decidir sobre o Orçamento *(Power of the purse)*	Previsto na cláusula 1ª, da seção 8º, do art. 1º, da Constituição, o princípio estabelece que o Congresso detém o controle sobre as finanças públicas.
Competência para determinar os procedimentos orçamentários das Casas Legislativas	De acordo com a cláusula 1ª, da seção 5, do art. 1º da Constituição, cabe às Casas Legislativas (a Casa dos Representantes e o Senado) o estabelecimento de seus procedimentos orçamentários. Tal ponto representa referência ao princípio da separação dos poderes.

10.4.2 Princípios Infraconstitucionais

Ademais dos princípios orçamentários constitucionais mencionados anteriormente, a literatura dispõe sobre o *princípio da estabilidade* que, apesar de não ter previsão em diploma legal, é objeto de debate por meio de proposta de emenda constitucional.[288] Tal princípio preocupa-se com a redução do déficit orçamentário americano em um curto espaço de tempo.

Além desse princípio de teor financeiro, destaca-se que a literatura observa, de forma ampla, o *princípio da transparência* sob o duplo viés de: i) determinação das funções do Executivo e do Legislativo na

[288] OCDE. OECD Journal on Budgeting. *Special Issue*. The Legal Framework for Budget Systems: An International Comparison. Volume 4, N. 3, p. 450, 2004. Disponível em: https://www.oecd.org/gov/budgeting/thelegalframeworkforbudgetsystemsaninternationalcomparison.htm. Acesso em: 21 jul. 2021.

gestão fiscal; e ii) acessibilidade, abrangência e confiabilidade da documentação do orçamento, ponto este constatado, neste trabalho, em razão do alto grau de disponibilidade das informações orçamentárias nos endereços eletrônicos do governo americano.[289]

[289] OCDE. OECD Journal on Budgeting. *Special Issue.* The Legal Framework for Budget Systems: An International Comparison. Volume 4, N. 3, p. 450-451, 2004. Disponível em: https://www.oecd.org/gov/budgeting/thelegalframeworkforbudgetsystemsaninternationalcomparison.htm. Acesso em: 21 jul. 2021.

CAPÍTULO 11

ARCABOUÇO NORMATIVO EM MATÉRIA ORÇAMENTÁRIA

Tal como mencionado anteriormente, verifica-se que o tema do orçamento é tratado, de maneira sucinta, na Constituição americana, e que o estabelecimento das diretrizes orçamentárias fica a cargo do legislador ordinário. Tais regramentos infraconstitucionais, primordialmente processuais, além de ditarem o rito do processo orçamentário, estabelecem normas de performance das contas públicas e de responsabilidade dos agentes e das agências governamentais.[290]

Observando-se que tal peculiaridade deriva da sistemática jurídica e governamental da *common law* que, conforme entendimento da literatura, pauta-se por um viés costumeiro em detrimento da codificação de preceitos editados pelo Legislativo,[291] percebe-se que as diretrizes do processo orçamentário desdobram-se por atos com efeitos normativos editados de forma circunstancial, atendendo a demandas do orçamento que se apresentam de forma concreta.

11.1 Constituição dos Estados Unidos da América

Historicamente, considerando que a prolação da lei fundamental americana se deu em momento subsequente à independência das colônias frente à exploração britânica, a preocupação com o equilíbrio

---

290 OCDE. OECD Journal on Budgeting. *Special Issue.* The Legal Framework for Budget Systems: An International Comparison. Volume 4, N. 3, p. 446, 2004. Disponível em: https://www.oecd.org/gov/budgeting/thelegalframeworkforbudgetsystemsaninternationalcomparison.htm. Acesso em: 21 jul. 2021.

291 SMITH, Sydney K. *Theory and Principles of Law*: A Complete Analysis of the Common Law of England, Adopted into the American Law, with Such Statutory Changes and Modifications as Have since Occurred. Columbia: M.O., Herald, 1884. p. 14.

financeiro do país acabou sendo um ponto de destaque da Convenção Constitucional da Filadélfia de 1787.[292]

Tendo-se em mente que o temor de arbitrariedades em tal sentido foi questão central na emancipação colonial e na própria elaboração da constituição americana, nota-se, em matéria de orçamento público, uma preocupação com a regulação financeira do Estado, com enfoque muito mais no correspondente processo que no debate sobre os princípios que lhe regem.[293]

Tal ponto resta, inclusive, ressaltado pelo jurista e economista James Buchanan, ganhador de Prêmio Nobel por sua teoria da escolha pública, no sentido de afirmar que:

> Tanto para a família ou empresa quanto para o governo, existem normas para a responsabilidade financeira, para uma conduta fiscal prudente. (...) Os perigos de empréstimos irresponsáveis parecem maiores para os governos do que para famílias ou empresas privadas. Por esta razão, pode ser necessário impor restrições mais rigorosas à emissão de dívida pública do que à privada.[294]

De tal forma, como visto no item específico de princípios, a Constituição concentra suas preocupações nas diretrizes de equilíbrio financeiro e de transparência e em estabelecer a competência das Casas Legislativas para o manejo do orçamento público, podendo ser entendido, como abaixo dela, de forma hierárquica, o código americano, que cuida de compilar os atos com efeitos normativos voltados à concretização dos citados preceitos e à inauguração da competência presidencial.

11.2 Código Americano (*U.S. Code*)

Apesar do fato de que a codificação normativa não se verifica como um aspecto usual no bojo do sistema da *common law*, percebe-se

---

[292] *Id.*

[293] OCDE. OECD Journal on Budgeting. *Special Issue*. The Legal Framework for Budget Systems: An International Comparison. Volume 4, N. 3, p. 450, 2004. Disponível em: https://www.oecd.org/gov/budgeting/thelegalframeworkforbudgetsystemsaninternationalcomparison.htm. Acesso em: 21 jul. 2021.

[294] Tradução livre de: "*Both for the family or firm and for the government, there exist norms for financial responsibility, for prudent fiscal conduct. (...) The dangers of irresponsible borrowing seem greater for governments than for private families or firms. For this reason, more stringent constraints may need to be placed on public than on private debt issue*".

a correlata excepcionalidade por meio de um código – o U.S. *Code* –, que consiste em compilado oficial, de caráter genérico e permanente, das leis federais americanas.[295]

Nesse sentido, no que diz respeito ao orçamento público, verifica-se que referido conjunto de normas, com atualização pela *House of Representatives* a cada 6 (seis) anos, traz no seu Subtítulo 2 – *The Budget Process*, do Título 31 – *Money and Finance*[296] determinações importantes em matéria orçamentária, tais como:

i) O estabelecimento do ano fiscal, com início no dia 1º de outubro e término no dia 30 de setembro do ano seguinte (§1102);[297, 298]
ii) A limitação dos gastos estipulados pelo Congresso para o ano fiscal e das receitas previstas pelo Governo para o mesmo período (§1103);[299]
iii) O procedimento para a elaboração e a submissão dos orçamentos pelas agências e suas diretorias (§1108);
iv) O procedimento para a elaboração do orçamento do governo federal, incluindo-se: a) exigências de conteúdo; b) requisitos de forma;[300] e c) especificações detalhadas sobre

---

295 ESTADOS UNIDOS. *Office of the Law Revision Counsel*. Disponível em: https://uscode.hous e.gov/ about_ code.xhtml. Acesso em: 14 ago. 2021.

296 ESTADOS UNIDOS. *Office of the Law Revision Counsel*. Disponível em: https://uscode.hous e.gov/ about_ code.xhtml. Acesso em: 14 ago. 2021.

297 *"The fiscal year of the Treasury begins on October 1 of each year and ends on September 30 of the following year. Accounts of receipts and expenditures required under law to be published each year shall be published for the fiscal year"*. §1102 do Título 31 do U.S. Code. Disponível em: https://uscode.house.gov/view.xhtml?req=granuleid:USC-prelim-title31-section1102&num=0&edition=p relim. Acesso em: 04 dez. 2023. "O exercício fiscal do Tesouro começa em 1º de outubro de cada ano e termina em 30 de setembro do ano seguinte. Os recibos das receitas e despesas exigidas por lei devem serem publicados a cada ano e serão publicadas no ano fiscal". (Tradução Livre)

298 JOYCE, Philip G.; REISCHAUER, Robert D. Deficit Budgeting: The Federal Budget Process and Budget Reform. *Harvard Journal on Legislation*, vol. 29, n. 2, p. 429-454, 1992. Disponível em: https://heinonline-org.sbproxy.fgv.br/HOL/P?h=hein.journals/hjl29&i=439. Acesso em: 20 out. 2021.

299 *"Congress reaffirms its commitment that budget outlays of the United States Government for a fiscal year may be not more than the receipts of the Government for that year"*. §1102 do Título 31 do U.S. *Code*. Disponível em: https://uscode.house.gov/view.xhtml?req=granuleid:USC-prelim-title31-section1103&nu m=0&edition=prelim. Acesso em: 04 dez. 2023. "O Congresso reafirma seu compromisso de que as despesas orçamentárias do governo dos Estados Unidos para um ano fiscal não podem ser superiores às receitas do governo para aquele ano". (Tradução Livre)

300 ESTADOS UNIDOS. United States Government Accountability Office. *Principles of Federal Appropriations Law*: Chapter 6. 3. ed. rev. v. 2. p. 6-161, 2016. Disponível em: https://www. gao.gov/a ssets/2019-11/202819.pdf. Acesso em: 23 out. 2021.

a documentação a ser enviada em conjunto com a proposta orçamentária (§1104 e §1105);[301]

v) O rito a ser seguido para o envio do orçamento do Governo Federal ao Congresso Federal (§1105);

vi) As regras temporais para apropriações adicionais[302] (§§1106[303] e 1107). No caso de gastos orçamentários estimados com programas e atividades que atinjam o ano fiscal seguinte,[304] impõe-se a necessidade de envio de requerimento – *authorizing legislation* – até a data de 16 de maio do ano anterior (§1110);[305]

vii) As exigências quanto à disponibilidade das informações fiscais pelas agências, pelo Presidente, pelo Controlador Geral do Secretário do Tesouro e pelo Diretor do *Office of Management and Budget* (OMB),[306] nos termos dos §§1112 e 1113;

---

301 Dentre os documentos elencados, está o *Federal Government Performance Plans*. Detalhado em §1115, tal documento diz respeito ao planejamento do Governo, coordenado entre o OMB e as suas agências executivas, em relação a metas, atividades, gastos, tributos e normas regulatórias que serão esperadas a serem alcançadas até o final do ano fiscal corrente e os objetivos esperados para o ano fiscal seguinte, especialmente as metas prioritárias. Lembra-se que a §1120 traz a disciplina sobre o estabelecimento e o acompanhamento das metas prioritárias do Governo Federal e de suas agências.

302 Para mais informações, conferir a seção 3.4 "As Apropriações: O Appropriation Act".

303 *"Before July 16 of each year, the President shall submit to Congress a supplemental summary of the budget for the fiscal year for which the budget is submitted under section 1105(a) of this title"*. §1106 do Título 31 do U.S. Code. Disponível em: https://uscode.house.gov/view.xhtml?req=granuleid:USC-prelim-title31-section1106&nu m=0&edition=prelim. Acesso em: 04 dez. 2023. "Antes de 16 de julho de cada ano, o Presidente deverá apresentar ao Congresso um resumo do orçamento para o ano fiscal para o qual o orçamento é apresentado sob a seção 1105(a) deste título". (Tradução Livre)

304 ESTADOS UNIDOS. United States Government Accountability Office. *Principles Of Federal Appropriations Law*: Chapter 2. 4. ed. rev. p. 2-16, 2016. Disponível em: https://www.gao.gov/assets /2019-11/675709.pdf. Acesso em: 23 out. 2021.

305 *"A request to enact legislation authorizing new budget authority to continue a program or activity for a fiscal year shall be submitted to Congress before May 16 of the year before the year in which the fiscal year begins. If a new program or activity will continue for more than one year, the request must be submitted for at least the first and 2d fiscal years"*. §1106 do Título 31, do U.S. *Code*. Disponível em: https://uscode.house.gov/view.xhtml?req=granuleid:USC-prelim-title31-section1110&num=0&edition=p relim. Acesso em: 04 dez. 2023. "Uma solicitação para promulgar legislação autorizando nova autoridade orçamentária a continuar um programa ou atividade para um ano fiscal deve ser submetida ao Congresso antes de 16 de maio do ano anterior ao ano em que o ano fiscal começa. Se um novo programa ou atividade continuar por mais de um ano, a solicitação deve ser apresentada pelo menos no primeiro e no 2º ano fiscal". (Tradução Livre)

306 ESTADOS UNIDOS. United States Government Accountability Office. *Principles Of Federal Appropriations Law*: Chapter 2. 4. ed. rev. p. 2-16, 2016. Disponível em: https://www.gao.gov/assets /2019-11/675709.pdf. Acesso em: 23 out. 2021.

viii) As exigências de produção e de publicação das informações de performance pelas agências federais (§1115-b[307] e §1116-b[308]). Tais informações de desempenho devem ser disponibilizadas no mínimo até 150 dias após o término do ano fiscal e, se inconsistentes com as metas traçadas na proposta de orçamento, devem estar acompanhadas de uma motivação (§1116-b2);[309]

ix) Da mesma forma, visando averiguar o cumprimento das metas estabelecidas na proposta orçamentária, o U.S. Code prevê o monitoramento trimestral das metas prioritárias do Governo Federal pelo OMB em relação a todo o Governo e por cada agência em relação às suas próprias prioridades (§1121). As informações devem ser prestadas pelos respectivos sítios eletrônicos (§1122);

x) A instituição da função de *Program Management Improvement Officer* e do conselho *Program Management Policy Council* (§1126).[310] Tais medidas buscam a implementação de políticas

---

307 *"Not later than the first Monday in February of each year, the head of each agency shall make available on a public website of the agency, and notify the President and the Congress of its availability, a performance plan covering each program activity set forth in the budget of such agency"*. §1115-b do Título 31 do U.S. Code. Disponível em: https://uscode.house.gov/view.xhtml?req=granuleid:USC-prelim-title31-section1115&num= 0& edition=prelim. Acesso em: 04 dez. 2023. "até a primeira segunda-feira de fevereiro de cada ano, o chefe de cada agência disponibilizará em um site público da agência, e notificará o Presidente e o Congresso de sua disponibilidade, um plano de desempenho abrangendo cada atividade do programa estabelecido no orçamento dessa agência". (Tradução Livre)

308 *"Each update shall compare actual performance achieved with the performance goals established in the agency performance plan under section 1115(b) and shall occur no less than 150 days after the end of each fiscal year, with more frequent updates of actual performance on indicators that provide data of significant value to the Government, Congress, or program partners at a reasonable level of administrative burden"*. §1116-b do Título 31 do U.S. Code. Disponível em: https://uscode.house.gov/view.xhtml?req=gran uleid:USC-prelim-title31-section1116&num=0&edition=prelim. Acesso em: 04 dez. 2023. "Cada atualização deve comparar o desempenho real alcançado com as metas de desempenho estabelecidas no plano de desempenho da agência de acordo com a seção 1115(b) e deve ocorrer no mínimo 150 dias após o final de cada ano fiscal, com atualizações mais frequentes do desempenho real nos indicadores que fornecem dados de valor significativo para o Governo, Congresso ou parceiros do programa em um nível razoável de carga administrativa". (Tradução Livre)

309 *"If performance goals are specified in an alternative form under section 1115(c), the results shall be described in relation to such specifications, including whether the performance failed to meet the criteria of a minimally effective or successful program"*. §1116-b do Título 31 do U.S. Code. Disponível em: https://uscode.house.gov/view.xhtml?req=granuleid:USC-prelim-title31-section1116&num=0&edition=prelim. Acesso em: 04 dez. 2023. "Se as metas de desempenho forem especificadas de forma alternativa na seção 1115(c), os resultados devem ser descritos em relação a essas especificações, incluindo se o desempenho não atendeu aos critérios de um programa minimamente eficaz ou bem-sucedido". (Tradução livre)

310 *"The head of each agency described in section 901(b) shall designate a senior executive of the agency, who has significant program and project management oversight responsibilities, as*

de gestão de programas e a elaboração de estratégias para o aprimoramento do papel dos supervisores das atividades e programas da agência;

xi) A previsão das *Appropriations* (§1301),[311] que limitam o uso dos recursos públicos para fim diverso daqueles para os quais foram inicialmente reservados. Ou seja, eventual mudança de destinação deve restar atrelada a uma nova apropriação(§1301-b),[312] a ser executada nos termos do capítulo 15 do U.S. Code.[313]

11.3 *Anti-Deficiency Act of 1905* (ADA)

O *Antideficiency Act* (ADA)[314] teve como propósito a concretização do princípio da legalidade no âmbito do uso dos recursos do erário público, tratando, portanto, de dispor acerca da instituição de instrumentos de controle dos atos do Executivo.[315]

Assim, por meio do ADA, buscou-se impedir a ocorrência de despesas e de obrigações sem uma correspondente dotação orçamentária

---

the Program Management Improvement Officer of the agency". §1126 do Título 31 do U.S. Code. Disponível em: https://uscode.house.gov/view.xhtml?req=granuleid:USC-prelim-title31-section1126&num=0&edition=p relim. Acesso em: 04 dez. 2023. "O chefe de cada agência descrita na seção 901(b) deve designar um executivo sênior da agência, que tenha responsabilidades significativas de supervisão, gerenciamento de programas e projetos, como Oficial de Melhoria de Gerenciamento de Programas da agência". (Tradução Livre).

311 "*Appropriations shall be applied only to the objects for which the appropriations were made except as otherwise provided by law*". §1301 do Título 31 do U.S. Code. Disponível em: https://uscode.house.go v/view.xhtml?req=granuleid:USC-prelim-title31-section1301&num=0&edition=prelim. Acesso em: 04 dez. 2023. "As apropriações serão aplicadas apenas aos objetos para os quais as apropriações foram feitas, salvo disposição em contrário da lei". (Tradução Livre)

312 "*The reappropriation and diversion of the unexpended balance of an appropriation for a purpose other than that for which the appropriation originally was made shall be construed and accounted for as a new appropriation. The unexpended balance shall be reduced by the amount to be diverted*". §1301-b do Título 31 do U.S. Code. Disponível em: https://uscode.house.gov/view.xhtml?req=granuleid:USC-prelim-title31-section1301&num=0& edition=prelim. Acesso em: 04 dez. 2023. "A reapropriação e desvio do saldo não utilizado de uma apropriação para um fim diferente daquele para o qual a apropriação originalmente foi feita deve ser interpretada e contabilizada como uma nova apropriação. O saldo não gasto será reduzido pelo valor a ser desviado". (tradução livre)

313 ESTADOS UNIDOS. United States Government Accountability Office. *Principles Of Federal Appropriations Law*: Chapter 2. 4. ed. rev. p. 2-16, 2016. Disponível em: https://www.gao.gov/assets /2019-11/675709.pdf. Acesso em: 23 out. 2021.

314 ESTADOS UNIDOS. *Public Law 97-258*. Disponível em: https://www.govinfo.gov/content/pkg/STA TUTE-96/pdf/STATUTE-96-Pg877.pdf. Acesso em: 15 set. 2021.

315 MANOS, Karen L. The Antideficiency Act without an M Account: Reasserting Constitutional Control. *Public Contract Law Journal*, 23, n. 3, p. 337-378, 1993.

autorizativa (§1341 e §1517[316, 317, 318]), sob pena de, no caso de uma obrigação ou gasto que exceda os limites estabelecidos na lei orçamentária, responsabilização administrativa e criminal dos agentes públicos envolvidos (§1518[319] e §1519[320, 321]).

Além disso, por meio da referida norma, resta atribuída a responsabilidade de divisão, de alocação de recursos e de monitoramento de gastos a determinados órgãos e agentes públicos,[322] tais como o *Office*

[316] *"(a) An officer or employee of the United States Government or of the District of Columbia government may not make or authorize an expenditure or obligation exceeding- (1) an apportionment; or (2) the amount permitted by regulations prescribed under section 1514(a) of this title"*. §1517 do Título 31 do U.S. *Code*. Disponível em: https://uscode.house.gov/view.xhtml?req=granuleid:USC-prelim-title31-section151 7& nu m=0&edition=prelim. Acesso em: 04 dez. 2023. "(a) Um oficial ou funcionário do governo dos Estados Unidos ou do governo do Distrito de Columbia não pode fazer ou autorizar uma despesa ou obrigação superior a (1) uma apropriação; ou (2) o valor permitido pelos regulamentos prescritos na seção 1514 (a) deste título". (Tradução Livre)

[317] ESTADOS UNIDOS. United States Government Accountability Office. *Principles of Federal Appropriations Law*: Chapter 6. 3. ed. rev. v. 2. p. 6-161, 2016. Disponível em: https://www.gao.gov/a ssets/2019-11/202819.pdf. Acesso em: 23 out. 2021.

[318] ESTADOS UNIDOS. *Congressional Research Service. The Congressional Appropriations Process*. p. 1. Disponível em: https://www.senate.gov/CRSpubs/8013e37d-4a09-46f0-b1e2-c14915d498a6.pdf. Acesso em: 22 out. 2021.

[319] *"An officer or employee of the United States Government or of the District of Columbia government violating section 1517(a) of this title shall be subject to appropriate administrative discipline including, when circumstances warrant, suspension from duty without pay or removal from office"*. §1518 do Título 31 do U.S. Code. Disponível em: https://uscode.house.gov/view.xhtml?req=granuleid:USC-prelim-title31-section1518&num=0&e dition=prelim. Acesso em: 04 dez. 2023. "Um oficial ou funcionário do governo dos Estados Unidos ou do governo do Distrito de Colúmbia que viole a seção 1517(a) deste título estará sujeito à disciplina administrativa apropriada, incluindo, quando as circunstâncias justificarem, suspensão do serviço sem remuneração ou destituição do cargo". (Tradução Livre)

[320] *"An officer or employee of the United States Government or of the District of Columbia government knowingly and willfully violating section 1517(a) of this title shall be fined not more than $5,000, imprisoned for not more than 2 years, or both"*. §1519 do Título 31 do U.S. Code. Disponível em: https://uscode.house.gov/view.xhtml?req=granuleid:USC-prelim-title31-section1519&num=0&edition=p relim. Acesso em: 04 dez. 2023. "Um oficial ou funcionário do governo dos Estados Unidos ou do governo do Distrito de Colúmbia que violar deliberadamente e deliberadamente a seção 1517(a) deste título será multado em até 5.000 dólares, preso por não mais de 2 anos, ou ambos". (Tradução Livre)

[321] ESTADOS UNIDOS. United States Government Accountability Office. *Op. cit.* p. 11. Ver: Energy Finance and Accounting Service Center. Antideficiency Act Background. 2007, Disponível em: https://www.energy.gov/sites/prod/files/maprod/documents/Antideficiency_Act.pdf. Acesso em: 06 jul. 2021.

[322] ESTADOS UNIDOS. *OMB Circular nº A-11*. Section 15 – Basic Budget Laws. 2016. p. 3. Disponível em: https://obamawhitehouse.archives.gov/sites/default/files/omb/assets/a11_current_year/s15.pdf. Acesso em: 06 jul. 2021.

of Management and Budget (OMB) – §501[323] a §503 e §521[324] e §522[325] – e o *General Accounting Office* (GAO) – §702 a §704.

Por meio desta norma, criou-se, ademais, o Tesouro americano, com os seus departamentos (§301, a; §302 a §309), regulando-se sua forma de funcionamento (seção §321 e ss.) e de indicação de seus gestores (§301, c, d, e, f (1) (2)).

11.4 *Budget and Accounting Act of 1921* (BAA)

De acordo com a Constituição americana, nos termos do seu art. 1º, da Seção 8,[326] o Congresso possui o *power of the purse*, ou seja, o controle sobre as finanças públicas, o que, dentre outras facetas, inclui o poder de autorizar despesas e de estabelecer as obrigações tributárias.

Em vias de colocar em prática tal atribuição, conforme previsto na Seção 5, do texto constitucional, cabe ao Congresso decidir sobre os procedimentos internos das suas Casas e tratar do processo de aprovação da peça orçamentária, o que, entretanto, até o ano de 1921 não era objeto de rito específico.

Com o aumento dos gastos públicos e uma percepção sobre a necessidade de uma maior delimitação das regras atinentes ao processo

---

323 *"The Office of Management and Budget is an office in the Executive Office of the President"*. §501 do Título 31 do U.S. Code. Disponível em: https://uscode.house.gov/view.xhtml?req=granuleid:USC-prelim-title31-section501&num=0&edition=prelim. Acesso em: 04 dez. 2023. "O Gabinete de Gestão e Orçamento é um gabinete do Gabinete Executivo do Presidente". (Tradução Livre)

324 *"The Director of the Office of Management and Budget shall appoint and fix the pay of employees of the Office under regulations prescribed by the President"*. §521 do Título 31 do U.S. Code. Disponível em: https://uscode.house.gov/view.xhtml?req=granuleid:USC-prelim-title31-section521&num=0&edition=pr elim. **Acesso em: 04 dez. 2023.** "O Diretor do Gabinete de Gestão e Orçamento nomeará e fixará a remuneração dos funcionários do Gabinete de acordo com os regulamentos prescritos pelo Presidente". (Tradução Livre)

325 *"The Director of the Office of Management and Budget may make necessary expenditures for the Office under regulations prescribed by the President"*. §522 do Título 31 do U.S. Code. Disponível em: https://usc ode.house.gov/view.xhtml?req=granuleid:USC-prelim-title31-section522&num=0&edition=prelim. Acesso em: 04 dez. 2023. "O Diretor do Gabinete de Gestão e Orçamento pode realizar gastos necessários para o Gabinete nos termos dos regulamentos prescritos pelo Presidente". (Tradução Livre)

326 *"The Congress shall have Power To lay and collect Taxes, Duties, Imposts and Excises, to pay the Debts and provide for the common Defence and general Welfare of the United States; but all Duties, Imposts and Excises shall be uniform throughout the United States"*. Cláusula 1, da seção 8, do art. 1º, da Constituição dos Estados. "O Congresso terá o poder de instituir e cobrar impostos, taxas, e impostos especiais de consumo, pagar as dívidas e prover a defesa comum e o bem-estar geral dos Estados Unidos; mas todos os direitos, impostos e impostos serão uniformes em todo os Estados Unidos". (Tradução Livre)

orçamentário, especificando-se, inclusive, o papel dos demais poderes neste contexto, deu-se ensejo ao BAA.[327, 328]

Assim, elaborado com a proposta de determinar o papel do Executivo no processo orçamentário, o BAA[329] estabeleceu que o Presidente terá que, anualmente, submeter sua proposta orçamentária para o Congresso, detendo, portanto, um papel fixo e constante na elaboração do orçamento.[330]

Ademais de inaugurar a competência presidencial no orçamento, verifica-se que o BAA também cuidou de criar órgãos com responsabilidade por funções importantes ao longo do processo de orçamento – estruturas essas que perduram até os dias de hoje, tais como o *Bureau of the Budget* e o *General Accounting Office*, incialmente criados no âmbito do Poder Executivo e do Legislativo, respectivamente.

Quanto ao *Bureau of the Budget*, atualmente denominado de *Office of Management and Budget* (OMB), verifica-se uma preocupação central de suporte ao Presidente na elaboração de sua proposta de orçamento antes do respectivo envio ao Congresso americano, propondo-se, portanto, a avaliar programas, políticas e procedimentos das agências governamentais, bem como a coerência de seus relatórios, regras, testemunhos e da correspondente legislação editada em matéria orçamentária.[331]

Já o *General Accounting Office*, atualmente o *Government Accountability Office* (GAO), verifica-se como uma agência independente e não partidária com vinculação ao poder legislativo, prestando-se, portanto, a servir como braço investigativo do congresso na busca pela garantia da observância da integridade nas atividades do Poder Executivo.

Em tais linhas, verifica-se que o BAA consistiu no primeiro regulamento estatutário dos EUA em matéria processual orçamentária, endereçando, de forma inicial, os seguintes pontos:

i) o envolvimento anual e obrigatório do Presidente no processo orçamentário (este sempre terá que submeter uma proposta orçamentária);

---

[327] LONGO, Carlos Alberto. O Processo Orçamentário: Tendências e Perspectivas. *Revista Tributária e de Finanças Públicas*, vol. 3. p. 251-262, 1993.

[328] ESTADOS UNIDOS. *Public Law 67-13*. Disponível em: https://www.gao.gov/assets/D03855.pdf. Acesso em: 15 set. 2021.

[329] GIACOMONI, James. *Orçamento Público*. 18. ed. Rio de Janeiro: Grupo GEN, 2021. p. 157.

[330] PILDES, Richard H.; SUNSTEIN, Cass R. *Reinventing the Regulatory State. University of Chicago Law Review 62*, p. 12, 1995.

[331] THE WHITE HOUSE. *Office of Management and Budget*. Disponível em: https://www.whitehouse.gov/om b/. Acesso em: 02 ago. 2021.

ii) a criação de um órgão para auxiliar o Presidente em tal função; e

iii) o estabelecimento de um auditor apartidário para fiscalizar as ações do executivo quanto ao processo orçamentário.[332]

RESUMO DO *BUDGET AND ACCOUNTING ACT* DE 1921

Disposição	Explicação
Criou o *Bureau of the Budget* (Atualmente *Office of Management and Budget*)	O *Office of Management and Budget* possui a função de apoiar o Presidente na elaboração da sua proposta orçamentária e também de intermediar sua relação com as agências governamentais.
Criou o *General Accounting Office* (Atualmente *Government Accountability Office*)	O *Government Accountability Office* é uma agência independente vinculada ao legislativo que, no papel de Entidade de Fiscalização Superior (EFS) audita e supervisiona as atividades do Poder Executivo.
Obrigatoriedade do Presidente de se envolver, anualmente, no processo orçamentário.	A partir do BAA, o Presidente, terá que, anualmente, submeter uma proposta orçamentária ao Congresso. Anteriormente, não havia qualquer previsão estatuária determinando o papel do Presidente nesse processo.

11.5 *Congressional Budget Act of 1974*

Depois de transcorridos mais de 50 anos da edição do BAA 1921, foi promulgada uma das principais normas orçamentárias do país norte-americano até os dias de hoje: o *Congressional Budget Act of 1974* (CBA 1974),[333] que se propôs a melhor organizar o rito e a divisão das competências no bojo do processo orçamentário.

Após a Segunda Guerra Mundial, mediante crença do Congresso de um excessivo poder presidencial na elaboração do orçamento, com o consequente enfraquecimento do Legislativo, a referida norma foi editada para fins de centralização do processo orçamentário, evitando-se, com isso, a ingerência de comissões e agentes variados do Executivo sobre os poderes do Legislativo.

---

[332] KEITH, Robert. *Introduction to the Federal Budget Process*. Congressional Research Service, 2008. p. 1-2. Disponível em: https://web.archive.org/web/20090514022409/http://budget.house.gov/crs-reports/98-721.pdf. Acesso em: 30 jun. 2021.

[333] ESTADOS UNIDOS. *Public Law 93-344*. Disponível em: https://www.govinfo.gov/content/pkg/GPO-RIDDICK-1992/pdf/GPO-RIDDICK-1992-34.pdf. Acesso em: 15 set. 2021.

Nesse sentido, dentre os pontos de maior relevância do CBA 1974, citam-se os seguintes:

i) Criação da Comissão Orçamentária da Casa dos Representantes e do Senado;
ii) Estabelecimento do *Congressional Budget Office* (CBO);
iii) Eliminação dos denominados confiscos (*impoundments*), quais sejam, das possibilidades de recusa automática pelo Presidente do uso das apropriações feitas pelo Congresso; e
iv) Consolidação de prazos do processo orçamentário.

Ressaltando-se a relevância das comissões, frutos do CBA 1974 no processo orçamentário, nota-se que elas são responsáveis pela elaboração da proposta orçamentária anual do Governo Federal e da lei orçamentária, monitorando o processo orçamentário e garantindo a concretização das regras pertinentes à matéria como um todo.

Assim, por meio da criação do *Congressional Budget Office* (CBO), o qual possui função técnico-analítica e apartidária, as comissões orçamentárias do Congresso têm acesso a dados, informações e projeções econômicas no tocante aos projetos orçamentários propostos.

Quanto à supressão dos mecanismos de "confisco" pelo Presidente, percebe-se que, com a vigência desse novo regulamento, resta imposta a obrigação presidencial de buscar a aprovação do Legislativo caso pretenda retirar o financiamento de despesas apropriadas autorizadas pelo Congresso. Tal procedimento – que se denomina de *recission* – fica sujeito à aprovação do Congresso no prazo de 45 (quarenta e cinco) dias, sob pena de desconsideração.

No que diz respeito às alterações feitas pelo regulamento s título de prazo processual, nota-se, por meio da seção 300 do CBA, a determinação de que a proposta orçamentária do Presidente seja submetida ao Congresso até a primeira segunda-feira de fevereiro, de forma que, até o dia 15 do mesmo mês as comissões orçamentárias da Casa dos Representantes e do Senado apresentem a sua anuência com o aludido projeto por meio de resoluções denominadas de *concurrent resolutions*.[334] Tais instrumentos – que não estão sujeitos ao veto presidencial, posto que desprovidos de caráter de lei – em seu conteúdo, dão enfoque à

---

[334] A observância desse prazo pelas comissões se deu por apenas seis vezes, desde a edição do CBA. Nesse período, destaca-se a promulgação de 19 medidas de fechamento do governo – *government shutdowns* – e mais de 200 edições de resoluções continuativas – *continuing resolutions* ao longo dos anos. Tais resoluções continuativas prestam-se a servir como um orçamento provisório em resposta a não aprovação da lei orçamentária, evitando-se o fechamento do governo.

determinação das despesas e das receitas do orçamento do ano fiscal subsequente.

Apesar dos inúmeros benefícios trazidos pelo regulamento de 1974, percebeu-se que, ao longo do tempo, a referida norma deixava de disciplinar de forma suficiente o processo orçamentário.[335] Desse modo, posteriormente à respectiva edição, identificou-se a prolação de inúmeras normas de saneamento das omissões e inconsistências do CBA.

Principais Medidas do CBA	
Criação da Comissão Orçamentária da Casa dos Representantes e do Senado	Responsáveis por elaborar a proposta orçamentária, incluindo o teto de gastos discricionário. As comissões também são responsáveis por fiscalizar o processo orçamentário como um todo.
Criação do *Congressional Budget Office*	O CBO possui a função de auxiliar as Comissões orçamentárias do Senado e da Casa dos Representantes, disponibilizando estatísticas e realizando projeções econômicas.
Eliminação dos *Impoundments*	Caso o Presidente pretenda utilizar os mecanismos de "confisco", agora, ele precisa de autorização do Legislativo.
Consolidação de prazos orçamentários	A proposta orçamentária do Presidente, a partir do CBA, precisa ser entregue até a primeira segunda-feira de fevereiro. Até o dia 15 de fevereiro as Comissões orçamentárias precisam submeter suas *concurrent resolutions*.

11.6 *Balanced Budget and Emergency Deficit Control Act of 1985*

Em que pese já tenha cedido espaço a normas subsequentes, o *Balanced Budget and Emergency Deficit Control Act* de 1985[336] criou mecanismos relevantes para a redução do déficit público americano.[337]

335 BERGER, Sam; HANLON, Seth; HENDRICKS, Galen. *Reflections on the Congressional Budget Act*. The Center for American Progress, 2018. Disponível em: https://www.americanprogress.org/article/ref lections-congressional-budget-act/. Acesso em: 08 nov. 2021.

336 ESTADOS UNIDOS. *Public Law 99-177*. Disponível em https://www.ssa.gov/OP_Home/comp2/F099-177.html. Acesso em: 15 set. 2021.

337 *1985 Balanced Budget and Emergency Deficit Control Act*. Universidade de Berkeley. Disponível em: https://bancroft.berkeley.edu/ROHO/projects/debt/1985grammrudmanhollings.html. Acesso em: 16 nov. 2021.

Assim, verifica-se que a norma tentou abordar a necessidade de redução gradual do déficit orçamentário por um período de 6 (seis) anos, estabelecendo metas quanto ao déficit orçamentário até então existente.

Além da citada busca pelo estabelecimento de limites anuais ao déficit orçamentário, o Ato também dispôs sobre as chamadas ordens de "sequestro" (*sequestration orders*), mecanismo este advindo de determinação executiva capaz de cancelar, de forma automática, gastos que ultrapassassem os limites de déficit estabelecidos no bojo da referida norma de 1985.[338]

Dessa forma, nota-se que as ordens de sequestro consistiam em meio de se alcançar o objetivo legal de reduzir o déficit prescrito em lei, servindo, portanto, para incentivar a negociação e o consenso entre o legislativo e o executivo acerca da alocação capaz de melhor garantir o equilíbrio financeiro das contas públicas.

Entretanto, em 1986, no caso intitulado de *Bowsher v. Synar*, a Suprema Corte Americana julgou parte do ato de 1985 inconstitucional, afirmando por uma violação do princípio da separação de poderes. Isto porque, apesar de a medida do sequestro depender de ato presidencial, a sua execução era realizada pelo *Controller General*, que é parte do Poder Legislativo, o que, conforme entendimento judicial, implicaria indevida concessão de função executiva ao Legislativo.

11.7 *Balanced Budget and Emergency Deficit Control Reaffirmation Act of 1987*

Em razão do citado julgamento de 1987, o Governo buscou promover alterações procedimentais com relação ao processo de sequestro das alocações de recursos aprovados pelas casas legislativas, a exemplo do que restou feito por meio do *Balanced Budget and Emergency Deficit Control Reaffirmation Act of 1987*.[339]

De tal forma, em vias de servir como uma continuação "constitucional" do regulamento de 1985, a norma tratou de retirar a prerrogativa da execução da medida de sequestro do Poder Legislativo por meio do

[338] ESTADOS UNIDOS. Office Of Management And Budget. *M-12-17* – Memorandum For The Heads Of Executive Departments And Agencies. Washington, D.C., 2012. Disponível em: https://obamawhitehou se.archives.gov/sites/default/files/omb/memoranda/2012/m-12-17.pdf. Acesso em: 16 nov. 2021.

[339] ESTADOS UNIDOS. *Public Law 100-119*. Disponível em: https://www.congress.gov/100/statute/ STATUTE-101/STATUTE-101-Pg754.pdf. Acesso em: 15 set. 2021.

Controller General, passando-a, portanto, para o OMB, órgão vinculado ao executivo estabelecido pelo BAA 1921.[340]

Sanado o vício de inconstitucionalidade do ato de 1985, importa mencionar que a norma tratou, ainda, de promover o aumento do limite do déficit público e a extensão da efetividade dos correspondentes comandos normativos deficitários por mais dois anos, a culminar com uma prorrogação da validade até o ano de 1991.

11.8 *Budget Enforcement Act of 1990* (BEA)

Por meio de propósito semelhante ao buscado pelas normas de 1985 e 1987, o *Budget Enforcement Act of 1990* (BEA)[341] se propôs a trazer novas medidas para o combate da problemática do déficit orçamentário público nos EUA.[342, 343]

Mediante a revogação do *Balanced Budget and Emergency Deficit Control Reaffirmation Act of* 1987 e no lugar de estabelecer limites fixos ao déficit orçamentário, o ato estabeleceu limites flexíveis para as despesas discricionárias, originalmente efetivos até o ano de 1995, com prorrogação até o ano de 1997, pelo *Omnibus Budget Reconciliation Act*, e até o ano de 2002, pelo *Budget Enforcement Act* de 1997.

Ademais da referida preocupação com a extensão de tais medidas de limitação das despesas públicas no curso do tempo, a norma tratou inicialmente de determinar a divisão do teto estabelecido para esses gastos de acordo com 3 (três) categorias diferentes, quais sejam, a defesa nacional, o cenário internacional e o ambiente doméstico, o que, entretanto, foi unificado posteriormente.

Ressalta-se também ter restado estabelecido pelo BEA a possibilidade de submissão de ordem de sequestro para fins de cancelamento de gastos e para a garantia da efetividade do limite de gasto estabelecido em seu texto. Tais limites eram dotados de dinamismo e de aptidão para até 3 (três) mudanças ao ano conforme métricas e projeções econômicas.

---

340 ESTADOS UNIDOS. United States Government Accountability Office. *A Glossary of Terms Used in the Federal Budget Process*. 2005. p. 16-17. Disponível em: https://www.gao.gov/assets/gao-05-734sp.pdf. Acesso em: 16 nov. 2021.

341 ESTADOS UNIDOS. *Public Law 101-508*. Disponível em: https://www.congress.gov/101/statu te/STATUTE-104/STATUTE-104-Pg1388.pdf. Acesso em: 15 set. 2021.

342 Budget Rules. *The Urban Institute*. Disponível em: https://www.urban.org/sites/default/files/publication/ 57401/1000668-Budget-Rules.PDF. Acesso em: 30 jun. 2021.

343 ESTADOS UNIDOS. United States Government Accountability Office. *A Glossary of Terms Used in the Federal Budget Process*. 2005. p. 23-24. Disponível em: https://www.gao.gov/assets/gao-05-734sp.pdf. Acesso em: 16 nov. 2021.

Outro ponto relevante trazido pelo BEA consiste no mecanismo do *Pay-As-You-Go* (PAYGO), que tem como objetivo controlar o déficit relacionado a gastos diretos e previstos na legislação, estabelecendo que qualquer norma capaz de acarretar aumento do déficit orçamentário seja acompanhada de medida compensatória ou de outra norma tida como neutra – que não aumente o déficit.[344]

Em virtude desse mecanismo, a autoridade governamental competente resta autorizada a cancelar determinado ato, executando, portanto, medida de sequestro, sempre que restar averiguada a hipótese de edição de norma com efeitos de aumento do déficit, sem o devido acompanhamento de medida compensatória[20].

Com base em tais observações, nota-se que o BEA foi capaz de manter a preocupação da década de 80 com o controle do déficit orçamentário dos EUA, implementando, portanto, as 2 (duas) importantes medidas de: i) limitação dinâmica dos gastos discricionários, com possibilidade de 3 (três) ajustes anuais; e ii) PAYGO, a qual obriga o acompanhamento de qualquer lei capaz de agregar gastos por algum tipo de medida compensatória.[345]

11.9 *Line-Item Veto Act in 1996*

Tal como disposto na CBA 1974, a alocação dos recursos orçamentários dos EUA é submetida à avaliação e à decisão das 12 comissões legislativas de apropriação, de forma que, até a edição dessa norma, a margem para o exercício de poder pelo Executivo sobre o orçamento era bastante inferior a do Legislativo.

Assim, com o objetivo de conferir maior espaço e prerrogativas ao Presidente, o congresso aprovou o *Line Item Veto* de 1996,[346] autorizando, portanto, o Presidente a cancelar despesas específicas previstas em cada uma das *appropriation bills.*

Em vias de exercer tal poder de cancelamento das referidas apropriações previamente realizadas pelo Legislativo, nos termos do §691(a)(A) do Ato, ficam estabelecidos requisitos no sentido de que tal cancelamento: i) implique redução do déficit orçamentário federal; ii) abstenha-se de afastar função essencial do governo; e iii) não implique prejuízo a interesse nacional.

---

[344] ESTADOS UNIDOS. *Public Law 101-508*. Disponível em: https://www.congress.gov/101/statu te/STATUTE-104/STATUTE-104-Pg1388.pdf. Acesso em: 15 set. 2021.

[345] O *Balanced Budget Act of 1997* consistiu em extensão do BEA.

[346] ESTADOS UNIDOS. *Public Law 104-130*. Disponível em: https://www.congress.gov/104/plaws/ publ1 30/ PLAW-104publ130.pdf. Acesso em: 15 set. 2021.

Com base em tais considerações, é possível perceber que a edição desse ato teve como intuito principal o combate ao déficit orçamentário federal dos EUA, tendo como consequência a concessão de maiores prerrogativas para o Presidente no processo orçamentário.

Quanto aos efeitos de ampliação dos poderes presidenciais da norma, em virtude do caso intitulado de *Clinton v. City of New York*, de 1998, destaca-se que a norma foi julgada pelo Judiciário como integralmente inconstitucional. A perspectiva é de que não seria constitucional a possibilidade de o Presidente concomitantemente assinar e emendar lei orçamentária, antes mesmo de qualquer ciência e deliberação das casas do congresso americano.

11.10 *Budget Control Act of 2011*

O *Budget Control Act of* 2011[347] teve o relevante papel de conter os gastos orçamentários discricionários. Com isso, dentre outros pontos, ele cuidou de estabelecer limites para o montante de gastos discricionários,[348] valor este que resta subdividido entre os gastos discricionários de defesa e os gastos discricionários não relacionados à defesa, e para o teto do déficit público orçamentário.

Nesse sentido, em vias de cumprir tais limites de gastos, a norma determina que, se decretadas apropriações discricionárias que excedam o limite legal para um determinado ano fiscal, um processo automático deve ser acionado para eliminar o excesso de gastos.[349] Tal processo é conhecido como *sequestration*[350] e impõe reduções gerais de recursos orçamentários não isentos dentro da categoria aplicável (defesa ou não de defesa).

Sob tais linhas, por meio de provocação do Diretor do OMB, o Presidente edita ordem que tem como efeitos o cancelamento automático e generalizado dos recursos orçamentários, ressalvando-se o caso daquelas direcionadas às cobranças compensatórias e às despesas com fundos especiais, fiduciários e rotativos.[351]

---

347 ESTADOS UNIDOS. *Public Law 112-25*. Disponível em: https://www.govinfo.gov/content/pkg /PLAW-112publ25/html/PLAW-112publ25.htm. Acesso em: 15 set. 2021.

348 SATURNO, James. *Introduction to the Federal Budget Process*. Washington: Congressional Research Service, 2020. p. 5.

349 CONGRESSIONAL RESEARCH SERVICE. *Expiration of the Discretionary Spending Limits*: Frequently Asked Questions. April, 2021. Disponível em: https://bit.ly/3NFqvYd. Acesso em: 12 jun. 2022.

350 SATURNO, James. *Introduction to the Federal Budget Process*. Washington: Congressional Research Service, 2020. p. 32.

351 *Id*.

Ressalta-se que o *Budget Control Act of* 2011 impôs um teto às despesas discricionárias por um período de 10 (dez) anos, trazendo, com isso, expectativa de redução de gastos de cerca de 900 bilhões de dólares.[352]

Adicionalmente, convém destacar que também restou estabelecido pela norma o *Joint Select Committee on Deficit Reduction* que tem como encargo a elaboração de plano para reduzir o déficit federal em 1,5 trilhões de dólares durante os próximos 10 anos.[353]

Apesar da relevância do BCA no que diz respeito ao controle dos gastos orçamentários, há que se ressaltar, entretanto, que após a promulgação da norma, os limites dos gastos discricionários e do teto do déficit, e os próprios mecanismos de controle de equilíbrio financeiro estabelecidos pela norma, acabaram por ser revisitados posteriormente.[354] Tal se deu, por exemplo, por meio do *Bipartisan Budget Act* of 2013, do *Bipartisan Budget Act of* 2015, do *Bipartisan Budget Act of* 2018 e do *Bipartisan Budget Act of* 2019.[355]

O *Bipartisan Budget Act of 2013* e o *Bipartisan Budget Act of* 2019 serão abordados com maiores detalhes em seguida. Posteriormente, será abordado o último de limite de déficit público aprovado de que se teve se notícia, que foi de aproximados 31,4 trilhões de dólares.

11.11 *Bipartisan Act of 2013*

O *Bipartisan Act of* 2013[356] teve como principais medidas o aumento dos limites de *sequestration* para os anos fiscais de 2014 e 2015 e, subsequentemente, da prorrogação da imposição dos limites de déficit para os anos fiscais de 2022 e 2023.

Quando da aprovação da norma, a expectativa era de redução do déficit das contas públicas, em 23 bilhões de dólares, em longo prazo.

---

[352] HOUSE COMMITTEE ON THE BUDGET. *Summary of the Budget Control Act of 2011*. 2020. p. 2. Disponível em: https://budget.house.gov/committee-report/summary-budget-control-act-2011. Acesso em: 07 dez. 2021.

[353] *Id*. p. 4.

[354] CONGRESSIONAL RESEARCH SERVICE. *Expiration of the Discretionary Spending Limits:* Frequently Asked Questions. April, 2021. Disponível em: https://bit.ly/3NFqvYd. Acesso em: 12 jun. 2022.

[355] SATURNO, James. *Introduction to the Federal Budget Process*. Washington: Congressional Research Service, 2020. p. 5.

[356] ESTADOS UNIDOS. *Public Law 113-67*. Disponível em: https://www.govinfo.gov/content/pk g/PLA W-113publ67/pdf/PLAW-113publ67.pdf. Acesso em: 13 set. 2022.

11.12 *Bipartisan Act of 2019*

O *Bipartisan Act of* 2019[357] teve como grandes medidas:

i) A suspensão do teto do déficit público federal americano até o mês de agosto de 2021;
ii) A prorrogação do mecanismo de *sequestration* para programas de gastos obrigatórios até o ano fiscal de 2029; e
iii) A redefinição dos saldos nos mecanismos relativos ao *Pay-As-You-Go* (PAYGO) estabelecidos pela Lei Estatutária *Pay-As-You-Go* de 2010.

Paralelamente, ressalta-se que o Ato também promoveu o aumento dos gastos discricionários com relação a temas diversos como a defesa e segurança nacional, o que promoveu muitos debates quanto aos efeitos sobre os orçamentos dos anos fiscais de 2020 e de 2021.

Nesse sentido, os gráficos elaborados pelo *Congressional Budget Office* demonstram o impacto do BBA de 2019, em bilhões de dólares, no que diz respeito ao limite das despesas discricionárias para os mencionados anos fiscais de 2020 e de 2021, comparativamente. Vejamos:[358, 359]

Ano Fiscal	Categoria	Legislação atual	BBA 2019	Pós-BBA 2019
2020	Defesa	$576.2	+$90.3	$666.5
	Outros	$543.2	+$78.3	$621.5
2021	Defesa	$590.2	+$81.3	$671.5
	Outros	$554.9	+$71.6	$626.5

11.13 Demais Disposições Normativas

11.13.1 Limite do Déficit no final de 2021

Em vias de evitar o fechamento do governo federal no final do ano de 2021, foi aprovado um novo aumento do limite do déficit público

[357] ESTADOS UNIDOS. *Public Law 116-37*. Disponível em: https://www.congress.gov/bill/116th-congress/house-bill/3877/text. Acesso em: 15 set. 2021.

[358] CONGRESSIONAL BUDGET OFFICE. *Updated Budget Projections*: 2019 to 2029. Maio 2019. p. 16.

[359] EVERYCRSREPORT. The bipartisan budget act of 2019: Changes to the BCA and debt limit. *Everycrsreport.com*, 2019. Disponível em: https://www.everycrsreport.com/reports/in11148.html. Acesso em: 05 ago. 2022.

americano para aproximados 31,4 trilhões de dólares.[360] Tal medida se prestou a garantir os debates sobre a aprovação do novo pacote de medidas do Governo do Presidente Biden objeto do *Build Back Better Act* e o cumprimento das obrigações governamentais até o início do ano de 2023.[361]

11.13.2 *Earmarks*

Um ponto bastante controverso envolvendo matéria orçamentária, e que cabe ressaltar, consiste nos *earmarks*, mecanismos informais que, até 2011, possibilitavam a realização de emendas às leis de apropriações, com o consequente direcionamento de verbas a fundos específicos de projetos, atividades ou instituições.[362]

Mediante deliberação interna das casas do Congresso, tais instrumentos não oficiais foram banidos em 2011 sob o argumento de prejuízo à transparência e de incentivo ao lobby por empresas privadas junto a integrantes do Legislativo.[363]

Àquela época, verificou-se que o receio quanto aos *earmarks* era tão elevado que o então Presidente Barack Obama mencionou, publicamente, durante seu discurso no *State of the Union*, a intenção de vetar qualquer projeto de apropriação que contivesse um *earmark*.[364]

Entretanto, passados dez anos do referido banimento dos *earmarks*, atualmente é possível perceber votações internas e separadas,[365] entre os membros da casa de representantes dos partidos republicano e democrata para o retorno do referido mecanismo de direcionamento de verba pública.

---

[360] HOUSE COMMITEE ON THE BUDGET. *The Debt Ceiling*: An explainer, 2022. Disponível em: https://budget.house.gov/sites/democrats.budget.house.gov/files/documents/The%20Debt%20Ceiling%20An%20Explainer.pdf. Acesso em: 14 set. 2022.

[361] ESTADOS UNIDOS. *Public Law 117-169*. Disponível em: https://www.congress.gov/bill/117th-congress/house-bill/5376/text. Acesso em: 15 set. 2021.

[362] CRS APPROPRIATIONS TEAM. *Memorandum on Earmarks in Appropriations Acts*. Washington: Congressional Research Service, 2006. p. 2. Disponível em: https://sgp.fas.org/crs/misc/m012606.pdf. Acesso em: 04 dez. 2023.

[363] FOX, Laura; DIAZ, Daniellea. House Republicans reverse earmark ban, opening door to both parties using the formerly banned practice. *CNN*, 17 mar. 2017. Disponível em: https://edition.cnn.com/2021/03/17/politics/house-republicans-earmarks-spending-practice/index.html. Acesso em: 07 dez. 2021.

[364] HERNANDEZ, Raymond. District Liked Its Earmarks, Then Elected Someone Who Didn't. *The New York Times*, 11 fev. 2011. Disponível em: https://www.nytimes.com/2011/02/05/nyregion/05 earmarks.html. Acesso em: 07 dez. 2021.

[365] WISE, Lindsay. Senate Earmarks Are Back: Democrats Make It Official. *The Wallstreet Journal*, 26 abr. 2021. Disponível em: https://www.wsj.com/articles/senate-earmarks-are-back-democrats-make-it-official-11619478322. Acesso em: 07 dez. 2021.

Nesse sentido, no bojo da 117ª sessão do Congresso americano, de 2021, ocorreu a reinstituição dos *earmarks* e da possibilidade de realização de despesas congressuais diretas, por meio de mecanismo denominado de *Community Project Funding*, ou CPF.[366] Tal instrumento resta marcado por exigências como:[367]

i) A realização dos pedidos de verbas públicas direcionadas, de forma exclusiva, pelos endereços eletrônicos estabelecidos para o referido intuito;
ii) A formalização, pelos parlamentares responsáveis pela requisição, de declaração de ausência de interesse pessoal quanto ao direcionamento das correspondentes verbas públicas;
iii) O limite de dez projetos com subsídio das referidas verbas, para cada parlamentar;
iv) O limite do valor dos recursos públicos direcionados aos CPFs em montante de até 1% das verbas discricionárias;
v) O prévio apoio local quanto ao direcionamento das referidas verbas; e
vi) A proibição da disponibilização de recursos públicos para entidades com fins lucrativos.

Nesse contexto, observam-se argumentos no sentido de que a nova forma de realização do referido procedimento seria capaz de garantir acréscimo de transparência na aplicação dos recursos governamentais por meio de uma nova roupagem dos *earmarks*.[368]

---

366 COULTER, Hannah; BARKOVIC, Lisa; GOLD, Rich; BRANDER, Robert. *Congress Launches FY 2023 Community Project Funding Process After Successful Revival*. Holland &amp: Knight. 2022. Disponível em: https://www.hklaw.com/en/insights/publications/2022/04/congress-launches-fy-2023-community-projectfunding-process. Disponível em: https://appropriations.house.gov/sites/democrats. Appropriations.house.gov/files/documents/Community%20Project%20Funding%20-%20Fact%20Sheet%20on%20Reforms_0.pdf. Acesso em: 03 jun. 2022.

367 MCCLASKEY, Layla S.; MORALES, Felipe. O Contexto das Emendas Parlamentares no Orçamento Americano: O que nos fica de lição? *Consultor Jurídico*, 02 ago. 2022. Disponível em: https://www.conjur.com.br/2022-ago-02/mcclaskeyemorales-emendas-orcamento-americano. Acesso em: 04 ago. 2022.

368 WASSON, Erik. House GOP Votes to Allow Earmarks in Boost for Biden Infrastructure Plan. *Bloomberg*, 17 mar. 2021. Disponível em: https://www.bloomberg.com/news/articles/2021-03-17/house-gop-allows-spending-earmarks-in-a-boost-for-biden-plan. Acesso em: 07 dez. 20921.

CAPÍTULO 12

PROCESSO ORÇAMENTÁRIO NO PODER EXECUTIVO

Em conformidade com a diretriz constitucional de publicação das informações do orçamento, resta estabelecido pela Lei de Orçamento e Contabilidade de 1921 o dever de envio pelo Presidente, ao Congresso, de solicitação de orçamento para o ano fiscal seguinte.[369]

Entendendo-se tal medida como o marco do início do processo orçamentário no Poder Legislativo, verifica-se que essa submissão do projeto orçamentário pelo Presidente ao Congresso é antecedida por uma série de etapas que se desdobram ao longo dos anos anteriores àquele ano fiscal.

12.1 Projeção de Financiamento dos Departamentos e das Agências

Conforme o parágrafo 1105, do título 31,[370] do código americano,[371, 372, 373] cabe ao Presidente submeter o projeto de orçamento ao

[369] ESTADOS UNIDOS. *Public Law 67-13*. Disponível em: https://www.gao.gov/assets/D03855.pdf. Acesso em: 15 set. 2021.

[370] *"On or after the first Monday in January but not later than the first Monday in February of each year, the President shall submit a budget of the United States Government for the following fiscal year. Each budget shall include a budget message and summary and supporting information"*. §1105 do Título 31 do U.S. Code. Disponível em: https://uscode.house.gov/view.xhtml?req=granuleid:USC-prelim-title31sectio n11 05&num=0&edit ion=pre lim. Acesso em: 04 dez. 2023. "Na ou após a primeira segunda-feira de janeiro, mas ao mais tardar na primeira segunda-feira de fevereiro de cada ano, o Presidente apresentará um orçamento do Governo dos Estados Unidos para o ano fiscal seguinte. Cada orçamento deve incluir uma mensagem de orçamento, um resumo e informações de apoio". (tradução livre)

[371] *Id.*

[372] LEGAL INFORMATION INSTITUTE. *31 U.S. Code §1105* – Budget contents and submission to Congress. Disponível em: https://www.law.cornell.edu/uscode/text/31/1105. Acesso em: 30 jun. 2021.

[373] Esse dever de envio do orçamento até a primeira segunda-feira de fevereiro é reforçado

Congresso no primeiro dia de sessão regular das respectivas atividades legislativas daquele ano, a ocorrer, portanto, até a primeira segunda-feira de fevereiro.

Para que possa encaminhar tais informações ao Legislativo, percebe-se que o Chefe do Executivo, por meio do Escritório de Administração e Orçamento da Casa Branca (OMB), consolida as propostas submetidas pelo seu próprio corpo administrativo- formado pelos departamentos e pelas agências executivas[374] americanas – cerca de aproximadamente um ano e meio antes da data do envio do projeto orçamentário final ao Congresso.[375]

Ressalta-se, portanto, que a proposta presidencial será composta pelo orçamento encaminhado por todas as agências federais, incluindo-se as *Government-Sponsored Enterprises (GSEs),* que se verificam como empreendimentos patrocinados pelo Governo.[376]

No que se relaciona a esse processo de elaboração das propostas das agências, nota-se que o OMB possui um papel central, estabelecendo determinações capazes de conduzir os referidos trabalhos, a exemplo dos denominados *passbacks,* que consistem em medidas de devolução das propostas consideradas desconformes pelo OMB, os quais restam sujeitos a recurso frente o próprio OMB.[377]

Assim, o OMB designa um examinador para auxiliar na elaboração das propostas de cada uma das agências, possibilitando a sua ciência imediata sobre qualquer problema na proposta financeira.[378] Após esse processo de elaboração interno no bojo de cada agência, as propostas são enviadas para a presidência entre setembro e outubro

---

pelo Congressional Budget Act of 1974 que, em sua seção 300, §631, estabelece uma série de prazos para o orçamento. ESTADOS UNIDOS. *Public Law 93-344*. Disponível em: https://www.govinfo.gov/content/pkg/GPO-RIDDICK-1992/pdf/GPO-RIDDICK-1992-34.pdf. Acesso em: 15 set. 2021.

374 No Sistema americano de governo, verifica-se que os departamentos consistem em braços administrativos do chefe do poder Executivo, assemelhando-se aos ministérios brasileiros. As agências americanas, por outro lado, consistem em instituições dotadas de grau maior de independência especializadas conforme os assuntos de sua responsabilidade. Ver: https://guides.lib.uw.edu/research/fede ral/departments_agencies.

375 *USAGov* – Budget of the U.S. Government. Disponível em: https://www.usa.gov/budget. Acesso em: 30 jun. 2021.

376 OFFICE OF MANAGEMENT AND BUDGET. *Circular A-11*. Abr. 2021. p. 123-124. Disponível em: https:// www.whitehouse.gov/wp-content/uploads/2018/06/a11.pdf. Acesso em: 03 ago. 2021.

377 SATURNO, James. *Introduction to the Federal Budget Process*. Washington: Congressional Research Service, 2020. p. 14.

378 KEITH, Robert. *Introduction to the Federal Budget Process*. Congressional Research Service, 2008. p. 11. Disponível em: https://web.archive.org/web/20090514022409/http://budget.house.gov/crs-reports/98-721.pdf. Acesso em: 30 jun. 2021.

do ano que antecede a vigência daquele orçamento a que tais dotações se prestarão a compor.

Ademais, convém destacar que o processo de aprovação da proposta no Executivo resta definido pela Circular s.10.5, do OMB. E, caso um ministro ou um secretário discorde de decisão do OMB, cabe ao *Budget Review Board*, composto pelo Presidente, o Vice-Presidente, o Chefe da Casa Branca e o Diretor do OMB, a decisão final sobre a matéria.[379]

Além de contar com o suporte do OMB, nota-se que o Presidente vai dispor de ajuda do *Bureau of Budget*, um órgão vinculado à Casa Branca com atribuição orçamentária específica, nos termos da seção 207, do BAA 1921.[380, 381]

Com base em tais observações, comparando-se com o processo orçamentário estabelecido nos países da OCDE, destaca-se que o processo de elaboração do orçamento americano apresenta um lento preparo, tal como mencionado em relatório da referida organização.[382]

Além de demorado, verifica-se que o orçamento americano também é dotado de elevada complexidade, posto que além de conter os gastos das agências, o documento é composto por despesas consideradas pelo Presidente como necessárias para a respectiva governança, quais sejam, os gastos denominados discricionários.

Da mesma forma, nos termos do *Title 31, Chapter 11, s. 1105* do U.S. Code, verifica-se que a peça orçamentária deve ser composta por estimativas no tocante ao ano fiscal, de forma a caber ao Presidente dispor sobre projeções para os próximos quatro anos consecutivos, em vias de justificar o seu pedido com informações econômicas relevantes para a ciência e aprovação da peça pelo Congresso.

---

379 OCDE. OECD Journal on Budgeting. *Special Issue*. The Legal Framework for Budget Systems: An International Comparison. Volume 4, N. 3. 2004. Disponível em: https://www.oecd.org/gov/budgeting/thelegalframeworkforbudgetsystemsaninternationalcomparison.htm. Acesso em: 21 jul. 2021.

380 KEITH, Robert. *Introduction to the Federal Budget Process*. Congressional Research Service, 2008. p. 4. Disponível em: https://web.archive.org/web/20090514022409/http://budget.house.gov/crs-reports/98-721.pdf. Acesso em: 30 jun. 2021.

381 Salienta-se, entretanto, que, por causa da seção 102, do *Reorganization Plan N. 2 of 1970* ("Plano de Reorganização Número 2 de 1970") esse órgão foi renomeado para *Office of Management and Budget (OMB)*, que possui cinco funções principais, dentre as quais, o desenvolvimento e a execução do orçamento. Ver: THE WHITE HOUSE. *Office of Management and Budget*. Disponível em: https://www.white house.gov/o mb/.Acesso em: 24 ago. 2021.

382 OCDE. OECD Journal on Budgeting. *Special Issue*. The Legal Framework for Budget Systems: An International Comparison. Volume 4, N. 3. 2004. p. 457. Disponível em: https://www.oecd.org/gov/budgeting/thelegalframeworkforbudgetsystemsan internationalcomparison.htm. Acesso em: 21 jul. 2021.

Ressaltando-se que o Congresso não é obrigado a adotar quaisquer dos termos do pedido de orçamento feito pelo Presidente, percebe-se que o Presidente possui menos influência no processo orçamentário do que em países como o Brasil. A sua interferência na aprovação da peça vai variar conforme o capital político que lhe seja favorável no Congresso[383, 384]

Em linhas gerais, portanto, o ciclo orçamentário do Executivo verifica-se da seguinte forma:

i) Abril ou maio: Envio pelo OMB de guias para as agências federais elaborarem suas propostas;
ii) Julho: Emissão da Circular Número A-11 com informações mais detalhadas sobre a forma de preparo da proposta orçamentária pelas agências;
iii) Setembro: Elaboração das propostas oficiais pelas agências;
iv) Novembro: Análise e decisão sobre as propostas pelo OMB;
v) Dezembro: Fases de recurso das decisões do OMB;
vi) Fevereiro: Submissão da proposta presidencial ao Congresso.[385]

12.2 Detalhamento do Projeto Orçamentário das Agências (Circular A-11)

A Circular A-11 consiste em um dos documentos mais importantes dessa fase do processo orçamentário, sendo preparada e encaminhada pelo OMB às agências federais entre o período de junho a julho.

Visto como um documento extenso, a A-11 delineia boa parte do processo orçamentário no Executivo, comportando, portanto, todas as informações essenciais a serem incluídas pelas agências federais nas suas propostas e posteriormente encaminhadas à presidência.

A título ilustrativo, a A-11 de 2021 cuidou de estabelecer que a base das propostas orçamentárias das agências resulte de análise compreensiva da performance da agência, dos seus planos estratégicos e

---

383 KEITH, Robert. *Introduction to the Federal Budget Process*. Congressional Research Service, 2008. p. 10. Disponível em: https://web.archive.org/web/20090514022409/http://budget.house.gov/crs-reports/98-721.pdf. Acesso em: 30 jun. 2021.

384 *Id.*

385 OCDE. OECD Journal on Budgeting. *Special Issue*. The Legal Framework for Budget Systems: An International Comparison. Volume 4, N. 3. 2004. p. 458. Disponível em: https://www.oecd.org/gov/budgeting/thelegalframeworkforbudgetsystemsaninternationalcomparison.htm. Acesso em: 21 jul. 2021.

dos correspondentes efeitos econômicos. Os gastos das agências devem ser, portanto, incluídos e motivados nas suas propostas de orçamento.[386]

12.3 Revisão do Orçamento das Agências

Após a elaboração da Circular A-11, cada agência recebe uma notificação sobre a decisão tomada pelo OMB, as chamadas *passbacks* ("Passe de volta"), que contêm a opinião do OMB sobre a proposta apresentada pela agência.

Ao longo desse procedimento de *passback*, que geralmente ocorre no final de novembro,[387] as agências federais terão a opção de emendar a sua proposta de acordo com o *feedback* dado pelo OMB ou de apresentar recurso contra a decisão que eventualmente rejeite sua proposta de orçamento.[388]

Na última hipótese, caso as agências decidam apresentar recurso contra a decisão do *passback*, caberá ao chefe da agência apresentar razões para o convencimento do conselho competente para avaliar os recursos das agências, o qual, em um primeiro momento, consiste no próprio OMB.

Contudo, caso o conflito não seja resolvido pelo OMB e a agência pretenda prosseguir com os pontos da sua proposta que não obtiveram aprovação do OMB, a peça pode ser levada ao *Budget Review Board*, o qual detém composição variada conforme decisão presidencial, mas pode ser integrado pelo Presidente, pelo Vice-Presidente, pelo Chief of Staff da Casa Branca e pelo Diretor do OMB.[389]

12.4 Audiências Internas sobre as Verbas Discricionárias

Quanto à aprovação das verbas solicitadas pelas agências, observa-se que o processo se desdobra de forma completamente interna no

---

[386] OFFICE OF MANAGEMENT AND BUDGET. *Circular A-11*. Abr. 2021. Disponível em: https:// www.wh itehouse.gov/wp-content/uploads/2018/06/a11.pdf. Acesso em: 03 0 ago. 2021.

[387] OCDE. OECD Journal on Budgeting. *Special Issue*. The Legal Framework for Budget Systems: An International Comparison. Volume 4, N. 3. 2004. p. 458. Disponível em: https://www.oecd.org/gov/budgeting/thelegalframeworkforbudgetsystemsaninternationalcomparison.htm. Acesso em: 21 jul. 2021.

[388] SATURNO, James. *Introduction to the Federal Budget Process*. Washington: Congressional Research Service, 2020. p. 14.

[389] OCDE. OECD Journal on Budgeting. *Special Issue*. The Legal Framework for Budget Systems: An International Comparison. Volume 4, N. 3. 2004. p. 457. Disponível em: https://www.oecd.org/gov/budgeting/thelegalframeworkforbudgetsystemsaninternationalcomparison.htm. Acesso em: 21 jul. 2021.

âmbito do OMB, nos termos da Circular s.10.5, que faz menção à Ordem Executiva 11541, de 1º de julho, 1970, para estabelecer a delegação de responsabilidade para apropriações ao Diretor do OMB.

Assim, percebe-se que no âmbito do Executivo a decisão acerca da incorporação dos projetos de financiamento das agências federais no projeto de proposta orçamentária acaba por ser decidida pelo OMB, o que, entretanto, não impede a interferência do Presidente americano.

12.5 Submissão das Propostas das Agências ao Presidente e da Peça Final ao Congresso

Após as etapas mencionadas anteriormente, passa-se à etapa de envio, pelo Presidente, da versão final da proposta de orçamento do Executivo ao Congresso, o que, como dito, está previsto para ocorrer anualmente no mês de fevereiro. Vale ressaltar que a proposta orçamentária enviada pelo Presidente ao Congresso não detém teor de lei, consistindo numa simples recomendação ao Legislativo; a peça está sujeita, portanto, a toda e qualquer mudança que o Legislativo entender como necessária.

Assim, conforme o Título 31, do U.S. Code, observa-se autorização no sentido de que a entrega do documento pelo Presidente possa ocorrer na forma que lhe for conveniente,[390] ou seja, resta conferido ao Presidente amplo grau de discricionariedade quanto à forma de envio da peça orçamentária ao Congresso.

Nesse sentido, nota-se que os documentos que tradicionalmente compõem o dossiê submetido pelo Presidente consistem nos seguintes:

i) *Analytical Perspectives*, documentos abrangendo dados de cunho econômico e contábil, a exemplo das informações sobre o déficit federal;
ii) *Historical Tables*, memorandos com informações sobre gastos orçamentários passados e futuros; e
iii) *The Appendix*, documento com informações e justificativas dos pedidos de apropriação de cada agência federal.[391]

---

390 SATURNO, James. *Introduction to the Federal Budget Process*. Washington: Congressional Research Service, 2020. p. 14.

391 OCDE. OECD Journal on Budgeting. *Special Issue*. The Legal Framework for Budget Systems: An International Comparison. Volume 4, N. 3. 2004. p. 458-459. Disponível em: https://www.oecd.org/gov/budgeting/thelegalframeworkforbudgetsystemsaninternationalcomparison.htm. Acesso em: 21 jul. 2021.

Ademais do citado rol de informações e documentos usualmente encaminhados pelo Presidente ao Congresso, observa-se, da mesma forma, a apresentação de estimativas macroeconômicas e de sugestões de estratégias fiscais para os próximos 4 (quatro) anos subsequentes ao ano fiscal.

Além disso, percebe-se que na peça são apresentadas informações de planos de performances das agências federais, pareceres sobre legislações aplicáveis, benefícios tributários, passivos contingentes, orçamentos dos anos anteriores e do impacto da implementação da proposta orçamentária, dentre outras métricas e previsões.[392]

12.6 Etapa Posterior ao Trâmite da Peça Orçamentária no Congresso

Nos termos da circular A-11 e da 31 U.S. Code §1106,[393] verifica-se caber ao Executivo a entrega de relatório resultante da revisão das projeções econômicas feitas no bojo da proposta de orçamento encaminhada em fevereiro.[394] Tal medida resta denominada de *Mid-Session Review* (MSR) e tem como previsão o dia 15 de julho de cada ano. Vejamos o que dispõe o governo americano sobre a MSR em seu endereço eletrônico:

> Relatórios sobre mudanças reais nos gastos e nas receitas até o momento, e mudanças nos gastos e receitas para 2020 e 2021. O MSR também relata mudanças esperadas devido à atividade legislativa e administrativa desde fevereiro de 2020 nos casos em que a estimativa é possível.[395]

---

[392] OCDE. OECD Journal on Budgeting. *Special Issue.* The Legal Framework for Budget Systems: An International Comparison. Volume 4, N. 3. 2004. p. 459-461. Disponível em: https://www.oecd.org/gov/budg eting/thelegalframeworkforbudgetsystemsaninternationalcomparison.htm. Acesso em: 21 jul. 2021.

[393] *"Before July 16 of each year, the President shall submit to Congress a supplemental summary of the budget for the fiscal year for which the budget is submitted under section 1105(a) of this title".* §1106 do Título 31 do U.S. Code. Disponível em: https://uscode.house.gov/view.xhtml?req=granuleid:USC-prelim-title31-section1106&num=0&edition=prelim. Acesso em: 04 dez. 2023. "Antes de 16 de julho de cada ano, o Presidente deverá apresentar ao Congresso um resumo do orçamento para o ano fiscal para o qual o orçamento é apresentado sob a seção 1105(a) deste título". (Tradução Livre)

[394] Tradução livre de: *Reports on actual changes in spending and revenues to date, and changes to outlays and receipts for 2020 and 2021 where they are known. The MSR also reports expected changes due to legislative and administrative activity since February 2020 in cases where estimation is possible.* OFFICE OF MANAGEMENT AND BUDGET. *Circular A-11.* Abr. 2021. p. 55. Disponível em: https://www.whitehouse.gov/wp-content/uploads/2018/06/a11.pdf. Acesso em: 03 ago. 2021.

[395] OFFICE OF BUDGET MANAGEMENT. *A Budget for America's Future* – Mid-Session Review. 2021. Disponível em: https://www.govinfo.gov/content/pkg/BUDGET-2021-MSR/pdf/BUDGET-2021-MSR. pdf. Acesso em: 09 set. 2021.

Visto isso, resta perceptível que a MSR consiste em relatório a ser elaborado e submetido pelo Presidente, em conjunto com o OMB, para fins de atualização da proposta orçamentária entregue em fevereiro do mesmo ano. Tal medida, entretanto, não impede que o Presidente, a qualquer momento, revise e atualize a sua proposta orçamentária perante o Congresso.[396]

Vale destacar que a MSR ou quaisquer das atualizações promovidas pelo Presidente na peça orçamentária encaminhada ao Congresso não representam o término das atividades do Executivo no âmbito do desenvolvimento da proposta orçamentária no Legislativo. Isto porque ainda fica a cargo dos oficiais do OMB, dos conselheiros do Presidente e dos representantes das agências federais a defesa das suas propostas nas comissões orçamentárias do Congresso.

Ressaltando-se que os referidos funcionários do Executivo verificam-se como os defensores da proposta presidencial em sua íntegra, convém destacar o seu amplo esforço preparatório em conjunto com o OMB para fins de defesa do documento final apresentado pelo Presidente.[397] Ou seja, no caso dos chefes das agências, a busca pela aprovação da proposta orçamentária não detém teor meramente setorial voltado para os interesses exclusivos da respectiva agência, mas a peça orçamentária como um todo.

Outro mecanismo com capacidade de inserir o Executivo no debate do orçamento no Congresso consiste no *Statement of Administration Policy* (*SAP*), uma declaração formal feita pelo Presidente sobre a norma orçamentária em debate no Congresso. Comumente utilizadas para a sinalização de veto futuro do Presidente a determinada *appropriation bill*, o SAP tende a influenciar os debates no Legislativo.[398]

Por fim, destaca-se que, ao final dos debates no Congresso, o Presidente detém a importante missão de decidir sobre as *appropriation bills*, que, conforme maior detalhamento na seção sobre o processo Orçamentário no Legislativo a seguir, consistem em 12 (doze) projetos de lei com a alocação dos gastos discricionários do orçamento. Por se materializarem na forma de leis, as *appropriation bills* devem ser aprovadas pelo Presidente para entrar em vigor, com o que é perceptível

[396] KEITH, Robert. *Introduction to the Federal Budget Process*. Congressional Research Service, 2008. p. 11. Disponível em: https://web.archive.org/web/20090514022409/http://budget.house.gov/crs-reports/98-721.pdf. Acesso em: 30 jun. 2021.

[397] KEITH, Robert. *Introduction to the Federal Budget Process*. Congressional Research Service, 2008. p. 12. Disponível em: https://web.archive.org/web/20090514022409/http://budget.house.gov/crs-reports/98-721.pdf. Acesso em: 30 jun. 2021.

[398] *Id*. p. 4.

que o Presidente possui a prerrogativa de vetar ou aprovar tais leis que compõem grande parcela do orçamento americano.

CRONOGRAMA DO PROCESSO ORÇAMENTÁRIO NO EXECUTIVO[399]

(continua)

Período	Atividade
Ano anterior ao início do ano fiscal	Desenvolvimento da Proposta Orçamentária do Presidente.
Primavera	O OMB emite o planejamento orçamentário para as agências executivas para o ano fiscal que irá se iniciar em, aproximadamente, 18 meses (No dia 1º de outubro).
Primavera e verão	Todas as agências começam a desenvolver suas propostas orçamentárias.
Verão	O OMB atualiza a Circular A-11, disponibilizando instruções detalhadas de como emitir a proposta orçamentária e materiais para os pedidos das agências executivas.
Setembro	As agências executivas submetem a sua proposta orçamentária inicial para o OMB; tipicamente, esse prazo é estabelecido no guia de planejamento orçamentário do OMB.
Outubro – Novembro	Os membros do OMB analisam as propostas das agências executivas em relação às prioridades do Presidente, programas de performance, limites orçamentários e outros critérios.
Novembro – Dezembro	O Presidente, embasando-se nas recomendações do diretor do OMB, toma decisões em relação às propostas das agências executivas. Subsequentemente, o OMB informa às agências executivas das correspondentes decisões à luz do que pretende o Presidente em seu projeto. Tal prática é tipicamente conhecida como *passback*.
Dezembro	As agências executivas podem apresentar recursos contra as referidas decisões para o diretor do OMB, e, em certos casos, diretamente para o Presidente.

[399] CHRISTENSEN, Michelle. The Executive Budget Process Timetable. *Congressional Research Service*, p. 4, 2012. Disponível em: https://crsreports.congress.gov/product/pdf/RS/RS20152. Acesso em: 09 set. 2021.

(conclusão)

Período	Atividade
Início do ano relativo ao ano fiscal	Submissão e Justificativas da Proposta Orçamentária do Presidente
Até a primeira semana de fevereiro	O Presidente submete a proposta orçamentária ao Congresso.
Fevereiro – Setembro	A Administração e os oficiais das agências justificam a proposta orçamentária do Presidente e os pedidos orçamentários das agências para o Congresso.
Até 15 de julho	O Presidente submete a *mid-session review* ao Congresso.
21 de agosto (ou até 10 dias da aprovação de uma *spending bill*)	As agências executivas submetem pedidos de apropriações para o OMB.
10 de setembro (ou até 30 dias da aprovação de uma *spending bill*)	O OMB realiza as repartições dos fundos disponíveis para as agências executivas de acordo com o período tempo, programa, projeto ou atividade.
Encerramento do ano fiscal	Execução das Apropriações e outros contornos orçamentários.
1º de outubro	O ano fiscal inicia-se.
Outubro – Setembro	As agências alocam fundos, conduzem atividades e podem pedir apropriações suplementares, se necessário. O Presidente pode propor apropriações suplementares e *impoundments* ao Congresso.
30 de setembro	O ano fiscal termina.

Figura 2
Fluxo do Processo Orçamentário

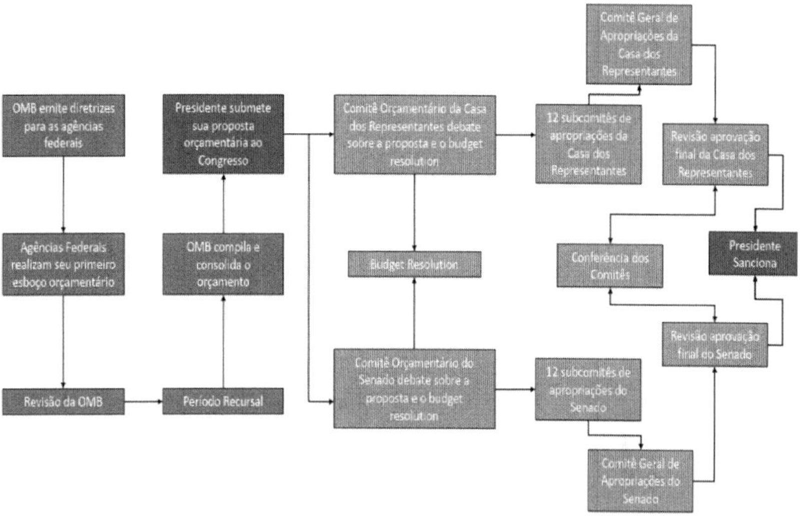

Fonte: https://blw06.wordpress.com/annual-budget-approval-process/. Acesso em: 24 ago. 2021.

Figura 3
Fluxo do Processo Orçamentário

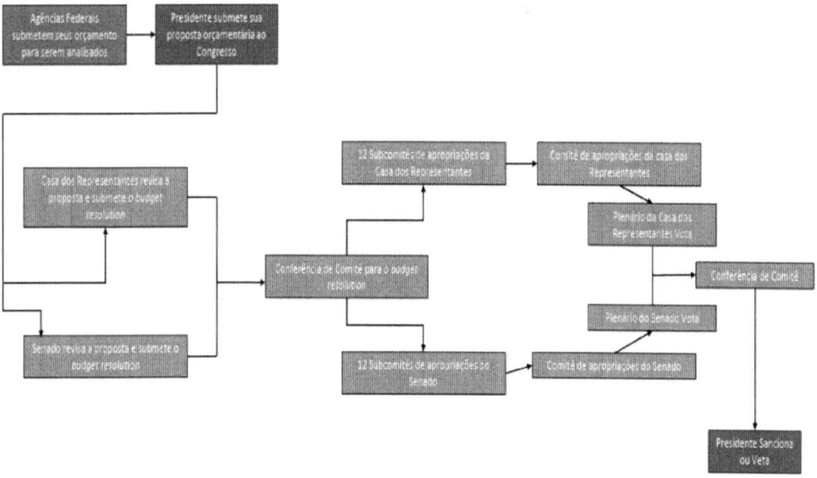

Fonte: NATIONAL PRIORITIES PROJECT. *Budget Process*. Disponível em: https://www.nationalpriorities. org/budget-basics/federal-budget-101/federal-budget-process/. Acesso em: 02 ago. 2021.

CAPÍTULO 13

PROCESSO ORÇAMENTÁRIO NO PODER LEGISLATIVO

De acordo com as diretrizes da constituição americana, verifica-se que o Executivo só pode fazer uso de verbas públicas mediante autorização formalizada por normas editadas pelas comissões de apropriação orçamentária formadas no âmbito da Casa dos Representantes e do Senado.

Assim, ressalta-se que tais comissões são subdivididas em 12 (doze) subcomissões as quais têm a atribuição de elaborar projeto de lei de apropriação regular capaz de determinar os valores das despesas discricionárias autorizadas para programas federais específicos.

Nesse sentido, de forma que tais montantes sejam direcionados para os órgãos e agências federais, as correlatas normas desenvolvidas pelas citadas 12 subcomissões devem ser apreciadas pelas 2 (duas) casas legislativas, e, posteriormente, pelo Presidente americano.

As citadas casas legislativas elaboram os seus projetos de lei orçamentária de forma independente, utilizando como subsídio a proposta de orçamento enviada do Presidente. Portanto, depois de elaboradas e comparadas ambas as propostas das casas do Legislativo, resta formada comissão mista – a comissão de conferência – para resolver as diferenças e fundir as duas versões do texto orçamentário.

Assim, passados os debates sobre os textos no âmbito das citadas comissões mistas, a versão do projeto de peça orçamentária acaba por ser votada pelo Congresso, passando, posteriormente, pelo crivo do Presidente. A previsão da assinatura do documento oficial pelo Presidente é de 30 de setembro de cada ano.[400]

[400] CHRISTENSEN, Michelle. The Executive Budget Process Timetable. *Congressional Research Service*, p. 2, 2012. Disponível em: https://crsreports.congress.gov/product/pdf/RS/RS20152. Acesso em: 09 set. 2021.

13.1 Início do Processo Orçamentário no Poder Legislativo

No período anterior à vigência do CBA 1974, observava-se inexistir a consolidação normativa de regras pertinentes a um processo orçamentário, com, por exemplo, o estabelecimento de prazos para o cumprimento das respectivas etapas, tal como se verifica atualmente.

Contudo, depois da prolação do CBA 1974, foram estabelecidos dois marcos relevantes em matéria fiscal, quais sejam: i) a determinação do início do processo orçamentário no âmbito do Legislativo, que se dá com o envio da proposta presidencial na primeira segunda-feira de fevereiro, nos termos do capítulo 11, s. 1105, do U.S. Code e ii) a instauração de prazo para o término desse processo para um dia antes do início do novo ano fiscal, conforme a seção 300, do CBA 1974.[401]

CRONOGRAMA PARA O PROCESSO ORÇAMENTÁRIO NO CONGRESSO[402]

(continua)

Prazo	Ação
Primeira Semana de Fevereiro	O Presidente submete sua proposta orçamentária.
15 de fevereiro	O *Congressional Budget Office* submete relatório para as Comissões Orçamentárias.
6 semanas após o Presidente submeter sua proposta orçamentária	As Comissões submetem análises e estimativas para as Comissões Orçamentárias.
1º de abril	A Comissão Orçamentária do Senado decide sobre a *concurrent resolution* do orçamento.
15 de abril	O Congresso termina suas ações na *concurrent resolution* do orçamento.
15 de maio	As apropriações anuais podem ser consideradas na Casa dos Representantes.

[401] OCDE. OECD Journal on Budgeting. *Special Issue*. The Legal Framework for Budget Systems: An International Comparison. Volume 4, N. 3. 2004. p. 462. Disponível em: https://www.oecd.org/gov/budgeting/thelegalframeworkforbudgetsystemsaninternationalcomparison.htm. Acesso em: 21 jul. 2021.

[402] Seção 300, do *Congressional Budget Act*, 2. U.S. Code. §631. Disponível em: https://uscode.house.gov/view.xhtml?req=(title:2%20section:631%20edition:prelim). Acesso em: 24 out. 2022.

(conclusão)

Prazo	Ação
10 de junho	A Comissão de Apropriações da Casa dos Representantes completa a sua última *appropriation bill* do ano.
15 de junho	O Congresso termina as suas ações na legislação de reconciliação.
30 de junho	A Casa dos Representantes termina as suas ações nas *appropriation bills* do ano.
1º de outubro	O ano fiscal inicia-se.

13.2 Comissões Orçamentárias da Casa dos Representantes e do Senado e a *Concurrent Resolution*

Conforme mencionado anteriormente, em decorrência do CBA 1974 restaram criadas as comissões orçamentárias legislativas responsáveis pela consolidação do teto dos gastos discricionários autorizados para fins de uso pelo Executivo. Tais comissões autorizativas aprovam as despesas do Executivo por meio de uma *concurrent resolution*.[403]

Cabe salientar, entretanto, que a alocação desses recursos autorizados pelas comissões orçamentárias legislativas não se dá nesses foros: a destinação específica dos recursos é concretizada por outras comissões do Legislativo, quais sejam, as comissões de apropriação.

Assim, conforme se observa da Seção 301(a), do CBA 1974, além da previsão do nível de gastos públicos para cada ano, a *concurrent resolution* deve estabelecer o que se denomina de *budget aggregate*, trazendo, portanto, dados relativos à/ao: i) receita total; ii) excedente e déficit orçamentário público; e iii) limite de déficit orçamentário público; e iv) autorizações e pagamentos.

Ressalta-se, como dito anteriormente, que a *concurrent resolution* não equivale formalmente a uma lei; portanto, o Presidente não detém participação processual no contexto das discussões ocorridas para a deliberação do teto de gastos.

Quanto aos trâmites da *concurrent resolution*, percebe-se que, inicialmente, de forma separada, as comissões do Senado e da Casa dos Representantes realizam debates sobre a proposta feita pelo Executivo.

---

403 KEITH, Robert. *Introduction to the Federal Budget Process*. Congressional Research Service, 2008. p. 17. Disponível em: https://web.archive.org/web/20090514022409/http://budget.house.gov/crs-reports/98-721.pdf. Acesso em: 30 jun. 2021.

A correspondente aprovação vai depender de deliberação de maioria simples.[404]

Depois de feitas as referidas deliberações nas comissões de cada Casa, há uma conciliação na tentativa de se alcançar um consenso sobre a resolução, o que deve ocorrer até o prazo do dia 15 de abril de cada ano.[405]

Nesse contexto, importante mencionar o papel do *Congressional Budget Office* (CBO), responsável pela produção e disponibilização para as comissões das Casas do Congresso de dados, informações e projeções econômicas no tocante aos projetos orçamentários em debate em cada uma dessas Casas.[406] O CBO detém função essencialmente técnica, sendo desprovido de teor político-partidário.

13.3 Processo de Reconciliação do Orçamento no Poder Legislativo

O processo de reconciliação do orçamento relativo aos gastos obrigatórios do Executivo consiste em mecanismo opcional a ser invocado pelo Congresso[407] quando da necessidade do envio de diretrizes sobre objetivos específicos prioritários no projeto de orçamento em debate no Legislativo. Tal instrumento verifica-se, portanto, pelo envio, no bojo da na *concurrent resolution*, de instruções às comissões para a inclusão de determinada dotação.

13.4 Apropriações (*Appropriation Acts*)

No que tange aos gastos discricionários, verifica-se competir à Comissão de Apropriações decidir sobre a pertinência das referidas despesas, o que é feito após a aprovação da *concurrent resolution*,[408] por meio da deliberação do que se chama de *appropriation act*.

---

[404] SATURNO, James. *Introduction to the Federal Budget Process*. Washington: Congressional Research Service, 2020. p. 20.

[405] KEITH, Robert. *Introduction to the Federal Budget Process*. Congressional Research Service, 2008. p. 15-16. Disponível em: https://web.archive.org/web/20090514022409/http://budget.house.gov/crs-reports/98-721.pdf. Acesso em: 30 jun. 2021.

[406] SATURNO, James. *Introduction to the Federal Budget Process*. Washington: Congressional Research Service, 2020. p. 8.

[407] OCDE. OECD Journal on Budgeting. *Special Issue*. The Legal Framework for Budget Systems: An International Comparison. Volume 4, N. 3. 2004. p. 464. Disponível em: https://www.oecd.org/gov/budgeting/thelegalframeworkforbudgetsystemsaninternationalcomparison.htm. Acesso em: 21 jul. 2021.

[408] SATURNO, James. *Introduction to the Federal Budget Process*. Washington: Congressional Research Service, 2020. p. 23.

Por meio desse *appropriation act*, resta conferida ao Executivo a prerrogativa de exigir a concessão das verbas pelo tesouro americano e, ao mesmo passo, a obrigação imposta à Tesouraria para liberar tais fundos aos departamentos e agências executivas.[409] O ato de apropriação consiste, portanto, em lei, com aprovação pelo Congresso.[410]

Assim, considerando que as Comissões de Apropriação são compostas, na atual legislatura, por 12 (doze) Subcomissões de Apropriações,[411] percebe-se que ao todo 12 projetos de atos de apropriação são desenvolvidos ao longo do ano. Globalmente, o montante autorizado resta limitado ao teto de gastos estabelecido na fase anterior.[412]

Ressaltando-se que as apropriações também sofrem restrição a título de conteúdo, posto que atreladas à matéria com previa autorização legal, convém observar que ao longo do seu texto restam dispostas as demandas presidenciais em conjunto com as demandas dos departamentos e agências executivas.

Os atos de apropriação podem ser de três espécies, quais sejam:

i) *Regulares*, que têm como objeto as dotações originalmente requeridas na proposta inicial do Executivo;
ii) *Suplementares*, que se aplicam na hipótese de insuficiência das apropriações regulares; e
iii) *Contínuas*, aplicáveis às situações nas quais não houve liberação de verbas por meio das apropriações regulares.

Salvo disposição em contrário, as leis de apropriação prestam-se a servir por tão somente um ano fiscal, trazendo, portanto, em seu texto, informações a título de prazos excepcionais de validade, se aplicáveis, e dos valores expressamente autorizados de liberação ao Executivo.[413]

---

[409] SATURNO, James. *Introduction to the Federal Budget Process*. Washington: Congressional Research Service, 2020. p. 23.

[410] *Id.* p. 24.

[411] As Comissões de legislatura vigente são: i) Agricultura, desenvolvimento rural, administração de comida e drogas e agências relacionadas, ii) Comércio, Justiça, Ciência e agencias relacionadas, iii) Defesa, iv) Desenvolvimento de Energia e Água e agencias relacionadas, v) Serviços Financeiros e do governo geral, vi) *Homeland Security*, vii) Interior, *Envirorment* e agências relacionadas, viii) Trabalho, saúde e serviços humanos, educação e agências relacionadas, ix) Legislativo, x) Construção Militar, Veteranos e agências relacionadas, xi), Estado, operações estrangeiras e programas relacionadas e xii) Transporte, moradia urbana, desenvolvimento e agências relacionadas. Disponível em: https://appropriations.house.gov/. Acesso em: 05 dez. 2023.

[412] OCDE. OECD Journal on Budgeting. *Special Issue*. The Legal Framework for Budget Systems: An International Comparison. Volume 4, N. 3. 2004. p. 463. Disponível em: https://www.oecd.org/gov/budgeting/thelegalframeworkforbudgetsystemsaninternationalcomparison.htm. Acesso em: 21 jul. 2021.

[413] KEITH, Robert. *Introduction to the Federal Budget Process*. Congressional Research Service, 2008. p. 24-25. Disponível em: https://web.archive.org/web/20090514022409/http://budget.house.gov/crs-reports/98-721.pdf. Acesso em: 30 jun. 2021.

Em linhas gerais, observa-se, portanto, que, diferentemente de outros países, nos Estados Unidos o orçamento público não resta percebido como uno, mas, sim, como um sistema fragmentado em leis específicas para áreas distintas, as quais seguem, cada uma, o rito de aprovação pelas Subcomissões da Casa dos Representantes, do Senado, individualmente e, ao final, em conjunto.

13.5 Orçamento Provisório e Resoluções Continuativas

Em face da complexidade do processo orçamentário americano, verifica-se ser usual a ocorrência de descumprimento pelo Congresso do prazo estabelecido pela legislação, principalmente pela CBA, para o término das correspondentes deliberações sobre as apropriações.

Em vias de sanar a problemática da ausência normativa causada pelo atraso nas deliberações do Congresso para além do dia 30 de setembro, restou criado o instrumento das resoluções continuativas. Tais medidas temporárias prestam-se a garantir a manutenção de reserva financeira mínima para o funcionamento do governo, evitando-se, com isso, a paralisação de suas atividades.

Dotadas de teor de excepcionalidade, concretamente, nota-se que as referidas resoluções cuidam de promover a alocação do mesmo aporte de verba pública utilizado no ano anterior pelos departamentos e agências,[414] com previsão de uso por período específico delimitado pela ausência de aprovação dos atos definitivos de apropriação.[415]

Além do mecanismo das resoluções continuativas, vale destacar que o Congresso dispõe da *omnibus bill*, que se verifica como o resultado da fusão de dois ou mais atos de apropriação. A *omnibus bill* trata da criação de uma espécie de apropriação mais ampla,[416] buscando agregar agilidade na resolução da problemática envolvendo o atraso nas deliberações congressuais e o risco de paralisação do governo.

---

[414] BERGER, Sam; HANLON, Seth; HENDRICKS, Galen. *Reflections on the Congressional Budget Act*. The Center for American Progress, 2018. p. 10. Disponível em: https://www.americanprogress.org/article/ref lections-congressional-budget-act/. Acesso em: 08 nov. 2021.

[415] SATURNO, James. *Introduction to the Federal Budget Process*. Washington: Congressional Research Service, 2020. p. 26-27.

[416] KEITH, Robert. *Introduction to the Federal Budget Process*. Congressional Research Service, 2008. p. 21. Disponível em: https://web.archive.org/web/20090514022409/http://budget.house.gov/crs-reports/98-721.pdf. Acesso em: 30 jun. 2021.

13.6 Tramitação das Despesas Orçamentárias entre as Subcomissões

Para servir de suporte a sua requisição de orçamento, o Presidente americano apresenta uma série de documentos juntamente com a proposta orçamentária, tais como as perspectivas analíticas, as denominadas *historical tables* e o *appendix*, sendo este um documento que inclui informações detalhadas sobre programas individuais e apropriações, junto de explicações, justificando a necessidade desses recursos.

Em paralelo, as agências executivas tratam também de apresentar as chamadas *Congressional Justifications*, que consistem em explicações detalhadas de seus pedidos de verba pública.[417] Tal material resta encaminhado para as comissões de apropriação para amparar a requisição de permissão da realização desses gastos.

Quanto ao trâmite das *appropriations bills*, nota-se que antes da distribuição dos projetos entre as 12 subcomissões responsáveis pelas deliberações orçamentárias, e depois da aprovação da *concurrent resolution* com os limites dos gastos discricionários já definidos pelo Congresso,[418] a Mesa da comissão responsável pelas subcomissões de apropriação decide o valor a ser recebido por cada subcomissão.[419, 420]

Em seguida, têm início as discussões nas subcomissões acerca dos valores a serem distribuídos de acordo com cada programa ou agência sob sua competência, o que tem acompanhamento por meio de audiências públicas com participação das agências executivas. Tais agências realizam uma espécie de sustentação oral de seus pedidos nas subcomissões orçamentárias competentes.

Ao final desse procedimento, ocorrido de forma simultânea na Casa dos Representantes e no Senado, caberá a cada Subcomissão elaborar uma *appropriation bill* específica, que, caso aprovada, resta encaminhada para o aval final da Comissão Geral de Apropriações de cada uma dessas casas. Tais Comissões, tanto na Casa dos Representantes

---

417 KEITH, Robert. *Introduction to the Federal Budget Process*. Congressional Research Service, 2008. p. 21. Disponível em: https://web.archive.org/web/20090514022409/http://budget.house.gov/crs-reports/98-721.pdf. Acesso em: 30 jun. 2021.

418 SIMPSON, Mike. *What are 302(a) Allocations?*. Disponível em: https://simpson.house.gov / ap propriation s/302aallocations.htm. Acesso em: 18 ago. 2021.

419 AMERICAN COUNCIL ON EDUCATION. *A Brief Guide To The Federal Budget And Appropriations Process*. Disponível em: https://www.acenet.edu/Policy-Advocacy/Pages/Budget-Appropriations/Brief-Guide-to-Budget-Appropriations.aspx. Acesso em: 18 ago. 2021.

420 SIMPSON, Mike. *What are 302(a) Allocations?*. Disponível em: https://simpson.house.gov / ap propriation s/302aallocations.htm. Acesso em: 18 ago. 2021.

quanto no Senado, geralmente realizam uma série de observações e emendas nos atos de apropriação encaminhados pelas Subcomissões até que se chegue à versão final do projeto de lei em cada Casa – *allocation 302a* e *302b*.[421]

Passadas tais deliberações, as duas versões de cada uma das 12 *appropriations bills* compatibilizadas no Plenário da Casa dos Representantes e no Plenário do Senado são sancionadas pelo Presidente idealmente até o início do novo ano fiscal.

FASES E ATIVIDADES DO PROCESSO ORÇAMENTÁRIO NO PODER LEGISLATIVO

Fase	**Atividade**
1ª Fase	A Comissão Orçamentária da Casa dos Representantes recebe e debate a proposta orçamentária do Presidente e decidem o *budget resolution*. A Comissão Orçamentária do Senado recebe e debate a proposta orçamentária do Presidente e decidem o *budget resolution*.
2ª Fase	As Comissões orçamentárias da Casa dos Representantes e do Senado concordam em um *budget resolution* único.
3ª Fase	Com o *budget resolution*, que estabelece o limite de gastos discricionários, as 12 Subcomissões de apropriações da Casa dos Representantes e as 12 Subcomissões do Senado alocam recursos para cada área.
4ª Fase	Após as 12 Subcomissões sugerirem sua alocação de recursos, suas propostas são levadas para a Comissão Geral de Apropriações da Casa dos Representantes e do Senado, respectivamente.
5ª Fase	Após as Comissões Gerais de Apropriações deliberarem sobre as propostas das subcomissões, a Casa dos Representantes e o Senado analisam a proposta de suas Comissões Gerais, respectivamente.
6ª Fase	Comitê de Conferência une as apropriações do Senado e da Casa dos Representantes e delibera.
7ª Fase	Após a deliberação no Comitê de Conferência, os projetos de apropriações retornam para o Senado e a Casa dos Representantes, onde são revisados e aprovados pela última vez.
8ª Fase	Presidente sanciona as leis de apropriações.

421 AMERICAN COUNCIL ON EDUCATION. *A Brief Guide To The Federal Budget And Appropriations Process*. Disponível em: https://www.acenet.edu/Policy-Advocacy/Pages/Budget-Appropriations/Brief-Guide-to-Budget-Appropriations.aspx. Acesso em: 18 ago. 2021.

PARTE II

ANÁLISE COMPARATIVA DO PROCESSO ORÇAMENTÁRIO NOS PAÍSES PESQUISADOS

BRASIL

DAYSON ALMEIDA

PAULO BIJOS

JÚLIA RODRIGUES

CAPÍTULO 14

INTRODUÇÃO: ASPECTOS GERAIS

14.1 Sistema de Governo e Forma de Estado

O sistema de governo busca identificar a dinâmica das relações entre o Poder Executivo e o Poder Legislativo e, de acordo com o Dicionário de Ciência Política,[422] distingue-se entre a forma parlamentar e a forma presidencial. Na primeira, as articulações governamentais nascem no âmbito do Parlamento e há uma simbiose entre os Poderes; na segunda, há acumulação, num único cargo, das funções de chefe de Estado e de chefe de Governo, ou seja, o Presidente ocupa uma posição central em relação às demais forças políticas.

O Brasil, de acordo com a Constituição Federal de 1988, adota o sistema presidencialista, tendo como Poderes da União, independentes e harmônicos entre si, o Legislativo, o Executivo e o Judiciário. O Presidente da República, com o auxílio dos Ministros, chefia o Poder Executivo, sendo responsável tanto pela representação externa do País quanto pela implementação das políticas públicas.

A forma de Estado, por sua vez, dialoga com a maneira pela qual o Poder se distribui no território. O Estado Unitário é aquele em que há apenas um centro de poder. Segundo Aja,[423] esse tipo de Estado deriva das monarquias europeias consolidadas entre os séculos XVI e XVIII em que um só ordenamento legal se impõe a todos os cidadãos, privilegiando a igualdade. Por sua vez, o Estado Federal caracteriza-se pela:

---

[422] PASQUINO, Gianfranco. 2004: verbete Formas de Governo. *In*: BOBBIO, Norberto; MATTEUCCI, Nicola; PASQUINO, Gianfranco. *Dicionário de Política*. 11. ed. Brasília: UnB, 1998.

[423] Cf. AJA, Eliseo. *El Estado autonómico*: federalismo y hechos diferenciales. 2. ed. Madrid: Alianza, 2003.

> *pluralidade de centros de poder soberanos coordenados entre eles, de modo tal que ao Governo Federal, que tem competência sobre o inteiro território da federação, seja conferida uma quantidade mínima de poderes, indispensável para garantir a unidade política e econômica e, aos Estados Federais, que têm competência cada um sobre o próprio território, sejam assinalados os demais poderes.*[424] (Dicionário de Ciência Política, p. 481)

Segundo a Constituição de 1988, o Brasil adota a forma federal, com o estabelecimento de competências para União, Estados, Distrito Federal e os Municípios. Estão previstas competências exclusivas, a serem executadas por cada ente, de forma independente, mas também há delimitação de competências a serem desempenhadas conjuntamente, sob o regime de parceria, as quais foram denominadas competências concorrentes. Nesse ínterim, objetiva-se que os diferentes entes cooperem na execução das tarefas e objetivos enunciados, convocando-os para uma ação conjunta e permanente.

Tal arranjo tem impacto na forma como se implementam as políticas públicas no País, em especial para aquelas em que há conjugação de esforços entre os três entes, por exemplo, na educação, na saúde, no meio ambiente. Para esse fim, o Orçamento da União conta com um complexo sistema de transferências a Estados, Municípios e o Distrito Federal.

Primeiramente, têm-se as transferências previstas no texto constitucional, na qual parcela das receitas federais arrecadadas pela União é repassada aos demais entes. Trata-se de mecanismo fundamental para amenizar as desigualdades regionais, uma vez que a capacidade tributária dos entes é desigual. São exemplos: o Fundo de Participação dos Estados e do Distrito Federal (FPE); o Fundo de Participação dos Municípios (FPM); e o Fundo de Manutenção e Desenvolvimento da Educação Básica e de Valorização dos Profissionais da Educação (Fundeb).

Em seguida, têm-se as transferências legais, aquelas cuja obrigatoriedade está especificada em lei. As transferências dos concursos de prognóstico enquadram-se nessa categoria, assim como os demais repasses previstos, por exemplo, no Anexo III da Lei de Diretrizes Orçamentárias.

Por fim, há as transferências voluntárias, que são os repasses de recursos correntes ou de capital da União a Estados, Distrito

---

[424] LEVI, Luci. 2004: verbete Formas de Governo. *In*: BOBBIO, Norberto; MATTEUCCI, Nicola; PASQUINO, Gianfranco. *Dicionário de Política*. 11. ed. Brasília: UnB, 1998.

Federal, Municípios e entidades privadas sem fins lucrativos a título de cooperação, auxílio ou assistência financeira, que não decorram de determinação constitucional ou legal. Cabe ressaltar que essas transferências são discricionárias, isto é, são definidas e negociadas em cada processo orçamentário. As emendas parlamentares, quando implicarem no repasse de recursos a outros entes parceiros, são classificadas como transferências voluntárias.

14.2 Sistema Partidário

O ano de 1980 pode ser identificado como o ponto de referência inicial do sistema multipartidário brasileiro. Isso se deveu, em grande medida, à superação da ditadura militar e à ascendência da democracia no país. A Constituição Federal de 1988 também é um marco, na medida em que seu art. 17 assegura a liberdade de criação, fusão, extinção e incorporação de partidos políticos. Em 2021, de acordo com o Tribunal Superior Eleitoral (TSE), estão registrados 33 partidos, sendo que 24 deles possuem representação na Câmara dos Deputados.[425]

No entanto, muitos autores creditam as dificuldades na relação entre o Executivo e Legislativo ao multipartidarismo, uma vez que, para formar uma maioria parlamentar, o Presidente teria que negociar com muitos partidos. Nesse sentido, o presidencialismo de coalizão tem sido o marco teórico prevalente para explicar como se construiu a governabilidade no Brasil pós-Constituição de 1988 (Abranches;[426] Limongi; Figueiredo;[427] Bittencourt[428]). Entende-se o presidencialismo de coalizão como os arranjos concretos que garantem a coordenação, cooperação e negociação dos conflitos entre os Poderes em um cenário de fragmentação partidária, em regime presidencialista.

Abranches considera que a combinação do sistema eleitoral proporcional com o multipartidarismo e a centralização de poder no Presidente propiciam a formação de grandes coalizões para sustentarem o

---

[425] Disponível em: https://oglobo.globo.com/politica/camara-dos-deputados-brasileira-tem-segundo-maior-numero-de-partidos-entre-31-paises-1-25186058. Acesso em: 05 dez. 2023.

[426] ABRANCHES, Sérgio Henrique H. Presidencialismo de Coalizão: o Dilema Institucional Brasileiro. *Revista de Ciências Sociais*, Rio de Janeiro, v. 31, n. 1, p. 5-38, 1988.

[427] LIMONGI, Fernando; FIGUEIREDO, Argelina Cheibub. Bases institucionais do presidencialismo de coalizão. *Lua Nova*, n. 44, p. 81-106, 1998.

[428] BITTENCOURT, Fernando. *Poderes orçamentários no presidencialismo democrático brasileiro*: contribuições aos modelos comparativos. Dissertação (mestrado) – Câmara dos Deputados, Centro de Formação, Treinamento e Aperfeiçoamento (Cefor). Brasília, 2016. Disponível em: http://bd.camara.leg.br/bd/handle/bdcamara/31159. Acesso em: 28 nov. 2023.

Executivo. Este sistema seria, portanto, caracterizado pela instabilidade, alto risco e sustentação política baseada no desempenho de curto prazo do governo e na disposição deste em respeitar estritamente os acordos com a base, acordos esses que nem sempre são explícitos. Outro aspecto do presidencialismo no Brasil seria a necessidade de a coalizão contemplar não somente a maioria dos parlamentares e partidos políticos, mas também de considerar questões regionais, de interesse dos estados, dada a força política dos governadores. Toda essa complexidade leva o autor a considerar que o presidencialismo de coalizão é um sistema de baixa governabilidade.

Limongi,[429] entretanto, defende não haver distinções significativas entre o sistema político brasileiro e o de algumas das principais democracias consolidadas, presidencialistas ou parlamentaristas. Para ele, o *modus operandi* do governo brasileiro é o mesmo da maioria das democracias contemporâneas, em que o executivo controla a agenda legislativa e consegue aprovar um percentual alto de suas proposições, uma vez que tem à disposição um consistente apoio partidário. O autor comprova esta afirmação a partir de estudos do funcionamento de governos parlamentaristas contemporâneos, que utilizam como indicadores a taxa de sucesso das iniciativas do Executivo e a taxa de dominância sobre a produção legal: ambas as taxas alcançam índices, na média, próximos de 90% nas democracias maduras.

Raile, Pereira e Power[430] também pontuam, com base em larga construção anterior da literatura e em sua própria análise empírica, que esse sistema tem se mostrado, até de maneira inesperada, funcional, e tem predominado não apenas no Brasil, mas também na maioria dos países da América Latina.

Bittencourt[431] apresenta três possíveis leituras para as relações entre os Poderes Legislativo e Executivo. A primeira delas entende que há um predomínio do Poder Executivo que é construído a partir do seu poder de agenda. Esse poder manifesta-se na prerrogativa de

---

429 LIMONGI, Fernando. A democracia no Brasil: presidencialismo, coalizão partidária e processo decisório. *Novos estudos CEBRAP [online]*, n. 76, p. 17-41, 2006. Disponível em: https://doi.org/10.1590/S0101-33002006000300002. Acesso em: 06 set. 2021.

430 RAILE, Eric; PEREIRA; Carlos; POWER, Timothy. *The Executive Toolbox: Building Legislative Support in a Multiparty Presidential Regime.* Political Research Quarterly. 2010. Disponível em: https://cepesp.fgv.br/sites/cepesp.fgv.br/files/Raile%20Pereira%20Power%20PRQ%20 2010_0.pdf. Acesso em: 28 nov. 2023.

431 BITTENCOURT, Fernando. *Relações Executivo-Legislativo no presidencialismo de coalizão*: um quadro de referência para estudos de orçamento e controle (Texto para Discussão nº 112 do Centro de Estudos da Consultoria Legislativa). Brasília: Senado Federal, 2012. Disponível em: http://www.senado.gov.br/conleg/textos_discussao.htm. Acesso em: 28 nov. 2023.

iniciar projetos de lei (por exemplo, da Lei Orçamentária Anual); na possibilidade de vetar total ou parcialmente uma lei; na edição de medidas provisórias etc. As duas outras vertentes admitem a centralidade do poder de agenda, mas sustentam que existem outros vetores imprescindíveis à busca dos objetivos presidenciais. Nesse sentido, Figueiredo e Limongi[432] consideram que a alocação de recursos feita por legisladores é complementar e não contrária à do Executivo. As emendas executadas seriam aquelas que se acomodam no interior do programa de governo, podendo ser de parlamentares da oposição e/ou da situação. Ademais, os autores destacam que, além das emendas individuais, os congressistas podem apresentar emendas coletivas e de relator, o que contraria a constatação de que o processo orçamentário é orientado exclusivamente para atender interesses individualistas.

Uma segunda corrente defende que Executivo e Legislativo transacionam bens políticos. Do ponto de vista do Executivo, esses "bens" correspondem ao acesso a cargos, áreas de políticas públicas e recursos do orçamento que são "trocados" por apoio parlamentar. Nesse sentido, o Poder Executivo dispõe de um conjunto de instrumentos, uma "caixa de ferramentas", que pode ser manejada em uma situação de fragmentação partidária.[433] Dentre esses instrumentos têm-se a distribuição de recursos do Orçamento – o *pork* –, o loteamento de áreas do governo, com a consequente influência sobre a formulação e implementação de políticas públicas; a nomeação para os cargos comissionados, tanto os de primeiro escalão quantos os demais cargos espalhados pela Administração Pública Federal.

A terceira abordagem enfatiza, ao contrário, a cooperação entre o Executivo e Legislativo, pois ambos compartilhariam as mesmas agendas e prioridades. Dados do estudo de Melo, Oliveira e Souza[434] mostram que das 30 grandes funções programáticas, as três que mais

---

432 LIMONGI, Fernando; FIGUEIREDO, Argelina Cheibub. Processo orçamentário e comportamento Legislativo: emendas individuais, apoio ao Executivo e programas de governo. *Dados*, v. 48, n. 4, 2005.

433 RAILE, Eric; PEREIRA; Carlos; POWER, Timothy. *The Executive Toolbox: Building Legislative Support in a Multiparty Presidential Regime.* Political Research Quarterly. 2010. Disponível em: https://cepesp.fgv.br/sites/cepesp.fgv.br/files/Raile%20Pereira%20Power%20PRQ%202010_0.pdf. Acesso em: 28 nov. 2023.

434 MELO, Clóvis Alberto Vieira de; OLIVEIRA, Dayane Rossy Pereira de; SOUZA, Saulo Santos. *PEC do orçamento impositivo: prevaleceu o poder de emenda sobre o poder de agenda?* 2017. Disponível em: http://www.congresoalacip2017.org/arquivo/downloadpublic2?q=YToyOntzOjY6InBhcmFtcyI7czozNToiYToxOntzOjEwOiJJRF9BUlFVSVZPIjtzOjQ6IjE3OTgiO30iO3M6MToiaCI7czozMjoiMDQ5NmZiYTU0NDEzMmYzNDVjNzkwYTM2OGRmNTYzODMiO30%3D. Acesso em: 28 nov. 2023.

receberam emendas parlamentares (quase metade de todas as emendas), em ordem decrescente, foram saúde, educação e urbanismo. Também foram as que mais foram contempladas na lei orçamentária e que mais foram empenhadas pelo Executivo. Juntas, saúde e educação – políticas nacionais de caráter coletivo – respondem por 39,24% das emendas aprovadas pelo legislativo entre 2002 e 2014, bem como por 36,10% das emendas empenhadas pelo executivo. A função *urbanismo*, que teoricamente seria mais localista, representou 9,59% do que foi aprovado e 10,15% das emendas empenhadas.[435]

Ou seja, a principal preferência dos congressistas foi por políticas nacionais de caráter geral que compõem a agenda do executivo, normalmente explicada pela lógica da ação coletiva e partidária. Mas a sutileza dos dados também indica que a destinação geográfica das emendas individuais de deputados e senadores é voltada para os municípios em mais da metade dos casos, de forma que, por esse prisma, prevalece uma ótica localista. Assim, um padrão importante a ser considerado é que os parlamentares passaram a escolher políticas públicas nacionais executadas localmente como meio de alocação de recursos oriundos de emendas orçamentárias.

Por fim, de acordo com Pereira e Rennó,[436] duas estratégias eleitorais parecem estar presentes no comportamento parlamentar, sendo uma orientada por beneficiar os interesses de localidades específicas que os congressistas avaliam como importantes para seu futuro eleitoral, e outra direcionada à *performance* nacional com a qual esses congressistas também buscam viabilizar sua sobrevivência eleitoral.

---

435 Há que se avaliar se no período mais recente (2020 e 2021), com a transparência dada às emendas de Relator Geral (RP9), tal distribuição se manteve.

436 PEREIRA, Carlos; RENNÓ, Lucio. O que é que o Reeleito Tem? Dinâmicas Político-institucionais Locais e Nacionais nas Eleições de 1998 para a Câmara dos Deputados. *Revista de Ciências Sociais*, v. 44, n. 2, p. 133-172, 2001.

CAPÍTULO 15

INTEGRAÇÃO ENTRE PLANOS E ORÇAMENTOS E PLURIANUALIDADE

15.1 Mecanismos de conexão entre planos (ou planos de governo) e orçamentos

A aproximação entre planos e orçamentos, no ordenamento jurídico brasileiro, remonta ao Decreto-Lei nº 200, de 1967, que instituiu, no âmbito federal, a figura do orçamento-programa como um dos instrumentos básicos de planejamento governamental, ao lado do plano geral de governo e de programas gerais, setoriais e regionais de duração plurianual (art. 7º).

Com a promulgação da Constituição de 1988, a integração entre planos e orçamentos tornou-se ainda mais evidente, haja vista a criação do PPA e da LDO como leis de natureza orçamentária articuladas à LOA. Foi somente com a reforma gerencial[437] dos processos de planejamento e orçamento no Brasil, no entanto, que a integração plano-orçamento se consolidou metodologicamente no País. Tal reforma foi consubstanciada, em especial, pelo Decreto nº 2.829, de 1998, o qual dispunha que toda ação finalística do governo federal deveria ser estruturada em programas orientados para a consecução dos objetivos estratégicos definidos para o período do PPA. Os programas, portanto, são a principal unidade de integração entre planos e orçamentos.

Vale registrar que, desde o PPA 2000-2003 até o PPA 2008-2011, tanto o PPA como a LOA eram detalhados em nível de ação – unidades

[437] Sobre a reforma gerencial, recomenda-se a leitura de CORE, Fabiano G. Reforma gerencial dos processos de planejamento e orçamento. Brasília, DF: ENAP, 2001. 43p. (Texto para discussão, n. 44).

básicas dos programas. É no âmbito das ações (em especial das finalísticas) que se definem as entregas governamentais (produtos) na forma de bens ou serviços ofertados à sociedade. A diferença é que os valores estimados no PPA sempre foram de caráter meramente indicativo, pois a efetiva quantificação física e financeira das ações, a cada ano, só ocorre com a aprovação dos orçamentos anuais.

A partir do PPA 2012-2015, as ações deixaram de figurar do PPA, passando a constar apenas da LOA. De toda sorte, as ações orçamentárias continuam a ser expressamente vinculadas[438] aos programas do PPA. Em resumo, os programas são detalhados no plano, enquanto as ações são discriminadas no orçamento. Tal entendimento, atualmente, é confirmado pelo art. 6º da Lei do PPA 2020-2023 (Lei nº 13.971, de 2019). A figura a seguir ilustra a atual forma de integração entre o PPA e a LOA:

Figura 4
Estrutura do PLPPA 2020-2023

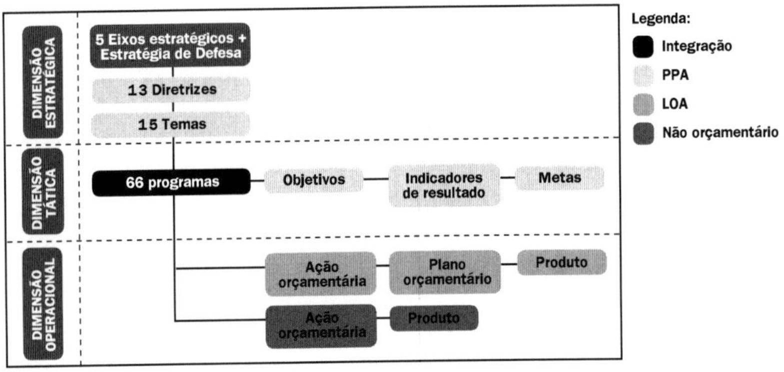

Fonte: Manual Técnico de Elaboração do PPA 2020-23.

Essa não foi, porém, a única alteração promovida no PPA 2012-2015. Metodologicamente, o que mais se destaca é a fragilização conceitual do novo plano. Isso se deveu ao fato de que os programas assumiram excessivo grau de generalização a partir do PPA 2012-2015, a ponto de se confundirem com grandes agregadores de despesa, também chamados de "funções"[439] – classificadores orçamentários representativos

[438] Na prática, essa vinculação tem sido informada no Volume II (Consolidação dos Programas de Governo) do PLOA.

[439] As funções (ex.: saúde) também são desdobradas em subfunções (ex.: ensino fundamental).

das diversas áreas de atuação governamental, a exemplo da saúde, educação e segurança pública. Nessa esteira, o Decreto nº 2.829, de 1998 restou revogado[440] em 2019, sem que nada fosse instituído em seu lugar.

Nos últimos anos, com efeito, o PPA passou a ser reconhecido como um instrumento em crise.[441] A despeito de seu status constitucional, o plano plurianual exerce pouca influência sobre o orçamento. Essa ressalva é relevante para que se compreenda que há um considerável descompasso entre as previsões normativas e a realidade prática da orçamentação pública.

15.2 Acompanhamento de projeções plurianuais ao orçamento anual

Conforme esclarecido no subitem anterior, do PPA 2000-2003 até o PPA 2008-2011, os planos plurianuais eram detalhados em nível de ações. Nesses casos, o PPA também continha projeções físicas e financeiras para as ações orçamentárias finalísticas, conforme ilustrado pela tabela adiante. Tais projeções, porém, constavam apenas do PPA, não sendo espelhadas na LOA.

TABELA 1

Ação 8823 no PPA 2008-2011

Ação 8823 – Distribuição de Materiais e Livros Didáticos para a Educação de Jovens e Adultos	2008	2009	2010	2011
Valor Financeiro (R$1)	12.000.000	115.000.000	165.000.000	165.000.000
Meta física (material distribuído – unidade)	1.000.000	9.583.333	13.750.000	13.750.000

Fonte: Elaborada pelos autores. Baseada na Lei nº 11.653, de 07 de abril de 2008.

A partir do PPA 2012-2015, as projeções em análise tornaram-se ausentes, visto que o plano deixou de ser constituído por ações. Criou-se, assim, um vácuo de projeções plurianuais, já que tais estimativas também não foram deslocadas para a LOA.

[440] O Decreto nº 2.829, de 1998, foi revogado pelo Decreto nº 10.179, de 2019.

[441] Para uma análise mais aprofundada sobre o tema, recomenda-se a leitura de BRASIL. Instituto de Pesquisa Econômica Aplicada (IPEA). *Planejamento Governamental*: planos plurianuais em crise. Rio de Janeiro: IPEA, 2021.

Referido deslocamento só começou a ganhar corpo com a promulgação da Emenda Constitucional nº 102, de 2019, que inseriu o §14 no art. 165 da Lei Maior, dispondo que a LOA "poderá conter" previsões de despesas para exercícios seguintes. Trata-se, entretanto, de uma faculdade, e não de uma obrigação. A LDO 2021 (Lei nº 14.116, de 2020), por exemplo, estatui em seu art. 9º, §7º, que a LOA poderá conter previsões de despesas para exercícios seguintes, com a identificação, em ações específicas, de investimentos plurianuais cujo valor seja superior a R$50 milhões.[442]

Na prática, porém, o que tem se efetivado de projeção orçamentária plurianual decorre de outro dispositivo da LDO, de caráter mandatório e aplicável para ações relativas a obras e serviços de engenharia. Tal comando insere-se no Anexo II da LDO, em que recorrentemente são elencadas as informações complementares que devem acompanhar o PLOA. Na LDO 2021, o inciso XXXII desse Anexo exigiu que fosse apresentado (como informação complementar ao PLOA 2021) demonstrativo com projeção plurianual, até 2023, dos projetos relativos a obras e serviços de engenharia com custo total estimado superior a R$50 milhões. A tabela a seguir traz um exemplo de ação constante desse demonstrativo.

TABELA 2

PROJEÇÕES PLURIANUAIS PARA A AÇÃO 13DW NO PLOA 2021

Fundação Oswaldo Cruz					**R$ milhões**
Ação 13DW – Construção do Centro de Processamento Final de Imunobiológicos	Empenhado até 2019	Prog. 2020[443]	PLOA 2021	Proj. 2022	Proj. 2023
Custo total estimado: R$4,6 bilhões	868,1	172,0	152,0	289,1	183,1

Fonte: Elaborada pelos autores. Baseada nas informações complementares do PLOA 2021, p. 2141.

Tenha-se claro, porém, que tais projeções em nada alteram a vigência dos créditos orçamentários, que é anual. Tampouco produzem

[442] O critério de corte de R$50 milhões também é utilizado pelo PPA 2020-2023 para definir projetos de investimento de grande vulto (art. 8º, II, da Lei nº 13.971, de 2019).

[443] Corresponde ao valor da dotação atual de 30.08.2020.

efeitos vinculantes para os orçamentos dos anos seguintes, à semelhança do que ocorria com as projeções plurianuais do PPA.

Para além da parte programática do orçamento (programas e ações), há também projeções plurianuais de agregados macroeconômicos e fiscais no PPA e na LDO. No primeiro caso, tais informações têm constado da mensagem presidencial que encaminha o projeto de lei de PPA da União para o Congresso Nacional. No PPA 2020-2023, constaram desse documento projeções plurianuais (para o horizonte do plano) relativas variáveis macroeconômicas (PIB, inflação, câmbio e juros) e ao cenário fiscal de referência (resultados primário e nominal e dívida pública líquida a bruta). Já no caso da LDO, as projeções de agregados fiscais integram o próprio projeto de lei, em anexo específico. Por força do art. 4º, §1º, da LRF, o projeto de LDO deve conter Anexo de Metas Fiscais que estabeleça metas anuais relativas a receitas, despesas, resultados nominal e primário e montante da dívida pública para o exercício a que a lei se referir e para os dois seguintes.

CAPÍTULO 16

IMPOSITIVIDADE DO ORÇAMENTO E VINCULAÇÃO DE DESPESAS

16.1 O orçamento é autorizativo ou impositivo?

No Brasil, a doutrina majoritária tradicionalmente enxerga o orçamento público como uma peça de natureza meramente autorizativa, de maneira que o Poder Executivo não estaria obrigado a executar as despesas discricionárias constantes da LOA.[444], [445] Referida interpretação extrai sua validade do art. 165, §8º, do texto constitucional, onde se lê: "A lei orçamentária anual não conterá dispositivo estranho à previsão da receita e à fixação da despesa (...)". A fixação da despesa, argumenta-se, obrigaria ao respeito do limite imposto, mas não à efetivação do gasto ao longo do exercício.

Deve-se pontuar, contudo, que, desde 2014, o ordenamento jurídico nacional vem experimentando transformações no sentido de dotar o orçamento público de um maior grau de impositividade. Com efeito, a Lei de Diretrizes Orçamentárias para 2014 (Lei nº 12.919, de 24 de dezembro de 2013) estabeleceu, de forma pioneira, a obrigatoriedade de execução orçamentária e financeira das programações incluídas por emendas individuais em lei orçamentária.[446] Posteriormente, com

---

[444] ABRAHAM, Marcus. *Curso de direito financeiro brasileiro*. Rio de Janeiro: Elsevier, 2010.

[445] PISCITELLI, Roberto B. Orçamento impositivo x orçamento autorizativo. *Biblioteca Digital CD*. 2006. Disponível em: https://bd.camara.leg.br/bd/bitstream/handle/bdcamara/1636/orcamento_autorizativo_piscitelli.pdf?sequence=2&isAllowed=y. Acesso em: 02 set. 2021.

[446] Art. 52. É obrigatória a execução orçamentária e financeira, de forma equitativa, da programação incluída por emendas individuais em lei orçamentária, que terá identificador de resultado primário 6 (RP-6), em montante correspondente a 1,2% (um inteiro e dois décimos por cento) da receita corrente líquida realizada no exercício anterior, conforme os critérios para execução equitativa da programação definidos na lei complementar prevista no §9º, do art. 165, da Constituição Federal.

o advento da Emenda Constitucional nº 86/2015, citada obrigação foi elevada a *status* constitucional. Em 2019, foi promulgada a Emenda Constitucional nº 100, e a garantia de execução que, até então, alcançava apenas as programações incluídas na LOA por intermédio de emendas parlamentares individuais, foi ampliada e passou a aplicar-se também às programações incluídas por todas as emendas de iniciativa de bancada de parlamentares de Estado ou do Distrito Federal, no montante de até 1% (um por cento) da receita corrente líquida realizada no exercício anterior. A EC 100/2019, contudo, foi além: em um movimento que consolida o caráter imperativo da lei orçamentária, estabeleceu-se que "A administração tem o dever de executar as programações orçamentárias, adotando os meios e as medidas necessários, com o propósito de garantir a efetiva entrega de bens e serviços à sociedade" (art. 165, §10, da Constituição Federal de 1988). Tal comando aplica-se às despesas discricionárias, uma vez que as despesas obrigatórias são impositivas por sua própria natureza. É bem verdade que a versão do orçamento impositivo adotado admite certa flexibilidade nos termos em que se deve aferir o cumprimento da obrigação de executar as despesas,[447] mas, em todo caso, não se pode olvidar que a norma constitucional aponta para uma radical reorientação da clássica doutrina, nessa seara.

Nessa temática, a LDO 2022 (Lei nº 14.194, de 20 de agosto de 2021), traz uma seção (Seção X, do Capítulo IV) inteiramente dedicada a dispor sobre o regime de execução obrigatória das programações orçamentárias discricionárias. Ali se esclarece que o dever de execução em comento compreende a realização do empenho da despesa até o término do exercício financeiro, observados os princípios da legalidade, da eficiência, da eficácia, da efetividade e da economicidade, e a liquidação e o pagamento, admitida a inscrição em restos a pagar regulamentada em ato do Poder Executivo federal. Caso a programação orçamentária não seja executada, deverão ser apresentadas justificativas[448] pelos gestores responsáveis, que comporão os relatórios de prestação de contas anual do respectivo poder ou órgão autônomo.

Vê-se, portanto, que as evoluções normativas empreendidas na última década distanciam o orçamento público de uma leitura que lhe

---

[447] O dever de executar as programações orçamentárias subordina-se ao cumprimento de dispositivos constitucionais e legais que estabeleçam metas fiscais ou limites de despesas, não impede a efetivação de alterações orçamentárias ao longo do exercício e não é oponível quando se verificar a ocorrência de impedimentos de ordem técnica (art. 165, §11, da CF/88).

[448] Faculta-se a apresentação da justificativa para as programações cuja execução tenha sido igual ou superior a 99% da respectiva dotação.

atribui natureza autorizativa e asseveram seu caráter impositivo, ainda que o desenho jurídico de referida impositividade seja dotado de certo grau de flexibilidade.

16.2 Grau de rigidez do orçamento (nível de despesas obrigatórias e de vinculação de receitas)

O orçamento brasileiro notabiliza-se pelo seu alto grau de rigidez, derivada do elevado montante de despesas cuja execução é obrigatória, ao lado da excessiva vinculação de receitas a finalidades específicas. Combinadas, essas duas características acabam por proteger e isolar a maior parte do orçamento de um processo anual de revisão de gastos, o que reforça a lógica incrementalista no processo de elaboração do orçamento.[449], [450]

As despesas obrigatórias são aquelas cuja execução é mandatória em virtude de determinação constitucional ou legal. Estima-se que a participação das despesas primárias obrigatórias no total das despesas primárias da União alcance cerca de 94%,[451] o que indica a estreita margem de manobra disponível, de partida, para a construção da peça orçamentária.

De seu lado, receita vinculada é aquela cuja arrecadação é, por lei, destinada à aplicação em finalidade específica – o que torna a programação das despesas menos flexível, dado que parcela dos recursos deve ser reservada para fins pré-estabelecidos.[452] Do total de receitas primárias, estima-se que aproximadamente 71% sejam pertinentes a fontes vinculadas a determinadas despesas ou órgãos.[453] Vale mencionar que, desde meados da década de 90,[454] o orçamento federal convive

---

449 BLÖNDAL, Jón R.; GORETTI, Chiara; KRISTENSEN, Jens K. Budgeting in Brazil. *OECD Journal on Budgeting*, v. 3, n. 1, 2003.

450 GIACOMONI, James. Receitas vinculadas, despesas obrigatórias e rigidez orçamentária. *In*: GIACOMONI, James. *Orçamentos Públicos e Direito Financeiro*. São Paulo: Revista dos Tribunais, 2011. v. 1.

451 Consultoria de Orçamento e Fiscalização Financeira – CD; Consultoria de Orçamentos, Fiscalização e Controle – SF; Nota Técnica Conjunta 4/2020: Subsídios à apreciação do Projeto de Lei Orçamentária (PLOA) para 2021. Congresso Nacional, 2020.

452 ABRAHAM, Marcus. *Curso de direito financeiro brasileiro*. Rio de Janeiro: Elsevier, 2010.

453 BASSI, Camilo de M. *Receitas vinculadas e despesas obrigatórias*: explorando conceitos, métodos de atuação e determinantes da rigidez orçamentária. Instituto de Pesquisa Econômica Aplicada. Nota Técnica n. 56. Agosto, 2019.

454 Atualmente, está vigente a EC nº 93/2016, que, até 2023, desvincula de órgão, fundo ou despesa, 30% da arrecadação da União de contribuições sociais, contribuições de intervenção no domínio econômico e taxas.

com um mecanismo denominado Desvinculação das Receitas da União (DRU) – Fundo Social de Emergência (FSE), na origem –, que reduz o grau de rigidez orçamentária ao permitir a livre utilização de 30% de todos os tributos da União legalmente vinculados a fundos ou despesas, incidindo especialmente sobre contribuições sociais.

16.3 "Orçamento de Guerra"

As normas brasileiras de direito financeiro contemplam diversos dispositivos voltados a regular o adequado tratamento orçamentário diante de situações imprevisíveis e urgentes, que demandem a realização de despesas não contempladas durante o processo de planejamento e orçamentação pública.

Assim é que a Lei nº 4.320/1964 prevê a possibilidade de abertura de créditos adicionais extraordinários, "destinados a despesas urgentes e imprevistas, em caso de guerra, comoção intestina ou calamidade pública" (art. 41, inc. III). À época da edição da referida norma, a abertura do crédito extraordinário era ultimada mediante decreto do Poder Executivo. Com a nova ordem constitucional, em 1988, o instrumento foi expressamente inscrito na Lei Maior (art. 167, §3º), e passou a ser aberto mediante a adoção, pelo Presidente da República, de medida provisória, com força de lei. É interessante notar que, dada a urgência envolvida nas situações que o justificam, e diferentemente do que ocorre com as demais espécies de crédito adicional (suplementar e especial), a abertura de crédito extraordinário prescinde da prévia autorização legislativa e da indicação de recursos que suportarão as respectivas despesas. Ademais, as despesas oriundas de créditos extraordinários não são computadas para fins de aferição do cumprimento dos limites de despesa inaugurados pela Emenda Constitucional nº 95/2016, que instituiu o Novo Regime Fiscal, popularmente conhecido como "Teto de gastos".

A Lei de Responsabilidade Fiscal, por seu turno, diante da ocorrência de calamidade pública reconhecida pelo respectivo Poder Legislativo, também cuida de flexibilizar disposições afetas ao controle das finanças públicas cuja observância é obrigatória em tempos de normalidade. Com efeito, a teor do art. 65 da LRF, enquanto perdurar situação de calamidade, é suspensa a contagem dos prazos para recondução de despesas de pessoal e dívida aos respectivos limites, dispensados ainda o atingimento dos resultados fiscais e a limitação de empenho com tal finalidade.

Em 2020, no contexto da pandemia de Covid-19, após solicitação do Presidente da República, o Congresso Nacional reconheceu a ocorrência de estado de calamidade pública,[455] acionando a cláusula suspensiva prevista no citado art. 65. A propósito, com o mesmo pano de fundo fático, o art. 65 teve seu texto alterado pela Lei Complementar nº 173, de 27 de maio de 2020, passando a dispensar também os limites, condições e demais restrições relativas à contratação de operações de crédito e concessão de garantias, entre outras flexibilizações. Afastaram-se, também, as condições e as vedações legais pertinentes à criação de incentivos ou benefícios tributários e à geração de despesas, desde que tais medidas sejam destinadas ao combate da calamidade pública.

Ainda durante o cenário de pandemia, foi promulgada a Emenda Constitucional nº 106/2020, que instituiu regime extraordinário fiscal, financeiro e de contratações para enfrentamento da calamidade pública nacional em questão. Consoante o art. 3º da mencionada alteração constitucional, as ações governamentais voltadas exclusivamente ao enfrentamento da calamidade e de suas consequências, desde que tivessem vigência e efeitos restritos à duração da calamidade, foram dispensados da observância das limitações legais quanto à criação, à expansão ou ao aperfeiçoamento de ação governamental que trouxesse aumento de despesa e quanto à concessão ou à ampliação de renúncias de receita.

Com base na experiência advinda da operação do orçamento sob a égide da EC nº 106/2020, foi promulgada a Emenda Constitucional nº 109/2021, em que diversos dispositivos previstos pela EC nº 106/2020 foram adaptados e incorporados ao texto permanente da Constituição,[456] criando, assim, um protocolo permanente, de estatura constitucional, para resposta a crises de elevada magnitude. Entre os permissivos constantes do texto, mencionam-se, para exemplificar, a dispensa da observância da regra de ouro, bem como a possibilidade de uso do superávit financeiro para cobertura de despesas oriundas das medidas de combate à calamidade pública e para pagamento da dívida, ainda que citado superávit esteja associado a fontes de receitas vinculadas a finalidades diversas.[457] Em contrapartida, acionado o protocolo de crise, a União fica proibida de conceder reajuste a servidores públicos,

[455] Conforme Decreto Legislativo nº 6, de 2020, do Congresso Nacional.

[456] Ver art. 167-B e seguintes.

[457] Arts. 167-E e 167-F da CF/88.

criar despesas obrigatórias e conceder ou ampliar benefícios tributários, entre outras restrições.[458]

16.4 Existência de identificadores de emendas parlamentares ou *earmarks* no orçamento

Desde 2014, quando a Lei de Diretrizes Orçamentárias para o exercício[459] estabeleceu a obrigatoriedade de execução das programações incluídas na LOA por emendas individuais, adotou-se, concomitantemente, uma maneira de identificar referidas programações no orçamento. Para tanto, lançou-se mão de um marcador orçamentário denominado identificador de Resultado Primário (RP), que visa auxiliar a apuração do resultado primário do exercício. Para citar o texto mais recente, nos termos do art. 7º, §4º, da LDO para 2022, a LOA deve identificar, utilizando-se de citado marcador, as despesas primárias discricionárias decorrentes de programações incluídas ou acrescidas por emendas, na seguinte conformidade:

a) RP 6: emendas individuais de execução obrigatória;
b) RP 7: emendas de bancada estadual de execução obrigatória;
c) RP 8: emendas de comissão permanente do Senado Federal, da Câmara dos Deputados e de comissão mista permanente do Congresso Nacional; e
d) RP 9: emendas de Relator-Geral do projeto de lei orçamentária anual que promovam alterações em programações constantes do projeto de lei orçamentária ou inclusão de novas, excluídas as de ordem técnica.

Embora todas as espécies de emendas acima mencionadas estivessem presentes na LOA mesmo antes da adoção dos identificadores em comento, somente com o advento de tal procedimento foi possível identificá-las pelo mero exame da programação orçamentária. Antes disso, a diferenciação entre dotações incluídas por emendas ou propostas do Poder Executivo envolvia uma investigação detalhada e, por vezes, era virtualmente impossível

[458] Conforme art. 167-A da CF/88.

[459] Lei nº 12.919, de 24 de dezembro de 2013.

CAPÍTULO 17

ABORDAGEM ORÇAMENTÁRIA

17.1 O orçamento é tradicional (meios) ou orientado ao desempenho (fins/missões)? Estrutura de classificação da despesa: o orçamento é organizado por programas? Os programas são desdobrados em ações ou outras categorias semelhantes?

Até a edição da Lei nº 4.320/1964, a prática orçamentária no Brasil era caracterizada pela técnica tradicional, ou clássica, que se preocupa em apresentar um inventário detalhado dos objetos ou itens de despesa utilizados pelo Estado no desempenho de suas atribuições. O advento do referido diploma legal apontou para uma mudança de paradigma, uma vez que, doravante, a discriminação de receitas e despesas na lei orçamentária anual deveria evidenciar o *programa de trabalho do governo.*[460] Diante de tais balizas, já em 1967 o orçamento federal passou a contemplar programas e subprogramas detalhados em projetos e atividades.[461]

Desde então, a questão experimentou sensíveis avanços: como mencionado em tópico anterior, o Decreto-Lei nº 200/1967 instituiu efetivamente a figura do orçamento-programa[462] e, em 1974, a Portaria nº 9, de 28 de janeiro de 1974, da Secretaria de Planejamento e Coordenação

---

[460] Lei nº 4.320/1964: Art. 2º A Lei do Orçamento conterá a discriminação da receita e despesa de forma a evidenciar a política econômica financeira e o programa de trabalho do Governo, obedecidos os princípios de unidade, universalidade e anualidade.

[461] GIACOMONI, James. *Orçamento Público.* 15. ed. São Paulo: Atlas, 2010.

[462] Art. 16. Em cada ano, será elaborado um orçamento-programa, que pormenorizará a etapa do programa plurianual a ser realizada no exercício seguinte e que servirá de roteiro à execução coordenada do programa anual.

da Presidência da República, estabeleceu a classificação funcional-programática, cujas linhas gerais mantiveram-se vigentes até 1999, quando o texto foi revogado pela Portaria nº 117, de 12 novembro de 1998, do Ministério do Planejamento e Orçamento.[463] A Portaria nº 117/1998, por seu turno, foi editada no contexto da reforma gerencial do orçamento, promovida no final da década de 1990, em que se pretendeu modernizar os processos de planejamento e orçamento, objetivando tornar a Administração Pública mais voltada a resultados. O principal instrumento normativo a veicular citada reforma gerencial consistiu no Decreto nº 2.829/1998, que determinou, a partir do exercício financeiro do ano de 2000, a estruturação de toda ação finalística do governo federal em programas orientados para a consecução dos objetivos estratégicos definidos pelo Plano Plurianual.

Assim, atualmente, utiliza-se no Brasil a técnica do orçamento programa. Aos referidos programas – que consistem em um conjunto de políticas públicas – estão vinculadas ações orçamentárias que, de seu lado, explicitam as medidas que serão adotadas para alcançar o objetivo do respectivo programa. Ademais, os produtos (bens ou serviços) que resultam das ações também são explicitados no orçamento, e a eles é associada uma meta "física", que apresenta a quantidade do produto que se pretende entregar à população ao longo do exercício financeiro.

17.2 Uso (ou previsão de uso) de informações de desempenho pelo processo orçamentário

Diversas normas pertinentes ao orçamento público no Brasil fazem menção à orçamentação por desempenho, em que avaliações acerca do resultado e do custo-benefício das políticas públicas são parte integrante do processo orçamentário. A esse exemplo, mencione-se que, ainda no contexto da reforma gerencial aludida anteriormente, o Decreto nº 2.829/1998 previu, em seus arts. 5º e 6º, a realização de avaliação anual acerca da consecução dos objetivos estratégicos do governo e dos resultados dos programas, de maneira a subsidiar a elaboração da lei de diretrizes orçamentárias de cada exercício, além de esclarecer que a avaliação física e financeira dos programas deveria informar o processo de alocação de recursos públicos.

---

463 Disponível em: http://www.orcamentofederal.gov.br/orcamentos-anuais/orcamento-1998/Portaria_Ministerial_117_121198.pdf. Acesso em: 06 dez. 2023.

Adicionalmente, as leis de diretrizes orçamentárias contêm, tradicionalmente, dispositivo que determina, a cada ano, o envio ao Congresso Nacional, pelo Tribunal de Contas da União, de quadro-resumo relativo à qualidade da implementação e ao alcance de metas e dos objetivos dos programas e das ações governamentais, também visando subsidiar a discussão do projeto de lei do orçamento.[464]

A Resolução nº 01/2006-CN também incorporou preocupação com o tema, ao estatuir que as alterações introduzidas na peça orçamentária mediante emendas de comissão e de bancada estadual deveriam se fazer acompanhar dos elementos necessários para avaliar a relação custo-benefício da ação pretendida e seus aspectos econômico-sociais.

Mais recentemente, a Emenda Constitucional nº 109/2021 incluiu o §16 no art. 37 da Constituição Federal, para determinar aos órgãos e entidades da Administração Pública a realização de avaliação das políticas públicas e, na mesma ocasião, acrescentou o §16 ao art. 165 da CF, determinando que as leis que compõem o ciclo orçamentário observem, no que couber, os resultados do monitoramento e da avaliação das políticas públicas mencionadas. Ecoando o mandamento em questão, a LDO para 2022, ao estabelecer as diretrizes para elaboração do orçamento da União, determina que sejam consideradas, no processo, informações sobre a execução física das ações orçamentárias, bem como os resultados de avaliações e monitoramento de políticas públicas e programas de governo.[465]

Contudo, a despeito desse conjunto de disposições que, formalmente, associam a realidade brasileira à orçamentação por desempenho, na prática o processo de elaboração do orçamento é amplamente incremental, passando ao largo das diretrizes em comento, de maneira que, regra geral, não se verifica uso sistemático de informações de desempenho como subsídio às decisões alocativas, quer no seio do Poder Executivo, quer no âmbito do Poder Legislativo.

Com efeito, consoante diagnóstico apresentado por Regatieri,[466] monitoramento e avaliação de políticas públicas não estão integrados à gestão das políticas e não há associação entre seu desempenho e a alocação de recursos. Segundo a autora, de tal descasamento decorre um problema ainda mais profundo, é dizer, a ausência mesma de um

---

[464] Na LDO para 2022 (Lei nº 14.194/2021), trata-se do art. 143.

[465] Lei nº 14.194/2021, art. 16, inc. III.

[466] REGATIERI, Rebeca. O monitoramento e a avaliação de políticas públicas. In: SALTO, Felipe Scudeler; PELLEGRINI, Josué Alfredo (Orgs.). Contas Públicas no Brasil. São Paulo: Saraiva Educação, 2020.

sistema de monitoramento e avaliação permeado por um arranjo institucional e de governança em que regras e incentivos contribuam para que a atividade possa florescer.

Registre-se que há iniciativa recente no sentido de dar maior concretude ao amplo arcabouço normativo que busca garantir a retroalimentação das avaliações de políticas no processo de alocação de recursos públicos: a criação do Conselho de Monitoramento e Avaliação de Políticas Públicas,[467] no Poder Executivo, com a finalidade de avaliar políticas públicas financiadas por gastos diretos ou subsídios da União, é uma tentativa no sentido de que as informações produzidas nesse contexto sejam efetivamente integradas aos processos de planejamento e orçamento do Governo federal. Há que se aguardar alguns anos, contudo, para que se possa avaliar, com maior propriedade, os resultados da medida.

[467] Ver Decreto nº 9.834/2019.

CAPÍTULO 18

REGRAS E METAS FISCAIS

18.1 O processo orçamentário e o condicionamento por regras fiscais

O Brasil conta com um conjunto de regras fiscais que disciplinam o processo orçamentário.[468] Primeiramente, há que se mencionar a Lei Complementar nº 101/2001, a Lei de Responsabilidade Fiscal (LRF) que, segundo a literatura, representou uma importante inovação estrutural para a Administração Pública do País, ao propor o estabelecimento de um regime de gestão fiscal responsável e a instituição de princípios e normas de finanças públicas.[469, 470]

De acordo com citada lei, a responsabilidade na gestão fiscal pressupõe a ação planejada e transparente, em que se previnem riscos e corrigem desvios capazes de afetar o equilíbrio das contas públicas, mediante o cumprimento de metas de resultados entre receitas e despesas e a obediência a limites e condições no que tange a renúncia de receita, geração de despesas com pessoal, da seguridade social e outras, dívidas consolidada e mobiliária, operações de crédito, inclusive por antecipação de receita, concessão de garantia e inscrição em Restos a Pagar.

A LRF introduziu um conjunto de novas funções para LDO, com consequências diretas no processo orçamentário. Dentre elas, destacam-se

---

[468] Como há um tópico específico para a regra de ouro, optou-se por não tratar dessa regra fiscal nesta seção.

[469] NUNES, Selene; NUNES, Ricardo. *Dois anos de responsabilidade fiscal no Brasil*: uma avaliação dos resultados à luz do modelo do fundo comum. Texto para Discussão da UNB, nº 276, 2003. p. 45.

[470] AFONSO, J. R.; NÓBREGA, Marcos. Responsabilidade Fiscal: uma obra inacabada. *Revista Controle do Tribunal de Contas do Estado do Ceará*, Fortaleza, v. VII, n. 1, p. 15-30, 2009.

sua atribuição de dispor sobre equilíbrio entre receitas e despesas e sobre critérios e forma de limitação de empenho, bem como a introdução do Anexo de Metas Fiscais, em que são estabelecidas metas anuais, em valores correntes e constantes, relativas a receitas, despesas, resultados nominal e primário e montante da dívida pública, para o exercício a que se referirem e para os dois seguintes.

A definição da meta de resultado primário, até 2014, foi a principal âncora da política fiscal do Governo Federal: uma vez estimadas as receitas, eram "reservados" os recursos necessários ao cumprimento da meta fiscal. No entanto, a partir de 2015, com o agravamento da crise fiscal e política, há um esvaziamento desse instrumento e a proposição de um novo regime fiscal, por meio da Emenda Constitucional nº 95/2016 (EC nº 95/2016), conhecida como a *Emenda do Teto de Gastos*.

A EC nº 95/2016 limitou o crescimento das despesas primárias da União, a partir de 2017, ao crescimento da inflação – medida pelo Índice Nacional de Preços ao Consumidor Amplo (IPCA). Argumentou-se que a instituição de um limite máximo de gastos conduziria as contas públicas ao equilíbrio e levaria os agentes públicos a uma melhor alocação dos recursos na medida em que se discutiriam as reais prioridades do País.[471]

Ainda que as metas de resultado primário continuem sendo definidas na LDO, o *teto de gastos* é hoje *a principal regra fiscal a condicionar o processo orçamentário federal*. Isso porque cada um dos Poderes, o Ministério Público e a Defensoria Pública da União devem elaborar suas propostas orçamentárias, respeitando esse limite máximo de gasto.

18.2 Medidas de ajustes fiscais caso o teto de gastos seja ultrapassado

Estão previstos na própria Constituição "gatilhos" automáticos a serem acionados quando a despesa obrigatória primária da União ultrapassar 95% de sua despesa primária total:

> Art. 167-A. Apurado que, no período de 12 (doze) meses, a relação entre despesas correntes e receitas correntes supera 95% (noventa e cinco por cento), no âmbito dos Estados, do Distrito Federal e dos Municípios, é facultado aos Poderes Executivo, Legislativo e Judiciário, ao Ministério Público, ao Tribunal de Contas e à Defensoria Pública do ente,

[471] MENDES, Marcos. *Regras fiscais e o caso do teto de gastos no Brasil*. Insper, 2021.

enquanto permanecer a situação, aplicar o mecanismo de ajuste fiscal de vedação da:

I – concessão, a qualquer título, de vantagem, aumento, reajuste ou adequação de remuneração de membros de Poder ou de órgão, de servidores e empregados públicos e de militares, exceto dos derivados de sentença judicial transitada em julgado ou de determinação legal anterior ao início da aplicação das medidas de que trata este artigo;

II – criação de cargo, emprego ou função que implique aumento de despesa;

III – alteração de estrutura de carreira que implique aumento de despesa;

IV – admissão ou contratação de pessoal, a qualquer título, ressalvadas:

a) as reposições de cargos de chefia e de direção que não acarretem aumento de despesa;

b) as reposições decorrentes de vacâncias de cargos efetivos ou vitalícios;

c) as contratações temporárias de que trata o inciso IX do caput do art. 37 desta Constituição; e

d) as reposições de temporários para prestação de serviço militar e de alunos de órgãos de formação de militares;

V – realização de concurso público, exceto para as reposições de vacâncias previstas no inciso IV deste caput;

VI – criação ou majoração de auxílios, vantagens, bônus, abonos, verbas de representação ou benefícios de qualquer natureza, inclusive os de cunho indenizatório, em favor de membros de Poder, do Ministério Público ou da Defensoria Pública e de servidores e empregados públicos e de militares, ou ainda de seus dependentes, exceto quando derivados de sentença judicial transitada em julgado ou de determinação legal anterior ao início da aplicação das medidas de que trata este artigo;

VII – criação de despesa obrigatória;

VIII – adoção de medida que implique reajuste de despesa obrigatória acima da variação da inflação, observada a preservação do poder aquisitivo referida no inciso IV do caput do art. 7º desta Constituição;

IX – criação ou expansão de programas e linhas de financiamento, bem como remissão, renegociação ou refinanciamento de dívidas que impliquem ampliação das despesas com subsídios e subvenções;

X – concessão ou ampliação de incentivo ou benefício de natureza tributária.

Vale registrar que as atuais regras de acionamento de gatilho foram trazidas pela EC nº 109/2021, que buscou corrigir erros de concepção da EC nº 95/2016, que praticamente impossibilitava tal acionamento, uma vez que impedia a aprovação da LOA em valor superior ao limite do teto.

Paradoxalmente, no entanto, a nova regra continuou sendo objeto de críticas. O entendimento atual, com efeito, é de que os gatilhos concebidos pela EC nº 109/2021 são pouco críveis, pois o patamar de apenas 5% para despesas discricionárias (95% de obrigatórias é o limiar de acionamento dos gatilhos) é incompatível com o nível mínimo de funcionamento da máquina pública.

18.3 Há regra de ouro e exceções? Quem deve aprovar as exceções?

No Brasil, a regra de ouro tem *status* constitucional e aplica-se a todos os entes da Federação. É ditada pelo art. 167, inc. III, da Lei Magna, o qual proíbe a realização de operações de crédito que excedam o montante das despesas de capital.[472] Cabe esclarecer que a regra deve ser observada não apenas durante a execução do orçamento, como também no momento de sua elaboração e aprovação.[473]

As exceções à regra são definidas pela própria Constituição Federal. De acordo com o mesmo art. 167, inc. III, a regra de ouro somente pode ser excepcionada para viabilizar operações de crédito autorizadas mediante créditos suplementares ou especiais com finalidade precisa, aprovados por maioria absoluta do Poder Legislativo.

Vale registrar que a regra de ouro só apresentou repercussão prática relevante a partir de 2018, justamente quando a União experimentou dificuldades críticas para cumpri-la.[474] A partir de então, mais especificamente desde 2019, o orçamento federal tem desrespeitado sistematicamente a regra de ouro.[475] Em tal contexto, a regra de ouro também passou a ser objeto de estudos[476] e questionamentos que

---

472 Note-se que as despesas de capital, nos termos do art. 12 da Lei nº 4.320/1964, compreendem investimentos, inversões financeiras e amortização da dívida pública.

473 *Vide* a argumentação apresentada por Carvalho Junior *et al.* em *Regra de ouro na Constituição e na LRF*: considerações históricas e doutrinárias. Brasília, DF: Câmara dos Deputados, 2017. 9p. (Estudo Técnico Conjunto Conof/Conorf, n. 2).

474 Uma descrição e avaliação acerca dessa dificuldade fora tempestivamente apresentada por Couri *et al.* em *Regra de ouro no Brasil*: balanço e desafios. Brasília, DF: Instituição Fiscal Independente do Senado Federal, 2018. 46p. (Estudo Especial, n. 5). E também em AMARAL, Vinícius L.; MACEDO, Maurício M.; BITTENCOURT, Fernando M. R. *Regra de ouro*: falhas de concepção e de aplicação no âmbito da União. Brasília, DF: Senado Federal, 2020. 44p. (Orçamento em discussão, n. 46).

475 O PLOA 2021, por exemplo, foi enviado ao Congresso Nacional com desequilíbrio (excesso de operações de crédito) previsto de R$ 453,7 bilhões, conforme retratado em: https://www.camara.leg.br/internet/comissao/index/mista/orca/orcamento/OR2021/Raio_X_LOA-2021.pdf. Acesso em: 06 dez. 2023.

476 Em acréscimo ao estudo mencionado na nota 84 (Couri *et al.*), cite-se também o de autoria de AMARAL, Vinícius L.; MACEDO, Maurício M.; BITTENCOURT, Fernando M. R. *Regra de ouro*: falhas de concepção e de aplicação no âmbito da União. Brasília, DF: Senado Federal, 2020. 44p. (Orçamento em discussão, n. 46).

apontam para a sua debilidade e para a existência de fragilidades intrínsecas a seu modelo.

18.4 A elaboração do orçamento é precedida da definição de metas fiscais anuais?

Para todos os entes da Federação, os orçamentos anuais devem ser elaborados e executados com obediência a metas fiscais[477] definidas a cada ano pela LDO. Especificamente em relação à elaboração do orçamento, o art. 5º, inc. I, da LRF exige que o PLOA demonstre sua compatibilidade com as metas fiscais estipuladas para o exercício ao qual se refere.

Para 2021, por exemplo, a LDO (Lei nº 14.116, de 2020) determinou em seu art. 2º que a elaboração, a aprovação e a execução dos orçamentos fiscal e da seguridade social deveriam ser compatíveis com a obtenção da meta de *deficit* primário de R$ 247,1 bilhões.

[477] Relativas a receitas, despesas, resultados nominal e primário e montante da dívida pública (art. 4º, §1º, da LRF).

CAPÍTULO 19

PROCESSO ORÇAMENTÁRIO NO PODER EXECUTIVO

19.1 O processo é *top-down*, *bottom-up* ou misto?

O processo de elaboração da proposta orçamentária brasileira é misto, isto é, possui algumas etapas *top-down* e outras, *bottom-up*.

Conforme detalhado em seção anterior, compete à Secretaria de Orçamento Federal (SOF) a definição dos "grandes números" da proposta orçamentária, isto é, a estimação da receita e, do ponto de vista da despesa, a "reserva" dos recursos necessários ao cumprimento da meta fiscal e das despesas obrigatórias. Na sequência, são divulgados para os órgãos setoriais os referenciais monetários daquele ano, isto é, o montante de recursos que cada setorial terá à disposição para atendimento das unidades orçamentárias (UOs). Essa fase da primeira etapa pode ser caracterizada como *top-down*, uma vez que não há a participação dos órgãos setoriais.

Mas, uma vez recebido seus referenciais monetários, os Ministérios têm autonomia para propor a alocação desses recursos. Após essa etapa – caracterizada, portanto, como uma fase *bottom-up* – as propostas setoriais retornam para a Secretaria de Orçamento Federal (SOF) para que seja realizada a análise, a compatibilização, o fonteamento e a consolidação da proposta.

19.2 O órgão central de orçamento também é responsável por atividades de planejamento, monitoramento e avaliação?

Conforme estabelecido na Lei nº 10.180, de 2001, as atividades de planejamento e orçamento são realizadas pelo Sistema de Planejamento e Orçamento Federal, composto pelo órgão central (Ministério da Economia), pelos órgãos setoriais e pelas unidades orçamentárias. Dessa forma, as atividades de planejamento, monitoramento e avaliação são realizadas por esses atores.

A Lei nº 13.971, de 2019, que estabelece o Plano Plurianual 2020-23, também dispõe sobre o monitoramento e a avaliação do Plano. Em relação ao monitoramento, é estabelecido que este abrangerá as ações orçamentárias e não orçamentárias, devendo o Poder Executivo publicar em portal eletrônico dados estruturados e informações sobre a implementação e o acompanhamento do PPA 2020-2023. Também é responsabilidade do Poder Executivo encaminhar, anualmente, ao Congresso Nacional, Relatório Anual de Monitoramento do Plano, contendo:

i) o comportamento das variáveis macroeconômicas que embasaram a elaboração do Plano Plurianual, explicitando as eventuais discrepâncias verificadas entre os valores previstos e os realizados;
ii) a situação, por programa finalístico, dos objetivos, das metas e dos indicadores; e
iii) demonstrativo da execução orçamentária e financeira dos investimentos plurianuais.

Quanto à avaliação, ainda de acordo com a Lei do PPA, esta consiste em processo sistemático, integrado e institucionalizado de análise das políticas públicas, com o objetivo de aprimorar os programas e a qualidade do gasto público; deve ser realizada no âmbito do Conselho de Monitoramento e Avaliação de Políticas Públicas (CMAP) e contemplar avaliações de políticas públicas financiadas por gastos diretos e subsídios da União.

As políticas públicas a serem avaliadas serão selecionadas anualmente a partir dos programas dispostos Anexo I da Lei do PPA e obedecerão aos critérios de materialidade, criticidade e relevância. Assim como o Relatório de Monitoramento, o Poder Executivo encaminhará anualmente ao Congresso Nacional relatório contendo os resultados e as recomendações das avaliações.

Prevê ainda a Lei do PPA que, em até 30 dias após o encaminhamento desses Relatórios, haverá uma audiência pública na CMO para que o representante do órgão central do Sistema de Planejamento e de Orçamento Federal apresente os resultados e as recomendações dos referidos relatórios.

O Decreto nº 10.321, de 15 de abril de 2020, que regulamenta a gestão do PPA 2020-2023, atribuiu à Secretaria de Avaliação,

Planejamento, Energia e Loteria (SECAP) a coordenação dos processos de monitoramento, avaliação e revisão do PPA 2020-2023. Para realização dessas atividades, foi disponibilizado um Manual de Monitoramento com orientações para os órgãos setoriais.[478]

Como resultado dessa determinação, em agosto de 2021, foi encaminhado ao Congresso Nacional o Relatório Anual de Monitoramento do Plano Plurianual 2020-2023, Ano-Base 2020[479] e o Relatório Anual de Avaliação de Políticas Públicas.[480]

19.3 O Poder Executivo elabora somente a proposta ou também o projeto de lei orçamentária?

O Poder Executivo elabora tanto a proposta orçamentária quanto o projeto de lei, conforme determinam os arts. 84, XXIII e 165, III, da Constituição. Ademais, no art. 35 do Ato das Disposições Constitucionais Transitórias da Constituição Federal estão previstos os prazos para que o projeto de lei seja encaminhado por parte do Poder Executivo ao Congresso Nacional.

Reforça esse entendimento de que o Executivo é responsável tanto pela elaboração da proposta quanto do projeto de Lei demais dispositivos da Constituição Federal que versam sobre a proposta orçamentária de órgãos autônomos. Cita-se como exemplo o §3º do art. 99, segundo o qual se tem que, se no âmbito da União, os Presidentes do Supremo Tribunal Federal e dos Tribunais Superiores, não encaminharem as respectivas propostas orçamentárias no prazo estabelecido na lei de diretrizes orçamentárias, o Poder Executivo considerará, para fins de consolidação da proposta orçamentária anual, os valores aprovados na lei orçamentária vigente, ajustados de acordo com os limites estipulados na forma do §1º do mesmo artigo.

---

[478] Disponível em: https://www.gov.br/economia/pt-br/assuntos/planejamento-e-orcamento/plano-plurianual-ppa/arquivos/guia-de-monitoramento-ppa20-23.pdf. Acesso em: 06 dez. 2023.

[479] Disponível em: https://www.gov.br/fazenda/pt-br/orgaos/secretaria-de-avaliacao-planejamento-energia-e-loteria/documentos/ppa-2020-2023/relatorio-anual-de-monitoramento. Acesso em: 06 dez. 2023.

[480] Disponível em: https://www.gov.br/fazenda/pt-br/orgaos/secretaria-de-avaliacao-planejamento-energia-e-loteria/documentos/cmap/relatorio-anual-de-avaliacao-de-politicas-publicas/view. Acesso em: 06 dez. 2023.

19.4 O que ocorre na hipótese de o Poder Executivo não enviar tempestivamente a proposta ou o projeto de lei ao Poder Legislativo?

Caso a proposta orçamentária não seja encaminhada pelo Poder Executivo, conforme previsto pelo art. 32 da Lei nº 4.320/1964, o Poder Legislativo considerará como proposta a Lei de Orçamento vigente. No entanto, desde a promulgação da Constituição Federal de 1988, não se vivenciou tal situação. Aliás, a Lei nº 1.079, de 10 de abril de 1950, define que é crime de responsabilidade contra a lei orçamentária, imputado ao Presidente da República, não apresentar ao Congresso Nacional a proposta do orçamento no prazo estabelecido.

CAPÍTULO 20

PROCESSO ORÇAMENTÁRIO NO PODER LEGISLATIVO

20.1 Quais Casas Legislativas participam do processo? Qual comissão coordena o processo? O Poder Legislativo dispõe de unidades de assessoramento técnico institucional em matéria orçamentária?

Conforme detalhado na parte descritiva,[481] a CF (art. 166) determina que o projeto de lei de orçamento anual deve ser apreciado pelas duas Casas do Congresso Nacional. Notadamente, cabe à Comissão Mista de Planos, Orçamentos Públicos e Fiscalização (CMO) apreciar, originalmente, a matéria, antes da deliberação pelo plenário do Congresso Nacional.

O Congresso Nacional conta com assessoramento técnico institucional permanente, prestado pela Consultoria de Orçamento e Fiscalização Financeira da Câmara dos Deputados (CONOF) e pela Consultoria de Orçamentos, Fiscalização e Controle do Senado Federal (CONORF), órgãos especializados em matéria orçamentária. A admissão aos cargos de consultor de orçamento se dá mediante aprovação em concurso público de provas de títulos.

20.2 Qual o papel das comissões temáticas na apreciação do orçamento?

Do ponto de vista regimental, a participação das Comissões Permanentes no estudo da matéria orçamentária obedece às regras

[481] Para informações adicionais sobre o trâmite legislativo do projeto de lei do orçamento anual, bem como sobre o funcionamento da CMO, ver parte descritiva.

constantes do Regimento Comum do Congresso Nacional (RCCN). Especificamente, o art. 90 do RCCN estabelece que as Comissões Permanentes interessadas deverão solicitar à CMO a remessa do texto do projeto de lei orçamentária. A Comissão Permanente emitirá, então, parecer acerca da matéria de sua competência específica, devendo elaborar estudo comparativo dos programas e dotações propostas com a prestação de contas do exercício anterior e, sempre que possível, com a execução da lei orçamentária em vigor; tudo isso deve ocorrer observando-se prazos e normas fixados pela CMO para o exercício da tarefa. Uma vez aprovado, o parecer da Comissão Permanente é remetido, como subsídio, ao respectivo Relator Setorial, que deverá fazer referência expressa ao ponto de vista expendido pela Comissão Permanente quando da apresentação do Relatório Setorial.

O encadeamento de etapas narrado acima, contudo, carece de materialização no processo orçamentário. Na prática, as Comissões Permanentes não se apropriam do papel que o Regimento Comum lhes reservou, deixando de examinar e emitir parecer sobre o orçamento da respectiva área temática, como previu o RCCN. Assim, a participação de referidos órgãos tem se limitado, ano a ano, à apresentação pontual de emendas ao projeto de lei do orçamento. Materialmente, contudo, até mesmo as emendas de comissão têm caminhado para irrelevância, a ponto de assumirem valor nulo, de forma inédita, no orçamento de 2021.

21.3 Quais os limites do Poder Legislativo para alterar a proposta orçamentária?

A alteração do projeto de lei do orçamento empreendida pelo Poder Legislativo somente pode ocorrer mediante a aprovação de emendas à matéria. A apresentação e aprovação de emendas ao PLOA está sujeita a diversas limitações, inscritas especialmente na Constituição Federal e na Resolução nº 01/2006-CN. Caso se verifique o descumprimento de referidas normas, a alteração proposta é rejeitada preliminarmente, sem que seu mérito seja apreciado. A título de exemplo, cite-se a necessidade de que a emenda seja compatível com o plano plurianual e com a lei de diretrizes orçamentárias, e indique a fonte de recursos que irá suportar o gasto, caso promova o aumento de despesa orçamentária. Remete-se o leitor ao tópico 3.4, onde referido assunto foi esmiuçado com vagar.

20.4 Quais atores podem propor alterações na proposta/ projeto de lei do orçamento?

As emendas ao projeto de lei do orçamento podem ser apresentadas por diversos atores legislativos.[482] Além dos próprios parlamentares (deputados e senadores), que apresentam as chamadas emendas individuais, são legitimadas a propor alterações no PLOA as bancadas estaduais, as comissões permanentes do Senado Federal e da Câmara dos Deputados, além das comissões mistas permanentes do Congresso Nacional – em todos esses casos, tem-se emendas cuja iniciativa é colegiada, pelo que referidas proposições são denominadas emendas coletivas, em contraposição às emendas individuais anteriormente referidas. Por fim, os relatores da proposta também podem sugerir mudanças ao PLOA, mediante a apresentação de emendas. Em cada caso, as balizas e requisitos que regulamentam a apresentação das emendas estão dispostas na CF/88, na Resolução nº 01/2006-CN e no parecer preliminar aprovado durante a tramitação do projeto no Congresso Nacional.

20.5 Qual o alcance da autorização parlamentar na elaboração/tramitação do orçamento?

A participação e influência parlamentar sobre o orçamento não se exaure com a aprovação congressual do PLOA. De fato, ao longo do exercício, os parlamentares dispõem de ferramentas que lhes asseguram meios formais de ingerência na execução do orçamento. Por exemplo, as programações orçamentárias incluídas por emendas individuais dependem, para que se leve a termo a execução da despesa, de detalhamentos adicionais prestados pelos autores, após a aprovação do orçamento. Trata-se da indicação e priorização de beneficiários,[483] procedimento a cargo dos parlamentares, efetivado em sistema informatizado, que consiste na identificação dos destinatários e respectivos valores em ordem de prioridade, para fins de execução orçamentária e financeira.[484] Alterações orçamentárias que tenham como objeto referidas programações também estão sujeitas à anuência expressa do autor da emenda.

---

[482] Para esclarecimentos adicionais sobre o tema, ver tópico 3.4.

[483] Ver Portaria Interministerial ME/SEGOV-PR nº 6.145, de 24 de maio 2021.

[484] Registre-se que a omissão ou erro na indicação de beneficiário pelo autor da emenda acarreta impedimento de ordem técnica, o que atenua o caráter impositivo da programação orçamentária incluída por emenda.

A influência parlamentar também pode ser observada mediante a existência de instituições informais relacionadas à temática orçamentária. Nesse contexto, as emendas de Relator-Geral ajudam a ilustrar o ponto, pois, tradicionalmente, representam montantes de recursos cuja definição do objeto do gasto e da localidade destinatária ocorre a partir de indicações informais dos políticos interessados, em acordo com o Poder Executivo.

20.6 O que ocorre na hipótese de o Poder Legislativo não aprovar tempestivamente o orçamento?

No Brasil, a teor do art. 34 da Lei nº 4.320/1964, o exercício financeiro coincide com o ano civil. Como o mesmo diploma determina, em seu art. 2º, a obediência ao princípio da anualidade, a Lei do Orçamento é válida para um único exercício financeiro. De seu lado, a CF/88 veda a realização de despesas ou assunção de obrigações que excedam os créditos orçamentários (art. 167, inc. II). A leitura combinada de tais dispositivos indica que é de máxima importância que a Lei Orçamentária para o exercício seja publicada até 31 de dezembro do ano anterior, evitando-se a situação de ausência de autorizações orçamentárias, de modo a permitir a realização de despesas desde o início do período.

Não obstante, há casos em que referido marco temporal não é observado e o orçamento do exercício somente é aprovado vários meses após o início do ano.[485] Diante de tal realidade, e de modo a contornar as dificuldades práticas que a ausência da LOA traria para a Administração Pública, as leis de diretrizes orçamentárias têm estabelecido permissões para execução provisória do Projeto de Lei do Orçamento, ainda que não aprovado pelo Congresso Nacional. Ressalte-se que a autorização é restrita a determinadas despesas, indicadas em rol taxativo pela LDO: em 2021,[486] por exemplo, são abrangidas pelo permissivo: despesas que constituem obrigações constitucionais ou legais da União, ações de prevenção a desastres, dotações destinadas à aplicação mínima em ações e serviços públicos de saúde, despesas correntes de caráter inadiável, até o limite de um doze avos do valor previsto para cada órgão no Projeto de Lei Orçamentária de 2021, multiplicado pelo número de meses total ou parcialmente decorridos até a data de publicação da respectiva Lei, entre outras.

---

485 A Lei do Orçamento para 2021, por exemplo, foi publicada em 23 de abril de 2021.

486 Art. 65 da Lei nº 14.116, de 31 de dezembro de 2020.

CAPÍTULO 21

PARTICIPAÇÃO DA SOCIEDADE E DE ENTIDADES INDEPENDENTES

21.1 Qual a relação da Entidade de Fiscalização Superior (EFS) com o processo orçamentário?

No âmbito federal, a Entidade de Fiscalização Superior (EFS) brasileira é o Tribunal de Contas da União (TCU). A participação do TCU no processo orçamentário concentra-se no encerramento do ciclo anual, por meio da emissão de parecer prévio sobre as contas prestadas anualmente pelo Presidente da República. De acordo com a Lei Orgânica do TCU (Lei nº 8.443, de 1992), tais contas consistem nos balanços gerais da União e no relatório do órgão central do sistema de controle interno do Poder Executivo sobre a execução dos orçamentos (art. 36, parágrafo único).

Referido parecer pode ter grande impacto político a depender de sua conclusão. Evidência disso foram os pareceres prévios relativos aos exercícios de 2014 e 2015; em ambos os casos, o TCU opinou pela rejeição das contas presidenciais em função de irregularidades na gestão fiscal e orçamentária. Tais fatos, por sua vez, estiveram intimamente relacionados com o *impeachment* da Presidente da República, materializado em 2016, também em função de irregularidades de natureza orçamentária.

Via de regra, porém, os pareceres prévios do TCU despertam pouca atenção do Congresso Nacional, e até mesmo o julgamento efetivo das contas tende a ser adiado por longos períodos. Cabe esclarecer que os pareceres prévios do TCU devem ser – e o são – anualmente encaminhados à CMO para que essa emita seu parecer como subsídio para o julgamento das contas presidenciais pelo Plenário do Congresso Nacional. Fato é, entretanto, que desde as contas relativas ao exercício de 2014,[487] a CMO não tem se pronunciado, mediante emissão de seus pareceres, sobre as contas do Presidente da República.

Perde-se, com isso, a oportunidade de se realizar o debate parlamentar sobre os principais achados de auditoria que poderiam retroalimentar o processo orçamentário e influenciar decisões alocativas. Saliente-se quanto a isso que, desde 2013, os relatórios que acompanham os pareceres prévios do TCU não se limitam a avaliar a regularidade da gestão orçamentária, pois também incluem auditorias de desempenho orientadas ao exame da qualidade e dos resultados (alcance de metas) dos programas finalísticos do governo.

Em paralelo, também merece menção o fato de que, desde 2017, o TCU tem enviado ao Congresso Nacional, anualmente, Relatório de Fiscalizações em Políticas e Programas de Governo (RePP) como subsídio ao processo orçamentário. Trata-se, neste caso, de exigência prevista em leis de diretrizes orçamentárias. A LDO para 2021, por exemplo, definiu em seu art. 144 que o TCU deveria enviar à CMO, no prazo de até 30 dias após o encaminhamento do PLOA 2021, quadro-resumo relativo à qualidade da implementação e ao alcance de metas e dos objetivos dos programas e das ações governamentais objeto de auditorias operacionais realizadas para subsidiar a discussão orçamentária anual. Pouco se conhece, entretanto, sobre a relevância política do RePP para o Congresso Nacional.

21.2 Qual a relação da Instituição Fiscal Independente (IFI) com o processo orçamentário?

A IFI do Senado Federal não dispõe de competências normativas para atuar formalmente no processo orçamentário. Nada obstante, suas análises e projeções fiscais podem ser facultativamente consideradas subsídio ao debate fiscal, em especial como contraponto informacional às projeções do Poder Executivo relativas a agregados fiscais ou a itens de receitas e despesas.

21.3 Há audiências públicas durante a apreciação legislativa do orçamento?

Sim, a Resolução nº 1, de 2006, do Congresso Nacional, prevê expressamente (art. 4º) que a CMO deve realizar audiências públicas

---

487 Disponível em: https://www.congressonacional.leg.br/materias/materias-orcamentarias/contas-da-presidencia. Acesso em: 06 dez. 2023.

para o debate e o aprimoramento dos projetos de Lei do PPA, da LDO e da LOA. Além disso, o art. 115, parágrafo único, da citada norma, prevê que a CMO deveria realizar, anualmente, audiência pública com o Ministro Relator do TCU para que este realizasse exposição acerca do parecer prévio das contas presidenciais. Na prática, porém, as audiências concernentes a PPA, LDO e LOA são percebidas como cerimônias proforma. Já em relação às contas presidenciais, as audiências simplesmente não ocorrem.

21.4 Há abertura para influências externas de empresas e de escritórios lobistas na elaboração do orçamento?

No Brasil, a atividade de *lobby* ainda não foi regulamentada, de modo que não há condições de se examinar – do ponto de vista formal – como se dá tal tipo de influência externa em processos políticos decisórios. A proposição legislativa em estágio mais avançado para a regulamentação do *lobby* é o Projeto de Lei nº 1.202, de 2007, que aguarda inclusão na pauta para ser votado pelo Plenário da Câmara dos Deputados. A regulamentação da atividade é reputada como prioritária, por exemplo, pela Associação Brasileira de Relações Institucionais e Governamentais (Abrig), que representa os profissionais da área.

ALEMANHA

GUSTAVO FOSSATI

PAULA UEMATSU

PIETRA FLEIG

MARIANA MUNIZ

CAPÍTULO 22

INTRODUÇÃO: ASPECTOS GERAIS

22.1 Princípios orçamentários e influências sistêmicas

As características da Alemanha – notadamente um Estado democrático, republicano, federativo, onde vigora o parlamentarismo -, são centrais e influenciam todo o processo orçamentário deste país.

A publicidade e participação, características essenciais de governos democráticos e republicanos, são conceitos essenciais e presentes em todo o ciclo orçamentário.

Nesse sentido, a democracia e o republicanismo são as bases de sustentação da natureza pública dos processos de consulta e tomada de decisão do Estado, garantindo a formação livre e aberta de opiniões e vontades.

Desde a composição do Comitê de Orçamento do *Bundestag*, órgão central no processo orçamentário alemão, que é sempre presidido por um representante da minoria, a influência das instituições independentes e semi-independentes na tomada de decisões políticas acerca do orçamento e as experiências municipais de orçamento participativo são expressões diretas dos princípios democrático e republicano na conformação orçamentária local alemã.

O federalismo é expresso na autonomia orçamentária dos estados federados (*Länder*), ao mesmo tempo em que as demandas estatais são consideradas e incluídas no orçamento federal como um todo.

Por fim, a democracia e o republicanismo influenciam diretamente a elaboração dos diversos princípios orçamentários (ver item 1.8) cujos efeitos são de extrema importância em todo o processo orçamentário alemão.

22.2 Sistema Político Alemão

A Alemanha é uma república federativa regida pelos princípios do estado de direito e pelo estado social, cujo poder estatal emana do povo e é exercido pelo povo, por meio de eleições e votações, e através de órgãos especiais dos poderes legislativo, executivo e judiciário (art. 20 da Constituição da Alemanha), denominada de Lei Fundamental da República Federal da Alemanha (*Grundgesetz für die Bundesrepublik Deutschland – GG).*[488]

22.3 Forma de Governo

A Alemanha adotou a república como forma de governo tendo como características a centralidade do princípio da responsabilidade dos governantes, a adoção de eleições periódicas e a temporariedade dos mandatos.

O conceito de república manifesta a extensão do espaço para além do Estado, fazendo do governo um assunto público, ao exigir transparência em seu exercício. Essa forma de governo obriga os funcionários, órgãos ou agentes a cumprir seus deveres com imparcialidade no interesse de todos.

A república não conhece *súditos*, uma vez que demanda aos seus cidadãos que defendam sua comunidade. Com a adoção dessa forma de governo, pretende-se se distanciar da monarquia e rejeitar qualquer forma de legitimidade dinástica e, ao mesmo tempo, distanciar-se de qualquer forma de estado autoritário, de dominação despótica ou ditatorial. Desse modo, o poder do Estado nunca pode ser entendido como pré-existente, pré-constitucional, ou seja, juridicamente desvinculado.[489]

---

488 Constituição da República Federal da Alemanha, 1949 (*Grundgesetz*, GG). Art. 20: *(1) Die Bundesrepublik Deutschland ist ein demokratischer und sozialer Bundesstaat.(2) Alle Staatsgewalt geht vom Volke aus. Sie wird vom Volke in Wahlen und Abstimmungen und durch besondere Organe der Gesetzgebung, der vollziehenden Gewalt und der Rechtsprechung ausgeübt. (3) Die Gesetzgebung ist an die verfassungsmäßige Ordnung, die vollziehende Gewalt und die Rechtsprechung sind an Gesetz und Recht gebunden.(4) Gegen jeden, der es unternimmt, diese Ordnung zu beseitigen, haben alle Deutschen das Recht zum Widerstand, wenn andere Abhilfe nicht möglich ist.*
Art. 20: (1) A República Federal da Alemanha é um Estado federal democrático e social. (2) Todo o poder do Estado emana do povo. É exercido pelo povo em eleições e votações e por órgãos especiais do legislativo, executivo e judiciário. (3) A legislação está vinculada à ordem constitucional, o poder executivo e o judiciário estão vinculados à lei e à justiça. (4) Todos os alemães têm o direito de resistir a qualquer um que intencione abolir esta ordem se nenhum outro remédio for possível. (tradução livre)

489 VON MÜNCH, Ingo; KUNIG, Philip. *Grundgesetz-Kommentar*. Munique: C. H. Beck, 2021. Disponível em: https://beck-online.beck.de/?vpath=bibdata/komm/MuenchKunigKoGG_7_Band1/GG/cont/MuenchKunigKoGG.GG.a20.glB.glI.gl2.htm. Acesso em: 15 jul. 2022.

22.4 Sistema eleitoral e democracia

O art. 20 da GG destaca que a Alemanha é um Estado democrático, estabelecendo que todo o poder emana do povo, sendo por este exercido mediante eleições e votações por meio de órgãos especiais dos Poderes Legislativo, Executivo e Judiciário.

Democracia é entendida como o domínio dos livres e iguais, comportando diversas dimensões das quais destacamos a dimensão da liberdade, da igualdade, da publicidade e do estado de bem-estar social.

A dimensão de liberdade significa que o indivíduo é livre e dotado de dignidade humana, ou seja, é responsável pela sua comunidade política como um pré-requisito para a realização de sua liberdade. A Lei Fundamental, portanto, retrata a democracia como uma ordem de um processo político livre e aberto em que há espaço para disputas, considerando que a minoria de hoje pode se tornar a maioria amanhã. Ou seja, na dialética do governo e da oposição, as decisões políticas são negociadas – muitas vezes de forma conciliatória.

A liberdade não pode realizar-se apartada da dimensão da igualdade, uma é tão fundamental quanto a outra.[490] Às dimensões de liberdade e igualdade acresce-se o Estado de bem-estar social de fundamental importância para a realização da liberdade, garantindo a igualdade material dos cidadãos ao aumentar a prosperidade e garantir uma participação justa para o maior número possível de pessoas.

O estado de bem-estar reflete a solidariedade presente na sociedade alemã. É uma via de mão dupla, na qual a sua formação necessita da sociedade, assim como os indivíduos necessitam do estado social.

Ao contrário da Constituição brasileira, a Lei Fundamental da Alemanha não incluiu os direitos sociais básicos clássicos (como o direito ao trabalho, à habitação, à educação ou à segurança social); nesse sentido, o princípio do estado de bem-estar assume extrema importância, pois dele se extrai o conceito de mínimo existencial,[491] que é fundamental para a realização e concretização dos direitos sociais.

---

[490] SEN, Amartya.The Right not to be Hungry. *In*: ALSTON, Philips; TOMASEVSKI, Katarina. *The Right to Food*. Uthrecht: netherlands institute of human rights, 1984 e SEN, Amartya. O desenvolvimento como expansão de capacidades. *Lua Nova: Revista de Cultura e Política. Estado, Reforma e Desenvolvimento*, São Paulo, n. 28 e 29, abr. 1993.

[491] FOSSATI, Gustavo. *Constituição Tributária Comentada*. 3. ed. São Paulo: Revista dos Tribunais, 2022. p. 82, 84-88.

22.5 Dimensões do Princípio Democrático na Lei Fundamental Alemã

(continua)

Liberdade	Igualdade	Publicidade	Estado de bem-estar social
A Lei Fundamental elenca alguns pré-requisitos – não exaustivos – que caracterizam a liberdade democrática:[492]	*A dimensão da igualdade é caracterizada pelo:*[493]	*Essa dimensão possui como principais características:*[494]	*São características essenciais do Estado de bem-estar social:*[495]
- A tomada de decisão democrática deve ser realizada pelo povo para os órgãos estatais e não vice-versa; **- Liberdade dos meios de comunicação e de todos os grupos plurais da sociedade como grupos de interesse, iniciativas de cidadãos, associações, sindicatos, igrejas;** **- A livre formação de partidos políticos;**	- Direitos de voto iguais (sufrágio universal); - Oportunidades iguais para partidos políticos; - Iguais condições para todos os atores de participar da competição política, dimensão na qual prospera, sobretudo, na interação entre a maioria e a minoria.	- A publicidade parlamentar; - Controle parlamentar do governo; - O orçamento público; - Campanha eleitoral pública;	- Garantia ao mínimo existencial; - Igualdade de oportunidades educacionais; - Segurança social; - *Seguro-cidadania*, que consiste no direito a uma renda básica; - A assistência especial, que pode incluir diversos benefícios como ressocialização de presos, fornecimento de energia, assistência judicial etc.;

492 VON MÜNCH, Ingo; KUNIG, Philip. *Grundgesetz-Kommentar*. Munique: C. H. Beck, 2021. Disponível em: https://beck-online.beck.de/?vpath=bibdata/komm/MuenchKunigKoGG_7_Band1/GG/cont/MuenchKunigKoGG.GG.a20.glB.glI.gl2.htm. Acesso em: 15 jul. 2022.

493 VON MÜNCH, Ingo; KUNIG, Philip. *Grundgesetz-Kommentar*. Munique: C. H. Beck, 2021. Disponível em: https://beck-online.beck.de/?vpath=bibdata/komm/MuenchKunigKoGG_7_Band1/GG/cont/MuenchKunigKoGG.GG.a20.glB.glI.gl2.htm. Acesso em: 15 jul. 2022.

494 Outra dimensão extremamente importante, especialmente no processo orçamentário que, em última instância, abarca todo o processo político-parlamentar, é a da publicidade, conforme destacado pelo autor. VON MÜNCH, Ingo; KUNIG, Philip. *Grundgesetz-Kommentar*. Munique: C. H. Beck, 2021. Disponível em: https://beck-online.beck.de/?vpath=bibdata/komm/MuenchKunigKoGG_7_Band1/GG/cont/MuenchKunigKoGG.GG.a20.glB.glI.gl2.htm. Acesso em: 15 jul. 2022.

495 VON MÜNCH, Ingo; KUNIG, Philip. *Grundgesetz-Kommentar*. Munique: C. H. Beck, 2021. Disponível em: https://beck-online.beck.de/?vpath=bibdata/komm/MuenchKunigKoGG_7_Band1/GG/cont/MuenchKunigKoGG.GG.a20.glB.glI.gl2.htm. Acesso em: 15 jul. 2022.

(conclusão)

Liberdade	Igualdade	Publicidade	Estado de bem-estar social
- A participação dos cidadãos em procedimentos administrativos; **- Autonomia dos Estados federados e do município.**[496]	- Direitos de voto iguais (sufrágio universal); - Oportunidades iguais para partidos políticos; - Iguais condições para todos os atores de participar da competição política, dimensão na qual prospera, sobretudo, na interação entre a maioria e a minoria.	- Publicidade e transparência partidária;[497] - Publicidade e liberdade dos meios de comunicação; - Publicidade e transparência estatal e dos atos governamentais; - Publicidade do poder judiciário; - Esfera pública da União Europeia.[498]	- Inclusão do conceito de Estado de bem-estar na legislação tributária; - Dimensões do Estado social ao abrigo do direito da União Europeia.

A democracia é representativa, estruturada sob um sistema parlamentarista composto por partidos políticos, porém sem afastar a possibilidade da introdução de mecanismos de democracia direta, de natureza plebiscitária, por parte dos Estados federados.

Por meio de eleições diretas, livres, iguais e secretas, em que vigora o sufrágio universal, são escolhidos os membros do Parlamento Federal, ou *Bundestag* (BT)[499] (com mandatos de quatro anos), das Assembleias Legislativas (existentes nos 16 Estados federados – *Länder*) e das Câmaras Municipais (*Gemeinden*). O voto é *facultativo*.

[496] VON MÜNCH, Ingo; KUNIG, Philip. *Grundgesetz-Kommentar*. Munique: C. H. Beck, 2021. Disponível em: https://beck-online.beck.de/?vpath=bibdata/komm/MuenchKunigKoGG_7_Band1/GG/cont/MuenchKunigKoGG.GG.a20.glB.glI.gl2.htm. Acesso em: 15 jul. 2022.

[497] Os partidos políticos têm estatuto público. Os cidadãos precisam saber, de forma transparente, quais posições políticas os partidos representam.

[498] Na rede constitucional europeia ou rede parlamentar europeia, a interação entre os parlamentos nacionais com o Parlamento Europeu pode ser traduzida em uma estrutura de rede especial para a legitimidade democrática cooperativa das decisões políticas.

[499] O *Bundestag* (BT) ou Parlamento Federal é, no sistema político alemão, órgão similar à Câmara dos Deputados brasileira, guardadas as devidas diferenças, uma vez que a Alemanha possui um sistema de governo parlamentarista.

Os grupos parlamentares (*Fraktionen*) do *Bundestag*

O BT está dividido em grupos parlamentares (*Fraktionen*)[500] que são subdivisões políticas do *Bundestag* e, nesse sentido, os grupos parlamentares, como partes desse órgão federal supremo, são indispensáveis na vida constitucional e fatores decisivos para a formação da vontade parlamentar. Os grupos são extremamente importantes na composição dos diversos comitês que integram o BT. Para formar um grupo parlamentar, é necessária a reunião de, ao menos, 5% dos membros do BT.[501] Uma associação de deputados do mesmo partido tem, automaticamente, o estatuto de grupo parlamentar se o quociente eleitoral mínimo for atingido.[502]. Os assentos destinados a cada grupo parlamentar correspondem à exigência do Tribunal Constitucional Federal da Alemanha[503] de que cada comitê é uma imagem reduzida do plenário, refletindo a sua composição ("princípio da imagem refletida" – *Grundsatz der Spiegelbildlichkeit*).

A Lei Eleitoral Federal (*Bundeswahlgesetz, BWG*) estabelece um sistema de representação proporcional, por meio de voto distrital, no qual a metade dos deputados é eleita pelos 299 distritos por voto personalizado, ou seja, o voto é dado ao candidato, aplicando-se o princípio majoritário. Assim, no distrito, é eleito o candidato que obtiver o maior número de votos. A outra metade é escolhida por meio de listas

---

500 Regulamentado na *Abgeordnetengesetz* (AbgG) arts. 45 até 54. "Desde o 9º WP, o número de assentos no Conselho de Anciãos e nas comissões atribuídas aos grupos parlamentares e o regulamento dos presidentes das comissões foram calculados pelo método de St. Lague/Schepers (...). No procedimento de St. Lague/Schepers, os assentos atribuídos a cada grupo parlamentar são determinados com a ajuda dos chamados números de classificação, o método evita dar preferência às grandes frações (como em d'Hondt) ou pequenas frações (como em Hare/Niemeyer)". ROLL, Hans-Achim. *Erläuterungen zum Deutschen Bundesrecht in*: Das Deutsche Bundesrecht. Nomos, 2022.

501 Art. 45 (2) da Lei sobre as relações jurídicas dos membros do *Bundestag* alemão. (*Gesetz über die Rechtsverhältnisse der Mitglieder des Deutschen Bundestages – AbgG*).

502 Se deputados de partidos concorrentes se unem para formar um grupo parlamentar, é necessária a aprovação do BT a qual só poderá ser negada quando houver uma fusão sem a vontade de se envolver num trabalho político conjunto que apenas procura adquirir vantagens com a formação do grupo político. ROLL, Hans-Achim. *Erläuterungen zum Deutschen Bundesrecht in*: Das Deutsche Bundesrecht. Nomos, 2022.

503 ALEMANHA, Tribunal Constitucional Federal. *BVerfGE 80, 188, 222; 96, 264, 282*. Disponível em: https://www.bundesverfassungsgericht.de/SharedDocs/Entscheidungen/DE/2015/09/es20150922_2bve000111.html. Acesso em: 21 maio 2022.

estaduais apresentadas pelos partidos políticos, com observância do sistema proporcional.

Portanto, há dois votos: um é dado ao candidato do distrito e o outro, ao partido (arts. 4º,[504] 5º,[505] 6º[506] e 27º[509] da Lei Eleitoral Federal).

---

[504] Lei Eleitoral Federal, art. 4: "*Jeder Wähler hat zwei Stimmen, eine Erststimme für die Wahl eines Wahlkreisabgeordneten, eine Zweitstimme für die Wahl einer Landesliste*".
Cada eleitor tem dois votos, um primeiro voto para a eleição de um deputado do distrito eleitoral, um segundo voto para a eleição de uma lista estadual. (tradução livre)

[505] Lei Eleitoral Federal, art. 5: "*In jedem Wahlkreis wird ein Abgeordneter gewählt. Gewählt ist der Bewerber, der die meisten Stimmen auf sich vereinigt. Bei Stimmengleichheit entscheidet das vom Kreiswahlleiter zu ziehende Los*".
Um deputado é eleito em cada período eleitoral. O candidato mais votado é eleito. Em caso de empate, a decisão final se dará por sorteio a ser realizado pelo oficial de retorno do círculo eleitoral.

[506] Lei Eleitoral Federal, art. 6: "*(1) Für die Verteilung der nach Landeslisten zu besetzenden Sitze werden die für jede Landesliste abgegebenen Zweitstimmen zusammengezählt. Nicht berücksichtigt werden dabei die Zweitstimmen derjenigen Wähler, die ihre Erststimme für einen im Wahlkreis erfolgreichen Bewerber abgegeben haben, der gemäß §20 Absatz 3 oder von einer Partei vorgeschlagen ist, die nach Absatz 3 bei der Sitzverteilung nicht berücksichtigt wird oder für die in dem betreffenden Land keine Landesliste zugelassen ist. Von der Gesamtzahl der Abgeordneten (§1 Absatz 1) wird die Zahl der erfolgreichen Wahlkreisbewerber abgezogen, die in Satz 2 genannt sind. (2) In einer ersten Verteilung wird zunächst die Gesamtzahl der Sitze (§1 Absatz 1) in dem in Satz 2 bis 7 beschriebenen Berechnungsverfahren den Ländern nach deren Bevölkerungsanteil (§3 Absatz 1) und sodann in jedem Land die Zahl der dort nach Absatz 1 Satz 3 verbleibenden Sitze auf der Grundlage der zu berücksichtigenden Zweitstimmen den Landeslisten zugeordnet. Jede Landesliste erhält so viele Sitze, wie sich nach Teilung der Summe ihrer erhaltenen Zweitstimmen durch einen Zuteilungsdivisor ergeben. Zahlenbruchteile unter 0,5 werden auf die darunter liegende ganze Zahl abgerundet, solche über 0,5 werden auf die darüber liegende ganze Zahl aufgerundet. Zahlenbruchteile, die gleich 0,5 sind, werden so aufgerundet oder abgerundet, dass die Zahl der zu vergebenden Sitze eingehalten wird; ergeben sich dabei mehrere mögliche Sitzzuteilungen, so entscheidet das vom Bundeswahlleiter zu ziehende Los. Der Zuteilungsdivisor ist so zu bestimmen, dass insgesamt so viele Sitze auf die Landeslisten entfallen, wie Sitze zu vergeben sind. Dazu wird zunächst die Gesamtzahl der Zweitstimmen aller zu berücksichtigenden Landeslisten durch die Zahl der jeweils nach Absatz 1 Satz 3 verbleibenden Sitze geteilt. Entfallen danach mehr Sitze auf die Landeslisten, als Sitze zu vergeben sind, ist der Zuteilungsdivisor so heraufzusetzen, dass sich bei der Berechnung die zu vergebende Sitzzahl ergibt; entfallen zu wenig Sitze auf die Landeslisten, ist der Zuteilungsdivisor entsprechend herunterzusetzen.(3) Bei Verteilung der Sitze auf die Landeslisten werden nur Parteien berücksichtigt, die mindestens 5 Prozent der im Wahlgebiet abgegebenen gültigen Zweitstimmen erhalten oder in mindestens drei Wahlkreisen einen Sitz errungen haben. Satz 1 findet auf die von Parteien nationaler Minderheiten eingereichten Listen keine Anwendung.(4) Von der für jede Landesliste so ermittelten Sitzzahl wird die Zahl der von der Partei in den Wahlkreisen des Landes errungenen Sitze (§5) abgerechnet. In den Wahlkreisen errungene Sitze verbleiben einer Partei auch dann, wenn sie die nach den Absätzen 2 und 3 ermittelte Zahl übersteigen.(5) Die Zahl der nach Absatz 1 Satz 3 verbleibenden Sitze wird so lange erhöht, bis jede Partei bei der zweiten Verteilung der Sitze nach Absatz 6 Satz 1 mindestens die Gesamtzahl der ihren Landeslisten nach den Sätzen 2 und 3 zugeordneten Sitze erhält. Dabei wird jeder Landesliste der höhere Wert aus entweder der Zahl der im Land von Wahlbewerbern der Partei in den Wahlkreisen nach §5 errungenen Sitze oder dem auf ganze Sitze aufgerundeten Mittelwert zwischen diesen und den für die Landesliste der Partei nach der ersten Verteilung nach den Absätzen 2 und 3 ermittelten Sitzen zugeordnet. Jede Partei erhält mindestens die bei der ersten Verteilung nach den Absätzen 2 und 3 für ihre Landeslisten ermittelten Sitze. Bei der Erhöhung bleiben in den Wahlkreisen errungene Sitze, die nicht nach Absatz 4 Satz 1 von der Zahl*

der für die Landesliste ermittelten Sitze abgerechnet werden können, bis zu einer Zahl von drei unberücksichtigt. Die Gesamtzahl der Sitze (§1 Absatz 1) erhöht sich um die Unterschiedszahl. (6) Die nach Absatz 5 zu vergebenden Sitze werden in jedem Fall bundesweit nach der Zahl der zu berücksichtigenden Zweitstimmen in dem in Absatz 2 Satz 2 bis 7 beschriebenen Berechnungsverfahren auf die nach Absatz 3 zu berücksichtigenden Parteien verteilt. In den Parteien werden die Sitze nach der Zahl der zu berücksichtigenden Zweitstimmen in dem in Absatz 2 Satz 2 bis 7 beschriebenen Berechnungsverfahren auf die Landeslisten verteilt; dabei wird jeder Landesliste mindestens die nach Absatz 5 Satz 2 für sie ermittelte Sitzzahl zugeteilt. Von der für jede Landesliste ermittelten Sitzzahl wird die Zahl der von der Partei in den Wahlkreisen des Landes errungenen Sitze (§5) abgerechnet. In den Wahlkreisen errungene Sitze verbleiben einer Partei auch dann, wenn sie die nach Satz 1 ermittelte Zahl übersteigen. In diesem Fall erhöht sich die Gesamtzahl der Sitze (§1 Absatz 1) um die Unterschiedszahl; eine erneute Berechnung nach Satz 1 findet nicht statt. Die restlichen Sitze werden aus der Landesliste in der dort festgelegten Reihenfolge besetzt. Bewerber, die in einem Wahlkreis gewählt sind, bleiben auf der Landesliste unberücksichtigt. Entfallen auf eine Landesliste mehr Sitze, als Bewerber benannt sind, so bleiben diese Sitze unbesetzt.(7) Erhält bei der Verteilung der Sitze nach den Absätzen 2 bis 6 eine Partei, auf die mehr als die Hälfte der Gesamtzahl der Zweitstimmen aller zu berücksichtigenden Parteien entfallen ist, nicht mehr als die Hälfte der Sitze, werden ihr weitere Sitze zugeteilt, bis auf sie ein Sitz mehr als die Hälfte der Sitze entfällt. Die Sitze werden in der Partei entsprechend Absatz 6 Satz 2 bis 6 verteilt. In einem solchen Falle erhöht sich die nach Absatz 5 ermittelte Gesamtzahl der Sitze (§1 Absatz 1) um die Unterschiedszahl".

(1) Para a distribuição dos cargos a serem preenchidos pelas listas estaduais, são somados os segundos votos emitidos para cada lista estadual. Os segundos votos dos eleitores que deram o seu primeiro voto a um candidato que obteve sucesso no círculo eleitoral e que é proposto de acordo com o art. 20.º (3) ou por um partido que não seja tido em conta na distribuição dos lugares de acordo com (3) ou para aqueles no círculo eleitoral relevante não deve ser levado em consideração País nenhuma lista de países é permitida. O número de candidatos eleitos no círculo eleitoral nomeados no inciso 2 é deduzido do número total de deputados (§1 §1). (2) Numa primeira distribuição, o número total de lugares (§1, nº 1) no método de cálculo descrito nos incisos 2 a 7 é atribuído aos estados (*Länder*) de acordo com a sua quota de população (§3.º, nº 1) e depois em cada estado o número de assentos de acordo com o parágrafo 1, inciso 3 restantes assentos atribuídos às listas estaduais com base nos segundos votos a serem levados em consideração. Cada lista estadual recebe tantos assentos quanto à soma dos segundos votos recebidos é dividida por um divisor de alocação. Frações de números abaixo de 0,5 são arredondadas para o número inteiro abaixo, aquelas acima de 0,5 são arredondadas para o número inteiro acima. As frações de números iguais a 0,5 devem ser arredondadas para cima ou para baixo para respeitar o número de vagas a serem preenchidas; se houver várias alocações de assentos possíveis, o sorteio a ser sorteado pelo Oficial de Devolução Federal decide. O divisor de alocação deve ser determinado de forma que haja tantos assentos nas listas estaduais quantos assentos a serem alocados. Para fazer isso, o número total de segundos votos de todas as listas estaduais a serem levadas em consideração é primeiro dividido pelo número de assentos restantes de acordo com o parágrafo 1 do inciso 3. Se houver mais vagas nas listas estaduais do que vagas a serem alocadas, o divisor de alocação deve ser aumentado de forma que o cálculo resulte no número de cadeiras a serem alocadas; Se não houver assentos suficientes nas listas estaduais, o divisor de alocação deve ser reduzido de acordo. (3) Ao alocar assentos nas listas estaduais, apenas são considerados os partidos que recebem pelo menos 5% dos segundos votos válidos emitidos no distrito eleitoral ou que tenham conquistado um assento em pelo menos três distritos eleitorais. O inciso 1 não se aplica às listas apresentadas por partidos de minorias nacionais. (4) O número de assentos conquistados pelo partido nas circunscrições do estado (§5) é deduzido do número de assentos assim determinado para cada lista estadual. Um partido mantém os assentos conquistados

nos círculos eleitorais mesmo que ultrapassem o número determinado de acordo com os parágrafos 2 e 3. (5) O número de assentos restantes de acordo com a subseção 1 sentença 3 deve ser aumentado até que cada parte receba pelo menos o número total de assentos alocados em suas listas estaduais de acordo com as sentenças 2 e 3 na segunda distribuição de assentos de acordo com a subseção 6 sentenças 1. Cada lista estadual é a maior entre o número de cadeiras conquistadas no estado pelos candidatos do partido nos círculos eleitorais de acordo com o §5 ou a média arredondada para cadeiras inteiras entre estas e a lista estadual do partido após a primeira distribuição de acordo com os parágrafos 2 e 3 lugares identificados. Cada partido recebe pelo menos os assentos determinados para suas listas estaduais na primeira distribuição de acordo com os parágrafos 2 e 3. No caso do aumento, os assentos conquistados nos círculos eleitorais que não podem ser deduzidos do número de assentos determinados para a lista estadual de acordo com o parágrafo 4 do inciso 1 não são considerados até um número de três. O número total de assentos (§1 §1º) aumenta pelo número da diferença. (6) Os lugares a atribuir de acordo com o nº 5 são, em qualquer caso, distribuídos a nível nacional aos partidos a considerar de acordo com o nº 3 de acordo com o número de segundos votos a considerar no método de cálculo descrito no nº 2 incisos 2 a 7. Nos partidos, as cadeiras são distribuídas entre as listas estaduais de acordo com o número de segundos votos a serem considerados pelo método de cálculo descrito no parágrafo 2º incisos 2 a 7; cada lista estadual recebe pelo menos o número de assentos determinado para ele de acordo com o parágrafo 5, inciso 2. O número de cadeiras conquistadas pelo partido nas circunscrições do estado (§5º) é deduzido do número de cadeiras determinadas para cada lista estadual. Um partido mantém os assentos conquistados nos círculos eleitorais mesmo que ultrapassem o número determinado de acordo com a sentença 1. Neste caso, o número total de vagas (§1º §1º) aumenta pela diferença; um novo cálculo de acordo com o inciso 1 não ocorre. As vagas restantes são preenchidas a partir da lista estadual na ordem especificada lá. Os candidatos eleitos em um círculo eleitoral não estão incluídos na lista estadual. Se houver mais assentos em uma lista estadual do que candidatos, esses assentos permanecerão vagos. 7) Se, na distribuição dos assentos de acordo com os parágrafos 2 a 6, um partido que represente mais da metade do número total de segundos votos de todos os partidos a serem considerados não receber mais da metade dos assentos, lhe serão atribuídos novos lugares até que representem um lugar a mais de metade dos lugares. Os assentos são distribuídos no partido de acordo com o parágrafo 6, incisos 2 a 6. Nesse caso, o número total de lugares determinado de acordo com o nº 5 (§1.º nº 1) aumenta pela diferença. (tradução livre)

507 Lei Eleitoral Federal (Bundeswahlgesetz, BWahlG), art. 27: "*(1) Landeslisten können nur von Parteien eingereicht werden. Sie müssen von dem Vorstand des Landesverbandes oder, wenn Landesverbände nicht bestehen, von den Vorständen der nächstniedrigen Gebietsverbände, die im Bereich des Landes liegen, bei den in §18 Abs. 2 genannten Parteien außerdem von 1 vom Tausend der Wahlberechtigten des Landes bei der letzten Bundestagswahl, jedoch höchstens 2.000 Wahlberechtigten, persönlich und handschriftlich unterzeichnet sein. Die Wahlberechtigung der Unterzeichner eines Wahlvorschlages einer der in §18 Abs. 2 genannten Parteien muß im Zeitpunkt der Unterzeichnung gegeben sein und ist bei Einreichung der Landesliste nachzuweisen. Das Erfordernis zusätzlicher Unterschriften gilt nicht für Landeslisten von Parteien nationaler Minderheiten.(2) Landeslisten müssen den Namen der einreichenden Partei und, sofern sie eine Kurzbezeichnung verwendet, auch diese enthalten.(3) Die Namen der Bewerber müssen in erkennbarer Reihenfolge aufgeführt sein.(4) Ein Bewerber kann nur in einem Land und hier nur in einer Landesliste vorgeschlagen werden. In einer Landesliste kann nur benannt werden, wer seine Zustimmung dazu schriftlich erklärt hat; die Zustimmung ist unwiderruflich.(5) §21 Abs. 1, 3, 5 und 6 sowie die §§22 bis 25 gelten entsprechend mit der Maßgabe, daß die Versicherung an Eides Statt nach §21 Abs. 6 Satz 2 sich auch darauf zu erstrecken hat, daß die Festlegung der Reihenfolge der Bewerber in der Landesliste in geheimer Abstimmung erfolgt ist*".

(1) As listas estaduais só podem ser apresentadas pelas partes. Devem ser aprovados pela diretoria da associação regional ou, se não houver associações regionais, pelas diretorias

Destaca-se a existência da denominada *cláusula dos 5%*. Determinado partido político somente obterá representação no Parlamento Federal (BT), se atingir um mínimo de 5% do total de votos alocados à lista estadual. Essa regra contém uma exceção: ainda que não atinja os 5% de votos, o partido terá direito à representação, desde que obtenha três ou mais mandatos pelo voto direto concedido a seus candidatos dos distritos eleitorais.

Por eleições indiretas, são escolhidos o Presidente Federal, seu vice e secretários, os Governadores, os Prefeitos, o Comitê para Assuntos da União Europeia e os membros do *Bundesrat* (BR), ou Conselho Federal,[508] formado por membros dos governos dos Estados, que os nomeiam e exoneram.

A Constituição Federal estabelece que o Poder Legislativo é composto por duas câmaras. O Parlamento Federal ou *Bundestag* é, atualmente, composto por 736 membros eleitos por sufrágio universal, com poderes para alterar a Constituição Federal, as leis federais e o orçamento anual, e o Conselho Federal ou *Bundesrat*, que representa os interesses dos 16 estados federados.[509]

---

das associações regionais imediatamente inferiores que estejam na área do estado federal, no caso dos partidos nomeados na Seção 18 (2), também por 1 por mil daqueles com direito a voto no estado federal na última eleição do *Bundestag*, mas não mais de 2.000 eleitores aptos, deve ser assinado pessoalmente e à mão. O signatário de uma proposta eleitoral de um dos partidos mencionados no Art. 18 (2) deve ter direito a voto no momento da assinatura e deve ser comprovado quando da apresentação da lista estadual. A exigência de assinaturas adicionais não se aplica a listas nacionais de partidos minoritários nacionais. (2) As listas de países devem conter o nome do remetente e, se usar uma abreviatura, também este. (3) Os nomes dos candidatos devem ser listados em uma ordem reconhecível. (4) Um candidato só pode ser proposto em um país e apenas em uma lista de países. Somente aqueles que deram seu consentimento por escrito podem ser nomeados em uma lista estadual; consentimento é irrevogável. (5) Os §21, parágrafos 1, 3, 5 e 6, bem como os §§22 a 25, aplicam-se de acordo com a condição de que a declaração juramentada nos termos do §21, parágrafo 6, inciso 2, também deve se estender ao fato de que a ordem dos candidatos na lista estadual foi determinada por voto secreto. (tradução livre)

[508] O *Bundesrat* (BR) ou Conselho Federal, é, no sistema político alemão, órgão similar ao Senado brasileiro. As leis federais que afetam as competências dos Estados têm de ser aprovadas pelo Conselho Federal. De acordo com o art. 50 c/c art. 52 da GG, "por meio do Conselho Federal, os Estados participam da legislação e da administração da União Federal, bem como das questões concernentes à União Europeia (...) Para os assuntos da União Europeia, o Conselho Federal poderá criar uma câmara de assuntos europeus, cujas resoluções serão consideradas como resoluções do Conselho Federal".

[509] O Poder Legislativo Alemão possui uma estrutura bicameral composta pelo *Bundestag* e o *Bundesrat*. O primeiro pode ser comparado à Câmara dos Deputados do Brasil. O segundo é composto 69 representantes dos governos dos 16 *Länder* (estados federados), que são eleitos indiretamente pelos governos estaduais e, muitas vezes, são os próprios chefes do Poder Executivo dos estados ou seus ministros. O *Bundesrat* pode ser comparado ao Senado Federal brasileiro.

Figura 5
Composição atual do *Bundestag*

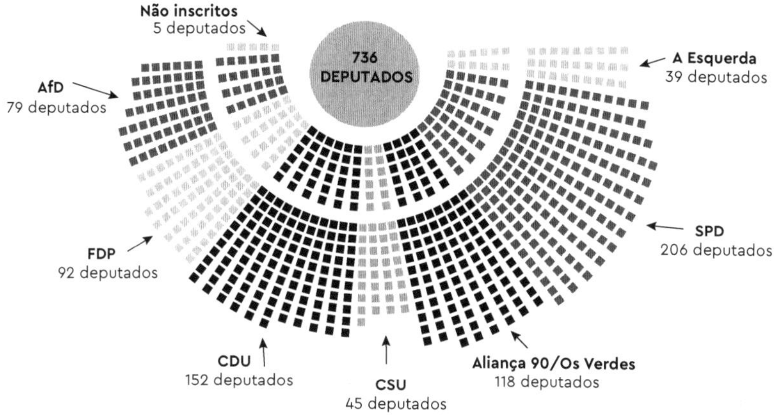

Fonte: Perfil da Alemanha. Disponível em: https://www.tatsachen-ueber-deutschland.de/pt-br/politica-alemanha/parlamento-partidos. Acesso em: 05 fev. 2024.

Por meio do BR, os Estados participam da legislação e da administração da União Federal, bem como das questões concernentes à União Europeia (art. 50 da GG). Ao contrário do BT, o BR não possui períodos legislativos. A mudança de seus membros depende da mudança de governo nos Estados da federação. Os membros do *Bundesrat* são sempre ministros-presidentes ou ministros em seus respectivos estados federais (ou, no caso das cidades-estados de *Berlim*, *Bremen* e *Hamburgo*, prefeitos e senadores). Os Secretários de Estado também podem ser membros do *Bundesrat*, se tiverem assento e voto no gabinete de seu estado federal.

Os membros do *Bundesrat* desempenham uma dupla função: ocupam um cargo em seu estado federal, ao mesmo tempo em que ocupam um cargo federal, ou seja, desempenham um papel político tanto em seu estado quanto no nível da política nacional.

O sistema político alemão conta também com uma Comissão Conjunta, formada por representantes do BT e do BR.[510]

---

[510] De acordo com o art. 53, "a", da GG, "A Comissão Conjunta é constituída em dois terços por deputados do Parlamento Federal e em um terço por membros do Conselho Federal. Os deputados são nomeados pelo Parlamento Federal conforme a proporcionalidade das bancadas parlamentares; eles não podem ser membros do Governo Federal. Cada Estado será representado por um membro do Conselho Federal, por ele nomeado; esses membros

O Presidente Federal é o chefe de Estado que, apesar de possuir algumas atribuições executivas, possui um papel quase simbólico. Ele é eleito, sem debate prévio, pela Assembleia Federal (*Bundesversammlung*).[511] Seu mandato tem duração de cinco anos. A reeleição consecutiva é permitida apenas uma vez (art. 54 (1) e (2) da GG). O Presidente Federal representa a União Federal no âmbito internacional. Ele firma os tratados com Estados estrangeiros em nome da União Federal, acredita e recebe os chefes das missões diplomáticas. Ele também nomeia e exonera os juízes federais, os funcionários federais, os oficiais e suboficiais, salvo disposição legal em contrário (art. 59 e 60 da GG).

O representante do Presidente Federal é o Presidente do Conselho Federal (*Bundesrat*), cargo ocupado, em revezamento, pelo período de um ano, por um dos governadores dos 16 Estados federais.

O Governo Federal é constituído pelo Chanceler Federal e pelos Ministros Federais. O Chanceler é o chefe do Gabinete Federal (*Bundeskabinet*)[512] e desempenha o papel fundamental de falar em nome da maioria parlamentar. Ele é eleito pelo Parlamento Federal, por proposta do Presidente Federal, sem debate prévio. Será eleito aquele que obtiver os votos da maioria dos membros do Parlamento Federal. O eleito deverá ser nomeado pelo Presidente Federal (art. 63 da GG). Os Ministros Federais são nomeados e exonerados pelo Presidente Federal, por proposta do Chanceler Federal (art. 64 da GG).

---

não estão sujeitos a instruções. A formação e o funcionamento da Comissão Conjunta são regulamentados por um regimento interno, o qual deve ser elaborado pelo Parlamento Federal e aprovado pelo Conselho Federal".

511 A Assembleia Federal é a maior assembleia parlamentar da República Federal da Alemanha. Sua única tarefa é eleger o Presidente Federal. Ela geralmente só se reúne a cada cinco anos. O art. 54 (3) da GG dispõe que "a Assembleia Federal é constituída por membros do Parlamento Federal e um número igual de membros eleitos pelo legislativo dos Estados, segundo o princípio da eleição proporcional".

512 O Gabinete Federal (*Bundeskabinett*) é a chefia do Poder Executivo da República Federal da Alemanha, liderado pelo Chanceler Federal da Alemanha e pelos Ministros de Gabinete.

Figura 6
Esquematização do processo eleitoral alemão

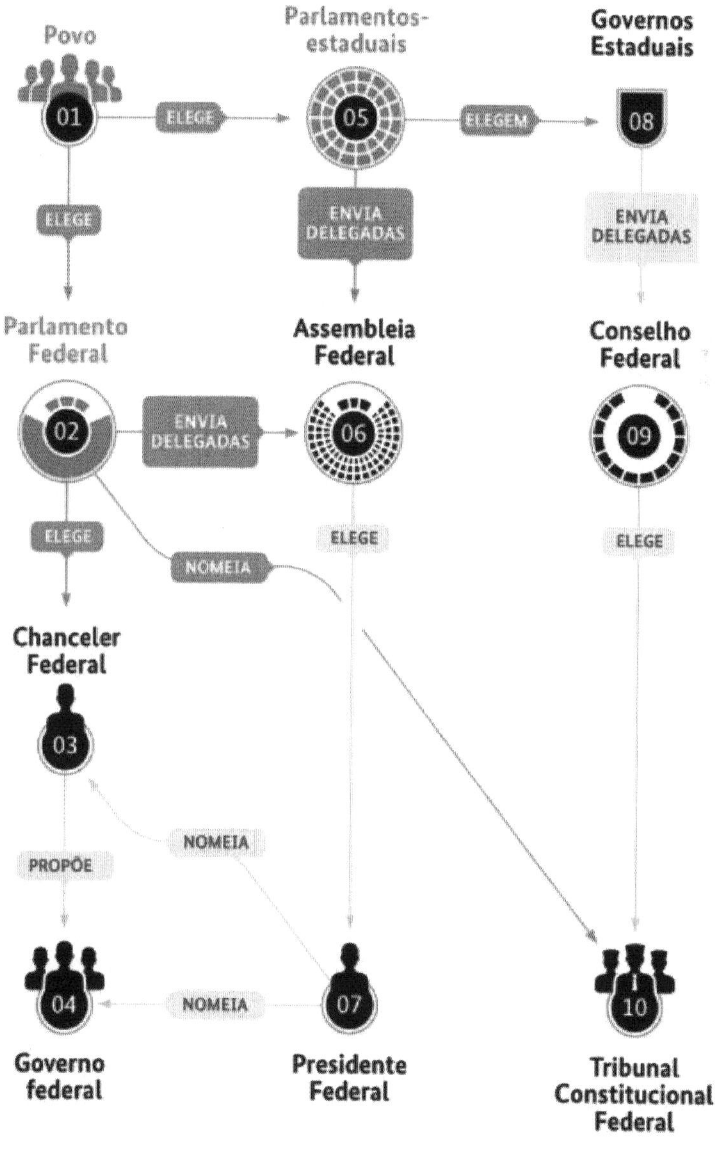

Fonte: Perfil da Alemanha. Disponível em: https://www.tatsachen-ueber-deutschland.de/pt-br/politica-alemanha/sistema-politico. Acesso em: 13 set. 2021.

22.6 Federalismo

A conformação constitucional da ordem federativa alemã ocorre mediante a estruturação em dois níveis: a União (*Bund*) e os Estados federados (*Länder*).

De acordo com o art. 20, §1º da Lei Fundamental da Alemanha, a República Federativa da Alemanha é um Estado federal, no qual as tarefas públicas devem ser realizadas separadamente pelo Governo Federal e pelos Estados federados de acordo com suas respectivas competências constitucionais, consagrando a autonomia dos 16 estados federados (*Länder*) em relação à gestão orçamentária.

Contudo, a Constituição Federal possui regras e princípios que devem ser observados e aplicados por ambas as esferas federativas, formando, assim, um *federalismo vertical*,[513] uma vez que os Estados estão sujeitos aos princípios do Estado de direito republicano, democrático e social, conforme disposto no art. 28, §1º da Constituição Federal.[514] Vale destacar igualmente que o art. 31[515] prevê que o direito federal é hierarquicamente superior ao direito estadual, devendo ser aplicado prioritariamente, em caso de conflito (*Bundesrecht bricht Landesrecht*).

---

513 Repartição vertical de competências: "uma mesma matéria é dividida entre os diversos entes federativos, de forma concomitante, operando uma distribuição funcional de competências. Surgem, então, as competências concorrentes (legislativas) e comuns (administrativas), que admitem a atuação de mais de um ente federativo em uma mesma matéria". MOHN, Paulo. A repartição de competências na Constituição de 1988. *Revista de Informação Legislativa*, v. 47, n. 187, jul./set. 2010.

514 Constituição da República Federal da Alemanha de 1949 (Grundgesetz, GG). Art. 28 "(1) *Die verfassungsmäßige Ordnung in den Ländern muß den Grundsätzen des republikanischen, demokratischen und sozialen Rechtsstaates im Sinne dieses Grundgesetzes entsprechen. In den Ländern, Kreisen und Gemeinden muß das Volk eine Vertretung haben, die aus allgemeinen, unmittelbaren, freien, gleichen und geheimen Wahlen hervorgegangen ist. Bei Wahlen in Kreisen und Gemeinden sind auch Personen, die, die Staatsangehörigkeit eines Mitgliedstaates der Europäischen Gemeinschaft besitzen, nach Maßgabe von Recht der Europäischen Gemeinschaft wahlberechtigt und wählbar. In Gemeinden kann an die Stelle einer gewählten Körperschaft die Gemeindeversammlung treten*".
Art. 28 (1) A ordem constitucional nos Estados tem de corresponder aos princípios do Estado republicano, democrático e social de direito, no sentido da presente Lei Fundamental. Nos Estados, distritos e municípios, o povo deverá ter uma representação eleita por sufrágios gerais, diretos, livres, iguais e secretos. De acordo com o direito da Comunidade Europeia, as pessoas que possuam a cidadania de outro país membro da Comunidade Europeia também têm o direito de votar e de ser eleitas nas eleições distritais e municipais. Nos municípios, pode existir uma assembleia comunal em vez de um organismo eleito. (tradução livre)

515 Constituição da República Federal da Alemanha (*Grundgesetz*, GG). Art. 31. "*Bundesrecht bricht Landesrecht*". Art. 31. O direito federal tem prioridade sobre o direito estadual. (tradução livre)

22.7 Sistema jurídico

A Alemanha adota o sistema *Romano-Germânico*, no qual a Constituição Federal possui um papel central no funcionamento da estrutura jurídica, em especial no tocante à consagração de normas orçamentárias, que estão estabelecidas nos arts. 104, "a", até o 115 da Constituição Federal.[516]

---

[516] Constituição da República Federal da Alemanha de 1949 (Grundgesetz, GG). *Art. 104a: "(1) Der Bund und die Länder tragen gesondert die Ausgaben, die sich aus der Wahrnehmung ihrer Aufgaben ergeben, soweit dieses Grundgesetz nichts anderes bestimmt.(2) Handeln die Länder im Auftrage des Bundes, trägt der Bund die sich daraus ergebenden Ausgaben.(3) Bundesgesetze, die Geldleistungen gewähren und von den Ländern ausgeführt werden, können bestimmen, daß die Geldleistungen ganz oder zum Teil vom Bund getragen werden. Bestimmt das Gesetz, daß der Bund die Hälfte der Ausgaben oder mehr trägt, wird es im Auftrage des Bundes durchgeführt. Bei der Gewährung von Leistungen für Unterkunft und Heizung auf dem Gebiet der Grundsicherung für Arbeitsuchende wird das Gesetz im Auftrage des Bundes ausgeführt, wenn der Bund drei Viertel der Ausgaben oder mehr trägt.(4) Bundesgesetze, die Pflichten der Länder zur Erbringung von Geldleistungen, geldwerten Sachleistungen oder vergleichbaren Dienstleistungen gegenüber Dritten begründen und von den Ländern als eigene Angelegenheit oder nach Absatz 3 Satz 2 im Auftrag des Bundes ausgeführt werden, bedürfen der Zustimmung des Bundesrates, wenn daraus entstehende Ausgaben von den Ländern zu tragen sind.(5) Der Bund und die Länder tragen die bei ihren Behörden entstehenden Verwaltungsausgaben und haften im Verhältnis zueinander für eine ordnungsmäßige Verwaltung. Das Nähere bestimmt ein Bundesgesetz, das der Zustimmung des Bundesrates bedarf.(6) Bund und Länder tragen nach der innerstaatlichen Zuständigkeits- und Aufgabenverteilung die Lasten einer Verletzung von supranationalen oder völkerrechtlichen Verpflichtungen Deutschlands. In Fällen länderübergreifender Finanzkorrekturen der Europäischen Union tragen Bund und Länder diese Lasten im Verhältnis 15 zu 85. Die Ländergesamtheit trägt in diesen Fällen solidarisch 35 vom Hundert der Gesamtlasten entsprechend einem allgemeinen Schlüssel; 50 vom Hundert der Gesamtlasten tragen die Länder, die, die Lasten verursacht haben, anteilig entsprechend der Höhe der erhaltenen Mittel. Das Nähere regelt ein Bundesgesetz, das der Zustimmung des Bundesrates bedarf".*

Art. 104 a: "(1) A União Federal e os Estados assumem separadamente as despesas que resultam do exercício das suas funções, desde que esta Lei Fundamental nada disponha em contrário. (2) Se os Estados agirem por delegação federal, a União Federal assume as despesas resultantes. (3) Leis federais que concedam subsídios pecuniários e sejam executadas pelos Estados podem determinar que tais subsídios pecuniários sejam assumidos total ou parcialmente pela União Federal. Se a lei determinar que a União Federal assuma a metade das despesas ou mais, essa lei é executada por delegação da União Federal. No caso da concessão de benefícios para acomodação e calefação no campo da segurança básica para candidatos a emprego, a lei será implementada em nome da União Federal, se a União Federal arcar com três quartos ou mais das despesas. (4) Leis federais, que resultem em deveres de prestações pecuniárias, de prestações de bens avaliáveis em dinheiro ou prestações comparáveis de serviços a terceiros e sejam executadas pelos Estados como matéria própria ou segundo o §3, ítem 2, por delegação da União Federal, requerem a aprovação do Conselho Federal, quando as despesas resultantes devam ser assumidas pelos Estados. (5) A União Federal e os Estados assumem as despesas de administração dos seus respectivos órgãos e são reciprocamente responsáveis por uma administração ordenada. A matéria será regulamentada por lei federal, que necessita de aprovação pelo Conselho Federal. (6) A União Federal e os Estados assumem, de acordo com a sua distribuição interna de competências e tarefas, os encargos de uma violação das obrigações supranacionais ou do direito internacional público da Alemanha. Nos casos de correções financeiras da União Europeia, que afetem mais de um Estado, a União Federal e os Estados assumem tais encargos numa relação de 15 e 85 por cento. O conjunto dos

Estados assume solidariamente, nestes casos, 35 por cento dos encargos totais, conforme uma fórmula geral; 50 por cento dos encargos totais são assumidos pelos Estados que causaram estas despesas, proporcionalmente ao montante dos recursos recebidos. A matéria será regulamentada por lei federal, que necessita de aprovação pelo Conselho Federal". (tradução livre)

Art. 104b "(1) Der Bund kann, soweit dieses Grundgesetz ihm Gesetzgebungsbefugnisse verleiht, den Ländern Finanzhilfen für besonders bedeutsame Investitionen der Länder und der Gemeinden (Gemeindeverbände) gewähren, die: 1.zur Abwehr einer Störung des gesamtwirtschaftlichen Gleichgewichts oder; 2.zum Ausgleich unterschiedlicher Wirtschaftskraft im Bundesgebiet oder; 3.zur Förderung des wirtschaftlichen Wachstumsm erforderlich sind. Abweichend von Satz 1 kann der Bund im Falle von Naturkatastrophen oder außergewöhnlichen Notsituationen, die sich der Kontrolle des Staates entziehen und die staatliche Finanzlage erheblich beeinträchtigen, auch ohne Gesetzgebungsbefugnisse Finanzhilfen gewähren.(2) Das Nähere, insbesondere die Arten der zu fördernden Investitionen, wird durch Bundesgesetz, das der Zustimmung des Bundesrates bedarf, oder auf Grund des Bundeshaushaltsgesetzes durch Verwaltungsvereinbarung geregelt. Das Bundesgesetz oder die Verwaltungsvereinbarung kann Bestimmungen über die Ausgestaltung der jeweiligen Länderprogramme zur Verwendung der Finanzhilfen vorsehen. Die Festlegung der Kriterien für die Ausgestaltung der Länderprogramme erfolgt im Einvernehmen mit den betroffenen Ländern. Zur Gewährleistung der zweckentsprechenden Mittelverwendung kann die Bundesregierung Bericht und Vorlage der Akten verlangen und Erhebungen bei allen Behörden durchführen. Die Mittel des Bundes werden zusätzlich zu eigenen Mitteln der Länder bereitgestellt. Sie sind befristet zu gewähren und hinsichtlich ihrer Verwendung in regelmäßigen Zeitabständen zu überprüfen. Die Finanzhilfen sind im Zeitablauf mit fallenden Jahresbeträgen zu gestalten. (3) Bundestag, Bundesregierung und Bundesrat sind auf Verlangen über die Durchführung der Maßnahmen und die erzielten Verbesserungen zu unterrichten".

Art. 104b "(1) A União Federal pode conceder, na medida em que esta Lei Fundamental lhe conceda competência legislativa, ajudas financeiras aos Estados para investimentos especialmente relevantes dos Estados e municípios (associações de municípios), que sejam necessárias 1. para a defesa contra uma perturbação do equilíbrio global da economia ou 2. para compensar a defasada força econômica no território federal ou 3. para fomentar o crescimento econômico.

Divergindo do disposto no inciso primeiro, a União Federal também pode conceder ajudas financeiras, mesmo sem competências legislativas, nos casos de catástrofes naturais ou situações extraordinárias de emergência, que fujam ao controle do Estado e prejudiquem seriamente a situação financeira estatal. (2) A regulamentação, especialmente a respeito dos tipos de investimentos a serem fomentados, será feita por lei federal, que necessita de aprovação pelo Conselho Federal, ou com base na lei do orçamento federal, através de acordo administrativo. A lei federal ou o acordo administrativo podem conter disposições sobre a concepção dos respectivos programas estaduais para a aplicação dos recursos financeiros. A definição dos critérios para a organização dos programas estaduais é feita em acordo com os Estados envolvidos. A fim de assegurar o uso apropriado dos recursos, o Governo Federal pode exigir relatórios e a apresentação de documentos e efetuar levantamento em todas as repartições públicas. Os recursos da União Federal são fornecidos como acréscimo aos recursos próprios dos Estados. Eles serão concedidos por prazo determinado e controlados periodicamente quanto à sua aplicação. As ajudas financeiras devem ser estruturadas, no correr do prazo, em parcelas anuais decrescentes. (3) O Parlamento Federal, o Governo Federal e o Conselho Federal têm de ser informados, se o solicitarem, sobre a execução das medidas e as melhoras alcançadas". (tradução livre)

Art. 104c: "Der Bund kann den Ländern Finanzhilfen für gesamtstaatlich bedeutsame Investitionen sowie besondere, mit diesen unmittelbar verbundene, befristete Ausgaben der Länder und Gemeinden (Gemeindeverbände) zur Steigerung der Leistungsfähigkeit der kommunalen Bildungsinfrastruktur gewähren. Artikel 104b Absatz 2 Satz 1 bis 3, 5, 6 und Absatz 3 gilt entsprechend. Zur Gewährleistung der zweckentsprechenden Mittelverwendung kann die Bundesregierung Berichte und anlassbezogen die Vorlage von Akten verlangen". Art. 104 c: "A União Federal pode conceder ajuda financeira aos Estados para importantes

investimentos estatais, bem como para concernentes despesas especiais temporárias dos Estados e municípios (associações de municípios), visando aumentar o desempenho da infraestrutura municipal de educação. Aplicam-se respectivamente o art. 104 b §2, itens 1 a 3, 5, 6 e §3. Para garantir a utilização apropriada dos recursos, o Governo Federal pode exigir relatórios e, eventualmente, a apresentação de documentos". (tradução livre)
Art. 104d: "Der Bund kann den Ländern Finanzhilfen für gesamtstaatlich bedeutsame Investitionen der Länder und Gemeinden (Gemeindeverbände) im Bereich des sozialen Wohnungsbaus gewähren. Artikel 104b Absatz 2 Satz 1 bis 5 sowie Absatz 3 gilt entsprechend". Art. 104 d: A União Federal pode conceder ajudas financeiras aos Estados para importantes investimentos estatais dos Estados e municípios (associações de municípios) no setor da construção de moradias sociais. Aplicam-se respectivamente o Art. 104 b §2, itens 1 a 5, bem como §3. (tradução livre)
Art. 105 "(1) Der Bund hat die ausschließliche Gesetzgebung über die Zölle und Finanzmonopole. (2) Der Bund hat die konkurrierende Gesetzgebung über die Grundsteuer. Er hat die konkurrierende Gesetzgebung über die übrigen Steuern, wenn ihm das Aufkommen dieser Steuern ganz oder zum Teil zusteht oder die Voraussetzungen des Artikels 72 Abs. 2 vorliegen.(2a) Die Länder haben die Befugnis zur Gesetzgebung über die örtlichen Verbrauch- und Aufwandsteuern, solange und soweit sie nicht bundesgesetzlich geregelten Steuern gleichartig sind. Sie haben die Befugnis zur Bestimmung des Steuersatzes bei der Grunderwerbsteuer.(3) Bundesgesetze über Steuern, deren Aufkommen den Ländern oder den Gemeinden (Gemeindeverbänden) ganz oder zum Teil zufließt, bedürfen der Zustimmung des Bundesrates." Art. 105 (1) À União Federal compete a legislação exclusiva sobre os direitos aduaneiros e os monopólios fiscais. (2) À União Federal compete a legislação concorrente sobre o imposto territorial. A ela compete a legislação concorrente sobre outros impostos, se lhe couber parcial ou integralmente a receita desses impostos ou caso se verifiquem as condições previstas no art. 72 §2. (2 a) Os Estados têm competência legislativa para os impostos locais de consumo e das despesas de representação, enquanto e na medida em que eles não sejam análogos aos impostos regulamentados por lei federal. Eles têm a competência para determinar a alíquota do imposto sobre a renda imobiliária. (3) Leis federais sobre impostos, cuja receita se destine integral ou parcialmente aos Estados ou municípios (associações de municípios), necessitam de aprovação pelo Conselho Federal.
Art. 106: *"(1) Der Ertrag der Finanzmonopole und das Aufkommen der folgenden Steuern stehen dem Bund zu:1.die Zölle, 2.die Verbrauchsteuern, soweit sie nicht nach Absatz 2 den Ländern, nach Absatz 3 Bund und Ländern gemeinsam oder nach Absatz 6 den Gemeinden zustehen, 3.die Straßengüterverkehrsteuer, die Kraftfahrzeugsteuer und sonstige auf motorisierte Verkehrsmittel bezogene Verkehrsteuern, 4.die Kapitalverkehrsteuern, die Versicherungsteuer und die Wechselsteuer, 5.die einmaligen Vermögensabgaben und die zur Durchführung des Lastenausgleichs erhobenen Ausgleichsabgaben, 6.die Ergänzungsabgabe zur Einkommensteuer und zur Körperschaftsteuer, 7.Abgaben im Rahmen der Europäischen Gemeinschaften.(2) Das Aufkommen der folgenden Steuern steht den Ländern zu:1.die Vermögensteuer, 2.die Erbschaftsteuer, 3.die Verkehrsteuern, soweit sie nicht nach Absatz 1 dem Bund oder nach Absatz 3 Bund und Ländern gemeinsam zustehen, 4.die Biersteuer, 5.die Abgabe von Spielbanken.(3) Das Aufkommen der Einkommensteuer, der Körperschaftsteuer und der Umsatzsteuer steht dem Bund und den Ländern gemeinsam zu (Gemeinschaftsteuern), soweit das Aufkommen der Einkommensteuer nicht nach Absatz 5 und das Aufkommen der Umsatzsteuer nicht nach Absatz 5a den Gemeinden zugewiesen wird. Am Aufkommen der Einkommensteuer und der Körperschaftsteuer sind der Bund und die Länder je zur Hälfte beteiligt. Die Anteile von Bund und Ländern an der Umsatzsteuer werden durch Bundesgesetz, das der Zustimmung des Bundesrates bedarf, festgesetzt. Bei der Festsetzung ist von folgenden Grundsätzen auszugehen: 1.Im Rahmen der laufenden Einnahmen haben der Bund und die Länder gleichmäßig Anspruch auf Deckung ihrer notwendigen Ausgaben. Dabei ist der Umfang der Ausgaben unter Berücksichtigung einer mehrjährigen Finanzplanung zu ermitteln. 2. Die Deckungsbedürfnisse des Bundes und der Länder sind so aufeinander abzustimmen, daß ein billiger Ausgleich erzielt, eine Überbelastung der Steuerpflichtigen vermieden und die Einheitlichkeit der Lebensverhältnisse im Bundesgebiet gewahrt wird. Zusätzlich werden in die Festsetzung der Anteile von Bund und Ländern an der Umsatzsteuer Steuermindereinnahmen einbezogen, die den Ländern ab 1. Januar 1996 aus der Berücksichtigung von Kindern im Einkommensteuerrecht*

entstehen. Das Nähere bestimmt das Bundesgesetz nach Satz 3. (4) Die Anteile von Bund und Ländern an der Umsatzsteuer sind neu festzusetzen, wenn sich das Verhältnis zwischen den Einnahmen und Ausgaben des Bundes und der Länder wesentlich anders entwickelt; Steuermindereinnahmen, die nach Absatz 3 Satz 5 in die Festsetzung der Umsatzsteueranteile zusätzlich einbezogen werden, bleiben hierbei unberücksichtigt. Werden den Ländern durch Bundesgesetz zusätzliche Ausgaben auferlegt oder Einnahmen entzogen, so kann die Mehrbelastung durch Bundesgesetz, das der Zustimmung des Bundesrates bedarf, auch mit Finanzzuweisungen des Bundes ausgeglichen werden, wenn sie auf einen kurzen Zeitraum begrenzt ist. In dem Gesetz sind die Grundsätze für die Bemessung dieser Finanzzuweisungen und für ihre Verteilung auf die Länder zu bestimmen. (5) Die Gemeinden erhalten einen Anteil an dem Aufkommen der Einkommensteuer, der von den Ländern an ihre Gemeinden auf der Grundlage der Einkommensteuerleistungen ihrer Einwohner weiterzuleiten ist. Das Nähere bestimmt ein Bundesgesetz, das der Zustimmung des Bundesrates bedarf. Es kann bestimmen, daß die Gemeinden Hebesätze für den Gemeindeanteil festsetzen. (5a) Die Gemeinden erhalten ab dem 1. Januar 1998 einen Anteil an dem Aufkommen der Umsatzsteuer. Er wird von den Ländern auf der Grundlage eines orts- und wirtschaftsbezogenen Schlüssels an ihre Gemeinden weitergeleitet. Das Nähere wird durch Bundesgesetz, das der Zustimmung des Bundesrates bedarf, bestimmt. (6) Das Aufkommen der Grundsteuer und Gewerbesteuer steht den Gemeinden, das Aufkommen der örtlichen Verbrauch- und Aufwandsteuern steht den Gemeinden oder nach Maßgabe der Landesgesetzgebung den Gemeindeverbänden zu. Den Gemeinden ist das Recht einzuräumen, die Hebesätze der Grundsteuer und Gewerbesteuer im Rahmen der Gesetze festzusetzen. Bestehen in einem Land keine Gemeinden, so steht das Aufkommen der Grundsteuer und Gewerbesteuer sowie der örtlichen Verbrauch- und Aufwandsteuern dem Land zu. Bund und Länder können durch eine Umlage an dem Aufkommen der Gewerbesteuer beteiligt werden. Das Nähere über die Umlage bestimmt ein Bundesgesetz, das der Zustimmung des Bundesrates bedarf. Nach Maßgabe der Landesgesetzgebung können die Grundsteuer und Gewerbesteuer sowie der Gemeindeanteil vom Aufkommen der Einkommensteuer und der Umsatzsteuer als Bemessungsgrundlagen für Umlagen zugrunde gelegt werden. (7) Von dem Länderanteil am Gesamtaufkommen der Gemeinschaftsteuern fließt den Gemeinden und Gemeindeverbänden insgesamt ein von der Landesgesetzgebung zu bestimmender Hundertsatz zu. Im übrigen bestimmt die Landesgesetzgebung, ob und inwieweit das Aufkommen der Landessteuern den Gemeinden (Gemeindeverbänden) zufließt. (8) Veranlaßt der Bund in einzelnen Ländern oder Gemeinden (Gemeindeverbänden) besondere Einrichtungen, die diesen Ländern oder Gemeinden (Gemeindeverbänden) unmittelbar Mehrausgaben oder Mindereinnahmen (Sonderbelastungen) verursachen, gewährt der Bund den erforderlichen Ausgleich, wenn und soweit den Ländern oder Gemeinden (Gemeindeverbänden) nicht zugemutet werden kann, die Sonderbelastungen zu tragen. Entschädigungsleistungen Dritter und finanzielle Vorteile, die diesen Ländern oder Gemeinden (Gemeindeverbänden) als Folge der Einrichtungen erwachsen, werden bei dem Ausgleich berücksichtigt. (9) Als Einnahmen und Ausgaben der Länder im Sinne dieses Artikels gelten auch die Einnahmen und Ausgaben der Gemeinden (Gemeindeverbände)". Art. 106 "(1) Cabem à União Federal o produto dos monopólios fiscais e as receitas provenientes dos seguintes impostos: 1. as taxas alfandegárias; 2. os impostos de consumo, contanto que não correspondam aos Estados segundo o §2, à União Federal e aos Estados conjuntamente segundo o §3, ou aos municípios segundo o §6; 3. os impostos do transporte rodoviário de cargas, os impostos sobre veículos automotores e outros impostos de trânsito relacionados com veículos motorizados; 4. os impostos de movimento de capitais, o imposto de seguros e o imposto sobre letras de câmbio; 5. as taxas únicas sobre o patrimônio e os tributos de compensação, recolhidos para realizar a compensação das despesas; 6. as taxas complementares do imposto de renda de pessoas físicas e do imposto de renda de pessoas jurídicas; 7. taxas no âmbito das Comunidades Europeias. 2) Correspondem aos Estados as receitas provenientes dos seguintes impostos: 1. o imposto sobre o patrimônio; 2. o imposto de sucessão; 3. os impostos de trânsito, contanto que não correspondam à União Federal segundo o §1, ou à União Federal e aos Estados conjuntamente segundo o §3; 4. o imposto sobre a cerveja; 5. as taxas das casas de jogo. (3) A receita do imposto de renda de pessoas físicas, do imposto de renda de pessoas jurídicas e do imposto sobre mercadorias e serviços cabe à União Federal e aos Estados em conjunto (impostos comuns), na medida em que a receita do imposto de renda de pessoas físicas, segundo o §5, e a receita do imposto sobre mercadorias e serviços, segundo o §5 a, não sejam destinadas aos municípios. A União Federal e os Estados participam da receita do imposto de renda de pessoas físicas e do imposto de renda de pessoas jurídicas em partes iguais. As participações da União Federal e dos Estados no imposto sobre mercadorias e serviços são fixadas por lei federal, que requer a aprovação do Conselho Federal. Na fixação, deve-se partir dos seguintes princípios: 1. No âmbito das receitas correntes, a União Federal e os Estados têm igual direito à cobertura das respectivas despesas necessárias. O volume das despesas deve ser calculado em função de um planejamento financeiro que abranja vários anos. 2. As necessidades de cobertura da União Federal e dos Estados devem ser harmonizadas entre si de tal forma, que se alcance uma compensação equitativa, se evite uma sobrecarga dos contribuintes e se mantenha a uniformidade das condições de vida no território federal. Adicionalmente, na fixação das participações da Federação e dos Estados no imposto sobre mercadorias e serviços, será levada em conta a diminuição da receita fiscal dos Estados, a partir de 1º de janeiro de 1996, resultante da consideração dos filhos no direito do imposto de renda. A matéria será regulamentada por lei federal mencionado no ítem 3º. (4) As participações da União Federal e dos Estados no imposto sobre o faturamento devem ser novamente fixadas, se a proporção entre as receitas e as despesas da União Federal e dos Estados tiver registrado uma evolução substancialmente distinta; não se considerará aqui a diminuição das receitas fiscais que, segundo o §3, item 5, são levadas em conta na fixação das participações no imposto sobre mercadorias e serviços. Se uma lei federal impuser aos Estados gastos adicionais ou lhes reduzir a receita, a sobrecarga poderá ser compensada por dotações financeiras da União Federal, através de lei federal que requer a aprovação do Conselho Federal, contanto que tais dotações sejam limitadas a curto espaço de tempo. Na lei serão determinados os princípios para a fixação dessas dotações financeiras e para a sua distribuição entre os Estados. (5) Os municípios recebem uma parte da receita do imposto de renda de pessoas físicas, que os Estados devem transferir aos seus municípios com base nas contribuições de imposto de renda de pessoas físicas dos seus habitantes. A matéria será regulamentada por lei federal que requer a aprovação do Conselho Federal. Ela pode determinar que os municípios fixem as alíquotas da participação municipal. (5 a) Os municípios receberão, a partir de 1º de janeiro de 1998, uma parte da receita resultante do imposto sobre mercadorias e serviços. Esta parte será transferida pelos Estados aos seus municípios conforme um critério determinado que considere as circunstâncias locais e econômicas. A matéria será regulamentada por lei federal que requer a aprovação do Conselho Federal. (6) A receita do imposto territorial e do imposto industrial cabe aos municípios, a receita dos impostos locais de consumo e das despesas de representação cabe aos municípios ou, segundo determinação da legislação estadual, às associações de municípios. Deve ser conferido aos municípios o direito de fixar, no âmbito da lei, as alíquotas do imposto territorial e do imposto industrial. Não havendo municípios no Estado, cabe ao Estado a receita do imposto territorial e do imposto industrial, bem como dos impostos locais de consumo e das despesas de representação. Através de uma redistribuição, a União Federal e os Estados podem participar da receita do imposto industrial. Uma lei federal, que requer a aprovação do Conselho Federal, fixará os pormenores dessa redistribuição. Conforme a legislação estadual, o imposto territorial, o imposto industrial, bem como a participação municipal na receita do imposto de renda de pessoas físicas e do imposto sobre mercadorias e serviços poderão servir de base para a fixação das redistribuições. (7) Da participação do Estado na receita total dos impostos comuns, será destinada em conjunto aos municípios e associações de municípios um determinado percentual, a ser fixado por legislação estadual. Nos demais casos cabe à legislação estadual determinar, se é em que medida a receita dos impostos estaduais será revertida em favor dos municípios (associações de municípios). (8) Se a União Federal criar em determinados Estados ou municípios (associações de municípios) instituições especiais, que originem diretamente para esses Estados ou municípios (associações de municípios) aumentos de gastos ou reduções de receita (encargos especiais), a União

Federal assegura a compensação necessária, quando e na medida em que não se puder exigir dos Estados ou municípios (associações de municípios) que assumam tais encargos especiais. Pagamentos de indenizações por terceiros e vantagens financeiras que resultem para esses Estados e municípios (associações de municípios) em consequência das instituições, serão levados em conta na compensação. (9) Como receitas e despesas dos Estados, no sentido deste artigo, são consideradas também as receitas e despesas dos municípios (associações de municípios)". (tradução livre)

Art. 106a. "Den Ländern steht ab 1. Januar 1996 für den öffentlichen Personennahverkehr ein Betrag aus dem Steueraufkommen des Bundes zu. Das Nähere regelt ein Bundesgesetz, das der Zustimmung des Bundesrates bedarf. Der Betrag nach Satz 1 bleibt bei der Bemessung der Finanzkraft nach Artikel 107 Abs. 2 unberücksichtigt". Art. 106 a "Para o transporte público ferroviário de pessoas será destinada aos Estados, a partir de 1º de janeiro de 1996, uma verba proveniente da receita tributária da União Federal. A matéria será regulamentada por uma lei federal que requer a aprovação do Conselho Federal. A verba prevista no item primeiro não será levada em conta no cálculo da capacidade financeira, de acordo com o artigo 107 §2". (tradução livre)

Art. 106b "Den Ländern steht ab dem 1. Juli 2009 infolge der Übertragung der Kraftfahrzeugsteuer auf den Bund ein Betrag aus dem Steueraufkommen des Bundes zu. Das Nähere regelt ein Bundesgesetz, das der Zustimmung des Bundesrates bedarf". Art. 106 b. "Em virtude da transferência do imposto de veículos motorizados para a União Federal os Estados receberão, a partir de 1º de julho de 2009, uma verba proveniente da receita tributária da União Federal. A matéria será regulamentada por uma lei federal que requer a aprovação do Conselho Federal". (tradução livre)

Art. 107 "(1) Das Aufkommen der Landessteuern und der Länderanteil am Aufkommen der Einkommensteuer und der Körperschaftsteuer stehen den einzelnen Ländern insoweit zu, als die Steuern von den Finanzbehörden in ihrem Gebiet vereinnahmt werden (örtliches Aufkommen). Durch Bundesgesetz, das der Zustimmung des Bundesrates bedarf, sind für die Körperschaftsteuer und die Lohnsteuer nähere Bestimmungen über die Abgrenzung sowie über Art und Umfang der Zerlegung des örtlichen Aufkommens zu treffen. Das Gesetz kann auch Bestimmungen über die Abgrenzung und Zerlegung des örtlichen Aufkommens anderer Steuern treffen. Der Länderanteil am Aufkommen der Umsatzsteuer steht den einzelnen Ländern, vorbehaltlich der Regelungen nach Absatz 2, nach Maßgabe ihrer Einwohnerzahl zu. (2) Durch Bundesgesetz, das der Zustimmung des Bundesrates bedarf, ist sicherzustellen, dass die unterschiedliche Finanzkraft der Länder angemessen ausgeglichen wird; hierbei sind die Finanzkraft und der Finanzbedarf der Gemeinden (Gemeindeverbände) zu berücksichtigen. Zu diesem Zweck sind in dem Gesetz Zuschläge zu und Abschläge von der jeweiligen Finanzkraft bei der Verteilung der Länderanteile am Aufkommen der Umsatzsteuer zu regeln. Die Voraussetzungen für die Gewährung von Zuschlägen und für die Erhebung von Abschlägen sowie die Maßstäbe für die Höhe dieser Zuschläge und Abschläge sind in dem Gesetz zu bestimmen. Für Zwecke der Bemessung der Finanzkraft kann die bergrechtliche Förderabgabe mit nur einem Teil ihres Aufkommens berücksichtigt werden. Das Gesetz kann auch bestimmen, dass der Bund aus seinen Mitteln leistungsschwachen Ländern Zuweisungen zur ergänzenden Deckung ihres allgemeinen Finanzbedarfs (Ergänzungszuweisungen) gewährt. Zuweisungen können unabhängig von den Maßstäben nach den Sätzen 1 bis 3 auch solchen leistungsschwachen Ländern gewährt werden, deren Gemeinden (Gemeindeverbände) eine besonders geringe Steuerkraft aufweisen (Gemeindesteuerkraftzuweisungen), sowie außerdem solchen leistungsschwachen Ländern, deren Anteile an den Fördermitteln nach Artikel 91b ihre Einwohneranteile unterschreiten". Art. 107 "(1) A receita dos impostos estaduais e a participação dos Estados na receita do imposto de renda de pessoas físicas e do imposto de renda de pessoas jurídicas cabem aos diversos Estados, desde que os impostos sejam recolhidos pelas autoridades fiscais no seu território (arrecadação local). Através de lei federal, que requer aprovação do Conselho Federal, deverão ser estabelecidos os pormenores da delimitação para o imposto de renda de pessoas jurídicas e o imposto salarial, bem como a modalidade e o volume da redistribuição da arrecadação local. A lei pode regular também a delimitação e a redistribuição da arrecadação local de outros impostos. A participação dos Estados na receita do imposto sobre mercadorias e serviços cabe a cada Estado, considerado

os regulamentos do §2, de acordo com o respectivo número dos seus habitantes. (2) Através da lei federal, que requer a aprovação do Conselho Federal, deve ser assegurado que as discrepâncias da capacidade financeira dos Estados tenham uma compensação adequada; para tal, há que se considerar a capacidade e as necessidades financeiras dos municípios (associações de municípios). Por essa razão, devem ser regulamentados na lei os suplementos e as deduções do respectivo poder financeiro na distribuição das cotas estaduais na receita do imposto sobre mercadorias e serviços. As condições prévias para a concessão dos suplementos e o recolhimento das deduções, bem como a determinação do montante dos suplementos e deduções, devem ser determinadas por lei. Para fins do cálculo da capacidade financeira, a taxa de mineração pode ser levada em conta apenas com parte da sua receita. A lei pode determinar também que a União Federal conceda, com recursos próprios, subvenções para cobertura complementar das necessidades financeiras gerais (subvenções complementares) aos Estados de reduzida capacidade financeira. As subvenções podem ser concedidas, independentemente das medidas estabelecidos nos ítens 1 a 3, também aos Estados com baixo rendimento, cujos municípios (associações de municípios) disponham de arrecadação especialmente baixa (subvenções de impostos municipais), bem como aos Estados com baixo rendimento, cuja participação nos subsídios do Art. 91 b esteja abaixo da sua cota por habitante". (tradução livre)
Art. 108 "(1) Zölle, Finanzmonopole, die bundesgesetzlich geregelten Verbrauchsteuern einschließlich der Einfuhrumsatzsteuer, die Kraftfahrzeugsteuer und sonstige auf motorisierte Verkehrsmittel bezogene Verkehrsteuern ab dem 1. Juli 2009 sowie die Abgaben im Rahmen der Europäischen Gemeinschaften werden durch Bundesfinanzbehörden verwaltet. Der Aufbau dieser Behörden wird durch Bundesgesetz geregelt. Soweit Mittelbehörden eingerichtet sind, werden deren Leiter im Benehmen mit den Landesregierungen bestellt.(2) Die übrigen Steuern werden durch Landesfinanzbehörden verwaltet. Der Aufbau dieser Behörden und die einheitliche Ausbildung der Beamten können durch Bundesgesetz mit Zustimmung des Bundesrates geregelt werden. Soweit Mittelbehörden eingerichtet sind, werden deren Leiter im Einvernehmen mit der Bundesregierung bestellt. (3) Verwalten die Landesfinanzbehörden Steuern, die ganz oder zum Teil dem Bund zufließen, so werden sie im Auftrage des Bundes tätig. Artikel 85 Abs. 3 und 4 gilt mit der Maßgabe, daß an die Stelle der Bundesregierung der Bundesminister der Finanzen tritt. (4) Durch Bundesgesetz, das der Zustimmung des Bundesrates bedarf, kann bei der Verwaltung von Steuern ein Zusammenwirken von Bundes- und Landesfinanzbehörden sowie für Steuern, die unter Absatz 1 fallen, die Verwaltung durch Landesfinanzbehörden und für andere Steuern die Verwaltung durch Bundesfinanzbehörden vorgesehen werden, wenn und soweit dadurch der Vollzug der Steuergesetze erheblich verbessert oder erleichtert wird. Für die den Gemeinden (Gemeindeverbänden) allein zufließenden Steuern kann die den Landesfinanzbehörden zustehende Verwaltung durch die Länder ganz oder zum Teil den Gemeinden (Gemeindeverbänden) übertragen werden. Das Bundesgesetz nach Satz 1 kann für ein Zusammenwirken von Bund und Ländern bestimmen, dass bei Zustimmung einer im Gesetz genannten Mehrheit Regelungen für den Vollzug von Steuergesetzen für alle Länder verbindlich werden. (4a) Durch Bundesgesetz, das der Zustimmung des Bundesrates bedarf, können bei der Verwaltung von Steuern, die unter Absatz 2 fallen, ein Zusammenwirken von Landesfinanzbehörden und eine länderübergreifende Übertragung von Zuständigkeiten auf Landesfinanzbehörden eines oder mehrerer Länder im Einvernehmen mit den betroffenen Ländern vorgesehen werden, wenn und soweit dadurch der Vollzug der Steuergesetze erheblich verbessert oder erleichtert wird. Die Kostentragung kann durch Bundesgesetz geregelt werden. (5) Das von den Bundesfinanzbehörden anzuwendende Verfahren wird durch Bundesgesetz geregelt. Das von den Landesfinanzbehörden und in den Fällen des Absatzes 4 Satz 2 von den Gemeinden (Gemeindeverbänden) anzuwendende Verfahren kann durch Bundesgesetz mit Zustimmung des Bundesrates geregelt werden. (6) Die Finanzgerichtsbarkeit wird durch Bundesgesetz einheitlich geregelt. (7) Die Bundesregierung kann allgemeine Verwaltungsvorschriften erlassen, und zwar mit Zustimmung des Bundesrates, soweit die Verwaltung den Landesfinanzbehörden oder Gemeinden (Gemeindeverbänden) obliegt". Art. 108 "(1) Os direitos aduaneiros, os monopólios fiscais, os impostos de consumo regidos por lei federal, incluindo o imposto sobre as importações, o imposto de veículos e outros impostos de trânsito relacionados com veículos motorizados, a partir de 1º de julho de 2009, bem

como as taxas no âmbito das Comunidades Europeias são administrados pelos órgãos fiscais federais. A estrutura desses órgãos será regulamentada por lei federal. Quando instituídos órgãos de nível médio, seus diretores serão nomeados em comum acordo com os governos dos respectivos Estados. (2) Os impostos restantes serão administrados por órgãos fiscais estaduais. A estrutura desses órgãos e a formação uniforme de seus funcionários podem ser regulamentadas por lei federal, com a aprovação do Conselho Federal. Quando instituídos órgãos de nível médio, seus diretores serão nomeados em comum acordo com o Governo Federal. (3) Quando os órgãos fiscais estaduais administram impostos que cabem no todo ou em parte à União Federal, passam a atuar por delegação da União Federal. Para efeito do Artigo 85, §3 e 4, o Governo Federal será representado pelo Ministro Federal das Finanças. (4) Através de lei federal, que requer a aprovação do Conselho Federal, pode ser determinada uma colaboração das autoridades fiscais federais e estaduais no âmbito da administração dos impostos, bem como pode ser prevista, para os impostos mencionados no §1, a administração pelas autoridades fiscais estaduais e para outros impostos, a administração pelas autoridades fiscais federais, se e desde que a execução das leis tributárias fique dessa forma consideravelmente facilitada ou aperfeiçoada. Para os impostos que revertem exclusivamente em favor dos municípios (associações de municípios), a administração, que é de competência das autoridades fiscais estaduais, pode ser delegada no todo ou em parte pelos Estados aos municípios (associações de municípios). A lei federal, segundo o incido primeiro, pode estipular que o Governo Federal e os Estados cooperem de tal maneira que, com o consentimento de uma maioria nomeada na lei, os regulamentos para a implementação da legislação tributária se tornem obrigatórios para todos os Estados. (4a) Por lei federal, que exige a aprovação do Conselho Federal, pode ser prevista para a administração dos impostos que se enquadram no §2 uma cooperação das autoridades financeiras estaduais e uma transferência interestadual de responsabilidades para autoridades financeiras estaduais de um ou mais Estados, com a concordância dos Estados envolvidos, se e na medida em que isso melhora ou facilita consideravelmente o cumprimento das leis tributárias. A distribuição dos custos pode ser regulada por lei federal. (5) O processo a ser aplicado pelas autoridades fiscais federais será regulamentado por lei federal. O processo a ser aplicado pelas autoridades financeiras estaduais e nos casos previstos no §4, segundo ítem, pelos municípios, poderá ser regulamentado por lei federal, com a aprovação do Conselho Federal. (6) A jurisdição financeira será regulamentada uniformemente através de lei federal. (7) O Governo Federal pode decretar instruções administrativas de caráter geral, as quais requerem a aprovação do Conselho Federal, quando a administração for de competência das autoridades fiscais estaduais ou dos municípios (associações de municípios)". (tradução livre)

Art. 109 "(1) Bund und Länder sind in ihrer Haushaltswirtschaft selbständig und voneinander unabhängig.(2) Bund und Länder erfüllen gemeinsam die Verpflichtungen der Bundesrepublik Deutschland aus Rechtsakten der Europäischen Gemeinschaft auf Grund des Artikels 104 des Vertrags zur Gründung der Europäischen Gemeinschaft zur Einhaltung der Haushaltsdisziplin und tragen in diesem Rahmen den Erfordernissen des gesamtwirtschaftlichen Gleichgewichts Rechnung.(3) Die Haushalte von Bund und Ländern sind grundsätzlich ohne Einnahmen aus Krediten auszugleichen. Bund und Länder können Regelungen zur im Auf- und Abschwung symmetrischen Berücksichtigung der Auswirkungen einer von der Normallage abweichenden konjunkturellen Entwicklung sowie eine Ausnahmeregelung für Naturkatastrophen oder außergewöhnliche Notsituationen, die sich der Kontrolle des Staates entziehen und die staatliche Finanzlage erheblich beeinträchtigen, vorsehen. Für die Ausnahmeregelung ist eine entsprechende Tilgungsregelung vorzusehen. Die nähere Ausgestaltung regelt für den Haushalt des Bundes Artikel 115 mit der Maßgabe, dass Satz 1 entsprochen ist, wenn die Einnahmen aus Krediten 0,35 vom Hundert im Verhältnis zum nominalen Bruttoinlandsprodukt nicht überschreiten. Die nähere Ausgestaltung für die Haushalte der Länder regeln diese im Rahmen ihrer verfassungsrechtlichen Kompetenzen mit der Maßgabe, dass Satz 1 nur dann entsprochen ist, wenn keine Einnahmen aus Krediten zugelassen werden.(4) Durch Bundesgesetz, das der Zustimmung des Bundesrates bedarf, können für Bund und Länder gemeinsam geltende Grundsätze für das Haushaltsrecht, für eine konjunkturgerechte Haushaltswirtschaft und für eine mehrjährige Finanzplanung aufgestellt werden. (5) Sanktionsmaßnahmen der Europäischen Gemeinschaft im Zusammenhang mit den Bestimmungen in Artikel 104 des Vertrags zur Gründung der Europäischen Gemeinschaft zur Einhaltung der Haushaltsdisziplin tragen Bund und Länder im Verhältnis 65 zu 35. Die Ländergesamtheit trägt solidarisch 35 vom Hundert der auf die Länder entfallenden Lasten entsprechend ihrer Einwohnerzahl; 65 vom Hundert der auf die Länder entfallenden Lasten tragen die Länder entsprechend ihrem Verursachungsbeitrag. Das Nähere regelt ein Bundesgesetz, das der Zustimmung des Bundesrates bedarf". Art. 109 "(1) A União Federal e os Estados são autônomos e reciprocamente independentes na sua gestão orçamentária. (2) A União Federal e os Estados cumprem conjuntamente as obrigações da República Federal da Alemanha provenientes dos atos jurídicos da Comunidade Europeia, com base no artigo 104 do tratado de fundação da Comunidade Europeia, para o cumprimento da disciplina orçamentária e levam em conta nesse âmbito as exigências do equilíbrio da economia em seu todo. (3) Os orçamentos da União Federal e dos Estados devem ser equilibrados basicamente sem recorrer a créditos. A União Federal e os Estados podem estabelecer regulamentos para levar em conta os efeitos de uma evolução conjuntural que não corresponda à situação normal de altas e baixas simétricas, bem como um regulamento de exceção para catástrofes naturais ou situações extraordinárias de emergência, que fuja ao controle do Estado e que prejudique consideravelmente a situação financeira estatal. O regulamento de exceção tem de incluir um regulamento correspondente de amortização. Para o orçamento da União Federal, a regulamentação específica é ditada no artigo 115 com a ressalva, que o item primeiro é cumprido, quando os recursos provenientes de créditos não ultrapassem 0,35 por cento em relação ao Produto Interno Bruto nominal. A regulamentação específica para os orçamentos dos Estados é ditada pelos próprios Estados no âmbito das suas competências constitucionais com a ressalva de que o item primeiro somente é cumprido, quando não é permitida nenhuma tomada de créditos. (4) Através de lei federal, que requer a aprovação do Conselho Federal, podem ser estabelecidos princípios comuns para a União Federal e os Estados, válidos para o direito orçamentário, para uma política orçamentária ajustada à conjuntura econômica e um planejamento financeiro plurianual. (5) As medidas de sanção da Comunidade Europeia, no contexto das determinações do artigo 104 do tratado de fundação da Comunidade Europeia para o cumprimento da disciplina orçamentária, são cumpridas conjuntamente pela União Federal e os Estados numa proporção de 65 e 35 por cento. Os Estados no seu todo assumem solidariamente 35 por cento da sobrecarga que lhes compete, repartidos conforme o seu número de habitantes; 65 por cento da sobrecarga atribuída aos Estados são assumidos pelos Estados de acordo com a sua responsabilidade causal. A matéria será regulamentada por uma lei federal que requer a aprovação pelo Conselho Federal". (tradução livre)

Art. 109a "(1) Zur Vermeidung von Haushaltsnotlagen regelt ein Bundesgesetz, das der Zustimmung des Bundesrates bedarf, 1. die fortlaufende Überwachung der Haushaltswirtschaft von Bund und Ländern durch ein gemeinsames Gremium (Stabilitätsrat), 2. die Voraussetzungen und das Verfahren zur Feststellung einer drohenden Haushaltsnotlage, 3. die Grundsätze zur Aufstellung und Durchführung von Sanierungsprogrammen zur Vermeidung von Haushaltsnotlagen. (2) Dem Stabilitätsrat obliegt ab dem Jahr 2020 die Überwachung der Einhaltung der Vorgaben des Artikels 109 Absatz 3 durch Bund und Länder. Die Überwachung orientiert sich an den Vorgaben und Verfahren aus Rechtsakten auf Grund des Vertrages über die Arbeitsweise der Europäischen Union zur Einhaltung der Haushaltsdisziplin. (3) Die Beschlüsse des Stabilitätsrats und die zugrunde liegenden Beratungsunterlagen sind zu veröffentlichen". Art. 109 a "(1) Para evitar um estado de emergência orçamentária, uma lei federal, que requer a aprovação do Conselho Federal, pode determinar 1. a permanente vigilância da política orçamentária da União Federal e dos Estados, através de um grêmio comum (Conselho de Estabilidade); 2. as condições prévias e o processo para a constatação de um iminente estado de emergência orçamentária; 3. os princípios para a elaboração e a execução de programas de saneamento com a finalidade de evitar o estado de emergência orçamentária. X. O sistema financeiro 107 (2) A partir de 2020, o Conselho de Estabilidade

será responsável pelo controle do cumprimento dos requisitos do Artigo 109, §3, pela União Federal e os Estados. A monitorização orienta-se por requisitos e procedimentos de atos jurídicos para o cumprimento da disciplina orçamentária, com base no Tratado de Funcionamento da União Europeia. (3) As resoluções do Conselho de Estabilidade e os documentos de deliberação têm de ser publicados". (tradução livre)
Art. 110 "(1) Alle Einnahmen und Ausgaben des Bundes sind in den Haushaltsplan einzustellen; bei Bundesbetrieben und bei Sondervermögen brauchen nur die Zuführungen oder die Ablieferungen eingestellt zu werden. Der Haushaltsplan ist in Einnahme und Ausgabe auszugleichen.(2) Der Haushaltsplan wird für ein oder mehrere Rechnungsjahre, nach Jahren getrennt, vor Beginn des ersten Rechnungsjahres durch das Haushaltsgesetz festgestellt. Für Teile des Haushaltsplanes kann vorgesehen werden, daß sie für unterschiedliche Zeiträume, nach Rechnungsjahren getrennt, gelten. (3) Die Gesetzesvorlage nach Absatz 2 Satz 1 sowie Vorlagen zur Änderung des Haushaltsgesetzes und des Haushaltsplanes werden gleichzeitig mit der Zuleitung an den Bundesrat beim Bundestage eingebracht; der Bundesrat ist berechtigt, innerhalb von sechs Wochen, bei Änderungsvorlagen innerhalb von drei Wochen, zu den Vorlagen Stellung zu nehmen. (4) In das Haushaltsgesetz dürfen nur Vorschriften aufgenommen werden, die sich auf die Einnahmen und die Ausgaben des Bundes und auf den Zeitraum beziehen, für den das Haushaltsgesetz beschlossen wird. Das Haushaltsgesetz kann vorschreiben, daß die Vorschriften erst mit der Verkündung des nächsten Haushaltsgesetzes oder bei Ermächtigung nach Artikel 115 zu einem späteren Zeitpunkt außer Kraft treten". Art. 110 "(1) Todas as receitas e despesas da União Federal devem constar do orçamento; em relação às empresas federais e aos patrimônios fideicomissos, é necessário constar apenas os aumentos e deduções. No plano orçamentário tem de haver equilíbrio entre receita e despesa. (2) O plano orçamentário é fixado pela lei orçamentária para um ou mais exercícios financeiros, separados por anos, antes do primeiro exercício financeiro. Pode ser previsto para determinadas rubricas do plano orçamentário, que elas vigorem em períodos diferentes, separados por exercícios financeiros. (3) O projeto de lei segundo o §2, ítem 1º, bem como os projetos de emenda da lei orçamentária e do plano orçamentário serão apresentados ao Parlamento Federal e enviados simultaneamente ao Conselho Federal; o Conselho Federal tem o direito de pronunciar-se sobre os projetos no prazo de seis semanas e sobre os projetos de emenda, no prazo de três semanas. (4) A lei orçamentária só pode conter prescrições relacionadas com as receitas e despesas da União Federal e com o período para o qual ela é voltada. A lei orçamentária pode prescrever que as determinações nela contidas só sejam revogadas quando tiver sido promulgada a lei orçamentária seguinte ou, em data posterior, mediante a autorização prevista no artigo 115". (tradução livre)
Art. 111 "(1) Ist bis zum Schluß eines Rechnungsjahres der Haushaltsplan für das folgende Jahr nicht durch Gesetz festgestellt, so ist bis zu seinem Inkrafttreten die Bundesregierung ermächtigt, alle Ausgaben zu leisten, die nötig sind, a) um gesetzlich bestehende Einrichtungen zu erhalten und gesetzlich beschlossene Maßnahmen durchzuführen, b) um die rechtlich begründeten Verpflichtungen des Bundes zu erfüllen, c)um Bauten, Beschaffungen und sonstige Leistungen fortzusetzen oder Beihilfen für diese Zwecke weiter zu gewähren, sofern durch den Haushaltsplan eines Vorjahres bereits Beträge bewilligt worden sind. (2) Soweit nicht auf besonderem Gesetze beruhende Einnahmen aus Steuern, Abgaben und sonstigen Quellen oder die Betriebsmittelrücklage die Ausgaben unter Absatz 1 decken, darf die Bundesregierung die zur Aufrechterhaltung der Wirtschaftsführung erforderlichen Mittel bis zur Höhe eines Viertels der Endsumme des abgelaufenen Haushaltsplanes im Wege des Kredits flüssig machen". Art. 111 "(1) Se, até o fim do exercício financeiro, não tiver sido fixado por lei o plano orçamentário para o ano seguinte, o Governo Federal está autorizado a fazer, até a sua entrada em vigor, todas as despesas que forem necessárias a) para manter instituições legalmente existentes e para executar medidas legalmente aprovadas, b) para cumprir obrigações legalmente fundadas da União Federal, c) para prosseguir obras, aquisições e outras prestações de serviços ou para continuar auxílios para esses fins, desde que já tenham sido autorizados os recursos em plano orçamentário de um ano anterior. (2) Na medida em que não existam receitas criadas por leis especiais de impostos, taxas e outras fontes ou dos fundos de reserva para

cobrir as despesas do §1, o Governo Federal pode mobilizar os fundos necessários para manter a gestão econômica através de recurso ao crédito, até importância correspondente a um quarto do montante do plano orçamentário expirado". (tradução livre)
Art. 112 "Überplanmäßige und außerplanmäßige Ausgaben bedürfen der Zustimmung des Bundesministers der Finanzen. Sie darf nur im Falle eines unvorhergesehenen und unabweisbaren Bedürfnisses erteilt werden. Näheres kann durch Bundesgesetz bestimmt werden". Art. 112 "Despesas superiores ou não previstas no plano orçamentário exigem a aprovação do Ministério Federal das Finanças. Esta autorização só poderá ser concedida em casos de necessidade imprevista ou incontestável. A matéria poderá ser regulamentada por lei federal". (tradução livre)
Art. 113 "(1) Gesetze, welche die von der Bundesregierung vorgeschlagenen Ausgaben des Haushaltsplanes erhöhen oder neue Ausgaben in sich schließen oder für die Zukunft mit sich bringen, bedürfen der Zustimmung der Bundesregierung. Das gleiche gilt für Gesetze, die Einnahmeminderungen in sich schließen oder für die Zukunft mit sich bringen. Die Bundesregierung kann verlangen, daß der Bundestag die Beschlußfassung über solche Gesetze aussetzt. In diesem Fall hat die Bundesregierung innerhalb von sechs Wochen dem Bundestage eine Stellungnahme zuzuleiten. (2) Die Bundesregierung kann innerhalb von vier Wochen, nachdem der Bundestag das Gesetz beschlossen hat, verlangen, daß der Bundestag erneut Beschluß faßt. (3) Ist das Gesetz nach Artikel 78 zustande gekommen, kann die Bundesregierung ihre Zustimmung nur innerhalb von sechs Wochen und nur dann versagen, wenn sie vorher das Verfahren nach Absatz 1 Satz 3 und 4 oder nach Absatz 2 eingeleitet hat. Nach Ablauf dieser Frist gilt die Zustimmung als erteilt". Art. 113. "Leis que elevem as despesas do plano orçamentário proposto pelo Governo Federal, ou que contenham ou impliquem novas despesas para o futuro, carecem de aprovação do Governo Federal. Ele se aplica para leis que prevejam ou impliquem numa diminuição futura da receita. O Governo Federal pode exigir que o Parlamento Federal suspenda a votação de tais leis. Neste caso, o Governo Federal tem de apresentar ao Parlamento Federal, dentro do prazo de seis semanas, um parecer correspondente. (2) O Governo Federal pode exigir, dentro de quatro semanas após a aprovação da lei pelo Parlamento Federal, que este proceda uma nova votação. (3) Se a lei tiver sido aprovada segundo o artigo 78, o Governo Federal só pode negar a sua aprovação dentro do prazo de seis semanas e desde que tenha posto em curso o processo previsto no §1, terceiro ou quarto ítem, ou no §2. Decorrido esse prazo, considera-se outorgada a aprovação". (tradução livre)
Art. 114 "(1) Der Bundesminister der Finanzen hat dem Bundestage und dem Bundesrate über alle Einnahmen und Ausgaben sowie über das Vermögen und die Schulden im Laufe des nächsten Rechnungsjahres zur Entlastung der Bundesregierung Rechnung zu legen. (2) Der Bundesrechnungshof, dessen Mitglieder richterliche Unabhängigkeit besitzen, prüft die Rechnung sowie die Wirtschaftlichkeit und Ordnungsmäßigkeit der Haushalts- und Wirtschaftsführung des Bundes. Zum Zweck der Prüfung nach Satz 1 kann der Bundesrechnungshof auch bei Stellen außerhalb der Bundesverwaltung Erhebungen vornehmen; dies gilt auch in den Fällen, in denen der Bund den Ländern zweckgebundene Finanzierungsmittel zur Erfüllung von Länderaufgaben zuweist. Er hat außer der Bundesregierung unmittelbar dem Bundestage und dem Bundesrate jährlich zu berichten. Im übrigen werden die Befugnisse des Bundesrechnungshofes durch Bundesgesetz geregelt". Art. 114 "(1) O Ministro Federal das Finanças tem de dar contas ao Parlamento Federal e ao Conselho Federal de todas as receitas e despesas, bem como do patrimônio e das dívidas no curso do próximo exercício financeiro, para desobrigar o Governo Federal. (2) O Tribunal Federal de Contas, cujos membros gozam de independência judicial, examina as contas, bem como a rentabilidade e a regularidade da gestão orçamentária e econômica da União Federal. Para fins de fiscalização, de acordo com o inciso primeiro, o Tribunal de Contas da União pode também fazer levantamentos em repartições fora da administração federal; isso também se aplica aos casos nos quais a União Federal destina recursos financeiros aos Estados para o cumprimento de tarefas estaduais. Ele tem de informar direta e anualmente, além do Governo Federal, também o Parlamento Federal e o Conselho Federal. Ademais, as competências do Tribunal Federal de Contas serão regulamentadas por lei federal". (tradução livre)

Art. 115 "(1) Die Aufnahme von Krediten sowie die Übernahme von Bürgschaften, Garantien oder sonstigen Gewährleistungen, die zu Ausgaben in künftigen Rechnungsjahren führen können, bedürfen einer der Höhe nach bestimmten oder bestimmbaren Ermächtigung durch Bundesgesetz. (2) Einnahmen und Ausgaben sind grundsätzlich ohne Einnahmen aus Krediten auszugleichen. Diesem Grundsatz ist entsprochen, wenn die Einnahmen aus Krediten 0,35 vom Hundert im Verhältnis zum nominalen Bruttoinlandsprodukt nicht überschreiten. Zusätzlich sind bei einer von der Normallage abweichenden konjunkturellen Entwicklung die Auswirkungen auf den Haushalt im Auf- und Abschwung symmetrisch zu berücksichtigen. Abweichungen der tatsächlichen Kreditaufnahme von der nach den Sätzen 1 bis 3 zulässigen Kreditobergrenze werden auf einem Kontrollkonto erfasst; Belastungen, die den Schwellenwert von 1,5 vom Hundert im Verhältnis zum nominalen Bruttoinlandsprodukt überschreiten, sind konjunkturgerecht zurückzuführen. Näheres, insbesondere die Bereinigung der Einnahmen und Ausgaben um finanzielle Transaktionen und das Verfahren zur Berechnung der Obergrenze der jährlichen Nettokreditaufnahme unter Berücksichtigung der konjunkturellen Entwicklung auf der Grundlage eines Konjunkturbereinigungsverfahrens sowie die Kontrolle und den Ausgleich von Abweichungen der tatsächlichen Kreditaufnahme von der Regelgrenze, regelt ein Bundesgesetz. Im Falle von Naturkatastrophen oder außergewöhnlichen Notsituationen, die sich der Kontrolle des Staates entziehen und die staatliche Finanzlage erheblich beeinträchtigen, können diese Kreditobergrenzen auf Grund eines Beschlusses der Mehrheit der Mitglieder des Bundestages überschritten werden. Der Beschluss ist mit einem Tilgungsplan zu verbinden. Die Rückführung der nach Satz 6 aufgenommenen Kredite hat binnen eines angemessenen Zeitraumes zu erfolgen". Art. 115 "(1) O recurso a créditos, bem como a concessão de avais, garantias ou outras cauções que possam levar a despesas em futuros exercícios financeiros carecem de uma autorização por lei federal, com valor determinado ou determinável. (2) As receitas e despesas devem ser equilibradas basicamente sem recorrer a créditos. Este princípio é cumprido, quando os recursos provenientes de créditos não ultrapassem 0,35 por cento em relação ao Produto Interno Bruto nominal. Adicionalmente, há de se ter em conta os efeitos de uma evolução conjuntural que não corresponda à situação normal de altas e baixas simétricas. As discrepâncias do crédito real em relação aos limites máximos de crédito, segundo o primeiro até a terceiro incisos, serão registradas numa conta de controle; as despesas que ultrapassem o valor-limite de 1,5 por cento em relação ao Produto Interno Bruto nominal, têm de ser reduzidas sem implicações para a conjuntura. Uma lei federal regulamentará os pormenores, em especial a correção das receitas e despesas no âmbito de transações financeiras e o processo de cálculo do limite máximo da tomada anual de crédito líquido, levando em consideração a evolução da conjuntura com base num processo de correção conjuntural, bem como o controle e a compensação das discrepâncias entre tomada real de créditos e os limites fixados. Nos casos de catástrofe natural ou de situações extraordinárias de emergência, que fujam ao controle do Estado e prejudiquem de forma considerável a situação financeira estatal, os limites máximos de crédito podem ser ultrapassados com base numa resolução da maioria dos membros do Parlamento Federal. A resolução tem de ser acoplada a um plano de amortização. A restituição dos créditos tomados de acordo com o inciso sexto deve ocorrer dentro de um espaço de tempo adequado". (tradução livre). Disponível em: https://www.bundestag.de/grundgesetz. Acesso em: 20 fev. 2022.

CAPÍTULO 23

CARACTERÍSTICAS GERAIS DO PROCESSO ORÇAMENTÁRIO ALEMÃO

23.1 Orçamento *top-down*

No contexto da obrigação de cumprir com a regra constitucional do *freio da dívida* (item 2.2), o processo de elaboração do orçamento federal alemão sofreu alterações significativas.

Até o ano de 2011, o procedimento de elaboração do orçamento era realizado de baixo para cima (*bottom-up*), ou seja, as demandas de recursos dos ministérios e outros órgãos (planos setoriais) eram relatadas para as unidades superiores. Contudo, desde 2012, foi adotado o procedimento de elaboração do orçamento de cima para baixo (*top-down*). Dessa forma, o foco não está mais nas propostas setoriais, mas sim no estabelecimento de prioridades políticas do Poder Executivo federal, que elabora os parâmetros básicos (macrodiretrizes), em conformidade com os princípios financeiros estabelecidos constitucionalmente, considerando, também o quadro fiscal de médio prazo estabelecido pelo governo e as prioridades definidas pelo gabinete ou coalizão parlamentar, além das previsões econômicas e os respectivos resultados do Grupo de Trabalho sobre Previsões de Receitas Tributárias (ver item 4.2.4). Esses parâmetros devem ser observados por toda a Administração Pública na elaboração do orçamento.

23.1.1 Dinâmica do processo *top-down*

O Ministro Federal das Finanças dirige-se aos demais ministérios com a chamada "carta de preparação do orçamento" (*Haushaltsaufstellungsschreiben*), que contém uma descrição da situação econômica e orçamentária geral e previsões sobre o quadro econômico futuro, requerendo que os chefes dos demais ministérios apresentem suas estimativas orçamentárias. Apenas em uma fase posterior, quando da tramitação interna do orçamento, os ministérios e demais órgãos preparam suas propostas setoriais, devendo, obrigatoriamente, observar as regras gerais estabelecidas previamente (macrodiretrizes).

Depois que o Ministro Federal das Finanças recebe os orçamentos setoriais, é aberta a fase de discussões, especialmente sobre cortes de recursos nos orçamentos setoriais. Após essa rodada de conversas e negociações, o Gabinete Federal decide sobre o projeto de orçamento geral, que será encaminhado ao *Bundestag* e ao *Bundesrat* para deliberação.[517]

Orçamento *top-down* (de cima para baixo)

Os líderes políticos estabelecem quadros fiscais com base nas atuais estimativas de receitas

⇩

Alocação de recursos orçamentários para os ministérios federais

⇩

Os ministérios elaboram os planos setoriais

⇩

Compilação dos planos setoriais e, se necessário, discussões e comunicações entre o Ministério Federal das Finanças e os demais ministérios

⇩

Orçamento

Fonte: *Deutscher Bundestag*. Disponível em: https://www.bundestag.de/resource/blob/503142/32b599bb1e7af0acbc0057b825f34a27/Top-Down-und-Bottom-Up-im-Haushaltswesen-data.pdf. Acesso em: 13 maio 2022.

---

517 ALEMANHA. *Bundestag*. Disponível em: https://www.bundestag.de/resource/blob/503142/32b599bb1e7af0acbc0057b825f34a27/Top-Down-und-Bottom-Up-im-Haushaltswesen-data.pdf. Acesso em: 11 maio 2022.

Uma das vantagens da adoção do orçamento de cima para baixo é a maior previsibilidade no planejamento da política fiscal, associado ao aumento da confiança, tanto doméstica quanto internacional, na sustentabilidade das finanças. No caso da Alemanha, a sua adoção possibilita uma condução eficiente do processo orçamentário, aumentando a previsibilidade, desde o estágio inicial do processo, quanto aos recursos disponíveis para os ministérios, permitindo que as negociações orçamentárias se concentrem em *como* fazer o melhor uso desses recursos, consequentemente diminuindo o tempo dedicado a pedidos de créditos adicionais.

23.2 Vinculações de despesas

Em princípio, o art. 8º da BHO veda as vinculações de despesas, a menos que a destinação dos recursos esteja prevista em lei ou tenha autorização na própria lei orçamentária através de *notas de autorização*.[518] A validade dessa vinculação é limitada ao ano orçamentário no qual foi estipulada, restringindo, temporalmente, a liberdade do legislador de dispor do orçamento.

As vinculações não se aplicam aos fundos especiais, pois esses não fazem parte do orçamento federal.[519] Suas receitas e despesas pertencem ao Governo Federal, mas são administradas fora do orçamento federal. Os fundos especiais devem constar do orçamento de forma apartada, em anexo. Para cada fundo especial, um plano econômico deve ser elaborado de acordo com os princípios gerais do orçamento e estão sujeitos à auditoria do Tribunal de Contas.[520]

---

[518] A vinculação faz sentido sobretudo no caso de encargos preferenciais (taxas e contribuições) que representam contrapartida a uma atividade soberana. As dotações para impostos especiais, que têm de ser geridos separadamente do orçamento geral, são regularmente obrigatórias. Comentário ao art. 8º da BHO em: LEWINSKI, Kai von; BURBAT, Daniela. *Bundeshaushaltsordnung*. Baden-Baden: Nomos, 2013.

[519] *Idem*.

[520] ALEMANHA. Bundestag. *Haushaltsrechtliche Aspekte der Zweckbindung von Steuereinnahmen*. 2019. p. 7. Disponível em: https://www.bundestag.de/resource/blob/675126/5b259bfe9bc5c0f9f326e4f91720c385/WD-4-152-19-pdf-data.pdf. Acesso em: 06 abr. 2022.

Vedação às vinculações orçamentárias
A vedação às vinculações reflete os princípios da universalidade e da unidade orçamentária. Ambos os princípios "visam a assegurar a soberania parlamentar sobre o orçamento, assim como permitir que o público e as instituições envolvidas no planejamento financeiro e no controle financeiro tenham uma visão completa do orçamento, de forma a dificultar a criação de 'orçamentos especiais', a partir dos quais os interesses pessoais possam ser satisfeitos de forma não transparente".[521]

23.3 Orçamento orientado para o resultado

Na Alemanha, o orçamento público alemão é orientado para o *resultado*.[522] A prática do orçamento baseado em resultados é comum nos países membros da OCDE.

Essa técnica refere-se a uma abordagem de controle voltada para o resultado da prestação de serviço público que visa aumentar a eficiência e eficácia da ação administrativa e a transparência das decisões sobre os gastos.

Os princípios da eficiência e da economicidade estão na base do orçamento orientado para o resultado (art. 7 do BHO).[523]

---

521 ALEMANHA. Bundestag. *Haushaltsrechtliche Aspekte der Zweckbindung von Steuereinnahmen*. 2019. p. 6. Disponível em: https://www.bundestag.de/resource/blob/675126/5b259bfe9bc5c0f9f326e4f91720c385/WD-4-152-19-pdf-data.pdf. Acesso em: 06 abr. 2022.

522 ALEMANHA. Ministério Federal das Finanças. *Das System der Öffentlichen Haushalte*. 2015. p. 81. Disponível em: https://www.bundesfinanzministerium.de/Content/DE/Standardartikel/Themen/Oeffentliche_Finanzen/Bundeshaushalt/Haushaltsrecht_und_Haushaltssystematik/das-system-der-oeffentlichen-haushalte-anl.pdf?__blob=publicationFile&v=5. Acesso em: 24 nov. 2021.

523 Código Orçamentário Federal (*Bundeshaushaltornung*, BHO): Art. 7º. "*(1) Bei Aufstellung und Ausführung des Haushaltsplans sind die Grundsätze der Wirtschaftlichkeit und Sparsamkeit zu beachten. Diese Grundsätze verpflichten zur Prüfung, inwieweit staatliche Aufgaben oder öffentlichen Zwecken dienende wirtschaftliche Tätigkeiten durch Ausgliederung und Entstaatlichung oder Privatisierung erfüllt werden können.(2) Für alle finanzwirksamen Maßnahmen sind angemessene Wirtschaftlichkeitsuntersuchungen durchzuführen. Dabei ist auch die mit den Maßnahmen verbundene Risikoverteilung zu berücksichtigen. In geeigneten Fällen ist privaten Anbietern die Möglichkeit zu geben darzulegen, ob und inwieweit sie staatliche Aufgaben oder öffentlichen Zwecken dienende wirtschaftliche Tätigkeiten nicht ebenso gut oder besser erbringen können (Interessenbekundungsverfahren).(3) In geeigneten Bereichen ist eine Kosten- und Leistungsrechnung einzuführen*".
Art. 7º. "(1) Os princípios de eficiência e economicidade devem ser observados na preparação e execução do orçamento. Esses princípios impõem a obrigação de examinar até

A lei alemã estabelece que estudos de viabilidade econômica devem ser realizados no desenvolvimento e adoção, por parte do poder público, de qualquer medida que tenha impacto fiscal. Isto é, devem ser considerados em quaisquer medidas e despesas que afetem direta ou indiretamente o orçamento público.[524] Essas medidas são baseadas em processos responsáveis de tomada de decisões administrativas, dentro dos escopos de tempo e de objetivo previamente definidos. Esses estudos têm a finalidade de trazer transparência para a tomada de decisão, suas implicações econômicas, sua abrangência e suas condições.[525] Por isso, deve-se documentar passo a passo os dados, os resultados e as medidas a fim de se justificar a decisão em cada um dos estudos.[526]

Esses estudos são realizados pela unidade organizacional responsável pela implementação das medidas e devem ter como base os interesses tanto do Governo Federal como da unidade organizacional responsável pela implementação da medida. No entanto, na maioria dos casos, será suficiente que um estudo de viabilidade econômica se limite ao impacto financeiro em unidades organizacionais individuais (por exemplo, um ministério ou departamento).[527]

---

que ponto as tarefas governamentais ou atividades econômicas que servem a propósitos públicos podem ser cumpridas através de alienação e desnacionalização ou privatização.
(2) Devem ser realizados estudos de viabilidade econômica apropriados para todas as medidas que tenham impacto fiscal. A alocação de risco associada a essas medidas também deve ser considerada. Em casos específicos, os fornecedores do setor privado devem ter a oportunidade de demonstrar se, e em que medida podem desempenhar tarefas governamentais ou atividades econômicas de utilidade pública com igual ou maior eficiência (procedimento de manifestação de interesse).
(3) A contabilidade de custos e atividades deve ser introduzida em áreas adequadas". (tradução livre)

524 ALEMANHA. Ministério Federal das Finanças. *Arbeitsanleitung Einführung in Wirtschaftlichkeituntersuchungen*. 2011. p. 3. Disponível em: https://www.olev.de/w/BMF-Arbeitsanleitung.pdf. Acesso em: 20 mar. 2022.

525 ALEMANHA. Ministério Federal das Finanças. *Das System der öffentlichen Haushalte*. Agosto de 2015. p. 81. Disponível em: https://www.bundesfinanzministerium.de/Content/DE/Standardartikel/Themen/Oeffentliche_Finanzen/Bundeshaushalt/Haushaltsrecht_und_Haushaltssystematik/das-system-der-oeffentlichen-haushalte-anl.pdf?__blob=publicationFile&v=5. Acesso em: 13 maio 2022.

526 ALEMANHA. Ministério Federal das Finanças. *Arbeitsanleitung Einführung in Wirtschaftlichkeituntersuchungen*. 2011. p. 3. Disponível em: https://www.olev.de/w/BMF-Arbeitsanleitung.pdf. Acesso em: 20 mar. 2022.

527 ALEMANHA. Ministério Federal das Finanças. *Das System der öffentlichen Haushalte*. Agosto de 2015. p. 82. Disponível em: https://www.bundesfinanzministerium.de/Content/DE/Standardartikel/Themen/Oeffentliche_Finanzen/Bundeshaushalt/Haushaltsrecht_und_Haushaltssystematik/das-system-der-oeffentlichen-haushalte-anl.pdf?__blob=publicationFile&v=5. Acesso em: 13 maio 2022.

23.4 A centralidade da regra do freio da dívida (*Schuldenregel*) sobre a elaboração dos orçamentos federal e estaduais

O princípio de um orçamento estruturalmente equilibrado é estabelecido na Constituição Federal alemã, no Pacto de Estabilidade e Crescimento e no Pacto Fiscal Europeu (ver item 2.2.2).

O Estado pode gerar renda não apenas com a cobrança de tributos, mas também com a obtenção de empréstimos. Contudo, a opção de financiamento foi restringida, desde 2009, pela proibição constitucional de contrair novos empréstimos, conforme disposto no art. 109, nº 3, combinado com o art. 115, inciso 2º, da GG, que dispõe que "os orçamentos da União Federal e dos Estados devem ser equilibrados basicamente sem recorrer a créditos". Essa regra é conhecida como "regra do freio da dívida" (*Schuldenregel*).[528]

O recurso a créditos, concessão de avais, garantias ou outras cauções requer a autorização especial do Poder Legislativo. Essa autorização reflete os princípios da democracia e da soberania orçamentária do Poder Legislativo, cuja finalidade é proteger o direito orçamentário da atual e de futuras composições parlamentares. Reflete, também, o princípio do Estado Social, ao considerar a importância dos direitos fundamentais de liberdade e igualdade das gerações presentes e futuras de cidadãos e contribuintes. Dessa forma, é necessária uma decisão parlamentar consciente sobre a transferência real ou potencial de encargos financeiros para o futuro, causados por empréstimos e assunção de garantias. A autorização legal deve ser expressa. O montante da autorização para contrair empréstimos e assumir garantias deve ser específico ou pelo menos determinável.

A lei orçamentária forma uma unidade em conjunto com o orçamento aprovado. Assim, as autorizações para contrair empréstimos e assumir garantias ao abrigo do nº 1 do art. 115 da GG podem ser

[528] Período de transição: Diante da situação dos orçamentos federal e estadual, sobrecarregados pelos efeitos da crise financeira e econômica mundial de 2008, à época da Reforma Federalista foi necessário um período de transição. Ao Governo Federal, foi concedida uma fase de transição para os orçamentos de 2011 a 2015, na qual deveria reduzir seu déficit estrutural em etapas iguais ao limite superior que passou a vigorar, permanentemente a partir de 2016. Para os Estados, o princípio do equilíbrio orçamentário passou a vigorar a partir de 2020 (ALEMANHA. Ministério Federal das Finanças. *Das System der öffentlichen Haushalte*. Agosto de 2015. p. 23. Disponível em: https://www.bundesfinanzministerium.de/Content/DE/Standardartikel/Themen/Oeffentliche_Finanzen/Bundeshaushalt/Haushaltsrecht_und_Haushaltssystematik/das-system-der-oeffentlichen-haushalte-anl.pdf?__blob=publicationFile&v=5. Acesso em: 13 maio 2022.

concedidas no projeto de orçamento, podendo também constar de outras leis federais.

Os detalhes legais da regra do freio da dívida para a área federal constam da Lei de Execução do art. 115 da Lei Fundamental alemã (*Gesetz zur Ausführung von Artikel 115 des Grundgesetzes*), que regulamenta alguns componentes essenciais da regra do freio da dívida e suas exceções, que veremos a seguir.

TABELA 2
Estrutura básica da regra do freio da dívida (art. 115 GG)

Regra do *debt-brake*:
Dívida estrutural máxima permitida
+ Componente cíclico (+/-)
+ Saldo de transações financeiras (+/-)
= Endividamento líquido máximo permitido
Componentes especiais:
+ Exceção: autorização de empréstimo decorrente de crédito extraordinário
+ Exceção: autorização de empréstimo decorrente de crédito suplementar
- Obrigação de redução se a conta controle for excedida
= Empréstimo líquido máximo permitido modificado

Fonte: Bundesministerium der Finanzen. *Das System der öffentlichen Haushalte.* Agosto de 2015. p. 23.

23.5 Componente cíclico (*Konjunkturkomponente*) e situações excepcionais (*Ausnahmesituationen*)[529]

Trata-se de uma exceção à regra do freio da dívida que permite "ajustes" de acordo com o ciclo econômico em vigor, bem como exceções nos casos de calamidades naturais ou determinadas situações excepcionais de emergência e desastres naturais.[530] Com base nos ensinamentos

[529] "Adicionalmente, há de se ter em conta os efeitos de uma evolução conjuntural que não corresponda à situação normal de altas e baixas simétricas". Art. 115 da GG parágrafo 2º.

[530] Só é possível com uma decisão majoritária do *Bundestag* combinada com um plano de devolução.

de Keynes, o denominado "componente cíclico" visa dotar a política fiscal de certa margem de manobra ao longo dos ciclos econômicos. Em períodos de alto crescimento econômico, o endividamento deve ser reduzido, por outro lado, em períodos de baixo crescimento econômico os empréstimos podem ser contraídos. Desse modo, com a criação de excedentes em períodos de alto crescimento econômico, impede-se que a tomada de empréstimos adicionais em tempos de crise gere um aumento sistemático da dívida de longo prazo.

23.6 Saldo de transações financeiras

Para determinação do endividamento estrutural máximo, as receitas e despesas devem ser ajustadas a partir das transações financeiras. Trata-se de receitas provenientes da venda de investimentos, de empréstimos no setor público e de reembolsos de empréstimos e as despesas com aquisição de ações, com reembolsos ao setor público e com concessão de empréstimos. Dessa forma, quaisquer alterações na mudança do quadro de ativos do governo devem ser consideradas.[531]

23.7 Conta controle (*Kontrollkonto*)[532]

A Lei de Execução do art. 115 da Lei Fundamental alemã (*Gesetz zur Ausführung von Artikel 115 des Grundgesetzes*), em seu art. 7º, trata da *conta controle*.[533] Essa conta é necessária para lançar desvios financeiros

[531] ALEMANHA. Ministério Federal das Finanças. *Das System der öffentlichen Haushalte*. Agosto de 2015. p. 23-26. Disponível em: https://www.bundesfinanzministerium.de/Content/DE/Standardartikel/Themen/Oeffentliche_Finanzen/Bundeshaushalt/Haushaltsrecht_und_Haushaltssystematik/das-system-der-oeffentlichen-haushalte-anl.pdf?__blob=publicationFile&v=5. Acesso em: 13 maio 2022.

[532] "As discrepâncias do crédito real em relação aos limites máximos de crédito, segundo o primeiro até o terceiro incisos, serão registradas numa conta de controle; as despesas que ultrapassem o valor-limite de 1,5 por cento em relação ao Produto Interno Bruto nominal, têm de ser reduzidas sem implicações para a conjuntura". Art. 115 da GG, parágrafo 2º.

[533] *Gesetz zur Ausführung von Artikel 115 des Grundgesetzes (Artikel 115-Gesetz – G 115). §7. 1) Weicht die tatsächliche Kreditaufnahme von dem Betrag ab, der sich nach Abschluss des betreffenden Haushaltsjahres auf der Grundlage der tatsächlichen Wirkung der konjunkturellen Entwicklung auf den Haushalt nach §2 als Obergrenze ergibt, wird diese Abweichung auf einem Verrechnungskonto (Kontrollkonto) verbucht. Soweit von der Ausnahmeregelung des Artikels 115 Absatz 2 Satz 6 des Grundgesetzes Gebrauch gemacht worden ist, ist der zu verbuchende Betrag um die aufgrund des entsprechenden Beschlusses erhöhte Nettokreditaufnahme zu bereinigen. Die zu verbuchende Abweichung wird jährlich zum 1. März des dem Haushaltsjahr folgenden Jahres festgestellt und im weiteren Jahresverlauf aktualisiert, abschließend zum 1. September des dem Haushaltsjahr folgenden Jahres.(2) Bei negativem Saldo ist auf einen Ausgleich des Kontrollkontos hinzuwirken. Der negative Saldo des Kontrollkontos soll einen Schwellenwert von 1,5 Prozent*

em relação à previsão orçamentária original que podem ocorrer quando o empréstimo real se desviar do valor estabelecido como limite máximo, após o encerramento do exercício financeiro. A lei estabelece que, "em caso de saldo negativo, devem ser feitos esforços para equilibrar a conta controle".[534]

23.8 Influência das normas financeiras da União Europeia

A dívida do Estado como um todo, ou seja, não apenas do Governo Federal, está sujeita a disposições legais da União Europeia.[535]

A Alemanha, como país membro da Zona do Euro, é obrigada a preparar um Programa de Estabilidade até meados de abril de cada ano

---

im Verhältnis zum nominalen Bruttoinlandsprodukt nicht überschreiten. Das maßgebliche Bruttoinlandsprodukt bestimmt sich nach §4. (3) Ist der Saldo des Kontrollkontos negativ und überschreitet der Betrag des Saldos 1 Prozent im Verhältnis zum nominalen Bruttoinlandsprodukt, verringert sich die Kreditermächtigung nach §2 Absatz 1 Satz 2 jeweils im nächsten Jahr um den überschießenden Betrag, höchstens aber um 0,35 Prozent im Verhältnis zum nominalen Bruttoinlandsprodukt; die Verringerung wird nur wirksam in Jahren mit positiver Veränderung der Produktionslücke.

Lei de Execução do art. 115º da Lei Fundamental Alemã §7. Se o empréstimo real se desviar do montante resultante após o final do ano orçamental relevante como limite superior com base no efeito real do desenvolvimento económico no orçamento nos termos da Secção 2, este desvio é lançado numa conta de compensação (conta de controle). Na medida em que se faça uso da cláusula de isenção constante do art. 115.º, nº 2, nº 6, da Lei Básica, o montante a contabilizar deve ser ajustado pelo aumento da necessidade líquida de financiamento devido à respetiva resolução. O desvio a contabilizar é determinado anualmente em 1 de março do ano seguinte ao exercício e atualizado ao longo do ano, finalmente em 1 de setembro do ano seguinte ao exercício.

(2) Em caso de saldo negativo, devem ser feitos esforços para equilibrar a conta de controle. O saldo negativo da conta controle não deve ultrapassar o limite de 1,5% em relação ao produto interno bruto nominal. O produto interno bruto relevante é determinado de acordo com o §4.

(3) Se o saldo da conta de controle for negativo e o valor do saldo exceder 1 por cento em relação ao produto interno bruto nominal, a autorização de crédito nos termos da Seção 2 (1), item 2 é reduzida no ano seguinte pelo montante excedente, mas não superior a 0,35 por cento em relação ao produto interno bruto nominal; a redução só terá efeito em anos com uma mudança positiva no hiato do produto.

[534] Para mais informações sobre a Conta Controle ver: ALEMANHA. Ministério Federal das Finanças. *Das System der öffentlichen Haushalte*. Agosto de 2015. p. 25. Disponível em: https://www.bundesfinanzministerium.de/Content/DE/Standardartikel/Themen/Oeffentliche_Finanzen/Bundeshaushalt/Haushaltsrecht_und_Haushaltssystematik/das-system-der-oeffentlichen-haushalte-anl.pdf?__blob=publicationFile&v=5. Acesso em: 13 maio 2022 e ALEMANHA. Ministério Federal das Finanças. *Kompendium zur Schuldenregel des Bundes (Schuldenbremse)*. 25 de fevereiro de 2022. p. 8-12. Disponível em: https://www.bundesfinanzministerium.de/Content/DE/Standardartikel/Themen/Oeffentliche_Finanzen/Schuldenbremse/kompendium-zur-schuldenbremse-des-bundes.pdf?__blob=publicationFile&v=9. Acesso em: 18 jul. 2022.

[535] Primazia da aplicação do direito comunitário: as disposições da lei europeia devem ser aplicadas com prioridade sobre a lei nacional e vinculam diretamente o legislativo orçamentário, bem como todos os outros órgãos estaduais.

que será usado como base para a supervisão orçamental, mostrando os aspectos de médio prazo da política econômica e fiscal. Como forma de cumprir com esse novo ordenamento normativo estabelecido pela União Europeia, a Alemanha promoveu algumas alterações constitucionais, incluindo a denominada regra do freio da dívida (*Schuldenbremse*), que é de observância obrigatória para a elaboração tanto do plano orçamentário quanto do plano financeiro,[536] devendo ser observada pelo Governo Federal e pelos estados federados.

A regra do freio da dívida prevê que o orçamento público seja equilibrado sem receitas de empréstimos para os governos federais e estaduais.[537] No âmbito federal, por exemplo, o freio de dívidas está previsto no mencionado art. 115 da Constituição Federal alemã, que concede à União Federal uma margem estreitamente limitada para empréstimo:[538] permite-se o endividamento líquido até o máximo de 0.35% do produto interno bruto. Uma conta de controle é utilizada para verificar o cumprimento da regra na execução do orçamento. Entende-se que esse endividamento líquido possa oscilar com base na situação econômica do país.

---

[536] O plano financeiro está previsto no art. 9 da Lei de Estabilidade e Crescimento Econômico: "*Gesetz zur Förderung der Stabilität und des Wachstums der Wirtschaft.*
Der Haushaltswirtschaft des Bundes ist eine fünfjährige Finanzplanung zugrunde zu legen. In ihr sind Umfang und Zusammensetzung der voraussichtlichen Ausgaben und die Deckungsmöglichkeiten in ihren Wechselbeziehungen zu der mutmaßlichen Entwicklung des gesamtwirtschaftlichen Leistungsvermögens darzustellen, gegebenenfalls durch Alternativrechnungen.
(2) Der Finanzplan ist vom Bundesministerium der Finanzen aufzustellen und zu begründen. Er wird von der Bundesregierung beschlossen und Bundestag und Bundesrat vorgelegt.
(3) Der Finanzplan ist jährlich der Entwicklung anzupassen und fortzuführen".
"O orçamento federal deve ser baseado em um plano financeiro de cinco anos. Nela, a extensão e composição dos gastos previstos e as possibilidades de cobri-los devem ser mostrados em suas inter-relações com o desenvolvimento presumido da capacidade econômica global, se necessário usando cálculos alternativos.
(2) O plano financeiro deve ser elaborado e justificado pelo Ministério Federal das Finanças. É decidido pelo governo federal e submetido ao *Bundestag* e ao *Bundesrat*.
(3) O plano financeiro deve ser ajustado e continuado anualmente para refletir os desenvolvimentos.

[537] A rigidez da regra do freio da dívida atingiu os Estados federados que apresentaram dificuldades em cumprir essas normas. Como consequência, eles passaram a depender do apoio do Governo Federal em diversas áreas. Como forma de solucionar o problema, algumas emendas constitucionais foram aprovadas, por exemplo, o art. 91, "b", da GG, que permite convênios para a promoção da ciência, pesquisa e ensino, e o art. 104, "c", que prevê auxílios financeiros para investimentos no setor da infraestrutura municipal de educação, e o art. 104, "d", que autoriza o auxílio financeiro para investimentos no setor da construção de moradias sociais.

[538] ALEMANHA. Ministério Federal das Finanças. *Schuldenbremse*. Disponível em: https://www.bundesfinanzministerium.de/Content/DE/Glossareintraege/S/Schuldenbremse.html?view=renderHelp. Acesso em: 06 mar. 2022.

Vale ressaltar que:

a) A regulamentação específica para os orçamentos dos Estados é ditada pelos próprios Estados. Contudo, o Governo Federal tornou o freio da dívida muito mais brando para si mesmo do que para seus entes federados. Enquanto o Governo Federal pode registrar receitas de empréstimos no valor de 0,35% em relação ao produto interno bruto nominal, a regra do freio da dívida para os Estados só é cumprida se nenhuma tomada de créditos for permitida (art. 109, nº 3);

b) O freio da dívida é significativamente mais rigoroso do que as regras do déficit estabelecida no art. 126 do Tratado sobre o Funcionamento da União Europeia[539] e no Pacto de Estabilidade da União Europeia, que limitam o déficit a 3% e o nível da dívida a 60% do produto interno bruto.

[539] UNIÃO EUROPEIA. Tratado sobre o Funcionamento da União Europeia. Art. 126. 1. Os Estados-Membros devem evitar déficits orçamentais excessivos. 2. A Comissão acompanhará a evolução da situação orçamental e do montante da dívida pública nos Estados-Membros, a fim de identificar desvios importantes. Examinará, em especial, o cumprimento da disciplina orçamental com base nos dois critérios seguintes: a) Se a relação entre o déficit orçamental programado ou verificado e o produto interno bruto excede um valor de referência, exceto: — se essa relação tiver baixado de forma substancial e contínua e tiver atingido um nível que se aproxime do valor de referência, — ou, em alternativa, se o excesso em relação ao valor de referência for meramente excepcional e temporário e se aquela relação continuar perto do valor de referência; b) Se a relação entre a dívida pública e o produto interno bruto excede um valor de referência, exceto se essa relação se encontrar em diminuição significativa e se estiver a aproximar, de forma satisfatória, do valor de referência. Os valores de referência encontram-se especificados no Protocolo relativo ao procedimento aplicável em caso de déficit excessivo, anexo aos Tratados. 3. Se um Estado-Membro não cumprir os requisitos constantes de um ou de ambos estes critérios, a Comissão preparará um relatório. O relatório da Comissão analisará igualmente se o déficit orçamental excede as despesas públicas de investimento e tomará em consideração todos os outros fatores pertinentes, incluindo a situação econômica e orçamental a médio prazo desse Estado-Membro. A Comissão pode ainda preparar um relatório se, apesar de os requisitos estarem a ser preenchidos de acordo com os critérios enunciados, for de opinião de que existe um risco de déficit excessivo em determinado Estado-Membro. 4. O Comitê Econômico e Financeiro formulará um parecer sobre o relatório da Comissão. 5. Se a Comissão considerar que em determinado Estado-Membro existe ou poderá ocorrer um déficit excessivo, envia um parecer ao Estado-Membro em causa e do facto informa o Conselho. 6. O Conselho, sob proposta da Comissão, e tendo considerado todas as observações que o Estado-Membro interessado pretenda fazer, decidirá, depois de ter avaliado globalmente a situação, se existe ou não um déficit excessivo. 7. Sempre que, nos termos do nº 6, o Conselho decida que existe um déficit excessivo, adota sem demora injustificada, sob recomendação da Comissão, recomendações que dirige ao Estado- –Membro em causa, para que este ponha termo a essa situação num dado prazo. Sem prejuízo do disposto no nº 8, essas recomendações não serão tornadas públicas. 8. Sempre que verificar que, na sequência das suas recomendações, não foram tomadas medidas eficazes no prazo estabelecido, o Conselho pode tornar públicas as suas recomendações. C 202/100 Jornal

23.9 Parcerias público-privadas como solução?

O art. 90 da Constituição Federal alemã prevê expressamente a formação de parcerias público-privadas (PPP). As rígidas regras fiscais alemãs, que limitam a capacidade de empréstimo para o Estado levou a Alemanha a aderir ao modelo de parcerias público-privadas. Esse modelo, que parece ser particularmente atraente do ponto de vista político, levou a Alemanha, sob a liderança do Ministério Federal das Finanças, a fundar, em 2008, a *ÖPP Deutschland AG* com o objetivo de aumentar a participação das PPPs no investimento público. Em janeiro de 2017, a *ÖPP Deutschland AG* foi convertida na *Partnerschaft Deutschland- Berater der öffentlichen Hand GmbH – PD*, empresa privada cujos acionistas e clientes são o Governo Federal, estados, municípios, empresas e instituições de direito público, bem como outros órgãos

---

Oficial da União Europeia 7.6.2016 PT 9. Se um Estado-Membro persistir em não pôr em prática as recomendações do Conselho, este pode decidir notificar esse Estado-Membro para, num dado prazo, tomar medidas destinadas a reduzir o déficit para um nível que o Conselho considerar necessário para obviar à situação. Nesse caso, o Conselho pode pedir ao Estado-Membro em causa que lhe apresente relatórios de acordo com um calendário específico, a fim de analisar os esforços de ajustamento desse Estado- –Membro. 10. O direito de intentar ações previsto nos artigos 258.º e 259.º não pode ser exercido no âmbito dos números 1 a 9 do presente artigo. 11. Se um Estado-Membro não cumprir uma decisão tomada nos termos do nº 9, o Conselho pode decidir aplicar, ou eventualmente reforçar, uma ou mais das seguintes medidas: – exigir que o Estado-Membro em causa divulgue informações complementares, a determinar pelo Conselho, antes de emitir obrigações e títulos, – convidar o Banco Europeu de Investimento a reconsiderar a sua política de empréstimos em relação ao Estado-Membro em causa, – exigir do Estado-Membro em causa a constituição, junto da União, de um depósito não remunerado de montante apropriado, até que, na opinião do Conselho, o déficit excessivo tenha sido corrigido, – impor multas de importância apropriada. O Presidente do Conselho informará o Parlamento Europeu das decisões tomadas. 12. O Conselho revogará parte ou a totalidade das decisões ou recomendações a que se referem os números 6 a 9 e 11 na medida em que considere que o déficit excessivo no Estado-Membro em causa foi corrigido. Se o Conselho tiver previamente tornado públicas as suas recomendações, deve, logo que a decisão tomada ao abrigo do nº 8 tiver sido revogada, fazer uma declaração pública de que deixou de existir um déficit excessivo no Estado-Membro em causa. 13. Ao adotar as suas decisões ou recomendações a que se referem os números 8, 9, 11 e 12, o Conselho delibera por recomendação da Comissão. Ao adotar as medidas previstas nos números 6 a 9, 11 e 12, o Conselho delibera sem ter em conta o voto do membro do Conselho que representa o Estado-Membro em causa. A maioria qualificada dos outros membros do Conselho é definida nos termos da alínea a) do nº 3 do artigo 238. O Protocolo relativo ao procedimento aplicável em caso de déficit excessivo, anexo aos Tratados, contém outras disposições relacionadas com a aplicação do procedimento descrito no presente artigo. 7.6.2016 Jornal Oficial da União Europeia C 202/101 PT O Conselho, deliberando por unanimidade, de acordo com um processo legislativo especial, e após consulta do Parlamento Europeu e do Banco Central Europeu, aprovará as disposições apropriadas, que substituirão o referido Protocolo. Sem prejuízo das demais disposições do presente número, o Conselho, sob proposta da Comissão, e após consulta do Parlamento Europeu, estabelecerá regras e definições para a aplicação das disposições do citado Protocolo.

públicos, instituições e duas associações de investimento, que controlam o trabalho do PD por meio de seus direitos de voto e deveres de cooperação. Trata-se, portanto, de uma empresa de consultoria para o setor público nas áreas de negócios de modernização administrativa estratégica, de construção e infraestrutura.

Sob a pressão do freio da dívida, o Estado dificilmente conseguiria resistir à tentação de usar capital privado para seus projetos de investimentos. Semelhante ao crédito público, as PPPs adiam as obrigações de financiamento para o futuro e não são reportadas como dívida pública.

As maiores demandas de projetos de PPP na Alemanha, no nível municipal, estão no setor educacional, como para a construção de creches e, no nível federal, na construção de rodovias.

23.10 Exceções à regra do freio da dívida

Basicamente há três exceções à regra constitucional geral de proibição de contratação de empréstimos (art. 109 parágrafo 3º da Lei Fundamental):[540]

- O Governo Federal pode tomar créditos que comprometam até 0,35% do produto interno bruto nominal;
- Componente cíclico – autoriza o Governo Federal a tomar créditos em períodos de baixo crescimento econômico, que devem ser pagos em fases de alto crescimento econômico;
- Novas dívidas podem ser assumidas em situações emergenciais.

Fonte: LEWINSKI, Kai von. *Artikel 115* – Gesetz Kommentar. Nomos, 2012. Disponível em: https://beck-online.beck.de/?vpath=bibdata/komm/LewKoArt115G_1/cont/LewKoArt115G.einl.glIV.htm. Acesso em: 11 maio 2022.

A regra do freio da dívida pode ser excepcionada, tanto no nível federal como estadual, no caso da ocorrência de situações extraordinárias, de emergência com impacto significante que estejam fora do controle estatal, como desastres naturais e flutuações econômicas.

[540] LEWINSKI, Kai von. *Artikel 115* – Gesetz Kommentar. Nomos, 2012. Disponível em: https://beck-online.beck.de/?vpath=bibdata/komm/LewKoArt115G_1/cont/LewKoArt115G%2Ehtm. Acesso em: 11 maio 2022.

Jurisprudência do Tribunal Constitucional alemão acerca das exceções à regra do freio da dívida
De acordo com o Tribunal Constitucional Federal alemão, o equilíbrio econômico está sujeito a flutuações constantes. No entanto, esta instabilidade por si só não justifica a assunção de uma situação de ruptura com a regra constitucional. O uso da disposição de exceção só se justifica se o desequilíbrio econômico geral for grave e a economia permanentemente afetada, ou em uma situação na qual a perturbação seja iminente. A demonstração da existência da perturbação do equilíbrio deve ser feita durante o processo orçamentário.[541]

As pessoas jurídicas independentes de direito público ou privado não estão sujeitas à regra do art. 115 da GG mesmo que pertençam à administração indireta do Estado (*Rechtsträgerprinzip*). Por outro lado, empréstimos realizados por terceiros estão sujeitos à regra do freio da dívida.[542]

A regra também pode ser excepcionada em caso de:

> Catástrofe natural ou de situações extraordinárias de emergência, que fujam ao controle do Estado e prejudiquem de forma considerável a situação financeira estatal, os limites máximos de crédito podem ser ultrapassados com base numa resolução da maioria dos membros do Parlamento Federal. A resolução tem de ser acoplada a um plano de amortização. A restituição dos créditos tomados de acordo com o sexto dispositivo deve ocorrer dentro de um espaço de tempo adequado.[543]

Nesse caso, a maioria dos membros do *Bundestag* deve aprovar uma resolução prevendo um plano de reembolso. Os valores devem ser reembolsados em um prazo razoável.

23.11 Despesas superiores ou não programadas (*Überplanmäßige und außerplanmäßige Ausgaben*)

Em relação às despesas superiores (créditos suplementares) ou não programadas (créditos especiais), o art. 112 da Constituição Alemã determina que:

---

541 ALEMANHA. Tribunal Constitucional Federal. *BVerfGE 79, 311 (2 BvF 1/82), de 18.04.1989.*

542 DÜRIG, Günter; HERZOG, Roman; SCHOLZ, Rupert. *Grundgesetz Kommentar.* Munique: C. H. Beck, 2021.

543 ALEMANHA. Lei Fundamental Da República Federal Da Alemanha. Art.115, parágrafo 2º.

> Despesas superiores ou não previstas no plano orçamentário exigem a aprovação do Ministério Federal das Finanças. Esta autorização só poderá ser concedida em casos de necessidade imprevista ou incontestável. A matéria poderá ser regulamentada por lei federal.

As despesas superiores são aquelas que estão previstas no orçamento, mas vão além da estimativa orçamentária, enquanto as despesas não programadas não possuem previsão no orçamento.

O art. 112 da GG trata de uma exceção ao princípio implícito da soberania orçamentária do Poder Legislativo (*die Budgethoheit des Parlaments*), conferindo ao Poder Executivo uma "competência subsidiária de emergência",[544] que ocorre quando a aprovação pelo Ministério Federal das Finanças substitui a autorização concedida pelo plano orçamentário e pela lei orçamentária em relação às despesas setoriais.

No entanto, os órgãos constitucionais devem levar em conta os interesses mútuos no exercício das suas competências. Existe uma obrigação de comunicação e consulta para efeitos de verificação da possibilidade de aprovação tempestiva pelo legislador face à urgência da necessidade. Cabe ao Poder Legislativo decidir se libera o MFF dessa obrigação constitucional de comunicação e consulta e, se há necessidade de aprovar uma lei orçamentária complementar.[545]

O Código Orçamentário Federal, no art. 37, inc. III, estipula que as despesas superiores e não orçamentadas devem ser compensadas através da economia em outras áreas do orçamento e comunicadas trimestralmente ao BT e BR. As dotações globais de despesas (sem especificação do objetivo) não podem ser excedidas em nenhuma circunstância (art. 37, inc. V, BHO), com a finalidade de evitar que recursos sejam destinados a finalidades não transparentes.[546]

---

[544] SACHS, Michael. *Grundgesetz Kommentar*. 9. ed. Munique: C. H. Beck, 2021.

[545] ALEMANHA, Tribunal Constitucional Federal. *BVerfGE 45, 1 (2 BvE 1/74), de 25 de maio de 1977*. Disponível em: https://beck-online.beck.de/Dokument?vpath=bibdata%2Fzeits%2Fbverfge%2F45%2Fcont%2Fbverfge.45.1.1.htm&anchor=Y-300-Z-BVERFGE-B-45-S-1. Acesso em: 27 abr. 2022.

[546] SACHS, Michael. *Grundgesetz Kommentar*. 9. ed. Munique: C. H. Beck, 2021.

O art. 37, inc. I, da BHO[547] regula o dispositivo constitucional, estabelecendo que as despesas suplementares e não programadas devem obter o consentimento prévio do Ministério Federal das Finanças. Tal consentimento pode ser concedido apenas em casos indispensáveis e de necessidade imperiosa.[548]

(continua)

A jurisprudência do Tribunal Constitucional Federal alemão, na decisão BVerfGE 45, 1, de 25 de maio de 1977,[549] esclareceu o escopo dos requisitos para a aprovação de despesas superiores e não programadas:

a. *Necessidade* – deve haver uma razão concreta que demostre que a necessidade não pode ser financiada de outra forma.

b. *Imprevistos* – necessidades que, por qualquer razão, aparecem no processo de elaboração da proposta orçamentária e que apresentem uma situação nova que necessite de uma mudança ou alteração, não foram previstas anteriormente.

[547] Código Orçamentário Alemão (*Bundeshaushaltordnung*, BHO), art. 37, inciso 1: "*(1) Überplanmäßige und außerplanmäßige Ausgaben bedürfen der Einwilligung des Bundesministeriums der Finanzen. Sie darf nur im Falle eines unvorhergesehenen und unabweisbaren Bedarfs erteilt werden. Als unabweisbar ist ein Bedarf insbesondere nicht anzusehen, wenn nach Lage des Einzelfalles ein Nachtragshaushaltsgesetz rechtzeitig herbeigeführt oder die Ausgabe bis zum nächsten Haushaltsgesetz zurückgestellt werden kann. Eines Nachtragshaushaltsgesetzes bedarf es nicht, wenn die Mehrausgabe im Einzelfall einen im Haushaltsgesetz festzulegenden Betrag nicht überschreitet oder wenn Rechtsverpflichtungen zu erfüllen sind. §8 des Gesetzes zur Förderung der Stabilität und des Wachstums der Wirtschaft bleibt unberührt*".
(1) Despesas superiores e não programadas requerem a aprovação do Ministério da Fazenda Federal. Só pode ser concedida em caso de necessidade imprevista e inevitável. Em particular, uma necessidade não pode ser considerada irrefutável se, dependendo da situação do caso concreto, puder ser introduzida atempadamente uma lei orçamental suplementar ou a questão puder ser adiada até à próxima lei orçamental. Não é necessária uma lei orçamentária suplementar se as despesas adicionais em casos individuais não excederem um valor a ser especificado na lei orçamentária ou se as obrigações legais tiverem que ser cumpridas. A seção 8 da lei para promover a estabilidade econômica e o crescimento permanece inalterada. (tradução livre)

[548] São consideradas incontestáveis uma despesa de caráter urgente que não pode esperar para ser incluída no próximo orçamento. SACHS, Michael. *Grundgesetz Kommentar*. 9. ed. Munique: C. H. Beck, 2021.

[549] ALEMANHA. Tribunal Constitucional Federal. *BVerfGE 45, 1, de 25 de maio de 1977*. Disponível em: https://beck-online.beck.de/?vpath=bibdata%2Fzeits%2FBVERFGE%2F45%2Fcont%2FBVERFGE%2E45%2E1%2E1%2Ehtm. Acesso em: 07 maio 2022.

(conclusão)

c. *Fato inevitável* – considera-se necessária uma despesa adicional se ela estiver vinculada a uma despesa obrigatória – juridicamente vinculativa (*Rechtsverpflichtung*) ou se, sem ela, forem afetados interesses políticos, econômicos ou sociais graves do Estado.

d. *Temporalmente inevitável* – quando o seu adiamento para o próximo período orçamentário ou a apresentação de um orçamento suplementar não pode ser aceito como uma medida justificável.

O disposto no art. 112 da GG deve ser interpretado restritivamente, ou seja, sem conferir ao MFF qualquer margem de manobra em termos de política financeira, nem lhe permitir uma política orçamental que viole o princípio da soberania orçamentária do Poder Legislativo.

O art. 116, inc. 2, da BHO, prevê que, excepcionalmente, o consentimento prévio do MFF é dispensável "se for necessária uma ação imediata para evitar um perigo iminente que ameace o Governo Federal, o nível exigido pela emergência não for excedido e a aprovação não puder ser obtida em tempo hábil". A aprovação do MFF pode ser obtida posteriormente, assim que possível. Além disso, uma despesa suplementar ou não programada não pode ser aprovada pelo Governo Federal contra a vontade do MFF; ao mesmo tempo, o MFF não pode aprovar um gasto contra a vontade do Governo Federal.

O Ministro Federal das Finanças deve prestar informações para o Governo Federal poder exercer seus direitos e deveres. Se o Chanceler Federal consentir com uma despesa excessiva ou não programada, o MFF é obrigado a conceder o consentimento.[550]

De acordo com o art. 37, inc. IV, nº 4, do BHO, despesas excedentes e não programadas devem ser comunicadas ao *Bundestag* e ao *Bundesrat* trimestralmente e, imediatamente, em casos de importância financeira fundamental ou significativa.[551]

---

[550] DÜRIG, Günter; HERZOG, Roman; SCHOLZ, Rupert. ***Grundgesetz** Kommentar*. Munique: C. H. Beck, 2021.

[551] Código Orçamentário Alemão (BHO). Art. 37, inciso 4: "*(4) Über- und außerplanmäßige Ausgaben sind dem Bundestag und dem Bundesrat vierteljährlich, in Fällen von grundsätzlicher oder erheblicher finanzieller Bedeutung unverzüglich mitzuteilen*".
(4) Gastos excessivos e não programados devem ser reportados ao *Bundestag* e ao *Bundesrat* trimestralmente, e em casos de importância financeira fundamental ou significativa sem demora. (tradução livre)

O art. 38, nº 1[552] do mesmo diploma trata das despesas que possam afetar os orçamentos futuros. As medidas que possam comprometer a União Federal a efetuar despesas em anos fiscais futuros serão permitidas somente se o orçamento fornecer autorização para fazê-lo, ou seja, é necessária a anuência explícita, a qual deve ser incluída no orçamento, que aprove a contratação de compromissos e despesas financeiras de longo prazo.

O Ministério Federal das Finanças pode permitir exceções em caso de necessidade imprevista e imperiosa. O parágrafo 3º do art. 38, nº 3 do mesmo diploma, prevê a obrigatoriedade de entidades gestoras dos recursos informarem o Ministérios Federal das Finanças a existência de medidas de importância financeira fundamental ou significativa. A notificação destina-se a evitar que encargos futuros ponham em perigo a gestão orçamentária, atingindo o planejamento financeiro.

A Lei de Estabilidade Econômica dispõe que o Governo Federal poderá determinar que sejam feitas despesas adicionais em caso de um evento que ponha em perigo o equilíbrio econômico da União Federal e dos Estados Federados: "os recursos adicionais só poderão ser utilizados para fins previstos no plano ou como auxílio financeiro para investimentos particularmente importantes por parte dos estados e municípios federais para evitar a perturbação da economia global (*Gesetz zur Förderung der Stabilität und des Wachstums der Wirtschaft (StWG)* – Lei de Promoção da estabilidade e do crescimento econômico art.6, inc.2). Nessas situações excepcionais, deve ser apresentado um plano de amortização e de reembolso (arts. 109, nº 3 e 115, nº 2, da GG).

De acordo com o art. 116 do BHO, o Ministério Federal das Finanças terá a decisão final nos casos abrangidos pelo art. 37, inc. I. Excepcionalmente, o consentimento prévio do Ministério Federal das

---

552 Código Orçamentário Alemão (BHO). Art. 37, inciso 1: "(1) *Maßnahmen, die den Bund zur Leistung von Ausgaben in künftigen Haushaltsjahren verpflichten können, sind nur zulässig, wenn der Haushaltsplan dazu ermächtigt. Im Falle eines unvorhergesehenen und unabweisbaren Bedarfs kann das Bundesministerium der Finanzen Ausnahmen zulassen; §37 Abs. 1 Satz 3 ist entsprechend anzuwenden. Eines Nachtragshaushaltsgesetzes bedarf es nicht, wenn im Einzelfall der Gesamtbetrag der überplanmäßigen oder außerplanmäßigen Verpflichtungsermächtigung einen im Haushaltsgesetz festzulegenden Betrag nicht überschreitet oder wenn Rechtsverpflichtungen zu erfüllen sind*".
"(1) Medidas que possam obrigar a União Federal a fazer gastos em anos orçamentários futuros só são permitidas se o orçamento as autorizar a fazê-lo. Em caso de necessidade imprevista e inevitável, o Ministério Federal das Finanças pode permitir exceções; Seção 37 (1) sentença 3 se aplica em conformidade. Uma lei orçamentária suplementar não é exigida se, em casos individuais, o valor total da autorização de autorização sobre planejada ou não programada não exceder um valor a ser determinado na lei orçamentária ou se as obrigações legais tiverem que ser cumpridas". (tradução livre)

Finanças não será necessário quando uma ação imediata for necessária para evitar um perigo iminente que ameace a União Federal.

Quanto ao procedimento, é necessário um requerimento do ministério ou órgão responsável pela gestão dos recursos, para a aprovação de uma autorização específica de gastos excedentes ou não programados. Contudo, antes de apresentar o pedido deve ser verificado se as despesas adicionais não podem ser cobertas por outros instrumentos.

> As contas anuais orçamentárias e patrimoniais da União Federal revelam que no ano de 2018 houve 12 casos de despesas superiores e não programadas que somam um volume total de cerca de 584 milhões de euros (dos quais cerca de 487 milhões de euros orçamentados em excesso, cerca de 97 milhões de euros não programados), o que corresponde a uma percentagem de 0,17% do orçamento programado.
> No ano anterior (2017), as demonstrações financeiras anuais apresentaram despesas orçamentadas e não programadas de pouco menos de 2,44 bilhões de euros (0,74% do montante orçamentado, dos quais aproximadamente 2,35 bilhões de euros orçamentados em excesso, cerca de 0,09 bilhões de euros não orçamentados).[553]

A *antecipação de despesas* está prevista no parágrafo 6 do art. 37 da BHO. São usadas para cobrir as despesas do exercício atual com recursos do próximo exercício, de modo que o valor disponível no próximo exercício será reduzido. Ao contrário das despesas excessivas e não programadas, não é necessário fazer poupanças no exercício em curso para pagamentos antecipados que serão cobertos apenas com recursos do ano seguinte, porém é necessário que os recursos de despesas correspondentes sejam orçados sob o mesmo título para a mesma finalidade no orçamento seguinte.

O art. 113 da Lei Fundamental alemã trata de situação diversa da prescrita no art. 112. Enquanto o art. 112 refere-se a despesas além e fora do orçamento, o art. 113 refere-se ao *aumento de despesa*, estabelecendo que as leis de aumento de despesas e de redução de receitas devem ser submetidas à aprovação do Governo Federal, o qual só poderá recusar

[553] DÜRIG, Günter; HERZOG, Roman; SCHOLZ, Rupert. *Grundgesetz Kommentar*. Munique: C. H. Beck, 2021.

a sua aprovação por razões de gestão orçamental ou de equilíbrio macroeconômico.[554]

Essa norma é de fundamental importância para a dinâmica entre o Poder Legislativo e o Governo Federal no sistema de finanças do Estado. É necessária a anuência do Governo Federal; a concordância do MFF não é suficiente. O consentimento não precisa ser expressamente declarado, contudo, a recusa deve ser expressamente comunicada.

23.12 Orçamento suplementar para cobrir situações extraordinárias

23.12.1 Orçamento e Pandemia da Covid-19

23.12.1.1 Primeiro orçamento extraordinário de 2020

Em 29 de novembro de 2019, o *Bundestag* aprovou o orçamento federal para 2020 com um volume de 362 bilhões de euros. Em março de 2020, o Governo Federal adotou um orçamento extraordinário[555] para o exercício orçamentário de 2020 (Primeira Lei Orçamentária Extraordinária de 2020), com a finalidade de adotar medidas para proteger a saúde dos cidadãos, funcionários e empresas dos efeitos da pandemia. Nessa oportunidade, o *Bundestag* aprovou um acréscimo ao valor originário de 122,5 bilhões de euros.

(continua)

Primeiro orçamento suplementar em detalhes[556]
– 50 bilhões de euros foram disponibilizados para auxiliar os trabalhadores por conta própria e microempresários;
– Aumento de cerca de 7,7 bilhões de euros para garantir as verbas do subsídio de desemprego II, para a contribuição federal para as despesas de moradia e segurança básica na velhice;

[554] SACHS, Michael. *Grundgesetz Kommentar*. 9. ed. Munique: C. H. Beck, 2021.

[555] "Nos casos de catástrofe natural ou de situações extraordinárias de emergência, que fujam ao controle do Estado e prejudiquem de forma considerável a situação financeira estatal, os limites máximos de crédito podem ser ultrapassados com base numa resolução da maioria dos membros do Parlamento Federal. A resolução tem de ser acoplada a um plano de amortização. A restituição dos créditos tomados de acordo com o inciso sexto deve ocorrer dentro de um espaço de tempo adequado". Art. 115 da GG. Parágrafo 2º.

[556] GRÖPL, Christoph. *Verfassungsfragen des Zweiten Nachtragshaushalts 2020 des Bundes*. 2020. p. 6. Disponível em: https://www.uni-saarland.de/fileadmin/upload/lehrstuhl/groepl/Groepl_PDF/Groepl_RGA_NHh20-2_BdSt.pdf. Acesso em: 07 mai. 2022.

(conclusão)

Primeiro orçamento suplementar em detalhes[556]
– Para conter a propagação progressiva do vírus, o Governo Federal orçou mais 3,5 bilhões de euros para a aquisição central de equipamentos de proteção individual; financiamento para o desenvolvimento de uma vacina e medidas de tratamento; provimento de recursos para as Forças Armadas auxiliarem no combate à pandemia; recursos para a assistência a alemães e cidadãos no exterior durante a crise e para publicidade e comunicação com a finalidade de manter a população informada; – O Governo Federal também solicitou a disponibilização de mais 55 bilhões de euros, que podem ser utilizados, em curto prazo, para outros projetos, com a finalidade de reagir com flexibilidade ao desenvolvimento da pandemia e suas consequências; – Para possíveis reclamações que poderiam surgir como resultado das distorções econômicas causadas pela pandemia, o Governo Federal propôs aumentar o seu provisionamento em cerca de 5,9 bilhões de euros; – O Governo Federal também criou um Fundo de Estabilização Econômica de 600 bilhões de euros, dos quais 200 bilhões são autorizações de empréstimo do Fundo.

Apenas dois dias após a decisão do Governo Federal sobre o projeto de orçamento extraordinário, em 25 de março de 2020, o *Bundestag* aprovou a Lei de Orçamento Extraordinário 2020 e a Lei do Fundo de Estabilização do Plano Econômico.

O *Bundestag* também aprovou, por votação nominal, um requerimento dos grupos de parlamentares da CDU/CSU e do SPD sobre o "freio da dívida" intitulada "Decisão do *Bundestag* nos termos do art. 115, parágrafo 2, incisos 6 e 7 da Lei Fundamental". O *Bundesrat* não levantou objeções à primeira lei orçamentária extraordinária. Assim, a lei entrou em vigor, retrospectivamente, a partir de 1º de janeiro de 2020.[557]

[557] Decisões do *Bundestag* acerca do orçamento suplementar: BT-Drs. 19/18108 (Disponível em: https://dserver.bundestag.de/btd/19/181/1918108.pdf); BT-Drs. 19/18100 (Disponível em: https://dserver.bundestag.de/btd/19/181/1918100.pdf) e BT-Drs. 19/18109 (Disponível em: https://dserver.bundestag.de/btd/19/181/1918109.pdf). Acesso em: 07 mai. 2022.

23.12.1.2 Segundo orçamento extraordinário de 2020

Em 17 de junho de 2020, o Governo Federal apresentou ao *Bundestag* o projeto de lei sobre o segundo orçamento extraordinário.[558] Entre as propostas, destaca-se o aumento do orçamento originário, de 362 bilhões de euros, para cerca de 484,5 bilhões de euros, por ocasião da aprovação do primeiro orçamento extraordinário, e, por último, para cerca de 509 bilhões de euros por ocasião da aprovação do segundo orçamento extraordinário.[559]

Também foi aprovado aumento de recursos disponíveis para alguns fundos especiais, como o fundo da Infraestrutura Digital (aumentado em cerca de 1 bilhão de euros de cerca de 3,2 bilhões de euros para cerca de 4,2 bilhões de euros) e o fundo "Fundo de Energia e Clima" (que teve um aumento de cerca de 9 bilhões de euros passando de 26 bilhões para cerca de 35 bilhões de euros).[560]

---

[558] Segundo Orçamento Suplementar. BT-Drs. 19/20000. Disponível em: https://dserver.bundestag.de/btd/19/200/1920000.pdf. Acesso em: 07 mai. 2022.

[559] GRÖPL, Christoph. *Verfassungsfragen des Zweiten Nachtragshaushalts 2020 des Bundes*. 2020. Disponível em: https://www.uni-saarland.de/fileadmin/upload/lehrstuhl/groepl/Groepl_PDF/Groepl_RGA_NHh20-2_BdSt.pdf. Acesso em: 07 mai. 2022.

[560] Os aumentos de despesas foram alvo de críticas do presidente do Tribunal de Contas da Alemanha, Kay Scheller que, em entrevista à revista der Spiegel, criticou o Governo Federal por ter criado enormes dívidas para combater os efeitos da pandemia. Essa também é a opinião de Gröpl, o qual diz que em poucos meses, a autorização para nova dívida líquida federal passou de zero para cerca de 156 bilhões de euros no primeiro orçamento extraordinário e cerca de 218 bilhões de euros no segundo orçamento extraordinário aumentando a dívida federal total que passou de menos de 60% para mais de 75% do produto interno bruto. O autor argumenta que embora o Governo Federal tenha uma reserva orçamentária geral de cerca de 48,2 bilhões de euros, constituída em 2015 à época da crise migratória, esse valor não foi utilizado em 2020 com a crise do Corona, optando por contrair novos empréstimos. Dessa forma, o autor indica que o *Bundestag* está buscando uma política orçamentária de "constituição de reservas de crédito", que é inconsistente com o princípio constitucional de eficiência, através da prática de transferências para fundos especiais. Na prática, os recursos são retirados do orçamento central do Governo Federal e são "sequestrados" e alocados para fundos que não estão cobertos pela lei orçamentária, tal prática violaria os princípios da unidade, integralidade e clareza. O autor conclui observando que círculos políticos abusaram da crise corona vírus ao fazer uso de orçamentos extraordinários para desequilibrar parcialmente a regra do freio da dívida violando princípios fundamentais do direito constitucional orçamentário. GRÖPL, Christoph. *Verfassungsfragen des Zweiten Nachtragshaushalts 2020 des Bundes*. 2020. Disponível em: https://www.uni-saarland.de/fileadmin/upload/lehrstuhl/groepl/Groepl_PDF/Groepl_RGA_NHh20-2_BdSt.pdf. Acesso em: 07 mai. 2022.

23.12.2 Fundos Especiais (*Sondervermögen*)

Até o final de 2010, o art. 115, §2º, da Lei Fundamental Alemã permitia uma exceção à regra do freio da dívida para os fundos especiais federais. Desde 2011, as autorizações de empréstimo de fundos especiais, juntamente com a autorização de empréstimo do orçamento básico, estão sujeitas ao teto estabelecido pela regra do freio da dívida. Nos termos do art. 143 "d", §1º da GG,[561] apenas permanecem inalteradas as autorizações de crédito existentes até 31 de dezembro de 2010 para os fundos especiais já constituídos naquela época. Assim, atualmente, não há mais incentivos para criar um fundo especial com o objetivo de contornar o teto de gastos.[562]

[561] Lei Fundamental da República Federal da Alemanha. Art. 143 "d" para. 1 (Disposições transitórias). "Os Artigos 109 e 115, na versão vigente até 31 de julho de 2009, serão aplicados pela última vez no exercício orçamentário de 2010. Os Artigos 109 e 115, na versão vigente a partir de 1º de agosto de 2009, serão aplicados pela primeira vez no exercício orçamentário de 2011; não são afetadas as autorizações de crédito existentes em 31 de dezembro de 2010 para patrimônios fideicomissos já estabelecidos. No período de 1º de janeiro de 2011 até 31 de dezembro de 2019, os Estados podem divergir das disposições do Artigo 109, §3, de acordo com regulamentos vigentes da legislação estadual. Os orçamentos dos Estados devem ser estruturados de maneira a que a disposição do Artigo 109, §3, inciso 5, seja cumprida no exercício orçamentário de 2020. No período de 1º de janeiro de 2011 até 31 de dezembro de 2015, a União Federal pode divergir da disposição do Artigo 115, §2, inciso 2. A redução do déficit existente deverá começar no exercício orçamentário de 2011. Os orçamentos anuais devem ser estruturados de maneira a que seja cumprida a disposição do Artigo 115, §2, inciso 2, no exercício orçamentário de 2016; a matéria será regulamentada por uma lei federal".
Art. 143d "(1). Artikel 109 und 115 in der bis zum 31. Juli 2009 geltenden Fassung sind letztmals auf das Haushaltsjahr 2010 anzuwenden. Artikel 109 und 115 in der ab dem 1. August 2009 geltenden Fassung sind erstmals für das Haushaltsjahr 2011 anzuwenden; am 31. Dezember 2010 bestehende Kreditermächtigungen für bereits eingerichtete Sondervermögen bleiben unberührt. Die Länder dürfen im Zeitraum vom 1. Januar 2011 bis zum 31. Dezember 2019 nach Maßgabe der geltenden landesrechtlichen Regelungen von den Vorgaben des Artikels 109 Absatz 3 abweichen. Die Haushalte der Länder sind so aufzustellen, dass im Haushaltsjahr 2020 die Vorgabe aus Artikel 109 Absatz 3 Satz 5 erfüllt wird. Der Bund kann im Zeitraum vom 1. Januar 2011 bis zum 31. Dezember 2015 von der Vorgabe des Artikels 115 Absatz 2 Satz 2 abweichen. Mit dem Abbau des bestehenden Defizits soll im Haushaltsjahr 2011 begonnen werden. Die jährlichen Haushalte sind so aufzustellen, dass im Haushaltsjahr 2016 die Vorgabe aus Artikel 115 Absatz 2 Satz 2 erfüllt wird; das Nähere regelt ein Bundesgesetz".

[562] "Dois fundos especiais com autorização de crédito própria e ativos financeiros próprios são atualmente relevantes para o freio da dívida, o fundo de estabilização do mercado financeiro e o fundo de estabilização econômica. Esses fundos não têm relação financeira direta com o orçamento federal". Para mais informações ver: ALEMANHA. Ministério Federal das Finanças. *Kompendium zur Schuldenregel des Bundes (Schuldenbremse)*. 25 de fevereiro de 2022. p. 26. Disponível em: https://www.bundesfinanzministerium.de/Content/DE/Standardartikel/Themen/Oeffentliche_Finanzen/Schuldenbremse/kompendium-zur-schuldenbremse-des-bundes.pdf?__blob=publicationFile&v=9. Acesso em: 18 jul. 2022.

23.12.3 Críticas à regra do freio da dívida

A regra do freio da dívida na Alemanha é considerada por alguns muito mais rigorosa do que as normas estabelecidas pela União Europeia como também de outros países europeus, observando que a regra alemã "remove qualquer incentivo para investir" e, como consequência, "os gastos com investimento caem"; por outro lado, o freio da dívida suíço, por exemplo, dá ao legislador maior margem de manobra para contrair empréstimos devido à formulação aberta da norma constitucional daquele país.[563]

Herdegen, Masing, Poscher e Gärditz[564] lembram que as rígidas regras que impedem o governo alemão de contrair empréstimos foram adotadas em "um momento em que o processo de reconstrução do leste alemão, após a reunificação estava terminando". Por mais de duas décadas após a queda do muro de Berlim, uma quantidade significativa de recursos foi gasta na modernização da infraestrutura na Alemanha Oriental. Embora esses investimentos tenham "aumentado consideravelmente a dívida nacional, também promoveram a igualdade de condições de vida entre os habitantes das duas regiões" do país. Como consequência, restaram "menos recursos financeiros disponíveis para a manutenção e expansão da infraestrutura na Alemanha Ocidental", assim, quando os investimentos tiveram que ser feitos novamente na infraestrutura da Alemanha Ocidental, novas regras que impediam contrair empréstimos foram implementadas.

Sachs atenta para o fato de que "a política de "repressão financeira" que vem sendo seguida há vários anos por meio de uma taxa de juros real negativa, no médio prazo tende a levar a um declínio no endividamento e na dívida (real) do governo, embora com efeitos colaterais perigosos e efeitos tardios em outras áreas".[565]

---

[563] HERDEGEN, Matthias; MASING, Johhanes; POSCHER, Ralf; GÄRDITZ, Klaus Ferdinand. *Handbuch des Verfassungsrechts*. Munique: C. H. Beck, 2021.

[564] *Idem*.

[565] SACHS, Michael. *Grundgesetz Kommentar*. 9. ed. Munique: C. H. Beck, 2021.

CAPÍTULO 24

PARTICIPAÇÃO DA SOCIEDADE E DE ENTIDADES INDEPENDENTES

24.1 O Tribunal de Contas Federal (*Bundesrechnungshof* – BRH)

Com sede em Bonn, o BRH é uma autoridade federal suprema e independente. Somente ele determina o que, quando e como a auditoria se realizará, podendo executar pesquisas locais e, se necessário, requerer a ajuda de especialistas. Pode, também, requisitar os documentos que julgar necessários e receber as informações solicitadas.

A posição do BRH, de seus membros e as suas atribuições são constitucionalmente garantidas no art. 114, nº 2 da GG: cabe ao Tribunal de Contas, "cujos membros gozam de independência judicial, examinar as contas, bem como a rentabilidade e a regularidade da gestão orçamentária e econômica da União Federal".[566]

De acordo com o disposto no art. 114, para.1º da GG, o "MFF tem de prestar contas ao Parlamento Federal e ao Conselho Federal de todas as receitas e despesas, bem como do patrimônio e das dívidas no curso do próximo exercício financeiro, para desobrigar o Governo Federal". O Governo Federal tem que responder ao BT e BR porque esses assumem a responsabilidade democrática pelas ações do governo. O Poder Legislativo, com base na observação permanente e

[566] O Tribunal de Contas Federal não realiza controle de legalidade e de constitucionalidade da lei orçamentária, também não realiza controle político na relação entre Legislativo e Governo Federal. O legislador não é o destinatário do controle no que diz respeito ao conteúdo das leis que cria. Somente os órgãos federais podem ser destinatários da auditoria do Tribunal de Contas da Federal. SACHS, Michael. *Grundgesetz Kommentar*. 9. ed. Munique: C. H. Beck, 2021.

posterior fiscalização, é o órgão supremo de controle financeiro em uma democracia e é acompanhado em sua função de controle pela competência especializada do Tribunal de Contas da União Federal.

O BRH serve essencialmente a dois propósitos: por um lado, destina-se a apoiar o Poder Legislativo no cumprimento da sua missão de controle. Por outro lado, é um instrumento de controle do Poder Executivo. Seus membros ostentam independência jurisdicional, possuindo competência para auditar tanto as contas como a economicidade da condução orçamentária de todo poder público federal. Além disso, controla os recursos que o Governo Federal concede aos Estados para cumprir fins especiais. O Tribunal de Contas está, portanto, autorizado a examinar a aplicação de recursos federais pelos estados federados e suas instituições subordinadas (art. 114, para. 2º).[567]

As atividades de auditoria do Tribunal de Contas recebem o apoio de sete gabinetes de auditoria federais situados em Berlim, Frankfurt am Main, Hamburgo, Hanover, Koblenz, Munique e Stuttgart. Os gabinetes trabalham em conjunto para garantir que as auditorias sejam realizadas em todo o país de acordo com padrões uniformes. O Tribunal de Contas possui também a função de assessorar o Governo Federal, o Poder Legislativo e os órgãos auditados, conforme o disposto no art. 27 do BHO.[568]

---

[567] O controle das contas dos Estados federados é feito pelos Tribunais de Contas Estaduais (*Landesrechnungshof*). Somente os órgãos federais podem ser os destinatários do controle financeiro do Tribunal de Contas Federal. Os estados federados, incluindo suas autarquias locais, não são objetos de controle. No entanto, são permitidas auditorias conjuntas do Tribunal de Contas Federal e dos Tribunais de Contas Estaduais quando as competências federais também são afetadas. SACHS, Michael. *Grundgesetz Kommentar*. 9. ed. Munique: C. H. Beck, 2021.

[568] Código Orçamentário Alemão (*Bundeshaushaltordnung*, BHO), art. 27, incisos 1 e 2: "*(1) Die Voranschläge sind von der für den Einzelplan zuständigen Stelle dem Bundesministerium der Finanzen zu dem von ihm zu bestimmenden Zeitpunkt zu übersenden. Das Bundesministerium der Finanzen kann verlangen, daß den Voranschlägen Organisations- und Stellenpläne beigefügt werden. (2) Die für den Einzelplan zuständige Stelle übersendet die Voranschläge auch dem Bundesrechnungshof. Er kann hierzu Stellung nehmen*".
Art. 27: "(1) As estimativas devem ser enviadas pelo órgão responsável pelo plano individual ao Ministério da Fazenda Federal em momento por ele determinado. O Ministério Federal das Finanças pode exigir que as estimativas sejam acompanhadas de organogramas e quadros de cargos. (2) O órgão responsável pelo plano individual deverá também encaminhar as estimativas ao Tribunal de Contas da União. Ele pode se posicionar sobre o tema". (tradução livre)

24.2 Auditoria do orçamento e da gestão econômica do Governo Federal

Todo o orçamento e a gestão econômica do Governo Federal, incluindo seus ativos e operações especiais, são auditados, assim como as agências de seguridade social e a atuação do Governo Federal nas empresas privadas também são verificadas. O núcleo da conta orçamentária é a conta total (conta principal) em conjunto com as contas setoriais.

Nos cálculos do orçamento setorial, as receitas e despesas lançadas no ano orçamentário são comparadas com as estimativas orçamentárias para cada título, levando em consideração as despesas restantes e as previsões.

O Tribunal de Contas resume suas constatações de auditoria em notificações de auditoria, que são enviadas aos órgãos auditados para comentários (art. 96 (2) BHO).

O Tribunal de Contas, com base nos requisitos da eficiência econômica, regularidade e legalidade do ato administrativo, realiza um exame de regularidade e de eficiência econômica.

O exame de regularidade inclui o cumprimento das regras subjacentes à realização de despesas, cobrança de receitas e assunção de compromissos, inclui também cálculo correto, registro, contabilização das receitas e despesas e o cumprimento das regras e princípios aplicáveis à gestão orçamentária e econômica.

Já o exame de economia e eficiência avalia se foi alcançada a relação mais favorável entre os objetivos perseguidos e os meios utilizados para atingi-los. Compreende a eficácia e a oportunidade da ação administrativa, incluindo a realização de objetivos (análise de desempenho). Também verifica se os recursos utilizados foram limitados ao necessário para a realização das tarefas planejadas (Princípio da economia e eficiência). As conclusões do Tribunal de Contas por vezes dizem respeito a questões politicamente relevantes. Contudo, devido à divisão de funções prevista pela Constituição e ao papel atribuído ao Tribunal, não lhe cabe a tarefa de rever e avaliar as decisões políticas.

Os planos de auditoria serão decididos durante o processo anual de planejamento de trabalho do Tribunal de Contas. O objetivo principal do planejamento do trabalho é obter uma visão geral significativa do orçamento e da gestão econômica do Governo Federal.

Ao selecionar suas principais áreas de auditoria, o Tribunal de Contas utiliza como fonte todas as informações de que dispõe durante seus trabalhos de auditoria, que podem derivar da mídia, dos cidadãos, do Parlamento e das suas comissões.

O Código Orçamentário Federal especifica, também, que as informações contidas no relatório anual não são limitadas ao exercício financeiro, podendo "incluir declarações relativas aos anos financeiros anteriores" (art. 97, inc. 3º). Portanto, o Tribunal de Contas pode fornecer informações sobre tendências na gestão financeira federal, analisando perspectivas financeiras de médio prazo da União Federal. Também pode tecer comentários sobre a sua sustentabilidade.

Quitação de Contas
O processo de quitação das contas federais envolve diversos atores. No *Bundestag*, o relatório anual é encaminhado ao Comitê de Orçamento que, por sua vez, remete-o ao seu Subcomitê de Auditoria para deliberações aprofundadas com a participação de ministros ou funcionários de alto escalão do Ministério das Finanças e do Tribunal de Contas Federal. O Tribunal de Contas prepara um projeto de recomendação para cada item e o subcomitê pode endossar as suas recomendações ou simplesmente tomar conhecimento delas. O Subcomitê também pode desaprovar expressamente algumas recomendações específicas (art. 114, inc. 5, do Código Orçamentário Alemão). A maioria das decisões do Subcomitê de Auditoria é tomada por unanimidade, e grande parte das recomendações do Tribunal de Contas são endossadas (mais de 90%). O Poder Executivo é obrigado a implementar recomendações que sejam endossadas pelo subcomitê e, de acordo com o Código Orçamentário Federal (art. 114, inc. 4º), o "*Bundestag* deve determinar uma data na qual o Governo Federal deve informar o *Bundestag* e o *Bundesrat* sobre as medidas que foram adotadas." Isso ressalta a importância da relação existente entre o Tribunal de Contas e o Parlamento, já que o primeiro não pode, por si só, obrigar o cumprimento das suas recomendações. O Comitê de Orçamento geralmente aceita as recomendações do Subcomitê de Auditoria e remete seu relatório ao plenário para debate final e aprovação. O *Bundestag* e o *Bundesrat* decidem independentemente um do outro, se concederão a quitação do Governo Federal.

24.2.1 O papel do Tribunal de Contas Federal ao longo do ciclo orçamentário

As principais tarefas do Tribunal de Contas Federal são promover a regularidade, a conformidade legal e a eficiência. O Tribunal não julga o mérito das decisões políticas. Pode, contudo, fazer recomendações com base nos seus resultados de auditorias realizadas e aconselhar o Parlamento antes de tomarem decisões sobre grandes projetos ou programas.

Durante a formulação do orçamento, o Tribunal de Contas Federal consulta o Ministério Federal das Finanças. Representantes do Tribunal participam de reuniões com os ministérios sobre as suas propostas orçamentais setoriais. O Tribunal pode informar o Ministério Federal das Finanças e os demais ministérios sobre as suas conclusões a fim de destacar possíveis problemas orçamentários.

Na fase de aprovação do orçamento, o Tribunal assessora os relatores do Comitê de Orçamento. Representantes do Tribunal participam de todas as reuniões do Comitê de Orçamento, incluindo a sessão de liquidação.

O Tribunal de Contas Federal deve reportar os resultados da auditoria e controle financeiro ao Governo Federal, assim como ao BT e BR, simultaneamente. Também deve ser dada ampla publicidade do conteúdo do relatório ao público em geral.

No *Bundestag*, o relatório anual é remetido ao Comitê de Orçamento que, por sua vez, remete-o para o Subcomitê de Auditoria para deliberações aprofundadas. Semelhante ao procedimento de aprovação do orçamento, os altos funcionários dos ministérios participam da Subcomissão de Auditoria, juntamente com funcionários do Ministério das Finanças e do Tribunal de Contas Federal.

O Tribunal prepara um projeto de recomendação para cada item e o Subcomitê pode endossar as recomendações do Tribunal ou desaprová-las (art. 114, inc. 5, do Código Orçamentário Federal). O Poder Executivo é obrigado a implementar recomendações que sejam endossadas.

Conclui-se que o Tribunal de Contas Federal é uma instituição altamente independente e respeitada, que possui amplos poderes. Segundo relatório da OCDE, a forte ligação entre a função de auditoria e as outras fases do ciclo orçamentário é um dos pontos fortes do processo orçamentário alemão, refletindo a importante conexão entre o Tribunal de Contas com o Comitê de Orçamento do Parlamento e com o Subcomitê de Auditoria.

O Tribunal de Contas Federal realiza auditorias sobre os seguintes pontos:
• todas as receitas e despesas da União Federal, incluindo fundos especiais; • empresas públicas estabelecidas de acordo com a lei federal como institutos, agências, fundações, corporações e quaisquer empresas federais que tenham essa forma jurídica; • instituições de previdência social estabelecidas e controladas diretamente pelo Governo Federal ou estaduais, que recebam verbas do Governo Federal ou na hipótese de a União Federal ser fiadora ou garantidora; • atividades da União Federal em empresas de direito privado das quais é acionista.

24.3 Participação das instituições fiscais independentes ou semi-independentes no processo orçamentário

Diversas instituições auxiliam o governo alemão na formulação do processo de elaboração do orçamento e das propostas orçamentárias.[569] A criação e o funcionamento dessas instituições estão previstas em normas da União Europeia e em normas alemãs.

A lei sobre a elaboração de previsões macroeconômicas pelo Governo Federal (*Gesetz zur Erstellung gesamtwirtschaftlicher Vorausschätzungen der Bundesregierung- EgVG*) regulamenta a base sobre a qual o Ministério da Economia e da Proteção Climática prepara suas previsões macroeconômicas. Em regra, o Governo Federal elabora, anualmente, três previsões macroeconômicas. Essa norma estabelece que essas previsões deverão ser revisadas por uma instituição independente (*unabhängige Einrichtung*), dispondo que:

> As projeções macroeconômicas, em que se baseiam os planos orçamentais e financeiros do Governo Federal, devem ser verificadas por uma instituição independente para fins de aprovação. A instituição

[569] Em outra ocasião, já nos manifestamos sobre esse tema, apresentando as diferentes instituições que auxiliam ativamente o Governo Federal alemão durante o processo orçamentário. Ver ARRUDA, Paula Uematsu; FOSSATI, Gustavo. Participação das instituições independentes no orçamento público alemão. *Consultor Jurídico*, 24 ago. 2022. Disponível em: https://www.conjur.com.br/2022-ago-24/fossatie-arruda-participacao-independente-orcamento-alemao2. Acesso em: 04 nov. 2022.

independente está livre de interferências do Governo Federal e de outras instituições públicas ou privadas.

A lei sobre a formação de um Conselho de Especialistas para avaliação do desenvolvimento macroeconômico (*Gesetz über die Bildung eines Sachverständigenrates zur Begutachtung der gesamtwirtschaftlichen Entwicklung*), conferiu ao Conselho a missão de apresentar uma avaliação periódica do desenvolvimento macroeconômico da Alemanha.

O Estatuto do Conselho Científico Consultivo do Ministério Federal das Finanças (*Satzung des Wissenschaftlichen Beirats beim Bundesministerium der Finanzen*) estabelece as normas desse órgão de aconselhamento do Ministério Federal das Finanças.

O Regulamento interno do grupo de trabalho sobre previsões de receitas tributárias (*Geschäftsordnung des Arbeitskreises – Steuerschätzungen*) criou esse grupo de especialistas, cuja função é preparar previsões independentes sobre receitas fiscais.

A Diretiva 2011/85/EU da União Europeia estabelece que as regras fiscais nacionais se baseiem em "análises confiáveis e independentes realizadas por órgãos independentes ou dotados de autonomia funcional em relação às autoridades fiscais dos Estados-Membros".

O Regulamento nº 473/2013 do Parlamento Europeu e do Conselho da EU, em seu art. 5º, afirma que "estados-membros devem dispor de organismos independentes encarregados de fiscalizar o cumprimento das regras orçamentárias".

A fim de cumprir com as normas da UE, a Alemanha aprovou a Lei do Conselho de Estabilidade (*Stabilitätsratsgesetz*), que prevê o estabelecimento do Conselho Consultivo Independente para o Conselho de Estabilidade.

A seguir, apresentamos brevemente as instituições que participam do processo orçamentário na Alemanha.

24.3.1 Conselho Consultivo de Especialistas em Economia (*Sachverständigenrat*)

Estabelecido por lei em 1963,[570] é composto por cinco acadêmicos, especialistas nas áreas de economia e política econômica, nomeados pelo

[570] *Gesetz über die Bildung eines Sachverständigenrates zur Begutachtung der gesamtwirtschaftlichen Entwicklung* – lei sobre a formação de um Conselho de Especialistas para avaliação do desenvolvimento macroeconômico. Disponível em: https://www.gesetze-im-internet.de/sachvratg/BJNR006850963.html. Acesso em: 14 jul. 2022.

Presidente Federal por sugestão do Governo Federal, por um período de cinco anos sujeito à renovação.

A fim de garantir a independência das avaliações de desenvolvimento macroeconômico, seus membros não podem fazer parte do governo ou de um órgão legislativo da União Federal ou órgãos pertencentes aos Estados (*Länder*), nem do serviço público de qualquer ente federativo ou outra entidade de direito público, a menos que sejam professores universitários ou empregados de um instituto de ciências econômicas ou sociais. Além disso, não podem ser representantes de uma associação comercial ou de uma organização de empregadores ou empregados. Ao deixar um desses cargos, devem observar o período de um ano de quarentena.

O Conselho publica um relatório anual em meados de novembro relatando o estado da economia alemã e quais são os desenvolvimentos esperados. O relatório inclui também opiniões sobre a sustentabilidade das finanças públicas. Desde 2005, o governo pode solicitar relatórios especiais, fornecendo financiamento adicional ao Conselho para realizar este trabalho. O Conselho também é encarregado de preparar previsões macroeconômicas independentes e projeções de longo prazo para as finanças públicas de todos os setores do governo. Como parte de sua análise, o Conselho examina se o freio da dívida e outras regras fiscais estão sendo seguidas. Embora não forneça recomendações, pode discutir a viabilidade de diferentes conjuntos de opções. Além disso, o órgão participa do Grupo de Trabalho sobre Previsão de Receitas Tributárias.

> O governo é obrigado, por lei, a responder ao relatório anual do Conselho no parlamento no prazo de oito semanas após a sua publicação. Isso é feito por meio do Relatório Econômico Anual do governo.

24.3.2 Conjunto de Projeções Econômicas (*Gemeinschaftsdiagnose*)

Desde 1950, o Ministério da Economia encomenda um conjunto de projeções econômicas desenvolvidas por diversos institutos de pesquisa, garantindo a alternância periódica entre eles, com o objetivo de garantir o estímulo ao diálogo entre diferentes abordagens teóricas e metodológicas. Essas projeções são produzidas semestralmente em abril e outubro e são uma referência importante para a preparação das previsões macroeconômicas oficiais publicadas no final de abril e outubro.

As projeções abarcam as tendências econômicas internacionais e alemã e fornecem recomendações independentes sobre política fiscal e econômica. Também englobam uma previsão de médio prazo acerca do desenvolvimento nos próximos cinco ou seis anos.

Essas projeções não influenciam diretamente o orçamento e o processo orçamentário. O governo não é obrigado a acatar seus resultados nem é obrigado a responder publicamente aos seus relatórios, contudo, na prática, a decisão governamental não costuma se desviar significativamente dessas projeções econômicas.[571]

24.3.3 Conselho Científico Consultivo do Ministério Federal das Finanças (*Wissenschaftlicher Beirat*)

O Conselho Científico Consultivo do Ministério Federal das Finanças[572] é um órgão especializado, existente há mais de 60 anos, que fornece continuamente propostas valiosas para as políticas econômicas e fiscais da Alemanha. Possui a tarefa de assessorar o ministro das finanças alemão. Seus membros atuam como voluntários, tendo carta branca para selecionar os assuntos sobres os quais irá se concentrar. Trata-se de um órgão independente que busca desafiar os formuladores de políticas públicas.

De acordo com seu estatuto, é composto por cerca de 25 acadêmicos que devem ser professores universitários de economia ou direito, com especialização no campo da teoria financeira e da política financeira que são nomeados e exonerados pelo Ministro Federal das Finanças por sugestão do próprio Conselho Consultivo.[573]

Os documentos produzidos pelo Conselho Consultivo cobrem uma vasta gama de questões, incluindo a reunificação alemã, o processo de integração europeia, a reforma fiscal e as perspectivas de consolidação orçamental, para citar apenas alguns exemplos.

---

[571] OCDE. Budget Review: Germany. *Journal on Budgeting*. Volume 2014/2. p. 45. Disponível em: https://www.oecd.org/gov/budgeting/Budget-Review-Germany.pdf. Acesso em: 23 jul. 2021.

[572] O Ministério Federal da Economia e Proteção do Clima também possui seu próprio Conselho Científico Consultivo que orienta o ministério de forma independente em questões especializadas de política econômica.

[573] Estatuto do Conselho Científico Consultivo do Ministério Federal das Finanças (*Satzung des Wissenschaftlichen Beirats beim Bundesministerium der Finanzen).*

Em relação à unificação alemã e europeia, desenvolveu importantes diretrizes e propostas de reforma relacionadas à equalização das finanças dos Estados federados (*Länder*) na Alemanha, bem como à importância dos critérios de Maastricht para os limites das dívidas federal e estaduais.

> Tendo em vista que a função do Conselho é de caráter consultivo, seus relatórios não possuem qualquer influência no orçamento ou no processo orçamentário, nem o governo é obrigado a seguir ou responder publicamente às suas recomendações.
> No entanto, o Ministro Federal das Finanças considera cuidadosamente suas recomendações que, dessa forma, contribuem, com a tomada de decisões políticas e com o debate parlamentar e público sobre política fiscal.

24.3.4 Grupo de Trabalho sobre Previsões de Receitas Tributárias (*Arbeitskreis Steuerschätzungen*)

O Grupo de Trabalho sobre Previsão da Receita Fiscal, também de caráter consultivo, possui a tarefa de preparar as previsões de receitas fiscais independentes de alta qualidade. Desde 1955, ano da criação do grupo, o Governo Federal incorpora essas previsões em seus planos orçamentários e, desde 1968, em seu planejamento financeiro de médio prazo. As previsões do Grupo de Trabalho também fazem parte das projeções financeiras submetidas ao Conselho de Estabilidade.

O grupo é composto por representantes do Ministério Federal das Finanças (que atua como coordenador central), do Ministério Federal da Economia, dos ministérios das finanças dos *Länder,* da União Federal das Associações Centrais de Autoridades Locais, do *Deutsche Bundesbank,* do Escritório Federal de Estatística, Conselho Alemão de Especialistas Econômicos e por Institutos de referências na área de pesquisas econômicas.

Seus membros são nomeados por suas respectivas instituições. O grupo também mantém um subcomitê de regionalização responsável por estimar a divisão das receitas fiscais entre os estados federados. Ao preparar suas projeções, o Grupo de Trabalho tem acesso a certas informações privilegiadas.

24.3.5 Conselho de Estabilidade (*Stabilitätsrat*)

O Conselho de Estabilidade é um órgão conjunto da União Federal (*Bund*) e dos estados federais (*Länder*). Foi criado em 2010 como parte da segunda etapa das reformas da União Federal da Alemanha (*Föderalismusreform II*) e está consagrado no art. 109a da Constituição Federal da Alemanha. Juntamente com a regra de freio da dívida alemã, o Conselho de Estabilidade fortalece a estrutura institucional para salvaguardar a sustentabilidade de longo prazo dos orçamentos públicos nos níveis federal e dos estados.

Uma de suas principais tarefas é monitorar regularmente os orçamentos da União Federal e dos 16 estados. O objetivo do Conselho é reconhecer emergências orçamentárias iminentes em um estágio inicial, para que medidas apropriadas possam ser implementadas em tempo hábil.

Em caso de emergência, o Conselho de Estabilidade impõe um processo de saneamento fiscal (*Sanierungsverfahren*) ao governo afetado, que deve informá-lo sobre os progressos alcançados duas vezes por ano.

É composto pelo MFF, pelos Ministros das Finanças estaduais e pelo Ministro Federal da Economia. Dada a composição de seus membros, o Conselho de Estabilidade possui fortes laços com o executivo e, portanto, não pode ser considerado uma instituição fiscal independente.

Como o Conselho não é um órgão independente devido a sua composição (que conta com membros do executivo), e com a finalidade de cumprir com as normas da EU (acima mencionadas),[574] a Alemanha criou o Conselho Consultivo Independente para o Conselho de Estabilidade.

24.3.6 Conselho Consultivo Independente para o Conselho de Estabilidade (*Unabhängiger Beirat des Stabilitätsrats*)

O Conselho Consultivo Independente para o Conselho de Estabilidade tem a tarefa de auxiliar o Conselho de Estabilidade em "monitorar o cumprimento do limite superior para o déficit estrutural

[574] O art. 7º da Lei do Conselho de Estabilidade (*Stabilitätsratsgesetz*) prevê o estabelecimento do Conselho Consultivo Independente para o Conselho de Estabilidade que faz parte da Rede de Instituições Fiscais Independentes da UE (IFIs da EU). Disponível em: https://www.euifis.eu/pages/about. Acesso em: 13 jul. 2022.

do governo", nos termos do art. 51 da Lei dos Princípios Orçamentários (*Haushaltsgrundsätzegesetz*).[575]

Se, ao concluir que o limite superior não foi cumprido, é responsável por fazer recomendações para eliminar o déficit excessivo.

---

[575] Lei dos Princípios Orçamentários (*Haushaltgrundsätzegesetz, HGrG), art. 51 "Koordinierende Beratung der Grundannahmen der Haushalts- und Finanzplanungen; Einhaltung der Haushaltsdisziplin im Rahmen der Europäischen Wirtschafts- und Währungsunion. (1) Zur Koordinierung der Haushalts- und Finanzplanungen des Bundes, der Länder und der Gemeinden und Gemeindeverbände berät der Stabilitätsrat über die zugrunde liegenden volks- und finanzwirtschaftlichen Annahmen. Dabei ist den Verpflichtungen der Bundesrepublik Deutschland aus Rechtsakten der Europäischen Union auf Grund der Artikel 121, 126 und 136 des Vertrags über die Arbeitsweise der Europäischen Union zur Einhaltung der Haushaltsdisziplin und in diesem Rahmen den Erfordernissen des gesamtwirtschaftlichen Gleichgewichts Rechnung zu tragen. Der Stabilitätsrat kann zur Koordinierung der Haushalts- und Finanzplanungen Empfehlungen beschließen. Die voraussichtlichen Einnahmen und Ausgaben der in §52 genannten Einrichtungen sollen in die Beratungen und Empfehlungen einbezogen werden, soweit sie nicht schon in den Finanzplanungen des Bundes, der Länder und der Gemeinden und Gemeindeverbände enthalten sind. (2) Das strukturelle gesamtstaatliche Finanzierungsdefizit von Bund, Ländern, Gemeinden und Sozialversicherungen darf eine Obergrenze von 0,5 Prozent des nominalen Bruttoinlandsprodukts nicht überschreiten. Für Einzelheiten zu Abgrenzung, Berechnung und zulässigen Abweichungen von der Obergrenze sowie zum Umfang und Zeitrahmen der Rückführung des strukturellen gesamtstaatlichen Finanzierungsdefizits im Falle einer Abweichung sind Artikel 3 des Vertrages vom 2. März 2012 über Stabilität, Koordinierung und Steuerung in der Wirtschafts- und Währungsunion (BGBl. 2012 II S. 1006, 1008) und die Verordnung (EG) Nr. 1466/97 des Rates vom 7. Juli 1997 über den Ausbau der haushaltspolitischen Überwachung und der Überwachung und Koordinierung der Wirtschaftspolitiken (ABl. L 209 vom 2.8.1997, S. 1), die zuletzt durch die Verordnung (EU) Nr. 1175/2011 (ABl. L 306 vom 23.11.2011, S. 12) geändert worden ist, maßgeblich"*.

"Art. 51. Consulta para coordenar as premissas básicas subjacentes ao planejamento orçamentário e financeiro; observância da disciplina orçamental no quadro da União Econômica e Monetária Europeia.

1.Para coordenar o planejamento orçamentário e financeiro da União Federal, dos Länder e dos municípios e associações de municípios, o Conselho de Estabilidade deve consultar os pressupostos macroeconômicos e fiscais subjacentes. Neste processo, será dada a devida atenção às obrigações da República Federal da Alemanha de observar a disciplina orçamental que resultam de atos jurídicos da União Europeia com base nos artigos 121.º, 126.º e 136.º do Tratado sobre o Funcionamento da União Europeia e, neste quadro, às exigências do equilíbrio econômico global. O Conselho de Estabilidade pode deliberar sobre recomendações para efeitos de coordenação da planificação orçamental e financeira. As receitas e despesas previstas das instituições designadas no artigo 52.º devem ser incluídas nas consultas e recomendações, salvo se já estiverem contidas no planejamento financeiro da União Federal, dos Estados, dos municípios e associações de municípios. (2) O déficit estrutural das administrações públicas da União Federal, Estados, municípios e fundos de segurança social não devem exceder um limite superior de 0,5% do produto interno bruto nominal. Os detalhes relativos à delimitação, cálculo e desvios admissíveis do limite superior, bem como o âmbito e o calendário para a redução do déficit estrutural das administrações públicas em caso de desvio, são regidos pelo artigo 3.º do Tratado sobre Estabilidade, Coordenação e Governação na União Econômica e Monetária de 2 de março de 2012 (Diário Oficial da Legislação Federal, 2012 II, p. 1006, 1008) e pelo Regulamento (CE) nº 1466/97 do Conselho, de 7 de julho de 1997, relativo ao reforço da supervisão das posições orçamentais e da supervisão e coordenação das políticas econômicas (JO L 209 de 2.8.1997, p. 1), com a última redação que lhe foi dada pelo Regulamento (UE) nº 1175/2011 (JO L 306 de 23.11.2011, p. 12)". (tradução livre)

O Presidente do Conselho Consultivo participará das consultas do Conselho de Estabilidade para garantir que as recomendações sejam levadas em consideração.

Esse órgão é composto por um representante do *Deutsche Bundesbank*, do Conselho de Especialistas Econômicos, um representante dos institutos de pesquisa envolvidos na preparação das projeções econômicas, quatro especialistas nomeados pela União Federal e pelos *Länder*, além de dois especialistas nomeados pelas associações nacionais de autoridades locais e pelas organizações nacionais dos fundos de seguridade social.

24.4 Participação de lobistas

A democracia parlamentar envolve necessariamente a percepção, a expressão e a afirmação de diferentes interesses que devem ser sempre transparentes, assim como o acesso aos tomadores de decisão deve ser sempre aberto a todos.

A constante troca de informações entre associações, empresas e grupos de interesse, por um lado, e formuladores de políticas, parlamento e administração, por outro, faz parte do sistema político e não é, a priori, considerada uma prática negativa se houver previsão de mecanismos que garantam a transparência desse processo, de modo a evitar que a tomada de decisões políticas ocorra em redes informais, fora do processo legislativo formal.

Até 2021, não havia legislação que regulamentasse o *lobby* no âmbito do processo legislativo da Alemanha. Ministérios e parlamentares tinham, respectivamente, suas próprias "medidas de integridade". Como consequência, prevalecia a falta de transparência e a uniformidade na prática do *lobby*.

Em março de 2021, o Parlamento alemão aprovou a lei federal de *lobbying* denominada de *Lei sobre a introdução de um registro de lobby para a representação de interesses vis-à-vis o Bundestag alemão e vis-à-vis o Governo Federal* (*Lobbyregistergesetz*), com o objetivo de possibilitar o controle público-democrático da influência dos interesses nos processos decisórios do Estado. Desse modo, os projetos de lei devem conter os nomes dos lobistas e consultores externos que estiveram envolvidos na elaboração da legislação. O registro público do *lobby* torna transparente quais interesses do setor privado e organizações não governamentais que desejam influenciar a legislação federal ou outras decisões políticas.

Pessoas físicas, jurídicas e parcerias podem ser lobistas, se representarem seus próprios interesses perante o *Bundestag* ou o Governo

Federal. Dessa forma, são obrigadas a se cadastrarem no registro do *lobby*.

> Desde 1º de janeiro de 2022, o lobby no *Bundestag* e no Governo Federal está sujeito a um regime obrigatório de registro e transparência. O descumprimento pode gerar multas e exclusão dos processos decisórios políticos.

A lei, que entrou em vigor em primeiro de janeiro de 2022, prevê a sujeição de lobistas a um registro obrigatório e a um regime de transparência. Em termos concretos, será criada uma espécie de "registro de *lobby*" para aqueles que representam seus interesses[576] perante o *Bundestag* e estão envolvidos no processo democrático de tomada de decisões. Além disso, esses representantes são obrigados a adotar um código de conduta que defina os princípios de representação de integridade e um procedimento público de denúncia em caso de violações.

Se uma pessoa sujeita a registro não introduzir ou atualizar as informações, se fornecer informações incorretas, incompletas ou intempestivas, incorrerá na prática de infração, podendo ser multada ou ter o acesso ao *Bundestag* e à participação em audiências públicas dos comitês do BT negados.[577] A lei não impõe penalidades ou multas

---

576 *Lobbyregistergesetz: Art. 1 (3) Interessenvertretung ist jede Kontaktaufnahme zum Zweck der unmittelbaren oder mittelbaren Einflussnahme auf den Willensbildungs- oder Entscheidungsprozess der Organe, Mitglieder, Fraktionen oder Gruppen des Deutschen Bundestages oder zum Zweck der unmittelbaren oder mittelbaren Einflussnahme auf den Willensbildungs- oder Entscheidungsprozess der Bundesregierung.*
(4) Interessenvertreterinnen oder Interessenvertreter sind alle natürlichen oder juristischen Personen, Personengesellschaften oder sonstigen Organisationen, auch in Form von Netzwerken, Plattformen oder anderen Formen kollektiver Tätigkeiten, die Interessenvertretung nach Absatz 3 selbst betreiben oder in Auftrag geben.
Art.1 (3) Representação de interesses especiais significa qualquer contato realizado com o objetivo de influenciar direta ou indiretamente o processo de formulação de objetivos ou tomada de decisões conduzidas pelos órgãos, membros, grupos parlamentares ou agrupamentos do Bundestag alemão ou com o propósito de influenciar direta ou indiretamente o processo de formulação de objetivos ou tomada de decisões conduzidas pelo Governo Federal.
(4) Representantes de interesses especiais são todas as pessoas físicas ou jurídicas, sociedades ou outras organizações, incluindo aquelas sob a forma de redes, plataformas ou outras formas de atividades que se envolvam na representação de interesses especiais ou encomendam tais representação em seu nome. (tradução livre)

577 THE ECONOMIST. *The power of lobbyists is growing in Brussels and Berlin*. Edição online de 15 de maio de 2021. Disponível em: https://www.economist.com/business/2021/05/13/the-power-of-lobbyists-is-growing-in-brussels-and-berlin. Acesso em: 24 nov. 2021.

aos membros do parlamento ou do Governo Federal que lidam com lobistas infratores. No entanto, tal interação pode ter consequências adversas de acordo com os códigos de conduta aplicáveis para os titulares desses cargos.

FRANÇA

MELINA ROCHA

RENAUD EVINA

BRUNA PANIZ

CAPÍTULO 25

INTRODUÇÃO: ASPECTOS GERAIS

25.1 Sistema de Governo e Forma de Estado

No que tange ao seu sistema de governo, a França é caracterizada, segundo Maurice Duverger, pelo seu regime semipresidencialista. Segundo o autor, são três os fatores que tornam um país semipresidencialista, quais sejam: (i) o presidente da república é eleito por meio do sufrágio universal, (ii) o presidente possui poderes relevantes, e (iii) a existência de um Primeiro-Ministro ou ministros que possuam poderes governamentais e executivo e que possam manter seus cargos caso o Parlamento esteja de acordo.[578] Destaca-se, ainda, que os três elementos devem ser identificados na Constituição do país.

O caso francês chama atenção pela sua peculiaridade. Isso porque o texto constitucional não confere grandes prerrogativas à figura presidencial. Pelo contrário, poucas são as hipóteses nas quais o presidente pode tomar decisões sem a assinatura do Primeiro-Ministro e sem a anuência do governo ou da maioria parlamentar. São quatro os casos: (i) dissolução da Assembleia Nacional, sem poder dissolver novamente durante o período de um ano; (ii) em relação às leis do Conselho Constitucional ou compromissos internacionais com os quais o presidente acredite estar em desacordo com a Constituição; (ii) para nomear três membros e o presidente do Conselho Constitucional ao término do mandato de seus predecessores; e (iv) para enviar mensagens ao Parlamento.[579]

[578] *"A political regime is considered as semi-presidential if the constitution which established it, combines three elements: (1) the president of the republic is elected by universal suffrage, (2) he possesses quite considerable powers; (3) he has opposite him, however, a prime minister or ministers who possess executive and governmental power and can stay in office only if the parliament does not show its opposition to them"*. DUVERGER, Maurice. A new political system model: semi-presidential government. *European Journal of Political Research*, p. 166, 1980.

[579] DUVERGER, Maurice. A new political system model: semi-presidential government. *European Journal of Political Research*, p. 170, 1980.

Assim, ainda segundo Duverger, é possível observar que os principais poderes atrelados ao presidente da França são extremamente pontuais e, na prática, pouquíssimos usados. Apesar disso, a história francesa mostra que a importância da figura presidencial foi alcançada através de um cenário em que os primeiros-ministros e os governos concordaram em seguir o comando do Chefe de Estado.[580]

No que se refere ao processo orçamentário, observa-se que são amplos os poderes e as competências do Primeiro-Ministro. O art. 38 da LOLF determina que o projeto de lei de finanças será preparado pelo Ministro das Finanças, sob a autoridade do Primeiro-Ministro, e que a deliberação é de competência do conselho de ministros.[581] De acordo com Godefroy,[582] "o Primeiro-Ministro imprime sua marca política no projeto orçamentário, que constitui um momento chave de seu programa, determinando as grandes orientações e procedendo às arbitragens finais" nas negociações entre os gabinetes ministeriais em casos de desacordos.

Já o Presidente da República é responsável por presidir o conselho de ministros no qual se delibera a lei de finanças. Segundo Godefroy, mesmo que a Constituição não lhe atribua nenhuma competência em matéria orçamentária, ele pode intervir em arbitragens que envolvem ministérios relacionados à soberania dos Estados (Defesa e Relações Exteriores), cuja competência é dividida entre o Presidente e o governo, e também para assegurar a implementação de compromissos eleitorais ou perante a comunidade internacional.[583]

Em relação à forma de Estado, a França é um país unitário, possuindo sua divisão administrativa organizada de maneira descentralizada (art. 1º, da Constituição)[584] através das chamadas "coletividades territoriais" (*collectivités territoriales*). Inserido pela Reforma Constitucional nº 2003-276, esses territórios englobam as comunas

---

580 DUVERGER, Maurice. A new political system model: semi-presidential government. *European Journal of Political Research*, 1980. p. 172.

581 O conselho de ministros é uma formação colegiada, prevista na Constituição francesa de 1958, que congrega a totalidade dos ministros, sob a direção do Presidente da República. A principal competência do conselho é deliberar sobre projetos de lei de interesse do governo.

582 Godefroy *apud* ROUX, André. *Finances Publiques*. La Documentation Française; 3è édition, 2011. p. 50.

583 Godefroy *apud* ROUX, André. *Finances Publiques*. La Documentation Française; 3è édition, 2011. p. 50.

584 Article 1. "*La France est une République indivisible, laïque, démocratique et sociale. Elle assure l'égalité devant la loi de tous les citoyens sans distinction d'origine, de race ou de religion. Elle respecte toutes les croyances. Son organisation est décentralisée (...)*".

(*communes*), departamentos (*départements*), regiões (*régions*), comunidades ultramarinas (*collectivités d'outre-mer*) e comunidades com status particular (*collectivités à statut particulier*), conforme o disposto no art. 72 da Constituição.[585]

Ademais, a Constituição prevê a autonomia financeira (art. 72-2)[586] e político-administrativa dessas coletividades territoriais, que são livremente administradas por conselhos eleitos.[587] Outra característica é que nenhuma autoridade local pode exercer supervisão sobre outra.[588]

25.2 Sistema Partidário

O sistema partidário francês é caracterizado pelo multipartidarismo, de modo que a liberdade de expressão dos ideais partidários é garantida no art. 4, da Constituição.[589] De acordo com o dispositivo, os

---

[585] Tradução livre do original: Article 72. "*Les collectivités territoriales de la République sont les communes, les départements, les régions, les collectivités à statut particulier et les collectivités d'outre-mer régies par l'article 74. Toute autre collectivité territoriale est créée par la loi, le cas échéant en lieu et place d'une ou de plusieurs collectivités mentionnées au présent alinéa* (...)".
As coletividades territoriais da República são as comunas, os departamentos, as regiões, as coletividades de status particular e as coletividades ultramarinas regidas pelo artigo 74. Todas as outras coletividades territoriais são criadas por lei, se necessário, em substituição a uma ou mais coletividades mencionadas nesta alínea (...).

[586] Tradução livre do original: Article 72-2. "*Les collectivités territoriales bénéficient de ressources dont elles peuvent disposer librement dans les conditions fixées par la loi* (...)".
As coletividades territoriais dispõem de recursos que podem ser despendidos livremente, nas condições fixadas em lei (...).

[587] Tradução livre do original: Article 72. "(...) *Les collectivités territoriales ont vocation à prendre les décisions pour l'ensemble des compétences qui peuvent le mieux être mises en oeuvre à leur échelon.*
Dans les conditions prévues par la loi, ces collectivités s'administrent librement par des conseils élus et disposent d'un pouvoir réglementaire pour l'exercice de leurs compétences (...)".
As coletividades territoriais deliberam sobre temas que têm melhores condições para executar. Nas condições previstas em lei, as coletividades são administradas livremente por conselhos eleitos e dispõem de um poder regulamentador para exercer suas competências. (...)

[588] Tradução livre do original: Article 72. "(...) *Aucune collectivité territoriale ne peut exercer une tutelle sur une autre. Cependant, lorsque l'exercice d'une compétence nécessite le concours de plusieurs collectivités territoriales, la loi peut autoriser l'une d'entre elles ou un de leurs groupements à organiser les modalités de leur action commune*".
Nenhuma coletividade territorial pode exercer tutela sobre a outra. No entanto, quando o exercício de uma competência requerer a atuação concorrente de várias coletividades territoriais, a lei pode autorizar uma delas ou um dos seus grupos a organizar a forma da sua atuação comum.

[589] Tradução livre do original: Article 4. "*Les partis et groupements politiques concourent à l'expression du suffrage. Ils se forment et exercent leur activité librement. Ils doivent respecter les principes de la souveraineté nationale et de la démocratie.*
Ils contribuent à la mise en oeuvre du principe énoncé au second alinéa de l'article 1er dans les conditions déterminées par la loi.

partidos e grupos políticos contribuem para a expressão do sufrágio, respeitados os princípios da soberania nacional e democracia.

Em relação à história político-partidária francesa, era possível observar a existência da dualidade entre os grupos considerados "de direita" – como aqueles que gostariam de manter o *status quo* –, em oposição aos partidos "de esquerda", que lutavam por mudanças na sociedade.

Nas últimas décadas, notou-se um declínio dos partidos políticos como resultado de fatores políticos e econômicos. De acordo com Alistair Cole,[590] são três as principais conclusões relacionadas às mudanças político-partidárias na França. A primeira é que o sistema partidário sofreu pressões e tensões, de modo que partidos tradicionais enfrentaram dificuldades para acompanhar as mudanças na agenda política, por exemplo, as questões ambientais. Soma-se a isso os desafios de novos partidos se consolidarem, além de um enfraquecimento de alguns partidos, especialmente o Partido Comunista Francês (*Parti Communiste Français*).

A consequência dessa crise é um afastamento entre a sociedade e os partidos políticos, uma vez que os últimos não conseguem alcançar as altas expectativas de uma população altamente politizada e participativa. Neste sentido, a segunda conclusão de Cole relaciona-se com a primeira no que tange aos resultados da reorganização partidária francesa. Isso porque, ao mesmo tempo em que partidos tradicionais não seguiram uma nova agenda política, os novos partidos, como os Verdes (*Verts*) e Frente Nacional (*Front Nationale*) falharam em substituir os *players* existentes.

Nesta mesma onda de transformações, alguns partidos convencionais conseguiram ocupar uma posição estratégica, adaptando-se e interpretando as variações políticas que ocorreram à sua volta. O resultado disso foi um fortalecimento de partidos, como o Partido Socialista (*Parti Socialiste*) e União pela República (*Rassemblement pour*

La loi garantit les expressions pluralistes des opinions et la participation équitable des partis et groupements politiques à la vie démocratique de la Nation".
Os partidos e grupos políticos contribuem para a expressão do sufrágio. Eles se formam e exercem suas atividades livremente, devendo respeitar os princípios da soberania nacional e da democracia.
Eles contribuem para a implementação do princípio mencionado na segunda alínea do art. 1º, nas condições definidas em lei.
A lei garante a pluralidade de opiniões e a participação equitativa de partidos e grupos políticos na vida democrática da nação.

590 EVANS, Jocelyn A. J. (Ed.). *The French Party System*. Manchester: Manchester University Press, 2003. p. 39-41.

la République), que passaram a ter papéis de destaque no exercício do poder nacional.

Por fim, a terceira conclusão relaciona-se à persistência de um multipartidarismo bipolar, caracterizado por uma concorrência partidária entre a centro-esquerda e centro-direita, em que as coalizões formadas funcionam com maior eficácia quando uma das partes – direita ou esquerda – assume um papel de dominância.

Outro fato relevante e recente no cenário político-partidário francês foi a criação do movimento, em 2016, *La République En Marche*,[591] liderado pelo atual presidente Emmanuel Macron. O movimento é caracterizado por não fazer parte nem da direita nem da esquerda, propondo-se a oferecer mais que apenas um binômio ideológico, de modo que seu foco é na defesa da justiça social através de dois pilares: econômico e social. O movimento representa, em verdade, um enorme sucesso político, pois, em apenas cinco anos, já ocupa 265 cadeiras na Assembleia Nacional,[592] em um universo de 577 assentos.

25.3 Sistema Jurídico

O sistema jurídico francês foi construído com base no chamado *civil law* (ou romano-germânico), em que a lei representa a fonte imediata de direito por meio de suas codificações.[593] Apesar disso, cumpre destacar que juízes e tribunais colegiados, ao apreciarem um caso e interpretar a letra da lei, produzem decisões que possuem certa influência no sistema – especialmente em se tratando de cortes superiores[594] –, muito embora não possua uma vinculação, como no caso da *common law*.

Em relação à organização jurisdicional na França, tem-se os setores judicial e administrativo, ambos sistematizados em uma estrutura piramidal de três níveis. Sob a ótica judicial, estão na base da pirâmide os tribunais de primeira instância (*première instance* ou *premier degré*), possuindo competência para dirimir litígios entre particulares e sancionar autores de infrações penais.[595] Neste sentido, o Poder Judiciário é

---

591 Disponível em: https://en-marche.fr/. Acesso em: 03 nov. 2021.

592 Disponível em: https://www2.assemblee-nationale.fr/instances/liste/groupes_politiques/effectif. Acesso em: 03 nov.2021.

593 Disponível em: https://guides.ll.georgetown.edu/c.php?g=362135&p=2446075. Acesso em: 09 nov. 2021.

594 Disponível em: https://www.justice.gouv.fr/art_pix/french_legal_system.pdf. Acesso em: 09 nov. 2021.

595 Disponível em: http://www.justice.gouv.fr/organisation-de-la-justice-10031/. Acesso em: 08 nov. 2021.

dividido em duas esferas: os tribunais civis e os tribunais criminais. A segunda instância (*Appel* ou *Second Degré*), a seu turno, é composta pela Corte de Apelação (*Cour d'appel*). Por fim, a última instância, também chamada de controle de apelação (*Contrôle Pourvoi*), é composta pela Corte Suprema (*Cour de Cassation*).

Em termos numéricos, em 2020, foram registrados 164 (cento e sessenta e quatro) tribunais judiciais, 125 (cento e vinte e cinco) tribunais de especiais cíveis[596] e 36 (trinta e seis) tribunais de apelação.[597]

A esfera administrativa possui o Tribunal Administrativo (*Tribunal Administratif*) na base piramidal, seguido pela Corte Administrativa de Apelação (*Cour Administrative d'appel*) como segunda instância e o Conselho de Estado[598] (*Conseil d'État*) como instância máxima. A competência da ordem administrativa resume-se à resolução de conflitos em que a Administração Pública ocupe um dos polos da lide.

A estrutura organizacional administrativa é formada por 42 (quarenta e dois) tribunais administrativos e 8 (oito) cortes administrativas de apelação.

---

596 Aqui, chamou-se de juizado especial cível o que os franceses chamam por *tribunal de proximité*. Por lá, este é um tribunal cível que julga litígios cujos valores não excedem 10.000 euros, e não sejam de competência de um juiz ou de tribunal especializado. Disponível em: https://www.service-public.fr/particuliers/vosdroits/F35125#:~:text=Le%20tribunal%20de%20proximit%C3%A9%20d%C3%A9pend,exc%C3%A8de%20pas%2010%20000%20%E2%82%AC. Acesso em: 20 mar. 2021.

597 *Idem*.

598 O Conselho de Estado, no que tange à apreciação de conflitos da ordem administrativa, possui a competência de verificar o cumprimento das regras processuais e sua fiel aplicação pelos tribunais administrativos de primeira e segunda instâncias. Ademais, cabe ao Conselho de Estado julgar os recursos interpostos contra decisões dos órgãos supracitados. Disponível em: http://www.justice.gouv.fr/organisation-de-la-justice-10031/lordre-administratif-10034/conseil-detat-10029.html. Acesso em: 09 nov. 2021.

CAPÍTULO 26

INTEGRAÇÃO ENTRE PLANOS E ORÇAMENTOS E PLURIANUALIDADE

26.1 Mecanismos de conexão entre planos (ou planos de governo) e orçamentos

Conforme descrito abaixo, a lei de programação plurianual de finanças (*Loi de programmation des finances publiques* – LPFP) foi instituída na lei de revisão constitucional de 2008 para definir uma programação plurianual da totalidade das finanças públicas, mas também para se inscrever no objetivo de equilíbrio das contas públicas. Entretanto, conforme afirma Bouvier, mesmo que a abordagem plurianual junto à busca de equilíbrio seja consagrada no texto constitucional, "deve-se relembrar que uma lei de programação é desprovida de qualquer força obrigatória no plano financeiro".[599] O autor ainda cita um ex-presidente da comissão de finanças do Senado que afirmou que "as leis de programação não são leis de finanças, mas são compromissos morais que não garantem resultados".[600]

De acordo com Waserman, a LPFP, quando comparada às normas propriamente de finanças, é um documento de estatura jurídica frágil, visto que ela não pode limitar os poderes do Executivo ou do Parlamento no processo de elaboração e aprovação do orçamento público anual francês.[601]

[599] BARILARI, André; BOUVIER, Michel. *La LOLF et la nouvelle gouvernance financière de l'État*. Paris: L.G.D.J, 2010. p. 39.

[600] BARILARI, André; BOUVIER, Michel. *La LOLF et la nouvelle gouvernance financière de l'État*. Paris: L.G.D.J, 2010.p. 39.

[601] WASERMAN, Franck. *Les Finances Publiques*. 8. ed. Direction de l'information légale et administrative, Paris, 2016. p. 85-88.

Estas leis de programação abrangem um período mínimo de três anos e devem:[602]

- especificar o objetivo de médio prazo, sob a forma de uma previsão de resultado estrutural para o conjunto das contas das administrações públicas;
- definir a trajetória plurianual a ser atingida e as modalidades do mecanismo de correção a serem implementados em caso de desvio significativo da trajetória do saldo estrutural;
- fixar o montante máximo dos créditos e das deduções às receitas do orçamento, bem como os limites dos créditos atribuídos às missões do orçamento geral do Estado.

O âmbito legal da LPFP foi clarificado pelo Conselho Constitucional em decisão de 13 de dezembro de 2012 sobre a LOLF:

> as orientações plurianuais assim definidas pela lei de programação das finanças públicas não têm por efeito prejudicar a liberdade de apreciação e adaptação que o Governo tem conforme artigo 20 da Constituição na determinação e condução da política da Nação; (...) elas não têm por efeito de atentar às prerrogativas do Parlamento durante o exame e votação de projetos de lei de finanças e projetos de lei de financiamento da previdência social ou qualquer outro projeto ou lei.[603]

26.2 Acompanhamento de projeções plurianuais ao orçamento anual

A preparação da Lei de Finanças (*Projet de loi de finance* – PLF) é de competência do governo. Em uma primeira etapa, que compreende a sua elaboração no âmbito do Executivo, o projeto considera o ambiente econômico e financeiro do país, bem como observa os limites impostos tanto pelo quadro europeu como pelo quadro plurianual.

26.2.1 Quadro Europeu

O quadro europeu influencia a elaboração do orçamento francês tanto no nível das receitas quanto no nível das despesas. A influência no nível das receitas diz respeito aos recursos próprios da União Europeia,

---

602 Disponível em: https://www2.assemblee-nationale.fr/decouvrir-l-assemblee/role-et-pouvoirs-de-l-assemblee-nationale/les-fonctions-de-l-assemblee-nationale/les-fonctions-legislatives/l-examen-parlementaire-des-lois-de-finances. Acesso em: 08 dez. 2023.

603 Disponível em: https://www2.assemblee-nationale.fr/decouvrir-l-assemblee/role-et-pouvoirs-de-l-assemblee-nationale/les-fonctions-de-l-assemblee-nationale/les-fonctions-legislatives/l-examen-parlementaire-des-lois-de-finances. Acesso em: 08 dez. 2023.

que são destinadas ao financiamento do orçamento comunitário e à interdição de criação de novas receitas, tais como taxas aduaneiras e limitações quanto à imposição do IVA – imposto sobre o valor adicionado – sobre certas transações dentro da comunidade europeia. No que diz respeito às despesas, o quadro europeu igualmente limita a preparação da lei de finanças pelo governo francês ao impor, por exemplo, vedação a subsídios às exportações (art. 87 CE), benefícios fiscais e ajudas financeiras que possam trazer impactos à concorrência entre os Estados-membros.[604] Por fim, há ainda a limitação global resultante do Tratado de Maastricht, o qual determina que os Estados-membros devem evitar déficits públicos excessivos, conforme o art. 104 CE, o que se traduz nos limites de 3% da relação déficit público/PIB e de 60% da relação dívida pública/PIB.

26.2.2 Quadro Plurianual

No que tange ao quadro plurianual, desde a emenda constitucional de 23 de julho de 2008, o art. 34 da Constituição prevê as leis de programação que definem "as orientações plurianuais das finanças públicas" e que devem fazer parte "do objetivo de equilibrar as contas das administrações públicas".[605] A criação das leis de programação plurianual mudou profundamente a fase de preparação do orçamento, já que leva em consideração não mais um único ano, mas cada um dos três anos do período. O orçamento plurianual serve de base para a preparação dos projetos de lei de finanças para os anos seguintes, que permanecem apresentadas e examinadas a cada ano.[606]

[604] PICARD, Jean-François. *Finances Publiques*. Paris, Lexis Nexis, 2009. p. 87-89.

[605] Disponível em: https://www.performance-publique.budget.gouv.fr/budget-comptes-etat/budget-3-annees/essentiel/fondamentaux/programmation-pluriannuelle-finances-publiques-budget-triennal-etat#.YSEjyC35RQI. Acesso em: 20 mar. 2022.

[606] O orçamento plurianual é apresentado no debate de orientação das finanças públicas (DOFP) e integrado na lei de programação das finanças públicas, que permite assegurar o controle das despesas do Estado definidas para três anos. No início do ano, as reuniões técnicas entre a Direção de Orçamento e os Ministérios Gestores definem a evolução das despesas, com base na qual a Direção de Orçamento conduz um exercício de programação de médio prazo (PMT) ao longo do período. Na sequência das conferências de orçamentos realizadas entre a Direção do Orçamento e os ministérios gestores, reuniões entre cada um dos Ministros e o Ministro responsável pelo Orçamento permitem identificar pontos de concordância; as questões que não foram acordadas são arbitradas ao nível do Primeiro-Ministro. O conjunto dos tetos plurianuais de crédito e de emprego assim decididos para o período refletem-se finalmente nas cartas de tetos, enviadas em meados de julho a cada ministro. Disponível em: https://www.performance-publique.budget.gouv.fr/budget-comptes-etat/budget-3-annees/essentiel/s-informer/comment-s-elabore-programmation-pluriannuelle-budget-etat#.YSEjrC35RQI. Acesso em: 20 mar. 2022.

A principal consequência na preparação da lei de finanças é o fato de o orçamento plurianual prever a programação dos gastos do Estado ao longo de três anos, tanto através de um teto de gastos geral quanto de tetos por missão (ou certas políticas públicas). Para cada um dos anos do programa, os projetos de lei de finanças são preparados e apresentados ao Parlamento de acordo com os tetos estabelecidos no orçamento de três anos. Assim, a preparação da proposta de lei de finanças segue um procedimento diferente a depender do ano em questão, conforme abaixo:

TABELA 3

Programação dos gastos do Estado ao longo de três anos

Limite de despesas	**Possível alterar no curso do triênio (N, N+1, N+2)?**	**Possível alterar em N+1?**	**Possível alterar em N+2?**
Global	Não	–	–
Missão	Sim	Não	Sim
Programa	Sim	Sim	Sim

	Tipo do Limite de Despesa		
	Global	**Missão**	**Programa**
Possível alterar no curso do triênio (N, N+1, N+2)?	Não	Sim	Sim
Possível alterar em N+1?	–	Não	Sim
Possível alterar em N+2?	–	Sim	Sim

Fonte: https://www.performancepublique.budget.gouv.fr/sites/performance_publique/files/files/images/budget/budget/budget-pluriannuel2.png. Acesso em: 08 dez. 2023.

Para o primeiro ano, os limites máximos de despesas fixados ao nível das missões e a repartição das dotações por programa são aqueles previstos na lei de finanças inicial para o exercício em questão e, por conseguinte, são definitivos.[607] Para o segundo ano, os limites máximos

[607] Disponível em: https://www.performancepublique.budget.gouv.fr/sites/performance_publique/files/files/images/budget/budget/budget-pluriannuel2.png. Acesso em: 08 dez. 2023.

das despesas para a missão são considerados não passíveis de revisão. Eles podem, no entanto, ser revistos em certos casos excepcionais. A distribuição dos créditos entre os programas de uma missão, prevista durante a preparação do orçamento trienal, pode, no entanto, ser revista de acordo com o limite máximo da missão.[608] Para o último ano, no entanto, os créditos por missão podem estar sujeitos a ajustes adicionais. Este terceiro ano "revisado" de programação constitui, portanto, o ponto de partida para o novo orçamento plurianual que cobre os três anos seguintes.[609]

[608] Disponível em: https://www.performancepublique.budget.gouv.fr/sites/performance_publique/files/files/images/budget/budget/budget-pluriannuel2.png. Acesso em: 08 dez. 2023.

[609] Disponível em: https://www.performancepublique.budget.gouv.fr/sites/performance_publique/files/files/images/budget/budget/budget-pluriannuel2.png. Acesso em: 20 mar. 2022.

CAPÍTULO 27

IMPOSITIVIDADE DO ORÇAMENTO E VINCULAÇÃO DE DESPESAS

27.1 O orçamento é autorizativo ou impositivo?

A lei orçamentária determina o cumprimento da autorização parlamentar, submetendo o Governo e a sua administração a três princípios: o carácter limitativo dos créditos, o princípio da anualidade e o princípio da especialidade.[610] O caráter limitativo dos créditos significa que as despesas apenas podem ser autorizadas dentro dos limites dos créditos previstos na lei de finanças aprovada pelo Parlamento (LOLF, art. 9º).

O princípio da anualidade, pensado para facilitar o monitoramento do Parlamento em relação às atividades governamentais, dispõe que todas as operações orçamentárias devem ser anexadas a um exercício financeiro, ou seja, anualmente. O princípio da especialidade, a seu turno, diz respeito às despesas autorizadas pelo orçamento, sendo elas especializadas de acordo com a nomenclatura orçamentária correspondente. Dito de outro modo, o Poder Executivo deve utilizar as dotações, em princípio limitadas, de acordo com o seu destino, haja vista que o orçamento é consequência da deliberação parlamentar.[611]

Além disso, no que tange às despesas propriamente ditas, cumpre salientar que o art. 9º dispõe que o teto de gastos para autorizações de despesas relativas a pagamento de pessoal é restritivo, de modo que não

[610] Disponível em: https://www2.assemblee-nationale.fr/decouvrir-l-assemblee/role-et-pouvoirs-de-l-assemblee-nationale/les-fonctions-de-l-assemblee-nationale/les-fonctions-legislatives/l-examen-parlementaire-des-lois-de-finances. Acesso em: 20 mar. 2022.

[611] *"Il concerne les dépenses autorisées par le budget. Les dépenses sont spécialisées, selon une nomenclature budgétaire. Cela signifie que l'exécutif doit utiliser les crédits ouverts, de manière en principe limitative, selon leur destination telle qu'elle résulte du budget voté par le Parlement"*. Disponível em: https://www.vie-publique.fr/fiches/21823-quels-sont-les-grands-principes-budgetaires. Acesso em 09 nov. 2021.

há margem para manobras dos gestores nesse ponto. Trata-se de um caso particular que foge da regra geral que permite certa maleabilidade orçamentária, como será visto a seguir.

Neste sentido, é possível perceber elementos orçamentários tanto autorizativos quanto impositivos. Isso porque as despesas de pessoal são mais rigorosamente trabalhadas na legislação infraconstitucional, possuindo inúmeros limitadores, ao passo que as demais despesas possuem como característica a possibilidade de manobras orçamentárias pelos gestores quando da execução orçamentária.

27.2 Grau de rigidez do orçamento (nível de despesas obrigatórias e de vinculação de receitas)

No que tange aos créditos orçamentários na França, tem-se, no art. 5º, I, da LOLF,[612] a divisão das despesas em 7 (sete) títulos, quais sejam:

1. Despesas de operações financeiras (*dépenses d'opérations financières*);
2. Despesas de intervenção (*dépenses d'intervention*);
3. Despesas de pessoal (*dépenses de personnel*);
4. Despesas de funcionamento (*dépenses de fonctionnement*);
5. Despesas de investimento (*dépenses d'investissement*);
6. Encargos de dívidas do Estado (*charges de la dette de l'État*);
7. Dotação do poder público (*dotations des pouvoirs publics*).

Ademais, importante salientar que a apresentação da dotação orçamentária organizada na forma desses títulos é meramente indicativa, de modo que os gestores têm liberdade para redistribuir as respectivas receitas.[613] Ainda, os supracitados títulos são repartidos em 18 (dezoito) categorias, elencadas no art. 5º, II, do referido diploma legal.[614]

---

[612] Article 5. "*I. – Les charges budgétaires de l'Etat sont regroupées sous les titres suivants :*
1º Les dotations des pouvoirs publics ;
2º Les dépenses de personnel ;
3º Les dépenses de fonctionnement ;
4º Les charges de la dette de l'Etat ;
5º Les dépenses d'investissement ;
6º Les dépenses d'intervention ;
7º Les dépenses d'opérations financières".

[613] Disponível em: https://www.performance-publique.budget.gouv.fr/cadre-gestion-publique/cadre-gestion-budgetaires/essentiel/cadre/nomenclatures-budget-etat-meilleure-identification-engagements-depenses#.YWSgg9rMLIX. Acesso em: 04 out. 2021.

[614] Article 5. "*II. – Les dépenses de personnel comprennent: – les rémunérations d'activité; – les cotisations et contributions sociales; – les prestations sociales et allocations diverses.*

Uma vez abertos pela Lei de Finanças, os créditos orçamentários são agrupados por missões, podendo estar vinculados a um ou mais departamentos de um ou mais ministérios. Ato contínuo, criada uma missão específica, ela poderá ter duas dotações: uma relacionada a despesas emergenciais, como em caso de calamidades e demais gastos imprevisíveis (art. 7, I, 1º, LOLF),[615] e outra concernente a medidas gerais a título de remuneração, cuja repartição por programas ainda não é possível quando da votação da dotação (art. 7, I, 2º, LOLF).[616]

A LOLF prevê, inclusive, exceções à regra geral supramencionada. Em caso de créditos abertos a título de despesas com pessoal, cada programa constitui um teto de gastos. Além disso, essas dotações são sujeitas a limites máximos de autorização para empregos remunerados pelo Estado, autorizações fornecidas por cada ministério (art. 7, III, LOLF).[617] Cumpre salientar, inclusive, que, apesar de ser possível

---

Les dépenses de fonctionnement comprennent: – les dépenses de fonctionnement autres que celles de personnel ; – les subventions pour charges de service public.
Les charges de la dette de l'Etat comprennent: les intérêts de la dette financière négociable; – les intérêts de la dette financière non négociable; – les charges financières diverses.
Les dépenses d'investissement comprennent: – les dépenses pour immobilisations corporelles de l'Etat; – les dépenses pour immobilisations incorporelles de l'Etat.
Les dépenses d'intervention comprennent: – les transferts aux ménages; – les transferts aux entreprises; – les transferts aux collectivités territoriales; – les transferts aux autres collectivités; – les appels en garantie.
Les dépenses d'opérations financières comprennent: – les prêts et avances; – les dotations en fonds propres; – les dépenses de participations financières".

615 Tradução livre do original: Article 7. "*I. – Les crédits ouverts par les lois de finances pour couvrir chacune des charges budgétaires de l'Etat sont regroupés par mission relevant d'un ou plusieurs services d'un ou plusieurs ministères.*
1º Une dotation pour dépenses accidentelles, destinée à faire face à des calamités, et pour dépenses imprévisibles".
Os créditos abertos através de leis de finanças para cobrir os encargos orçamentários do Estado são agrupados por missão relevante de um ou vários departamentos de um ou vários ministérios.
1º Uma dotação por despesas acidentais, destinadas a fazer em face de calamidades, e para despesas não previsíveis.

616 Article 7. "*I. – Les crédits ouverts par les lois de finances pour couvrir chacune des charges budgétaires de l'Etat sont regroupés par mission relevant d'un ou plusieurs services d'un ou plusieurs ministères.*
2º Une dotation pour mesures générales en matière de rémunérations dont la répartition par programme ne peut être déterminée avec précision au moment du vote des crédits".

617 Tradução livre do original: Article 7. "*III. – A l'exception des crédits de la dotation prévue au 2º du I, les crédits ouverts sur le titre des dépenses de personnel sont assortis de plafonds d'autorisation des emplois rémunérés par l'Etat. Ces plafonds sont spécialisés par ministère".*
Com exceção dos créditos de dotação previstos no 2º do I, os créditos abertos no título das despesas de pessoal são acompanhados limites máximos para empregos remunerados pelo Estado.

a utilização do orçamento com pessoal para cobrir outras despesas, a recíproca não é verdadeira.[618]

Ainda em relação aos créditos orçamentários, destaca-se sua divisão em (i) autorizações de compromisso e (ii) créditos de pagamento. As primeiras constituem o limite das despesas que podem ser adquiridas durante a execução orçamental,[619] ao passo que os segundos compõem o teto de gastos dos créditos que podem ser autorizados ou pagos ao longo do ano para cobrir as obrigações contraídas no âmbito das autorizações de compromisso (art. 8, LOLF).[620] Outrossim, as despesas somente podem ser autorizadas e, por conseguinte, objeto de pagamento, quando respeitados os limites dos créditos abertos (art. 9, LOLF).[621]

27.3 "Orçamento de Guerra"

Previsto no ordenamento jurídico francês pela Lei nº 55-385 de 03 de abril de 1955, o chamado Estado de urgência (*État d'urgence*) é uma medida excepcional que é definida pelo Conselho de Ministros, por meio de decreto (art. 2),[622] em casos de perigo iminente resultante de graves violações da ordem pública, calamidade pública ou eventos de desastre público, por exemplo, um desastre natural de grande magnitude (art.1).[623, 624]

---

618 Disponível em: https://www.performance-publique.budget.gouv.fr/cadre-gestion-publique/cadre-gestion-budgetaires/essentiel/cadre/nomenclatures-budget-etat-meilleure-identification-engagements-depenses#.YWSgg9rMLIX. Acesso em: 05 out. 2021.

619 *Idem.*

620 Article 8. "*Les crédits ouverts sont constitués d'autorisations d'engagement et de crédits de paiement.*
Les autorisations d'engagement constituent la limite supérieure des dépenses pouvant être engagées.
(...)
Les crédits de paiement constituent la limite supérieure des dépenses pouvant être ordonnancées ou payées pendant l'année pour la couverture des engagements contractés dans le cadre des autorisations d'engagement.
Pour les dépenses de personnel, le montant des autorisations d'engagement ouvertes est égal au montant des crédits de paiement ouverts".

621 Article 9. "*Les crédits sont limitatifs, sous réserve des dispositions prévues aux articles 10 et 24.*
Les dépenses ne peuvent être engagées et ordonnancées que dans la limite des crédits ouverts.
Les conditions dans lesquelles des dépenses peuvent être engagées par anticipation sur les crédits de l'année suivante sont définies par une disposition de loi de finances.
Les plafonds des autorisations d'emplois sont limitatifs".

622 Article 2. "*L'état d'urgence est déclaré par décret en Conseil des ministres. Ce décret détermine la ou les circonscriptions territoriales à l'intérieur desquelles il entre en vigueur.*
Dans la limite de ces circonscriptions, les zones où l'état d'urgence recevra application seront fixées par décret.
La prorogation de l'état d'urgence au-delà de douze jours ne peut être autorisée que par la loi".

Segundo o art. 2 da referida lei, a duração inicial do estado de emergência é de 12 dias e, após esse período, caberá ao Parlamento a extensão, por prazo determinado, por meio de lei, à luz do art. 3.[625] Neste sentido, uma vez decretado o estado de emergência, a Assembleia Nacional e Senado serão informados, em tempo real, acerca de todas as medidas a serem tomadas pelo Governo durante o período de exceção, de modo que as casas legislativas possuem a prerrogativa de solicitar, a qualquer tempo, esclarecimentos no âmbito do acompanhamento e execução das medidas, nos moldes do art. 4-1.[626] Ainda, o estado de emergência pode ser declarado em todo ou em parte do território francês.[627]

No âmbito orçamentário, a LOLF possui algumas disposições relativas a questões emergenciais, mais especificamente, em seus Arts. 7, I, 1º, 11 e 13. O primeiro, já mencionado em tópico anterior, prevê uma regra geral acerca das missões, que podem ter créditos orçamentários relativos a despesas acidentais, destinadas ao enfrentamento de calamidades e despesas imprevisíveis, como no caso de um estado emergencial. Já o art. 11,[628] complemento do art. 7, dispõe que os créditos abertos relativos a despesas imprevisíveis, serão repartidos por programa, mediante decreto aprovado do Ministro das Finanças.

Soma-se a isso o art. 13,[629] que elenca uma série de regras a serem seguidas em casos emergenciais. Em primeiro lugar, em caso

---

623 Article 1. *"L'état d'urgence peut être déclaré sur tout ou partie du territoire métropolitain, des départements d'outre-mer, des collectivités d'outre-mer régies par l'article 74 de la Constitution et en Nouvelle-Calédonie, soit en cas de péril imminent résultant d'atteintes graves à l'ordre public, soit en cas d'événements présentant, par leur nature et leur gravité, le caractère de calamité publique"*.

624 Disponível em: https://www.vie-publique.fr/questions-reponses/269427-etat-durgence-et-autres-regimes-dexception-article-16-etat-de-siege. Acesso em: 08 out. 2021.

625 Article 3. *"La loi autorisant la prorogation au-delà de douze jours de l'état d'urgence fixe sa durée définitive"*.

626 Article 4-1. *"L'Assemblée nationale et le Sénat sont informés sans délai des mesures prises par le Gouvernement pendant l'état d'urgence. Les autorités administratives leur transmettent sans délai copie de tous les actes qu'elles prennent en application de la présente loi. L'Assemblée nationale et le Sénat peuvent requérir toute information complémentaire dans le cadre du contrôle et de l'évaluation de ces mesures"*.

627 Disponível em: https://www.vie-publique.fr/questions-reponses/269427-etat-durgence-et-autres-regimes-dexception-article-16-etat-de-siege. Acesso em: 08 out. 2021.

628 Article 11. *"En tant que de besoin, les crédits ouverts sur la dotation pour dépenses accidentelles et imprévisibles sont répartis par programme, par décret pris sur le rapport du ministre chargé des finances"*.

629 Article 13. *"En cas d'urgence, des décrets d'avance pris sur avis du Conseil d'Etat et après avis des commissions de l'Assemblée nationale et du Sénat chargées des finances peuvent ouvrir des crédits supplémentaires sans affecter l'équilibre budgétaire défini par la dernière loi de finances. A cette fin, les décrets d'avance procèdent à l'annulation de crédits ou constatent des recettes supplémentaires. Le montant cumulé des crédits ainsi ouverts ne peut excéder 1 % des crédits ouverts par la loi de finances de l'année.*

de urgência, o Governo pode emitir um decreto antecipado, que não pode afetar o equilíbrio orçamentário (a abertura de créditos para os programas em causa deve ser compensada exatamente com anulações de outros programas). O decreto é tomado após parecer dos dois comitês de finanças e, em seguida, do Conselho de Estado; o projeto de parecer é submetido à apreciação da comissão pelo Relator-Geral; o montante acumulado de créditos abertos não deve exceder 1% do total de créditos abertos pela lei de finanças; o decreto deve ser ratificado na próxima lei de finanças relativa ao exercício. Em resumo, esses decretos devem cancelar os créditos ou registrar receitas adicionais, de modo que o montante acumulado dos créditos não poderá ultrapassar 1% (um por cento) dos créditos abertos pela legislação financeira em exercício.

Ato contínuo, as Comissões Financeiras da Assembleia Nacional e Senado emitirão pareceres ao Primeiro-Ministro dentro de um prazo de 7 (sete) dias após a notificação do projeto de decreto, que só poderá ser assinado após a recepção dos pareceres das comissões ou, na sua ausência, após o decurso do citado período. Por conseguinte, a ratificação das modificações é solicitada ao Parlamento na próxima lei de finanças.

Por fim, há, ainda, a previsão, em casos de urgência e necessidade imperiosa de interesse nacional, da abertura de dotações suplementares, que serão informadas às Comissões de Finanças do Parlamento, por decreto previamente aprovado em Conselho de Ministros sob parecer do Conselho de Estado. O projeto de lei de finanças dos créditos ratificados é entregue em seguida ou na abertura da próxima sessão parlamentar.

27.4 Existência de identificadores de emendas parlamentares ou *earmarks* no orçamento

No que tange à existência de *earmarks* no orçamento francês, as únicas possibilidades encontradas foram as exceções à regra da não

---

La commission chargée des finances de chaque assemblée fait connaître son avis au Premier ministre dans un délai de sept jours à compter de la notification qui lui a été faite du projet de décret. La signature du décret ne peut intervenir qu'après réception des avis de ces commissions ou, à défaut, après l'expiration du délai susmentionné.
La ratification des modifications apportées, sur le fondement des deux alinéas précédents, aux crédits ouverts par la dernière loi de finances est demandée au Parlement dans le plus prochain projet de loi de finances afférent à l'année concernée.
En cas d'urgence et de nécessité impérieuse d'intérêt national, des crédits supplémentaires peuvent être ouverts, après information des commissions de l'Assemblée nationale et du Sénat chargées des finances, par décret d'avance pris en Conseil des ministres sur avis du Conseil d'Etat. Un projet de loi de finances portant ratification de ces crédits est déposé immédiatement ou à l'ouverture de la plus prochaine session du Parlement".

afetação, desdobramento do princípio da universalidade. De acordo com esta regra, prevista no art. 6º da LOLF,[630] resta garantida que a totalidade das receitas cubra a totalidade de despesas sem que se faça qualquer distinção.

As exceções à regra da não afetação são previstas no art. 16,[631] que dispõe que certas receitas podem ser alocadas diretamente a certas despesas, na forma de orçamentos subsidiários (*budgets annexes*) e contas especiais (*comptes spéciaux*). No documento *Budgeting in France*, a OCDE faz referência às contas de afetação especial como *earmarked revenue funds*.[632]

Com relação aos orçamentos subsidiários (*budgets annexes*), o art. 18º da LOLF determina que sejam utilizados para "registar as únicas operações dos serviços do Estado não dotados de personalidade jurídica resultantes da sua atividade de produção de bens ou de prestação de serviços". Deste dispositivo decorre que os orçamentos subsidiários destinam-se a entidades que não são ligadas ao Estado e a serviços que perseguem um objetivo econômico.[633]

No caso dos orçamentos subsidiários, há regras específicas para sua apresentação e funcionamento, de modo a refletir as respectivas atividades econômica e comercial. Ademais, inclui seções de operações atuais e de capital e seu funcionamento é pautado em créditos limitados, que não podem ultrapassar o montante autorizado pela lei de finanças, conforme o elencado no art. 18, I,[634] II,[635] da LOLF. Este tipo de orçamento é presente em autorizações de compromisso e créditos de pagamento,

---

[630] Article 6. "*Les ressources et les charges budgétaires de l'Etat sont retracées dans le budget sous forme de recettes et de dépenses. Le budget décrit, pour une année, l'ensemble des recettes et des dépenses budgétaires de l'Etat. (...) L'ensemble des recettes assurant l'exécution de l'ensemble des dépenses, toutes les recettes et toutes les dépenses sont retracées sur un compte unique, intitulé budget général*".

[631] Article 16. "*Certaines recettes peuvent être directement affectées à certaines dépenses. Ces affectations prennent la forme de budgets annexes, de comptes spéciaux ou de procédures comptables particulières au sein du budget général, d'un budget annexe ou d'un compte spécial*".

[632] OECD. Budgeting in France. *OECD Journal on Budgeting*: Volume 2018/2, 2018. Disponível em: https://www.oecd.org/gov/budgeting/Budgeting-in-France.pdf. Acesso em: 12 jul. 2021.

[633] Disponível em: http://comptespublics.fr/budget-de-letat/. Acesso em: 08 dez. 2023.

[634] Article 18. "*I. – Des budgets annexes peuvent retracer, dans les conditions prévues par une loi de finances, les seules opérations des services de l'Etat non dotés de la personnalité morale résultant de leur activité de production de biens ou de prestation de services donnant lieu au paiement de redevances, lorsqu'elles sont effectuées à titre principal par lesdits services.*
La création d'un budget annexe et l'affectation d'une recette à un budget annexe ne peuvent résulter que d'une disposition de loi de finances".

[635] "II. – *Un budget annexe constitue une mission, au sens des articles 7 et 47. Sous réserve des règles particulières définies au présent article, les opérations des budgets annexes sont prévues, autorisées et exécutées dans les mêmes conditions que celles du budget général*".

repartidos em programas (art. 18, II, LOLF). Ainda, cada orçamento subsidiário é tratado como uma missão estando, por conseguinte, sujeito a votação.

Da mesma forma, as contas especiais (*comptes spéciaux*) permitem a atribuição de uma receita diretamente a certa despesa e foram criadas com a finalidade de rastrear movimentos simples de fundos provisórios. Conforme o art. 19, da LOLF,[636] as contas especiais são categorizadas em quatro tipos: (i) contas de afetação especial (*comptes d'affectation spéciale*); (ii) contas de comércio (*comptes de commerce*); (iii) contas de operação monetária (*comptes d'opérations monétaires*) e (iv) contas de assistência financeira (*comptes de concours financiers*), que englobam as contas de (*comptes de prêts*) e contas de avanço (*comptes d'avance*).

Conforme o art. 20 da LOLF,[637] é vedada a cobrança direta em conta especial de despesas decorrentes do pagamento de salários, vencimentos, indenizações e abonos de qualquer natureza e, salvo exceções, as operações de contas especiais devem ser previstas, autorizadas e executadas nas mesmas condições que as do orçamento geral. Salvo disposição em contrário da lei orçamentária, o saldo de cada conta especial transita para o ano seguinte.

A primeira categoria são as contas de afetação especial que, conforme a LOLF,[638] reconstituem, nas condições previstas na lei de

---

636 Article 19. "*Les comptes spéciaux ne peuvent être ouverts que par une loi de finances. Les catégories de comptes spéciaux sont les suivantes:*
1º Les comptes d'affectation spéciale;
2º Les comptes de commerce;
3º Les comptes d'opérations monétaires;
4º Les comptes de concours financiers.
L'affectation d'une recette à un compte spécial ne peut résulter que d'une disposition de loi de finances".

637 Article 20. "*I. – Il est interdit d'imputer directement à un compte spécial des dépenses résultant du paiement de traitements, salaires, indemnités et allocations de toute nature.*
Sous réserve des règles particulières prévues aux articles 21 à 24, les opérations des comptes spéciaux sont prévues, autorisées et exécutées dans les mêmes conditions que celles du budget général. Sauf dispositions contraires prévues par une loi de finances, le solde de chaque compte spécial est reporté sur l'année suivante.
II. – Chacun des comptes spéciaux dotés de crédits constitue une mission au sens des articles 7 et 47. Leurs crédits sont spécialisés par programme.
Aucun des mouvements de crédits prévus aux articles 11 et 12 ne peut être effectué entre le budget général et un compte spécial doté de crédits".

638 Article 21. "*I. – Les comptes d'affectation spéciale retracent, dans les conditions prévues par une loi de finances, des opérations budgétaires financées au moyen de recettes particulières qui sont, par nature, en relation directe avec les dépenses concernées. Ces recettes peuvent être complétées par des versements du budget général, dans la limite de 10 % des crédits initiaux de chaque compte.*
Les opérations de nature patrimoniale liées à la gestion des participations financières de l'Etat, à l'exclusion de toute opération de gestion courante, sont, de droit, retracées sur un unique compte

finanças, as operações orçamentárias financiadas por receitas específicas que, por natureza, possuem uma relação direta com a despesa. Conforme o governo francês, "as contas de afetação especial podem ter uma certa importância financeira (pensões, contribuições financeiras do Estado etc.) ou muito menores, mas dizem respeito a um setor específico (serviços nacionais de transporte de passageiros, compromissos a favor da floresta no âmbito da luta contra as alterações climáticas etc.)".[639]

Essas receitas podem ser complementadas com pagamentos do orçamento geral, respeitado o limite de 10%, salvo quando se tratar de operações patrimoniais vinculadas à gestão de participação financeira do Estado, pensões e prestações acessórias (art. 21, I, da LOLF). Além disso, a LOLF prevê, em seu art. 21, II,[640] que nenhum pagamento relacionado ao orçamento geral, anexos do orçamento ou de contas especiais poderá ser efetuado a partir de uma conta especial de afetação. Há previsão, ainda, de que as despesas decorrentes de uma conta especial de afetação não poderão ultrapassar as receitas totais registradas.

A segunda categoria de contas especiais, as contas de comércio, relaciona-se às operações de natureza industrial e comercial realizadas acessoriamente por serviços do Estado não dotados de personalidade jurídica. Outra característica é que as estimativas de receitas e despesas para este tipo de conta são meramente indicativas, conforme o art. 22, I,[641] da LOLF. Estas contas abrangem, por exemplo, operações de gestão da dívida e da tesouraria do Estado, estabelecimentos penitenciários e destinados às forças armadas.[642]

---

d'affectation spéciale. Les versements du budget général au profit de ce compte ne sont pas soumis à la limite prévue au premier alinéa.

Il en est de même pour les opérations relatives aux pensions et avantages accessoires. Les versements du budget général au profit de ce compte ne sont pas soumis à la limite prévue au premier alinéa".

639 Disponível em: https://www.vie-publique.fr/fiches/24186-budget-de-letat-les-budgets-annexes-et-les-comptes-speciaux. Acesso em: 08 dez. 2023.

640 "*II. – Sauf dérogation expresse prévue par une loi de finances, aucun versement au profit du budget général, d'un budget annexe ou d'un compte spécial ne peut être effectué à partir d'un compte d'affectation spéciale*".

641 Article 22. "*I. – Les comptes de commerce retracent des opérations de caractère industriel et commercial effectuées à titre accessoire par des services de l'Etat non dotés de la personnalité morale. Les évaluations de recettes et les prévisions de dépenses de ces comptes ont un caractère indicatif. Seul le découvert fixé pour chacun d'entre eux a un caractère limitatif. Sauf dérogation expresse prévue par une loi de finances, il est interdit d'exécuter, au titre de ces comptes, des opérations d'investissement financier, de prêts ou d'avances, ainsi que des opérations d'emprunt*".

642 Disponível em: https://www.vie-publique.fr/fiches/24186-budget-de-letat-les-budgets-annexes-et-les-comptes-speciaux. Acesso em: 08 dez. 2023.

Já as contas de operações monetárias, nos moldes do art. 23,[643] da legislação financeira, acompanham os créditos e gastos de natureza monetária, também possuindo um caráter indicativo quanto a esses dois pontos. Estas contas abrangem emissão de moedas e operações com o Fundo Monetário Nacional.[644]

Por fim, as contas de assistência financeira são ligadas aos empréstimos e adiantamentos concedidos pelo governo francês, devendo ser aberta uma conta individual para cada devedor ou categoria de devedores. Via de regra, as contas são dotadas de créditos limitados, exceto na hipótese de contas abertas em benefício de Estados estrangeiros e bancos centrais vinculados à França por algum acordo monetário internacional. Nesta exceção, as contas são dotadas de créditos de avaliação.

---

643 Article 23. "*Les comptes d'opérations monétaires retracent les recettes et les dépenses de caractère monétaire. Pour cette catégorie de comptes, les évaluations de recettes et les prévisions de dépenses ont un caractère indicatif. Seul le découvert fixé pour chacun d'entre eux a un caractère limitatif*".

644 Disponível em: https://www.vie-publique.fr/fiches/24186-budget-de-letat-les-budgets-annexes-et-les-comptes-speciaux. Acesso em: 08 dez. 2023.

CAPÍTULO 28

ABORDAGEM ORÇAMENTÁRIA

28.1 O orçamento é tradicional (meios) ou orientado ao desempenho (fins/missões)? Estrutura de classificação da despesa: o orçamento é organizado por programas? Os programas são desdobrados em ações ou outras categorias semelhantes?

Uma das mudanças trazidas na reforma orçamentária feita pela LOLF foi estabelecer que o orçamento francês deva ser apresentado por missões e programas. Esta inovação representa uma passagem de uma cultura de meios para uma cultura de resultados e teve como objetivo tornar o orçamento mais compreensível e, por consequência, dar uma melhor visibilidade para as políticas públicas e para as questões financeiras.[645]

Conforme relatório oficial do Governo Francês publicado em 2004, até a entrada em vigor da LOLF, a elaboração e o exame do projeto de lei orçamentária seguiam uma lógica de meios, ou seja, eram centrados "na evolução quantitativa dos créditos, sem relacioná-lo sistematicamente com os resultados esperados e alcançados".[646] Ou seja, sob o paradigma anterior, o orçamento alocava créditos aos respectivos ministérios, repartindo-os entre cerca de 850 capítulos que

[645] BARILARI, André; BOUVIER, Michel. *La LOLF et la nouvelle gouvernance financière de l'État.* Paris: L.G.D.J, 2010. p.27.

[646] Ministère de l'Economie, des Finances et de l'Industrie, l'Assemblée nationale, le Sénat, la Cour des comptes et le Comité interministériel d'audit des programme. La démarche de performance: stratégie, objectifs, indicateurs – Guide méthodologique pour l'application de la loi organique relative aux lois de Finances du 1er août 2001, en juin 2004. Disponível em: https://www.performance-publique.budget.gouv.fr/sites/performance_publique/files/files/documents/performance/controle_gestion/ressources_documentaires/guide_performance.pdf. Acesso em: 20 mar. 2022.

correspondiam à natureza de despesas. Com a LOLF, as discussões passaram a seguir uma lógica de resultados, em que elaboração e exame do projeto se concentrarão nos objetivos e na relação custo/benefício das políticas públicas.[647]

Esta mudança de um paradigma de meio para um paradigma de resultado tem como pressuposto o fato de que o resultado pode ser medido de forma objetiva, conforme o art. 51 da LOLF que estabelece que a apresentação das ações do Estado deve ser feita conforme "os custos associados, os objetivos perseguidos, os resultados obtidos e esperados para os próximos anos, medidos por meio de indicadores precisos cuja escolha se justifique". O relatório do governo francês afirma que a definição de objetivos e a mensuração de resultados visam à melhoria da eficácia da despesa pública em dois níveis: i) no processo de decisão do orçamento, realizado tanto no nível do governo quanto do parlamento e ii) na gestão mesma das administrações.[648]

Conforme o art. 7 da LOLF, o orçamento estrutura-se em três níveis – missões, programas e ações e deve ser apresentado da seguinte forma:

- os créditos para cobrir cada uma das despesas orçamentárias são agrupados por missão pertencente a um ou mais departamentos de um ou mais ministérios;
- uma missão inclui um conjunto de programas que contribuem para uma política pública definida. Somente uma disposição da lei orçamentária de iniciativa do governo pode criar uma missão;
- um programa agrupa os créditos destinados à execução de uma ação ou conjunto coerente de ações de um mesmo ministério e às quais estão associados objetivos precisos, definidos em função de finalidades de interesse geral, bem como dos resultados esperados e sujeitos à avaliação.

---

[647] Disponível em: https://www.performance-publique.budget.gouv.fr/sites/performance_publique/files/files/documents/performance/controle_gestion/ressources_documentaires/guide_performance.pdf. Acesso em: 20 mar. 2022.

[648] Disponível em: https://www.performance-publique.budget.gouv.fr/sites/performance_publique/files/files/documents/performance/controle_gestion/ressources_documentaires/guide_performance.pdf. Acesso em: 20 mar. 2022.

Na prática, portanto, o orçamento francês será composto da seguinte maneira, conforme exemplifica o relatório do governo francês de 2004:

- Cerca de 40 missões que especificam as grandes áreas das políticas do Estado: cada missão só pode ser criada por iniciativa do governo e corresponde às unidades de voto dos créditos, ou seja, o orçamento é votado pelo parlamento no nível de cada missão. O voto condicionado a cada missão permite que o foco seja dado às finalidades das políticas públicas. O parlamento só pode modificar a repartição das despesas entre programas dentro de uma mesma missão;[649]
- As missões são divididas entre cerca de 150 a 170 programas que delimitam as responsabilidades da implementação das políticas públicas: cada programa corresponde a um conjunto de ações atribuídas a um responsável do programa, a quem são destinados os recursos de maneira global, fungível e limitada, o que lhe permite escolher a melhor forma para realizar os objetivos fixados;[650]
- Os programas são divididos entre cerca de 500 a 600 ações que detalham as finalidades específicas dos programas: cada ação detalha as informações sobre a aplicação dos recursos orçamentários, ou seja, nas ações as despesas são previstas e executadas a título indicativo (o responsável do programa pode executar as ações sem restrição de limites de créditos).

[649] Disponível em: https://www.performance-publique.budget.gouv.fr/sites/performance_publique/files/files/documents/performance/controle_gestion/ressources_documentaires/guide_performance.pdf. Acesso em: 20 mar. 2022.

[650] Disponível em: https://www.performance-publique.budget.gouv.fr/sites/performance_publique/files/files/documents/performance/controle_gestion/ressources_documentaires/guide_performance.pdf. Acesso em: 20 mar. 2022.

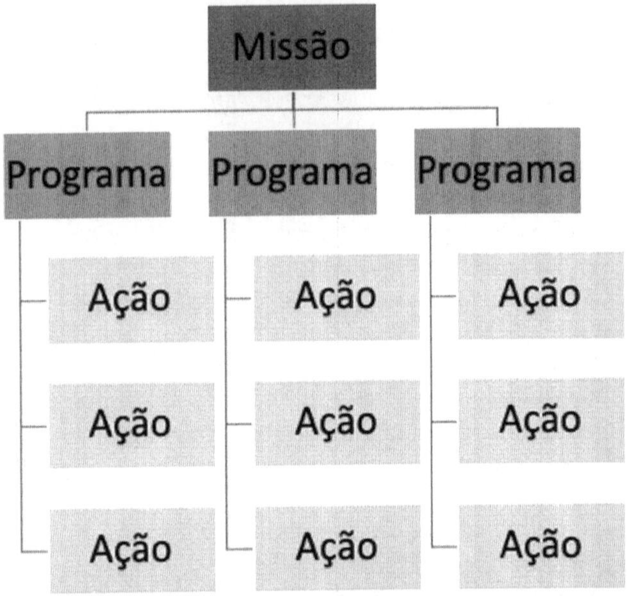

Missão	Define grandes áreas das políticas públicas Proposta exclusiva pelo governo Unidade de voto do parlamento
Programa	Define limites das despesas globais Destinadas a responsáveis Indica estratégias e objetivos decorrentes de indicadores
Ação	Detalhamento da destinação das despesas Objeto de uma previsão e de uma aplicação a título indicativo

28.2 Há uso (ou previsão de uso) de informações de desempenho pelo processo orçamentário?

O art. 51-5 da LOLF determina que o projeto de Lei de Finanças seja acompanhado de uma série de relatórios anexos, comumente chamados de *bleus budgétaires* (azuis orçamentários), dentre os quais o projeto anual de performance (PAP) dos programas que são associados a cada anexo.

Cada projeto de desempenho anual (PAP) inclui:[651]

- a apresentação estratégica do programa e das suas ações;
- apresentação de objetivos e indicadores de desempenho associados aos programas e ações;
- a justificativa para o primeiro euro dos créditos que desenvolve o conteúdo físico e financeiro das ações realizadas no âmbito do programa, bem como as determinantes da despesa e apresenta um calendário dos créditos de pagamento associados às autorizações de autorização;
- uma apresentação dos principais operadores e seus empregos.

[651] Disponível em: https://www.budget.gouv.fr/reperes/budget/articles/les-projets-annuels-de-performance-pap. Acesso em: 20 mar. 2022.

CAPÍTULO 29

REGRAS E METAS FISCAIS

29.1 O processo orçamentário e o condicionamento por regras fiscais

São dois os principais instrumentos jurídicos de condicionamento de metas fiscais na França: a lei de programação das finanças públicas (*Loi de programmation des finances publiques* – LPFP) e a lei orgânica relativa à programação e à governança das finanças públicas (*Loi organique relative à la programmation et à la gouvernance des finances publiques* – LOPGFP).

A LPFP é um instrumento de gestão plurianual das finanças públicas, uma norma financeira inserida no art. 34 da constituição francesa cuja finalidade é auxiliar o planejamento e o equilíbrio orçamentário da Administração Pública daquele país. A LPFP tem uma relevância solene no quadro de normas referentes ao processo orçamentário: é um texto que, além de depender de aprovação da Assembleia Nacional, informa à União Europeia sobre os compromissos financeiros de médio prazo assumidos pelo governo francês.

O atual status da LPFP entre as normas de finanças públicas francesas é resultado da entrada em efeito do Tratado sobre Estabilidade, Coordenação e Governança (o Pacto Fiscal Europeu) – pelo qual os membros da União Europeia se comprometeram a adotar um conjunto regras visando à disciplina fiscal, à coordenação das políticas econômicas e à melhoria da governança na zona do Euro. No ano de 2012, ao incorporar este Tratado a seu ordenamento jurídico, a França aprovou a LOPGFP que, entre outras medidas, elevou o equilíbrio estrutural das contas públicas a um dos objetivos perseguidos pela Administração Pública do país.

Entre as inovações trazidas pela LOPGFP ao processo orçamentário francês está atribuir à LPFP a missão de definir as orientações gerais das finanças públicas daquele país, com vista a dar efeito à "regra de ouro" introduzida pelo Pacto Fiscal Europeu, que fixou uma meta geral para o déficit estrutural dos países signatários (isto é, o saldo efetivo corrigido por variações conjunturais e por medidas temporárias) não superior a 0.5% do PIB, permitindo, entretanto, que países com uma relação entre dívida pública e PIB significativamente inferior a 60%, e reduzido risco de sustentabilidade das finanças públicas em longo prazo, apresentem um déficit estrutural máximo de 1% do PIB.[652]

No plano interno, os governos têm fixado nos últimos anos tanto na LPFP quanto na LFP uma "norma de despesa". A "norma de despesa" é definida como "uma regra de progressão anual das despesas fixadas independentemente do nível das receitas".[653] De acordo com Godefroy:

> esta regra permite "assegurar a boa gestão das despesas do Estado, desconectando a evolução das despesas, fixadas ex ante em função de uma trajetória de finanças públicas mais global, da evolução das receitas, muito sensíveis à conjuntura. Ela visa a evitar o aumento das despesas em períodos de conjuntura favorável, e limita assim o caráter procíclico de intervenção pública".[654]

Conforme o governo francês, esta norma é essencial para pilotar as despesas do Estado, pois permite:[655]

- na preparação do orçamento, coordenar a discussão interministerial e respeitar, em determinado campo, um objetivo de gasto compatível com a trajetória das finanças públicas;
- no controle das despesas durante o ano, respeitar a autorização parlamentar, limitando as superações ou objetivando-as com vista à eventual preparação de uma lei de finanças modificativa;
- evitar, em circunstâncias favoráveis, "reciclar" receitas adicionais em novas despesas.

---

652 Disponível em: t.ly/CTyb. Acesso em: 04 nov. 2021.

653 Godefroy *apud* Roux, p. 52.

654 Godefroy *apud* Roux, p. 52.

655 Disponível em: https://www.budget.gouv.fr/reperes/budget/articles/quoi-correspond-la-norme-de-depenses-pilotables. Acesso em: 20 mar. 2022.

29.2 Medidas de ajustes fiscais caso o teto de gastos seja ultrapassado

Outra inovação trazida pela LOPGFP é a que instituiu um mecanismo de correção de desvios significativos entre a execução orçamentária do ano corrente e a trajetória da dívida pública prevista na lei de programação orçamentária (*Loi de programmation des finances publiques* – LPFP). Na eventualidade de tal situação, ficou a cargo do Executivo apresentar justificativas para a existência do desvio e propor medidas de correção, seja no curso dos debates sobre a Lei de Regulamentação Orçamentária (*Loi de Règlement du Budget*), seja durante a elaboração do projeto orçamentário do ano seguinte. Qualquer que seja o caso, as ações tomadas pelo Executivo devem ser capazes de ajustar a trajetória da dívida estrutural em no máximo dois anos, a contar da constatação do desvio na trajetória da dívida pública.

Aqui, é fundamental o papel exercido pelo Conselho Superior de Finanças Públicas (*Haut Conseil des finances publiques*), instituição independente criada a partir da aprovação da LOPGFP. Trata-se de um órgão com estrutura paritária, composto por um presidente e mais dez membros. Cabe a este Conselho acompanhar e avaliar as previsões macroeconômicas apresentadas pelo Governo que justificam sua condução do orçamento público; supervisionar a adequação das contas públicas do país aos compromissos assumidos junto à União Europeia; e requisitar ao Executivo toda espécie de informação referente à condução das finanças públicas, às estatísticas públicas e às previsões econômicas.

Também compete ao Conselho Superior de Finanças Públicas verificar se há desvios significativos em relação à regra de ouro definidas pelo Pacto Fiscal Europeu e pela LOPGFP. A identificação por este Conselho de desvios na trajetória das contas públicas aciona o chamado mecanismo de correção, que obriga o país signatário a aplicar medidas de correção dentro de um prazo determinado. Na França, isso significa que o Executivo deverá não apenas apresentar razões para a existência de desvio na trajetória da dívida no curso do processo de exame do projeto da Lei de Regulamentação Orçamentária como anexará aos projetos de lei orçamentários (*Projet de Loi de Finance* – PLF) e da seguridade social, ambos do ano seguinte, relatório em que analisa as medidas de correção que pretende implementar, como manda o art. 23, I, da LOPGFP.

29.3 Há regra de ouro e exceções? Quem deve aprovar as exceções?

A regra de ouro de equilíbrio das contas públicas dos países signatários do Pacto Fiscal Europeu, qual seja, a manutenção de um déficit estrutural dos países signatários não superior a 0.5% do PIB, pode ser afastada em circunstâncias excepcionais, observados os parâmetros definidos pelo art. 3º, nº 3, alínea b, do mencionado Pacto, onde se lê:[656]

> Art. 3º.
> (...)
> b) Entende-se por "circunstâncias excecionais" o caso de ocorrência excecional não controlável pela Parte Contratante em causa e que tenha um impacto significativo na situação das finanças públicas ou períodos de recessão económica grave tal como constam do Pacto de Estabilidade e Crescimento revisto, desde que o desvio temporário da Parte Contratante em causa não ponha em risco a sustentabilidade das finanças públicas a médio prazo.

Uma vez verificado pelo Conselho Superior de Finanças Públicas a existência de desvio significativo entre o estado das finanças públicas do país e a meta definida pela regra de ouro, o Executivo poderá solicitar manifestação do Conselho, para esclarecer se tais desvios se justificam em vista das exceções previstas na norma acima descrita, devendo a resposta ao questionamento ser célere, pública e motivada, como disciplina o art. 23, da LOPGFP.

[656] Disponível em: https://www.consilium.europa.eu/media/20400/st00tscg26-pt-12.pdf. Acesso em: 14 mar. 2022.

CAPÍTULO 30

PROCESSO ORÇAMENTÁRIO NO PODER EXECUTIVO

30.1 O processo é *top-down*, *bottom-up* ou misto?

A elaboração do projeto de lei de finanças (PLF) é competência do Poder Executivo. O processo de elaboração da lei das finanças (PLF) e do orçamento do Estado é da competência exclusiva do Governo, conforme previsto no art. 38º do LOLF que prevê que "sob a autoridade do Primeiro-ministro, o ministro responsável pelas finanças elabora projetos de lei das finanças, deliberados em Conselho de Ministros". Trata-se de um processo *top-down*, compreendido por dois momentos distintos de discussão:[657] no primeiro, cada um dos ministérios gestores deve preparar e apresentar suas demandas de destinação de recursos no orçamento, devendo a Direção do Orçamento, estrutura integrante do ministério das finanças, apresentar sua versão do que considera o projeto de orçamento ideal, tendo por base seu estudo de avaliação das disposições financeiras do Estado. No segundo momento, ocorrem as negociações bilaterais, em que se confrontam as demandas dos ministérios com a proposta para o projeto de lei de finanças gestada no ministério das finanças. Quando há divergências entre as posições dos ministérios gestores e do ministro das finanças, cabe ao Primeiro-Ministro arbitrar a disputa, levando em conta as prioridades definidas pelo governo.

[657] ROUX, André. *Finances Publiques*. La Documentation Française; 3è édition, 2011. p. 49.

30.2 O órgão central de orçamento também é responsável por atividades de planejamento, monitoramento e avaliação?

Segundo o art. 38, da LOLF, o ministro das finanças é uma figura central na condução das etapas necessárias à preparação do projeto da lei de finanças, tendo como principal missão a defesa do "rigor orçamentário".[658] É este ministro que coordena todo o processo necessário à elaboração da lei de finanças, define o calendário de atividades, centraliza as demandas por crédito feitas pelos demais ministérios e solicita dos órgãos do governo informações necessárias às fases negociação e arbitragem, bem como aquelas que serão apresentadas nos anexos da PLF.

Com efeito, convém mencionar que o ministério das finanças francês tem na sua estrutura quatro agências diretamente envolvidas na produção de informações macroeconômicas, avaliação de políticas públicas e previsão de receitas, sendo elas:[659]

a) A Direção do Orçamento (*La Direction du Budget*): exerce uma função central na elaboração do PLF. É ela que centraliza e coordena todas as demandas de crédito no orçamento, bem como organiza os principais aspectos envolvidos no processo de elaboração da PLF: calendário, preparação material do PLF, natureza e formato das informações requisitadas aos ministérios setoriais para subsidiar os debates sobre a configuração do orçamento que ocorrem no Conselho de Ministros;
b) A Direção Geral de Modernização do Estado (*La Direction Générale de la Modernisation de L'État – DGME*): encarregada da revisão geral das políticas públicas e de melhorar a eficácia da gestão pública;
c) A Direção Geral do Tesouro (*La Direction Générale du Trésor – DGT*): fornece os dados necessários à elaboração do quadro macroeconômico constante no PLF. Ela é responsável por realizar previsões econômicas para a França e o contexto internacional, e também avaliar a situação das receitas públicas do país.

[658] ROUX, André. *Finances Publiques*. La Documentation Française; 3è édition, 2011. p. 50.
[659] ROUX, André. *Finances Publiques*. La Documentation Française; 3è édition, 2011. p. 51-52.

d) A Direção Geral das Finanças Públicas (*La Direction Générale des Finances Publiques – DGFiP*) e A Direção Geral das Aduanas (*La Direction Générale des Douanes et des Droits Indirects – DGDDI*): Dispõem de informações atualizadas sobre o estado das receitas públicas, que possibilitam à Direção do Orçamento elaborar previsões de receita.

Além do ministério das finanças, atuam para a elaboração do projeto da lei de finanças, enquanto ele está no Executivo, o Primeiro-Ministro e os outros ministros do governo. A estes últimos cabe formular demandas de crédito no orçamento para atender as necessidades de suas respectivas pastas. Já ao Primeiro-Ministro cumpre supervisionar todas as fases de elaboração do orçamento, indicar as prioridades do governo e arbitrar sobre eventuais divergências dentro do governo sobre a destinação final dos recursos.[660]

30.3 O Poder Executivo elabora somente a proposta ou também o projeto de lei orçamentária?

No curso do processo orçamentário francês há o projeto de lei orçamentária (*Projet de Loi de Finance* – PLF), gestado no âmbito do Poder Executivo e, posteriormente, encaminhado para discussão e aprovação pelo Parlamento. No entanto, ainda na fase de elaboração do mencionado projeto de lei, fica a cargo de ambos, o Primeiro-Ministro e o ministro da economia e finanças, a confecção de um documento denominado de *lettres plafonds*, cuja finalidade é notificar cada um dos ministérios gestores sobre os recursos que lhe serão destinados no PLF a ser submetido à análise do Parlamento.

30.4 O que ocorre na hipótese de o Poder Executivo não enviar tempestivamente a proposta ou o projeto de lei ao Poder Legislativo?

O art. 39 da LOLF determina que a proposta de orçamento do exercício deve ser depositada e distribuída até a primeira terça-feira de outubro, do ano que antecede a execução do orçamento. Ele é imediatamente encaminhado para consideração do comitê de finanças. De acordo com Camby, a escolha da primeira terça-feira de outubro tem

[660] DESMOULIN, Gil. *Finances Publiques de L'État*. Collection Droit Public. Vuibert. 2008. p. 108.

por objetivo permitir ao Parlamento exercer suas prerrogativas orçamentárias e respeitar o prazo estipulado no art. 47 da Constituição.[661] Esta data aplica-se também aos relatórios anexos à lei orçamentária anual, tais como o relatório econômico, social e financeiro; os projetos anuais de performance de cada programa e as avaliações anteriores de certos artigos da Lei.

O Conselho Constitucional francês já decidiu que a distribuição de todo ou parte de um documento depois da data prevista não impede o exame do projeto de lei e que a consequência deste atraso sobre a inconstitucionalidade da Lei de Finanças Anual será apreciada "de acordo tanto com as exigências da continuidade da vida nacional quanto com o imperativo de sinceridade que está presente no exame da lei de finanças durante toda a sua duração".[662] De acordo com Camby, esta decisão confirma decisões anteriores do Conselho Constitucional: uma primeira de 1982, que decidiu que um atraso de quatro dias não teria por efeito privar o Parlamento da informação que necessita; e outra de 1997, em que o Conselho decidiu que não há privação de informação se os documentos estão à disposição dos parlamentares, mas não foram oficialmente depositados.[663]

O art. 39 da LOLF ainda determina que cada anexo geral destinado à informação e ao controle de Parlamento, comumente chamados de "anexos amarelos", deve ser depositado na Assembleia e distribuído pelo menos cinco dias antes do exame, pela Assembleia Nacional em primeira leitura, das receitas ou dos créditos a que se referem os relatórios.

Importante registrar que nos últimos anos, o depósito do projeto de lei tem ocorrido durante a última semana de setembro,[664] antes, portanto, do prazo constitucional.

---

661 CAMBY, Jean-Pierre. *La réforme du budget de l'État*. La loi organique relative aux lois de finances. Paris: L. G. D. J, 2011. p. 267.

662 Decisão do Conselho Constitucional de 25 de Julho de 2001, em CAMBY, Jean-Pierre. *La réforme du budget de l'État*. La loi organique relative aux lois de finances. Paris: L. G. D. J, 2011. p. 268.

663 CAMBY, Jean-Pierre. *La réforme du budget de l'État*. La loi organique relative aux lois de finances. Paris: L. G. D. J, 2011. p. 269.

664 Disponível em: https://www2.assemblee-nationale.fr/decouvrir-l-assemblee/role-et-pouvoirs-de-l-assemblee-nationale/les-fonctions-de-l-assemblee-nationale/les-fonctions-legislatives/l-examen-parlementaire-des-lois-de-finances. Acesso em: 08 dez. 2023.

CAPÍTULO 31

PROCESSO ORÇAMENTÁRIO NO PODER LEGISLATIVO

31.1 Quais Casas Legislativas participam do processo? Qual comissão coordena o processo? O Legislativo dispõe de unidades de assessoramento técnico institucional em matéria orçamentária?

No caso francês, ambas as Casas Legislativas, Assembleia Nacional e Senado, possuem um papel ativo no processo orçamentário, definidos pela Constituição e pela LOLF. Neste sentido, o Parlamento tem um prazo total de 70 (setenta) dias para apreciar o Projeto de Lei enviado pelo Poder Executivo, divididos da seguinte forma: 40 (quarenta) dias para a Assembleia; 20 (vinte) dias para o Senado e 10 (dez) dias para apontamentos finais (*navette parlementaire*), caso seja necessária a criação de uma Comissão Parlamentar Paritária na hipótese de divergência, nos moldes do art. 45 da Constituição.

Durante este período, a análise é realizada através de Comissões de Finanças nas duas Câmaras, compostas por 73 (setenta e três) membros na Assembleia e 49 (quarenta e nove) no Senado.[665] Em seu art. 39, a LOLF prevê o encaminhamento da Lei de finanças à Comissão de Finanças, excluindo-se assim a possibilidade de constituição de uma Comissão Especial. Ademais, destaca-se que, segundo o art. 39, 3, do Regimento Interno da Assembleia Nacional, a Comissão de Finanças deverá ser presidida por um parlamentar de um grupo de oposição, prática essa tradicionalmente seguida pelo Senado.

[665] Art. 7º, parágrafo 6º do Regimento Interno do Senado.

Durante a tramitação do projeto na Comissão de Finanças, o Relator-Geral desempenha um papel fundamental, ao propor as suas próprias emendas e apresentar seu parecer sobre as emendas redigidas pelos restantes membros da comissão. A comissão apenas aprova as alterações formuladas pelo Relator-Geral, e, por conseguinte, não estabelece um texto que servirá de base para discussão em sessão pública, que deve ser o texto tal como apresentado pelo governo.[666] Em relação ao Relator-Geral, o Regimento dispõe que este será de um grupo majoritário. O Relator-Geral é eleito anualmente, ao mesmo tempo que o presidente da comissão e os seus membros, mas é tradicionalmente reconduzido para toda a legislatura.[667]

Em relação ao papel do Relator-Geral, algumas características devem ser ressaltadas. Ao receber a proposta orçamentária, cabe ao Relator a realização de um exame de legalidade do texto em apreço, de modo a validar sua conformidade com os requisitos legais e de acordo com o contexto econômico e financeiro. Durante esta análise, o Relator poderá propor emendas e, terminado seu trabalho, formula recomendação para a votação pela Comissão de Finanças. Ato contínuo, após a discussão e debate pelo grupo, um informe é elaborado e publicado, contendo o posicionamento da comissão quanto à proposta, com as respectivas emendas. Este procedimento é idêntico tanto na Assembleia Nacional quanto no Senado.

O exame detalhado dos créditos é pelos relatores especiais a quem o art. 57 da LOLF confere poderes de investigação sobre documentos e *in loco* e direito de comunicação de informações e documentos de natureza financeira e administrativa.[668] Os relatores especiais são nomeados pela comissão de finanças no primeiro trimestre do ano e têm a responsabilidade permanente de acompanhar a execução do orçamento na sua área de competência, enviando questionários aos ministros antes de 10 de julho de cada ano. O Governo tem a obrigação de responder por escrito até 10 de outubro (LOLF, art. 49). Cada relator especial é responsável pelo exame dos créditos de uma missão

---

666 Disponível em: https://www2.assemblee-nationale.fr/decouvrir-l-assemblee/role-et-pouvoirs-de-l-assemblee-nationale/les-fonctions-de-l-assemblee-nationale/les-fonctions-legislatives/l-examen-parlementaire-des-lois-de-finances. Acesso em: 20 mar. 2022.

667 Disponível em: https://www2.assemblee-nationale.fr/decouvrir-l-assemblee/role-et-pouvoirs-de-l-assemblee-nationale/les-fonctions-de-l-assemblee-nationale/les-fonctions-legislatives/l-examen-parlementaire-des-lois-de-finances. Acesso em: 20 mar. 2022.

668 Disponível em: https://www2.assemblee-nationale.fr/decouvrir-l-assemblee/role-et-pouvoirs-de-l-assemblee-nationale/les-fonctions-de-l-assemblee-nationale/les-fonctions-legislatives/l-examen-parlementaire-des-lois-de-finances. Acesso em: 20 mar. 2022.

ou, em certos casos, de um ou mais programas da mesma missão. Os relatores especiais pertencem ao conjunto dos grupos representados na Assembleia Nacional.[669]

31.2 Qual o papel das comissões temáticas na apreciação do orçamento?

Além da Comissão de Finanças, as Comissões Permanentes também participam da avaliação do Projeto de Lei de Finanças. No caso da Assembleia Nacional, são outras 7 (sete) Comissões,[670] quais sejam: (i) Assuntos Culturais e Educação; (ii) Assuntos Econômicos; (iii) Assuntos Estrangeiros; (iv) Assuntos Sociais; (v) Defesa Nacional e Forças Armadas; (vi) Desenvolvimento Durável e Organização do Território e (vii) Leis.[671] No Senado, a seu turno, existem outras 6 (seis) Comissões Permanentes,[672] organizadas da seguinte maneira: (i) Assuntos Econômicos; (ii) Assuntos Estrangeiros, Defesa e Forças Armadas; (iii) Assuntos Sociais; (iv) Organização do Território e Desenvolvimento Durável; (v) Cultura, Educação e Comunicação e (vi) Leis Constitucionais, Legislação, Sufrágio Universal, Regramento e Administração Geral.[673]

Neste sentido, as Comissões Permanentes supramencionadas são responsáveis pela elaboração de um parecer relativo às missões elencadas no Projeto de Lei no âmbito de sua competência, documento este formulado pelos seus respectivos relatores.[674]

Além disso, há outra figura importante na esfera de análise parlamentar: os Relatores Especiais. Nomeados pela Comissão de Finança no primeiro trimestre do ano, possuem poderes de investigação sobre

---

669 Disponível em: https://www2.assemblee-nationale.fr/decouvrir-l-assemblee/role-et-pouvoirs-de-l-assemblee-nationale/les-fonctions-de-l-assemblee-nationale/les-fonctions-legislatives/l-examen-parlementaire-des-lois-de-finances. Acesso em: 08 dez. 2023.

670 Disponível em: https://www.assemblee-nationale.fr/14/commissions/commissions-index.asp. Acesso em: 06 set. 2021.

671 *Affaires culturelles et éducation; Affaires économiques; Affaires étrangères; Affaires sociales; Défense nationale et forces armées; Développement durable et aménagement du territoire; Lois.*

672 Disponível em: https://www.senat.fr/commission/. Acesso em: 06 set. 2021.

673 *La commission des affaires économiques; La commission des affaires étrangères, de la défense et des forces armées; La commission des affaires sociales; La commission de l'aménagement du territoire et du développement durable; La commission de la culture, de l'éducation et de la communication; La commission des lois constitutionnelles, de législation, du suffrage universel, du règlement et d'administration générale.*

674 Disponível em: https://www2.assemblee-nationale.fr/decouvrir-l-assemblee/role-et-pouvoirs-de-l-assemblee-nationale/les-fonctions-de-l-assemblee-nationale/les-fonctions-legislatives/l-examen-parlementaire-des-lois-de-finances. Acesso em: 08 set. 2021.

documentos *in loco* e direito de comunicação de informações e documentos de caráter financeiro e administrativo, salvo hipóteses de sigilo. Os relatores pertencem a todos os grupos representados no Parlamento.

Importante destacar, ainda, que o trabalho das Comissões em ambas as casas é assessorado por uma equipe de aproximadamente 25 (vinte e cinco) membros na Assembleia e 15 (quinze) no Senado, os chamados administradores (*administrateurs*), geralmente especialistas em Direito Administrativo.

31.3 Quais os limites do Poder Legislativo para alterar a proposta orçamentária?

Em relação ao conteúdo das emendas parlamentares no processo orçamentário, deputados e senadores podem, ainda de acordo com o art. 44, (i) alterar a repartição de crédito entre os programas em uma mesma missão; (ii) modificar, criar ou suprimir um programa; (iii) se pronunciar sobre o teto de emprego (*plafonds d'emplois*); (iv) os critérios de desempenho dos ministérios e (v) medidas fiscais.

Quanto às limitações ao poder de emenda, é vedada a criação de despesas não previstas inicialmente no Projeto de Lei, de acordo com o art. 40 da Constituição. Soma-se a isso a proibição de iniciativas que objetivem a redução de receitas já existentes. Não por acaso, portanto, o art. 89, item 3 do Regimento Interno da Assembleia Nacional prevê a obrigatoriedade da recusa pelo Presidente da Assembleia de emenda que reduza o montante dos recursos públicos ou a criação e/ou aumento de um encargo.[675]

31.4 Quais atores podem propor alterações na proposta/projeto de lei do orçamento?

Consoante o exposto no art. 44 da Constituição,[676] deputados e senadores possuem a prerrogativa para propor emendas parlamentares,

---

[675] Disponível em: https://www2.assemblee-nationale.fr/decouvrir-l-assemblee/role-et-pouvoirs-de-l-assemblee-nationale/les-fonctions-de-l-assemblee-nationale/les-fonctions-legislatives/la-recevabilite-financiere-des-initiatives-parlementaires-au-regard-de-l-article-40-de-la-constitution-et-des-dispositions-organiques-relatives-aux-lois-de-finances-et-aux-lois-de-financement-de-la-securite-sociale. Acesso em: 10 set. 2021.

[676] Tradução livre do original: Article 44. *Les membres du Parlement et le Gouvernement ont le droit d'amendement. Ce droit s'exerce en séance ou en commission selon les conditions fixées par les règlements des assemblées, dans le cadre déterminé par une loi organique.*
Après l'ouverture du débat, le Gouvernement peut s'opposer à l'examen de tout amendement qui n'a pas été antérieurement soumis à la commission.

inclusive na esfera do processo orçamentário. Para isso, alguns critérios devem ser seguidos, os quais serão abordados a seguir.

Em primeiro lugar, as emendas somente poderão ser apresentadas durante a primeira leitura do Projeto de Lei de Finanças, devendo guardar pertinência temática, mesmo que indireta, com o texto em análise, nos moldes do art. 45 da Carta Magna. Sendo assim, começada a segunda leitura do projeto, apenas os pontos ainda em discussão pela Casa serão aptos a serem emendados.

No que tange à forma das emendas, cumpre salientar que o modelo francês dispõe de critérios objetivos para proceder à impressão e divulgação virtual das propostas, elencados no art. 47 da LOLF. São eles: as emendas devem ser (i) escritas; (ii) assinadas pelo(s) seu(s) autor(es); (iii) conter detalhes de sua inserção no texto, conteúdo, e um resumo de sua finalidade e (iv) depositada na assembleia deliberativa.

Em relação ao conteúdo das emendas parlamentares no processo orçamentário, deputados e senadores podem, ainda de acordo com o art. 44, (i) alterar a repartição de crédito entre os programas em uma mesma missão; (ii) modificar, criar ou suprimir um programa; (iii) se pronunciar sobre o teto de emprego (*plafonds d'emplois*); (iv) os critérios de desempenho dos ministérios e (v) medidas fiscais.

Quanto às limitações ao poder de emenda, é vedada a criação de despesas não previstas inicialmente no Projeto de Lei, de acordo com o art. 40 da Constituição. Soma-se a isso a proibição de iniciativas que objetivem a redução de receitas já existentes. Não por acaso, portanto, o art. 89, item 3 do Regimento Interno da Assembleia Nacional, prevê a obrigatoriedade da recusa pelo Presidente da Assembleia de emenda que reduza o montante dos recursos públicos ou a criação e/ou aumento de um encargo.[677]

Outra característica das emendas parlamentares é que, segundo o art. 44 da Constituição, após a abertura do debate acerca das possíveis alterações a uma lei, o governo pode se opor a analisar aquele texto caso não tenha passado anteriormente pela avaliação de uma comissão.

Si le Gouvernement le demande, l'assemblée saisie se prononce par un seul vote sur tout ou partie du texte en discussion en ne retenant que les amendements proposés ou acceptés par le Gouvernement.

[677] Disponível em: https://www2.assemblee-nationale.fr/decouvrir-l-assemblee/role-et-pouvoirs-de-l-assemblee-nationale/les-fonctions-de-l-assemblee-nationale/les-fonctions-legislatives/la-recevabilite-financiere-des-initiatives-parlementaires-au-regard-de-l-article-40-de-la-constitution-et-des-dispositions-organiques-relatives-aux-lois-de-finances-et-aux-lois-de-financement-de-la-securite-sociale. Acesso em: 20 nov. 2021.

31.5 Qual o alcance da autorização parlamentar na elaboração/tramitação do orçamento?

O art. 9º da LOLF destaca o caráter limitativo das dotações orçamentárias, uma vez que só podem ser autorizadas de acordo com os parâmetros elencados na Lei de Finanças aprovada pelo Parlamento, salvo exceções, por exemplo, interesse nacional e urgência, consoante o disposto nos Arts. 10 e 24 da lei orgânica.[678]

Ademais, cumpre destacar o art. 21 da LOLF, que aborda a hipótese de excesso das despesas previstas na Lei de Finanças. Neste caso, podem ser abertas dotações suplementares por decisão do Ministro das Finanças, que informará previamente as Comissões de Finanças da Assembleia Nacional e Senado. As Casas são responsáveis, portanto, por acompanhar e controlar se o teto de gastos será respeitado ao longo daquele exercício financeiro, conforme o disposto no art. 57 da lei.[679] Esta tarefa é de incumbência do Presidente das Comissões, ao seu Relator-Geral e, no âmbito de sua competência, dos Relatores Especiais.

31.6 O que ocorre na hipótese de o Poder Legislativo não aprovar tempestivamente o orçamento?

Na França, o art. 47 da Constituição[680] e art. 40 da LOLF[681] versam

---

678 Disponível em: https://www2.assemblee-nationale.fr/decouvrir-l-assemblee/role-et-pouvoirs-de-l-assemblee-nationale/les-fonctions-de-l-assemblee-nationale/les-fonctions-legislatives/l-examen-parlementaire-des-lois-de-finances. Acesso em: 13 set. 2021.

679 Tradução livre do original: Article 57. "*Les commissions de l'Assemblée nationale et du Sénat chargées des finances suivent et contrôlent l'exécution des lois de finances et procèdent à l'évaluation de toute question relative aux finances publiques. Cette mission est confiée à leur président, à leur rapporteur général ainsi que, dans leurs domaines d'attributions, à leurs rapporteurs spéciaux. A cet effet, ils procèdent à toutes investigations sur pièces et sur place, et à toutes auditions qu'ils jugent utiles*".

680 Tradução livre do original: Article 47. "*Le Parlement vote les projets de loi de finances dans les conditions prévues par une loi organique. Si l'Assemblée nationale ne s'est pas prononcée en première lecture dans le délai de quarante jours après le dépôt d'un projet, le Gouvernement saisit le Sénat qui doit statuer dans un délai de quinze jours. Il est ensuite procédé dans les conditions prévues à l'article 45. Si le Parlement ne s'est pas prononcé dans un délai de soixante-dix jours, les dispositions du projet peuvent être mises en vigueur par ordonnance*".

681 Tradução livre do original: Article 40. "*L'Assemblée nationale doit se prononcer, en première lecture, dans le délai de quarante jours après le dépôt d'un projet de loi de finances.*
Le Sénat doit se prononcer en première lecture dans un délai de vingt jours après avoir été saisi.
Si l'Assemblée nationale n'a pas émis un vote en première lecture sur l'ensemble du projet dans le délai prévu au premier alinéa, le Gouvernement saisit le Sénat du texte qu'il a initialement présenté, modifié le cas échéant par les amendements votés par l'Assemblée nationale et acceptés par lui. Le Sénat doit alors se prononcer dans un délai de quinze jours après avoir été saisi.

sobre a hipótese de não aprovação tempestiva do Projeto de Lei pelas Casas Legislativas.

O art. 47 da Constituição estabelece 70 dias como prazo para o parlamento se pronunciar sobre a proposta de orçamento. Este prazo divide-se da seguinte forma, conforme o art. 40 da LOLF: primeira leitura na Assembleia Nacional em até 40 dias; primeira leitura no Senado: 20 dias; e *navette* parlamentar: 10 dias.

De acordo com a Assembleia Nacional, o ponto de partida para o cálculo do prazo de 70 dias não é o dia da apresentação da Lei de Finanças, mas, "por acordo entre o Governo e a Assembleia Nacional, o dia seguinte ao envio de uma carta do Primeiro-Ministro ao Presidente da Assembleia Nacional, relacionando todos os anexos obrigatórios enviados à Assembleia, geralmente entre 10 e 14 de outubro".[682]

Caso a Assembleia Nacional não avalie, em primeira leitura, o texto em 40 (quarenta) dias, o Executivo transmitirá o projeto (com devidas emendas aprovadas pela Assembleia e aceitas pelo governo) para o Senado, que terá 15 (quinze) dias para se pronunciar sobre a matéria. Se o Senado, a seu turno, não realizar a votação em primeira leitura dentro do prazo estipulado, o Executivo submeterá novamente à Assembleia Nacional o texto com respectivas modificações feitas pela última casa e admitidas pelo Governo.

Os arts. 47 da Constituição e 45 da LOLF preveem as consequências da ultrapassagem do prazo de 70 dias:[683]

- se o atraso for imputável ao Parlamento, o Governo poderá recorrer à uma portaria para pôr em vigor as disposições;
- se o atraso for imputável ao Governo, em caso de descumprimento do prazo constitucional de entrega do projeto de lei impedindo a sua aprovação no prazo de 70 dias, o Governo poderá solicitar ao Parlamento que aprove apenas a primeira

Si le Sénat n'a pas émis un vote en première lecture sur l'ensemble du projet de loi de finances dans le délai imparti, le Gouvernement saisit à nouveau l'Assemblée du texte soumis au Sénat, modifié, le cas échéant, par les amendements votés par le Sénat et acceptés par lui".
Le projet de loi de finances est ensuite examiné selon la procédure d'urgence dans les conditions prévues à l'article 45 de la Constitution.
Si le Parlement ne s'est pas prononcé dans le délai de soixante-dix jours après le dépôt du projet, les dispositions de ce dernier peuvent être mises en vigueur par ordonnance.

682 Disponível em: https://www2.assemblee-nationale.fr/decouvrir-l-assemblee/role-et-pouvoirs-de-l-assemblee-nationale/les-fonctions-de-l-assemblee-nationale/les-fonctions-legislatives/l-examen-parlementaire-des-lois-de-finances. Acesso em: 20 mar. 2022.

683 Disponível em: https://www2.assemblee-nationale.fr/decouvrir-l-assemblee/role-et-pouvoirs-de-l-assemblee-nationale/les-fonctions-de-l-assemblee-nationale/les-fonctions-legislatives/l-examen-parlementaire-des-lois-de-finances. Acesso em: 20 mar. 2022.

parte do projeto lei relativa ao financiamento, discutindo-se a segunda parte posteriormente; ou solicitar, em regime de urgência, autorização para a cobrança de impostos e abertura por decreto de créditos relativos aos serviços votados. Em ambos os casos, os créditos são temporariamente distribuídos de acordo com os serviços votados, ou seja, os créditos mínimos que o Governo considera essenciais para permitir o funcionamento do Estado nas condições do ano anterior.[684]

[684] Disponível em: https://www2.assemblee-nationale.fr/decouvrir-l-assemblee/role-et-pouvoirs-de-l-assemblee-nationale/les-fonctions-de-l-assemblee-nationale/les-fonctions-legislatives/l-examen-parlementaire-des-lois-de-finances. Acesso em: 20 mar. 2022.

CAPÍTULO 32

PARTICIPAÇÃO DA SOCIEDADE E DE ENTIDADES INDEPENDENTES

32.1 Qual a relação da Entidade de Fiscalização Superior (EFS) com o processo orçamentário?

No que tange à participação de entidades de fiscalização no processo orçamentário francês, destaca-se o papel do Tribunal de Contas (*Cour des comptes*), órgão responsável pelo controle da regularidade das contas públicas, verificação da adequada utilização da receita com respectiva prestação de contas à sociedade.

Através de uma jurisdição independente, a Corte de Contas situa-se equidistante ao Parlamento e Governo, assistindo a ambos, conforme o disposto no art. 47-2 da Constituição,[685] fruto da Lei Constitucional de 23 de julho de 2008.

Em síntese, o Tribunal possui 4 (quatro) funções, quais sejam: (i) julgar, (ii) controlar, (iii) verificar, e (iv) avaliar. A primeira é o seu papel precípuo, uma vez que compete à Corte o julgamento das contas públicas. A segunda é relacionada à garantia da regularidade, eficiência e eficácia de uma gestão, através de um controle dos organismos auditados, bem como respectiva fiscalização. A terceira refere-se à certificação feita pelo Tribunal relativa às contas da Assembleia Nacional e do Senado. Por fim, a Corte é responsável pela avaliação dos

---

[685] Tradução livre do original: Article 47-2 "*La Cour des comptes assiste le Parlement dans le contrôle de l'action du Gouvernement. Elle assiste le Parlement et le Gouvernement dans le contrôle de l'exécution des lois de finances et de l'application des lois de financement de la sécurité sociale ainsi que dans l'évaluation des politiques publiques. Par ses rapports publics, elle contribue à l'information des citoyens. Les comptes des administrations publiques sont réguliers et sincères. Ils donnent une image fidèle du résultat de leur gestion, de leur patrimoine et de leur situation financière*".

resultados das políticas públicas adotadas, tendo em vista os objetivos vislumbrados pelas autoridades públicas.[686] Em relação à sua composição, o Tribunal é formado pelo Primeiro Presidente, Presidências de Câmara, Conselheiros-Mestre, Conselheiros Referendários e Auditores, nos moldes do art. L112-1 do Código de Jurisdições Financeiras.[687]

No que tange ao processo orçamentário, a Corte de Contas recebe informações regulares do Ministério das Finanças, dentre as quais se incluem documentos públicos e não públicos, abarcando análises detalhadas da execução orçamentária por programa. Ademais, o Tribunal possui acesso ao sistema de tecnologia da informação financeira do governo central, em que os dados de execução orçamentária estão disponíveis tanto em forma agregada quanto detalhada.[688]

Assim, com essas informações em mãos, a Corte elaborará 3 (três) informes ao longo do ciclo orçamentário anual a serem apresentados ao Primeiro Presidente em sessões plenárias. Dentre os informes, o mais importante é o Relatório Público Anual (*Rapport Public Annuel*), que recebe grande atenção do Parlamento, Governo e mídia, uma vez que inclui, dentre outros tópicos, recomendações na área das finanças públicas, à luz do exposto no art. L143-6, do Código de Jurisdições Financeiras.[689] Ademais, cumpre salientar que o referido relatório poderá ser objeto de discussão nas casas legislativas, consoante previsão no art. 58 da LOLF.[690]

Ainda, destaca-se, à luz do art. 58, item 6 da LOLF,[691] a obrigatoriedade de apresentação de um relatório conjunto ao depósito de

---

686 Disponível em: https://www.ccomptes.fr/fr/cour-des-comptes/role-et-activites#j. Acesso em: 21 set. 2021.

687 Article L112-1. "*La Cour des comptes est composée du premier président, de présidents de chambre, de conseillers maîtres, de conseillers référendaires et d'auditeurs*".

688 OECD. Budgeting in France. *OECD Journal on Budgeting*: Volume 2018/2, 2018. Disponível em: https://www.oecd.org/gov/budgeting/Budgeting-in-France.pdf. Acesso em: 12 jul. 2021.

689 Tradução livre do original: Article L143-6. "*La Cour des comptes adresse au Président de la République et présente au Parlement un rapport public annuel et des rapports publics thématiques, dans lesquels elle expose ses observations et recommandations et dégage les enseignements qui peuvent en être tirés*".
A Corte de Contas encaminha ao Presidente da República e apresenta ao Parlamento um relatório público e seus relatórios públicos temáticos, nos quais expõe observações e recomendações e extrai lições que podem delas resultar.

690 Tradução livre do original: Article 58. "(...) *Le rapport annuel de la Cour des comptes peut faire l'objet d'un débat à l'Assemblée nationale et au Sénat*".
O relatório anual da Corte de Contas pode ser objeto de debate na Assembleia Nacional ou no Senado.

691 Tradução livre do original: Article 58. "*La mission d'assistance du Parlement confiée à la Cour des comptes par le dernier alinéa de l'article 47 de la Constitution comporte notamment:*
6º Le dépôt d'un rapport conjoint au dépôt de tout projet de loi de finances sur les mouvements de crédits opérés par voie administrative dont la ratification est demandée dans ledit projet de loi de finances".

qualquer projeto de lei de finanças sobre os movimentos de créditos efetuados pela via administrativa e cuja ratificação é solicitada no projeto de lei de finanças.[692] Na prática, a Corte de Contas é instada a se manifestar quando o Estado abre créditos no orçamento por meio do chamado "decreto de adiantamento" (*décret d'avance*).

Outro aspecto relevante é o trabalho que o Tribunal de Contas conduz anualmente, qual seja, uma revisão dos principais indicadores de performance dos ministérios, em que é abordada (i) relevância dos indicadores; (ii) consistência ao longo do tempo e (iii) sua utilidade.[693]

32.2 Qual a relação da Instituição Fiscal Independente (IFI) com o processo orçamentário?

O Conselho Superior de Finanças Públicas foi criado em 2012 em meio à adaptação da legislação francesa ao Tratado sobre Estabilidade, Coordenação e Governação na União Econômica e Monetária da União Europeia, com o objetivo de ser uma instituição fiscal independente cujo objetivo central é avaliar a credibilidade das projeções macroeconômicas e se pronunciar sobre a coerência dos objetivos anuais apresentados nas leis orçamentárias com os objetivos plurianuais das finanças públicas,[694] sendo pautado na seguinte tríade valorativa: independência, colegialidade e transparência.

Compete ao Conselho Superior dar seu parecer sobre os pressupostos macroeconômicos utilizados pelo Governo na preparação dos principais textos que regem as finanças públicas antes da sua apresentação ao Parlamento.[695] Além disso, tem por função assegurar a trajetória do equilíbrio das finanças públicas (Estado, coletividades

---

A missão de assistir ao Parlamento confiada à Corte de Contas pela última alínea do artigo 47 da Constituição comporta notadamente:
6º A apresentação de um relatório conjunto de todos os projetos de lei de finanças sobre as movimentações de créditos operados por via administrativa para os quais a ratificação seja requerida pelo mencionado projeto de lei de finanças.

692 Disponível em: https://www2.assemblee-nationale.fr/decouvrir-l-assemblee/role-et-pouvoirs-de-l-assemblee-nationale/les-institutions-francaises-generalites/la-cour-des-comptes. Acesso em: 20 nov. 2021.

693 OECD. Budgeting in France. *OECD Journal on Budgeting*: Volume 2018/2, 2018. Disponível em: https://www.oecd.org/gov/budgeting/Budgeting-in-France.pdf. Acesso em: 12 jul. 2021.

694 Disponível em: https://www.hcfp.fr/en/node/71. Acesso em: 24 set. 2021.

695 Disponível em: https://www2.assemblee-nationale.fr/decouvrir-l-assemblee/role-et-pouvoirs-de-l-assemblee-nationale/les-fonctions-de-l-assemblee-nationale/les-fonctions-legislatives/l-examen-parlementaire-des-lois-de-finances. Acesso em: 09 dez. 2021.

locais e seguridade social) com os compromissos europeus da França. Em resumo, quando o Governo apresenta a lei de finanças ou de financiamento da seguridade social, "o Conselho Superior decide previamente sobre a coerência desses textos com a programação plurianual. Em seguida, examina se as projeções de receitas e despesas apresentadas pelo Governo são compatíveis com a trajetória de retorno ao equilíbrio estrutural das finanças públicas no médio prazo".[696]

Fortemente ligado ao Tribunal de Contas, os dois órgãos possuem a mesma presidência e equipe e, para garantir a independência do Conselho, seus 11 (onze) membros[697, 698] são indicados por 6 (seis) autoridades diferentes, da seguinte maneira: (i) o Presidente será o mesmo que o da Corte de Contas; (ii) 4 (quatro) magistrados da Corte indicados por seu presidente; (iii) 5 (cinco) personalidades qualificadas[699] e (iv) o Diretor Geral do Instituto Nacional de Estatística e Estudos Econômicos. Destaca-se, ainda, à luz do art. 11 da LOPGFP, que os membros do Conselho não são remunerados.[700]

Em relação à apreciação do Projeto de Lei de Finanças Públicas pelo Conselho Superior, consoante o art. 14 da LOPGFP,[701] o Governo

---

[696] Disponível em: https://www2.assemblee-nationale.fr/decouvrir-l-assemblee/role-et-pouvoirs-de-l-assemblee-nationale/les-fonctions-de-l-assemblee-nationale/les-fonctions-legislatives/l-examen-parlementaire-des-lois-de-finances. Acesso em: 09 dez. 2021.

[697] Os membros possuem mandatos de 5 (cinco) anos, além de não poderem ser dispensados, à luz do art. 11 da LOPGFP.

[698] Tradução livre do original: Article 11, LOPGFP. "*Le Haut Conseil des finances publiques, organisme indépendant, est placé auprès de la Cour des comptes. Il est présidé par le premier président de la Cour des comptes.*
Outre son président, le Haut Conseil des finances publiques comprend dix membres :
1º Quatre magistrats de la Cour des comptes en activité à la Cour, désignés par son premier président ;
2º Quatre membres nommés, respectivement, par le président de l'Assemblée nationale, le président du Sénat, les présidents des commissions des finances de l'Assemblée nationale et du Sénat en raison de leurs compétences dans le domaine des prévisions macroéconomiques et des finances publiques; ces membres sont nommés après audition publique conjointe de la commission des finances et de la commission des affaires sociales de l'assemblée concernée. Ils ne peuvent exercer de fonctions publiques électives".
3º *Un membre nommé par le président du Conseil économique, social et environnemental en raison de ses compétences dans le domaine des prévisions macroéconomiques et des finances publiques;*

[699] As 5 (cinco) figuras qualificadas serão indicadas, respectivamente, pelos Presidentes da Assembleia Nacional e Senado, Presidentes do Comitê de Finanças da Assembleia Nacional e Senado e Presidente do Conselho Econômico, Social e Ambiental.

[700] Tradução livre do original: Article 11. "*Les membres du Haut Conseil des finances publiques ne sont pas rémunérés*".

[701] Tradução livre do original: Article 14. "*Le Haut Conseil des finances publiques est saisi par le Gouvernement des prévisions macroéconomiques sur lesquelles reposent le projet de loi de finances de l'année et le projet de loi de financement de la sécurité sociale de l'année. Au plus tard une semaine avant que le Conseil d'Etat soit saisi du projet de loi de finances de l'année, le Gouvernement*

transmite ao Conselho os elementos do Projeto de Lei de Finanças para respectiva apreciação sob o prisma da coerência orçamentária à luz das orientações plurianuais do resultado estrutural definido na Lei de Programação das Finanças Públicas.

Ao longo de sua análise, é possibilitado ao Conselho Superior, consoante o elencado no art. 18 da LOPGFP,[702] a solicitação de informações e dados ao governo durante a elaboração do seu parecer, bem como auditar os representantes de todas as administrações competentes no âmbito das finanças públicas, estatísticas e previsões econômicas. Soma-se, ainda, a faculdade de recorrer a entidades ou pessoas não pertencentes à Administração Pública para ouvir suas previsões de receitas, despesas, equilíbrio e endividamento das administrações e seus respectivos subsetores.

Ato contínuo, o Conselho Superior emite seu parecer, que é anexado ao Projeto de Lei para, em seguida, ser encaminhado ao Conselho de Estado. O respectivo parecer é publicado pelo próprio Conselho quando da sua apresentação.

32.3 Há abertura para influências externas de empresas e de escritórios lobistas na elaboração do orçamento?

Na França, a atividade de *lobby* é disciplinada por uma norma anticorrupção aprovada em 2016, a Lei Sapin II. Entre seus diversos dispositivos, alguns são dedicados a regular a atuação de lobistas, ou representantes de interesses, como são por ela chamados as entidades que têm como atividade influenciar o processo político francês.[703] Para conferir transparência à atuação destes últimos, a lei tornou mandatório seu registro em cadastro público mantido pela Autoridade Superior de

---

transmet au Haut Conseil les éléments du projet de loi de finances de l'année et du projet de loi de financement de la sécurité sociale de l'année permettant à ce dernier d'apprécier la cohérence de l'article liminaire du projet de loi de finances de l'année au regard des orientations pluriannuelles de solde structurel définies dans la loi de programmation des finances publiques".

[702] Tradução livre do original: Article 18. "*Le Haut Conseil des finances publiques peut procéder à l'audition des représentants de l'ensemble des administrations compétentes dans le domaine des finances publiques, de la statistique et de la prévision économique.*
Il peut faire appel à des organismes ou des personnalités extérieurs à l'administration, notamment pour apprécier les perspectives de recettes, de dépenses, de solde et d'endettement des administrations publiques et de chacun de leurs sous-secteurs.
Le Gouvernement répond aux demandes d'information que lui adresse le Haut Conseil dans le cadre de la préparation de ses avis".

[703] Sobre a lei Sapin II, consultar: https://www.legiscompliance.com.br/images/pdf/loi_sapin_ii.pdf. Acesso em: 09 dez. 2023.

Transparência da Vida Pública (*Haute Autorité pour la Transparence de la Vie Publique* – HATVP), um dos órgãos públicos franceses responsáveis pela promoção da integridade, em que deveriam constar informações sobre as características da entidade de representação de interesses, tais como o número de empregados, despesa com atividade de *lobby*, ramo de atuação e alcance geográfico.[704]

A lei Sapin II dispõe que diferentes tipos de entidades podem se qualificar como representantes de interesses, por exemplo, associações, organizações comerciais, consultorias, escritórios de advocacia e sindicatos. Todas elas, para exercer regularmente sua atividade, devem ser inscritas no cadastro mantido pela HATVP, informando que categoria de atores públicos sua atividade almeja influenciar. São considerados agentes públicos potencialmente influenciáveis pela ação de lobistas, conforme o art. 25, da mencionada lei, membros do governo ou Conselho de Estado, parlamentares, autoridades administrativas, partidos políticos ou integrantes e demais categorias previstas na norma.[705]

No que tange à influência de atores externos no processo orçamentário francês, embora haja uma considerável dificuldade em analisar a dinâmica do relacionamento dos diferentes atores neste contexto, pode-se ter uma ideia da prevalência de ações que buscam influir no processo de aprovação da lei orçamentária a partir de consulta aos dados fornecidos cadastro da HATVP.

Atualmente, a França conta com aproximadamente 2400 entidades dedicadas a atividades de *lobby*, a maior parte delas representa interesses de sociedades empresariais, organizações profissionais e associações. Considerando apenas os dados mais recentes, referentes aos anos 2020 e 2021, verifica-se uma consistente atuação de diferentes entidades no processo orçamentário francês. Uma busca no cadastro pelo termo "PLF 2020" (*Projet de Loi de Finance* 2020), apresenta aproximadamente 7 mil resultados. Com o mesmo procedimento, usando o termo "PLF 2021", são apresentadas 6,8 mil inserções. Trata-se de um grande volume dados que demandaria uma análise mais aprofundada, caso se quisesse conhecer de forma mais aprofundada a extensão da influência do *lobby* no âmbito do processo orçamentário francês o que, a princípio, foge ao escopo deste texto.

---

[704] Para adicionais informações sobre a *Haute Autorité pour la Transparence de la Vie Publique*, consultar: https://www.hatvp.fr/.

[705] Transparency International, Pour un meilleur encadrement du lobbying, 2019, p. 28-39. Disponível em: shorturl.at/mqK35. Acesso em: 20 mar. 2022.

Ainda assim, cabe mencionar o importante instrumento de transparência pública que representa o repositório de dados da HATVP, em razão da qualidade das informações por ele fornecida sobre a atuação das entidades de representação de interesse, é possível conhecer a natureza da ação de influência realizada no curso do processo de aprovação do projeto de lei orçamentária para o ano consultado, o domínio de intervenção, o tipo de autoridade pública a que a ação estava destinada, a entidade autora e o tipo de processo político que a ação de *lobby* pretendia influenciar. Também estão disponibilizadas informações sobre o quadro societário da entidade, seu ramo de atuação, lista de clientes, quantidade de empregados e o montante despendido em ações de representação de interesse para todos os anos, a contar da qualificação para atuar com *lobby*.

ESTADOS UNIDOS

LAYLA MCCLASKEY

FELIPE MORALES

CAPÍTULO 33

INTRODUÇÃO: ASPECTOS GERAIS

33.1 Sistema de Governo e Forma de Estado

No que diz respeito ao sistema de governo, os Estados Unidos da América adotam sistema presidencialista, por meio do qual resta eleito um Presidente a cada 4 (quatro) anos. Em âmbito federal, as autoridades eleitas consistem no Presidente, no Vice-Presidente e nos membros do Congresso, quais sejam, os 435 (quatrocentos e trinta e cinco) membros da Casa dos Representantes dos EUA e os 100 (cem) membros do Senado.

Apesar de as inúmeras críticas decorrentes de uma alegada violação do princípio da separação de poderes,[706] convém destacar um aspecto bastante marcante do sistema de governo dos Estados Unidos da América, que consiste no sistema das agências. Instituídas pelo Poder Legislativo, com fulcro no art. 1º, da seção 8, da Constituição Federal,[707] as agências se propõem a garantir que o Congresso seja o detentor de competência para editar todas as leis que sejam necessárias e adequadas

[706] A atuação das agências acaba sendo percebida como que semelhante ao escopo de trabalho do Poder Executivo, do Poder Legislativo e do Poder Judiciário. LAWSON, Gary. Rise and Rise of the Administrative State. *107th Harvard Law Review*, p. 1231, 1994.

[707] *"To make all Laws which shall be necessary and proper for carrying into Execution the foregoing Powers, and all other Powers vested by this Constitution in the Government of the United States, or in any Department or Officer thereof"*. Art. 1º, da seção 8, do art. 1º, da Constituição dos Estados Unidos. Disponível em: https://www.senate.gov/civics/constitution_item/constitution.htm#a1_sec8. Acesso em: 22 mar. 2022. "Fazer todas as Leis que forem necessárias e apropriadas para levar à Execução os Poderes anteriores, e todos os outros Poderes conferidos por esta Constituição no Governo dos Estados Unidos, ou em qualquer Departamento ou Diretor do mesmo". (Tradução Livre)

para executar os poderes a ele assegurados pela Constituição Federal, e todos os outros poderes em qualquer departamento.[708]

Quanto à forma de Estado, tal como se verifica no Brasil, observa-se que os Estados Unidos da América adotam a forma federativa de Estado, com o que os 50 (cinquenta) Estados americanos apresentam considerável autonomia administrativa e legislativa. Tal liberdade tem como limite a Constituição Federal e a forma republicana de governo, nos termos das seções 3 e 4, do art. 4º, da mencionada Constituição Federal.[709]

33.2 Sistema Partidário

Apesar de os *founding fathers* dos EUA não terem tratado da criação de partidos políticos, fato este que explica o silêncio normativo na Constituição dos EUA, nota-se ser peculiar aos Estados Unidos a adoção costumeira e histórica de um sistema político bipartidário.

Nesse sentido, em face da histórica alternância de poder entre os representantes dos partidos Democrata e Republicano,[710, 711] muitos

[708] GUERRA, Sérgio. Aperfeiçoando a Regulação Brasileira Por Agências: Quais Lições Podem Ser Extraídas do Sesquicentenário Modelo Norte-Americano? *Teoria do Estado Regulador*, p. 34, 2015.

[709] "*Section 3: New States may be admitted by the Congress into this Union; but no new State shall be formed or erected within the Jurisdiction of any other State; nor any State be formed by the Junction of two or more States, or Parts of States, without the Consent of the Legislatures of the States concerned as well as of the Congress. The Congress shall have Power to dispose of and make all needful Rules and Regulations respecting the Territory or other Property belonging to the United States; and nothing in this Constitution shall be so construed as to Prejudice any Claims of the United States, or of any particular State. Section 4: The United States shall guarantee to every State in this Union a Republican Form of Government, and shall protect each of them against Invasion; and on Application of the Legislature, or of the Executive (when the Legislature cannot be convened) against domestic Violence*". Seções 3 e 4, do art. 4º, da Constituição Federal dos Estados Unidos. Disponível em: https://www.senate.gov/civics/constitution_item/constitution.htm#a1_sec8. Acesso em: 12 set. 2022. "Seção 3: Novos Estados podem ser admitidos pelo Congresso nesta União; mas nenhum novo Estado será formado ou erigido dentro da Jurisdição de qualquer outro Estado; nem qualquer Estado ser formado pela junção de dois ou mais Estados, ou Partes de Estados, sem o consentimento das legislaturas dos Estados interessados, bem como do Congresso. O Congresso terá o poder de dispor e fazer todas as Regras e Regulamentos necessários com respeito ao Território ou outra Propriedade pertencente aos Estados Unidos; e nada nesta Constituição deve ser construído de modo a Prejudicar quaisquer Reivindicações dos Estados Unidos, ou de qualquer Estado em particular. Seção 4: Os Estados Unidos garantirão a todos os Estados desta União uma Forma Republicana de Governo e protegerão cada um deles contra a Invasão; e por Aplicação do Legislativo, ou do Executivo (quando o Legislativo não puder ser convocado) contra a Violência Doméstica". (Tradução Livre)

[710] TOTA, Antonio Pedro. Origens do bipartidarismo: Uma tentativa de entender as eleições norte-americanas. *Novos Estudos*, CEBRAP, p. 70, 2008. Disponível em: https://bit.ly/37Qq0Ln. Acesso em: 15 set. 2021.

[711] *Idem*. p. 70.

são os reflexos de natureza orçamentária: a ideologia-base das linhas partidárias acaba por influenciar as escolhas públicas realizadas no bojo dos respectivos governos e a aprovação das políticas com direcionamento de verbas públicas.[712, 713]

33.3 Sistema Jurídico

Tal como se verifica com boa parte das ex-colônias do reino britânico, os Estados Unidos da América praticam o sistema jurídico da *Common Law*, o qual é bastante diferenciado daquele praticado nos países de tradição romano-germânica, o sistema jurídico da *Civil Law*.

De forma concreta, isso quer dizer que o sistema jurídico aplicado nos Estados Unidos da América tem como suporte os precedentes esboçados pelos casos levados a julgamento nas Cortes Superiores, a representar, portanto, um direito costumeiro, do costume da corte.[714]

Com base em tais ponderações, verifica-se que o chamado *Case Law* americano acaba por ser percebido como enriquecedor do papel do Poder Judiciário, o que, conforme a literatura, é favorável ao acompanhamento da realidade social em detrimento da sistemática da *Civil Law*.[715]

No que diz respeito à matéria orçamentária, observa-se que tal diferença vai se refletir na natureza difusa do regramento do orçamento americano, cujo arcabouço normativo pode ser encontrado de forma dispersa em atos, estatutos, circulares e outros documentos normativos editados conforme as demandas concretas surgidas ao longo dos anos. Nos países de tradição jurídica romano-germânica,[716] como o Brasil, observa-se conjuntura de maior centralização de regras orçamentárias típico da *Civil Law*.

---

712 ADAMS, Gordon. *The Iron Triangle*. New Brunswick: Transaction Publishers, 1981. p. 24.

713 Nesse sentido, vale destacar as teorias denominadas de *"partisan theories of budget allocation"*, *"congressional theories of budget allocation"* e *"pork barrel"* que tratam do papel da ideologia dos agentes públicos na distribuição do orçamento. Tal ponto foi detalhado no capítulo 1, deste trabalho.

714 *Idem*.

715 ONODERA, Marcus; BALDANI FILLIPO, Thiago. *Brasil e EUA*: temas de direito comparado/coordenação. São Paulo: Escola Paulista da Magistratura, 2017. p. 32. Disponível em: https://bit.ly/3PlWEFq. Acesso em: 15 set. 2021.

716 ONODERA, Marcus; BALDANI FILLIPO, Thiago. *Brasil e EUA*: temas de direito comparado/coordenação. São Paulo: Escola Paulista da Magistratura, 2017. p. 32. Disponível em: https://bit.ly/3PlWEFq. Acesso em: 15 set. 2021.

CAPÍTULO 34

INTEGRAÇÃO ENTRE PLANOS E ORÇAMENTOS E PLURIANUALIDADE

34.1 Mecanismos de conexão entre planos (ou planos de governo) e orçamentos

Apesar de o orçamento americano ser estabelecido para fins de atendimento das despesas relativas ao período de 1 (um) ano, é possível observar a existência de mecanismos de conexão entre os planos multianuais de governo e os orçamentos públicos federais americanos.

Assim, conforme estudo da OCDE de 2013, observa-se que, no caso dos Estados Unidos, o processo orçamentário garante uma perspectiva de controle dos gastos públicos que alcança um período estimado de 6 (seis) anos. Destaca-se, entretanto, que tal monitoramento se dá tão somente na seara dos gastos setoriais ou de programas.[717] O gráfico a seguir evidencia o período de controle de gastos orçamentários de forma comparada com os países da OCDE. Nos países da OCDE, a média de controle dos gastos orçamentários é de 7 (sete) anos.

[717] OCDE. *Government at a Glance 2013*. Medium-term expenditure frameworks. Disponível em: https://www.oecd-ilibrary.org/docserver/gov_glance-2013-en.pdf?expires=1659637682&id=id&accname=guest&checksum=D8AF9BE0B1877CA7618D4B53B0706B16. Acesso em: 25 maio 2022.

Figura 7
Período de controle de gastos orçamentários

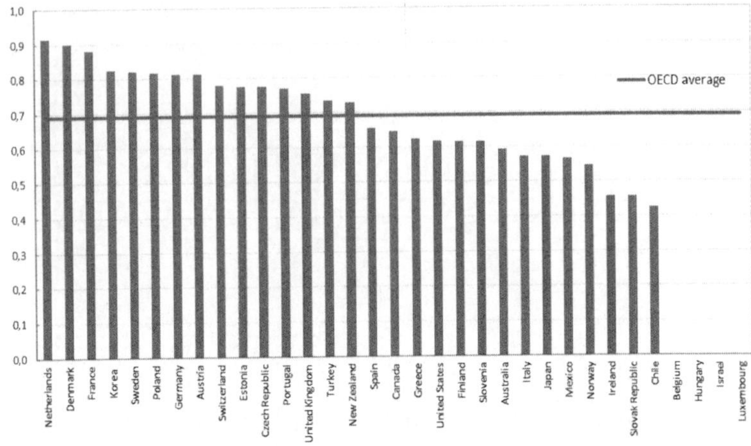

Fonte: OECD 2012 Survey on Budgeting Practices and Procedures.

34.2 Acompanhamento de projeções plurianuais ao orçamento anual

Nos termos do parágrafo 1105, do Título 31, do U.S. *Code*,[718] resta exigido como requisito para a aprovação do orçamento do Executivo a apresentação de evidências acerca da coerência financeira da correspondente proposta orçamentária, incluindo o déficit orçamentário corrente e o projetado para os próximos 4 (quatro) anos.

Assim, nota-se que a requisição de orçamento encaminhada pelo Poder Executivo ao Congresso resta composta por amplo rol de documentos e informações de natureza financeira; tais dados se prestam a servir como apoio para a respectiva aprovação nas subcomissões e comissões orçamentárias das duas casas do Congresso, as quais também fazem uso das projeções elaboradas pelo *Congressional Budget Office*. [721]

718 *"Except as provided in subsection (b) of this section, estimated expenditures and proposed appropriations the President decides are necessary to support the Government in the fiscal year for which the budget is submitted and the 4 fiscal years after that year"*. §1105(a)(5), do Título 31, do U.S. *Code*. Disponível em: https://uscode.house.gov/view.xhtml?req=granuleid:USC-prelim-title31-section1105&num=0&edition=prelim. Acesso em: 09 dez. 2023. "Exceto conforme disposto na subseção (b) desta seção, as despesas estimadas e as apropriações propostas que o Presidente decidir serem necessárias para apoiar o Governo no ano fiscal para o qual o orçamento é apresentado e nos 4 anos fiscais subsequentes a esse ano". (Tradução Livre)

Quanto às espécies de informações financeiras incluídas no referido documento, verifica-se o correspondente detalhamento do déficit orçamentário, das estimativas de receita pública e das despesas geradas pelos projetos propostos pelo Executivo para os próximos 4 (quatro) anos subsequentes.[720] Conforme o título 31, da seção 1106, do U.S. *Code*,[721] para fins de atualização dos referidos dados, exige-se a apresentação de relatório revisional pelo Presidente no bojo da *Mid-Session Review* (MSR) até o dia 15 de julho de cada ano.[722]

Além disso, percebe-se que na peça restam apresentadas informações de planos de performances das agências federais, pareceres sobre legislações aplicáveis, benefícios tributários, passivos contingentes, orçamentos dos anos anteriores e do impacto da implementação da proposta orçamentária, dentre outras métricas e previsões[723].

Para encerrar, vale destacar outros 2 (dois) atos legais que trazem regras relativas à eficiência e ao desempenho dos institutos governamentais. Nesse sentido, realça-se o Government Performance

---

[719] SATURNO, James. *Introduction to the Federal Budget Process*. Washington: Congressional Research Service, 2020. p. 8.

[720] Tradução livre: (5) salvo o disposto na subsecção (b) desta secção, as despesas estimadas e as dotações propostas que o Presidente decidir serem necessárias para apoiar o Governo no exercício fiscal para o qual o orçamento é apresentado e nos 4 exercícios fiscais subsequentes a esse ano. (6) receitas estimadas do Governo no ano fiscal para o qual o orçamento é apresentado e nos 4 anos fiscais posteriores a esse ano sob (A) leis em vigor quando o orçamento é apresentado; e (B) propostas no orçamento para aumentar as receitas. Disponível em: https://www.law.cornell.edu/uscode/text/31/1105. Acesso em: 28 set. 2021.

[721] *"Before July 16 of each year, the President shall submit to Congress a statement of changes in budget authority requested, estimated budget outlays, and estimated receipts for the fiscal year for which the budget is submitted (including prior changes proposed for the executive branch of the Government) that the President decides are necessary and appropriate based on current information. The statement shall include the effect of those changes on the information submitted under section 1105(a)(1)–(14)"* §1106(b) do Título 31 do U.S. Code. Disponível em: https://uscode.house.gov/view.xhtml?req=granuleid:USC-prelim-title31section1106&num=0&edition=prelim. Acesso em: 09 dez. 2023. "Antes de 16 de julho de cada ano, o Presidente deverá apresentar ao Congresso uma declaração de mudanças na autoridade orçamentária solicitada, despesas orçamentárias estimadas e receitas estimadas para o ano fiscal para o qual o orçamento é apresentado (incluindo as mudanças anteriores propostas para o poder executivo do Governo) que o Presidente decida serem necessárias e apropriadas com base nas informações atuais. A declaração deve incluir o efeito dessas alterações nas informações apresentadas nos termos da seção 1105(a)(1)–(14)". (Tradução Livre)

[722] OFFICE OF MANAGEMENT AND BUDGET. *Circular A-11*. Abr. 2021. p. 123-124. Disponível em: https:// www.wh itehouse.gov/wp-content/uploads/2018/06/a11.pdf. Acesso em: 03 0 ago. 2021.

[723] OCDE. OECD Journal on Budgeting. *Special Issue*. The Legal Framework for Budget Systems: An International Comparison. Volume 4, N. 3. 2004. p. 459-461. Disponível em: https://www.oecd.org/gov/budgeting/thelegalframeworkforbudgetsystemsaninternationalcomparison.htm. Acesso em: 21 jul. 2021.

and Results Act of 1993[724], editado para trazer melhorias a título de resultado dos programas e de qualidade no planejamento das metas a serem alcançadas pelas agências federais. Por força desse ato, tornou-se necessário que a diretoria de cada uma das agências do Governo Federal de elaborar e submeter ao Congresso plano programático com cobertura de um período de, pelo menos, 5 (cinco) anos, detalhando a forma de como os objetivos da agência serão alcançados, detalhando-se os recursos tecnológicos e humanos necessários[725-726].

Outro ato relevante para a supervisão do desempenho no exercício orçamentário foi o *Government Management Reform Act of 1994*,[727] que buscou proporcionar eficiência e responsividade ao trabalho realizado pelo Poder Executivo. Uma das medidas relacionadas a esse ato diz respeito à necessidade de envio à Presidência e ao Congresso: i) da declaração financeira auditada do ano fiscal anterior, com informações de contas e atividades, pelo chefe de cada agência à diretoria da OMB; e ii) da declaração financeira de todo o Poder Executivo federal acerca do ano fiscal anterior, auditada pela *Secretary of Treasury* junto à diretoria do OMB.

---

[724] ESTADOS UNIDOS. *Public Law 103-62*. Disponível em: https://www.congress.gov/103/statute/STATUTE-107/STATUTE-107-Pg285.pdf. Acesso em: 15 set. 2021.

[725] Nesse sentido ver: ESTADOS UNIDOS. U.S. Department of Labor. *Government Performance and Result Act*. Disponível em: https://www.dol.gov/agencies/eta/performance/goals/gpra. Acesso em: 27 set. 2021.

[726] KRAVCHUK, Robert S.; SCHACK, Ronald W. Designing Effective Performance-Measurement Systems under the Government Performance and Results Act of 1993. *Public Administration Revie*, vol. 56, n. 4, p. 348-358, jul./ago. 1996). Disponível em: https://www.jstor.org/stable/976376. Acesso em: 27 set. 2021.

[727] ESTADOS UNIDOS. *Public Law 103-356*. Disponível em: https://www.congress.gov/bill/103rd-congress/se nate-bill/2170. Acesso em: 15 set. 2021.

CAPÍTULO 35

IMPOSITIVIDADE DO ORÇAMENTO E VINCULAÇÃO DE DESPESAS

35.1 O orçamento é autorizativo ou impositivo?

Apesar de estabelecer mecanismos de proteção da competência do Congresso (o *Power of the Purse*, da cláusula 1ª, da seção 8ª, do art. 1º, da Constituição americana), prevenindo a alteração unilateral das decisões alocativas congressuais pelo Presidente, o *Congressional Budget Act of 1974*[728] não foi capaz de conferir teor de impositividade ao orçamento americano.

Nesse sentido, o orçamento federal americano é dotado de natureza autorizativa, de forma a inexistir obrigação de utilização pelo Poder Executivo das verbas autorizadas pelo Congresso. O *concurrent resolution* deixa, portanto, de instituir despesas públicas, implicando autorização para o direcionamento da verba pública pelo Poder Executivo. Como visto, tal *concurrent resolution* é aprovado por maioria no Congresso[729] e, posteriormente, sancionado pelo Presidente em forma de Lei.

Em maiores detalhes, vale apontar que, todos os anos, o Congresso considera inúmeras leis que criariam ou modificariam programas e atividades do Governo Federal. A variedade de abordagens usadas em todo o orçamento federal para financiar esses programas e atividades envolve diferentes cronogramas e processos, no âmbito do Congresso,

---

[728] ESTADOS UNIDOS. *Public Law 93-344*. Disponível em: https://www.govinfo.gov/content/pkg/GPO-RIDDICK-1992/pdf/GPO-RIDDICK-1992-34.pdf. Acesso em: 15 set. 2021.

[729] CENTER ON BUDGET AND POLICY PRIORITIES. *POLICY BASICS*: Introduction to the federal budget process. Disponível em: Https://www.cbp.org/research/introduction-to-the-federal-budget-pro. Acesso em: 28 set. 2021.

para a tomada de decisões orçamentárias. A estrutura legislativa para estabelecer e financiar as atividades do governo federal é baseada em uma distinção fundamental entre dois tipos de leis orçamentárias:[730]

- As autorizações (*authorizations*), promulgadas conforme necessário, em uma base plurianual ou permanente, fornecem autoridade legal para o governo agir, geralmente estabelecendo, continuando ou restringindo uma agência, programa, política, projeto ou atividade federal;
- As apropriações (*appropriations*), promulgados anualmente, fornecem autoridade legal para obrigar o governo a fazer pagamentos, inclusive para estabelecer a capacidade de fazer esses pagamentos no futuro.

Em resumo, essas leis e suas disposições podem ser distinguidas se seu objetivo principal é criar ou modificar programas ou atividades federais – autorizações – ou financiar essas atividades – apropriações. A autoridade orçamental (*budget authority*), fornecida sob as formas de autorizações e apropriações, pode ser classificada de várias maneiras que indicam como ela é fornecida, por quanto tempo estará disponível e quanto estará disponível.[731] Em termos da natureza do gasto orçamentário, há a distinção entre os gastos discricionários (*discricionary spending*) e os gastos obrigatórios ou diretos (*mandatory spending*), conforme definição apresentada no estatuto (2 U.S.C. §900(c)(7)-(8)) para fins de regras processuais e estatutárias de execução orçamentária.

Os programas de gastos discricionários geralmente são estabelecidos por meio de leis de autorização, mas o processo de apropriações anuais determina até que ponto esses programas serão realmente financiados (se a dotação financeira, de fato, ocorrer). Em outras palavras, a lei de autorização para uma atividade de gasto discricionário não financia essa atividade nem exige que o financiamento para essa atividade seja fornecido no futuro. Desse modo, cabe às leis de apropriações financiar e controlar os gastos discricionários.[732] Essa categoria inclui a maioria dos gastos com defesa, bem como gastos com muitas atividades não relacionadas à defesa, como ensino fundamental e

---

730 CONGRESSIONAL RESEARCH SERVICE. *Overview of Funding Mechanisms in the Federal Budget Process, and Selected Examples*, February 2021. p. 1. Disponível em: https://bit.ly/3yVhiGO. Acesso em: 23 maio 2022.

731 CONGRESSIONAL RESEARCH SERVICE. *Introduction to Budget Authority*, May 2022. p. 10. Disponível em: https://bit.ly/3MLgOac. Acesso em: 23 maio 2022.

732 CONGRESSIONAL RESEARCH SERVICE. *Overview of Funding Mechanisms in the Federal Budget Process, and Selected Examples*, February 2021. p. 3. Disponível em: https://bit.ly/3yVhiGO. Acesso em: 23 maio 2022.

médio, assistência habitacional, assuntos internacionais e administração da justiça, além de gastos com programas rodoviários.[733]

Essa posição de destaque às leis de apropriações para a definição dos gastos discricionários implica que, embora as decisões políticas possam ocorrer conforme a necessidade por meio da promulgação de leis de autorização, ou periodicamente à medida que as disposições de autorização expirando são renovadas, as decisões relativas ao financiamento geralmente ocorrem a cada ano por meio da promulgação de leis de apropriações. No entanto, a frequência diferente com que as decisões de autorização e apropriações podem ocorrer torna os mecanismos de financiamento discricionários particularmente complexos e sujeitos a variações de programa para programa. E embora essa abordagem tenda a permitir uma revisão mais regular do Congresso sobre o uso dos fundos, ela também tem um maior potencial de instabilidade ano a ano no nível de recursos orçamentários disponíveis para um determinado programa ou atividade.[734] Nesse sentido, é possível alguns gastos discricionários surgirem da autoridade orçamentária fornecida no mesmo ano e alguns surgem de apropriações feitas em anos anteriores.[735]

Por sua vez, os gastos obrigatórios são controlados por leis de autorização. Para esse tipo de gasto, o programa geralmente é criado e financiado na mesma lei, muitas vezes de forma plurianual ou permanente. Alternativamente, a lei de autorização que cria uma atividade de gasto obrigatória às vezes contém disposições que exigem legalmente que o financiamento seja fornecido no futuro. Embora as apropriações que financiam esses tipos de requisitos de financiamento estejam previstas em leis de apropriações, elas são tecnicamente controladas por leis de autorização. Esta abordagem alternativa é muitas vezes referida como despesa "apropriada obrigatória".[736] Os gastos obrigatórios ou diretos incluem gastos com alguns programas de benefícios federais e outros pagamentos a pessoas, empresas, instituições sem fins lucrativos e governos estaduais e locais. Tais despesas são geralmente regidas por

---

733 CONGRESS OF THE UNITED STATES. CBO. *An Update to the Budget Outlook*: 2020 to 2030, September 2020. p. 11. Disponível em: https://bit.ly/3sOhmEg. Acesso em: 23 maio 2022.

734 CONGRESSIONAL RESEARCH SERVICE. *Overview of Funding Mechanisms in the Federal Budget Process, and Selected Examples*, February 2021. p. 4. Disponível em: https://bit.ly/3yVhiGO. Acesso em: 23 mai. 2022.

735 CONGRESS OF THE UNITED STATES. CBO. *An Update to the Budget Outlook*: 2020 to 2030, September 2020. p. 11. Disponível em: https://bit.ly/3sOhmEg. Acesso em: 23 mai. 2022.

736 CONGRESSIONAL RESEARCH SERVICE. *Overview of Funding Mechanisms in the Federal Budget Process, and Selected Examples*, February 2021. p. 10. Disponível em: https://bit.ly/3yVhiGO. Acesso em: 23 mai. 2022.

critérios estatutários e normalmente não são limitadas pelo processo de apropriação anual.[737], [738]

Figura 8
Illustration of Funding Types

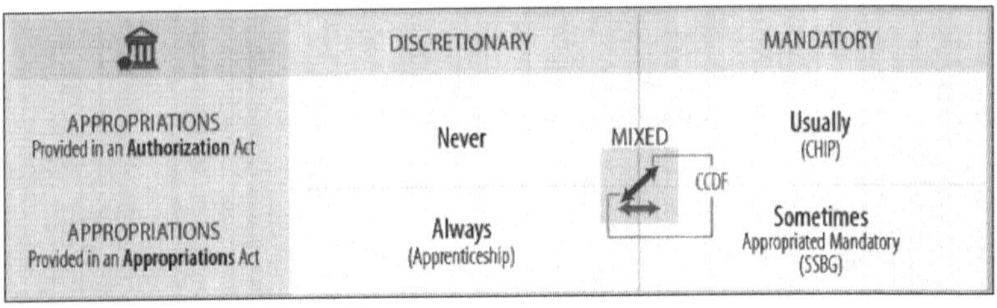

Source: CRS.

35.2 Grau de rigidez do orçamento

Nos termos da cláusula 7, da seção 9, do art. I, da Constituição, resta estabelecido que os recursos públicos pagos pelo Tesouro advêm de autoridade orçamentária (*budget authority*) concedida por lei de autorização (*authorization*) ou por lei de apropriação (appropriation). Conforme já foi visto, os programas de gastos discricionários geralmente são estabelecidos por meio de lei de autorização, apesar de o financiamento advir das leis de apropriações; enquanto os programas de gastos mandatórios são estabelecidos e financiados pelas leis de autorização, mesmo que eventuais leis de apropriações para gastos obrigatórios sejam possíveis.

Em termos de composição do Orçamento norte-americano, aproximadamente 30% dos gastos federais são discricionários.[739] Despesas dessa natureza financiam inúmeras atividades em todo o governo federal, incluindo compras de equipamentos e outros ativos, e quase todos os gastos com defesa. Esse tipo de gasto também é usado para

---

[737] CONGRESS OF THE UNITED STATES. CBO. *An Update to the Budget Outlook*: 2020 to 2030, September 2020. p. 9. Disponível em: https://bit.ly/3sOhmEg. Acesso em: 23 mai. 2022.

[738] CONGRESSIONAL RESEARCH SERVICE. *Overview of Funding Mechanisms in the Federal Budget Process, and Selected Examples*, February 2021. p. 10. Disponível em: https://bit.ly/3yVhiGO. Acesso em: 23 mai. 2022.

[739] OCDE. OECD Journal on Budgeting. *Special Issue*. The Legal Framework for Budget Systems: An International Comparison. Volume 4, N. 3. 2004. p. 450. Disponível em: https://www.oecd.org/gov/budg eting/thelegalframeworkforbudgetsystemsaninternationalcomparison.htm. Acesso em: 21 jul. 2021.

operações do governo geral, incluindo a maioria dos gastos com salários e vencimentos federais.[740]

Os valores de gastos obrigatórios (também chamados de "gastos diretos") giram em torno de 60% dos gastos do Governo Federal.[741] Apesar de compor a maior parte do orçamento público anual dos Estados Unidos, as despesas governamentais obrigatórias não chegam a implicar tamanho engessamento quanto ocorre no caso do Brasil – o percentual das despesas obrigatórias no Brasil correspondeu a aproximados 93% (noventa e três por cento)[742] em 2020. Em contraste com os gastos discricionários, os gastos obrigatórios no Orçamento americano geralmente financiam programas como Previdência Social, *Medicare, Medicaid,* Assistência Temporária para Famílias Necessitadas, seguro-desemprego, alguns benefícios para veteranos, aposentadoria e invalidez militar e civil federal e o Programa de Assistência Nutricional Suplementar.[743]

Uma ressalva é necessária: a composição apresentada acima, de gastos discricionários e obrigatórios, não é inteiramente precisa, na medida em que, em alguns casos, programas do governo federal são financiados usando uma combinação de gastos obrigatórios e discricionários.

Para finalizar a composição do Orçamento americano, há uma linha voltada ao pagamento de juros do governo sobre a dívida pública – dominado pelos juros pagos aos detentores da dívida que o Tesouro emite ao público –, compensados pela receita de juros que o governo recebe.[744]

Para ilustrar, a figura a seguir que reflete a composição do Orçamento:[745]

---

[740] CONGRESSIONAL RESEARCH SERVICE. *Overview of Funding Mechanisms in the Federal Budget Process, and Selected Examples,* February 2021. p. 4. Disponível em: https://bit.ly/3yVhiGO. Acesso em: 23 maio 2022.

[741] Disponível em: https://www.usa.gov/budget. Acesso em: 29 jan. 2022.

[742] CONGRESSIONAL BUDGET OFFICE. *The Federal Budget in 2019.* 2020. Disponível em: https://www.cbo.gov/system/files/2020-04/56324-CBO-2019-budget-infographic.pdf. Acesso em: 28 mar. 2022.

[743] CONGRESSIONAL RESEARCH SERVICE. *Overview of Funding Mechanisms in the Federal Budget Process, and Selected Examples,* February 2021. p. 10. Disponível em: https://bit.ly/3yVhiGO. Acesso em: 23 maio 2022.

[744] CONGRESS OF THE UNITED STATES. CBO. *An Update to the Budget Outlook*: 2020 to 2030, September 2020. p. 14. Disponível em: https://bit.ly/3sOhmEg. Acesso em: 23 maio 2022.

[745] CONGRESSIONAL RESEARCH SERVICE. *Trends in Mandatory Spending*: In Brief, September 2018. p. 10. Disponível em: https://bit.ly/39QLBnz. Acesso em: 23 maio 2022.

Figura 9

Federal Outlays by Category Since FY1962

As a Percentage of GDP

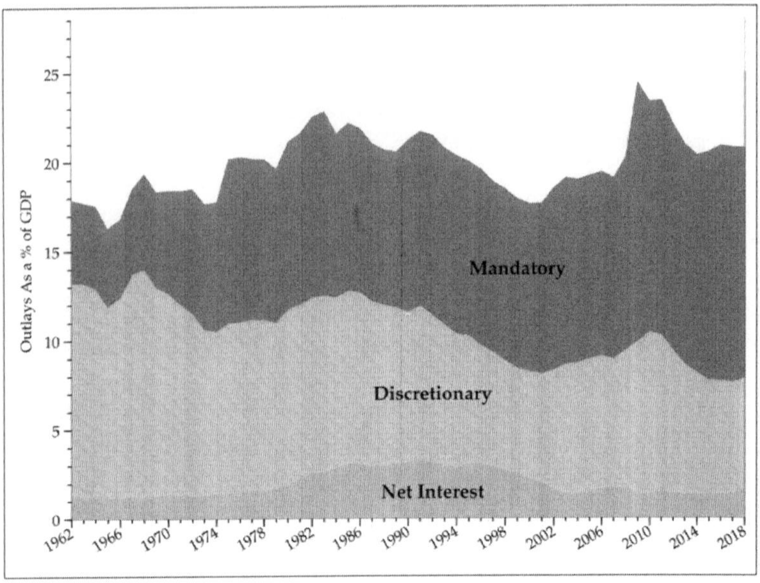

Source: CRS calculations based on OMB data from the FY2019 budget submission.

35.3 "Orçamento de Guerra"

A resposta a emergências e o socorro a desastres é historicamente estruturada de baixo para cima (*bottom-up*), começando pelos governos locais, os quais, em seguida, recorrerem ao governo federal se sua capacidade estiver sobrecarregada. O programa geral de socorro a desastres do governo federal é objeto de financiamento através do *Disaster Relief Fund* – DRF, o qual recebeu, no final do ano fiscal de 2021, um saldo de quase 36 bilhões de dólares, depois de obrigar mais de 55 bilhões de dólares em um único ano fiscal. Não por menos que o DRF é uma das contas únicas mais monitoradas e financiadas pelo Congresso a cada ano,[746] o qual promove o respectivo financiamento por meio de apropriações.

Antes do desenvolvimento do programa geral de socorro, o governo federal se envolvia na resposta e recuperação de desastre com uma abordagem *ad hoc*, caso a caso. No início do século 21, a gestão

[746] CONGRESSIONAL RESEARCH SERVICE. *The Disaster Relief Fund*: Overview and Issues, January 2022. Disponível em: https://bit.ly/39TK9Az. Acesso em: 25 mai. 2022.

de emergências passou a ser feita por uma agência federal própria, i.e. *Federal Emergency Management Agency* (FEMA), embora vários outros departamentos e agências federais tenham papéis significativos na preparação, socorro, recuperação e mitigação de desastres, por exemplo, o Departamento de Saúde e Serviços Humanos.[747]

Vale mencionar que o DRF financia programas de socorro e recuperação de desastres autorizados pela *Robert T. Stafford Disaster Relief and Emergency Assistance Act* (P.L. 93-288, doravante denominada *Stafford Act*). De acordo com esse ato, cabe ao Presidente, motivado por solicitações feitas pelos governos locais, declarar a existência de uma emergência, ou que está ocorrendo um grande desastre, o que torna governos estaduais elegíveis para uma variedade de programas de assistência, muitos dos quais são financiados pelo DRF.[748]

Na hipótese de insuficiência de fundos na conta do DRF, verifica-se a possibilidade de solicitação *ad hoc* de dotações suplementares pela Administração. Tais dotações, por não passarem pelo processo completo da Comissão de apropriação do Congresso, movem-se de forma mais célere. Conforme a literatura, mais de 82% das dotações líquidas para o DRF foram fornecidas através de dotações suplementares.[749]

35.4 Existência de identificadores de emendas parlamentares ou *earmarks* no orçamento

As earmarks consistem em medidas sem previsão normativa, tomadas, individualmente, por membros do Congresso, para fins de ajuste das apropriações orçamentárias e com direcionamento das correspondentes verbas a fundos específicos de projetos, atividades ou instituições.[750] Apesar de costumeiro, tais medidas estiveram sujeitas a questionamentos ao longo da história dos Estados Unidos da América.[751]

---

[747] *Idem.*

[748] *Idem.*

[749] *Idem.*

[750] CRS APPROPRIATIONS TEAM. *Memorandum on Earmarks in Appropriations Acts.* Washington: Congressional Research Service, 2006. p. 2. Disponível em: https://sgp.fas.org/crs/misc/m012606.pdf. Acesso em: 04 dez. 2023.

[751] Nos EUA, esses gastos particularistas, autorizados pelo Legislativo tanto em legislação ordinária quanto na orçamentária também são chamados de *earmarks* e suscitam grande controvérsia. No orçamento federal de 2010 daquele país, por exemplo, estimou-se a existência de 11.320 earmarks no valor de 32 bilhões de dólares (VINCENT; MONKE, 2010). Naquele mesmo ano, o Congresso norte-americano havia decidido pela "moratória" (suspensão) dos *earmarks*, mas, aos poucos, a prática voltou a ser adotada, e ainda divide opiniões sobre sua abolição ou aceitação. Trata-se, ademais, de mecanismo pouco transparente

As críticas quanto ao instituto remontam a uma alegada abertura para as práticas de corrupção e de *lobby*.[752]

EARMARKS NO ORÇAMENTO AMERICANO	
2010	11.320 Earmarks no valor de 32 bilhões de dólares
2021	285 Earmarks no valor de 16,8 bilhões de dólares

Verifica-se que tais alterações costumam ter propósitos variados[753], mas com impactos semelhantes de direcionamento de verbas para projetos, atividades ou instituições específicas[754].

Apesar da proibição dos *earmarks* por 10 (dez) anos, verifica-se que o atual movimento de restabelecimento do instituto identificado pela literatura tem como base os fatores da transparência trazidos pelo instituto aos gastos discricionários e a irrelevância da parcela do orçamento costumeiramente por ele abrangida – de 1%[755]. Fala-se, da mesma forma, do prejuízo das medidas implementadas em sua substituição[756].

Nos dias de hoje, não se fala mais de *earmarks*, mas de outro instituto: o *Community Project Funding*[757], o qual consiste em versão institucionalizada dos *earmarks*[758], conforme descrito no item 2.21.2, do presente trabalho.

(WULCZYN *et al.*, 2016) e que recebe considerável atenção da sociedade civil organizada, a exemplo da associação *Citizens Against Government Waste* (CAGW), que identificou 285 *earmarks* no orçamento federal de 2021, no valor de 16,8 bilhões de dólares (CAGW, 2021). No Brasil, a temática dos *pork barrel spendings*, ou "gastos orçamentários identificados" – expressão utilizada por Bittencourt (2012) – é usualmente correlacionada com a figura das emendas individuais. BIJOS, Paulo. *Governança legislativa orçamentária*: da fragmentação paroquialista à priorização estratégica. Estudo Técnico nº 8/2021. Disponível em: https://www2.camara.leg.br/orcamento-da-uniao/estudos/2021/artigo-glo_2021-05-31_publicacao. Acesso em: 15 set. 2023.

752 STRAND, Mark; BUTCARU, Anca. The Case for Earmarks: *Were They Really That Bad?* The Congressional Institute. Setembro de 2016. Disponível em: https://www.congressionalinstitute.org/2016/09/15/the-case-for-earmarks-were-they-really-that-bad/. Acesso em: 17 nov. 2021.

753 CRS APPROPRIATIONS TEAM. *Memorandum on Earmarks in Appropriations Acts*. Washington: Congressional Research Service, 2006. p. 2. Disponível em: https://sgp.fas.org/crs/misc/m012606.pdf. Acesso em: 04 dez. 2023.

754 *Idem*. p. 2.

755 PORTER, Rob; WALSH, Sam. *Earmarks in the Federal Budget Process*. Boston: Harvard School Federal Budget Policy Seminar, 2017. p. 45.

756 HUDARK, John. Earmarks are back, and Americans should be glad. *Brookings*, 2021. Disponível em: https://www.brookings.edu/blog/fixgov/2021/03/17/earmarks-are-back-andamericans-should-be-glad. Acesso em: 17 nov. 2021.

757 Disponível em: https://appropriations.house.gov/sites/democrats.appropriations.house.gov/files/documents/Community%20Project%20Funding%20-%20Fact%20Sheet%20on%20Reforms_0.pdf. Acesso em: 20 jun. 2022.

758 MCCLASKEY, Layla S.; MORALES, Felipe. O Contexto das Emendas Parlamentares no Orçamento Americano: O que nos fica de lição? *Consultor Jurídico*, 02 ago. 2022. Disponível em: https://www.conjur.com.br/2022-ago-02/mcclaskeyemorales-emendas-orcamento-americano. Acesso em: 04 ago. 2022.

CAPÍTULO 36

ABORDAGEM ORÇAMENTÁRIA

36.1 O orçamento é tradicional (meios) ou orientado ao desempenho (fins/missões)?

Considerando as regras do processo orçamentário americano, é possível afirmar que a respectiva orientação se verifica como tendente ao desempenho. Ou seja, à apresentação de programas e objetivos para os quais a requisição de créditos se faz necessária, aos custos dos programas propostos para atingir tais objetivos e, por fim, aos dados quantitativos que meçam as realizações e o trabalho levado a efeito de cada programa.

Quanto aos referidos programas, a título exemplificativo, o projeto de apropriação do Interior, Meio Ambiente e Agências Relacionadas (*The Interior, Environment, and Related Agencies appropriations Bill*) contém subsídio financeiro para a maior parte do Departamento do Interior (*Department of the Interior* – DOI), cuja missão é de conservar e gerenciar os recursos naturais e o patrimônio cultural dos EUA; fornecer informações científicas e outras sobre esses recursos e perigos naturais; e exercer responsabilidades junto aos índios americanos, nativos do Alasca e comunidades de ilhas afiliadas. A mesma lei de apropriação também financia a Agência de Proteção Ambiental (*Environmental Protection Agency* – EPA), a qual, ao contrário do DOI, não possui estatuto orgânico que estabeleça uma missão global; em vez disso, a agência administra vários estatutos ambientais que regulam a qualidade do ar, qualidade da água, segurança da água potável, pesticidas, substâncias tóxicas, gestão e eliminação de resíduos sólidos e perigosos e limpeza de contaminação ambiental. Em termos de valores envolvidos, para financiar os programas mencionados acima, o Presidente Biden solicitou, para o ano-calendário de 2022, o subsídio de 46,17 bilhões de dólares, dividido de forma desigual entre os principais programas, conforme pode ser visto abaixo:[759]

Figura 10
Components of President Biden's FY2022 Request for Interior, Environment, and Related Agencies

(in billions of dollars)

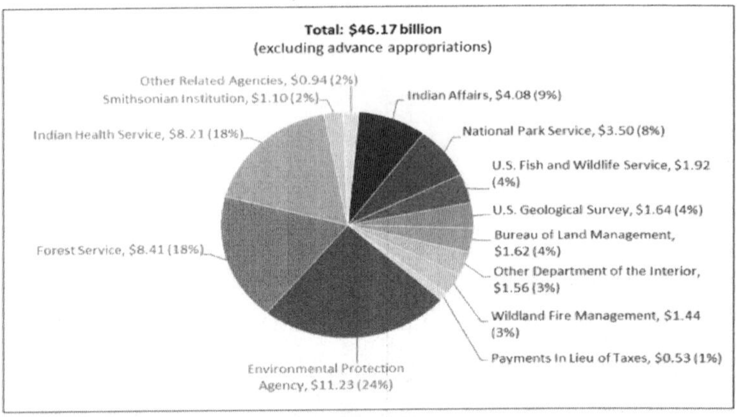

Source: Prepared by the Congressional Research Service (CRS) with data from the House and Senate Appropriations Committees.

Notes: The FY2022 "Indian Affairs" request reflects funds for the Bureau of Indian Affairs, the Bureau of Indian Education, and the Bureau of Trust Funds Administration. The FY2021 appropriations law did not appropriate funds to the Bureau of Trust Funds Administration but rather to the Office of the Special Trustee for American Indians. The amount shown for Indian Health Service excludes $7.68 billion in advance appropriations requested by the President that would become available in FY2023. Agencies shown in shades of blue are in the Department of the Interior, Title I of the bill. The Environmental Protection Agency, shown in teal, is in Title II of the bill. Agencies shown in shades of olive-brown are Related Agencies, Title III of the bill. Figures may not add to total shown due to rounding.

Analisando mais um dos programas financiados pelo orçamento dos EUA está o Departamento de Saúde e Serviços Humanos dos EUA (*U.S. Department of Health and Human Services* – HHS), cuja missão é de melhorar a saúde e o bem-estar dos norte-americanos, fornecendo serviços humanos e de saúde, como a prevenção e o controle de doenças, lesões e riscos, bem como promovendo avanços nas ciências subjacentes à medicina, à saúde pública e aos serviços sociais. Historicamente, o HHS tem sido um dos maiores departamentos federais em termos de recursos orçamentários, representando aproximadamente 20% de todos os gastos federais em cada ano desde o ano fiscal de 1995. Para o ano fiscal

[759] CONGRESSIONAL RESEARCH SERVICE. *Interior, Environment, and Related Agencies*: Overview of FY2022 Appropriations. January, 2022. Disponível em: https://bit.ly/3ao6BCd. Acesso em: 29 mai. 2022.

de 2022, o pedido de orçamento do Presidente solicitou cerca de 1,662 trilhão de dólares em subsídios. Dentre estes, dois programas de gastos obrigatórios – *Medicare* e *Medicaid* – devem responder por 80% de todos os gastos estimados de HHS no ano fiscal de 2022, enquanto os gastos discricionários representam uma parcela de aproximadamente de 10%.[760]

O projeto de lei de apropriações agrícolas financia, dentre outros, o Departamento de Agricultura dos EUA (USDA), o qual atua com pesquisa agrícola; desenvolvimento rural; assistência alimentar e comércio exterior; empréstimos e salários de assistência agrícola; inspeção de segurança alimentar; programas de saúde animal e vegetal; e assistência técnica para programas de conservação. O projeto de lei de apropriações agrícolas aprovado pela Casa dos Representantes e, depois, relatado pelo Senado, inclui gastos obrigatórios e discricionários, sendo que haveria um subsídio de 25,85 bilhões de dólares em apropriações discricionárias. Vale ressaltar que a lei de apropriações agrícolas para o ano fiscal de 2022 é a primeira nos últimos anos sem limite estatutário para gastos discricionários.[761] Sobre o teto de gastos discricionários, vale observar o tópico 43.

Figura 11
Proposed FY2022 HHS Outlays by major Program and Spending Category

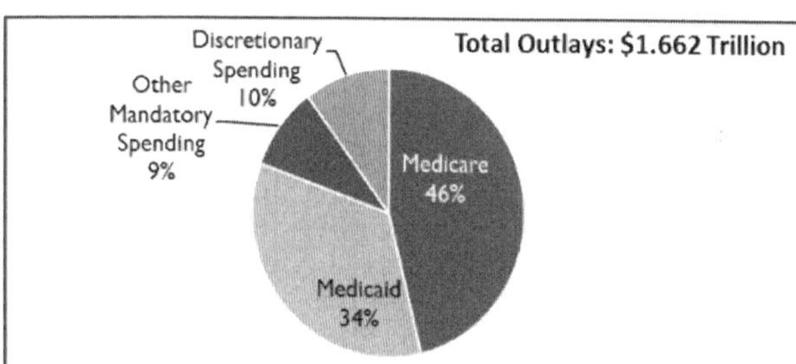

Source: Prepared by the Congressional Research Service (CRS) using data on p. 14 of the FY2022 HHS Budget in Brief.
Notes: Percentages may not sum due to rounding. For mandatory spending, outlays reflect proposed law spending levels, not the current services baseline.

---

760 CONGRESSIONAL RESEARCH SERVICE. *Department of Health and Human Services*: FY2022 Budget Request. July, 2021. Disponível em: https://bit.ly/3lX6kso. Acesso em: 29 maio 2022.

761 CONGRESSIONAL RESEARCH SERVICE. *Agriculture and Related Agencies*: FY2022 Appropriations. October, 2021. Disponível em: https://bit.ly/3wTi4RX. Acesso em: 29 maio 2022.

36.2 Uso (ou previsão de uso) de informações de desempenho pelo processo orçamentário

De início, vale apontar que o U.S. *Code* prevê a produção e a publicação das informações de desempenho das agências federais (§1115-b e §1116-b), que deverão ser disponibilizadas até 150 (cento e cinquenta) dias do término do ano fiscal e, se inconsistentes com as metas traçadas na proposta de orçamento, devem estar acompanhadas de uma motivação (§1116-b2).

Em termos práticos, ao longo do processo orçamentário e depois dele, observa-se que as agências, os departamentos, o próprio Presidente e integrantes do Legislativo se apoiam nas informações financeiras do orçamento. Tais dados veiculados por meio de projeções financeiras com relação aos mais variados períodos restam amplamente disponibilizados nos endereços eletrônicos desses Órgãos Governamentais.

Com relação à aplicação das informações de desempenho do orçamento ao longo do processo orçamentário, convém destacar a composição da requisição orçamentária encaminhada ao Congresso pelo Presidente pelas chamadas de *Historical Tables* e *Analytical Perspectives*, as quais apresentam dados financeiros do orçamento capazes de oferecer subsídios para a avaliação de sua performance e dos impactos dos projetos às Comissões Orçamentárias do Congresso.

CAPÍTULO 37

REGRAS E METAS FISCAIS

37.1 O processo orçamentário e o condicionamento por regras fiscais. Medidas de ajustes fiscais caso o teto de gastos seja ultrapassado

Foram identificadas regras para o estabelecimento de normas de controle do processo orçamentário, tais como as normas relativas ao sistema de PAY-GO e aquelas relativas ao teto do déficit público. Quanto ao PAY-GO, instituído por meio do *Budget Enforcement Act of* 1990,[762] e por subsequentes atualizações realizadas pelo *Balanced Budget Act of* 1997, pelo *Pay-As-You-Go-Act of* 2010 e pelo *Bipartisan Act of* 2019, verifica-se a criação de mecanismo que busca garantir um orçamento neutro, isto é, um orçamento que não aumenta o déficit. Para tanto, o PAY-GO se dá mediante a determinação de compensação de novas despesas com o corte de gastos ou o direcionamento de fundos já existentes no orçamento em curso.[763, 764]

Adicionalmente ao PAY-GO, convém destacar as diretrizes do *Budget Control Act of* 2011 (BCA, P.L. 112-25), fruto de uma preocupação do Congresso dos EUA com o aumento dos gastos discricionários e do déficit orçamentário. O BCA impôs limite aos gastos orçamentários discricionários[765] e teto para o déficit público a cada ano. A norma

---

[762] ESTADOS UNIDOS. *Public Law 101-508*. Disponível em: https://www.congress.gov/101/statute/STATUTE-104/STATUTE-104-Pg1388.pdf. Acesso em: 15 set. 2021.

[763] HOUSE COMMITTEE ON THE BUDGET. *FAQs on PayGo*. 2020. Disponível em: https://budget.house.gov/publications/report/faqs-paygo#WhatIsPaygo. Acesso em: 17 set. 2021.

[764] OMB. *The Statutory Pay-As-You-Go Act of 2010*: A Description. Disponível em: https://obamawhitehouse.archives.gov/omb/paygo_description/. Acesso em: 14 set. 2021.

[765] SATURNO, James. *Introduction to the Federal Budget Process*. Washington: Congressional Research Service, 2020. p. 5.

também tratou de estabelecer meta para a redução desse déficit de 1,2 trilhões de dólares ao longo do período de 10 anos.[766, 767]

Sob o BCA, para cada ano fiscal, dois limites de gastos separados estavam em vigor: um para gastos discricionários de defesa e outro para gastos discricionários não relacionados à defesa. Para fazer cumprir os limites de gastos, a lei exigia que, se fossem decretadas apropriações discricionárias que excedam o limite legal para um determinado ano fiscal, um processo automático seja acionado para eliminar o excesso de gastos.[768] Esse processo, conhecido como *sequestration*,[769] requer reduções gerais de recursos orçamentários que lhes são sujeitos dentro da categoria aplicável (defesa ou não de defesa). Em tais linhas, por meio de provocação do Diretor do OMB, o Presidente edita ordem que tem como efeitos o cancelamento automático e generalizado dos recursos orçamentários, ressalvando-se o caso daquelas direcionadas às cobranças compensatórias e às despesas com fundos especiais, fiduciários e rotativos.[770]

37.2 Há regra de ouro e exceções?

No ordenamento jurídico americano, inexiste diretriz semelhante à regra de ouro brasileira prevista pelo art. 167, da Constituição Federal brasileira. Isto porque, diferentemente da norma brasileira, as regras orçamentárias americanas que tratam da imposição de limites aos gastos orçamentários cuidam de estabelecer teto para os gastos discricionários e para o correspondente déficit público.[771]

No que diz respeito à ocorrência de exceções às citadas limitações, verifica-se a autorização para o financiamento das Operações de

766 HOUSE COMMITTEE ON THE BUDGET. *Summary of the Budget Control Act of 2011*. 2020. Disponível em: https://budget.house.gov/committee-report/summary-budget-control-act-2011. Acesso em: 07 dez. 2021.

767 Em fevereiro de 2022, a notícia é de que o limite do déficit público americano era de aproximados 31, 4 trilhões de dólares. HOUSE COMMITEE ON THE BUDGET. *The Debt Ceiling*: An explainer, 2022. Disponível em: https://budget.house.gov/sites/democrats.budget.house.gov/files/documents/The%20Debt%20Ceiling%20An%20Explainer.pdf. Acesso em: 14 set. 2022.

768 CONGRESSIONAL RESEARCH SERVICE. *Expiration of the Discretionary Spending Limits:* Frequently Asked Questions. April, 2021. Disponível em: https://bit.ly/3NFqvYd. Acesso em: 12 jun. 2022.

769 SATURNO, James. *Introduction to the Federal Budget Process*. Washington: Congressional Research Service, 2020. p. 32.

770 *Idem*.

771 SATURNO, James. *Introduction to the Federal Budget Process*. Washington: Congressional Research Service, 2020. p. 5.

Contingência no Exterior (*Overseas Contingency Operations* – OCO) e da Guerra Global contra o Terrorismo (*Global War on Terrorism* – GWOT), que serviram para apoiar as operações militares dos EUA no Afeganistão, Iraque, Síria e outros países, além de outras atividades.

Alguns observadores argumentaram que o financiamento da OCO permitia uma resposta flexível a contingências e proporcionava uma "válvula de segurança" para os limites de gastos. Outros descreveram a OCO como uma brecha – evoluindo de uma conta para substituir perdas de equipamentos em combate, reabastecer munições gastas e transportar tropas através de zonas de guerra, para um "caixa dois" para atividades não relacionadas a operações de contingência (por exemplo, custos planejados ou que ocorrem regularmente para equipar, treinar e equipar a força militar normalmente solicitada no orçamento-base do Departamento de Defesa).[772]

Por fim, cabe ressaltar que a falta de similaridade entre a regra de ouro brasileira com os citados mecanismos de controle do orçamento americano advém, sobretudo, do fato de que a normativa estadunidense deixa de condicionar a emissão de dívida pública à renovação da própria dívida ou à cobertura das despesas de capital, como investimentos em obras públicas e amortizações.

37.3 A elaboração do orçamento é precedida da definição de metas fiscais anuais?

Nos termos do parágrafo 1105, do título Título 31, do U.S. *Code*,[773] a peça orçamentária deve vir acompanhada de estimativas no tocante ao ano fiscal que rege, as quais deverão ser monitoradas e devidamente cumpridas. Se houver uma dissonância entre as metas traçadas e a efetiva realização, deverão ser apresentadas motivações a justificar a correspondente inconsistência.

Conforme mencionado no item 1, deste trabalho, o equilíbrio do orçamento público é objeto de grande preocupação por parte do legislador constituinte americano.

---

[772] CONGRESSIONAL RESEARCH SERVICE. *FY2022 NDAA*: Overseas Contingency Operations. January, 2022. Disponível em: https://bit.ly/3z5sEbb. Acesso em: 29 maio 2022.

[773] U.S. *Code*. Disponível em: https://uscode.house.gov/view.xhtml?path=/prelim@title31/subtitle2 /chapter11&e dition=prelim. Acesso em: 27 jun. 2022.

CAPÍTULO 38

PROCESSO ORÇAMENTÁRIO NO PODER EXECUTIVO

38.1 O processo é *top-down, bottom-up* ou misto?

Tal como ocorre com o Brasil, parece-nos que o processo de elaboração da proposta orçamentária americana verifica-se como misto, de forma a ser composto por fases consideradas como *top-down* e *bottom-up*. Isto porque, em âmbito executivo, verifica-se que a proposta orçamentária segue o fluxo das agências até o Chefe do Executivo, que as consolida e as encaminha, em conjunto com o orçamento de seu próprio gabinete, ao Congresso, tal como resta estabelecido pelo OMB. Esse procedimento pode ser visto como *bottom-up*.[774]

38.2 O órgão central de orçamento também é responsável por atividades de planejamento, monitoramento e avaliação?

Visando garantir o cumprimento das metas estabelecidas na proposta orçamentária, o U.S. *Code* estabelece o monitoramento trimestral das metas prioritárias do Governo Federal pelo OMB em relação a todo o Governo, e por cada agência, em relação às suas próprias prioridades (§1121). O Código fiscal norte-americano também instituiu o *Program Management Improvement Officer* e o conselho *Program Management Policy Council* (§1126), os quais buscam a implementação de políticas de gestão

[774] Dentro da perspectiva do *top-down*, verifica-se, da mesma forma, o estabelecimento centralizado de normas e a fase do *passback*. A fase do *passback* diz respeito ao envio, pelo Presidente, de *drafts* da proposta orçamentária para as agências. Disponível em: https://www.ntc.blm.gov/krc/uploads/437/Hand%20Out%20of%20Terms.pdf. Acesso em: 26 out. 2022.

de programas e a elaboração de estratégias para o aprimoramento do papel dos supervisores das atividades e programas da agência.

Conferindo-se um foco especial ao OMB, convém destacar que o órgão, além de avaliar, revisa, aprova e monitora o processo orçamentário. Quanto ao citado monitoramento das propostas, destaca-se que os oficiais do OMB em conjunto com os conselheiros do Presidente e os representantes das agências e departamentos federais possuem a importante tarefa de debater e defender as propostas do Presidente nas Comissões orçamentárias do Congresso.[775]

38.3 O Poder Executivo elabora somente a proposta ou também o projeto de lei orçamentária?

Conforme a seção 201, do título II,[776] do *Budget and Accounting Act of* 1921 (BAA), regulamento que traça o papel do Poder Executivo no processo orçamentário, a apresentação da proposta orçamentária ao Congresso é de responsabilidade do Presidente dos Estados Unidos.[777,778]

Assim, tal como se verifica no parágrafo 1105, do título 31, do U.S. *Code*, o citado documento deve ser enviado para as Comissões Orçamentárias da Casa dos Representantes e do Senado, até o prazo máximo da primeira segunda-feira de fevereiro de cada ano.[779]

Quanto à elaboração do projeto de lei orçamentária, verifica-se que, por força do *Congressional Budget Act of* 1974 (CBA), tal função é passada às mencionadas Comissões Orçamentárias da Casa dos Representantes e do Senado.[780]

Apesar de não elaborar o Projeto de Lei Orçamentária, o Presidente pode participar das negociações do referido texto que apresentou por meio de sua proposta, no bojo do Poder Legislativo, o que a literatura tem apontado como um movimento crescente ao longo dos anos.[781]

---

775 U.S. *Code*. Disponível em: https://uscode.house.gov/view.xhtml?path=/prelim@title31/subtitle2/chapter 11&ed ition=prelim. Acesso em: 27 jun. 2022.

776 ESTADOS UNIDOS. *Public Law 67-13*. Disponível em: https://www.gao.gov/assets/D03855.pdf. Acesso em: 15 set. 2021.

777 GIACOMONI, James. *Orçamento Público*. 18. ed. Rio de Janeiro: Grupo GEN, 2021. p. 157.

778 PILDES, Richard H.; SUNSTEIN, Cass R. *Reinventing the Regulatory State. University of Chicago Law Review 62*, p. 12, 1995.

779 U.S. *Code*. Disponível em: https://uscode.house.gov/view.xhtml?path=/prelim @title31/subtitle2/chapter1 1&e dition=prelim. Acesso em: 27 jun. 2022.

780 ESTADOS UNIDOS. *Public Law 93-344*. Disponível em: https://www.govinfo.gov/content/pkg/GPO-RIDDICK-1992/pdf/GPO-RIDDICK-1992-34.pdf. Acesso em: 15 set. 2021.

781 SATURNO, James. *Introduction to the Federal Budget Process*. Washington: Congressional Research Service, 2020. p. 26.

38.4 O que ocorre na hipótese de o Poder Executivo não enviar tempestivamente a proposta ou o projeto de lei ao Poder Legislativo?

Apesar de restar estabelecido na seção 300, do *Congressional Budget Act* of 1974,[782] prazo para o envio, pelo Presidente, da proposta orçamentária do Poder Executivo ao Congresso, inexiste previsão de consequências para o referido descumprimento.

Nesse sentido, destacando-se que o atraso no envio da proposta do Poder Executivo não se verifica como raro nos EUA, tendo ocorrido, por exemplo, nos governos de Bill Clinton, George W. Bush, Barack Obama e Donald Trump,[783] ressalta-se que a sua deflagração acaba por ser prejudicial ao próprio Poder Executivo, frente às consequências oriundas do atraso no processo orçamentário como um todo. Postergando-se a elaboração e aprovação das leis de apropriação, posterga-se, da mesma forma, a liberação das correspondentes verbas públicas.

---

[782] ESTADOS UNIDOS. *Public Law 93-344*. Disponível em: https://www.govinfo.gov/content/pkg/GPO-RIDDICK-1992/pdf/GPO-RIDDICK-1992-34.pdf. Acesso em: 15 set. 2021.

[783] MEJRDRICH, Kellie. Deadline for Presidential Budget Request Often Missed. *Roll Call*. 2017. Disponível em: https://www.rollcall.com/2017/01/31/deadline-for-presidential-budget-request-often-missed/. Acesso em: 17 set. 2021.

CAPÍTULO 39

PROCESSO ORÇAMENTÁRIO NO PODER LEGISLATIVO

39.1 Quais Casas Legislativas participam do processo? Qual comissão coordena o processo? O Poder Legislativo dispõe de unidades de assessoramento técnico institucional em matéria orçamentária?

Ambas as Casas Legislativas do Congresso americano participam igualmente do processo orçamentário. Portanto, o procedimento legislativo resta dividido em 2 (duas) fases principais: i) a discussão e votação da *concurrent resolution*; e ii) a discussão e votação das *appropriations*.

Assim, a Casa dos Representantes e o Senado americano possuem Comissões próprias que, em um momento posterior, reúnem suas resoluções e propostas legislativas orçamentárias.

As Comissões que coordenam o processo são as Comissões orçamentárias da Casa dos Representantes e do Senado, que decidem sobre a *concurrent resolution*, estabelecendo o teto de gastos, e as Comissões de apropriação da Casa dos Representantes e do Senado, que, por meio das suas subcomissões, determinam a alocação dos gastos discricionários.

Quanto ao assessoramento das Casas Legislativas, destaca-se que o *Congressional Budget Office* (CBO) apoia, tecnicamente, as Comissões orçamentárias, sendo, portanto, um apoio importante ao Congresso ao longo do processo orçamentário. Em resumo, o CBO produz e disponibiliza para o Congresso dados, informações e projeções financeiras e econômicas relevantes para a elaboração do orçamento.[784]

[784] SATURNO, James. *Introduction to the Federal Budget Process*. Washington: Congressional Research Service, 2020. p. 8.

39.2 Qual o papel das comissões temáticas na apreciação do orçamento? Quais os limites do Poder Legislativo para alterar a proposta orçamentária? Quais atores podem propor alterações na proposta/projeto de lei do orçamento?

Apesar de recair sobre as Comissões de Apropriações, com as suas subcomissões, o papel de coordenar e determinar a alocação dos gastos discricionários, vale destacar que todos os membros da Casa dos Representantes e do Senado, durante os debates das resoluções orçamentárias e das apropriações, podem propor alterações no projeto de lei do orçamento. Destaca-se inexistirem limites numéricos para a alteração da proposta, entretanto, foram verificadas várias diretrizes para fins de análise e aprovação das emendas feitas ao referido texto. Tais regras variam conforme a casa do Congresso.

Nesse sentido, quanto à Casa dos Representantes, nota-se a existência de Comissão com a competência para decidir sobre as regras de apropriação das emendas tanto na fase de decisão das *concurrent resolutions*[785] quanto na etapa das apropriações, estas últimas constantes no *Rule XXI*, do *Rules of the House.* Quanto às referidas regras do Rule XXI, destacam-se:

a) A adoção de procedimento aberto, no qual a propositura de emendas só pode se dar quando o relator estiver lendo o ponto da proposta legislativa sujeito à alteração;
b) A vedação à criação ou alteração de programas existentes; e
c) A vedação de emenda que eleve o *budget authority* e os chamados *outlays* a montante superior aos limites estabelecidos previamente.[786]

Vale ressaltar que caso uma das mencionadas regras seja violada, qualquer membro da Comissão pode invocar uma questão de ordem para a respectiva anulação, ressaltando-se a possibilidade de suspensão de quaisquer dessas regras mediante votação unânime dos membros da Casa.[787]

---

785 SATURNO, James. *Introduction to the Federal Budget Process.* Washington: Congressional Research Service, 2020. p. 17.

786 COMMITTEE ON RULES. *Amending Appropriations Bills* – A Basic Guide presented by the Committee on Rules. Disponível em: https://rules.house.gov/blog/amending-appropriations-bills-basic-guide-presented-comm ittee-rules. Acesso em: 17 set. 2021.

787 SATURNO, James. *Introduction to the Federal Budget Process.* Washington: Congressional Research Service, 2020. p. 4.

Por outro lado, quanto ao Senado, percebe-se que não há um procedimento instaurado para a apreciação das emendas orçamentárias. Entretanto, destacam-se as imposições estabelecidas pela Seção 305, do *Congressional Budget Act of 1974*,[788] a exemplo do limite de 50 (cinquenta) horas para as discussões iniciais sobre o *concurrent resolution*, da necessidade de se considerar, separadamente, projetos de legislação permanente e de apropriações, e do respeito aos limites de gastos discricionários previamente estabelecidos. Todavia, novamente, esses podem ser suspensos em caso de votação unânime.[789]

Uma diferença importante sobre o procedimento de emendas da Casa e do Senado é que, no Senado, não há a necessidade de apresentar emendas quando o relator discorre sobre seção específica do projeto. Isso quer dizer que os membros da Comissão de Apropriações do Senado podem apresentar emendas a qualquer momento do debate, exceto se houver algum tipo de limite imposto pela própria Comissão.

39.3 Qual o alcance da autorização parlamentar na elaboração/tramitação do orçamento?

O Poder Legislativo pode fazer uso de mecanismo capaz de impor cortes no financiamento de programas obrigatórios, o chamado PAY-GO.

Da mesma forma, a literatura faz menção à rescisão e à reapropriação como formas do Congresso de cancelar ou recuperar a autoridade orçamentária concedida, porém não utilizada pelo Governo Federal.[790]

Vale destacar, por fim, que para além dos mecanismos formais de ingerência parlamentar, há outros mecanismos muitas vezes denominados de informais, como o *phonemarking* e o *lettermarking*, os quais podem representar alguma medida de influência parlamentar na elaboração ou execução do orçamento, o que geralmente é observado nas atividades vulgarmente vinculadas ao *lobby*.

---

788 *Idem*.

789 *Idem*.

790 CBO. *Common Budgetary Terms Explained*. Disponível em: https://www.cbo.gov/publication/57660. Acesso em: 20 jul. 2022.

39.4 O que ocorre na hipótese de o Poder Legislativo não aprovar tempestivamente o orçamento?

O *Congressional Budget Act of 1974*, por meio de sua seção 300,[791] estabelece uma série de prazos para as distintas etapas do processo orçamentário, a exemplo do prazo para o término do rito orçamentário até o início do novo ano fiscal, em 1º de outubro.

Assim, tal como ocorre de forma costumeira nos EUA, caso as *appropriation bills* não sejam aprovadas dentro da data acima mencionada, a saída que se tem consiste na utilização do mecanismo das *continuing resolutions*. As *continuing resolutions* são medidas que se prestam a evitar o fechamento parcial do governo, o chamado *government shutdown*.[792]

As *continuing resolutions* são formuladas com base nas informações financeiras das apropriações do ano anterior, podendo, com isso, ser utilizadas, por tempo limitado, até a aprovação do orçamento daquele ano.[793, 794]

A título ilustrativo, desde a instituição de prazo para a aprovação dos projetos de lei orçamentária, destaca-se a promulgação de 19 (dezenove) medidas de fechamento do governo – *government shutdowns* – e mais de 200 (duzentas) edições de resoluções continuativas – *continuing resolutions*.[795]

---

[791] ESTADOS UNIDOS. Public Law 93-344. Disponível em: https://www.govinfo.gov/content/pkg/GPO-RIDDICK-1992/pdf/GPO-RIDDICK-1992-34.pdf. Acesso em: 15 set. 2021.

[792] SATURNO, James. *Introduction to the Federal Budget Process*. Washington: Congressional Research Service, 2020.

[793] FISCAL YEAR 2007 CONTINUING RESOLUTIONS. p. 2. Disponível em: https://www.gao.gov/asset s/2020-01/contresolutions.pdf. Acesso em: 18 ago. 2021.

[794] Para mais informações, conferir seção 3.6.

[795] As resoluções continuativas consistem em resoluções semelhantes às resoluções dos anos anteriores. OCDE. OECD Journal on Budgeting. *Special Issue*. The Legal Framework for Budget Systems: An International Comparison. Volume 4, N. 3. 2004. p. 464. Disponível em: https://www.oecd.org/gov/budg eting/thelegalframeworkforbudgetsystemsaninternationalcomparison.htm. Acesso em: 21 jul. 2021.

CAPÍTULO 40

PARTICIPAÇÃO DA SOCIEDADE E DE ENTIDADES INDEPENDENTES

40.1 Qual a relação da Entidade de Fiscalização Superior (EFS) com o processo orçamentário?

O GAO – *General Accounting Office* – consiste em uma agência integrante do Poder Legislativo com a função de aprovar as contas do Poder Executivo (§3526, do BAA). O GAO parece não participar diretamente do processo orçamentário, cabendo-lhe, especificamente:

a) A elaboração de relatório anual para o Congresso com informações sobre matérias conexas a receitas e uso da verba pública (§719, do BAA); e
b) A responsabilidade pela realização de investigações quanto ao uso indevido de recursos públicos (§712, do BAA).

Apesar de avaliar as contas do Poder Executivo, verifica-se não competir ao GAO executar suas próprias decisões e entendimentos,[796] o que gera diversos debates, principalmente entre o *U.S Department of Justice* (DOJ) e o GAO, acerca da vinculação do Poder Executivo às

[796] Government Accountability Office. Disponível em: https://www.law.cornell.edu/wex/government_accou ntability_office. Acesso em: 13 set. 2021.

decisões da referida agência.[797, 798, 799] Para o DOJ, e até mesmo para o OMB, a vinculação do Poder Executivo às decisões do GAO consiste em violação ao princípio da separação dos poderes.[800, 801]

40.2 Qual a relação da Instituição Fiscal Independente (IFI) com o processo orçamentário?

A Instituição Fiscal Independente dos EUA consiste no *Congressional Budget Office* (CBO), agência federal independente com a função de auxiliar o Poder Legislativo por meio de dados e análises orçamentárias e econômico-financeiras no tocante aos projetos orçamentários em debate em cada uma das Casas.[802, 803] Assim, nos termos da Seção 202, do *Congressional Budget Act of 1974*, cabe ao CBO auxiliar:

i) as Comissões Orçamentárias da Casa dos Representantes e do Senado;
ii) as Comissões de Apropriações; e
iii) outras Comissões ou indivíduos em caso de solicitação de algum auxílio técnico nas matérias de conhecimento do CBO.

Nota-se, portanto, que o instituto detém função essencialmente técnica, sendo desprovido de teor político-partidário.

---

797 ESTADOS UNIDOS. United States Government Accountability Office. *Principles Of Federal Appropriations Law*: Chapter 2. 4. ed. rev. p. 13, 2016. Disponível em: https://www.gao.gov/ assets /2019-11/675709.pdf. Acesso em: 23 out. 2021.

798 ESTADOS UNIDOS. United States Department of Justice. *Opinions Of The Office Of Legal Counsel Of The United States Department Of Justice Consisting Of Selected Memorandum Opinions Advising The President Of The United States, The Attorney General, And Other Executive Officers Of The Federal Government In Relation To Their Official Duties*. 2012. p. 40-41. Disponível em: https://www.justice.gov /olc/file/477016/download. Acesso em: 14 set. 2021.

799 O.L.C. Department of Justice. Memorandum for the General Counsels of the Executive Branch. March 1, 2005. *In:* CONGRESSIONAL RESEARCH SERVICE. *Memorandum*. p. 8. Disponível em: https://www.finance.s enate.gov/imo/media/doc/prg110609b.pdf. Acesso em: 14 set. 2021.

800 ARNOLD, William G. *The Government Manager's Guide to Appropriations Law*. Tysons Corner, Virginia: Management Concepts Press, 2012.

801 KATZ, Eric. White House Tells Agencies They Can Ignore Legal Decisions on Spending Violations. *Government Executive*, 2019. Disponível em: https://www.govexec.com/ management/2019/11/white-house-tell s-agencies-they-can-ignore-legal-decisions-spending-violations/161395/. Acesso em: 21 set. 2021.

802 CONGRESSIONAL BUDGET OFFICE. *Introduction to CBO*. Disponível em: https://www. cbo.gov/about/o verview. Acesso em: 04 fev. 2022.

803 SATURNO, James. *Introduction to the Federal Budget Process*. Washington: Congressional Research Service, 2020. p. 8.

Fora do âmbito governamental, há outros institutos que também atuam no sentido de fiscalizar o processo orçamentário dos EUA. Nesse ponto, vale destacar o *Committee for a Responsible Federal Budget* (CRFB), uma organização apartidária, sem fins lucrativos, não governamental, constituída em 1981 e composta por muitos ex-chefes dos *House and Senate Budget Committees, Congressional Budget Office* (CBO), *Office of Management and Budget* (OMB) e do *Government Accountability Office* (GAO). A Comissão se dedica a:

i) educar o público sobre política fiscal;
ii) auxiliar os formuladores de políticas de ambos os partidos políticos a desenvolver e analisar propostas para melhorar a condição fiscal e econômica do país;
iii) fiscalizar com independência o orçamento e
iv) prestar assessoria aos jornalistas quanto às questões fiscais.[804]

Outro exemplo do engajamento de institutos não governamentais no monitoramento das políticas econômico-financeiras é o *Center on Budget and Policy Priorities* (CBPP), um instituto de pesquisa e política apartidário que promove a implementação de políticas nos níveis federal, estadual e local para

a) promover a justiça econômica;
b) melhorar a saúde;
c) ampliar oportunidades em áreas como habitação, saúde, emprego e educação; e
d) remover barreiras estruturais para pessoas de cor e outras em comunidades que continuam a enfrentar barreiras sistêmicas.

É missão da organização maximizar o impacto positivo das políticas e fundamentar o processo de formulação de políticas, mostrando os impactos nocivos de políticas e propostas que aprofundariam a pobreza, ampliariam as disparidades e piorariam os resultados.[805]

40.3 Há audiências públicas durante a apreciação legislativa do orçamento?

Inexiste previsão normativa acerca da participação da sociedade civil no processo de apreciação e de debate do orçamento federal no

---

[804] COMITEE FOR A RESPONSIBLE FEDERAL BUDGET. 2021. Disponível em: https://www.crfb.org/about-us. Acesso em: 23 jun. 2022.

[805] CENTER ON BUDGET AND POLICY PRIORITIES. 2022. Disponível em: https://www.cbp.org/about. Acesso em: 23 jun. 2022.

bojo do Poder Legislativo, por meio de audiências públicas. Entretanto, o incentivo à participação social no orçamento público é um tema bastante discutido no meio acadêmico, na sociedade civil e até mesmo no âmbito da OCDE.

Apesar da falta de mecanismos concretos de participação social, como as audiências públicas, por meio desta pesquisa observou-se, por outro lado, a ocorrência de um amplo e fácil acesso público aos dados orçamentários.

Assim, verificou-se que os cidadãos americanos podem facilmente conhecer o destino das verbas públicas federais por meio dos endereços eletrônicos das repartições públicas federais, por exemplo, o *U.S. Department of the Treasury*, o *Congressional Budget Office* (CBO), o *Office of Management and Budget* (OMB) e as Casas Legislativas.

As informações são ofertadas com relação ao orçamento atual, conforme é possível perceber no endereço eletrônico do *U.S. Department of the Treasury*, que disponibiliza, diariamente, o fluxo de caixa do Tesouro americano, e ao futuro, tal como se vê nas projeções orçamentárias de 10 (dez) anos, publicadas pelo *Congressional Budget Office* (CBO).

Figura 12
Cash and Debt Forecasting

Fonte: *U.S Department of the Treasury.*[806]

806 U.S. DEPARTMENT OF THE TREASURY. Disponível em: https://home.treasury.gov/policy-issues/financial-markets-financial-institutions-and-fiscal-service/cash-and-debt-forecasting. Acesso em: 14 set. 2022.

Figura 13
The Budget and Economic Outlook: 2022 to 2032

Fonte: *Congressional Budget Office*.[807]

Figura 14
Outlook for the Budget and the Economy

Fonte: *Congressional Budget Office*.[808]

---

[807] CONGRESSIONAL BUDGET OFFICE. Disponível em: https://www.cbo.gov/publication/57950#:~:text=CBO%20projects%20that%20the%20federal,trillion%20from%202023%20to%202032. Acesso em: 04 ago. 2022.

[808] CONGRESSIONAL BUDGET OFFICE. Disponível em: https://www.cbo.gov/publication/57950#:~:text=CBO%20projects%20that%20the%20federal,trillion%20from%202023%20to%202032. Acesso em: 04 ago. 2022.

Assim, tal como menciona a OCDE, entendendo-se que a problemática envolvendo a participação social no bojo do orçamento público federal está relacionada, em parte, com uma falta de engajamento social com a matéria orçamentária, parece-nos que os Estados Unidos apresentam um avanço no tema da acessibilidade.[809]

40.4 Há abertura para influências externas de empresas e de escritórios lobistas na elaboração do orçamento?

A literatura identifica na política americana o chamado *iron triangle*. Tal como destacado por Gordon Adams, o *iron triangle* seria uma relação política existente entre 3 (três) agentes: (i) os burocratas, (ii) os membros do Congresso e (iii) os grupos de interesse privado.[810]

Figura 15
Iron triangle

Fonte: ADAMS, Gordon. The Iron Triangle. New Brunswick: Transaction Publishers, 1981. p. 24.

---

[809] TANAKA, Susan. Engaging the Public in National Budgeting: A Non-Governmental Perspective. *OECD Journal of Budgeting*, p. 149, 2007. Disponível em: https://www.oecd.org/gov/budgeting/43412013.pdf. Acesso em: 11 dez. 2023.

[810] ADAMS, Gordon. *The Iron Triangle*. New Brunswick: Transaction Publishers, 1981. p. 24.

Em geral, acredita-se que os grupos de interesse privado dão aos membros do Congresso apoio legislativo e financeiro, recebendo, em contrapartida, ajuda em projetos legislativos de seu interesse.[811]

Os burocratas, como explicado na seção sobre as agências federais, também possuem muito poder no funcionamento do governo americano. Desse modo, os congressistas que se relacionaram com grupos de interesses podem dar financiamento para os burocratas e, em troca, esses executam as políticas do Legislativo.

Por fim, no que tange à relação entre grupos de interesses e burocratas, os primeiros podem apoiar a burocracia, realizando *lobby* no Congresso. Caso isso ocorra, os burocratas podem beneficiar esses grupos de interesse, impondo menos regulações às suas atividades e dando a eles benefícios especiais.

Assim sendo, entende-se que tal relação tripartite acaba por ter um grande poder nas decisões governamentais. Quanto ao orçamento, Maria Rita Loureiro ressalta que essa relação e eventual captura do Congresso e da burocracia por grupos de interesses acaba levando a uma superficialidade nas *appropriations hearings*.[812]

Ademais, segundo a plataforma *Open Secret*s, que busca analisar e quantificar a influência do *lobby* e de recursos financeiros no governo americano, o número de lobistas que tentaram influenciar o orçamento federal e as apropriações através de *lobby* em 2020 e 2021 foi de 3.541 (três mil quinhentas e quarenta e uma) e 3.595 (três mil quinhentas e noventa e cinco), respectivamente.[813]

Observa-se que, pelo menos desde o final da década de 80, a atividade de *lobby* já detém enquadramento no bojo de Atos editados pelo Congresso Federal, a exemplo do *Byrd Amendment*, de 1989,[814] e do

[811] A título de exemplo, cabe mencionar os Super PACs ("super comitês de ação política"), os quais consistem em comitês independentes formados pela sociedade civil, desvinculados do comitê próprio dos candidatos e fomentados por verbas oriundas de doações de pessoas físicas e jurídicas, com o intuito de investir em propaganda eleitoral de determinado candidato. OPEN SECRETS. *Super PACs*. Disponível em: https://www.opensecrets.org/political-action-committees-pacs/super-pacs/2022. Acesso em: 29 nov. 2022.

[812] LOUREIRO RITA, Maria. *Controle Político Da Burocracia No Presidencialismo Americano*: Uma Perspectiva Comparada Com O Brasil. EAESP/FGV/NPP – NÚCLEO DE PESQUISAS E PUBLICAÇÕES. 2003. p. 23. Disponível em: http://bibliotecadigital.fgv.br/dspace/bitstream/handle/10438/3159/P00249_1.pdf?sequence=1&isAllowed=y. Acesso em: 11 dez. 2023.

[813] OPEN SECRETS. Issue Profile: Fed Budget & Appropriations. *Following the Money in politics*, 2019.
Disponível em: https://www.opensecrets.org/federal-lobbying/issues/summary?cycle=2019&id=BUD. Acesso em: 04 fev. 2022.

[814] ESTADOS UNIDOS. *Public Law 102-121*. Disponível em: https://www.govinfo.gov/content/pkg/STATUTE-103/pdf/STATUTE-103-Pg701.pdf#page=56. Acesso em: 22 set. 2022.

Lobbying Disclosure Act of 1995,[815] o que possibilita maior transparência sobre a referida prática e sobre os critérios de tomada de decisão pelos agentes públicos. Tais normas não se destinam somente ao orçamento, mas a todo o tipo de matéria a ser objeto de legislação federal.

Quanto ao *Lobbying Disclosure Act of* 1995, especificamente, convém destacar a relevante função de definir a prática de lobby e de traçar os seus procedimentos de registro pelos indivíduos e organizações (governamentais e não governamentais) nas secretarias de ambas as Casas Legislativas, conforme o caso. Além disso, a norma estabelece medidas de penalização pelo descumprimento das referidas regras de *lobby* (multa civil a contar de 50 mil dólares) e a catalogação dos dados de *lobby* recebidos pelas secretarias das Casas Legislativas em seus endereços eletrônicos.

Percebe-se, pela experiência americana, portanto, que a regulamentação do *lobby* no processo orçamentário, além de possivelmente agregar disciplina fiscal à referida prática, vem possibilitando um maior engajamento do público quanto à alocação das verbas públicas, tal como se percebe por meio da ampla divulgação dos valores orçamentários atrelados a lobby, pela mídia e por associações, como a mencionada *Open Secrets*.[816]

---

815 ESTADOS UNIDOS. *Public Law 104-65*. Disponível em: https://lobbyingdisclosure.house.gov/lda.html. Acesso em: 03 ago. 2022.

816 Cabe ressaltar a existência de questionamentos acerca da efetividade das normas de regulamentação do *lobby* e da transparência na aplicação de recursos privados em matéria eleitoral posteriormente à criação dos comitês Super PACs e de decisão da Suprema Corte americana nos autos da ação *Citizen United v. Federal Election Comission*. Ao permitir que empresas e sindicatos realizem gastos ilimitados independentes com campanhas eleitorais, além de pessoas físicas, questiona-se o real mapeamento e identificação da origem das doações/ do *lobby* feitas/ feito no âmbito dos Super PACs. FEDERAL ELECTION COMISSION. *Citizens United v. FEC*. Disponível em: https://www.fec.gov/legal-resources/court-cases/citiz ens-united-v-fec/l. Acesso em: 29 nov. 2022. OPEN SECRETS. *Dark Money*. Disponível em: https://www.opensecrets.org/dark-money/basics. Acesso em: 29 nov. 2022.

PARTE III

QUADRO COMPARATIVO

(continua)

		Brasil	Alemanha	França	Estados Unidos
1. INTEGRAÇÃO ENTRE PLANOS E ORÇAMENTOS E PLURIANUALIDADE	**Há mecanismos de conexão entre planos (ou planos de governo) e orçamentos?**	A integração entre planos e orçamentos tem guarida na Constituição de 1988, que estabeleceu o PPA e a LDO como leis de natureza orçamentária articuladas à LOA.	O ciclo orçamentário anual alcança não somente o orçamento daquele ano, mas também os planos e projeções para os três anos seguintes. Com a finalidade de viabilizar a realização de projeções plurianuais, as autorizações de compromisso (*Verpflichtungsermächtigung*) permitem que administração pública assuma compromissos para fazer despesas em anos futuros, contribuindo para a continuidade da gestão orçamentária.	A Lei de programação plurianual de finanças (LPFP) define uma programação plurianual das finanças públicas que abrangem o período de três anos, mas é desprovida de força vinculante.	Sim, os Estados Unidos adotam perspectiva orçamental de longo prazo e não apenas anual, por meio de mecanismos de controle de despesas de médio prazo. O período médio de controle das despesas que tais mecanismos proporcionam é de 6 (seis) anos.
	O orçamento anual é acompanhado de projeções plurianuais?	O orçamento pode apresentar previsões de investimentos plurianuais cujo valor ultrapasse R$50 milhões. Além disso, há também projeções plurianuais de agregados macroeconômicos e fiscais no PPA e na LDO.	O art. 4º do Código Orçamentário Alemão estabelece que o exercício financeiro é idêntico ao ano civil. O ciclo orçamentário anual alcança não somente o orçamento daquele ano, mas também os planos e projeções para os três anos seguintes.	Sim, o Projeto da Lei de Finanças observa limites impostos pelas regras europeias e pelo quadro plurianual. No plano europeu, as limitações dizem respeito às receitas, despesas e ao limite global de endividamento. O quadro plurianual prevê um teto de gastos geral e tetos por missão por um período de três anos.	Sim, para a aprovação do orçamento proposto pelo Poder Executivo é exigida a apresentação de evidências sobre a coerência financeira dessa proposta com o déficit orçamentário corrente e projetado para os próximos 4 (quatro) anos.
2. IMPOSITIVIDADE DO ORÇAMENTO E VINCULAÇÃO DE DESPESAS	**O orçamento é autorizativo ou impositivo?**	Embora a doutrina tradicionalmente enxergue o orçamento público como uma peça de natureza meramente autorizativa, a EC nº 100/2019 estabeleceu o dever de executar as programações orçamentárias com o propósito de garantir a	O orçamento é autorizativo. A lei orçamentária autoriza o Executivo a realizar as despesas previstas no orçamento. O governo está autorizado a gastar os fundos para os fins especificados no orçamento. Além das	A lei orçamentária determina o caráter limitativo dos créditos que significa que as despesas apenas podem ser autorizadas dentro dos limites dos créditos previstos na lei de finanças aprovada pelo Parlamento. O princípio da especialidade determina que o	O orçamento federal é autorizativo. Isto porque inexiste obrigação de utilização pelo Poder Executivo das verbas autorizadas pelo Congresso americano.

(continua)

		Brasil	Alemanha	França	Estados Unidos
		efetiva entrega de bens e serviços à sociedade, o que consolida o caráter vinculante da lei orçamentária.	despesas, as receitas também devem ser estimadas para garantir o equilíbrio orçamentário.	Poder Executivo deve utilizar as dotações, em princípio limitadas, de acordo com o seu destino.	
	Qual o grau de rigidez do orçamento (nível de despesas obrigatórias e de vinculação de receitas)?	O orçamento brasileiro notabiliza-se pelo seu alto grau de rigidez, derivada do elevado montante de despesas cuja execução é obrigatória (cerca de 94% das despesas primárias), ao lado da excessiva vinculação de receitas (aproximadamente, 71% das receitas primárias) a finalidades específicas.	Em princípio, o art. 8º do BHO veda as vinculações de despesas, a menos que a destinação dos recursos esteja prevista em lei ou tenha autorização na própria lei orçamentária através de notas de autorização. A validade dessa vinculação é limitada ao ano orçamentário no qual foi estipulada. As vinculações não se aplicam aos fundos especiais, pois esses não fazem parte do orçamento federal.	A apresentação da dotação orçamentária em determinadas despesas é organizada a título meramente indicativo, de modo que os gestores têm liberdade para redistribuir as respectivas receitas. Em caso de créditos abertos a título de despesas com pessoal, cada programa constitui um teto de gastos e não podem ser usados para cobrir outras despesas.	O orçamento americano não apresenta rigidez tão elevada quanto à do orçamento brasileiro. A proporção das despesas discricionárias e das despesas obrigatórias costuma girar em torno de, aproximadamente, 30% (gastos com salários, vencimentos e defesa) e 60%, respectivamente.
	"Orçamento de Guerra" (situações emergenciais ou extraordinárias)	A Lei nº 4.320/1964 e a Constituição Federal preveem a possibilidade de abertura de créditos adicionais extraordinários (via medidas provisórias), destinados a despesas imprevisíveis e urgentes, como as decorrentes de guerra, comoção interna ou calamidade pública. De acordo com a LRF, enquanto perdurar eventual situação de calamidade, são suspensas a contagem dos prazos para recondução de despesas de pessoal e dívida aos respectivos	O art. 115, § 2 º da CF alemã comporta uma exceção à regra do freio da dívida no caso de haver: catástrofe natural ou de situações extraordinárias de emergência, que fujam ao controle do Estado e prejudiquem de forma considerável a situação financeira estatal. Os limites máximos de crédito podem ser ultrapassados com base em resolução da maioria dos membros do Parlamento Federal. A resolução tem de ser acoplada a um plano de	A LOLF prevê que as missões previstas no orçamento podem ter créditos orçamentários relativos a despesas acidentais, destinadas ao enfrentamento de calamidades e despesas imprevisíveis, como no caso de um estado emergencial. Os créditos abertos relativos a despesas imprevisíveis serão repartidos por programa, mediante decreto aprovado do Ministro das Finanças. Além disso, há outras regras específicas, como o limite de 1% (um por cento) dos créditos abertos pela legislação financeira em exercício.	Na hipótese de insuficiência de fundos para o manejo de situações extraordinárias, a legislação prevê a possibilidade de concessão de *supplemental appropriations*. Ou seja, de uma espécie de crédito suplementar. A título ilustrativo, no caso da pandemia da COVID-19, restou instituído o *Coronavirus Supplemental Appropriations Act*. Por meio da norma promulgada em 06 de março de 2020, restou aprovado crédito suplementar de 8,3 bilhões de dólares às agências federais para a

(continua)

		Brasil	Alemanha	França	Estados Unidos
		limites, dispensados ainda o atingimento dos resultados fiscais. Ademais, a Emenda Constitucional nº 109/2021 criou um protocolo fiscal e orçamentário permanente para resposta a crises de elevada magnitude.	amortização. A restituição dos créditos tomados deve ocorrer dentro de um espaço de tempo adequado.		implementação de medidas de combate à proliferação do coronavírus.
	Há identificadores de emendas parlamentares ou *earmarks* no orçamento?	A LOA deve identificar, utilizando-se do marcador orçamentário denominado *identificador de Resultado Primário* (RP), as despesas primárias discricionárias decorrentes de programações incluídas ou acrescidas por emendas parlamentares.	Os princípios da cobertura total e da não afetação, assim como o princípio da integralidade, visam assegurar a soberania orçamental do Poder Legislativo e das instituições envolvidas no planejamento e controle financeiro, de forma a dificultar a formação de orçamentos especiais a partir dos quais interesses especiais possam ser satisfeitos. A criação de Fundos Especiais (*Sondervermögen*) pode ser vista como uma tentativa de constituição de reservas de crédito na qual os recursos são retirados do orçamento central do governo federal e são "sequestrados" e alocados para fundos que não estão cobertos pela lei orçamentária. Tal prática poderia ser vista como uma eventual violação dos princípios da unidade e da cobertura total.	Não foram encontradas regras relacionadas a *earmarks* no orçamento francês. As únicas possibilidades encontradas foram as exceções à regra da não afetação, desdobramento do princípio da universalidade. As exceções à regra da não afetação dispõem que certas receitas podem ser alocadas diretamente a certas despesas, na forma de orçamentos subsidiários (entidades que não são ligadas ao Estado) e contas especiais (rastreamento de movimentos simples de fundos provisórios).	Sim. Depois de banido, o instrumento das *earmarks* foi institucionalizado sob a rubrica do *Community Project Funding* (CPF). Dentre as exigências procedimentais do CPF constam: 1) a necessidade de realização dos pedidos de verbas pelos endereços eletrônicos estabelecidos para o referido intuito; 2) a exigência de formalização, pelos parlamentares de declaração de ausência de interesse pessoal; 3) a imposição do limite de dez projetos com subsídio das referidas verbas direcionadas por cada parlamentar; 4) a determinação de limite do valor dos recursos públicos direcionados aos CPFs em montante de até 1% das verbas discricionárias; 5) a exigência de prévio apoio local quanto ao direcionamento das referidas verbas; e

(continua)

		Brasil	Alemanha	França	Estados Unidos
					6) a vedação da disponibilização de recursos públicos para entidades com fins lucrativos.
3. ABORDAGEM ORÇAMENTÁRIA	**O orçamento é tradicional (meios) ou orientado ao desempenho (fins/missões)? Estrutura de classificação da despesa: o orçamento é organizado por programas? Os programas são desdobrados em ações ou outras categorias semelhantes?**	Atualmente, utiliza-se no Brasil a técnica do orçamento programa. Os programas consistem em um conjunto de políticas públicas aos quais estão vinculadas ações orçamentárias que explicitam as medidas que serão adotadas para alcançar o objetivo do respectivo programa. Os produtos (bens ou serviços) que resultam das ações também são explicitados no orçamento, e a eles é associada uma meta física, que apresenta a quantidade do produto que se pretende entregar à população ao longo do exercício financeiro.	O orçamento público alemão é orientado para o resultado da prestação de serviço público que visa aumentar a eficiência e a eficácia da ação administrativa e a transparência das decisões de gastos. Os princípios da eficiência e da economicidade estão na base do orçamento orientado para o resultado.	O orçamento francês deverá ser apresentado por missões e programas. Com a LOLF, as discussões passaram a seguir uma lógica de resultados em que elaboração e exame do projeto se concentrarão nos objetivos e na relação custo/benefício das políticas públicas. Esta mudança de um paradigma de meio para um paradigma de resultado tem como pressuposto o fato de que o resultado pode ser medido de forma objetiva, conforme o art. 51 da LOLF, que estabelece que a apresentação das ações do Estado deve ser feita conforme "os custos associados, os objetivos perseguidos, os resultados obtidos e esperados para os próximos anos, medidos por meio de indicadores precisos cuja escolha se justifique".	Considerando o grande enfoque conferido ao equilíbrio orçamentário-financeiro pelas normas concernentes ao processo orçamentário, é possível afirmar que a respectiva orientação verifica-se como tendente ao desempenho, ou seja, ao alcance dos objetivos dispostos por meio de programas e metas, financiados através de leis de autorização e de apropriação.
	Há uso (ou previsão de uso) de informações de desempenho pelo processo orçamentário?	Diversas normas pertinentes ao orçamento público no Brasil fazem menção à orçamentação por desempenho. A LDO para 2022, por exemplo, determina que sejam consideradas informações sobre a execução física das ações orçamentárias, bem como os resultados de	A lei alemã estabelece que estudos de viabilidade econômica devem ser realizados no desenvolvimento e na adoção, por parte do poder público, de qualquer medida que tenha impacto fiscal. Isto é, devem ser considerados em quaisquer		Sim, a título de exemplo, vale apontar que o *U.S. Code* prevê a produção e a publicação das informações de desempenho das agências federais, que deverão ser disponibilizadas até 150 (cento e cinquenta) dias do término do ano fiscal e, se inconsistentes com as metas

(continua)

		Brasil	Alemanha	França	Estados Unidos
		avaliações e monitoramento de políticas públicas e programas de governo. Contudo, na prática, o processo de elaboração do orçamento é amplamente incremental, passando ao largo das diretrizes em comento.	medidas e despesas que afetem direta ou indiretamente o orçamento público.		traçadas na proposta de orçamento, devem estar acompanhadas de uma motivação.
4. REGRAS E METAS FISCAIS	**O processo orçamentário é condicionado por regras fiscais?**	O Brasil conta com um conjunto de regras fiscais que disciplinam o processo orçamentário. Especialmente, vale mencionar: (a) a meta de resultado fiscal, fixada anualmente pela LDO, conforme determina a LRF, e que estabelece o esforço fiscal do governo para cada exercício; e (b) o teto de gastos, que limita o crescimento anual da despesa primária, em cada Poder e órgão autônomo, ao orçamento do ano anterior corrigido pela inflação. Há, ainda, a regra de ouro, segundo a qual o montante de receitas com operações de crédito não pode superar o total da despesa de capital prevista no orçamento.	O princípio de um orçamento estruturalmente equilibrado é estabelecido na Lei Fundamental alemã (art. 115), no Pacto de Estabilidade e Crescimento e no Pacto Fiscal Europeu, que deve ser observado pelos Estados-Membros da União Europeia. A Lei de Execução do art. 115 da Lei Fundamental alemã regulamenta alguns componentes essenciais da regra do freio da dívida e suas exceções.	São dois os principais instrumentos jurídicos de condicionamento de metas fiscais na França: a lei de programação das finanças públicas (*Loi de programmation des finances publiques* – LPFP) e a lei orgânica relativa à programação e à governança das finanças públicas (*Loi organique relative à la programmation et à la gouvernance des finances publiques* – LOPGFP). A LPFP é um instrumento de gestão plurianual das finanças públicas, uma norma financeira inserida no art. 34 da Constituição Federal francesa, cuja finalidade é auxiliar o planejamento e o equilíbrio orçamentário da Administração Pública. No ano de 2012, ao incorporar o Tratado sobre Estabilidade, Coordenação e Governança (o Pacto Fiscal Europeu), a França aprovou a LOPGFP que, entre outras medidas, elevou o equilíbrio estrutural das contas públicas a um	Foram identificadas regras para o controle do equilíbrio orçamentário, tais como aquelas que impõem limites aos gastos discricionários e ao déficit público e que estabelecem instrumentos de compensação de despesas ou gastos, como o PAYGO e o *sequestration*.

(continua)

		Brasil	Alemanha	França	Estados Unidos
				dos objetivos perseguidos pela Administração Pública.	
	Caso o teto de gastos seja ultrapassado, há medidas de ajustes fiscais? Quais?	Caso a despesa primária obrigatória ultrapasse 95% do total de despesas dessa natureza, aplicam-se uma série de vedações voltadas a controlar o crescimento da despesa, tais como proibição de reajustes, de criação de cargos e de despesas obrigatórias, entre outras.	Conforme as novas regras de endividamento, vigentes desde 1º.01.2011, dos arts. 109, inc. 3, e 115, inc. 2, da GG, não podem os Estados mais, a partir de 2020, em princípio, tomar nenhum novo crédito. No âmbito da União Federal, encontra-se o limite anual do novo endividamento (déficit estrutural) em 0,35% do PIB. Desvios da regra do freio da dívida somente são admissíveis em determinadas oscilações conjunturais econômicas e nos casos de catástrofes naturais ou situações emergenciais extraordinárias (art. 115, inc. 2, GG), como a pandemia do coronavírus, que terminou justificando orçamentos adicionais em 2020 e em 2021.	A LOPGFP é a que instituiu um mecanismo de correção de desvios significativos entre a execução orçamentária do ano corrente e a trajetória da dívida pública prevista na lei de programação orçamentária (*Loi de programmation des finances publiques* – LPFP). Na eventualidade de tal situação, ficou a cargo do Executivo apresentar justificativas para a existência do desvio e propor medidas de correção.	Para fazer cumprir o limite de gastos, caso sejam decretadas novas apropriações discricionárias que excedam o limite legal para um determinado ano fiscal, um processo automático é acionado, eliminando-se o excesso de gastos. Esse processo conhecido como *sequestration* implica reduções gerais de recursos orçamentários não isentos dentro das categorias aplicáveis (*defesa* ou *não defesa*).
	Há regra de ouro e exceções?	A regra de ouro tem estatura constitucional (art. 167, inc. III, da CF). Segundo mencionado dispositivo, é vedada a realização de operações de créditos que excedam o montante das despesas de capital, ressalvadas as	Basicamente, há três exceções à regra constitucional geral de proibição de contratação de empréstimos: 1) o governo federal pode tomar créditos que comprometam até 0,35% do produto interno bruto nominal; 2) componente cíclico	A regra de ouro de equilíbrio das contas públicas dos países signatários do Pacto Fiscal Europeu, qual seja, a manutenção de um déficit estrutural dos países signatários não superior a 0.5% do PIB, pode ser afastada em circunstâncias excepcionais,	Não há norma semelhante à regra de ouro brasileira.

(continua)

		Brasil	Alemanha	França	Estados Unidos
		autorizadas mediante créditos suplementares ou especiais com finalidade precisa, aprovados pelo Poder Legislativo por maioria absoluta.	– autoriza o governo federal a tomar créditos em períodos de baixo crescimento econômico, que devem ser pagos em fases de alto crescimento econômico; 3) novas dívidas podem ser assumidas em situações emergenciais extraordinárias.	observados os parâmetros definidos pelo art. 3º, nº 3, alínea b, do mencionado Pacto.	
5. PROCESSO ORÇAMENTÁRIO NO PODER EXECUTIVO	**O processo é *top-down, bottom-up* ou misto?**	O processo de elaboração da proposta orçamentária brasileira é misto, isto é, possui algumas etapas *top-down* e outras, *bottom-up*. A definição de agregados e estabelecimento de referenciais monetários caracterizam etapas *top-down*, enquanto, em um movimento tipicamente *bottom-up*, os órgãos setoriais têm autonomia para propor a aplicação detalhada dos recursos que lhes são destinados.	Desde 2012, a Alemanha adotou o procedimento de elaboração do orçamento de cima para baixo (*top-down*). Dessa forma, o foco não está mais nas propostas setoriais, mas sim no estabelecimento de prioridades políticas do Poder Executivo federal, que elabora os parâmetros básicos (macrodiretrizes).	A elaboração do projeto de lei de finanças (PLF) é competência do Poder Executivo. O processo de elaboração da lei das finanças (PLF) e do orçamento do Estado é da competência exclusiva do Governo, conforme previsto no art. 38º da LOLF, que prevê que "sob a autoridade do Primeiro-Ministro, o ministro responsável pelas finanças elabora projetos de lei das finanças, que são deliberados no Conselho de Ministros".	Tal como ocorre com o Brasil, o processo de elaboração da proposta orçamentária americana verifica-se como misto, de forma a ser composto por fases consideradas como *top-down* e *bottom-up*. Isto porque, no âmbito do Poder Executivo, verifica-se que a proposta orçamentária segue o fluxo das agências federais até o Chefe do Poder Executivo, que as consolida e as encaminha, em conjunto com o seu próprio orçamento, ao Congresso. Esse procedimento pode ser visto como *bottom-up*. Chegada a fase da entrega da proposta do Poder Executivo ao Poder Legislativo, é possível a observância de um processo no formato *top-down*. Isto porque a proposta partirá do Chefe do Poder Executivo para as Comissões de cada uma das

(continua)

		Brasil	Alemanha	França	Estados Unidos
					Casas, que elaboram as suas próprias propostas e, posteriormente, submetem às respectivas Comissões de Apropriação para fins de deliberação. Ao deliberar-se a versão consolidada, caberá o envio da versão final da proposta ao Presidente, que a sanciona ou não.
	O órgão central de orçamento também é responsável por atividades de planejamento, monitoramento e avaliação?	O Ministério da Economia, órgão central do sistema de planejamento e orçamento, possui, em sua estrutura, a Secretaria de Avaliação, Planejamento, Energia e Loteria (SECAP), a quem compete a coordenação dos processos de monitoramento, avaliação e revisão do PPA.	O Ministério Federal das Finanças é o órgão central na elaboração do orçamento. Os arts. 27 e 28 do Código Orçamentário Alemão tratam do papel do Poder Executivo, poder responsável pela elaboração do orçamento, em especial sobre o papel desempenhado pelo Ministério Federal das Finanças.	Segundo o art. 38, da LOLF, o ministro das finanças é uma figura central na condução das etapas necessárias à preparação do projeto da lei de finanças, tendo como principal missão a defesa do "rigor orçamentário". É este ministro que coordena todo o processo necessário à elaboração da lei de finanças, define o calendário de atividades, centraliza as demandas por crédito feitas pelos demais ministérios e solicita dos órgãos do governo informações necessárias às fases negociação e arbitragem, bem como aquelas que serão apresentadas nos anexos da PLF.	A função de monitoramento da proposta orçamentária cabe ao *Office of Management and Budget* (OMB) e a diversos outros órgãos federais dos Poderes Executivo e Legislativo. A título exemplificativo, resta estabelecido pelo *U.S. Code* que o monitoramento trimestral das metas prioritárias do Governo Federal deve ser feito pelo OMB, em relação a todo o Governo, e, por cada agência, em relação às suas próprias prioridades.
	O Poder Executivo elabora somente a proposta ou também o projeto de lei orçamentária?	O Poder Executivo elabora tanto a proposta orçamentária quanto o projeto de lei, conforme determinam os arts. 84, XXIII e 165, III, da Constituição Federal.	O orçamento é anexado à lei orçamentária anual. A lei orçamentária forma uma unidade em conjunto com o orçamento aprovado.	No curso do processo orçamentário francês há o projeto de lei orçamentária (*Projet de Loi de Finance* – PLF), gestado no âmbito do Poder Executivo e,	Cabe ao Presidente dos Estados Unidos a apresentação da proposta orçamentária ao Congresso. Tal proposta foi elaborada por ele, em conjunto

(continua)

		Brasil	Alemanha	França	Estados Unidos
			Cabe ao executivo federal a adoção tanto do projeto de lei orçamentária assim como o projeto orçamentário conforme estabelece o art. 29, inc. I, do BHO.	posteriormente, encaminhado para discussão e aprovação pelo Parlamento.	com os chefes das agências federais. Já quanto ao projeto de lei orçamentária, verifica-se que tal função resta atribuída às Comissões Orçamentárias da Casa dos Representantes e do Senado.
	O que ocorre na hipótese de o Poder Executivo não enviar tempestivamente a proposta ou o projeto de lei ao Poder Legislativo?	Caso a proposta orçamentária não seja encaminhada pelo Poder Executivo, conforme previsto pelo art. 32 da Lei nº 4.320/1964, o Poder Legislativo considerará como proposta a Lei de Orçamento vigente. A legislação define que é crime de responsabilidade contra a lei orçamentária, imputado ao Presidente da República, não apresentar ao Congresso Nacional a proposta do orçamento dentro do prazo estabelecido.	Em caso de atraso na entrega da lei orçamentária o art. 111 da Constituição Federal alemã estabelece a adoção de um orçamento de emergência com o objetivo de assegurar a manutenção do governo, da administração e o funcionamento das funções do Estado. Essa é uma medida excepcional, de curto prazo, com a finalidade de manter em funcionamento os serviços essenciais da administração pública, sem interrupção, evitando, assim, um *Shutdown*.	O art. 39 da LOLF determina que a proposta de orçamento do exercício deve ser depositada e distribuída até a primeira terça-feira de outubro, do ano que antecede a execução do orçamento. Ele é imediatamente encaminhado para consideração do comitê de finanças.	Apesar da existência de prazo para o envio da proposta orçamentária pelo Presidente ao Congresso, inexiste previsão de consequências para o descumprimento do referido prazo.
6. O PROCESSO ORÇAMENTÁRIO NO PODER LEGISLATIVO	**Quais Casas Legislativas participam do processo? Qual comissão coordena o processo? O Poder Legislativo dispõe de unidades de assessoramento técnico institucional em matéria orçamentária?**	O projeto de lei de orçamento anual deve ser apreciado pelas duas Casas do Congresso Nacional. Notadamente, cabe à Comissão Mista de Planos, Orçamentos Públicos e Fiscalização (CMO) apreciar a matéria antes da deliberação pelo plenário do Congresso. O Congresso conta com assessoramento técnico institucional permanente,	O Poder Legislativo não tem papel formal na preparação orçamentária. Entretanto, no decorrer do processo legislativo, o *Bundestag* possui o direito de fazer alterações. Faz parte de seu poder inalienável não apenas decidir sobre um projeto de lei, mas também discuti-lo e alterá-lo.	No caso francês, ambas as Casas Legislativas – Assembleia Nacional e Senado –, possuem um papel ativo no processo orçamentário, definidos pela Constituição Federal e pela LOLF. Neste sentido, o Parlamento tem um prazo total de 70 (setenta) dias para apreciar o Projeto de Lei enviado pelo Poder Executivo, divididos da seguinte forma: 40 (quarenta) dias para a Assembleia,	Ambas as Casas Legislativas participam do processo orçamentário. Para cada uma das Casas, há a Comissão Orçamentária, que atua na parte inicial, e a Comissão Geral de Apropriação, que coordena a parte final do processo. O Poder Legislativo dispõe do *Congressional Budget Office*, que oferece suporte técnico em matéria orçamentária.

(continua)

		Brasil	Alemanha	França	Estados Unidos
		prestado pelas Consultorias de Orçamento da Câmara dos Deputados e do Senado Federal, órgãos especializados em matéria orçamentária.		20 (vinte) dias para o Senado e 10 (dez) dias para apontamentos finais (*navette parlementaire*), caso seja necessária a criação de uma Comissão Parlamentar Paritária na hipótese de divergência, nos moldes do art. 45 da Constituição Federal.	
	Qual o papel das comissões temáticas na apreciação do orçamento?	Há previsão regimental para que as comissões permanentes de Câmara e Senado apresentem, como subsídio à decisão da CMO, parecer acerca da proposta orçamentária, nos limites de sua competência específica (*i.e.*, a Comissão de Educação deve oferecer parecer a essa área do orçamento). Na prática, as comissões têm se limitado, ano a ano, à apresentação pontual de emendas ao projeto de lei do orçamento.	O Comitê de Orçamento é o principal responsável pelo aconselhamento sobre todas as propostas orçamentárias. Um relator, cujo mandato dura por toda a legislatura, é nomeado para cada proposta setorial, formando os comitês setoriais. O Subcomitê de Auditoria é o responsável por rastrear o comportamento dos gastos do governo através da análise do orçamento federal, da gestão econômica e da preparação e quitação das contas do governo federal.	Além da Comissão de Finanças, as Comissões Permanentes também participam da avaliação do Projeto de Lei de Finanças. No caso da Assembleia Nacional, são outras 7 (sete) Comissões permanentes que são responsáveis pela elaboração de um parecer relativo às missões elencadas no Projeto de Lei no âmbito de sua competência, documento este que é formulado pelos seus respectivos relatores.	Cada uma das Casas dispõe de 12 subcomissões orçamentárias, as quais são divididas por temas. Tais subcomissões têm o papel de sugerir a alocação das verbas a serem utilizadas com os gastos discricionários à Comissão Geral das Apropriações. As Casas Legislativas elaboram as suas próprias propostas orçamentárias.
	Quais os limites do Poder Legislativo para alterar a proposta orçamentária?	A alteração do projeto de lei do orçamento empreendida pelo Poder Legislativo somente pode ocorrer mediante a aprovação de emendas à matéria. A apresentação e a aprovação de emendas ao PLOA está sujeita a diversas limitações, previstas especialmente na Constituição	O Comitê de Orçamento não possui discricionariedade para decidir sobre receitas tributárias. As estimativas da receita tributária são vinculativas para o legislador orçamentário e são estabelecidas pelo Grupo de Trabalho sobre Previsões de	Em relação ao conteúdo das emendas parlamentares no processo orçamentário, deputados e senadores podem, de acordo com o art. 44, (i) alterar a repartição de crédito entre os programas em uma mesma missão; (ii) modificar, criar ou suprimir um programa; (iii) se pronunciar sobre o teto de	A legislação não estabelece limites numéricos para a alteração da proposta orçamentária. Contudo, há regras institucionais para a realização dessas alterações, conforme cada Casa Legislativa.

(continua)

		Brasil	Alemanha	França	Estados Unidos
		Federal e na Resolução nº 01/2006-CN.	Receitas Tributárias (*Steuerschätzungen*).	emprego (*plafonds d'emplois*); (iv) os critérios de desempenho dos ministérios e (v) medidas fiscais.	
	Quais atores podem propor alterações na proposta/projeto de lei do orçamento?	As emendas ao projeto de lei do orçamento podem ser apresentadas por diversos atores legislativos. Além dos próprios parlamentares (deputados e senadores), são legitimados a propor alterações no PLOA as bancadas estaduais, as comissões permanentes do Senado Federal e da Câmara dos Deputados, além das comissões mistas permanentes do Congresso Nacional. Por fim, os relatores da proposta também podem sugerir mudanças ao PLOA.	Não só o Parlamento Federal como um todo, mas também os grupos parlamentares (*Fraktionen*), assim como os parlamentares individualmente podem apresentar suas ideias sobre como os fundos orçamentários podem ser usados e, assim, influenciar a decisão sobre o orçamento. Cada deputado individualmente tem direito de avaliar o projeto de orçamento e as emendas que foram propostas. Esse direito existe independentemente dos poderes atribuídos ao Comitê de Orçamento, órgão que possui grande influência no processo orçamentário parlamentar.	Consoante o exposto no art. 44 da Constituição Federal, deputados e senadores possuem a prerrogativa para propor emendas parlamentares, inclusive na esfera do processo orçamentário.	Todos os membros da Casa dos Representantes e do Senado, durante os debates das resoluções orçamentárias e das apropriações, podem propor alterações no projeto de lei do orçamento.
	Qual o alcance da autorização parlamentar na elaboração/tramitação do orçamento? Mesmo após aprovação, o Poder Legislativo possui mecanismos para influenciar/modificar a execução do orçamento?	Para além da possibilidade de apresentação de emendas durante o trâmite congressual do PLOA, os parlamentares dispõem de ferramentas que lhes asseguram meios formais de ingerência na execução do orçamento, ao longo do exercício. Por exemplo, após a aprovação do orçamento, as	O Poder Legislativo não tem papel formal na preparação orçamentária. Entretanto, no decorrer do processo legislativo, o *Bundestag* possui o direito de fazer alterações. Faz parte de seu poder inalienável não apenas decidir sobre um projeto de lei, mas também o discutir e o alterar.	O art. 9º da LOLF destaca o caráter limitativo das dotações orçamentárias, uma vez que só podem ser autorizadas de acordo com os parâmetros elencados na Lei de Finanças aprovada pelo Parlamento, salvo raras exceções, por exemplo, interesse nacional e urgência, consoante o disposto nos arts. 10 e 24 da lei orgânica.	Na elaboração, os parlamentares podem apresentar suas emendas. Já no âmbito da execução do orçamento, a literatura faz menção à rescisão e à reapropriação como formas de o Congresso cancelar ou recuperar a autoridade orçamentária concedida, porém

(continua)

		Brasil	Alemanha	França	Estados Unidos
		programações orçamentárias incluídas por emendas individuais dependem de detalhamentos adicionais prestados pelos autores (indicação e priorização de beneficiários), para que se leve a termo a execução da despesa.	Grupos e membros parlamentares podem sinalizar suas prioridades e dar suas opiniões para o Comitê de Orçamento.		não utilizada pelo Governo Federal.
	O que ocorre na hipótese de o Poder Legislativo não aprovar tempestivamente o orçamento?	As leis de diretrizes orçamentárias têm estabelecido permissões para execução provisória do Projeto de Lei do Orçamento, caso a matéria não seja aprovada pelo Congresso Nacional até o encerramento do exercício financeiro. A autorização é restrita a determinadas despesas, indicadas em rol taxativo pela LDO.	Em caso de atraso na entrega da lei orçamentária, o art. 111 da Constituição Federal alemã estabelece a adoção de um orçamento de emergência. Os limites das autorizações de acordo com o art. 111 da GG são determinados objetivamente. Apenas as despesas que são "necessárias" podem ser realizadas. Isso significa que elas devem ser *extremamente* necessárias e adequadas aos itens listados no art. 111, §1º, al. "a", "b" e "c" da Constituição Federal, e temporalmente até a entrada em vigor da lei orçamentária.	Caso a Assembleia Nacional não avalie, em primeira leitura, o texto em 40 (quarenta) dias, o Poder Executivo transmitirá o projeto (com as devidas emendas aprovadas pela Assembleia e aceitas pelo governo) para o Senado, que terá 15 (quinze) dias para se pronunciar sobre a matéria. Se o Senado, a seu turno, não realizar a votação em primeira leitura dentro do prazo estipulado, o Poder Executivo submeterá novamente à Assembleia Nacional o texto com as respectivas modificações feitas pela última casa e admitidas pelo Governo.	Caso o orçamento não seja aprovado dentro da data acima mencionada, a saída que se tem consiste na utilização do mecanismo das *continuing resolutions*. As *continuing resolutions* são medidas que se prestam para evitar o fechamento parcial do governo, o chamado *government shutdown*. Tais resoluções têm conteúdo semelhante às peças orçamentárias então vigentes.
7. PARTICIPAÇÃO DA SOCIEDADE E DE ENTIDADES INDEPENDENTES	**Qual a relação da Entidade de Fiscalização Superior (EFS) com o processo orçamentário?**	A participação do TCU no processo orçamentário concentra-se no encerramento do ciclo anual, por meio da emissão de parecer prévio sobre as contas prestadas anualmente pelo Presidente da República.	O Tribunal de Contas alemão apoia o Poder Legislativo no cumprimento da sua missão de controle e, ao mesmo tempo, também é um órgão de controle do Poder Executivo. Além disso, controla os	No que tange à participação de entidades de fiscalização no processo orçamentário francês, destaca-se o papel do Tribunal de Contas (*Cour des comptes*), órgão responsável pelo controle da regularidade das contas públicas,	O GAO – *General Accounting Office* – consiste em agência integrante do Poder Legislativo com a função de aprovar as contas do Poder Executivo (§3526, do BAA). Portanto, cabe ao GAO: a) a elaboração de

(continua)

		Brasil	Alemanha	França	Estados Unidos
		Adicionalmente, desde 2017, o TCU tem enviado ao Congresso Nacional Relatório de Fiscalizações em Políticas e Programas de Governo (RePP), como subsídio ao processo orçamentário.	recursos que o governo federal concede aos Estados.	verificação da adequada utilização da receita com respectiva prestação de contas à sociedade. Através de uma jurisdição independente, a Corte de Contas situa-se equidistante ao Parlamento e Governo, assistindo a ambos, conforme o disposto no art. 47-2 da Constituição Federal, fruto da Lei Constitucional de 23 de julho de 2008.	relatório anual com informações sobre matérias conexas a receitas e uso da verba pública (§719, do BAA) para o Congresso; e b) a responsabilidade pela realização de investigações quanto ao uso indevido de recursos públicos (§712, do BAA).
	Qual a relação da Instituição Fiscal Independente (IFI) com o processo orçamentário?	A IFI do Senado Federal não dispõe de competências normativas para atuar formalmente no processo orçamentário. Suas análises e projeções fiscais podem, facultativamente, ser consideradas como subsídio ao debate fiscal, em especial como contraponto às projeções do Poder Executivo.	Várias são as instituições independentes ou semi-independentes que auxiliam no planejamento do orçamento e da política fiscal e econômica na Alemanha. Elas são estruturadas em um modelo semelhante ao das IFS (Instituições Fiscais Independentes), desempenhando o papel de apoiar a sustentabilidade das finanças públicas, atuando para tornar públicas informações imparciais sobre as políticas fiscais governamentais, impulsionando a qualidade do debate político, tornando os governos mais responsáveis pelas suas escolhas políticas, contribuindo para melhorar a transparência das políticas	O Conselho Superior de Finanças Públicas foi criado em 2012 em meio à adaptação da legislação francesa ao Tratado sobre Estabilidade, Coordenação e Governação na União Econômica e Monetária da União Europeia, com o objetivo de ser uma instituição fiscal independente cujo objetivo central é avaliar a credibilidade das projeções macroeconômicas e se pronunciar sobre a coerência dos objetivos anuais apresentados nas leis orçamentárias com os objetivos plurianuais das finanças públicas.	Uma Instituição que realiza trabalho equivalente ao da IFI no Brasil consiste no *Congressional Budget Office* (CBO), agência federal independente com a função de auxiliar o Poder Legislativo por meio de dados e análises orçamentárias e econômico-financeiras no tocante aos projetos orçamentários em debate em cada uma das Casas. Assim, nos termos da Seção 202, do *Congressional Budget Act of 1974*, cabe ao CBO auxiliar: i) as Comissões Orçamentárias da Casa dos Representantes e do Senado; ii) as Comissões de Apropriações; e iii) outras Comissões ou indivíduos em caso de solicitação de algum auxílio técnico nas matérias de conhecimento do CBO. Nota-se,

(conclusão)

		Brasil	Alemanha	França	Estados Unidos
			públicas perante os cidadãos e os atores financeiros.		portanto, que o CBO detém função essencialmente técnica, sendo desprovido de teor político-partidário.
	Há audiências públicas durante a apreciação legislativa do orçamento?	A Resolução nº 1, de 2006, do Congresso Nacional, prevê expressamente que a CMO deve realizar audiências públicas para o debate e o aprimoramento dos projetos de Lei do PPA, da LDO e da LOA.	Na Alemanha, a participação pública se dá principalmente no nível municipal com o estabelecimento dos orçamentos participativos. Porém, instituições independentes e o Tribunal de Contas participam ativamente durante diversas etapas do ciclo orçamentário.	Esta possibilidade não foi encontrada no processo orçamentário francês.	Inexiste previsão normativa acerca da participação da sociedade civil no processo de apreciação e de debate do orçamento federal no bojo do Poder Legislativo, por meio de audiências públicas. Entretanto, o incentivo à participação social no orçamento público americano é um tema bastante discutido no meio acadêmico e na sociedade civil.
	Há abertura para influências externas de empresas e de escritórios lobistas na elaboração do orçamento?	No Brasil, a atividade de *lobby* ainda não foi regulamentada, de modo que não há condições de se examinar – do ponto de vista formal – como se dá tal tipo de influência externa em processos políticos decisórios pertinentes à elaboração do orçamento, seja no Poder Executivo, seja no Poder Legislativo.	Em março de 2021, o Parlamento alemão aprovou a lei federal de *lobbying (Lobbyregistergesetz)*. Pessoas físicas, jurídicas e parcerias podem ser lobistas. Se representarem seus próprios interesses ou forem seus representantes perante o *Bundestag* ou o Governo Federal, são obrigadas a se cadastrarem no registro do *lobby*.	Na França, a atividade de *lobby* é disciplinada por uma norma anticorrupção aprovada em 2016, a Lei Sapin II. Entre seus diversos dispositivos, alguns são dedicados a regular a atuação de lobistas ou representantes de interesses, como são por ela chamados as entidades que têm como atividade influenciar o processo político francês.	Por meio do *Lobbying Disclosure Act of* 1995, especificamente, resta definida a prática de *lobby* e traçados os seus procedimentos de registro pelos indivíduos e organizações (governamentais e não governamentais) nas secretarias de ambas as Casas Legislativas, conforme o caso. Além disso, a norma estabelece medidas de penalização pelo descumprimento das referidas regras de *lobby* (multa civil a contar de 50 mil dólares) e a catalogação dos dados de lobby recebidos pelas secretarias das Casas Legislativas em seus endereços eletrônicos.

REFERÊNCIAS BIBLIOGRÁFICAS DO BRASIL

ABRAHAM, Marcus. Orçamento inflado e irreal. *Coluna Fiscal, Jota,* 09 maio 2018. Disponível em: https://www.jota.info/opiniao-e-analise/colunas/coluna-fiscal/orcamento-inflado-e-irreal-09052018. Acesso em: 16 ago. 2021.

ABRAHAM, Marcus. *Curso de direito financeiro brasileiro.* Rio de Janeiro: Elsevier, 2010.

ABRANCHES, Sérgio Henrique H. Presidencialismo de Coalizão: o Dilema Institucional Brasileiro. *Revista de Ciências Sociais,* Rio de Janeiro, v. 31, n. 1, p. 5-38, 1988.

AFONSO, J. R. História da elaboração da Lei 4.320. *In*: MENDES, G. F.; BRANCO, P. G. G. (Org.). *Grandes eventos do IDP*: Fórum 50 anos da lei geral dos orçamentos Lei nº 4.320. Brasília: IDP, 2017.

AFONSO, J. R.; NÓBREGA, Marcos. Responsabilidade Fiscal: uma obra inacabada. *Revista Controle do Tribunal de Contas do Estado do Ceará,* Fortaleza, v. VII, n. 1, p. 15-30, 2009.

AJA, Eliseo. *El Estado autonómico*: federalismo y hechos diferenciales. 2. ed. Madrid: Alianza, 2003.

ALMEIDA, Dayson P. B. O mito da ineficiência alocativa das emendas parlamentares. *Revista Brasileira de Ciência Política* [online], n. 34, 2021. Disponível em: https://doi.org/10.1590/0103-3352.2021.34.239518. Acesso em: 13 ago. 2021.

ALMEIDA, Dayson P. B.; BIJOS, Paulo R. S. *Tetos de gasto*: balanço dos dois primeiros anos de vigência do Novo Regime Fiscal (2017-2018). Estudo Técnico n. 24/2019, Consultoria de Orçamento e Fiscalização Financeira. Câmara dos Deputados. 2019. Disponível em: https://www2.camara.leg.br/orcamento-da-uniao/estudos/2019/Balanode2anosdoTeto-deGastos_20190508.pdf. Acesso em: 16 ago. 2021.

AMARAL, Vinícius L.; MACEDO, Maurício M.; BITTENCOURT, Fernando M. R. *Regra de ouro*: falhas de concepção e de aplicação no âmbito da União. Brasília, DF: Senado Federal, 2020. 44 p. (Orçamento em discussão, n. 46).

BALEEIRO, Aliomar. *Uma introdução à ciência das finanças.* 16. ed. rev. e atualizada por Dejalma de Campos. Rio de Janeiro: Forense, 2002.

BASSI, Camilo de M. *Receitas vinculadas e despesas obrigatórias*: explorando conceitos, métodos de atuação e determinantes da rigidez orçamentária. Instituto de Pesquisa Econômica Aplicada. Nota Técnica n. 56. Agosto, 2019.

BIJOS, Paulo. *Governança legislativa orçamentária*: da fragmentação paroquialista à priorização estratégica. Estudo Técnico nº 8/2021. Disponível em: https://www2.camara.leg.br/orcamento-da-uniao/ estudos/2021/ artigo-glo_2021-05-31_publicacao. Acesso em: 15 set. 2023.

BITTENCOURT, Fernando. *Relações Executivo-Legislativo no presidencialismo de coalizão*: um quadro de referência para estudos de orçamento e controle (Texto para Discussão nº 112 do Centro de Estudos da Consultoria Legislativa). Brasília: Senado Federal, 2012. Disponível em: http://www.senado.gov.br/conleg/textos_discussao.htm. Acesso em: 28 nov. 2023.

BITTENCOURT, Fernando. *Poderes orçamentários no presidencialismo democrático brasileiro*: contribuições aos modelos comparativos. Dissertação (mestrado) – Câmara dos Deputados, Centro de Formação, Treinamento e Aperfeiçoamento (Cefor). Brasília, 2016. Disponível em: http://bd.camara.leg.br/bd/handle/bdcamara/31159. Acesso em: 28 nov. 2023.

BLÖNDAL, Jón R.; GORETTI, Chiara; KRISTENSEN, Jens K. Budgeting in Brazil. *OECD Journal on Budgeting*, v. 3, n. 1, 2003.

BRASIL. Congresso Nacional. Comissão Mista de Planos, Orçamentos Públicos e Fiscalização (CMO). *Instrução Normativa nº 2, de 2021*. Regula os procedimentos para apresentação de emendas de bancada estadual e atualiza a denominação e composição da área temática X – Economia. Brasília, DF, 2021. Disponível em: https://www.camara.leg.br/internet/comissao/index/mista/orca/Legisla_CMO/Instrucao_Normativa_2_2021.pdf. Acesso em: 16 nov. 2021.

BRASIL. Congresso Nacional. *Resolução do Congresso Nacional nº 1, de 1970* – Regimento Comum. Diário do Congresso Nacional, Brasília, DF, 12 ago. 1970, Seção 2, col. I, p. 3205.

BRASIL. Congresso Nacional. *Resolução nº 1, de 22 de dezembro de 2006*. Dispõe sobre a Comissão Mista Permanente a que se refere o § 1º do art. 166 da Constituição, bem como a tramitação das matérias a que se refere o mesmo artigo. Brasília, DF: Congresso Nacional, 2006.

BRASIL. [Constituição (1988)]. *Constituição da República Federativa do Brasil*. Brasília, DF: Presidência da República, 1988.

BRASIL. Constituição (1988). Emenda Constitucional n. 100, de 26 de junho de *2019*. Altera os arts. 165 e 166 da Constituição Federal para tornar obrigatória a execução da programação orçamentária proveniente de emendas de bancada de parlamentares de Estado ou do Distrito Federal. Brasília, Distrito Federal. Disponível em: http://www.planalto.gov.br/ccivil_03/constituicao/emendas/emc/emc100.htm. Acesso em: 03 nov. 2021 (2019).

BRASIL. [Constituição (1988)]. *Emenda Constitucional nº 86, de 17 de março de 2015*. Altera os arts. 165, 166 e 198 da Constituição Federal, para tornar obrigatória a execução da programação orçamentária que especifica. Brasília, DF: Congresso Nacional, 2015. Disponível em: http://www.planalto.gov.br/ccivil_03/constituicao/Emendas/Emc/emc86.htm. Acesso em: 16 nov. 2021.

BRASIL. [Constituição (1988)]. *Emenda Constitucional nº 102, de 26 de setembro de 2019*. Dá nova redação ao art. 20 da Constituição Federal e altera o art. 165 da Constituição Federal e o art. 107 do Ato das Disposições Constitucionais Transitórias. Brasília, DF: Congresso Nacional, 2019. Disponível em: http://www.planalto.gov.br/ccivil_03/constituicao/Emendas/Emc/emc102.htm. Acesso em: 16 nov. 2021.

BRASIL. Constituição (1988). *Emenda Constitucional n. 105, de 12 de dezembro de 2019*. Acrescenta o art. 166-A à Constituição Federal, para autorizar a transferência de recursos federais a Estados, ao Distrito Federal e a Municípios mediante emendas ao projeto de lei orçamentária anual. Brasília, Distrito Federal. Disponível em: http://www.planalto.gov.br/ccivil_03/constituicao/emendas/emc/emc105.htm. Acesso em: 03 nov. 2021 (2019).

BRASIL. [Constituição (1988)]. *Emenda Constitucional nº 109, de 15 de março de 2021*. Altera os arts. 29-A, 37, 49, 84, 163, 165, 167, 168 e 169 da Constituição Federal e os arts. 101 e 109 do Ato das Disposições Constitucionais Transitórias; acrescenta à Constituição Federal os arts. 164-A, 167- A, 167-B, 167-C, 167-D, 167-E, 167-F e 167-G; revoga dispositivos do Ato das Disposições Constitucionais Transitórias e institui regras transitórias sobre redução de benefícios tributários; desvincula parcialmente o superávit financeiro de fundos públicos; e suspende condicionalidades para realização de despesas com concessão de auxílio emergencial residual para enfrentar as consequências sociais e econômicas da pandemia da Covid-19. Brasília, DF: Congresso Nacional, 2021. Disponível em: http://www.planalto.gov.br/ccivil_03/constituicao/Emendas/Emc/emc109.htm. Acesso em: 16 nov. 2021.

BRASIL. Constituição (1988). *Emenda Constitucional nº 106, de 7 de maio de 2020.* Institui regime extraordinário fiscal, financeiro e de contratações para enfrentamento de calamidade pública nacional decorrente de pandemia. Disponível em: http://www.planalto.gov.br/ccivil_03/constituicao/emendas/emc/emc106.htm. Acesso em: 04 nov. 2021.

BRASIL. *Decreto nº 93.872, de 23 de dezembro de 1986.* Dispõe sobre a unificação dos recursos de caixa do Tesouro Nacional, atualiza e consolida a legislação pertinente e dá outras providências. Brasília, DF: Presidência da República, 1986.

BRASIL. *Decreto nº 2.829, de 29 de outubro de 1998.* Estabelece normas para a elaboração e execução do Plano Plurianual e dos Orçamentos da União, e dá outras providências. Brasília, DF: Presidência da República, 1998.

BRASIL. *Decreto nº 9.884, de 27 de junho de 2019.* Dispõe sobre a Junta de Execução Orçamentária. Brasília, DF: Presidência da República, 2019.

BRASIL. *Decreto nº 10.321, de 15 de abril de 2020.* Regulamenta a Lei nº 13.971, de 27 de dezembro de 2019, que institui o Plano Plurianual da União para o período 2020 a 2023, e altera o Decreto nº 9.834, de 12 de junho de 2019, que institui o Conselho de Monitoramento e Avaliação de Políticas Públicas. Brasília, DF: Presidência da República, 2020.

BRASIL. *Decreto-Lei nº 200, de 25 de fevereiro de 1967.* Dispõe sobre a organização da Administração Federal, estabelece diretrizes para a Reforma Administrativa e dá outras providências. Brasília, DF: Presidência da República, 1967.

BRASIL. Instituto de Pesquisa Econômica Aplicada (IPEA). *Planejamento governamental*: planos plurianuais em crise. In: BARBOSA, Sheila; COUTO, Leandro (org.). Boletim de Análise Político-Institucional n. 27, mar, 2021. Rio de Janeiro: IPEA, 2021.

BRASIL. *Lei Complementar nº 101, de 4 de maio de 2000.* Estabelece normas de finanças públicas voltadas para a responsabilidade na gestão fiscal e dá outras providências. Brasília, DF: Presidência da República, 2000.

BRASIL. *Lei Complementar nº 173, de 27 de maio de 2020.* Estabelece o Programa Federativo de Enfrentamento ao Coronavírus SARS-CoV-2 (Covid-19), altera a Lei Complementar nº 101, de 4 de maio de 2000, e dá outras providências.. Brasília, DF: Presidência da República, 2020.

BRASIL. *Lei nº 1.079, de 10 de abril de 1950.* Define os crimes de responsabilidade e regula o respectivo processo de julgamento. Brasília, DF: Presidência da República, 1950.BRASIL. Lei nº 8.443, de 16 de julho de 1992. Dispõe sobre a Lei Orgânica do Tribunal de Contas da União e dá outras providências. Brasília, DF: Presidência da República, 1992.

BRASIL. *Lei nº 4.320, de 17 de março de 1964.* Estatui Normas Gerais de Direito Financeiro para elaboração e controle dos orçamentos e balanços da União, dos Estados, dos Municípios e do Distrito Federal. Brasília, DF: Presidência da República, 1964.

BRASIL. *Lei nº 10.180, de 6 de fevereiro de 2001.* Organiza e disciplina os Sistemas de Planejamento e de Orçamento Federal, de Administração Financeira Federal, de Contabilidade Federal e de Controle Interno do Poder Executivo Federal, e dá outras providências. Brasília, DF: Presidência da República, 2001.

BRASIL. *Lei nº 12.919, de 24 de dezembro de 2013*. Dispõe sobre as diretrizes para a elaboração e execução da Lei Orçamentária de 2014 e dá outras providências. Brasília, DF: Presidência da República, 2013.

BRASIL. *Lei nº 13.971, de 27 de dezembro de 2019*. Institui o Plano Plurianual da União para o período de 2020 a 2023. Brasília, DF: Presidência da República, 2019.

BRASIL. *Lei nº 14.116, de 31 de dezembro de 2020*. Dispõe sobre as diretrizes para a elaboração e a execução da Lei Orçamentária de 2021 e dá outras providências.. Brasília, DF: Presidência da República, 2020.

BRASIL. *Lei nº 14.194, de 20 de agosto de 2021*. Dispõe sobre as diretrizes para a elaboração e a execução da Lei Orçamentária de 2022 e dá outras providências. Brasília, DF: Presidência da República, 2021.

BRASIL. *Lei nº 13.844, de 18 de junho de 2019*. Estabelece a organização básica dos órgãos da Presidência da República e dos Ministérios; altera as Leis nos 13.334, de 13 de setembro de 2016, 9.069, de 29 de junho de 1995, 11.457, de 16 de março de 2007, 9.984, de 17 de julho de 2000, 9.433, de 8 de janeiro de 1997, 8.001, de 13 de março de 1990, 11.952, de 25 de junho de 2009, 10.559, de 13 de novembro de 2002, 11.440, de 29 de dezembro de 2006, 9.613, de 3 de março de 1998, 11.473, de 10 de maio de 2007, e 13.346, de 10 de outubro de 2016; e revoga dispositivos das Leis nos 10.233, de 5 de junho de 2001, e 11.284, de 2 de março de 2006, e a Lei nº 13.502, de 1º de novembro de 2017. Brasília, DF: Presidência da República, 2019.

BRASIL. *Manual Técnico de Orçamento* – MTO 2022. v. 1, edição 2022 (11ª versão), Brasília: Ministério da Economia – Secretaria de Orçamento Federal.

BRASIL. Ministério do Planejamento, Orçamento e Gestão (MPOG). *Portaria nº 117, de 12 de novembro de 1998*. Atualiza a discriminação da despesa por funções de que tratam o inciso I do § 1º do art. 2º e § 2º do art. 8º, ambos da Lei nº 4.320, de 17 de março de 1964, estabelece os conceitos de função, subfunção, programa, projeto, atividade, operações especiais e dá outras providências. Diário Oficial da República Federativa do Brasil, Brasília, DF, 13 de novembro de 1998.

BRASIL. *Portaria Interministerial SOF/STN nº 163, de 4 de maio de 2001*. Dispõe sobre normas gerais de consolidação das Contas Públicas no âmbito da União, Estados, Distrito Federal e Municípios, e dá outras providências. Brasília, DF: Secretaria do Tesouro Nacional, Secretaria de Orçamento Federal, 2001.

BRASIL. *Portaria Interministerial MP/MF/CGU nº 424, de 30 de dezembro de 2016*. Estabelece normas para execução do estabelecido no Decreto nº 6.170, de 25 de julho de 2007, que dispõe sobre as normas relativas às transferências de recursos da União mediante convênios e contratos de repasse, revoga a Portaria Interministerial nº 507/MP/MF/CGU, de 24 de novembro de 2011 e dá outras providências. Brasília, DF: Ministério do Planejamento, Desenvolvimento e Gestão, 2016.

BRASIL. *Portaria Interministerial ME/SEGOV-PR nº 6.145, de 24 de maio de 2021*. Dispõe sobre procedimentos e prazos para operacionalização das emendas individuais, de bancada estadual e de relator-geral e superação de impedimentos de ordem técnica, em atendimento ao disposto nos arts. 166, §§ 9º a 20, e 166-A da Constituição, nos arts. 64, 66 a 76 da Lei nº 14.116, de 31 de dezembro de 2020, e art. 4º, § 7º, da Lei nº 14.144, de 22 de abril de 2021. Brasília, DF: Ministério da Economia, Presidência da República, 2021.

BRASIL. Secretaria de Planejamento e Coordenação da Presidência da República. *Portaria nº 9, de 28 de janeiro de 1974*. Diário Oficial da República Federativa do Brasil, Poder Executivo, Brasília, DF, 12 fev. 1974. Seção I, p. 1605.

BRASIL. Senado Federal. *Resolução nº 40, de 2001*. Dispõe sobre os limites globais para o montante da dívida pública consolidada e da dívida pública mobiliária dos Estados, do Distrito Federal e dos Municípios, em atendimento ao disposto no art. 52, VI e IX, da Constituição Federal. Brasília, DF: Senado Federal, 2001.

BRASIL. Senado Federal. *Resolução nº 43, de 2001*. Dispõe sobre as operações de crédito interno e externo dos Estados, do Distrito Federal e dos Municípios, inclusive concessão de garantias, seus limites e condições de autorização, e dá outras providências. Brasília, DF: Senado Federal, 2001.

BRASIL. Senado Federal. *Resolução nº 48, de 2007*. Dispõe sobre os limites globais para as operações de crédito externo e interno da União, de suas autarquias e demais entidades controladas pelo poder público federal e estabelece limites e condições para a concessão de garantia da União em operações de crédito externo e interno. Brasília, DF: Senado Federal, 2007.

CARVALHO JUNIOR, Antonio C. C. D.; GREGGIANIN, Eugênio; MENDES, Graciano R.; PEDERIVA, João H.; BIJOS, Paulo R. S. *Regra de ouro na Constituição e na LRF*: considerações históricas e doutrinárias. Brasília, DF: Câmara dos Deputados, 2017. 9 p. (Estudo Técnico Conjunto Conof/Conorf, n. 2).

CONSULTORIA DE ORÇAMENTO E FISCALIZAÇÃO FINANCEIRA – CD (CONOF); CONSULTORIA DE ORÇAMENTOS, FISCALIZAÇÃO E CONTROLE – SF (CONORF). *Nota Técnica Conjunta 4/2020*: Subsídios à apreciação do Projeto de Lei Orçamentária (PLOA) para 2021. Congresso Nacional, 2020.

CORE, Fabiano G. *Reforma gerencial dos processos de planejamento e orçamento*. Brasília, DF: ENAP, 2001. 43p. (Texto para discussão, n. 44).

COURI, Daniel V.; SALTO, Felipe S.; BARROS, Gabriel L.; ORAIR, Rodrigo O. *Regra de ouro no Brasil*: balanço e desafios. Brasília, DF: Instituição Fiscal Independente do Senado Federal, 2018. 46p. (Estudo Especial, n. 5).

GIACOMONI, James. *Orçamento Público*. 15. ed. São Paulo: Atlas, 2010.

GIACOMONI, James. Receitas vinculadas, despesas obrigatórias e rigidez orçamentária. *In*: GIACOMONI, James. *Orçamentos Públicos e Direito Financeiro*. São Paulo: Revista dos Tribunais, 2011. v. 1.

GREGGIANIN, Eugênio; SANTA-HELENA, Eber Z.; TAVARES, José F. C.; SANCHES, Osvaldo M.; RIBEIRO, Romiro. A Consultoria de Orçamento e Fiscalização Financeira da Câmara dos Deputados – Contexto histórico, atribuições, objetivo e importância. *In*: *40 anos de Consultoria Legislativa Consultores Legislativos e Consultores de Orçamento*. Brasília: Centro de Documentação e Informação, Edições Câmara. Câmara dos Deputados, 2011. Disponível em: https://bd.camara.leg.br/bd/bitstream/handle/bdcamara/7465/40_anos_consultoria.pdf?sequence=2&isAllowed=y. Acesso em: 16 ago. 2021.

LEVI, Luci. 2004: verbete Formas de Governo. *In*: BOBBIO, Norberto; MATTEUCCI, Nicola; PASQUINO, Gianfranco. *Dicionário de Política*. 11. ed. Brasília: UnB, 1998.

LIMONGI, Fernando. A democracia no Brasil: presidencialismo, coalizão partidária e processo decisório. *Novos estudos CEBRAP [online]*, n. 76, p. 17-41, 2006. Disponível em: https://doi.org/10.1590/S0101-33002006000300002. Acesso em: 06 set. 2021.

LIMONGI, Fernando; FIGUEIREDO, Argelina Cheibub. Bases institucionais do presidencialismo de coalizão. *Lua Nova*, n. 44, p. 81-106, 1998.

LIMONGI, Fernando; FIGUEIREDO, Argelina Cheibub. Processo orçamentário e comportamento Legislativo: emendas individuais, apoio ao Executivo e programas de governo. *Dados*, v. 48, n. 4, 2005.

MELO, Clóvis Alberto Vieira de; OLIVEIRA, Dayane Rossy Pereira de; SOUZA, Saulo Santos. *PEC do orçamento impositivo: prevaleceu o poder de emenda sobre o poder de agenda?* 2017. Disponível em: http://www.congresoalacip2017.org/arquivo/downloadpublic2?q=YToyOntzOjY6InBhcmFtcyI7czozNToiYToxOntzOjEwOiJJRF9BUlFVSVZPIjtzOjQ6IjE3OTgiO30iO3M6MToiaCI7czozMjoiMDQ5NmZiYTU0NDEzMmYzNDVjNzkwYTM2OGRmNTYzODMiO30%3D. Acesso em: 28 nov. 2023.

MENDES, Marcos. *Sistema Orçamentário Brasileiro*: Planejamento, Equilíbrio Fiscal e Qualidade do Gasto Público. Consultoria Legislativa do Senado Federal, Texto para Discussão nº 39. Brasília, fev. 2008.

MENDES, Marcos. *Regras fiscais e o caso do teto de gastos no Brasil*. Insper, 2021.

NUNES, Selene; NUNES, Ricardo. *A Reforma do Processo Orçamentário sob a Égide da LRF a urgência de uma nova lei de finanças públicas*. 2007.

NUNES, Selene; NUNES, Ricardo. *Dois anos de responsabilidade fiscal no Brasil*: uma avaliação dos resultados à luz do modelo do fundo comum. Texto para Discussão da UNB, nº 276, 2003.

ORGANIZAÇÃO PARA A COOPERAÇÃO E DESENVOLVIMENTO ECONÔMICO (OCDE). *Recommendation of the Council on Budgetary Governance*. Public Governance & Territorial Development Directorate. Paris: OECD, 2015.

PASQUINO, Gianfranco. 2004: verbete Formas de Governo. *In*: BOBBIO, Norberto; MATTEUCCI, Nicola; PASQUINO, Gianfranco. *Dicionário de Política*. 11. ed. Brasília: UnB, 1998.

PEREIRA, Carlos; RENNÓ, Lucio. O que é que o Reeleito Tem? Dinâmicas Político-institucionais Locais e Nacionais nas Eleições de 1998 para a Câmara dos Deputados. *Revista de Ciências Sociais*, v. 44, n. 2, p. 133-172, 2001.

PISCITELLI, Roberto B. Orçamento impositivo x orçamento autorizativo. *Biblioteca Digital CD*. 2006. Disponível em: https://bd.camara.leg.br/bd/bitstream/handle/bdcamara/1636/orcamento_autorizativo_piscitelli.pdf?sequence=2&isAllowed=y. Acesso em: 02 set. 2021.

RAILE, Eric; PEREIRA; Carlos; POWER, Timothy. *The Executive Toolbox: Building Legislative Support in a Multiparty Presidential Regime*. Political Research Quarterly. 2010. Disponível em: https://cepesp.fgv.br/sites/cepesp.fgv.br/files/Raile%20Pereira%20Power%20PRQ%202010_0.pdf. Acesso em: 28 nov. 2023.

REGATIERI, Rebeca. O monitoramento e a avaliação de políticas públicas. *In*: SALTO, Felipe Scudeler; PELLEGRINI, Josué Alfredo (Orgs.). *Contas Públicas no Brasil*. São Paulo: Saraiva Educação, 2020.

REZENDE, Fernando. *A Reforma Orçamentária e a Eficiência Fiscal*. Texto para Discussão n. 1392, Instituto de Pesquisa Econômica Aplicada. Brasília, 2009. Disponível em: https://www.ipea.gov.br/portal/images/stories/PDFs/TDs/td_1392.pdf. Acesso em: 16 ago. 2021.

TOLLINI, Hélio. Em busca de uma participação mais efetiva do Congresso no processo de elaboração orçamentária. *Biblioteca Digital, Câmara dos Deputados*. 2008. Disponível em: https://neci.fflch.usp.br/sites/neci.fflch.usp.br/files/busca_participacao_tollini.pdf. Acesso em: 16 ago. 2021.

TORRES, Ricardo Lobo. *Tratado de direito constitucional financeiro e tributário*. Volume V: O orçamento na Constituição. 2. ed. Rio de Janeiro: Renovar, 2000.

REFERÊNCIAS BIBLIOGRÁFICAS DA FRANÇA

BARILARI, André; BOUVIER, Michel. *La LOLF et la nouvelle gouvernance financière de l'*État. Paris: L.G.D.J, 2010.

CALMETTE, Jean-François. La loi organique relative aux lois de finances (LOLF): un texte, un esprit, une pratique. *Revue française d'administration publique*, v. n. 117, n. 1, p. 43-55, 2006.

CAMBY, Jean-Pierre. *La réforme du budget de l'*État. La loi organique relative aux lois de finances. Paris: L. G. D. J, 2011.

DESMOULIN, Gil. *Finances Publiques de L'*État. Collection Droit Public. Vuibert. 2008.

DUVERGER, Maurice. A new political system model: semi-presidential government. *European Journal of Political Research*, 1980.

EVANS, Jocelyn A. J. (Ed.). *The French Party System*. Manchester: Manchester University Press, 2003.

GILLES, William. *Les principes budgétaires et comptables publics*. Paris: L.G.D.J, 2009.

HERTZOG, Robert. La loi organique relative aux lois de finances (LOLF) dans l'histoire des grands textes budgétaires: continuité et innovation. *Revue française d'administration publique*, v. 117, n. 1, p. 15-30, 2006.

OECD. Special Issue: The Legal Framework for Budget Systems. An International Comparison. *Journal on Budgeting*, v. 4, n. 3, 2004.

OECD. Budgeting in France. *OECD Journal on Budgeting*: Volume 2018/2, 2018. Disponível em: https://www.oecd.org/gov/budgeting/Budgeting-in-France.pdf. Acesso em: 12 jul. 2021.

OECD. *Recommendation of the Council on Budgetary Governance*. OECD, Paris, 2015. Disponível em: https://www.oecd.org/gov/budgeting/Recommendation-of-the-Council-on-Budgetary-Governance.pdf. Acesso em: 12 jul. 2021.

OECD. *Revue du Système de Finance Publique en France*, OECD Journal on Budgeting: Volume 2018/2, 2018. Disponível em: https://www.oecd.org/gov/budgeting/Gouvernance-budg%C3%A9taire-en-France.pdf. Acesso em: 03 ago. 2021.

PICARD, Jean-François. *Finances Publiques*. Paris, Lexis Nexis, 2009.

ROUX, André. *Finances Publiques*. La Documentation Française; 3è édition, 2011.

WASERMAN, Franck. *Les Finances Publiques*. 8. ed. Direction de l'information légale et administrative, Paris, 2016.

ALEMANHA. *Bundestag*. Disponível em: https://www.bundestag.de/resource/blob/503142/32b599bb1e7af0acbc0057b825f34a27/Top-Down-und-Bottom-Up-im-Haushaltswesen-data.pdf. Acesso em: 11 maio 2022.

ALEMANHA. Bundestag. *Aspectos jurídicos e orçamentários da vinculação de receitas tributárias*. 2019. Disponível em: https://www.bundestag.de/resource/blob/675126/5b259bfe9bc5c0f9f326e4f91720c385/WD-4-152-19-pdf-data.pdf. Acesso em: 13 nov. 2021.

ALEMANHA. Bundestag. *Aktueller Begriff Vorläufige Haushaltsführung*. Nr. 01/18 de 05 de janeiro de 2018. Disponível em: https://www.bundestag.de/resource/blob/535502/79fbb693b5d8b2f5b67524116be375b7/Vorlaeufige-Haushaltsfuehrung-data.pdf. Acesso em: 24 nov. 2021.

ALEMANHA. Bundestag. *Das Haushaltsrecht und das parlamentarische Haushaltsverfahren der Bundesrepublik Deutschland*. 2020. Disponível em: https://www.bundestag.de/resource/blob/538876/b93639e094265d183edf173be2424a67/WD-4-015-18-pdf-data.pdf. Acesso em: 20 mar. 2022.

ALEMANHA. Bundestag. *Demokratie*. Disponível em: https://www.bundestag.de/services/glossar/glossar/D/demokratie-245374. Acesso em: 01 mar. 2022.

ALEMANHA. Bundestag. *Der Haushaltsausschuss*. p. 8. Dísponível em: https://www.btg-bestellservice.de/pdf/20074000.pdf. Acesso em: 27 abr. 2022.

ALEMANHA. Bundestag. *Haushaltsrechtliche Aspekte der Zweckbindung von Steuereinnahmen*. 2019. Disponível em: https://www.bundestag.de/resource/blob/675126/5b259bfe9bc5c0f9f326e4f91720c385/WD-4-152-19-pdf-data.pdf. Acesso em: 06 abr. 2022.

ALEMANHA. Bundestag. *Wissenschaftliche Dienste des Deutschen Bundestages*. Nº 20, 2004. Disponível em: https://www.bundestag.de/resource/blob/514314/0ad037338a0cc8218a502353ec1767bb/Verpflichtungsermaechtigung-data.pdf. Acesso em: 28 jun. 2022.

ALEMANHA. Ministério Federal das Finanças. *Das System der Öffentlichen Haushalte*. 2015. Disponível em: https://www.bundesfinanzministerium.de/Content/DE/Standardartikel/Themen/Oeffentliche_Finanzen/Bundeshaushalt/Haushaltsrecht_und_Haushaltssystematik/das-system-der-oeffentlichen-haushalte-anl.pdf?__blob=publicationFile&v=5. Acesso em: 24 nov. 2021.

ALEMANHA. Ministério Federal das Finanças. *Revisão de gastos no orçamento federal*. 2021. Disponível em: https://www.bundesfinanzministerium.de/Web/DE/Themen/Oeffentliche_Finanzen/Bundeshaushalt/Spending_Reviews/spending-reviews_2017.html#:~:text=Bundesministerium%20der%20Finanzen-,Wie%20ist%20das%20Spending%20Review%2DKonzept%20entstanden%3F,ein%20Programm%20ausgegeben%20werden%20darf. Acesso em: 13 fev. 2021

ALEMANHA. Ministério Federal das Finanças. *Schuldenbremse*. Disponível em: https://www.bundesfinanzministerium.de/Content/DE/Glossareintraege/S/Schuldenbremse.html?view=renderHelp. Acesso em: 06 mar. 2022.

ALEMANHA. Ministério Federal das Finanças. *Arbeitsanleitung - Einführung in Wirtschaftlichkeituntersuchungen*. 2011. Disponível em: https://www.olev.de/w/BMF-Arbeitsanleitung.pdf. Acesso em: 20 mar. 2022.

ALEMANHA. Ministério Federal das Finanças. *Kompendium zur Schuldenregel des Bundes (Schuldenbremse)*. 25 de fevereiro de 2022. p. 26. Disponível em: https://www.bundesfinanzministerium.de/Content/DE/Standardartikel/Themen/Oeffentliche_Finanzen/Schuldenbremse/kompendium-zur-schuldenbremse-des-bundes.pdf?__blob=publicationFile&v=9. Acesso em: 18 jul. 2022.

ALEMANHA. Ministério Federal das Finanças. *Chancen und Risiken Öffentlich-Privater Partnerschaften*. Fevereiro de 2016. Disponível em: https://www.bundesfinanzministerium.de/Content/DE/Downloads/Ministerium/Wissenschaftlicher-Beirat/Gutachten/2016-09-22-chancen-und-risiken-oeffentlich-privater-partnerschaften.pdf?__blob=publicationFile&v=8. Acesso em: 14 maio 2022.

ALEMANHA. Ministério Federal das Finanças. *German Stability Programm 2021*. Disponível em: https://ec.europa.eu/info/sites/default/files/2021-germany-stability-programme_en.pdf. Acesso em: 19 jul. 2022.

ALEMANHA. *Bundesministerium für Wirtschaft und Energie (BMWi)*. Öffentliche Infrastruktur in Deutschland: Probleme und Reformbedarf. Junho de 2020. Disponível em: https://www.bmwi.de/Redaktion/DE/Publikationen/Ministerium/Veroeffentlichung-Wissenschaftlicher-Beirat/gutachten-oeffentliche-infrastruktur-in-deutschland.pdf?__blob=publicationFile&v=12. Acesso em: 19 jul. 2022.

ALEMANHA. Bundesregierung. *Deutsche Nachhaltigkeitsstrategie 2021*. Disponível em: https://www.bundesregierung.de/resource/blob/975292/1875176/7c0614aff0f2c847f51c4d8e9646e610/deutsche-nachhaltigkeitsstrategie-2021-langfassung-download-bpa-data.pdf?download=1. Acesso em: 19 jul. 2022.

ALEMANHA. *Bundesministerium für Umwelt, Naturschutz und nukleare Sicherheit*: Klimaschutz- plan 2050. Disponível em: https://www.bmuv.de/fileadmin/Daten_BMU/Download_PDF/Klimaschutz/klimaschutzplan_2050_bf.pdf. Acesso em: 19 jul. 2022.

APOSTOLOU, Janina; ECKARDT, Martina. Participatory Budgeting in Germany: Increasing Transparency in Times of Fiscal Stress. *In:* De VRIES, Michiel S.; NEMEC, Juraj; ŠPACEK, David (eds). *International Trends in Participatory Budgeting*: Between Trivial Pursuits and Best Practices. Springer, 2022.

ARRUDA, Paula Uematsu; FOSSATI, Gustavo. Participação das instituições independentes no orçamento público alemão. *Consultor Jurídico*, 24 ago. 2022. Disponível em: https://www.conjur.com.br/2022-ago-24/fossatie-arruda-participacao-independente-orcamento-alemao2. Acesso em: 04 nov. 2022.

BLOOMBERG. *War Brings EU Closer to Suspending Fiscal Rule Again for 2023*. 02 mar. 2022. Disponível em: https://www.bloomberg.com/news/articles/2022-03-02/war-brings-eu-closer-to-suspending-fiscal-rule-again-for-2023. Acesso em: 19 jul. 2022.

BÜRGERHAUSHALT. Statusberich. *Bürgerhaushalt in Deutschland (2014 – 2017)*. Out. 2018. Disponível em: https://www.buergerhaushalt.org/sites/default/files/9._Statusbericht_Buergerhaushalt.pdf. Acesso em: 27 mar. 2022.

CENTRO REGIONAL DE ESTUDOS PARA O DESENVOLVIMENTO DA SOCIEDADE DA INFORMAÇÃO (Cetic.br). *Panorama setorial na internet*. Participação cidadã na era digital: e-Participação. Ano 9, n. 3, dez. 2017. Disponível em: https://cetic.br/media/docs/publicacoes/6/panorama_setorial_ano-ix_n_3_e-participacao.pdf. Acesso em: 19 jul. 2022.

De VRIES, Michiel S.; NEMEC, Juraj; ŠPACEK. Unraveled Practices of Participatory Budgeting in European Democracies. *In:* De VRIES, Michiel S.; NEMEC, Juraj; ŠPACEK, David (eds). *International Trends in Participatory Budgeting: Between Trivial Pursuits and Best Practices*. Springer, 2022. p. 287-313.

DEUTSCHE WELLE. *EU moves to speed up energy investments amid Ukraine war, rising gas prices*. 01 mar. 2022. Disponível em: https://www.dw.com/en/eu-moves-to-speed-up-energy-investments-amid-ukraine-war-rising-gas-prices/a-60957223. Acesso em: 19 jul. 2022.

DEUTSCHE WELLE. *Germany´s new finance minister announces billions in climate investments*. 10 dez. 2021. Disponível em: https://www.dw.com/en/germanys-new-finance-minister-announces-billions-in-climate-investments/a-60085847. Acesso em: 17 jul. 2022.

DÜRIG, Günter; HERZOG, Roman; SCHOLZ, Rupert. ***Grundgesetz** Kommentar*. Munique: C. H. Beck, 2021.

ESCOLA NACIONAL DE ADMINISTRACAO PÚBLICA. *Orçamento Público*: Conceitos Básicos. Brasília, 2014. Disponível em: https://repositorio.enap.gov.br/bitstream/1/2170/1/Or%C3%A7amento%20P%C3%BAblico%20Conceitos%20B%C3%A1sicos%20-%20M%C3%B3dulo%20%20%281%29.pdf. Acesso em: 22 nov. 2021.

FINANCIAL TIMES. The EU's Fiscal Rules Must be Reformed. 23 dez. 2021. Disponível em: https://www.ft.com/content/ecbdd1ad-fcb0-4908-a29a-5a3e14185966. Acesso em: 19 jul. 2022.

FOSSATI, Gustavo. *Constituição Tributária Comentada*. 3. ed. São Paulo: Revista dos Tribunais, 2022.

GRÖPL, Christoph. *"Wumms" in die multiple Verfassungswidrigkeit*. 2020. Disponível em: https://beck-online.beck.de/Dokument?vpath=bibdata%2Fzeits%2Fnjw%2F2020%2Fcont%2Fnjw.2020.2523.1.htm&pos=3&hlwords=on#FN29. Acesso em: 06 maio 2022.

GRÖPL, Christoph. *Verfassungsfragen des Zweiten Nachtragshaushalts 2020 des Bundes*. 2020. Disponível em: https://www.uni-saarland.de/fileadmin/upload/lehrstuhl/groepl/Groepl_PDF/Groepl_RGA_NHh20-2_BdSt.pdf. Acesso em: 07 maio 2022.

HEUER, Ernst; ENGELS, Dieter; EIBELSHÄUSER, Manfred. *Kommentar zum Haushalts-recht*. Luchterhand. 2021.

HEINIG, Hans Michael; KINGREEN, Thorsten; LEPSUS, Oliver; MÖLLERS, Christoph; VOLKMANN, Uwe; WISSMANN, Hinnerk. Why Constitution Matters: Verfassungsrechtswissenschaft in Zeiten der Corona-Krise. *Juristen Zeitung* ,75, p. 861-872, 2020. Disponível em: https://www.uni-regensburg.de/assets/rechtswissenschaft/oeffentliches-recht/kingreen/whyconstitutionmatters.pdf. Acesso em: 06 maio 2022.

HECKEL. Johannes. Einrichtung und rechtliche Bedeutung des Reichshaushaltsgesetzes. *In*: ANSCHÜTZ, G.; THOMA, R. *Handbuch des Deutschen Staatsrechts*. Tübingen. Band 2, 1932.

HERDEGEN, Matthias; MASING, Johanes; POSCHER, Ralf; GÄRDITZ, Klaus Ferdinand. *Handbuch des Verfassungsrechts*. Munique: C. H. Beck, 2021.

HANDELSBLATT. *Das ist der Plan für Deutschland nach Corona*. 26 jan. 2021. Disponível em: https://www.handelsblatt.com/meinung/gastbeitraege/gastkommentar-das-ist-der-plan-fuer-deutschland-nach-corona/26850508.html. Acesso em: 12 jul. 2022.

HÜTHER, Michael; SÜDEKUM, Jens. How to re-design German fiscal policy rules after the COVID19 pandemic. *Forum New Economy Working Papers*, n. 25. 2020. Disponível em: https://www.econstor.eu/handle/10419/228778. Acesso em: 20 jun. 2022.

LEWINSKI, Kai von; BURBAT, Daniela. *Bundeshaushaltsordnung*. Baden-Baden: Nomos, 2013.

LEWINSKI, Kai von. *Artikel 115* – Gesetz Kommentar. Nomos, 2012. Disponível em: https://beck-online.beck.de/?vpath=bibdata/komm/LewKoArt115G_1/cont/LewKoArt115G%2Ehtm. Acesso em: 11 maio 2022.

MERTENS, Anna-Maija; LANGE, Timo e PETERS, Michael. *How legislative footprints and lobby registers can rebuild trust*. 19 maio 2020. Disponível em: https://www.opengovpartnership.org/stories/how-legislative-footprints-and-lobby-registers-can-rebuild-trust/. Acesso em: 24 nov. 2021.

MOHN, Paulo. A repartição de competências na Constituição de 1988. *Revista de Informação Legislativa*, v. 47, n. 187, jul./set. 2010.

OCDE. Budget Review: Germany. *Journal on Budgeting*. Volume 2014/2. p. 25. Disponível em: https://www.oecd.org/gov/budgeting/Budget-Review-Germany.pdf. Acesso em: 23 jul. 2021.

OCDE. *Government at a Glance 2013*. Medium-term expenditure frameworks. Disponível em: https://www.oecd-ilibrary.org/docserver/gov_glance-2013-en.pdf?expires=1659637682&id=id&accname=guest&checksum=D8AF9BE0B1877CA7618D4B53B0706B16. Acesso em: 25 maio 2022.

RUESCH, Michelle Anna; WAGNER, Mandy. *Participatory Budgeting in Germany: Citizens as Consultants*. p. 2. Disponível em: https://www.internationalbudget.org/wp-content/uploads/Ruesch-Wagner-PB-in-Germany.pdf. Acesso em: 26 out. 2021.

ROLL, Hans-Achim. *Erläuterungen zum Deutschen Bundesrecht in*: Das Deutsche Bundesrecht. Nomos, 2022.

SACHS, Michael. *Grundgesetz Kommentar*. 9. ed. Munique: C. H. Beck, 2021.

SANTOS. Boaventura de Sousa. Orçamento participativo em Porto Alegre: para uma democracia redistributiva. *In*: SANTOS, Boaventura de Sousa (Org.). *Democratizar a democracia*: os caminhos da democracia participativa. Rio de Janeiro: Civilização Brasileira, 2002.

SCHNEIDER, Sebastian H.; BUSSE, Stefan Busse. Participatory Budgeting in Germany – A Review of Empirical Findings. *International Journal of Public Administration*, v.42, n. 3, 2019.

SEN, Amartya.The Right not to be Hungry. *In*: ALSTON, Philips; TOMASEVSKI, Katarina. *The Right to Food*. Uthrecht: netherlands institute of human rights, 1984.

SEN, Amartya. O desenvolvimento como expansão de capacidades. *Lua Nova: Revista de Cultura e Política. Estado, Reforma e Desenvolvimento*, São Paulo, n. 28 e 29, abr. 1993.

SPETH, Rudolf. *Lobbying in Germany*. Transparency International, Deutschland e.V: 2014. p. 18. Disponível em: https://www.transparency.de/fileadmin/Redaktion/Publikationen/2014/Lobbying_in_Germany_TransparencyDeutschland_2014_EN.pdf. Acesso em: 24 nov. 2021.

SPIEGEL. *Das entspricht nicht den Regeln des Grundgesetzes*. 16 jul. 2020. Disponível em: https://www.spiegel.de/wirtschaft/soziales/bundesrechnungshof-praesident-ueber-corona-schulden-entspricht-nicht-den-regeln-des-grundgesetzes-a-a104d5de-157d-425e-ac37-af1df4f4d794. Acesso em: 06 maio 2022.

THE ECONOMIST. *Why German politicians are fighting over the debt brake*. 05 jun. 2021. Disponível em: https://www.economist.com/the-economist-explains/2021/07/05/why-german-politicians-are-fighting-over-the-debt-brake. Acesso em: 12 jul. 2021.

THE ECONOMIST. *The power of lobbyists is growing in Brussels and Berlin*. Edição online de 15 de maio de 2021. Disponível em: https://www.economist.com/business/2021/05/13/the-power-of-lobbyists-is-growing-in-brussels-and-berlin. Acesso em: 24 nov. 2021.

THE ECONOMIST. *The end of the German debt brake*? 01 mar. 2021. Disponível em: http://country.eiu.com/article.aspx?articleid=1650762548&Country=Germany&topic=Economy_1. Acesso em: 12 jul. 2021.

THE GUARDIAN. *Germany to set up €100bn fund to boost its military strength*. 27 fev. 2022. Disponível em: https://www.theguardian.com/world/2022/feb/27/germany-set-up-fund-boost-military-strength-ukraine-putin. Acesso em: 19 jul. 2022.

TRUGER, Achim. *Can german obsession with balanced budgets be overcome*. John Hopkins University. American Institute for Contemporary German Studies, 16 jan. 2020. Disponível em: https://www.aicgs.org/2020/01/can-the-german-obsession-with-balanced-budgets--be-overcome/. Acesso em: 19 jul. 2022.

UNIÃO EUROPEIA. European Stability Mechanism. *EU fiscal rules*: Reform Considerations. Discussion Papers Series/17. Out. 2021. Disponível em: https://www.esm.europa.eu/news/esm-discussion-paper-17-eu-fiscal-rules-reform-considerations. Acesso em: 17 jul. 2022.

VON MÜNCH, Ingo; KUNIG, Philip. *Grundgesetz-Kommentar*. Munique: C. H. Beck, 2021. Disponível em: https://beck-online.beck.de/?vpath=bibdata/komm/MuenchKunigKoGG_7_Band1/GG/cont/MuenchKunigKoGG.GG.a20.glB.glI.gl2.htm. Acesso em: 15 jul. 2022.

Normas Consultadas

Bundeshaushaltsordnung (BHO) – Código Orçamentário Alemão.

Grundgesetz für die Bundesrepublik Deutschland (GG) – Lei Fundamental da República Federal da Alemanha.

Haushaltsgrundsätzegesetz (HGrG) – Lei dos Princípios Orçamentários.

Bundeswahlgesetz (BWG) – Lei Eleitoral Federal.

Gemeinsame Geschäftsordnung der Bundesministerien (GGO) – Regulamento Conjunto dos Ministérios Federais.

Geschäftsordnung des Deutschen Bundestages (GOBT) – Regimento Interno do *Bundestag*. Disponível em: https://www.bundestag.de/parlament/aufgaben/rechtsgrundlagen/go_btg/go08-245176. Acesso em: 06 jan. 2022.

Gesetz zur Förderung der Stabilität und des Wachstums der Wirtschaft (StWG) – Lei de Promoção da Estabilidade e do Crescimento Econômico.

Allgemeine Verwaltungsvorschriften zur Bundeshaushaltsordnung (VV-BHO) – Disposições Administrativas Gerais do Código Orçamentário Federal.

Haushaltstechnische Richtlinien des Bundes (HRB) – Diretrizes Orçamentárias do Governo Federal.

Abgeordnetengesetz (AbgG) – Lei dos membros do *Bundestag*.

Gesetz über die Rechtsverhältnisse der Mitglieder des Deutschen Bundestages – (AbgG) – Lei sobre as relações jurídicas dos membros do *Bundestag*.

Gesetz zur Ausführung von Artikel 115 des Grundgesetzes – Lei de Execução do Artigo 115 da Lei Fundamental Alemã.

UNIÃO EUROPEIA. Tratado sobre o Funcionamento da União Europeia (TFUE).

Verfahren und Zahlungsüberwachungsverfahren (HKR) – lei federal sobre Procedimentos de Monitoramento de Pagamento.

Gesetz zur Erstellung gesamtwirtschaftlicher Vorausschätzungen der Bundesregierung (EgVG) – lei sobre a elaboração de previsões macroeconômicas do Governo Federal.

Gesetz über die Bildung eines Sachverständigenrates zur Begutachtung der gesamtwirtschaftlichen Entwicklung – lei sobre a formação de um Conselho de Especialistas para avaliação do desenvolvimento macroeconômico. Disponível em: https://www.gesetze-im-internet.de/sachvratg/BJNR006850963.html. Acesso em: 14 jul. 2022.

Satzung des Wissenschaftlichen Beirats beim Bundesministerium der Finanzen – Estatuto do Conselho Científico Consultivo do Ministério Federal das Finanças.

Geschäftsordnung des Arbeitskreises – Steuerschätzungen – Regulamento interno do grupo de trabalho sobre previsões de receitas tributárias.

Stabilitätsratsgesetz – Lei do Conselho de Estabilidade.

Regulamento nº 473/2013 do Parlamento Europeu e do Conselho da EU.

Diretiva 2011/85/EU da União Europeia.

Lobbyregistergesetz. Lei sobre o registro de lobby para a representação de interesses.

Decisões do Tribunal Constitucional Federal alemão

ALEMANHA. Tribunal Constitucional Federal da Alemanha. (*Bundesverfassungsgericht*), 2 BVF 1/04, de 9 de julho de 2007.

ALEMANHA. Tribunal Constitucional Federal da Alemanha. (*Bundesverfassungsgericht*), 2 BvE 1/74, de 25 de maio de 1977.

ALEMANHA. Tribunal Constitucional Federal da Alemanha. *2 BvE 8/11*, 28.02.2012, Rn. 1-162. Disponível em: https://www.bundesverfassungsgericht.de/e/es20120228_2bve000811.html. Acesso em: 20 abr. 2022.

ALEMANHA, Tribunal Constitucional Federal. *BVerfGE 80, 188, 222; 96, 264, 282*. Disponível em: https://www.bundesverfassungsgericht.de/SharedDocs/Entscheidungen/DE/2015/09/es20150922_2bve000111.html. Acesso em: 21 maio 2022.

ALEMANHA. Tribunal Constitucional Federal. *BVerfGE 45, 1, de 25 de maio de 1977*. Disponível em: https://beck-online.beck.de/?vpath=bibdata%2Fzeits%2FBVERFGE%2F45%2Fcont%2FBVERFGE%2E45%2E1%2E1%2Ehtm. Acesso em: 07 maio 2022.

ALEMANHA. Tribunal Constitucional Federal. *BVerfGE 79, 311 (2 BvF 1/82), de 18.04.1989*.

ALEMANHA, Tribunal Constitucional Federal. BVerfGE 45, 1 (2 BvE 1/74), de 25 de maio de 1977. Disponível em: https://beck-online.beck.de/Dokument?vpath=bibdata%2Fzeits%2Fbverfge%2F45%2Fcont%2Fbverfge.45.1.1.htm&anchor=Y-300-Z-BVERFGE-B-45-S-1. Acesso em: 27 abr. 2022.

ALEMANHA. Tribunal Constitucional Federal. BVerfGE 70, 324 (2 BvE 14/83, 2 BvE 4/84) de 14 de janeiro de 1986. Disponível em: https://www.servat.unibe.ch/dfr/bv070324.html. Acesso em: 19 jul. 2022.

1985 Balanced Budget and Emergency Deficit Control Act. Universidade de Berkeley. Disponível em: https://bancroft.berkeley.edu/ROHO/projects/debt/1985grammrudmanhollings.html. Acesso em: 16 nov. 2021.

ABRAHAM, Marcus; SILVA, Rodrigo da Guia; OLIVEIRA, Roberta de. Orçamento Público No Direito Comparado: Brasil, Estados Unidos, Portugal E Itália. *Revista Tributária e de Finanças Públicas*, Rio de Janeiro, v. 119, p. 305, dez. 2014.

ADAMS, Gordon. *The Iron Triangle*. New Brunswick: Transaction Publishers, 1981.

AMERICAN COUNCIL ON EDUCATION. *A Brief Guide To The Federal Budget And Appropriations Process*. Disponível em: https://www.acenet.edu/Policy-Advocacy/Pages/Bud get-Appropriations/Brief-Guide-to-Budget-Appropriations.aspx. Acesso em: 18 ago. 2021.

ARNOLD, William G. *The Government Manager's Guide to Appropriations Law*. Tysons Corner, Virginia: Management Concepts Press, 2012.

BERGER, Sam; HANLON, Seth; HENDRICKS, Galen. *Reflections on the Congressional Budget Act*. The Center for American Progress, 2018. Disponível em: https://www.americanprogress.org/article/ref lections-congressional-budget-act/. Acesso em: 08 nov. 2021.

BIJOS, Paulo. *Governança legislativa orçamentária*: da fragmentação paroquialista à priorização estratégica. Estudo Técnico nº 8/2021. Disponível em: https://www2.camara.leg.br/orcamento-da-uniao/ estudos/2021/ artigo-glo_2021-05-31_publicacao. Acesso em: 15 set. 2023.

BUDGET, Rules. *The Urban Institute*. Disponível em: https://www.urban.org/sites/default/files/publication/ 57401/1000668-Budget-Rules.PDF. Acesso em: 30 jun. 2021.

CBO. *Common Budgetary Terms Explained*. Disponível em: https://www.cbo.gov/publication/57660. Acesso em: 20 jul. 2022.

CENTER ON BUDGET AND POLICY PRIORITIES. 2022. Disponível em: https://www.cbp.org/about. Acesso em: 23 jun. 2022.

CENTER ON BUDGET AND POLICY PRIORITIES. *Policy Basics*: Introduction to the federal budget process. Disponível em: Https://www.cbp.org/research/introduction-to-the-federal-budget-pro. Acesso em: 28 set. 2021.

CHRISTENSEN, Michelle. The Executive Budget Process Timetable. *Congressional Research Service*, p. 4, 2012. Disponível em: https://crsreports.congress.gov/product/pdf/RS/RS20152. Acesso em: 09 set. 2021.

COMITEE FOR A RESPONSIBLE FEDERAL BUDGET. 2021. Disponível em: https://www.crfb.org/about-us. Acesso em: 23 jun. 2022.

COMMITTEE ON RULES. *Amending Appropriations Bills* – A Basic Guide presented by the Committee on Rules. Disponível em: https://rules.house.gov/blog/amending-appropriations-bills-basic-guide-presented-comm ittee-rules. Acesso em: 17 set. 2021.

CONGRESSIONAL BUDGET OFFICE. Disponível em: https://www.cbo.gov/publication/57950#:~:text=CBO% 20projects%20that%20the%20federal,trillion%20from%202023%20to%202032. Acesso em: 04 ago. 2022.

CONGRESSIONAL BUDGET OFFICE. *Introduction to CBO*. Disponível em: https://www.cbo.gov/about/o verview. Acesso em: 04 fev. 2022.

CONGRESSIONAL BUDGET OFFICE. *The Federal Budget in 2019*. 2020. Disponível em: https://www.cbo.gov/system/files/2020-04/56324-CBO-2019-budget-infographic.pdf. Acesso em: 28 mar. 2022.

CONGRESSIONAL BUDGET OFFICE. *Updated Budget Projections*: 2019 to 2029. Maio 2019.

CONGRESSIONAL RESEARCH SERVICE. *Agriculture and Related Agencies*: FY2022 Appropriations. October, 2021. Disponível em: https://bit.ly/3wTi4RX. Acesso em: 29 maio 2022.

CONGRESSIONAL RESEARCH SERVICE. *Department of Health and Human Services*: FY2022 Budget Request. July, 2021. Disponível em: https://bit.ly/3lX6kso. Acesso em: 29 maio 2022.

CONGRESSIONAL RESEARCH SERVICE. *Expiration of the Discretionary Spending Limits*: Frequently Asked Questions. April, 2021. Disponível em: https://bit.ly/3NFqvYd. Acesso em: 12 jun. 2022.

CONGRESSIONAL RESEARCH SERVICE. *FY2022 NDAA*: Overseas Contingency Operations. January, 2022. Disponível em: https://bit.ly/3z5sEbb. Acesso em: 29 maio 2022.

CONGRESSIONAL RESEARCH SERVICE. *Interior, Environment, and Related Agencies*: Overview of FY2022 Appropriations. January, 2022. Disponível em: https://bit.ly/3ao6BCd. Acesso em: 29 maio 2022.

CONGRESSIONAL RESEARCH SERVICE. *Introduction to Budget Authority*, May 2022. p. 10. Disponível em: https://bit.ly/3MLgOac. Acesso em: 23 maio 2022.

CONGRESSIONAL RESEARCH SERVICE. *Overview of Funding Mechanisms in the Federal Budget Process, and Selected Examples*, February 2021. p. 1. Disponível em: https://bit.ly/3yVhiGO. Acesso em: 23 maio 2022.

CONGRESSIONAL RESEARCH SERVICE. *The Disaster Relief Fund*: Overview and Issues, January 2022. Disponível em: https://bit.ly/39TK9Az. Acesso em: 25 maio 2022.

CONGRESSIONAL RESEARCH SERVICE. *Trends in Mandatory Spending*: In Brief, September 2018. p. 10. Disponível em: https://bit.ly/39QLBnz. Acesso em: 23 maio 2022.

CONGRESS OF THE UNITED STATES. CBO. *An Update to the Budget Outlook*: 2020 to 2030, September 2020. p. 11. Disponível em: https://bit.ly/3sOhmEg. Acesso em: 23 maio 2022.

CRS APPROPRIATIONS TEAM. *Memorandum on Earmarks in Appropriations Acts*. Washington: Congressional Research Service, 2006. p. 2. Disponível em: https://sgp.fas.org/crs/misc/m012606.pdf. Acesso em: 04 dez. 2023.

COULTER, Hannah; BARKOVIC, Lisa; GOLD, Rich; BRANDER, Robert. *Congress Launches FY 2023 Community Project Funding Process After Successful Revival*. Holland &amp: Knight. 2022. Disponível em: https://www.hklaw.com/en/insights/publications/2022/04/congress-launches-fy-2023-community-projectfunding-process. Disponível em: https://appropriations.house.gov/sites/democrats. Appropriations.house.gov/files/documents/Community%20Project%20Funding%20-%20Fact%20Sheet% 20on%20Reforms_0.pdf. Acesso em: 03 jun. 2022.

ESTADOS UNIDOS. *Congressional Research Service. The Congressional Appropriations Process*. p. 1. Disponível em: https://www.senate.gov/CRSpubs/8013e37d-4a09-46f0-b1e2-c14915d498a6.pdf. Acesso em: 22 out. 2021.

ESTADOS UNIDOS. Office Of Management And Budget. *M-12-17* – Memorandum For The Heads Of Executive Departments And Agencies. Washington, D.C., 2012. Disponível em: https://obamawhitehou se.archives.gov/sites/default/files/omb/memoranda/2012/m-12-17.pdf. Acesso em: 16 nov. 2021.

ESTADOS UNIDOS. *Office of the Law Revision Counsel*. Disponível em: https://uscode.hous e.gov/ about_ code.xhtml. Acesso em: 14 ago. 2021.

ESTADOS UNIDOS. *OMB Circular nº A-11*. Section 15 – Basic Budget Laws. 2016. p. 3. Disponível em: https://obamawhitehouse.archives.gov/sites/default/files/omb/assets/a11_current_year/s15.pdf. Acesso em: 06 jul. 2021.

ESTADOS UNIDOS. *Public Law 67-13*. Disponível em: https://www.gao.gov/assets/D03855.pdf. Acesso em: 15 set. 2021.

ESTADOS UNIDOS. *Public Law 93-344*. Disponível em: https://www.govinfo.gov/content/pkg/GPO-RIDDICK-1992/pdf/GPO-RIDDICK-1992-34.pdf. Acesso em: 15 set. 2021.

ESTADOS UNIDOS. *Public Law 97-258*. Disponível em: https://www.govinfo.gov/content/pkg/STA TUTE-96/pdf/STATUTE-96-Pg877.pdf. Acesso em: 15 set. 2021.

ESTADOS UNIDOS. *Public Law 99-177*. Disponível em https://www.ssa.gov/OP_Home/comp2/F099-177. html. Acesso em: 15 set. 2021.

ESTADOS UNIDOS. *Public Law 100-119*. Disponível em: https://www.congress.gov/100/statute/ STATUTE-101/STATUTE-101-Pg754.pdf. Acesso em: 15 set. 2021.

ESTADOS UNIDOS. *Public Law 101-508*. Disponível em: https://www.congress.gov/101/statu te/STATUTE-104/STATUTE-104-Pg1388.pdf. Acesso em: 15 set. 2021.

ESTADOS UNIDOS. *Public Law 102-121*. Disponível em: https://www.govinfo.gov/content/pkg/STATUTE-103/pdf/STATUTE-103-Pg701.pdf#page=56. Acesso em: 22 set. 2022.

ESTADOS UNIDOS. *Public Law 103-356*. Disponível em: https://www.congress.gov/bill/103rd-congress/se nate-bill/2170. Acesso em: 15 set. 2021.

ESTADOS UNIDOS. *Public Law 103-62*. Disponível em: https://www.congress.gov/103/statute/STATUTE-107/STATUTE-107-Pg285.pdf. Acesso em: 15 set. 2021.

ESTADOS UNIDOS. *Public Law 104-65*. Disponível em: https://lobbyingdisclosure.house.gov/lda.html. Acesso em: 03 ago. 2022.

ESTADOS UNIDOS. *Public Law 104-130*. Disponível em: https://www.congress.gov/104/plaws/ publ1 30/ PLAW-104publ130.pdf. Acesso em: 15 set. 2021.

ESTADOS UNIDOS. *Public Law 112-25*. Disponível em: https://www.govinfo.gov/content/pkg /PLAW-112publ25/html/PLAW-112publ25.htm. Acesso em: 15 set. 2021.

ESTADOS UNIDOS. *Public Law 113-67*. Disponível em: https://www.govinfo.gov/content/pk g/PLA W-113publ67/pdf/PLAW-113publ67.pdf. Acesso em: 13 set. 2022.

ESTADOS UNIDOS. *Public Law 116-37*. Disponível em: https://www.congress.gov/bill/116th-congress/house-bill/3877/text. Acesso em: 15 set. 2021.

ESTADOS UNIDOS. *Public Law 117-169*. Disponível em: https://www.congress.gov/bill/117th-congress/house-bill/5376/text. Acesso em: 15 set. 2021.

ESTADOS UNIDOS. United States Department of Justice. *Opinions Of The Office Of Legal Counsel Of The United States Department Of Justice Consisting Of Selected Memorandum Opinions Advising The President Of The United States, The Attorney General, And Other Executive Officers Of The Federal Government In Relation To Their Official Duties*. 2012. p. 40-41. Disponível em: https://www.justice.gov /olc/file/477016/download. Acesso em: 14 set. 2021.

ESTADOS UNIDOS. United States Government Accountability Office. *A Glossary of Terms Used in the Federal Budget Process*. 2005. p. 16-17. Disponível em: https://www.gao.gov/assets/gao-05-734sp.pdf. Acesso em: 16 nov. 2021.

ESTADOS UNIDOS. United States Government Accountability Office. *Principles of Federal Appropriations Law*: Chapter 6. 3. ed. rev. v. 2. p. 6-161, 2016. Disponível em:https://www.gao.gov/a ssets/2019-11/202819.pdf. Acesso em: 23 out. 2021.

ESTADOS UNIDOS. United States Government Accountability Office. *Principles Of Federal Appropriations Law*: Chapter 2. 4. ed. rev. p. 2-16, 2016. Disponível em: https://www.gao.gov/assets /2019-11/675709.pdf. Acesso em: 23 out. 2021.

EVERYCRSREPORT. The bipartisan budget act of 2019: Changes to the BCA and debt limit. *Everycrsreport.com*, 2019. Disponível em: https://www.everycrsreport.com/reports/in11148.html. Acesso em: 05 ago. 2022.

FEDERAL ELECTION COMISSION. *Citizens United v. FEC*. Disponível em: https://www.fec.gov/legal-resources/court-cases/citiz ens-united-v-fec/l. Acesso em: 29 nov. 2022.

FISCAL YEAR 2007 CONTINUING RESOLUTIONS. p. 2. Disponível em: https://www.gao.gov/asset s/2020-01/contresolutions.pdf. Acesso em: 18 ago. 2021.

FOX, Laura; DIAZ, Daniellea. House Republicans reverse earmark ban, opening door to both parties using the formerly banned practice. *CNN*, 17 mar. 2017. Disponível em: https://edition.cnn.com/2021/03/17/politics/house-republicans-earmarks-spending-practice/index.html. Acesso em: 07 dez. 2021.

GIACOMONI, James. *Orçamento Público*. 18. ed. Rio de Janeiro: Grupo GEN, 2021.

GUERRA, Sérgio. Aperfeiçoando a Regulação Brasileira Por Agências: Quais Lições Podem Ser Extraídas do Sesquicentenário Modelo Norte-Americano? *Teoria do Estado Regulador*, p. 30, 2015.

HERNANDEZ, Raymond. District Liked Its Earmarks, Then Elected Someone Who Didn´t. *The New York Times*, 11 fev. 2011. Disponível em: https://www.nytimes.com/2011/02/05/nyregion/05 earmarks.html. Acesso em: 07 dez. 2021.

HOUSE COMMITTEE ON THE BUDGET. *FAQs on PayGo*. 2020. Disponível em: https://budget.house.gov/publications/report/faqs-paygo#WhatIsPaygo. Acesso em: 17 set. 2021.

HOUSE COMMITTEE ON THE BUDGET. *Summary of the Budget Control Act of 2011*. 2020. p. 2. Disponível em: https://budget.house.gov/committee-report/summary-budget-control-act-2011. Acesso em: 07 dez. 2021.

HOUSE COMMITEE ON THE BUDGET. *The Debt Ceiling*: An explainer, 2022. Disponível em: https://budget.house.gov/sites/democrats.budget.house.gov/files/documents/The%20Debt%20Ceiling%20An%20Explainer.pdf. Acesso em: 14 set. 2022.

HUDARK, John. Earmarks are back, and Americans should be glad. *Brookings*, 2021. Disponível em: https://www.brookings.edu/blog/fixgov/2021/03/17/earmarks-are-back-andamericans-should-be-glad. Acesso em: 17 nov. 2021.

JOYCE, Philip G.; REISCHAUER, Robert D. Deficit Budgeting: The Federal Budget Process and Budget Reform. *Harvard Journal on Legislation*, vol. 29, n. 2, p. 429-454, 1992. Disponível em: https://heinonline-org.sbproxy.fgv.br/HOL/P?h=hein.journals/hjl29&i=439. Acesso em: 20 out. 2021.

KATZ, Eric. White House Tells Agencies They Can Ignore Legal Decisions on Spending Violations. *Government Executive*, 2019. Disponível em: https://www.govexec.com/management/2019/11/white-house-tell s-agencies-they-can-ignore-legal-decisions-spending-violations/161395/. Acesso em: 21 set. 2021.

KEITH, Robert. *Introduction to the Federal Budget Process*. Congressional Research Service, 2008. p. 2. Disponível em: https://web.archive.org/web/20090514022409/http://budget.house.gov/crs-reports/98-721.pdf. Acesso em: 30 jun. 2021.

KRAVCHUK, Robert S.; SCHACK, Ronald W. Designing Effective Performance-Measurement Systems under the Government Performance and Results Act of 1993. *Public Administration Revie*, vol. 56, n. 4, p. 348-358, jul./ago. 1996). Disponível em: https://www.jstor.org/stable/976376. Acesso em: 27 set. 2021.

LARCINESE, Valentino; RIZZO, Leonzio; TESTA, Cecilia. *The Allocation of the US Federal Budget to the States*: Evidence on the Power of the Purse. p. 2. Disponível em: https://bit.ly/3Pp49LK. Acesso em: 15 maio 2022.

LARCINESE, Valentino; RIZZO, Leonzio; TESTA, Cecilia. *Allocating the US Federal Budget to the States*: The Impact of the President. STICERD Discussion Papers in Political Economy and Public Policy N. 3, p. 9, 2005. Disponível em: https://bit.ly/3vLVnjn. Acesso em: 04 maio 2022.

LAWSON, Gary. Rise and Rise of the Administrative State. *107th Harvard Law Review*, p. 1231, 1994.

LEGAL INFORMATION INSTITUTE. *31 U.S. Code §1105* – Budget contents and submission to Congress. Disponível em: https://www.law.cornell.edu/uscode/text/31/1105. Acesso em: 30 jun. 2021.

LONGO, Carlos Alberto. O Processo Orçamentário: Tendências e Perspectivas. *Revista Tributária e de Finanças Públicas*, vol. 3. p. 251-262, 1993.

LOUREIRO RITA, Maria. *Controle Político Da Burocracia No Presidencialismo Americano*: Uma Perspectiva Comparada Com O Brasil. EAESP/FGV/NPP – NÚCLEO DE PESQUISAS E PUBLICAÇÕES. 2003. p. 23. Disponível em: http://bibliotecadigital.fgv.br/dspace/bitstream/handle/10438/3159/P00249_1.pdf?sequenc e=1&isAllowed=y. Acesso em: 11 dez. 2023.

MCCLASKEY, Layla S.; MORALES, Felipe. O Contexto das Emendas Parlamentares no Orçamento Americano: O que nos fica de lição? *Consultor Jurídico*, 02 ago. 2022. Disponível em: https://www.conjur.com.br/2022-ago-02/mcclaske yemorales-emendas-orcamento-americano. Acesso em 04 de agosto de 2022.

MANOS, Karen L. The Antideficiency Act without an M Account: Reasserting Constitutional Control. *Public Contract Law Journal*, 23, n. 3, p. 337-378, 1993.

MEJRDRICH, Kellie. Deadline for Presidential Budget Request Often Missed. *Roll Call*. 2017. Disponível em: https://www.rollcall.com/2017/01/31/deadline-for-presidential-budget-request-often-missed/. Acesso em: 17 set. 2021.

NATIONAL PRIORITIES PROJECT. *Budget Process*. Disponível em: https://www.nationalpriorities. org/budget-basics/federal-budget-101/federal-budget-process/. Acesso em: 02 ago. 2021.

OCDE. OECD Journal on Budgeting. *Special Issue*. The Legal Framework for Budget Systems: An International Comparison. Volume 4, N. 3. 2004. Disponível em: https://www.oecd.org/gov/budg eting/thelegalframeworkforbudgetsystemsaninternationalcomparison.htm. Acesso em: 21 jul. 2021.

OFFICE OF BUDGET MANAGEMENT. *A Budget for America's Future* – Mid-Session Review. 2021. Disponível em: https://www.govinfo.gov/content/pkg/BUDGET-2021-MSR/pdf/BUDGET-2021-MSR. pdf. Acesso em: 09 set. 2021.

OFFICE OF MANAGEMENT AND BUDGET. *Circular A-11*. Abr. 2021. p. 123-124. Disponível em: https:// www.wh itehouse.gov/wp-content/uploads/2018/06/a11.pdf. Acesso em: 03 0 ago. 2021.

O.L.C. Department of Justice. Memorandum for the General Counsels of the Executive Branch. March 1, 2005. *In:* CONGRESSIONAL RESEARCH SERVICE. *Memorandum*. p. 8. Disponível em: https://www.finance.s enate.gov/imo/media/doc/prg110609b.pdf. Acesso em: 14 set. 2021.

OMB. *The Statutory Pay-As-You-Go Act of 2010*: A Description. Disponível em: https://obamawhitehouse. archives.gov/omb/paygo_description/. Acesso em: 14 set. 2021.

ONODERA, Marcus; BALDANI FILLIPO, Thiago. *Brasil e EUA*: temas de direito comparado/coordenação. São Paulo: Escola Paulista da Magistratura, 2017. p. 32. Disponível em: https://bit.ly/3PlWEFq. Acesso em: 15 set. 2021.

OPEN SECRETS. *Dark Money*. Disponível em: https://www.opensecrets.org/dark-money/basics. Acesso em: 29 nov. 2022.

OPEN SECRETS. Issue Profile: Fed Budget & Appropriations. *Following the Money in politics*, 2019. Disponível em: https://www.opensecrets.org/federal-lobbying/issues/summary?cycle=2019&id=BUD. Acesso em: 04 fev. 2022.

OPEN SECRETS. *Super PACs*. Disponível em: https://www.opensecrets.org/political-action-committees-pacs/super-pacs/2022. Acesso em: 29 nov. 2022.

PILDES, Richard H.; SUNSTEIN, Cass R. *Reinventing the Regulatory State. University of Chicago Law Review 62*, p. 12, 1995.

PORTER, Rob; WALSH, Sam. *Earmarks in the Federal Budget Process*. Boston: Harvard School Federal Budget Policy Seminar, 2017.

SATURNO, James. *Introduction to the Federal Budget Process*. Washington: Congressional Research Service, 2020.

SIMPSON, Mike. *What are 302(a) Allocations?*. Disponível em: https://simpson.house.gov /ap propriation s/302aallocations.htm. Acesso em: 18 ago. 2021.

SMITH, Sydney K. *Theory and Principles of Law*: A Complete Analysis of the Common Law of England, Adopted into the American Law, with Such Statutory Changes and Modifications as Have since Occurred. Columbia: M.O., Herald, 1884.

STRAND, Mark; BUTCARU, Anca. The Case for Earmarks: *Were They Really That Bad*? The Congressional Institute. Setembro de 2016. Disponível em: https://www.congressionalinstitute.org/2016/09/15/ the-case-for-earmarks-were-they-really-that-bad/. Acesso em: 17 nov. 2021.

TANAKA, Susan. Engaging the Public in National Budgeting: A Non-Governmental Perspective. *OECD Journal of Budgeting*, p. 149, 2007. Disponível em: https://www.oecd.org/gov/budgeting/43412013.pdf. Acesso em: 11 dez. 2023.

THE WHITE HOUSE. *Office of Management and Budget*. Disponível em: https://www.whiteh ouse.gov/om b/. Acesso em: 02 ago. 2021.

TOTA, Antonio Pedro. Origens do bipartidarismo: Uma tentativa de entender as eleições norte-americanas. *Novos Estudos*, CEBRAP, p. 70, 2008. Disponível em: https://bit.ly/37Qq0Ln. Acesso em: 15 set. 2021.

U.S. DEPARTMENT OF THE TREASURY. Disponível em: https://home.treasury.gov/policy-issues/financial-markets-financial-institutions-and-fiscal-service/cash-and-debt-forecasting. Acesso em: 14 set. 2022.

USAGov – Budget of the U.S. Government. Disponível em: https://www.usa.gov/budget. Acesso em: 30 jun. 2021.

WASSON, Erik. House GOP Votes to Allow Earmarks in Boost for Biden Infrastructure Plan. *Bloomberg*, 17 mar. 2021. Disponível em: https://www.bloomberg.com/news/articles/2021-03-17/house-gop-allows-spending-earmarks-in-a-boost-for-biden-plan. Acesso em: 07 dez. 20921.

WISE, Lindsay. Senate Earmarks Are Back: Democrats Make It Official. *The Wallstreet Journal*, 26 abr. 2021. Disponível em: https://www.wsj.com/articles/senate-earmarks-are-back-democrats-make-it-official-11619478322. Acesso em: 07 dez. 2021.

Coordenador

Gustavo Fossati
gustavo.fossati@fgv.br
Professor Adjunto de Direito Tributário da Fundação Getulio Vargas – FGV Direito Rio (Graduação, Mestrado e Doutorado). Doutor em Direito Tributário pela Universidade de Münster, Alemanha. Aprovado com a nota máxima *summa cum laude*, com bolsa de estudos da CAPES e do DAAD e sob a orientação do Prof. Dr. Joachim Englisch. Láurea acadêmica de Doutorado recebida em 2013. Tese indicada para o Prêmio Albert Hensel, na Alemanha, em 2014, o prêmio de maior prestígio no Direito Tributário na Alemanha. Mestre em Direito do Estado pela Pontifícia Universidade Católica do Rio Grande do Sul (PUC/RS). Especialista em Direito Tributário pela Universidade Federal do Rio Grande do Sul (UFRGS). Graduado em Direito pela Pontifícia Universidade Católica do Rio Grande do Sul (PUC/RS). Consultor e parecerista na área do Direito Tributário e Tributário Internacional. Autor dos seguintes livros: *Tributação do Consumo – teoria geral do Direito Tributário à luz de uma visão comparada entre Brasil e Alemanha; Constituição Tributária Comentada* (3ª ed); *Die sozialstaatliche und freiheitsschonende Dimension des Leistungsfähigkeitsgrundsatzes im Umsatzsteuerrecht: Eine rechtsvergleichende Untersuchung zwischen Deutschland und Brasilien; O Supremo Tributário; Tributação da Economia Digital na esfera Federal; Tributação da Economia Digital na esfera Estadual; Tributação da Economia Digital na esfera Municipal; Tributação da Economia Digital na Esfera Internacional; Regulação Tributária da Economia Digital: a legislação tributária brasileira está apta a regular os desafios atuais da economia digital?; Planejamento Tributário e Interpretação Econômica.*

Autores

Bruna Paniz
Advogada formada pela Fundação Getulio Vargas e LL.M. em Corporate, Commercial e Trade Law pela University of Illinois at Urbana-Champaign com dupla menção honrosa.

Dayson Almeida
Mestre em Economia do Setor Público (UnB). Especialista em Orçamento Público (ISC/TCU). Bacharel em Ciências Contábeis (UFCG). Consultor de Orçamento e Fiscalização Financeira da Câmara dos Deputados. Exerceu os cargos de Analista de Planejamento e Orçamento da SOF e Auditor de Controle Externo do TCU. Foi membro titular da Câmara Técnica de Normas Contábeis e de Demonstrativos Fiscais da Federação (CTCONF). Vencedor dos prêmios SOF (2012 e 2021) e Tesouro Nacional (2017) de Monografias.

Felipe Morales
Graduando em Direito na FGV Rio.

Júlia Rodrigues
Possui doutorado em Ciência Política pela Universidade de Brasília (UNB) – 2023; mestrado em Ciência Política pela UNB (2008); especialização em Avaliação de Políticas Públicas (ILB/Senado) e, graduação em Ciências Econômicas pela Universidade de São Paulo (USP) – 2001. Foi, durante 10 anos, Analista de Planejamento e Orçamento (2002-2012), trabalhou no Ministério do Planejamento, Orçamento e Gestão, na Secretaria-Geral da Presidência da República e no Ministério da Saúde. Atualmente é Consultora Legislativa da Câmara dos Deputados – Área Orçamento e Fiscalização Financeira.

Layla Salles McClaskey
Doutoranda e mestra em Direito da Regulação pela Fundação Getulio Vargas. Especialista em Direito Fiscal pela Pontifícia Universidade Católica. Certificada em Business Law pelo Institute of Commercial Management do Reino Unido. Pesquisadora e professora convidada de Direito Financeiro e Regulatório na Fundação Getúlio Vargas. Gerente jurídica sênior e advogada com atuação consultiva e contenciosa no Brasil e no Exterior.

Mariana Muniz
Graduada em Direito pela Fundação Getulio Vargas.

Melina Rocha
Consultora externa do BID para assuntos da Reforma Tributária, especialista em IVA e Diretora de Cursos da York University – Canadá. Mestrado e Doutorado pela Université Sorbonne Nouvelle – Paris 3, foi Professora da FGV-Direito Rio e consultora externa do IPEA, CCiF e Banco Mundial.

Paula Uematsu Arruda
Doutoranda em Direito Público na Universidade de Coimbra/Friedrich-Alexander-Universität Erlangen-Nürnberg. Mestra em Direito Internacional pela Universidade de Lisboa. Graduada em Jornalismo pela Universidade Metodista de São Paulo. Relatora de jurisprudências do Oxford Reports on International Law: International Human Rights Law - Oxford University Press.

Paulo Bijos
Doutorando em Ciência Política pela Universidade de Brasília (UnB). Mestre em Poder Legislativo pelo Centro de Formação, Treinamento e Aperfeiçoamento (CEFOR) da Câmara dos Deputados. Servidor público concursado, é Consultor de Orçamento e Fiscalização Financeira da Câmara dos Deputados. Já exerceu os cargos efetivos de: Consultor de Orçamentos, Fiscalização e Controle do Senado Federal; Auditor Federal de Controle Externo do Tribunal de Contas da União; Auditor (Conselheiro-Substituto) do Tribunal de Contas do Estado de São Paulo; e Analista de Planejamento e Orçamento do então Ministério do Planejamento, Orçamento e Gestão.

Pietra Monteiro Fleig
Graduanda em Direito e em Administração Pública e de Empresas na Fundação Getulio Vargas.

Renaud Bruno Evina
Bacharel em Economia e bacharel em Direito pela Universidade de Brasília (UnB). Mestre em ciência política pela UnB.

Esta obra foi composta em fonte Palatino Linotype, corpo 10
e impressa em papel Offset 75g (miolo) e Supremo 250g (capa)
pela Formato Artes Gráficas.